# STATISTICAL YEARBOOK OF CHINA COMMODITY EXCHANGE MARKET

# 中国商品交易市场统计年鉴

# 2016

国家统计局贸易外经统计司
中国商业统计学会 编

Compiled by
Department of Trade and External Economic Relations Statistics,
National Bureau of Statistics of China
Commerce Statistical Society of China

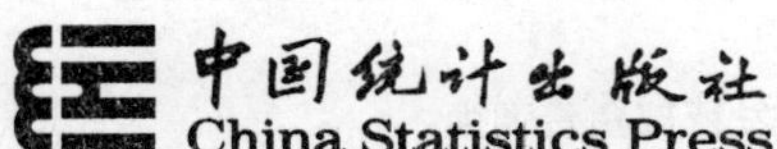

图书在版编目（CIP）数据

中国商品交易市场统计年鉴 . 2016 / 国家统计局贸易外经统计司，中国商业统计学会编 . -- 北京 : 中国统计出版社，2016.8
ISBN 978-7-5037-7879-7

Ⅰ. ①中… Ⅱ. ①国… ②中… Ⅲ. ①国内市场－统计资料－中国－ 2016 －年鉴 Ⅳ. ① F723-66

中国版本图书馆 CIP 数据核字 (2016) 第 184278 号

中国商品交易市场统计年鉴—2016

作　　者 / 国家统计局贸易外经统计司　中国商业统计学会
责任编辑 / 王振宇
装帧设计 / 李雪燕
出版发行 / 中国统计出版社
通信地址 / 北京市丰台区西三环南路甲 6 号　邮政编码 /100073
网　　址 / http://www.zgtjcbs.com/
电　　话 / 邮购（010）63376907　书店 (010)68783172
印　　刷 / 河北鑫宏源印刷包装有限责任公司
经　　销 / 新华书店
开　　本 / 880 × 1230mm 1/16
字　　数 / 854 千字
印　　张 / 27.5
版　　别 / 2016 年 9 月第 1 版
版　　次 / 2016 年 9 月第 1 次印刷
定　　价 / 360.00 元

# 《中国商品交易市场统计年鉴— 2016》编辑委员会

# 编辑说明

一、《中国商品交易市场统计年鉴—2016》是反映我国大型商品交易市场全貌的资料性工具书，至今已连续出版了十七年，旨在通过大量、丰富、详实、具体和权威的统计数据，全面系统和多角度地反映中国大型商品交易市场发展情况。本年鉴是各级经济和市场管理部门、科研机构与大专院校分析研究市场、进行宏观调控和科学决策、理论研究和教学的重要资料；也是生产经营单位了解市场、获取商业信息的必备参考用书。

二、本年鉴分为三部分：第一部分综合篇，第二部分地区篇，第三部分市场篇，并附有主要统计指标解释。

三、本年鉴中的亿元商品交易市场统计范围为 2015 年成交额亿元及以上的商品交易市场。全国性数据未包括台湾省、香港特别行政区和澳门特别行政区。

四、本年鉴中的时期数据为 2015 年度，时点数据为 2015 年末，数据来自于 2015 年亿元以上商品交易市场统计年报。

五、本年鉴数据表格中的空白，表示该项统计指标数据为 0 或无该项数据。

# 目 录

# 第一部分 综合篇

**简要说明：**

本篇资料主要内容为亿元以上商品交易市场的基本情况，包括市场个数、摊位个数、营业面积、成交额，以及按照市场类别、摊位类别、经营方式、经营状态和经营环境的分组数据等。

# 1-1　历年商品交易市场情况

| 年　份 | 市场数<br>(个) | 年末出租摊位数<br>(个) | 营业面积<br>(平方米) | 成交额<br>(万元) |
|---|---|---|---|---|
| 2000 | 3087 | 2115115 | 82615615 | 156723889 |
| 2001 | 3273 | 2200662 | 93973140 | 177190514 |
| 2002 | 3258 | 2190814 | 103131711 | 198400373 |
| 2003 | 3265 | 2148866 | 109840363 | 215144785 |
| 2004 | 3365 | 2229818 | 124774690 | 261027342 |
| 2005 | 3323 | 2248803 | 131408239 | 300209160 |
| 2006 | 3876 | 2527987 | 180723148 | 371374661 |
| 2007 | 4121 | 2681630 | 198146314 | 440850978 |
| 2008 | 4567 | 2839070 | 212252204 | 524579577 |
| 2009 | 4687 | 2994781 | 232303299 | 579637907 |
| 2010 | 4940 | 3193365 | 248323113 | 727035303 |
| 2011 | 5075 | 3334787 | 262345039 | 820172688 |
| 2012 | 5194 | 3494122 | 278993712 | 930237663 |
| 2013 | 5089 | 3488170 | 288683344 | 983651254 |
| 2014 | 5023 | 3534757 | 295679201 | 1003099019 |
| 2015 | 4952 | 3468638 | 300657328 | 1001337865 |

# 1-2　历年商品交易市场变动

(比上年增长 %)

| 年　份 | 市场数 | 年末出租摊位数 | 营业面积 | 成交额 |
|---|---|---|---|---|
| 2001 | 6.03 | 4.04 | 13.75 | 13.06 |
| 2002 | -0.46 | -0.45 | 9.75 | 11.97 |
| 2003 | 0.21 | -1.91 | 6.50 | 8.44 |
| 2004 | 3.06 | 3.77 | 13.60 | 21.33 |
| 2005 | -1.25 | 0.85 | 5.32 | 15.01 |
| 2006 | 16.64 | 12.41 | 37.53 | 23.71 |
| 2007 | 6.32 | 6.08 | 9.64 | 18.71 |
| 2008 | 10.82 | 5.87 | 7.12 | 18.99 |
| 2009 | 2.63 | 5.48 | 9.45 | 10.50 |
| 2010 | 5.40 | 6.63 | 6.90 | 25.43 |
| 2011 | 5.40 | 6.63 | 6.90 | 25.43 |
| 2012 | 2.34 | 4.78 | 6.35 | 13.42 |
| 2013 | -2.02 | -0.17 | 3.47 | 5.74 |
| 2014 | -1.30 | 1.34 | 2.42 | 1.98 |
| 2015 | -1.41 | -1.87 | 1.68 | -0.18 |

# 1-3 商品交易市场总体情况

| 项　　目 | 市场数量（个） | 总摊位数（个） | 年末出租摊位数（个） | 营业面积（平方米） | 成交额（万元） |
|---|---|---|---|---|---|
| **总　　计** | **4952** | **3946112** | **3468638** | **300657328** | **1001337865** |
| **一、按市场类别分组** | | | | | |
| **1.综合市场** | **1379** | **1474268** | **1280282** | **79780696** | **244529012** |
| 生产资料综合市场 | 51 | 67814 | 60523 | 8491552 | 13571117 |
| 工业消费品综合市场 | 302 | 557648 | 492143 | 29051418 | 82643671 |
| 农产品综合市场 | 683 | 468146 | 417141 | 23741254 | 100354209 |
| 其他综合市场 | 343 | 380660 | 310475 | 18496472 | 47960015 |
| **2.专业市场** | **3573** | **2471844** | **2188356** | **220876632** | **756808853** |
| 生产资料市场 | 680 | 352662 | 296824 | 67560741 | 276581294 |
| 农业生产用具市场 | 19 | 6325 | 5419 | 1442876 | 2258153 |
| 农用生产资料市场 | 28 | 7110 | 6617 | 1063832 | 1655157 |
| 煤炭市场 | 6 | 3727 | 3492 | 3762080 | 2965148 |
| 木材市场 | 51 | 19926 | 18181 | 5716238 | 7378181 |
| 建材市场 | 227 | 143374 | 109456 | 24610135 | 20156975 |
| 化工材料及制品市场 | 35 | 25365 | 23267 | 2302807 | 33750825 |
| 金属材料市场 | 229 | 100098 | 87192 | 23356137 | 178266318 |
| 机械设备市场 | 49 | 27867 | 25930 | 2782272 | 7404701 |
| 其他生产资料市场 | 36 | 18870 | 17270 | 2524364 | 22745836 |
| 农产品市场 | 979 | 633919 | 558530 | 44154391 | 164838269 |
| 粮油市场 | 103 | 35041 | 31824 | 3622389 | 18699248 |
| 肉禽蛋市场 | 125 | 48991 | 44735 | 2813510 | 14012019 |
| 水产品市场 | 145 | 96345 | 86884 | 4934686 | 33191373 |
| 蔬菜市场 | 299 | 247220 | 214680 | 16506109 | 40138757 |
| 干鲜果品市场 | 129 | 83676 | 73395 | 6293406 | 28256346 |
| 棉麻土畜、烟叶市场 | 21 | 22517 | 17271 | 4041474 | 7215286 |
| 其他农产品市场 | 157 | 100129 | 89741 | 5942817 | 23325240 |
| 食品、饮料及烟酒市场 | 124 | 86943 | 69545 | 4040027 | 12827516 |
| 食品饮料市场 | 41 | 30217 | 26725 | 1197625 | 3585947 |
| 茶叶市场 | 26 | 22518 | 12489 | 1066800 | 2689537 |
| 烟酒市场 | 14 | 5710 | 4374 | 355191 | 734493 |
| 其他食品饮料及烟酒市场 | 43 | 28498 | 25957 | 1420411 | 5817539 |
| 纺织、服装、鞋帽市场 | 552 | 740383 | 677759 | 31430495 | 140809542 |
| 布料及纺织品市场 | 69 | 121781 | 106335 | 8761337 | 59548142 |
| 服装市场 | 354 | 452240 | 418407 | 17513853 | 55914545 |
| 鞋帽市场 | 38 | 28605 | 24764 | 1278584 | 4615385 |
| 其他纺织服装鞋帽市场 | 91 | 137757 | 128253 | 3876721 | 20731470 |
| 日用品及文化用品市场 | 92 | 67699 | 60501 | 2955269 | 11500101 |
| 小商品市场 | 38 | 36940 | 34153 | 1086859 | 4823527 |
| 箱包市场 | 5 | 6466 | 5053 | 564400 | 1885880 |
| 玩具市场 | 3 | 1136 | 1055 | 119410 | 240103 |
| 文具市场 | 6 | 2199 | 2037 | 172320 | 276829 |
| 图书、报刊杂志市场 | 8 | 1485 | 1385 | 91513 | 308162 |
| 音像制品及电子出版物市场 | 3 | 686 | 678 | 20500 | 173076 |
| 体育用品市场 | | | | | |
| 其他日用品及文化用品市场 | 29 | 18787 | 16140 | 900267 | 3792524 |

1-3 续表

| 项 目 | 市场数量(个) | 总摊位数(个) | 年末出租摊位数(个) | 营业面积(平方米) | 成交额(万元) |
|---|---|---|---|---|---|
| 黄金、珠宝、玉器等首饰市场 | 26 | 18688 | 16624 | 1949538 | 4922379 |
| 电器、通讯器材、电子设备市场 | 141 | 62999 | 55155 | 3346510 | 9173124 |
| 家电市场 | 35 | 13515 | 11069 | 1534470 | 2998394 |
| 通讯器材市场 | 23 | 10710 | 10183 | 385864 | 1092739 |
| 照相、摄像器材市场 | 2 | 547 | 461 | 20866 | 69872 |
| 计算机及辅助设备市场 | 72 | 33595 | 29254 | 1256230 | 4462739 |
| 其他电器、通讯器材、电子设备市场 | 9 | 4632 | 4188 | 149080 | 549380 |
| 医药、医疗用品及器材市场 | 22 | 34594 | 26436 | 1379874 | 9010915 |
| 中药材市场 | 22 | 34594 | 26436 | 1379874 | 9010915 |
| 其他医药、医疗用品及器材市场 | | | | | |
| 家具、五金及装饰材料市场 | 585 | 310853 | 285297 | 42274049 | 50660436 |
| 家具市场 | 173 | 77797 | 70450 | 14995377 | 14600105 |
| 装饰材料市场 | 249 | 124144 | 114910 | 16273366 | 18795484 |
| 灯具市场 | 17 | 8622 | 7960 | 1168014 | 1997516 |
| 厨具、盥洗设备市场 | 5 | 3089 | 2165 | 373768 | 233574 |
| 五金材料市场 | 78 | 51693 | 47074 | 4663503 | 9504025 |
| 其他装修市场 | 63 | 45508 | 42738 | 4800021 | 5529732 |
| 汽车、摩托车及零配件市场 | 270 | 90044 | 76971 | 15001497 | 64098647 |
| 汽车市场 | 186 | 50749 | 41234 | 11606664 | 53069969 |
| 摩托车市场 | 10 | 3819 | 3624 | 276930 | 643490 |
| 机动车零配件市场 | 74 | 35476 | 32113 | 3117903 | 10385188 |
| 花、鸟、鱼、虫市场 | 29 | 20821 | 19608 | 3322142 | 4269087 |
| 花卉市场 | 24 | 19243 | 18065 | 3251487 | 4063079 |
| 鸟市场 | | | | | |
| 观赏鱼市场 | | | | | |
| 其他花鸟鱼虫市场 | 5 | 1578 | 1543 | 70655 | 206008 |
| 旧货市场 | 17 | 8679 | 8195 | 342986 | 663151 |
| 古玩、古董、字画市场 | 2 | 875 | 868 | 27840 | 22425 |
| 邮票、硬币市场 | | | | | |
| 其他旧货市场 | 15 | 7804 | 7327 | 315146 | 640726 |
| 其他专业市场 | 56 | 43560 | 36911 | 3119113 | 7454392 |
| **二、按营业状态分组** | | | | | |
| 1.常年营业 | 4878 | 3899027 | 3437194 | 296581258 | 995279307 |
| 2.季节性营业 | 68 | 44642 | 29300 | 3963494 | 5845687 |
| 3.其他 | 6 | 2443 | 2144 | 112576 | 212871 |
| **三、按经营方式分组** | | | | | |
| 1.以批发为主 | 2879 | 2762568 | 2399095 | 233901620 | 858369461 |
| 2.以零售为主 | 2073 | 1183544 | 1069543 | 66755708 | 142968404 |
| **四、按经营环境分组** | | | | | |
| 1.露天式 | 790 | 516817 | 455967 | 58143204 | 137579763 |
| 2.封闭式 | 3554 | 2982315 | 2611826 | 195119570 | 718310316 |
| 3.其他 | 608 | 446980 | 400845 | 47394554 | 145447786 |

# 1-4 商品交易市场情况(按营业状态分)

(常年营业)

| 项目 | 市场数量(个) | 总摊位数(个) | 年末出租摊位数(个) | 营业面积(平方米) | 成交额(万元) |
|---|---|---|---|---|---|
| **总 计** | **4878** | **3899027** | **3437194** | **296581258** | **995279307** |
| **1.综合市场** | **1372** | **1468309** | **1274847** | **79650603** | **244352562** |
| 生产资料综合市场 | 51 | 67814 | 60523 | 8491552 | 13571117 |
| 工业消费品综合市场 | 302 | 557648 | 492143 | 29051418 | 82643671 |
| 农产品综合市场 | 678 | 463542 | 412767 | 23645161 | 100240322 |
| 其他综合市场 | 341 | 379305 | 309414 | 18462472 | 47897452 |
| **2.专业市场** | **3506** | **2430718** | **2162347** | **216930655** | **750926745** |
| 生产资料市场 | 675 | 351611 | 295785 | 67178675 | 275854781 |
| 农业生产用具市场 | 18 | 6125 | 5231 | 1412876 | 2232253 |
| 农用生产资料市场 | 27 | 7070 | 6577 | 983832 | 1627857 |
| 煤炭市场 | 6 | 3727 | 3492 | 3762080 | 2965148 |
| 木材市场 | 50 | 19835 | 18090 | 5680172 | 7276196 |
| 建材市场 | 227 | 143374 | 109456 | 24610135 | 20156975 |
| 化工材料及制品市场 | 35 | 25365 | 23267 | 2302807 | 33750825 |
| 金属材料市场 | 227 | 99378 | 86472 | 23120137 | 177694990 |
| 机械设备市场 | 49 | 27867 | 25930 | 2782272 | 7404701 |
| 其他生产资料市场 | 36 | 18870 | 17270 | 2524364 | 22745836 |
| 农产品市场 | 927 | 607808 | 537588 | 40943626 | 160701534 |
| 粮油市场 | 102 | 35011 | 31794 | 3615189 | 18648228 |
| 肉禽蛋市场 | 124 | 48689 | 44433 | 2810495 | 13980461 |
| 水产品市场 | 142 | 95888 | 86469 | 4885346 | 32922353 |
| 蔬菜市场 | 270 | 231525 | 201701 | 14476621 | 37369527 |
| 干鲜果品市场 | 117 | 75026 | 67105 | 5407034 | 27539852 |
| 棉麻土畜、烟叶市场 | 16 | 21760 | 16535 | 3881324 | 7002173 |
| 其他农产品市场 | 156 | 99909 | 89551 | 5867617 | 23238940 |
| 食品、饮料及烟酒市场 | 121 | 76461 | 68759 | 3954527 | 12282539 |
| 食品饮料市场 | 40 | 29857 | 26365 | 1187125 | 3553090 |
| 茶叶市场 | 24 | 12396 | 12063 | 991800 | 2177417 |
| 烟酒市场 | 14 | 5710 | 4374 | 355191 | 734493 |
| 其他食品饮料及烟酒市场 | 43 | 28498 | 25957 | 1420411 | 5817539 |
| 纺织、服装、鞋帽市场 | 549 | 738925 | 676315 | 31211699 | 140546052 |
| 布料及纺织品市场 | 69 | 121781 | 106335 | 8761337 | 59548142 |
| 服装市场 | 352 | 451098 | 417279 | 17300267 | 55661165 |
| 鞋帽市场 | 38 | 28605 | 24764 | 1278584 | 4615385 |
| 其他纺织服装鞋帽市场 | 90 | 137441 | 127937 | 3871511 | 20721360 |
| 日用品及文化用品市场 | 92 | 67699 | 60501 | 2955269 | 11500101 |
| 小商品市场 | 38 | 36940 | 34153 | 1086859 | 4823527 |
| 箱包市场 | 5 | 6466 | 5053 | 564400 | 1885880 |

1-4　续表 1

(常年营业)

| 项　　目 | 市场数量(个) | 总摊位数(个) | 年末出租摊位数(个) | 营业面积(平方米) | 成交额(万元) |
|---|---|---|---|---|---|
| 玩具市场 | 3 | 1136 | 1055 | 119410 | 240103 |
| 文具市场 | 6 | 2199 | 2037 | 172320 | 276829 |
| 图书、报刊杂志市场 | 8 | 1485 | 1385 | 91513 | 308162 |
| 音像制品及电子出版物市场 | 3 | 686 | 678 | 20500 | 173076 |
| 体育用品市场 | | | | | |
| 其他日用品及文化用品市场 | 29 | 18787 | 16140 | 900267 | 3792524 |
| 黄金、珠宝、玉器等首饰市场 | 26 | 18688 | 16624 | 1949538 | 4922379 |
| 电器、通讯器材、电子设备市场 | 141 | 62999 | 55155 | 3346510 | 9173124 |
| 家电市场 | 35 | 13515 | 11069 | 1534470 | 2998394 |
| 通讯器材市场 | 23 | 10710 | 10183 | 385864 | 1092739 |
| 照相、摄像器材市场 | 2 | 547 | 461 | 20866 | 69872 |
| 计算机及辅助设备市场 | 72 | 33595 | 29254 | 1256230 | 4462739 |
| 其他电器、通讯器材、电子设备市场 | 9 | 4632 | 4188 | 149080 | 549380 |
| 医药、医疗用品及器材市场 | 21 | 34565 | 26407 | 1378374 | 8991115 |
| 中药材市场 | 21 | 34565 | 26407 | 1378374 | 8991115 |
| 其他医药、医疗用品及器材市场 | | | | | |
| 家具、五金及装饰材料市场 | 583 | 309858 | 284428 | 42260049 | 50501503 |
| 家具市场 | 173 | 77797 | 70450 | 14995377 | 14600105 |
| 装饰材料市场 | 248 | 123799 | 114565 | 16269366 | 18679111 |
| 灯具市场 | 17 | 8622 | 7960 | 1168014 | 1997516 |
| 厨具、盥洗设备市场 | 5 | 3089 | 2165 | 373768 | 233574 |
| 五金材料市场 | 77 | 51043 | 46550 | 4653503 | 9461465 |
| 其他装修市场 | 63 | 45508 | 42738 | 4800021 | 5529732 |
| 汽车、摩托车及零配件市场 | 270 | 90044 | 76971 | 15001497 | 64098647 |
| 汽车市场 | 186 | 50749 | 41234 | 11606664 | 53069969 |
| 摩托车市场 | 10 | 3819 | 3624 | 276930 | 643490 |
| 机动车零配件市场 | 74 | 35476 | 32113 | 3117903 | 10385188 |
| 花、鸟、鱼、虫市场 | 29 | 20821 | 19608 | 3322142 | 4269087 |
| 花卉市场 | 24 | 19243 | 18065 | 3251487 | 4063079 |
| 鸟市场 | | | | | |
| 观赏鱼市场 | | | | | |
| 其他花鸟鱼虫市场 | 5 | 1578 | 1543 | 70655 | 206008 |
| 旧货市场 | 17 | 8679 | 8195 | 342986 | 663151 |
| 古玩、古董、字画市场 | 2 | 875 | 868 | 27840 | 22425 |
| 邮票、硬币市场 | | | | | |
| 其他旧货市场 | 15 | 7804 | 7327 | 315146 | 640726 |
| 其他专业市场 | 55 | 42560 | 36011 | 3085763 | 7422732 |

1-4 续表 2

(季节性营业)

| 项　　目 | 市场数量<br>(个) | 总摊位数<br>(个) | 年末出租摊位数<br>(个) | 营业面积<br>(平方米) | 成交额<br>(万元) |
|---|---|---|---|---|---|
| **总　计** | **68** | **44642** | **29300** | **3963494** | **5845687** |
| **1.综合市场** | **5** | **4483** | **4258** | **89293** | **119531** |
| 生产资料综合市场 | | | | | |
| 工业消费品综合市场 | | | | | |
| 农产品综合市场 | 4 | 4202 | 3987 | 74293 | 101980 |
| 其他综合市场 | 1 | 281 | 271 | 15000 | 17551 |
| **2.专业市场** | **63** | **40159** | **25042** | **3874201** | **5726156** |
| 生产资料市场 | 4 | 960 | 948 | 346000 | 624528 |
| 农业生产用具市场 | 1 | 200 | 188 | 30000 | 25900 |
| 农用生产资料市场 | 1 | 40 | 40 | 80000 | 27300 |
| 煤炭市场 | | | | | |
| 木材市场 | | | | | |
| 建材市场 | | | | | |
| 化工材料及制品市场 | | | | | |
| 金属材料市场 | 2 | 720 | 720 | 236000 | 571328 |
| 机械设备市场 | | | | | |
| 其他生产资料市场 | | | | | |
| 农产品市场 | 51 | 25911 | 20742 | 3190765 | 4125735 |
| 粮油市场 | 1 | 30 | 30 | 7200 | 51020 |
| 肉禽蛋市场 | 1 | 302 | 302 | 3015 | 31558 |
| 水产品市场 | 3 | 457 | 415 | 49340 | 269020 |
| 蔬菜市场 | 29 | 15695 | 12979 | 2029488 | 2769230 |
| 干鲜果品市场 | 12 | 8650 | 6290 | 886372 | 716494 |
| 棉麻土畜、烟叶市场 | 4 | 557 | 536 | 140150 | 202113 |
| 其他农产品市场 | 1 | 220 | 190 | 75200 | 86300 |
| 食品、饮料及烟酒市场 | 2 | 10122 | 426 | 75000 | 512120 |
| 食品饮料市场 | | | | | |
| 茶叶市场 | 2 | 10122 | 426 | 75000 | 512120 |
| 烟酒市场 | | | | | |
| 其他食品饮料及烟酒市场 | | | | | |
| 纺织、服装、鞋帽市场 | 2 | 1142 | 1128 | 213586 | 253380 |
| 布料及纺织品市场 | | | | | |
| 服装市场 | 2 | 1142 | 1128 | 213586 | 253380 |
| 鞋帽市场 | | | | | |
| 其他纺织服装鞋帽市场 | | | | | |
| 日用品及文化用品市场 | | | | | |
| 小商品市场 | | | | | |
| 箱包市场 | | | | | |

1-4　续表 3

(季节性营业)

| 项　　目 | 市场数量(个) | 总摊位数(个) | 年末出租摊位数(个) | 营业面积(平方米) | 成交额(万元) |
|---|---|---|---|---|---|
| 玩具市场 | | | | | |
| 文具市场 | | | | | |
| 图书、报刊杂志市场 | | | | | |
| 音像制品及电子出版物市场 | | | | | |
| 体育用品市场 | | | | | |
| 其他日用品及文化用品市场 | | | | | |
| 黄金、珠宝、玉器等首饰市场 | | | | | |
| 电器、通讯器材、电子设备市场 | | | | | |
| 家电市场 | | | | | |
| 通讯器材市场 | | | | | |
| 照相、摄像器材市场 | | | | | |
| 计算机及辅助设备市场 | | | | | |
| 其他电器、通讯器材、电子设备市场 | | | | | |
| 医药、医疗用品及器材市场 | 1 | 29 | 29 | 1500 | 19800 |
| 中药材市场 | 1 | 29 | 29 | 1500 | 19800 |
| 其他医药、医疗用品及器材市场 | | | | | |
| 家具、五金及装饰材料市场 | 2 | 995 | 869 | 14000 | 158933 |
| 家具市场 | | | | | |
| 装饰材料市场 | 1 | 345 | 345 | 4000 | 116373 |
| 灯具市场 | | | | | |
| 厨具、盥洗设备市场 | | | | | |
| 五金材料市场 | 1 | 650 | 524 | 10000 | 42560 |
| 其他装修市场 | | | | | |
| 汽车、摩托车及零配件市场 | | | | | |
| 汽车市场 | | | | | |
| 摩托车市场 | | | | | |
| 机动车零配件市场 | | | | | |
| 花、鸟、鱼、虫市场 | | | | | |
| 花卉市场 | | | | | |
| 鸟市场 | | | | | |
| 观赏鱼市场 | | | | | |
| 其他花鸟鱼虫市场 | | | | | |
| 旧货市场 | | | | | |
| 古玩、古董、字画市场 | | | | | |
| 邮票、硬币市场 | | | | | |
| 其他旧货市场 | | | | | |
| 其他专业市场 | 1 | 1000 | 900 | 33350 | 31660 |

1-4 续表 4

(其他)

| 项目 | 市场数量（个） | 总摊位数（个） | 年末出租摊位数（个） | 营业面积（平方米） | 成交额（万元） |
|---|---|---|---|---|---|
| **总 计** | **6** | **2443** | **2144** | **112576** | **212871** |
| **1.综合市场** | **2** | **1476** | **1177** | **40800** | **56919** |
| 生产资料综合市场 | | | | | |
| 工业消费品综合市场 | | | | | |
| 农产品综合市场 | 1 | 402 | 387 | 21800 | 11907 |
| 其他综合市场 | 1 | 1074 | 790 | 19000 | 45012 |
| **2.专业市场** | **4** | **967** | **967** | **71776** | **155952** |
| 生产资料市场 | 1 | 91 | 91 | 36066 | 101985 |
| 农业生产用具市场 | | | | | |
| 农用生产资料市场 | | | | | |
| 煤炭市场 | | | | | |
| 木材市场 | 1 | 91 | 91 | 36066 | 101985 |
| 建材市场 | | | | | |
| 化工材料及制品市场 | | | | | |
| 金属材料市场 | | | | | |
| 机械设备市场 | | | | | |
| 其他生产资料市场 | | | | | |
| 农产品市场 | 1 | 200 | 200 | 20000 | 11000 |
| 粮油市场 | | | | | |
| 肉禽蛋市场 | | | | | |
| 水产品市场 | | | | | |
| 蔬菜市场 | | | | | |
| 干鲜果品市场 | | | | | |
| 棉麻土畜、烟叶市场 | 1 | 200 | 200 | 20000 | 11000 |
| 其他农产品市场 | | | | | |
| 食品、饮料及烟酒市场 | 1 | 360 | 360 | 10500 | 32857 |
| 食品饮料市场 | 1 | 360 | 360 | 10500 | 32857 |
| 茶叶市场 | | | | | |
| 烟酒市场 | | | | | |
| 其他食品饮料及烟酒市场 | | | | | |
| 纺织、服装、鞋帽市场 | 1 | 316 | 316 | 5210 | 10110 |
| 布料及纺织品市场 | | | | | |
| 服装市场 | | | | | |
| 鞋帽市场 | | | | | |
| 其他纺织服装鞋帽市场 | 1 | 316 | 316 | 5210 | 10110 |
| 日用品及文化用品市场 | | | | | |
| 小商品市场 | | | | | |
| 箱包市场 | | | | | |

1-4　续表 5

(其他)

| 项　　目 | 市场数量(个) | 总摊位数(个) | 年末出租摊位数(个) | 营业面积(平方米) | 成交额(万元) |
|---|---|---|---|---|---|
| 玩具市场 | | | | | |
| 文具市场 | | | | | |
| 图书、报刊杂志市场 | | | | | |
| 音像制品及电子出版物市场 | | | | | |
| 体育用品市场 | | | | | |
| 其他日用品及文化用品市场 | | | | | |
| 黄金、珠宝、玉器等首饰市场 | | | | | |
| 电器、通讯器材、电子设备市场 | | | | | |
| 家电市场 | | | | | |
| 通讯器材市场 | | | | | |
| 照相、摄像器材市场 | | | | | |
| 计算机及辅助设备市场 | | | | | |
| 其他电器、通讯器材、电子设备市场 | | | | | |
| 医药、医疗用品及器材市场 | | | | | |
| 中药材市场 | | | | | |
| 其他医药、医疗用品及器材市场 | | | | | |
| 家具、五金及装饰材料市场 | | | | | |
| 家具市场 | | | | | |
| 装饰材料市场 | | | | | |
| 灯具市场 | | | | | |
| 厨具、盥洗设备市场 | | | | | |
| 五金材料市场 | | | | | |
| 其他装修市场 | | | | | |
| 汽车、摩托车及零配件市场 | | | | | |
| 汽车市场 | | | | | |
| 摩托车市场 | | | | | |
| 机动车零配件市场 | | | | | |
| 花、鸟、鱼、虫市场 | | | | | |
| 花卉市场 | | | | | |
| 鸟市场 | | | | | |
| 观赏鱼市场 | | | | | |
| 其他花鸟鱼虫市场 | | | | | |
| 旧货市场 | | | | | |
| 古玩、古董、字画市场 | | | | | |
| 邮票、硬币市场 | | | | | |
| 其他旧货市场 | | | | | |
| 其他专业市场 | | | | | |

# 1-5 商品交易市场情况(按经营方式分)

(批发为主)

| 项　　目 | 市场数量(个) | 总摊位数(个) | 年末出租摊位数(个) | 营业面积(平方米) | 成交额(万元) |
|---|---|---|---|---|---|
| **总　计** | **2879** | **2762568** | **2399095** | **233901620** | **858369461** |
| **1.综合市场** | **533** | **917120** | **781650** | **61807926** | **202042103** |
| 生产资料综合市场 | 50 | 65390 | 58099 | 8391552 | 13533299 |
| 工业消费品综合市场 | 141 | 380022 | 331382 | 21586503 | 68341165 |
| 农产品综合市场 | 214 | 251190 | 223087 | 18942145 | 80373909 |
| 其他综合市场 | 128 | 220518 | 169082 | 12887726 | 39793730 |
| **2.专业市场** | **2346** | **1845448** | **1617445** | **172093694** | **656327358** |
| 生产资料市场 | 648 | 339560 | 284443 | 65583222 | 273861693 |
| 农业生产用具市场 | 19 | 6325 | 5419 | 1442876 | 2258153 |
| 农用生产资料市场 | 28 | 7110 | 6617 | 1063832 | 1655157 |
| 煤炭市场 | 6 | 3727 | 3492 | 3762080 | 2965148 |
| 木材市场 | 51 | 19926 | 18181 | 5716238 | 7378181 |
| 建材市场 | 195 | 130272 | 97075 | 22632616 | 17437374 |
| 化工材料及制品市场 | 35 | 25365 | 23267 | 2302807 | 33750825 |
| 金属材料市场 | 229 | 100098 | 87192 | 23356137 | 178266318 |
| 机械设备市场 | 49 | 27867 | 25930 | 2782272 | 7404701 |
| 其他生产资料市场 | 36 | 18870 | 17270 | 2524364 | 22745836 |
| 农产品市场 | 748 | 527580 | 462198 | 41041038 | 155808671 |
| 粮油市场 | 92 | 26095 | 22912 | 3463817 | 18043482 |
| 肉禽蛋市场 | 68 | 24786 | 23262 | 2326807 | 12000653 |
| 水产品市场 | 112 | 79036 | 70992 | 4515939 | 31165649 |
| 蔬菜市场 | 263 | 234744 | 202903 | 15651549 | 38894870 |
| 干鲜果品市场 | 128 | 83496 | 73225 | 6291306 | 28230046 |
| 棉麻土畜、烟叶市场 | 20 | 22317 | 17071 | 4021474 | 7204286 |
| 其他农产品市场 | 65 | 57106 | 51833 | 4770146 | 20269685 |
| 食品、饮料及烟酒市场 | 85 | 64308 | 49753 | 3310476 | 11221762 |
| 食品饮料市场 | 23 | 18438 | 17311 | 817575 | 2579271 |
| 茶叶市场 | 22 | 20000 | 9975 | 953200 | 2496398 |
| 烟酒市场 | 12 | 4654 | 3327 | 303391 | 687861 |
| 其他食品饮料及烟酒市场 | 28 | 21216 | 19140 | 1236310 | 5458232 |
| 纺织、服装、鞋帽市场 | 315 | 532516 | 484340 | 24726052 | 127652582 |
| 布料及纺织品市场 | 65 | 120311 | 105036 | 8728201 | 59434356 |
| 服装市场 | 182 | 307133 | 281216 | 12169836 | 46158110 |
| 鞋帽市场 | 36 | 25705 | 22664 | 1272084 | 4556781 |
| 其他纺织服装鞋帽市场 | 32 | 79367 | 75424 | 2555931 | 17503335 |
| 日用品及文化用品市场 | 72 | 58650 | 52758 | 2611080 | 10618090 |
| 小商品市场 | 32 | 32564 | 30811 | 883859 | 4629270 |
| 箱包市场 | 5 | 6466 | 5053 | 564400 | 1885880 |

1-5 续表 1

(批发为主)

| 项 目 | 市场数量(个) | 总摊位数(个) | 年末出租摊位数(个) | 营业面积(平方米) | 成交额(万元) |
|---|---|---|---|---|---|
| 玩具市场 | 3 | 1136 | 1055 | 119410 | 240103 |
| 文具市场 | 6 | 2199 | 2037 | 172320 | 276829 |
| 图书、报刊杂志市场 | 6 | 978 | 880 | 73413 | 177018 |
| 音像制品及电子出版物市场 | | | | | |
| 体育用品市场 | | | | | |
| 其他日用品及文化用品市场 | 20 | 15307 | 12922 | 797678 | 3408990 |
| 黄金、珠宝、玉器等首饰市场 | 14 | 8482 | 6647 | 629373 | 4330148 |
| 电器、通讯器材、电子设备市场 | 50 | 27457 | 23989 | 1931869 | 4193443 |
| 家电市场 | 25 | 11129 | 9048 | 1404410 | 2563788 |
| 通讯器材市场 | 9 | 5426 | 5178 | 182300 | 630786 |
| 照相、摄像器材市场 | 1 | 300 | 278 | 13066 | 34293 |
| 计算机及辅助设备市场 | 10 | 7165 | 6465 | 208793 | 516408 |
| 其他电器、通讯器材、电子设备市场 | 5 | 3437 | 3020 | 123300 | 448168 |
| 医药、医疗用品及器材市场 | 20 | 34112 | 25954 | 1352192 | 8845104 |
| 中药材市场 | 20 | 34112 | 25954 | 1352192 | 8845104 |
| 其他医药、医疗用品及器材市场 | | | | | |
| 家具、五金及装饰材料市场 | 240 | 161261 | 150186 | 19996858 | 31354927 |
| 家具市场 | 30 | 27415 | 25727 | 5376829 | 7018174 |
| 装饰材料市场 | 102 | 59555 | 56740 | 7538317 | 10750740 |
| 灯具市场 | 12 | 7512 | 7257 | 976800 | 1736111 |
| 厨具、盥洗设备市场 | 4 | 2709 | 1785 | 292568 | 207436 |
| 五金材料市场 | 68 | 45584 | 41429 | 4108109 | 8862077 |
| 其他装修市场 | 24 | 18486 | 17248 | 1704235 | 2780389 |
| 汽车、摩托车及零配件市场 | 89 | 44446 | 37811 | 5336575 | 19353089 |
| 汽车市场 | 30 | 15542 | 11896 | 2730941 | 9456748 |
| 摩托车市场 | 7 | 2272 | 2092 | 158904 | 526505 |
| 机动车零配件市场 | 52 | 26632 | 23823 | 2446730 | 9369836 |
| 花、鸟、鱼、虫市场 | 20 | 17156 | 15948 | 3118145 | 3927895 |
| 花卉市场 | 18 | 16408 | 15230 | 3075165 | 3872406 |
| 鸟市场 | | | | | |
| 观赏鱼市场 | | | | | |
| 其他花鸟鱼虫市场 | 2 | 748 | 718 | 42980 | 55489 |
| 旧货市场 | 5 | 567 | 441 | 102661 | 354885 |
| 古玩、古董、字画市场 | | | | | |
| 邮票、硬币市场 | | | | | |
| 其他旧货市场 | 5 | 567 | 441 | 102661 | 354885 |
| 其他专业市场 | 40 | 29353 | 22977 | 2354153 | 4805069 |

1-5 续表 2

(零售为主)

| 项　　目 | 市场数量(个) | 总摊位数(个) | 年末出租摊位数(个) | 营业面积(平方米) | 成交额(万元) |
|---|---|---|---|---|---|
| **总　计** | **2073** | **1183544** | **1069543** | **66755708** | **142968404** |
| **1.综合市场** | **846** | **557148** | **498632** | **17972770** | **42486909** |
| 生产资料综合市场 | 1 | 2424 | 2424 | 100000 | 37818 |
| 工业消费品综合市场 | 161 | 177626 | 160761 | 7464915 | 14302506 |
| 农产品综合市场 | 469 | 216956 | 194054 | 4799109 | 19980300 |
| 其他综合市场 | 215 | 160142 | 141393 | 5608746 | 8166285 |
| **2.专业市场** | **1227** | **626396** | **570911** | **48782938** | **100481495** |
| 生产资料市场 | 32 | 13102 | 12381 | 1977519 | 2719601 |
| 农业生产用具市场 | | | | | |
| 农用生产资料市场 | | | | | |
| 煤炭市场 | | | | | |
| 木材市场 | | | | | |
| 建材市场 | 32 | 13102 | 12381 | 1977519 | 2719601 |
| 化工材料及制品市场 | | | | | |
| 金属材料市场 | | | | | |
| 机械设备市场 | | | | | |
| 其他生产资料市场 | | | | | |
| 农产品市场 | 231 | 106339 | 96332 | 3113353 | 9029598 |
| 粮油市场 | 11 | 8946 | 8912 | 158572 | 655766 |
| 肉禽蛋市场 | 57 | 24205 | 21473 | 486703 | 2011366 |
| 水产品市场 | 33 | 17309 | 15892 | 418747 | 2025724 |
| 蔬菜市场 | 36 | 12476 | 11777 | 854560 | 1243887 |
| 干鲜果品市场 | 1 | 180 | 170 | 2100 | 26300 |
| 棉麻土畜、烟叶市场 | 1 | 200 | 200 | 20000 | 11000 |
| 其他农产品市场 | 92 | 43023 | 37908 | 1172671 | 3055555 |
| 食品、饮料及烟酒市场 | 39 | 22635 | 19792 | 729551 | 1605754 |
| 食品饮料市场 | 18 | 11779 | 9414 | 380050 | 1006676 |
| 茶叶市场 | 4 | 2518 | 2514 | 113600 | 193139 |
| 烟酒市场 | 2 | 1056 | 1047 | 51800 | 46632 |
| 其他食品饮料及烟酒市场 | 15 | 7282 | 6817 | 184101 | 359307 |
| 纺织、服装、鞋帽市场 | 237 | 207867 | 193419 | 6704443 | 13156960 |
| 布料及纺织品市场 | 4 | 1470 | 1299 | 33136 | 113786 |
| 服装市场 | 172 | 145107 | 137191 | 5344017 | 9756435 |
| 鞋帽市场 | 2 | 2900 | 2100 | 6500 | 58604 |
| 其他纺织服装鞋帽市场 | 59 | 58390 | 52829 | 1320790 | 3228135 |
| 日用品及文化用品市场 | 20 | 9049 | 7743 | 344189 | 882011 |
| 小商品市场 | 6 | 4376 | 3342 | 203000 | 194257 |
| 箱包市场 | | | | | |

1-5　续表 3

(零售为主)

| 项　　目 | 市场数量(个) | 总摊位数(个) | 年末出租摊位数(个) | 营业面积(平方米) | 成交额(万元) |
|---|---|---|---|---|---|
| 玩具市场 | | | | | |
| 文具市场 | | | | | |
| 图书、报刊杂志市场 | 2 | 507 | 505 | 18100 | 131144 |
| 音像制品及电子出版物市场 | 3 | 686 | 678 | 20500 | 173076 |
| 体育用品市场 | | | | | |
| 其他日用品及文化用品市场 | 9 | 3480 | 3218 | 102589 | 383534 |
| 黄金、珠宝、玉器等首饰市场 | 12 | 10206 | 9977 | 1320165 | 592231 |
| 电器、通讯器材、电子设备市场 | 91 | 35542 | 31166 | 1414641 | 4979681 |
| 家电市场 | 10 | 2386 | 2021 | 130060 | 434606 |
| 通讯器材市场 | 14 | 5284 | 5005 | 203564 | 461953 |
| 照相、摄像器材市场 | 1 | 247 | 183 | 7800 | 35579 |
| 计算机及辅助设备市场 | 62 | 26430 | 22789 | 1047437 | 3946331 |
| 其他电器、通讯器材、电子设备市场 | 4 | 1195 | 1168 | 25780 | 101212 |
| 医药、医疗用品及器材市场 | 2 | 482 | 482 | 27682 | 165811 |
| 中药材市场 | 2 | 482 | 482 | 27682 | 165811 |
| 其他医药、医疗用品及器材市场 | | | | | |
| 家具、五金及装饰材料市场 | 345 | 149592 | 135111 | 22277191 | 19305509 |
| 家具市场 | 143 | 50382 | 44723 | 9618548 | 7581931 |
| 装饰材料市场 | 147 | 64589 | 58170 | 8735049 | 8044744 |
| 灯具市场 | 5 | 1110 | 703 | 191214 | 261405 |
| 厨具、盥洗设备市场 | 1 | 380 | 380 | 81200 | 26138 |
| 五金材料市场 | 10 | 6109 | 5645 | 555394 | 641948 |
| 其他装修市场 | 39 | 27022 | 25490 | 3095786 | 2749343 |
| 汽车、摩托车及零配件市场 | 181 | 45598 | 39160 | 9664922 | 44745558 |
| 汽车市场 | 156 | 35207 | 29338 | 8875723 | 43613221 |
| 摩托车市场 | 3 | 1547 | 1532 | 118026 | 116985 |
| 机动车零配件市场 | 22 | 8844 | 8290 | 671173 | 1015352 |
| 花、鸟、鱼、虫市场 | 9 | 3665 | 3660 | 203997 | 341192 |
| 花卉市场 | 6 | 2835 | 2835 | 176322 | 190673 |
| 鸟市场 | | | | | |
| 观赏鱼市场 | | | | | |
| 其他花鸟鱼虫市场 | 3 | 830 | 825 | 27675 | 150519 |
| 旧货市场 | 12 | 8112 | 7754 | 240325 | 308266 |
| 古玩、古董、字画市场 | 2 | 875 | 868 | 27840 | 22425 |
| 邮票、硬币市场 | | | | | |
| 其他旧货市场 | 10 | 7237 | 6886 | 212485 | 285841 |
| 其他专业市场 | 16 | 14207 | 13934 | 764960 | 2649323 |

# 1-6 商品交易市场情况(按经营环境分)

(露天式)

| 项目 | 市场数量(个) | 总摊位数(个) | 年末出租摊位数(个) | 营业面积(平方米) | 成交额(万元) |
|---|---|---|---|---|---|
| **总计** | **790** | **516817** | **455967** | **58143204** | **137579763** |
| **1.综合市场** | **128** | **111411** | **98899** | **8493738** | **21996298** |
| 生产资料综合市场 | 4 | 3470 | 3341 | 172540 | 133578 |
| 工业消费品综合市场 | 18 | 11533 | 11104 | 371647 | 799438 |
| 农产品综合市场 | 69 | 63509 | 58311 | 5916569 | 19279817 |
| 其他综合市场 | 37 | 32899 | 26143 | 2032982 | 1783465 |
| **2.专业市场** | **662** | **405406** | **357068** | **49649466** | **115583465** |
| 生产资料市场 | 199 | 79284 | 70294 | 24443935 | 51429196 |
| 农业生产用具市场 | 7 | 2764 | 2639 | 519326 | 1303207 |
| 农用生产资料市场 | 4 | 2192 | 2192 | 352956 | 203570 |
| 煤炭市场 | 2 | 86 | 86 | 2405100 | 1357498 |
| 木材市场 | 28 | 6647 | 5697 | 3955432 | 3969094 |
| 建材市场 | 32 | 18047 | 17183 | 3601332 | 4824906 |
| 化工材料及制品市场 | 5 | 3014 | 2917 | 337856 | 1245162 |
| 金属材料市场 | 111 | 40824 | 34636 | 12759598 | 37541288 |
| 机械设备市场 | 6 | 3611 | 3042 | 280715 | 440522 |
| 其他生产资料市场 | 4 | 2099 | 1902 | 231620 | 543949 |
| 农产品市场 | 268 | 216175 | 189824 | 14963098 | 33755669 |
| 粮油市场 | 22 | 9058 | 8884 | 991986 | 2216273 |
| 肉禽蛋市场 | 18 | 5947 | 5509 | 1164258 | 1232185 |
| 水产品市场 | 29 | 15119 | 13857 | 1119554 | 6574611 |
| 蔬菜市场 | 119 | 125759 | 107013 | 6974039 | 10611015 |
| 干鲜果品市场 | 47 | 36610 | 32537 | 2360847 | 8349419 |
| 棉麻土畜、烟叶市场 | 8 | 5940 | 4928 | 546290 | 195556 |
| 其他农产品市场 | 25 | 17742 | 17096 | 1806124 | 4576610 |
| 食品、饮料及烟酒市场 | 15 | 12745 | 11248 | 742555 | 1254214 |
| 食品饮料市场 | 3 | 1100 | 1100 | 20236 | 89953 |
| 茶叶市场 | 4 | 4399 | 4167 | 435718 | 724304 |
| 烟酒市场 | 4 | 3015 | 1808 | 109151 | 96260 |
| 其他食品饮料及烟酒市场 | 4 | 4231 | 4173 | 177450 | 343697 |
| 纺织、服装、鞋帽市场 | 28 | 24828 | 22894 | 1126336 | 5695643 |
| 布料及纺织品市场 | 4 | 4260 | 4004 | 322026 | 3528745 |
| 服装市场 | 14 | 16032 | 14521 | 372705 | 433824 |
| 鞋帽市场 | 6 | 2156 | 2048 | 156845 | 1490578 |
| 其他纺织服装鞋帽市场 | 4 | 2380 | 2321 | 274760 | 242496 |
| 日用品及文化用品市场 | 3 | 1495 | 1488 | 74850 | 258025 |
| 小商品市场 | 1 | 390 | 390 | 13000 | 31563 |
| 箱包市场 | | | | | |

1-6 续表 1

(露天式)

| 项目 | 市场数量(个) | 总摊位数(个) | 年末出租摊位数(个) | 营业面积(平方米) | 成交额(万元) |
|---|---|---|---|---|---|
| 玩具市场 | | | | | |
| 文具市场 | | | | | |
| 图书、报刊杂志市场 | | | | | |
| 音像制品及电子出版物市场 | | | | | |
| 体育用品市场 | | | | | |
| 其他日用品及文化用品市场 | 2 | 1105 | 1098 | 61850 | 226462 |
| 黄金、珠宝、玉器等首饰市场 | 1 | 724 | 724 | 57420 | 34327 |
| 电器、通讯器材、电子设备市场 | 1 | 485 | 472 | 25800 | 21839 |
| 家电市场 | | | | | |
| 通讯器材市场 | 1 | 485 | 472 | 25800 | 21839 |
| 照相、摄像器材市场 | | | | | |
| 计算机及辅助设备市场 | | | | | |
| 其他电器、通讯器材、电子设备市场 | | | | | |
| 医药、医疗用品及器材市场 | 2 | 1946 | 1901 | 27250 | 81822 |
| 中药材市场 | 2 | 1946 | 1901 | 27250 | 81822 |
| 其他医药、医疗用品及器材市场 | | | | | |
| 家具、五金及装饰材料市场 | 35 | 13034 | 12583 | 1775978 | 2961649 |
| 家具市场 | 3 | 905 | 865 | 189000 | 206440 |
| 装饰材料市场 | 18 | 5970 | 5769 | 634733 | 1539519 |
| 灯具市场 | 2 | 510 | 510 | 16930 | 25460 |
| 厨具、盥洗设备市场 | | | | | |
| 五金材料市场 | 9 | 4829 | 4719 | 773697 | 819205 |
| 其他装修市场 | 3 | 820 | 720 | 161618 | 371025 |
| 汽车、摩托车及零配件市场 | 75 | 21995 | 19422 | 3785114 | 14523109 |
| 汽车市场 | 61 | 16746 | 14615 | 3336837 | 13579095 |
| 摩托车市场 | | | | | |
| 机动车零配件市场 | 14 | 5249 | 4807 | 448277 | 944014 |
| 花、鸟、鱼、虫市场 | 3 | 3210 | 2710 | 540320 | 1801382 |
| 花卉市场 | 2 | 3050 | 2550 | 528320 | 1766628 |
| 鸟市场 | | | | | |
| 观赏鱼市场 | | | | | |
| 其他花鸟鱼虫市场 | 1 | 160 | 160 | 12000 | 34754 |
| 旧货市场 | 4 | 632 | 593 | 85801 | 161759 |
| 古玩、古董、字画市场 | | | | | |
| 邮票、硬币市场 | | | | | |
| 其他旧货市场 | 4 | 632 | 593 | 85801 | 161759 |
| 其他专业市场 | 28 | 28853 | 22915 | 2001009 | 3604831 |

1-6　续表 2

(封闭式)

| 项　　目 | 市场数量（个） | 总摊位数（个） | 年末出租摊位数（个） | 营业面积（平方米） | 成交额（万元） |
|---|---|---|---|---|---|
| **总　计** | **3554** | **2982315** | **2611826** | **195119570** | **718310316** |
| **1.综合市场** | **1048** | **1165276** | **1000866** | **57856845** | **182508914** |
| 生产资料综合市场 | 39 | 45127 | 40043 | 5214342 | 5918248 |
| 工业消费品综合市场 | 256 | 502040 | 439157 | 25843809 | 77077046 |
| 农产品综合市场 | 520 | 328472 | 290310 | 12962671 | 59830097 |
| 其他综合市场 | 233 | 289637 | 231356 | 13836023 | 39683523 |
| **2.专业市场** | **2506** | **1817039** | **1610960** | **137262725** | **535801402** |
| 生产资料市场 | 387 | 214589 | 173764 | 29699476 | 174810010 |
| 农业生产用具市场 | 11 | 3234 | 2453 | 870850 | 904588 |
| 农用生产资料市场 | 22 | 4493 | 4060 | 684954 | 1394257 |
| 煤炭市场 | 3 | 3633 | 3402 | 1356800 | 1586741 |
| 木材市场 | 13 | 4606 | 3883 | 919980 | 1240570 |
| 建材市场 | 165 | 106128 | 77231 | 11873913 | 12571937 |
| 化工材料及制品市场 | 23 | 13803 | 12306 | 1493258 | 22780868 |
| 金属材料市场 | 87 | 43347 | 37651 | 8096740 | 112367091 |
| 机械设备市场 | 38 | 22118 | 20826 | 2379557 | 6426396 |
| 其他生产资料市场 | 25 | 13227 | 11952 | 2023424 | 15537562 |
| 农产品市场 | 549 | 318666 | 283266 | 19610770 | 97995158 |
| 粮油市场 | 69 | 23895 | 21132 | 2147776 | 13528515 |
| 肉禽蛋市场 | 86 | 36990 | 33883 | 1218167 | 10272825 |
| 水产品市场 | 89 | 61019 | 56087 | 3113565 | 21036027 |
| 蔬菜市场 | 129 | 80779 | 72133 | 6735043 | 22099479 |
| 干鲜果品市场 | 59 | 36057 | 31558 | 2581738 | 12106999 |
| 棉麻土畜、烟叶市场 | 10 | 15896 | 11664 | 1002684 | 4816652 |
| 其他农产品市场 | 107 | 64030 | 56809 | 2811797 | 14134661 |
| 食品、饮料及烟酒市场 | 96 | 68288 | 54088 | 2996180 | 10771421 |
| 食品饮料市场 | 33 | 26315 | 23833 | 1043168 | 3382252 |
| 茶叶市场 | 21 | 17999 | 8267 | 626882 | 1922963 |
| 烟酒市场 | 10 | 2695 | 2566 | 246040 | 638233 |
| 其他食品饮料及烟酒市场 | 32 | 21279 | 19422 | 1080090 | 4827973 |
| 纺织、服装、鞋帽市场 | 501 | 688512 | 629697 | 28963184 | 130628822 |
| 布料及纺织品市场 | 59 | 107948 | 93678 | 7823011 | 53019716 |
| 服装市场 | 330 | 424405 | 393001 | 16525233 | 54662258 |
| 鞋帽市场 | 29 | 23752 | 20054 | 1064239 | 2807146 |
| 其他纺织服装鞋帽市场 | 83 | 132407 | 122964 | 3550701 | 20139702 |
| 日用品及文化用品市场 | 86 | 63428 | 56261 | 2800419 | 10556563 |
| 小商品市场 | 35 | 34224 | 31437 | 1013859 | 4181714 |
| 箱包市场 | 5 | 6466 | 5053 | 564400 | 1885880 |

1-6　续表 3

(封闭式)

| 项　　目 | 市场数量(个) | 总摊位数(个) | 年末出租摊位数(个) | 营业面积(平方米) | 成交额(万元) |
|---|---|---|---|---|---|
| 玩具市场 | 3 | 1136 | 1055 | 119410 | 240103 |
| 文具市场 | 6 | 2199 | 2037 | 172320 | 276829 |
| 图书、报刊杂志市场 | 8 | 1485 | 1385 | 91513 | 308162 |
| 音像制品及电子出版物市场 | 3 | 686 | 678 | 20500 | 173076 |
| 体育用品市场 | | | | | |
| 其他日用品及文化用品市场 | 26 | 17232 | 14616 | 818417 | 3490799 |
| 黄金、珠宝、玉器等首饰市场 | 19 | 11122 | 9274 | 616574 | 4591674 |
| 电器、通讯器材、电子设备市场 | 135 | 53560 | 47813 | 2213464 | 7527732 |
| 家电市场 | 33 | 8713 | 7852 | 503217 | 1577431 |
| 通讯器材市场 | 21 | 9965 | 9451 | 342064 | 1042744 |
| 照相、摄像器材市场 | 2 | 547 | 461 | 20866 | 69872 |
| 计算机及辅助设备市场 | 70 | 29703 | 25861 | 1198237 | 4288305 |
| 其他电器、通讯器材、电子设备市场 | 9 | 4632 | 4188 | 149080 | 549380 |
| 医药、医疗用品及器材市场 | 18 | 31516 | 23725 | 1313942 | 8405282 |
| 中药材市场 | 18 | 31516 | 23725 | 1313942 | 8405282 |
| 其他医药、医疗用品及器材市场 | | | | | |
| 家具、五金及装饰材料市场 | 505 | 276240 | 253307 | 37888309 | 44947646 |
| 家具市场 | 165 | 75340 | 68067 | 14581697 | 14181080 |
| 装饰材料市场 | 211 | 108797 | 100302 | 14600093 | 15951749 |
| 灯具市场 | 12 | 6592 | 6334 | 965970 | 1385906 |
| 厨具、盥洗设备市场 | 5 | 3089 | 2165 | 373768 | 233574 |
| 五金材料市场 | 60 | 42615 | 38676 | 3431117 | 8245243 |
| 其他装修市场 | 52 | 39807 | 37763 | 3935664 | 4950094 |
| 汽车、摩托车及零配件市场 | 161 | 62144 | 51859 | 9632584 | 40337666 |
| 汽车市场 | 99 | 31523 | 24300 | 6918906 | 31029319 |
| 摩托车市场 | 9 | 3005 | 2810 | 226930 | 593276 |
| 机动车零配件市场 | 53 | 27616 | 24749 | 2486748 | 8715071 |
| 花、鸟、鱼、虫市场 | 18 | 13344 | 12874 | 542199 | 1476214 |
| 花卉市场 | 14 | 11926 | 11491 | 483544 | 1304960 |
| 鸟市场 | | | | | |
| 观赏鱼市场 | | | | | |
| 其他花鸟鱼虫市场 | 4 | 1418 | 1383 | 58655 | 171254 |
| 旧货市场 | 8 | 3106 | 2777 | 132450 | 190712 |
| 古玩、古董、字画市场 | 2 | 875 | 868 | 27840 | 22425 |
| 邮票、硬币市场 | | | | | |
| 其他旧货市场 | 6 | 2231 | 1909 | 104610 | 168287 |
| 其他专业市场 | 23 | 12524 | 12255 | 853174 | 3562502 |

1-6　续表 4

(其他)

| 项　　目 | 市场数量(个) | 总摊位数(个) | 年末出租摊位数(个) | 营业面积(平方米) | 成交额(万元) |
|---|---|---|---|---|---|
| **总　计** | **608** | **446980** | **400845** | **47394554** | **145447786** |
| **1.综合市场** | **203** | **197581** | **180517** | **13430113** | **40023800** |
| 生产资料综合市场 | 8 | 19217 | 17139 | 3104670 | 7519291 |
| 工业消费品综合市场 | 28 | 44075 | 41882 | 2835962 | 4767187 |
| 农产品综合市场 | 94 | 76165 | 68520 | 4862014 | 21244295 |
| 其他综合市场 | 73 | 58124 | 52976 | 2627467 | 6493027 |
| **2.专业市场** | **405** | **249399** | **220328** | **33964441** | **105423986** |
| 生产资料市场 | 94 | 58789 | 52766 | 13417330 | 50342088 |
| 农业生产用具市场 | 1 | 327 | 327 | 52700 | 50358 |
| 农用生产资料市场 | 2 | 425 | 365 | 25922 | 57330 |
| 煤炭市场 | 1 | 8 | 4 | 180 | 20909 |
| 木材市场 | 10 | 8673 | 8601 | 840826 | 2168517 |
| 建材市场 | 30 | 19199 | 15042 | 9134890 | 2760132 |
| 化工材料及制品市场 | 7 | 8548 | 8044 | 471693 | 9724795 |
| 金属材料市场 | 31 | 15927 | 14905 | 2499799 | 28357939 |
| 机械设备市场 | 5 | 2138 | 2062 | 122000 | 537783 |
| 其他生产资料市场 | 7 | 3544 | 3416 | 269320 | 6664325 |
| 农产品市场 | 162 | 99078 | 85440 | 9580523 | 33087442 |
| 粮油市场 | 12 | 2088 | 1808 | 482627 | 2954460 |
| 肉禽蛋市场 | 21 | 6054 | 5343 | 431085 | 2507009 |
| 水产品市场 | 27 | 20207 | 16940 | 701567 | 5580735 |
| 蔬菜市场 | 51 | 40682 | 35534 | 2797027 | 7428263 |
| 干鲜果品市场 | 23 | 11009 | 9300 | 1350821 | 7799928 |
| 棉麻土畜、烟叶市场 | 3 | 681 | 679 | 2492500 | 2203078 |
| 其他农产品市场 | 25 | 18357 | 15836 | 1324896 | 4613969 |
| 食品、饮料及烟酒市场 | 13 | 5910 | 4209 | 301292 | 801881 |
| 食品饮料市场 | 5 | 2802 | 1792 | 134221 | 113742 |
| 茶叶市场 | 1 | 120 | 55 | 4200 | 42270 |
| 烟酒市场 | | | | | |
| 其他食品饮料及烟酒市场 | 7 | 2988 | 2362 | 162871 | 645869 |
| 纺织、服装、鞋帽市场 | 23 | 27043 | 25168 | 1340975 | 4485077 |
| 布料及纺织品市场 | 6 | 9573 | 8653 | 616300 | 2999681 |
| 服装市场 | 10 | 11803 | 10885 | 615915 | 818463 |
| 鞋帽市场 | 3 | 2697 | 2662 | 57500 | 317661 |
| 其他纺织服装鞋帽市场 | 4 | 2970 | 2968 | 51260 | 349272 |
| 日用品及文化用品市场 | 3 | 2776 | 2752 | 80000 | 685513 |
| 小商品市场 | 2 | 2326 | 2326 | 60000 | 610250 |
| 箱包市场 | | | | | |

1-6 续表 5

(其他)

| 项 目 | 市场数量(个) | 总摊位数(个) | 年末出租摊位数(个) | 营业面积(平方米) | 成交额(万元) |
|---|---|---|---|---|---|
| 玩具市场 | | | | | |
| 文具市场 | | | | | |
| 图书、报刊杂志市场 | | | | | |
| 音像制品及电子出版物市场 | | | | | |
| 体育用品市场 | | | | | |
| 其他日用品及文化用品市场 | 1 | 450 | 426 | 20000 | 75263 |
| 黄金、珠宝、玉器等首饰市场 | 6 | 6842 | 6626 | 1275544 | 296378 |
| 电器、通讯器材、电子设备市场 | 5 | 8954 | 6870 | 1107246 | 1623553 |
| 家电市场 | 2 | 4802 | 3217 | 1031253 | 1420963 |
| 通讯器材市场 | 1 | 260 | 260 | 18000 | 28156 |
| 照相、摄像器材市场 | | | | | |
| 计算机及辅助设备市场 | 2 | 3892 | 3393 | 57993 | 174434 |
| 其他电器、通讯器材、电子设备市场 | | | | | |
| 医药、医疗用品及器材市场 | 2 | 1132 | 810 | 38682 | 523811 |
| 中药材市场 | 2 | 1132 | 810 | 38682 | 523811 |
| 其他医药、医疗用品及器材市场 | | | | | |
| 家具、五金及装饰材料市场 | 45 | 21579 | 19407 | 2609762 | 2751141 |
| 家具市场 | 5 | 1552 | 1518 | 224680 | 212585 |
| 装饰材料市场 | 20 | 9377 | 8839 | 1038540 | 1304216 |
| 灯具市场 | 3 | 1520 | 1116 | 185114 | 586150 |
| 厨具、盥洗设备市场 | | | | | |
| 五金材料市场 | 9 | 4249 | 3679 | 458689 | 439577 |
| 其他装修市场 | 8 | 4881 | 4255 | 702739 | 208613 |
| 汽车、摩托车及零配件市场 | 34 | 5905 | 5690 | 1583799 | 9237872 |
| 汽车市场 | 26 | 2480 | 2319 | 1350921 | 8461555 |
| 摩托车市场 | 1 | 814 | 814 | 50000 | 50214 |
| 机动车零配件市场 | 7 | 2611 | 2557 | 182878 | 726103 |
| 花、鸟、鱼、虫市场 | 8 | 4267 | 4024 | 2239623 | 991491 |
| 花卉市场 | 8 | 4267 | 4024 | 2239623 | 991491 |
| 鸟市场 | | | | | |
| 观赏鱼市场 | | | | | |
| 其他花鸟鱼虫市场 | | | | | |
| 旧货市场 | 5 | 4941 | 4825 | 124735 | 310680 |
| 古玩、古董、字画市场 | | | | | |
| 邮票、硬币市场 | | | | | |
| 其他旧货市场 | 5 | 4941 | 4825 | 124735 | 310680 |
| 其他专业市场 | 5 | 2183 | 1741 | 264930 | 287059 |

# 1-7 商品交易市场成交情况(按摊位分)

| 摊　　位 | 摊位数(个) | 成交额(万元) |
|---|---|---|
| **总　计** | **3468638** | **1001337865** |
| 1.粮油、食品类 | 987696 | 263799878 |
| 其中:粮油类 | 96768 | 35887167 |
| 肉禽蛋类 | 139513 | 35758608 |
| 水产品类 | 140308 | 53736392 |
| 蔬菜类 | 402467 | 69248667 |
| 干鲜果品类 | 173237 | 61463355 |
| 2.饮料类 | 49018 | 11122314 |
| 3.烟酒类 | 43173 | 10904140 |
| 4.服装、鞋帽、针纺织品类 | 956785 | 171521637 |
| (1)服装类 | 582495 | 74683983 |
| (2)鞋帽类 | 138922 | 17968114 |
| (3)针纺织品类 | 235368 | 78869540 |
| 5.化妆品类 | 25411 | 3058471 |
| 6.金银珠宝类 | 22345 | 6650335 |
| 7.日用品类 | 180277 | 32407650 |
| 其中：儿童玩具类 | 32004 | 4889308 |
| 8.五金、电料类 | 120858 | 23941486 |
| 9.体育、娱乐用品类 | 12885 | 2127346 |
| 其中：照相器材类 | 682 | 69040 |
| 10.书报杂志类 | 4706 | 810857 |
| 11.电子出版物及音像制品类 | 9176 | 2142504 |
| 12.家用电器和音像器材类 | 34469 | 6647268 |
| 13.中西药品类 | 30143 | 12585682 |
| 其中:西药类 | 1396 | 481751 |
| 中草药及中成药类 | 28082 | 11987509 |
| 14.文化办公用品类 | 63926 | 10078059 |
| 其中：计算机及其配套产品 | 26840 | 3866432 |
| 15.家具类 | 100748 | 20938392 |
| 16.通讯器材类 | 22289 | 3062324 |
| 17.煤炭及制品类 | 3800 | 3518228 |
| 18.木材及制品类 | 30904 | 9820953 |
| 19.石油及制品类 | 2140 | 20720074 |
| 20.化工材料及制品类 | 48864 | 38447312 |
| 其中：化肥类 | 4076 | 1187056 |
| 21.金属材料类 | 95167 | 180680304 |
| 22.建筑及装潢材料类 | 281026 | 49244138 |
| 23.机电产品及设备类 | 53259 | 14772929 |
| 其中：农机类 | 5826 | 2299631 |
| 24.汽车类 | 75301 | 65680311 |
| 25.种子饲料类 | 8356 | 1340913 |
| 26.棉麻类 | 5521 | 5172498 |
| 27.其他类 | 200395 | 30141862 |

# 1-8　商品交易市场成交情况(按摊位与营业状态分)

(常年营业)

| 摊　位 | 年末出租摊位数(个) | 成交额(万元) |
|---|---|---|
| **总　计** | **3437194** | **995279307** |
| 1.粮油、食品类 | 963266 | 259794474 |
| 其中:粮油类 | 95898 | 35818691 |
| 肉禽蛋类 | 138236 | 35687258 |
| 水产品类 | 139608 | 53463897 |
| 蔬菜类 | 388350 | 66508822 |
| 干鲜果品类 | 166270 | 60697031 |
| 2.饮料类 | 48463 | 10602461 |
| 3.烟酒类 | 43038 | 10898085 |
| 4.服装、鞋帽、针纺织品类 | 954924 | 171255589 |
| (1)服装类 | 580943 | 74423746 |
| (2)鞋帽类 | 138730 | 17963985 |
| (3)针纺织品类 | 235251 | 78867858 |
| 5.化妆品类 | 25382 | 3057610 |
| 6.金银珠宝类 | 22345 | 6650335 |
| 7.日用品类 | 180198 | 32405001 |
| 其中：儿童玩具类 | 31995 | 4889103 |
| 8.五金、电料类 | 120194 | 23892888 |
| 9.体育、娱乐用品类 | 12882 | 2127316 |
| 其中：照相器材类 | 682 | 69040 |
| 10.书报杂志类 | 4700 | 810826 |
| 11.电子出版物及音像制品类 | 9125 | 2139745 |
| 12.家用电器和音像器材类 | 34454 | 6647068 |
| 13.中西药品类 | 30095 | 12565132 |
| 其中:西药类 | 1380 | 481247 |
| 中草药及中成药类 | 28050 | 11967463 |
| 14.文化办公用品类 | 63892 | 10076875 |
| 其中：计算机及其配套产品 | 26836 | 3866349 |
| 15.家具类 | 100738 | 20938270 |
| 16.通讯器材类 | 22234 | 3057456 |
| 17.煤炭及制品类 | 3772 | 3517687 |
| 18.木材及制品类 | 30785 | 9717127 |
| 19.石油及制品类 | 2114 | 20717205 |
| 20.化工材料及制品类 | 48799 | 38417824 |
| 其中：化肥类 | 4011 | 1157568 |
| 21.金属材料类 | 94437 | 180108748 |
| 22.建筑及装潢材料类 | 280654 | 49125788 |
| 23.机电产品及设备类 | 53039 | 14744721 |
| 其中：农机类 | 5626 | 2271842 |
| 24.汽车类 | 75301 | 65680311 |
| 25.种子饲料类 | 8299 | 1336481 |
| 26.棉麻类 | 5019 | 5033732 |
| 27.其他类 | 199045 | 29960552 |

1-8 续表 1

(季节性营业)

| 摊　　位 | 年末出租摊位数(个) | 成交额(万元) |
|---|---|---|
| **总　计** | **29300** | **5845687** |
| 1.粮油、食品类 | 23501 | 3936735 |
| 其中:粮油类 | 764 | 65927 |
| 肉禽蛋类 | 888 | 39634 |
| 水产品类 | 681 | 272350 |
| 蔬菜类 | 13987 | 2737145 |
| 干鲜果品类 | 6916 | 759679 |
| 2.饮料类 | 508 | 513121 |
| 3.烟酒类 | 74 | 3804 |
| 4.服装、鞋帽、针纺织品类 | 1486 | 256886 |
| (1)服装类 | 1328 | 255730 |
| (2)鞋帽类 | 88 | 714 |
| (3)针纺织品类 | 70 | 442 |
| 5.化妆品类 | 22 | 195 |
| 6.金银珠宝类 | | |
| 7.日用品类 | 24 | 422 |
| 其中：儿童玩具类 | 6 | 189 |
| 8.五金、电料类 | 591 | 43215 |
| 9.体育、娱乐用品类 | | |
| 其中：照相器材类 | | |
| 10.书报杂志类 | 1 | 11 |
| 11.电子出版物及音像制品类 | 14 | 2578 |
| 12.家用电器和音像器材类 | | |
| 13.中西药品类 | 34 | 19878 |
| 其中:西药类 | 5 | 78 |
| 中草药及中成药类 | 29 | 19800 |
| 14.文化办公用品类 | 2 | 61 |
| 其中：计算机及其配套产品 | 2 | 61 |
| 15.家具类 | 2 | 22 |
| 16.通讯器材类 | 43 | 4738 |
| 17.煤炭及制品类 | 6 | 73 |
| 18.木材及制品类 | 2 | 106 |
| 19.石油及制品类 | 19 | 2258 |
| 20.化工材料及制品类 | 40 | 27300 |
| 其中：化肥类 | 40 | 27300 |
| 21.金属材料类 | 720 | 571328 |
| 22.建筑及装潢材料类 | 360 | 118158 |
| 23.机电产品及设备类 | 199 | 28058 |
| 其中：农机类 | 197 | 27689 |
| 24.汽车类 | | |
| 25.种子饲料类 | 20 | 336 |
| 26.棉麻类 | 492 | 138163 |
| 27.其他类 | 1140 | 178241 |

1-8　续表 2

(其他)

| 摊　　位 | 年末出租摊位数<br>(个) | 成交额<br>(万元) |
|---|---|---|
| **总　计** | **2144** | **212871** |
| 1.粮油、食品类 | 929 | 68669 |
| 其中:粮油类 | 106 | 2549 |
| 肉禽蛋类 | 389 | 31716 |
| 水产品类 | 19 | 145 |
| 蔬菜类 | 130 | 2700 |
| 干鲜果品类 | 51 | 6645 |
| 2.饮料类 | 47 | 6732 |
| 3.烟酒类 | 61 | 2251 |
| 4.服装、鞋帽、针纺织品类 | 375 | 9162 |
| (1)服装类 | 224 | 4507 |
| (2)鞋帽类 | 104 | 3415 |
| (3)针纺织品类 | 47 | 1240 |
| 5.化妆品类 | 7 | 666 |
| 6.金银珠宝类 | | |
| 7.日用品类 | 55 | 2227 |
| 其中：儿童玩具类 | 3 | 16 |
| 8.五金、电料类 | 73 | 5383 |
| 9.体育、娱乐用品类 | 3 | 30 |
| 其中：照相器材类 | | |
| 10.书报杂志类 | 5 | 20 |
| 11.电子出版物及音像制品类 | 37 | 181 |
| 12.家用电器和音像器材类 | 15 | 200 |
| 13.中西药品类 | 14 | 672 |
| 其中:西药类 | 11 | 426 |
| 中草药及中成药类 | 3 | 246 |
| 14.文化办公用品类 | 32 | 1123 |
| 其中：计算机及其配套产品 | 2 | 22 |
| 15.家具类 | 8 | 100 |
| 16.通讯器材类 | 12 | 130 |
| 17.煤炭及制品类 | 22 | 468 |
| 18.木材及制品类 | 117 | 103720 |
| 19.石油及制品类 | 7 | 611 |
| 20.化工材料及制品类 | 25 | 2188 |
| 其中：化肥类 | 25 | 2188 |
| 21.金属材料类 | 10 | 228 |
| 22.建筑及装潢材料类 | 12 | 192 |
| 23.机电产品及设备类 | 21 | 150 |
| 其中：农机类 | 3 | 100 |
| 24.汽车类 | | |
| 25.种子饲料类 | 37 | 4096 |
| 26.棉麻类 | 10 | 603 |
| 27.其他类 | 210 | 3069 |

# 1-9 商品交易市场成交情况(按摊位与经营方式分)

(批发为主)

| 摊　　位 | 年末出租摊位数<br>(个) | 成交额<br>(万元) |
|---|---|---|
| **总　计** | **2399095** | **858369461** |
| 1.粮油、食品类 | 666831 | 231819522 |
| 其中:粮油类 | 59099 | 32353024 |
| 肉禽蛋类 | 66204 | 26463958 |
| 水产品类 | 84926 | 45862088 |
| 蔬菜类 | 291826 | 62508053 |
| 干鲜果品类 | 141992 | 58546976 |
| 2.饮料类 | 34977 | 9962383 |
| 3.烟酒类 | 27815 | 9491392 |
| 4.服装、鞋帽、针纺织品类 | 640608 | 152175516 |
| (1)服装类 | 363526 | 60593099 |
| (2)鞋帽类 | 84891 | 14979583 |
| (3)针纺织品类 | 192191 | 76602834 |
| 5.化妆品类 | 15803 | 2372032 |
| 6.金银珠宝类 | 10914 | 5638820 |
| 7.日用品类 | 130922 | 27905780 |
| 其中：儿童玩具类 | 23646 | 4145071 |
| 8.五金、电料类 | 97919 | 21365954 |
| 9.体育、娱乐用品类 | 9166 | 1770642 |
| 其中：照相器材类 | 178 | 20805 |
| 10.书报杂志类 | 3090 | 637838 |
| 11.电子出版物及音像制品类 | 5567 | 1771060 |
| 12.家用电器和音像器材类 | 24257 | 5223260 |
| 13.中西药品类 | 28223 | 12289600 |
| 其中:西药类 | 854 | 414356 |
| 中草药及中成药类 | 27029 | 11794429 |
| 14.文化办公用品类 | 33402 | 5693149 |
| 其中：计算机及其配套产品 | 7693 | 724312 |
| 15.家具类 | 42965 | 11137914 |
| 16.通讯器材类 | 12728 | 1969323 |
| 17.煤炭及制品类 | 3511 | 3495144 |
| 18.木材及制品类 | 26686 | 9461113 |
| 19.石油及制品类 | 2008 | 20698809 |
| 20.化工材料及制品类 | 47336 | 38369353 |
| 其中：化肥类 | 3029 | 1155091 |
| 21.金属材料类 | 92740 | 180329809 |
| 22.建筑及装潢材料类 | 195836 | 37655550 |
| 23.机电产品及设备类 | 49398 | 14438482 |
| 其中：农机类 | 5222 | 2252380 |
| 24.汽车类 | 38205 | 21080513 |
| 25.种子饲料类 | 7212 | 1287047 |
| 26.棉麻类 | 3917 | 5045041 |
| 27.其他类 | 147059 | 25284415 |

1-9　续表

(零售为主)

| 摊　　位 | 年末出租摊位数(个) | 成交额(万元) |
| --- | --- | --- |
| **总　计** | **1069543** | **142968404** |
| 1.粮油、食品类 | 320865 | 31980356 |
| 其中:粮油类 | 37669 | 3534143 |
| 肉禽蛋类 | 73309 | 9294650 |
| 水产品类 | 55382 | 7874304 |
| 蔬菜类 | 110641 | 6740614 |
| 干鲜果品类 | 31245 | 2916379 |
| 2.饮料类 | 14041 | 1159931 |
| 3.烟酒类 | 15358 | 1412748 |
| 4.服装、鞋帽、针纺织品类 | 316177 | 19346121 |
| (1)服装类 | 218969 | 14090884 |
| (2)鞋帽类 | 54031 | 2988531 |
| (3)针纺织品类 | 43177 | 2266706 |
| 5.化妆品类 | 9608 | 686439 |
| 6.金银珠宝类 | 11431 | 1011515 |
| 7.日用品类 | 49355 | 4501870 |
| 其中：儿童玩具类 | 8358 | 744237 |
| 8.五金、电料类 | 22939 | 2575532 |
| 9.体育、娱乐用品类 | 3719 | 356704 |
| 其中：照相器材类 | 504 | 48235 |
| 10.书报杂志类 | 1616 | 173019 |
| 11.电子出版物及音像制品类 | 3609 | 371444 |
| 12.家用电器和音像器材类 | 10212 | 1424008 |
| 13.中西药品类 | 1920 | 296082 |
| 其中:西药类 | 542 | 67395 |
| 中草药及中成药类 | 1053 | 193080 |
| 14.文化办公用品类 | 30524 | 4384910 |
| 其中：计算机及其配套产品 | 19147 | 3142120 |
| 15.家具类 | 57783 | 9800478 |
| 16.通讯器材类 | 9561 | 1093001 |
| 17.煤炭及制品类 | 289 | 23084 |
| 18.木材及制品类 | 4218 | 359840 |
| 19.石油及制品类 | 132 | 21265 |
| 20.化工材料及制品类 | 1528 | 77959 |
| 其中：化肥类 | 1047 | 31965 |
| 21.金属材料类 | 2427 | 350495 |
| 22.建筑及装潢材料类 | 85190 | 11588588 |
| 23.机电产品及设备类 | 3861 | 334447 |
| 其中：农机类 | 604 | 47251 |
| 24.汽车类 | 37096 | 44599798 |
| 25.种子饲料类 | 1144 | 53866 |
| 26.棉麻类 | 1604 | 127457 |
| 27.其他类 | 53336 | 4857447 |

# 1-10　商品交易市场成交情况(按摊位与经营环境分)

(露天式)

| 摊　　位 | 年末出租摊位数(个) | 成交额(万元) |
|---|---|---|
| **总　计** | **455967** | **137579763** |
| 1.粮油、食品类 | 238955 | 52215622 |
| 其中:粮油类 | 18158 | 4707066 |
| 肉禽蛋类 | 17284 | 4208790 |
| 水产品类 | 20740 | 8246211 |
| 蔬菜类 | 135415 | 18925769 |
| 干鲜果品类 | 43888 | 15703637 |
| 2.饮料类 | 8389 | 1130120 |
| 3.烟酒类 | 6852 | 593842 |
| 4.服装、鞋帽、针纺织品类 | 35982 | 6147481 |
| (1)服装类 | 19805 | 770023 |
| (2)鞋帽类 | 7216 | 1625075 |
| (3)针纺织品类 | 8961 | 3752383 |
| 5.化妆品类 | 1569 | 90645 |
| 6.金银珠宝类 | 262 | 32689 |
| 7.日用品类 | 8307 | 648691 |
| 其中：儿童玩具类 | 1427 | 64252 |
| 8.五金、电料类 | 7987 | 1087430 |
| 9.体育、娱乐用品类 | 875 | 30229 |
| 其中：照相器材类 | 56 | 1808 |
| 10.书报杂志类 | 461 | 11171 |
| 11.电子出版物及音像制品类 | 724 | 27672 |
| 12.家用电器和音像器材类 | 1080 | 178973 |
| 13.中西药品类 | 1243 | 81472 |
| 其中:西药类 | 140 | 8893 |
| 中草药及中成药类 | 991 | 57327 |
| 14.文化办公用品类 | 1073 | 85777 |
| 其中：计算机及其配套产品 | 83 | 4380 |
| 15.家具类 | 1858 | 404763 |
| 16.通讯器材类 | 983 | 112418 |
| 17.煤炭及制品类 | 289 | 1372316 |
| 18.木材及制品类 | 7180 | 4357801 |
| 19.石油及制品类 | 55 | 219307 |
| 20.化工材料及制品类 | 4254 | 1642072 |
| 其中：化肥类 | 1239 | 206470 |
| 21.金属材料类 | 33624 | 37170429 |
| 22.建筑及装潢材料类 | 24989 | 6385256 |
| 23.机电产品及设备类 | 4660 | 1504620 |
| 其中：农机类 | 2071 | 979684 |
| 24.汽车类 | 20616 | 15030413 |
| 25.种子饲料类 | 3006 | 117405 |
| 26.棉麻类 | 705 | 111544 |
| 27.其他类 | 39989 | 6789605 |

1-10　续表 1

(封闭式)

| 摊　　位 | 年末出租摊位数<br>(个) | 成交额<br>(万元) |
| --- | --- | --- |
| **总　计** | **2611826** | **718310316** |
| 1.粮油、食品类 | 586214 | 157917042 |
| 其中:粮油类 | 64034 | 24672989 |
| 肉禽蛋类 | 100495 | 23657462 |
| 水产品类 | 91594 | 35687718 |
| 蔬菜类 | 203113 | 37924539 |
| 干鲜果品类 | 102721 | 31509736 |
| 2.饮料类 | 35242 | 9104127 |
| 3.烟酒类 | 30331 | 9143649 |
| 4.服装、鞋帽、针纺织品类 | 866460 | 158247292 |
| (1)服装类 | 533619 | 71731085 |
| (2)鞋帽类 | 122279 | 15418352 |
| (3)针纺织品类 | 210562 | 71097855 |
| 5.化妆品类 | 22004 | 2739331 |
| 6.金银珠宝类 | 13573 | 5835227 |
| 7.日用品类 | 156342 | 28903929 |
| 其中：儿童玩具类 | 28862 | 4750297 |
| 8.五金、电料类 | 96259 | 19994217 |
| 9.体育、娱乐用品类 | 11064 | 2047034 |
| 其中：照相器材类 | 583 | 63203 |
| 10.书报杂志类 | 3717 | 691661 |
| 11.电子出版物及音像制品类 | 7854 | 2086902 |
| 12.家用电器和音像器材类 | 28253 | 4952038 |
| 13.中西药品类 | 27455 | 11805208 |
| 其中:西药类 | 939 | 318719 |
| 中草药及中成药类 | 26048 | 11398102 |
| 14.文化办公用品类 | 58537 | 9655511 |
| 其中：计算机及其配套产品 | 24248 | 3767844 |
| 15.家具类 | 91513 | 18468898 |
| 16.通讯器材类 | 20452 | 2886313 |
| 17.煤炭及制品类 | 3369 | 2114279 |
| 18.木材及制品类 | 15562 | 3400764 |
| 19.石油及制品类 | 1593 | 14466077 |
| 20.化工材料及制品类 | 35548 | 26403690 |
| 其中：化肥类 | 2464 | 895042 |
| 21.金属材料类 | 46526 | 113696185 |
| 22.建筑及装潢材料类 | 226394 | 37866920 |
| 23.机电产品及设备类 | 40916 | 10962871 |
| 其中：农机类 | 3031 | 1170304 |
| 24.汽车类 | 49126 | 41091577 |
| 25.种子饲料类 | 4380 | 1117249 |
| 26.棉麻类 | 3539 | 2824348 |
| 27.其他类 | 129603 | 19887977 |

1-10 续表 2

(其他)

| 摊　　位 | 年末出租摊位数 (个) | 成交额 (万元) |
|---|---|---|
| **总　计** | **400845** | **145447786** |
| 1.粮油、食品类 | 162527 | 53667214 |
| 其中:粮油类 | 14576 | 6507112 |
| 肉禽蛋类 | 21734 | 7892356 |
| 水产品类 | 27974 | 9802463 |
| 蔬菜类 | 63939 | 12398359 |
| 干鲜果品类 | 26628 | 14249982 |
| 2.饮料类 | 5387 | 888067 |
| 3.烟酒类 | 5990 | 1166649 |
| 4.服装、鞋帽、针纺织品类 | 54343 | 7126864 |
| (1)服装类 | 29071 | 2182875 |
| (2)鞋帽类 | 9427 | 924687 |
| (3)针纺织品类 | 15845 | 4019302 |
| 5.化妆品类 | 1838 | 228495 |
| 6.金银珠宝类 | 8510 | 782419 |
| 7.日用品类 | 15628 | 2855030 |
| 其中：儿童玩具类 | 1715 | 74759 |
| 8.五金、电料类 | 16612 | 2859839 |
| 9.体育、娱乐用品类 | 946 | 50083 |
| 其中：照相器材类 | 43 | 4029 |
| 10.书报杂志类 | 528 | 108025 |
| 11.电子出版物及音像制品类 | 598 | 27930 |
| 12.家用电器和音像器材类 | 5136 | 1516257 |
| 13.中西药品类 | 1445 | 699002 |
| 其中:西药类 | 317 | 154139 |
| 中草药及中成药类 | 1043 | 532080 |
| 14.文化办公用品类 | 4316 | 336771 |
| 其中：计算机及其配套产品 | 2509 | 94208 |
| 15.家具类 | 7377 | 2064731 |
| 16.通讯器材类 | 854 | 63593 |
| 17.煤炭及制品类 | 142 | 31633 |
| 18.木材及制品类 | 8162 | 2062388 |
| 19.石油及制品类 | 492 | 6034690 |
| 20.化工材料及制品类 | 9062 | 10401550 |
| 其中：化肥类 | 373 | 85544 |
| 21.金属材料类 | 15017 | 29813690 |
| 22.建筑及装潢材料类 | 29643 | 4991962 |
| 23.机电产品及设备类 | 7683 | 2305438 |
| 其中：农机类 | 724 | 149643 |
| 24.汽车类 | 5559 | 9558321 |
| 25.种子饲料类 | 970 | 106259 |
| 26.棉麻类 | 1277 | 2236606 |
| 27.其他类 | 30803 | 3464280 |

# 第二部分　地区篇

**简要说明：**

本篇资料的主要内容为亿元以上商品交易市场分地区的情况，包括按照省（区、市）、东中西部及东北地区、36城市、三大地带等，以及按照市场类别、摊位类别、经营方式、经营状态和经营环境的分组数据。

## （一）省、自治区、直辖市

### 2-1 商品交易市场总体情况

| 地　区 | 市场数量（个） | 总摊位数（个） | 年末出租摊位数（个） | 营业面积（平方米） | 成交额（万元） |
|---|---|---|---|---|---|
| **全　国** | **4952** | **3946112** | **3468638** | **300657328** | **1001337865** |
| 北　京 | 125 | 113312 | 97157 | 6922556 | 34824865 |
| 天　津 | 56 | 42197 | 38460 | 4136845 | 15983591 |
| 河　北 | 236 | 362252 | 310062 | 26212084 | 53656163 |
| 山　西 | 36 | 30049 | 27787 | 2722514 | 6303650 |
| 内蒙古 | 73 | 40116 | 37636 | 7632062 | 6065264 |
| 辽　宁 | 206 | 189662 | 174037 | 9054620 | 37613567 |
| 吉　林 | 57 | 53504 | 48878 | 2940888 | 6686166 |
| 黑龙江 | 82 | 61420 | 53362 | 3433811 | 10642004 |
| 上　海 | 155 | 71932 | 66210 | 7886774 | 91139008 |
| 江　苏 | 513 | 394860 | 349680 | 31837270 | 159731075 |
| 浙　江 | 751 | 496206 | 445835 | 30623322 | 161314431 |
| 安　徽 | 136 | 134502 | 120733 | 12929602 | 25668795 |
| 福　建 | 135 | 56598 | 50958 | 3604501 | 15826125 |
| 江　西 | 93 | 76737 | 70449 | 4135120 | 18087331 |
| 山　东 | 595 | 434074 | 401629 | 41501886 | 98662938 |
| 河　南 | 151 | 149380 | 121518 | 12740736 | 33489034 |
| 湖　北 | 157 | 87244 | 78934 | 6235705 | 20303708 |
| 湖　南 | 328 | 196945 | 179398 | 10928379 | 32562413 |
| 广　东 | 336 | 258026 | 205762 | 20119619 | 55766284 |
| 广　西 | 91 | 75320 | 67931 | 4373259 | 9136700 |
| 海　南 | 7 | 4656 | 4597 | 766300 | 525684 |
| 重　庆 | 153 | 111651 | 100207 | 8277138 | 34128682 |
| 四　川 | 134 | 194735 | 146431 | 11897887 | 27489289 |
| 贵　州 | 60 | 41342 | 31945 | 2858678 | 6863355 |
| 云　南 | 49 | 59108 | 51210 | 3519887 | 6137433 |
| 西　藏 | | | | | |
| 陕　西 | 54 | 40969 | 37188 | 3326893 | 6911934 |
| 甘　肃 | 40 | 35359 | 31465 | 1817305 | 4106396 |
| 青　海 | 9 | 6952 | 6445 | 538368 | 633375 |
| 宁　夏 | 36 | 30056 | 26673 | 4247875 | 3142532 |
| 新　疆 | 98 | 96948 | 86061 | 13435444 | 17936073 |

# 2-2 商品交易市场情况(按市场类别分)

(综合市场)

| 地　区 | 市场数量(个) | 总摊位数(个) | 年末出租摊位数(个) | 营业面积(平方米) | 成交额(万元) |
|---|---|---|---|---|---|
| **全　国** | **1379** | **1474268** | **1280282** | **79780696** | **244529012** |
| 北　京 | 34 | 42630 | 39604 | 2935607 | 17682427 |
| 天　津 | 17 | 18232 | 16029 | 1330502 | 5055366 |
| 河　北 | 61 | 133912 | 118957 | 7108349 | 21511702 |
| 山　西 | 11 | 17127 | 16702 | 1684926 | 5081054 |
| 内蒙古 | 11 | 10793 | 9301 | 936894 | 1297499 |
| 辽　宁 | 60 | 63731 | 56072 | 1928249 | 6019663 |
| 吉　林 | 14 | 16147 | 15416 | 603735 | 578053 |
| 黑龙江 | 22 | 18996 | 16750 | 756175 | 3690104 |
| 上　海 | 42 | 26240 | 24523 | 1668577 | 5838659 |
| 江　苏 | 129 | 115524 | 100735 | 7135221 | 28358836 |
| 浙　江 | 242 | 180016 | 164937 | 9167707 | 35391164 |
| 安　徽 | 51 | 74888 | 67828 | 7331295 | 11792068 |
| 福　建 | 52 | 25925 | 22261 | 1012175 | 3924466 |
| 江　西 | 36 | 40751 | 36725 | 1282905 | 9138965 |
| 山　东 | 96 | 98782 | 88223 | 5959624 | 10086944 |
| 河　南 | 33 | 63323 | 42104 | 3284642 | 6531055 |
| 湖　北 | 42 | 30179 | 27208 | 1827428 | 5041210 |
| 湖　南 | 127 | 93112 | 89226 | 3699695 | 15831532 |
| 广　东 | 84 | 91046 | 65849 | 3525029 | 11819551 |
| 广　西 | 23 | 27130 | 24871 | 778570 | 1643741 |
| 海　南 | 3 | 2354 | 2354 | 13000 | 167268 |
| 重　庆 | 45 | 59867 | 54619 | 3026093 | 12871008 |
| 四　川 | 53 | 109992 | 85617 | 4359996 | 17340920 |
| 贵　州 | 14 | 22124 | 13684 | 1035364 | 588653 |
| 云　南 | 11 | 9384 | 8997 | 361922 | 332023 |
| 西　藏 | | | | | |
| 陕　西 | 8 | 7329 | 6479 | 347600 | 1317794 |
| 甘　肃 | 11 | 15004 | 11564 | 431547 | 817981 |
| 青　海 | | | | | |
| 宁　夏 | 9 | 6579 | 5802 | 325537 | 474064 |
| 新　疆 | 38 | 53151 | 47845 | 5922332 | 4305242 |

2-2 续表 1

(生产资料综合市场)

| 地 区 | 市场数量(个) | 总摊位数(个) | 年末出租摊位数(个) | 营业面积(平方米) | 成交额(万元) |
|---|---|---|---|---|---|
| **全 国** | **51** | **67814** | **60523** | **8491552** | **13571117** |
| 北 京 | | | | | |
| 天 津 | | | | | |
| 河 北 | 3 | 2551 | 2231 | 545540 | 729310 |
| 山 西 | 1 | 120 | 108 | 23000 | 17580 |
| 内蒙古 | 1 | 40 | 40 | 20000 | 32568 |
| 辽 宁 | 2 | 1810 | 1468 | 21990 | 76850 |
| 吉 林 | 1 | 2424 | 2424 | 100000 | 37818 |
| 黑龙江 | | | | | |
| 上 海 | 2 | 6959 | 6959 | 608000 | 1261208 |
| 江 苏 | 4 | 10797 | 8916 | 1307130 | 778963 |
| 浙 江 | 13 | 8581 | 7341 | 902980 | 5201484 |
| 安 徽 | 3 | 10952 | 10698 | 2387145 | 2301328 |
| 福 建 | | | | | |
| 江 西 | 1 | 2387 | 2387 | 94218 | 30794 |
| 山 东 | 6 | 1645 | 1447 | 238312 | 303508 |
| 河 南 | | | | | |
| 湖 北 | 3 | 6621 | 5952 | 770230 | 1198079 |
| 湖 南 | 1 | 156 | 156 | 6200 | 20060 |
| 广 东 | 1 | 1338 | 1338 | 31860 | 47443 |
| 广 西 | | | | | |
| 海 南 | | | | | |
| 重 庆 | 2 | 2200 | 2200 | 302261 | 737256 |
| 四 川 | 2 | 2169 | 2103 | 138664 | 276500 |
| 贵 州 | 1 | 2635 | 670 | 367982 | 188184 |
| 云 南 | 1 | 173 | 165 | 10920 | 11782 |
| 西 藏 | | | | | |
| 陕 西 | | | | | |
| 甘 肃 | | | | | |
| 青 海 | | | | | |
| 宁 夏 | | | | | |
| 新 疆 | 3 | 4256 | 3920 | 615120 | 320402 |

2-2 续表 2

(工业消费品综合市场)

| 地　区 | 市场数量(个) | 总摊位数(个) | 年末出租摊位数(个) | 营业面积(平方米) | 成交额(万元) |
|---|---|---|---|---|---|
| **全　国** | **302** | **557648** | **492143** | **29051418** | **82643671** |
| 北　京 | 13 | 12228 | 11204 | 236942 | 850674 |
| 天　津 | 3 | 4526 | 4136 | 103071 | 506169 |
| 河　北 | 14 | 71639 | 63669 | 4061401 | 15645839 |
| 山　西 | 2 | 1560 | 1275 | 111220 | 23446 |
| 内蒙古 | 2 | 3402 | 3348 | 171000 | 97290 |
| 辽　宁 | 23 | 30476 | 26932 | 636829 | 1223927 |
| 吉　林 | 4 | 6246 | 6145 | 216200 | 277068 |
| 黑龙江 | 9 | 7240 | 6490 | 129515 | 417993 |
| 上　海 | 2 | 1846 | 1739 | 42478 | 78290 |
| 江　苏 | 19 | 31764 | 29842 | 2046800 | 7333765 |
| 浙　江 | 29 | 87361 | 83391 | 5530119 | 15112465 |
| 安　徽 | 13 | 32786 | 30548 | 2941612 | 2775329 |
| 福　建 | 5 | 6488 | 4346 | 338849 | 821146 |
| 江　西 | 6 | 14543 | 12181 | 288880 | 3455989 |
| 山　东 | 35 | 51120 | 44238 | 3321813 | 6778020 |
| 河　南 | 12 | 19272 | 17422 | 735648 | 3193402 |
| 湖　北 | 8 | 7605 | 7442 | 471328 | 997758 |
| 湖　南 | 29 | 32072 | 31261 | 1286842 | 8295757 |
| 广　东 | 23 | 49677 | 28389 | 1475163 | 3517577 |
| 广　西 | 2 | 6621 | 5985 | 212000 | 195100 |
| 海　南 | | | | | |
| 重　庆 | 14 | 33868 | 32185 | 1808902 | 7805169 |
| 四　川 | 10 | 16513 | 13299 | 1077790 | 1499670 |
| 贵　州 | | | | | |
| 云　南 | | | | | |
| 西　藏 | | | | | |
| 陕　西 | 2 | 2780 | 2546 | 123000 | 53545 |
| 甘　肃 | 8 | 8154 | 7879 | 368007 | 715454 |
| 青　海 | | | | | |
| 宁　夏 | 2 | 2160 | 2160 | 66800 | 69219 |
| 新　疆 | 13 | 15701 | 14091 | 1249209 | 903610 |

2-2 续表 3

(农产品综合市场)

| 地区 | 市场数量(个) | 总摊位数(个) | 年末出租摊位数(个) | 营业面积(平方米) | 成交额(万元) |
|---|---|---|---|---|---|
| **全国** | **683** | **468146** | **417141** | **23741254** | **100354209** |
| 北京 | 18 | 24584 | 22884 | 2457127 | 15012417 |
| 天津 | 5 | 4266 | 3481 | 395000 | 2583051 |
| 河北 | 27 | 44175 | 38553 | 1725560 | 3388601 |
| 山西 | 4 | 3113 | 3063 | 327747 | 446039 |
| 内蒙古 | 5 | 2856 | 1839 | 441759 | 756591 |
| 辽宁 | 16 | 9619 | 7530 | 388140 | 926272 |
| 吉林 | 3 | 1578 | 1013 | 71795 | 64218 |
| 黑龙江 | 10 | 8454 | 8034 | 583200 | 3203514 |
| 上海 | 32 | 14478 | 12929 | 897074 | 4204587 |
| 江苏 | 81 | 47977 | 41319 | 2390194 | 15084450 |
| 浙江 | 178 | 71723 | 62778 | 1714465 | 10520467 |
| 安徽 | 21 | 16424 | 13528 | 608840 | 4380558 |
| 福建 | 37 | 14377 | 13037 | 294709 | 2107290 |
| 江西 | 11 | 8654 | 8406 | 249677 | 3050373 |
| 山东 | 26 | 23234 | 21641 | 1175563 | 2145998 |
| 河南 | 11 | 11114 | 10118 | 1594483 | 2924286 |
| 湖北 | 15 | 6954 | 5638 | 209662 | 1201503 |
| 湖南 | 42 | 27523 | 26405 | 1379121 | 5462123 |
| 广东 | 47 | 34292 | 30950 | 1778703 | 7860678 |
| 广西 | 13 | 10495 | 9764 | 364138 | 1045649 |
| 海南 | 1 | 686 | 686 | 1200 | 16981 |
| 重庆 | 19 | 16252 | 13328 | 419022 | 3472342 |
| 四川 | 30 | 43168 | 40353 | 1573115 | 7355088 |
| 贵州 | 7 | 3182 | 2820 | 80244 | 243671 |
| 云南 | 4 | 3770 | 3688 | 46926 | 163193 |
| 西藏 | | | | | |
| 陕西 | 3 | 3455 | 2851 | 173300 | 1182922 |
| 甘肃 | 2 | 2300 | 2300 | 63000 | 69620 |
| 青海 | | | | | |
| 宁夏 | 5 | 2614 | 2067 | 197587 | 202789 |
| 新疆 | 10 | 6829 | 6138 | 2139903 | 1278938 |

2-2 续表 4

(其他综合市场)

| 地区 | 市场数量(个) | 总摊位数(个) | 年末出租摊位数(个) | 营业面积(平方米) | 成交额(万元) |
|---|---|---|---|---|---|
| **全国** | **343** | **380660** | **310475** | **18496472** | **47960015** |
| 北京 | 3 | 5818 | 5516 | 241538 | 1819336 |
| 天津 | 9 | 9440 | 8412 | 832431 | 1966146 |
| 河北 | 17 | 15547 | 14504 | 775848 | 1747952 |
| 山西 | 4 | 12334 | 12256 | 1222959 | 4593989 |
| 内蒙古 | 3 | 4495 | 4074 | 304135 | 411050 |
| 辽宁 | 19 | 21826 | 20142 | 881290 | 3792614 |
| 吉林 | 6 | 5899 | 5834 | 215740 | 198949 |
| 黑龙江 | 3 | 3302 | 2226 | 43460 | 68597 |
| 上海 | 6 | 2957 | 2896 | 121025 | 294574 |
| 江苏 | 25 | 24986 | 20658 | 1391097 | 5161658 |
| 浙江 | 22 | 12351 | 11427 | 1020143 | 4556748 |
| 安徽 | 14 | 14726 | 13054 | 1393698 | 2334853 |
| 福建 | 10 | 5060 | 4878 | 378617 | 996030 |
| 江西 | 18 | 15167 | 13751 | 650130 | 2601809 |
| 山东 | 29 | 22783 | 20897 | 1223936 | 859418 |
| 河南 | 10 | 32937 | 14564 | 954511 | 413367 |
| 湖北 | 16 | 8999 | 8176 | 376208 | 1643870 |
| 湖南 | 55 | 33361 | 31404 | 1027532 | 2053592 |
| 广东 | 13 | 5739 | 5172 | 239303 | 393853 |
| 广西 | 8 | 10014 | 9122 | 202432 | 402992 |
| 海南 | 2 | 1668 | 1668 | 11800 | 150287 |
| 重庆 | 10 | 7547 | 6906 | 495908 | 856241 |
| 四川 | 11 | 48142 | 29862 | 1570427 | 8209662 |
| 贵州 | 6 | 16307 | 10194 | 587138 | 156798 |
| 云南 | 6 | 5441 | 5144 | 304076 | 157048 |
| 西藏 | | | | | |
| 陕西 | 3 | 1094 | 1082 | 51300 | 81327 |
| 甘肃 | 1 | 4550 | 1385 | 540 | 32907 |
| 青海 | | | | | |
| 宁夏 | 2 | 1805 | 1575 | 61150 | 202056 |
| 新疆 | 12 | 26365 | 23696 | 1918100 | 1802292 |

2-2　续表 5

（专业市场）

| 地　　区 | 市场数量（个） | 总摊位数（个） | 年末出租摊位数（个） | 营业面积（平方米） | 成交额（万元） |
|---|---|---|---|---|---|
| **全　　国** | **3573** | **2471844** | **2188356** | **220876632** | **756808853** |
| 北　　京 | 91 | 70682 | 57553 | 3986949 | 17142438 |
| 天　　津 | 39 | 23965 | 22431 | 2806343 | 10928225 |
| 河　　北 | 175 | 228340 | 191105 | 19103735 | 32144461 |
| 山　　西 | 25 | 12922 | 11085 | 1037588 | 1222596 |
| 内 蒙 古 | 62 | 29323 | 28335 | 6695168 | 4767765 |
| 辽　　宁 | 146 | 125931 | 117965 | 7126371 | 31593904 |
| 吉　　林 | 43 | 37357 | 33462 | 2337153 | 6108113 |
| 黑 龙 江 | 60 | 42424 | 36612 | 2677636 | 6951900 |
| 上　　海 | 113 | 45692 | 41687 | 6218197 | 85300349 |
| 江　　苏 | 384 | 279336 | 248945 | 24702049 | 131372239 |
| 浙　　江 | 509 | 316190 | 280898 | 21455615 | 125923267 |
| 安　　徽 | 85 | 59614 | 52905 | 5598307 | 13876727 |
| 福　　建 | 83 | 30673 | 28697 | 2592326 | 11901659 |
| 江　　西 | 57 | 35986 | 33724 | 2852215 | 8948366 |
| 山　　东 | 499 | 335292 | 313406 | 35542262 | 88575994 |
| 河　　南 | 118 | 86057 | 79414 | 9456094 | 26957979 |
| 湖　　北 | 115 | 57065 | 51726 | 4408277 | 15262498 |
| 湖　　南 | 201 | 103833 | 90172 | 7228684 | 16730881 |
| 广　　东 | 252 | 166980 | 139913 | 16594590 | 43946733 |
| 广　　西 | 68 | 48190 | 43060 | 3594689 | 7492959 |
| 海　　南 | 4 | 2302 | 2243 | 753300 | 358416 |
| 重　　庆 | 108 | 51784 | 45588 | 5251045 | 21257674 |
| 四　　川 | 81 | 84743 | 60814 | 7537891 | 10148369 |
| 贵　　州 | 46 | 19218 | 18261 | 1823314 | 6274702 |
| 云　　南 | 38 | 49724 | 42213 | 3157965 | 5805410 |
| 西　　藏 | | | | | |
| 陕　　西 | 46 | 33640 | 30709 | 2979293 | 5594140 |
| 甘　　肃 | 29 | 20355 | 19901 | 1385758 | 3288415 |
| 青　　海 | 9 | 6952 | 6445 | 538368 | 633375 |
| 宁　　夏 | 27 | 23477 | 20871 | 3922338 | 2668468 |
| 新　　疆 | 60 | 43797 | 38216 | 7513112 | 13630831 |

2-2 续表 6

(生产资料市场)

| 地 区 | 市场数量(个) | 总摊位数(个) | 年末出租摊位数(个) | 营业面积(平方米) | 成交额(万元) |
|---|---|---|---|---|---|
| **全 国** | **680** | **352662** | **296824** | **67560741** | **276581294** |
| 北 京 | 12 | 3723 | 3479 | 334332 | 652044 |
| 天 津 | 11 | 5142 | 4755 | 465357 | 4623875 |
| 河 北 | 34 | 24214 | 21846 | 4497896 | 5740038 |
| 山 西 | 3 | 526 | 445 | 95180 | 55309 |
| 内蒙古 | 12 | 2772 | 2728 | 3726807 | 1733757 |
| 辽 宁 | 22 | 8765 | 8055 | 1808663 | 8386709 |
| 吉 林 | 11 | 5478 | 5464 | 742400 | 485709 |
| 黑龙江 | 9 | 5455 | 5322 | 967000 | 1657346 |
| 上 海 | 30 | 7793 | 7304 | 3757519 | 73993599 |
| 江 苏 | 89 | 59455 | 49625 | 6866314 | 51408073 |
| 浙 江 | 94 | 36128 | 33016 | 4683006 | 36768840 |
| 安 徽 | 16 | 7488 | 6657 | 1625656 | 3943431 |
| 福 建 | 12 | 3405 | 3224 | 720114 | 1799021 |
| 江 西 | 7 | 4475 | 4311 | 284435 | 914429 |
| 山 东 | 95 | 37044 | 33723 | 11586627 | 34906016 |
| 河 南 | 17 | 8182 | 7688 | 2936929 | 8839114 |
| 湖 北 | 19 | 6062 | 5447 | 624677 | 2556618 |
| 湖 南 | 45 | 22203 | 18700 | 2313859 | 4015345 |
| 广 东 | 24 | 14149 | 11343 | 3130819 | 9869509 |
| 广 西 | 17 | 6369 | 5524 | 1035733 | 2621589 |
| 海 南 | 1 | 780 | 780 | 680000 | 298690 |
| 重 庆 | 30 | 12470 | 11516 | 1984309 | 7969045 |
| 四 川 | 24 | 40062 | 19366 | 4358785 | 3170831 |
| 贵 州 | 9 | 2247 | 2212 | 373388 | 510342 |
| 云 南 | 6 | 1370 | 1285 | 180095 | 69688 |
| 西 藏 | | | | | |
| 陕 西 | 11 | 8306 | 7910 | 1459300 | 1588993 |
| 甘 肃 | 4 | 1682 | 1465 | 229066 | 855244 |
| 青 海 | 1 | 22 | 22 | 1000 | 16767 |
| 宁 夏 | 5 | 3036 | 2418 | 1648740 | 467800 |
| 新 疆 | 10 | 13859 | 11194 | 4442735 | 6663523 |

2-2 续表 7

(农业生产用具市场)

| 地 区 | 市场数量(个) | 总摊位数(个) | 年末出租摊位数(个) | 营业面积(平方米) | 成交额(万元) |
|---|---|---|---|---|---|
| **全 国** | **19** | **6325** | **5419** | **1442876** | **2258153** |
| 北 京 | | | | | |
| 天 津 | | | | | |
| 河 北 | 4 | 2560 | 2558 | 683520 | 1175621 |
| 山 西 | | | | | |
| 内蒙古 | 2 | 61 | 61 | 180006 | 65600 |
| 辽 宁 | | | | | |
| 吉 林 | | | | | |
| 黑龙江 | | | | | |
| 上 海 | | | | | |
| 江 苏 | 1 | 327 | 327 | 52700 | 50358 |
| 浙 江 | | | | | |
| 安 徽 | 1 | 632 | 632 | 120000 | 385000 |
| 福 建 | | | | | |
| 江 西 | 1 | 457 | 332 | 8000 | 133687 |
| 山 东 | 5 | 627 | 596 | 169000 | 194320 |
| 河 南 | 1 | 360 | 260 | 56000 | 85000 |
| 湖 北 | | | | | |
| 湖 南 | 2 | 570 | 132 | 108000 | 109658 |
| 广 东 | | | | | |
| 广 西 | | | | | |
| 海 南 | | | | | |
| 重 庆 | | | | | |
| 四 川 | | | | | |
| 贵 州 | | | | | |
| 云 南 | | | | | |
| 西 藏 | | | | | |
| 陕 西 | | | | | |
| 甘 肃 | | | | | |
| 青 海 | | | | | |
| 宁 夏 | 1 | 183 | 171 | 16144 | 41330 |
| 新 疆 | 1 | 548 | 350 | 49506 | 17579 |

2-2 续表 8

(农用生产资料市场)

| 地区 | 市场数量(个) | 总摊位数(个) | 年末出租摊位数(个) | 营业面积(平方米) | 成交额(万元) |
|---|---|---|---|---|---|
| **全国** | **28** | **7110** | **6617** | **1063832** | **1655157** |
| 北京 | | | | | |
| 天津 | | | | | |
| 河北 | 2 | 2032 | 2027 | 301800 | 104320 |
| 山西 | | | | | |
| 内蒙古 | 2 | 175 | 175 | 226674 | 65850 |
| 辽宁 | | | | | |
| 吉林 | 1 | 60 | 60 | 8500 | 20700 |
| 黑龙江 | 1 | 39 | 39 | 1000 | 17430 |
| 上海 | | | | | |
| 江苏 | 2 | 253 | 228 | 110500 | 222424 |
| 浙江 | 1 | 185 | 145 | 6880 | 26021 |
| 安徽 | 1 | 116 | 116 | 2340 | 13111 |
| 福建 | 2 | 348 | 209 | 23750 | 288580 |
| 江西 | | | | | |
| 山东 | 5 | 755 | 725 | 72400 | 286113 |
| 河南 | 1 | 1200 | 1200 | 66000 | 50000 |
| 湖北 | | | | | |
| 湖南 | 2 | 62 | 49 | 37000 | 83002 |
| 广东 | 1 | 1 | 1 | 43956 | 12958 |
| 广西 | 3 | 950 | 928 | 71042 | 264657 |
| 海南 | | | | | |
| 重庆 | 1 | 380 | 247 | 28554 | 130000 |
| 四川 | | | | | |
| 贵州 | | | | | |
| 云南 | 1 | 316 | 316 | 7268 | 12730 |
| 西藏 | | | | | |
| 陕西 | | | | | |
| 甘肃 | | | | | |
| 青海 | | | | | |
| 宁夏 | | | | | |
| 新疆 | 2 | 238 | 152 | 56168 | 57261 |

2-2 续表 9

(煤炭市场)

| 地 区 | 市场数量(个) | 总摊位数(个) | 年末出租摊位数(个) | 营业面积(平方米) | 成交额(万元) |
|---|---|---|---|---|---|
| **全 国** | **6** | **3727** | **3492** | **3762080** | **2965148** |
| 北 京 | | | | | |
| 天 津 | 2 | 2778 | 2778 | 1400 | 1484749 |
| 河 北 | | | | | |
| 山 西 | 1 | 8 | 4 | 180 | 20909 |
| 内蒙古 | 1 | 30 | 30 | 2000100 | 368790 |
| 辽 宁 | | | | | |
| 吉 林 | | | | | |
| 黑龙江 | | | | | |
| 上 海 | | | | | |
| 江 苏 | | | | | |
| 浙 江 | 1 | 56 | 56 | 405000 | 988708 |
| 安 徽 | | | | | |
| 福 建 | | | | | |
| 江 西 | | | | | |
| 山 东 | | | | | |
| 河 南 | | | | | |
| 湖 北 | | | | | |
| 湖 南 | | | | | |
| 广 东 | | | | | |
| 广 西 | | | | | |
| 海 南 | | | | | |
| 重 庆 | | | | | |
| 四 川 | | | | | |
| 贵 州 | | | | | |
| 云 南 | | | | | |
| 西 藏 | | | | | |
| 陕 西 | | | | | |
| 甘 肃 | | | | | |
| 青 海 | | | | | |
| 宁 夏 | 1 | 855 | 624 | 1355400 | 101992 |
| 新 疆 | | | | | |

2-2 续表 10

(木材市场)

| 地 区 | 市场数量(个) | 总摊位数(个) | 年末出租摊位数(个) | 营业面积(平方米) | 成交额(万元) |
|---|---|---|---|---|---|
| **全 国** | **51** | **19926** | **18181** | **5716238** | **7378181** |
| 北 京 | | | | | |
| 天 津 | | | | | |
| 河 北 | | | | | |
| 山 西 | | | | | |
| 内蒙古 | 1 | 134 | 134 | 666700 | 170560 |
| 辽 宁 | 1 | 200 | 200 | 2800 | 31960 |
| 吉 林 | 1 | 168 | 156 | 225000 | 12336 |
| 黑龙江 | | | | | |
| 上 海 | 6 | 612 | 611 | 297396 | 536960 |
| 江 苏 | 8 | 4510 | 4093 | 475960 | 841168 |
| 浙 江 | 10 | 5567 | 5541 | 730966 | 1384264 |
| 安 徽 | | | | | |
| 福 建 | 1 | 419 | 419 | 199980 | 110952 |
| 江 西 | | | | | |
| 山 东 | 16 | 4489 | 4029 | 2318666 | 3380365 |
| 河 南 | | | | | |
| 湖 北 | | | | | |
| 湖 南 | 1 | 550 | 513 | 65000 | 19301 |
| 广 东 | 2 | 2470 | 1803 | 348510 | 681000 |
| 广 西 | 2 | 287 | 287 | 165000 | 55386 |
| 海 南 | | | | | |
| 重 庆 | 2 | 520 | 395 | 220260 | 153929 |
| 四 川 | | | | | |
| 贵 州 | | | | | |
| 云 南 | | | | | |
| 西 藏 | | | | | |
| 陕 西 | | | | | |
| 甘 肃 | | | | | |
| 青 海 | | | | | |
| 宁 夏 | | | | | |
| 新 疆 | | | | | |

2-2 续表 11

(建材市场)

| 地 区 | 市场数量(个) | 总摊位数(个) | 年末出租摊位数(个) | 营业面积(平方米) | 成交额(万元) |
|---|---|---|---|---|---|
| **全 国** | **227** | **143374** | **109456** | **24610135** | **20156975** |
| 北 京 | 9 | 2807 | 2678 | 256663 | 416083 |
| 天 津 | 2 | 1318 | 1010 | 215000 | 153703 |
| 河 北 | 7 | 2013 | 1637 | 405920 | 218460 |
| 山 西 | 1 | 372 | 321 | 15000 | 24320 |
| 内蒙古 | 3 | 768 | 768 | 133000 | 211507 |
| 辽 宁 | 5 | 1460 | 1279 | 565171 | 375608 |
| 吉 林 | 3 | 936 | 934 | 108200 | 102184 |
| 黑龙江 | 3 | 4190 | 4190 | 506000 | 324116 |
| 上 海 | 9 | 1886 | 1843 | 2832138 | 1034417 |
| 江 苏 | 32 | 24956 | 19475 | 2519462 | 2818563 |
| 浙 江 | 16 | 4681 | 4160 | 742673 | 1600586 |
| 安 徽 | 9 | 4676 | 3992 | 1121450 | 562841 |
| 福 建 | 6 | 2002 | 1975 | 420704 | 1077337 |
| 江 西 | 5 | 3339 | 3300 | 230414 | 745741 |
| 山 东 | 23 | 13768 | 12589 | 1725619 | 2638372 |
| 河 南 | 5 | 3387 | 3309 | 1080886 | 1279440 |
| 湖 北 | 10 | 2968 | 2826 | 335500 | 786683 |
| 湖 南 | 24 | 12221 | 10434 | 1063939 | 1012957 |
| 广 东 | 1 | 887 | 729 | 163786 | 179585 |
| 广 西 | 7 | 2236 | 1991 | 235200 | 280321 |
| 海 南 | 1 | 780 | 780 | 680000 | 298690 |
| 重 庆 | 9 | 2891 | 2793 | 523465 | 922501 |
| 四 川 | 16 | 32793 | 12654 | 3328946 | 1135371 |
| 贵 州 | 5 | 736 | 730 | 128888 | 154602 |
| 云 南 | 4 | 589 | 584 | 109320 | 43458 |
| 西 藏 | | | | | |
| 陕 西 | 9 | 7296 | 7036 | 1274100 | 1054793 |
| 甘 肃 | 1 | 32 | 32 | 11066 | 30086 |
| 青 海 | | | | | |
| 宁 夏 | | | | | |
| 新 疆 | 2 | 7386 | 5407 | 3877625 | 674650 |

2-2 续表 12

(化工材料及制品市场)

| 地　　区 | 市场数量(个) | 总摊位数(个) | 年末出租摊位数(个) | 营业面积(平方米) | 成交额(万元) |
|---|---|---|---|---|---|
| **全　　国** | **35** | **25365** | **23267** | **2302807** | **33750825** |
| 北　　京 | | | | | |
| 天　　津 | 1 | 311 | 302 | 9638 | 320000 |
| 河　　北 | 3 | 804 | 768 | 83834 | 460935 |
| 山　　西 | | | | | |
| 内 蒙 古 | | | | | |
| 辽　　宁 | 1 | 98 | 98 | 4300 | 10100 |
| 吉　　林 | | | | | |
| 黑 龙 江 | | | | | |
| 上　　海 | 1 | 495 | 495 | 13000 | 1007000 |
| 江　　苏 | 8 | 8570 | 8245 | 470539 | 12675262 |
| 浙　　江 | 7 | 3938 | 3709 | 504800 | 7871672 |
| 安　　徽 | 1 | 550 | 538 | 3800 | 35309 |
| 福　　建 | 1 | 85 | 85 | 12500 | 33628 |
| 江　　西 | | | | | |
| 山　　东 | 5 | 3664 | 3544 | 374316 | 6895636 |
| 河　　南 | | | | | |
| 湖　　北 | | | | | |
| 湖　　南 | 3 | 1356 | 921 | 72600 | 155740 |
| 广　　东 | 3 | 5128 | 4196 | 688020 | 4105543 |
| 广　　西 | | | | | |
| 海　　南 | | | | | |
| 重　　庆 | | | | | |
| 四　　川 | 1 | 366 | 366 | 65460 | 180000 |
| 贵　　州 | | | | | |
| 云　　南 | | | | | |
| 西　　藏 | | | | | |
| 陕　　西 | | | | | |
| 甘　　肃 | | | | | |
| 青　　海 | | | | | |
| 宁　　夏 | | | | | |
| 新　　疆 | | | | | |

2-2 续表 13

(金属材料市场)

| 地 区 | 市场数量（个） | 总摊位数（个） | 年末出租摊位数（个） | 营业面积（平方米） | 成交额（万元） |
|---|---|---|---|---|---|
| **全 国** | **229** | **100098** | **87192** | **23356137** | **178266318** |
| 北 京 | 1 | 269 | 269 | 23600 | 38000 |
| 天 津 | 6 | 735 | 665 | 239319 | 2665423 |
| 河 北 | 14 | 15439 | 13490 | 2612747 | 3574202 |
| 山 西 | 1 | 146 | 120 | 80000 | 10080 |
| 内 蒙 古 | 2 | 378 | 334 | 380000 | 338720 |
| 辽 宁 | 13 | 6692 | 6173 | 1206392 | 2645894 |
| 吉 林 | 2 | 2402 | 2402 | 141000 | 198778 |
| 黑 龙 江 | 4 | 1076 | 978 | 340000 | 1217800 |
| 上 海 | 9 | 3335 | 2917 | 480057 | 59601038 |
| 江 苏 | 32 | 16668 | 13381 | 3044293 | 32983692 |
| 浙 江 | 41 | 16212 | 14735 | 2028869 | 20862807 |
| 安 徽 | 4 | 1514 | 1379 | 378066 | 2947170 |
| 福 建 | 1 | 101 | 86 | 30300 | 177009 |
| 江 西 | 1 | 679 | 679 | 46021 | 35001 |
| 山 东 | 33 | 8865 | 7503 | 5716010 | 19900116 |
| 河 南 | 10 | 3235 | 2919 | 1734043 | 7424674 |
| 湖 北 | 8 | 2754 | 2313 | 283177 | 1741638 |
| 湖 南 | 4 | 1882 | 1797 | 742553 | 1931611 |
| 广 东 | 13 | 3473 | 2442 | 1098832 | 4077009 |
| 广 西 | 3 | 1546 | 1546 | 424491 | 1734350 |
| 海 南 | | | | | |
| 重 庆 | 11 | 4878 | 4280 | 854030 | 5793824 |
| 四 川 | 3 | 2281 | 2003 | 650379 | 1170360 |
| 贵 州 | 4 | 1511 | 1482 | 244500 | 355740 |
| 云 南 | | | | | |
| 西 藏 | | | | | |
| 陕 西 | 1 | 210 | 74 | 5200 | 375300 |
| 甘 肃 | 3 | 1650 | 1433 | 218000 | 825158 |
| 青 海 | 1 | 22 | 22 | 1000 | 16767 |
| 宁 夏 | 2 | 1702 | 1327 | 242470 | 298473 |
| 新 疆 | 2 | 443 | 443 | 110788 | 5325684 |

2-2 续表 14

(机械设备市场)

| 地 区 | 市场数量(个) | 总摊位数(个) | 年末出租摊位数(个) | 营业面积(平方米) | 成交额(万元) |
|---|---|---|---|---|---|
| **全 国** | **49** | **27867** | **25930** | **2782272** | **7404701** |
| 北 京 | 1 | 377 | 262 | 33000 | 92000 |
| 天 津 | | | | | |
| 河 北 | 4 | 1366 | 1366 | 410075 | 206500 |
| 山 西 | | | | | |
| 内蒙古 | | | | | |
| 辽 宁 | | | | | |
| 吉 林 | | | | | |
| 黑龙江 | | | | | |
| 上 海 | 1 | 187 | 160 | 4500 | 84723 |
| 江 苏 | 5 | 3471 | 3176 | 174860 | 1734606 |
| 浙 江 | 8 | 2054 | 1790 | 85880 | 743141 |
| 安 徽 | | | | | |
| 福 建 | | | | | |
| 江 西 | | | | | |
| 山 东 | 5 | 3388 | 3358 | 358359 | 1325273 |
| 河 南 | | | | | |
| 湖 北 | 1 | 340 | 308 | 6000 | 28297 |
| 湖 南 | 7 | 4886 | 4189 | 190650 | 668956 |
| 广 东 | 3 | 1237 | 1219 | 607715 | 502710 |
| 广 西 | 1 | 500 | 500 | 30000 | 90000 |
| 海 南 | | | | | |
| 重 庆 | 5 | 2678 | 2678 | 240000 | 744990 |
| 四 川 | 4 | 4622 | 4343 | 314000 | 685100 |
| 贵 州 | | | | | |
| 云 南 | 1 | 465 | 385 | 63507 | 13500 |
| 西 藏 | | | | | |
| 陕 西 | 1 | 800 | 800 | 180000 | 158900 |
| 甘 肃 | | | | | |
| 青 海 | | | | | |
| 宁 夏 | 1 | 296 | 296 | 34726 | 26005 |
| 新 疆 | 1 | 1200 | 1100 | 49000 | 300000 |

2-2 续表 15

（其他生产资料市场）

| 地　区 | 市场数量（个） | 总摊位数（个） | 年末出租摊位数（个） | 营业面积（平方米） | 成交额（万元） |
|---|---|---|---|---|---|
| **全　国** | **36** | **18870** | **17270** | **2524364** | **22745836** |
| 北　京 | 1 | 270 | 270 | 21069 | 105961 |
| 天　津 | | | | | |
| 河　北 | | | | | |
| 山　西 | | | | | |
| 内蒙古 | 1 | 1226 | 1226 | 140327 | 512730 |
| 辽　宁 | 2 | 315 | 305 | 30000 | 5323147 |
| 吉　林 | 4 | 1912 | 1912 | 259700 | 151711 |
| 黑龙江 | 1 | 150 | 115 | 120000 | 98000 |
| 上　海 | 4 | 1278 | 1278 | 130428 | 11729461 |
| 江　苏 | 1 | 700 | 700 | 18000 | 82000 |
| 浙　江 | 10 | 3435 | 2880 | 177938 | 3291641 |
| 安　徽 | | | | | |
| 福　建 | 1 | 450 | 450 | 32880 | 111515 |
| 江　西 | | | | | |
| 山　东 | 3 | 1488 | 1379 | 852257 | 285821 |
| 河　南 | | | | | |
| 湖　北 | | | | | |
| 湖　南 | 2 | 676 | 665 | 34117 | 34120 |
| 广　东 | 1 | 953 | 953 | 180000 | 310704 |
| 广　西 | 1 | 850 | 272 | 110000 | 196875 |
| 海　南 | | | | | |
| 重　庆 | 2 | 1123 | 1123 | 118000 | 223801 |
| 四　川 | | | | | |
| 贵　州 | | | | | |
| 云　南 | | | | | |
| 西　藏 | | | | | |
| 陕　西 | | | | | |
| 甘　肃 | | | | | |
| 青　海 | | | | | |
| 宁　夏 | | | | | |
| 新　疆 | 2 | 4044 | 3742 | 299648 | 288349 |

2-2 续表 16

(农产品市场)

| 地 区 | 市场数量(个) | 总摊位数(个) | 年末出租摊位数(个) | 营业面积(平方米) | 成交额(万元) |
|---|---|---|---|---|---|
| **全 国** | **979** | **633919** | **558530** | **44154391** | **164838269** |
| 北 京 | 19 | 20277 | 9856 | 785441 | 3391211 |
| 天 津 | 11 | 8234 | 7551 | 929928 | 3175438 |
| 河 北 | 69 | 109414 | 89409 | 4925810 | 8463246 |
| 山 西 | 7 | 3489 | 3156 | 281680 | 669533 |
| 内蒙古 | 22 | 8452 | 8333 | 1619680 | 984254 |
| 辽 宁 | 37 | 16035 | 15571 | 1425323 | 4082664 |
| 吉 林 | 10 | 5566 | 5476 | 378538 | 1267902 |
| 黑龙江 | 17 | 4812 | 3949 | 471905 | 2562982 |
| 上 海 | 27 | 11176 | 9227 | 645690 | 4755780 |
| 江 苏 | 105 | 51394 | 45089 | 3574551 | 16883501 |
| 浙 江 | 129 | 59017 | 51649 | 2946157 | 23215638 |
| 安 徽 | 26 | 12915 | 10879 | 855661 | 2381779 |
| 福 建 | 36 | 10075 | 9635 | 687848 | 4998756 |
| 江 西 | 18 | 10261 | 9827 | 490000 | 3760417 |
| 山 东 | 149 | 141864 | 133703 | 11753375 | 26755332 |
| 河 南 | 30 | 23093 | 19962 | 2169346 | 11421360 |
| 湖 北 | 25 | 13174 | 12446 | 856677 | 4921858 |
| 湖 南 | 42 | 16007 | 13874 | 742508 | 3700136 |
| 广 东 | 67 | 25239 | 22485 | 1931159 | 11255382 |
| 广 西 | 17 | 12735 | 12293 | 842855 | 2348863 |
| 海 南 | 1 | 856 | 797 | 5000 | 24526 |
| 重 庆 | 20 | 11419 | 9590 | 643691 | 5240867 |
| 四 川 | 18 | 11395 | 10576 | 645776 | 3901904 |
| 贵 州 | 13 | 5250 | 4931 | 255953 | 3142700 |
| 云 南 | 10 | 4803 | 4761 | 392729 | 2029384 |
| 西 藏 | | | | | |
| 陕 西 | 11 | 5043 | 4589 | 331040 | 1959576 |
| 甘 肃 | 12 | 9008 | 8998 | 408449 | 1561223 |
| 青 海 | 3 | 2038 | 2038 | 393203 | 322300 |
| 宁 夏 | 11 | 10918 | 9182 | 1325721 | 1846828 |
| 新 疆 | 17 | 9960 | 8698 | 1438697 | 3812929 |

2-2 续表 17

(粮油市场)

| 地 区 | 市场数量(个) | 总摊位数(个) | 年末出租摊位数(个) | 营业面积(平方米) | 成交额(万元) |
|---|---|---|---|---|---|
| **全 国** | **103** | **35041** | **31824** | **3622389** | **18699248** |
| 北 京 | 3 | 2220 | 1920 | 170000 | 1854536 |
| 天 津 | 3 | 1640 | 1631 | 174410 | 673296 |
| 河 北 | 5 | 519 | 383 | 329433 | 240582 |
| 山 西 | 1 | 140 | 140 | 17000 | 75000 |
| 内蒙古 | 4 | 302 | 302 | 145890 | 130785 |
| 辽 宁 | 2 | 448 | 448 | 130000 | 303936 |
| 吉 林 | | | | | |
| 黑龙江 | 2 | 259 | 259 | 27283 | 499870 |
| 上 海 | 6 | 859 | 859 | 30540 | 238388 |
| 江 苏 | 12 | 5884 | 4812 | 738300 | 3083216 |
| 浙 江 | 17 | 4955 | 3733 | 434623 | 2943052 |
| 安 徽 | 1 | 132 | 132 | 20000 | 25100 |
| 福 建 | 3 | 405 | 390 | 72100 | 238697 |
| 江 西 | 2 | 101 | 101 | 44600 | 439644 |
| 山 东 | 16 | 10327 | 10246 | 657743 | 2879547 |
| 河 南 | 2 | 568 | 524 | 49395 | 913501 |
| 湖 北 | 1 | 210 | 200 | 24000 | 11570 |
| 湖 南 | 3 | 676 | 534 | 46321 | 464466 |
| 广 东 | 6 | 1204 | 1092 | 251480 | 792093 |
| 广 西 | 1 | 94 | 86 | 10000 | 10001 |
| 海 南 | | | | | |
| 重 庆 | 1 | 1000 | 1000 | 8000 | 90187 |
| 四 川 | 2 | 637 | 608 | 32000 | 195495 |
| 贵 州 | 3 | 579 | 577 | 42480 | 1560920 |
| 云 南 | 2 | 928 | 928 | 65431 | 496184 |
| 西 藏 | | | | | |
| 陕 西 | 1 | 244 | 244 | 5496 | 287876 |
| 甘 肃 | 2 | 465 | 465 | 63000 | 206870 |
| 青 海 | | | | | |
| 宁 夏 | 1 | 65 | 58 | 7864 | 14036 |
| 新 疆 | 1 | 180 | 152 | 25000 | 30400 |

2-2 续表 18

(肉禽蛋市场)

| 地　区 | 市场数量(个) | 总摊位数(个) | 年末出租摊位数(个) | 营业面积(平方米) | 成交额(万元) |
|---|---|---|---|---|---|
| **全　国** | **125** | **48991** | **44735** | **2813510** | **14012019** |
| 北　京 | 2 | 514 | 514 | 8976 | 55232 |
| 天　津 | | | | | |
| 河　北 | 4 | 1320 | 1280 | 240812 | 740057 |
| 山　西 | | | | | |
| 内蒙古 | 3 | 684 | 652 | 30000 | 60791 |
| 辽　宁 | 3 | 454 | 315 | 10200 | 105735 |
| 吉　林 | | | | | |
| 黑龙江 | 2 | 612 | 537 | 12155 | 215221 |
| 上　海 | 5 | 914 | 727 | 16260 | 721292 |
| 江　苏 | 28 | 9651 | 8078 | 332979 | 2809795 |
| 浙　江 | 13 | 3279 | 3173 | 110410 | 1548696 |
| 安　徽 | 5 | 1588 | 1192 | 82132 | 342294 |
| 福　建 | 3 | 817 | 708 | 11469 | 174236 |
| 江　西 | 5 | 2064 | 2064 | 67960 | 917637 |
| 山　东 | 7 | 3620 | 3221 | 96610 | 175843 |
| 河　南 | 1 | 643 | 643 | 35200 | 42700 |
| 湖　北 | 2 | 335 | 214 | 8300 | 28359 |
| 湖　南 | 5 | 1009 | 930 | 54360 | 125187 |
| 广　东 | 12 | 3290 | 3079 | 315037 | 1704003 |
| 广　西 | 8 | 7670 | 7448 | 112924 | 469211 |
| 海　南 | | | | | |
| 重　庆 | 4 | 2006 | 1821 | 106088 | 1621964 |
| 四　川 | 2 | 1948 | 1900 | 87977 | 1269377 |
| 贵　州 | 1 | 341 | 326 | 5700 | 13284 |
| 云　南 | 2 | 1058 | 1046 | 22812 | 55842 |
| 西　藏 | | | | | |
| 陕　西 | 1 | 1200 | 943 | 31526 | 18400 |
| 甘　肃 | | | | | |
| 青　海 | | | | | |
| 宁　夏 | 2 | 452 | 452 | 85000 | 99468 |
| 新　疆 | 5 | 3522 | 3472 | 928623 | 697395 |

2-2 续表 19

（水产品市场）

| 地 区 | 市场数量（个） | 总摊位数（个） | 年末出租摊位数（个） | 营业面积（平方米） | 成交额（万元） |
|---|---|---|---|---|---|
| **全 国** | **145** | **96345** | **86884** | **4934686** | **33191373** |
| 北 京 | 3 | 2442 | 2120 | 75830 | 1013644 |
| 天 津 | 1 | 220 | 220 | 8000 | 598461 |
| 河 北 | 4 | 2601 | 2566 | 68000 | 113450 |
| 山 西 | | | | | |
| 内蒙古 | | | | | |
| 辽 宁 | 9 | 6654 | 6654 | 367783 | 2022158 |
| 吉 林 | 1 | 1296 | 1296 | 120601 | 620000 |
| 黑龙江 | 1 | 30 | 30 | 7779 | 20000 |
| 上 海 | 5 | 3140 | 2911 | 215640 | 1927971 |
| 江 苏 | 24 | 9232 | 7941 | 784160 | 2849551 |
| 浙 江 | 29 | 15558 | 13522 | 542628 | 5825815 |
| 安 徽 | 2 | 688 | 513 | 74000 | 133396 |
| 福 建 | 10 | 3078 | 2951 | 142379 | 3004917 |
| 江 西 | 1 | 780 | 780 | 43000 | 386630 |
| 山 东 | 24 | 39009 | 34679 | 1557112 | 6209201 |
| 河 南 | 3 | 1261 | 1255 | 107424 | 1401020 |
| 湖 北 | 4 | 3726 | 3690 | 319055 | 2824292 |
| 湖 南 | 5 | 1025 | 1007 | 92570 | 1286351 |
| 广 东 | 15 | 3957 | 3537 | 280525 | 2262028 |
| 广 西 | | | | | |
| 海 南 | | | | | |
| 重 庆 | 2 | 840 | 504 | 104000 | 662000 |
| 四 川 | | | | | |
| 贵 州 | | | | | |
| 云 南 | | | | | |
| 西 藏 | | | | | |
| 陕 西 | 1 | 720 | 620 | 23000 | 20290 |
| 甘 肃 | 1 | 88 | 88 | 1200 | 10198 |
| 青 海 | | | | | |
| 宁 夏 | | | | | |
| 新 疆 | | | | | |

2-2 续表 20

(蔬菜市场)

| 地 区 | 市场数量 (个) | 总摊位数 (个) | 年末出租摊位数 (个) | 营业面积 (平方米) | 成交额 (万元) |
|---|---|---|---|---|---|
| **全 国** | **299** | **247220** | **214680** | **16506109** | **40138757** |
| 北 京 | 6 | 9351 | 2037 | 183400 | 166742 |
| 天 津 | 5 | 4680 | 4186 | 448292 | 578301 |
| 河 北 | 42 | 71707 | 58488 | 2969521 | 3648551 |
| 山 西 | 4 | 3007 | 2674 | 224800 | 549533 |
| 内蒙古 | 4 | 4490 | 4460 | 241590 | 202577 |
| 辽 宁 | 11 | 4672 | 4663 | 399640 | 795187 |
| 吉 林 | 3 | 812 | 812 | 56800 | 353354 |
| 黑龙江 | 5 | 1522 | 1210 | 150200 | 1048426 |
| 上 海 | 3 | 671 | 671 | 78010 | 797987 |
| 江 苏 | 16 | 8940 | 8038 | 456976 | 2251056 |
| 浙 江 | 22 | 11146 | 9052 | 645312 | 3259402 |
| 安 徽 | 10 | 4693 | 4640 | 359171 | 838072 |
| 福 建 | 6 | 1185 | 1145 | 296044 | 618291 |
| 江 西 | 3 | 1016 | 1016 | 86500 | 202645 |
| 山 东 | 63 | 58560 | 56798 | 5362428 | 9398423 |
| 河 南 | 17 | 13134 | 10914 | 859487 | 2874511 |
| 湖 北 | 8 | 1965 | 1673 | 155327 | 454688 |
| 湖 南 | 9 | 5061 | 4991 | 286632 | 1246695 |
| 广 东 | 10 | 4774 | 4415 | 473083 | 1018891 |
| 广 西 | 3 | 1579 | 1565 | 336620 | 620436 |
| 海 南 | | | | | |
| 重 庆 | 8 | 5441 | 4205 | 290076 | 2032717 |
| 四 川 | 8 | 5139 | 4465 | 237956 | 1290997 |
| 贵 州 | 5 | 2458 | 2185 | 65873 | 923212 |
| 云 南 | 4 | 1817 | 1787 | 191406 | 639982 |
| 西 藏 | | | | | |
| 陕 西 | 6 | 2614 | 2517 | 207718 | 1545879 |
| 甘 肃 | 7 | 7346 | 7336 | 268249 | 594636 |
| 青 海 | 2 | 1638 | 1638 | 277000 | 290300 |
| 宁 夏 | 4 | 4687 | 4439 | 662000 | 551156 |
| 新 疆 | 5 | 3115 | 2660 | 235998 | 1346110 |

2-2 续表 21

(干鲜果品市场)

| 地 区 | 市场数量(个) | 总摊位数(个) | 年末出租摊位数(个) | 营业面积(平方米) | 成交额(万元) |
|---|---|---|---|---|---|
| **全 国** | **129** | **83676** | **73395** | **6293406** | **28256346** |
| 北 京 | 2 | 2680 | 540 | 255000 | 147525 |
| 天 津 | | | | | |
| 河 北 | 7 | 16414 | 14893 | 825854 | 2625412 |
| 山 西 | 2 | 342 | 342 | 39880 | 45000 |
| 内蒙古 | 1 | 20 | 20 | 180000 | 30520 |
| 辽 宁 | 5 | 1157 | 1086 | 281000 | 697856 |
| 吉 林 | 2 | 178 | 142 | 47700 | 95605 |
| 黑龙江 | 4 | 1338 | 878 | 209988 | 570028 |
| 上 海 | 2 | 250 | 250 | 122250 | 110297 |
| 江 苏 | 10 | 7319 | 6445 | 338917 | 2823888 |
| 浙 江 | 18 | 8174 | 7717 | 534356 | 4333839 |
| 安 徽 | 1 | 415 | 415 | 33350 | 86260 |
| 福 建 | 5 | 811 | 791 | 78242 | 482636 |
| 江 西 | 3 | 1207 | 1164 | 74500 | 1106151 |
| 山 东 | 22 | 19076 | 18158 | 1007941 | 3722430 |
| 河 南 | 3 | 874 | 834 | 165040 | 56362 |
| 湖 北 | 5 | 5307 | 5103 | 259775 | 1397912 |
| 湖 南 | 7 | 1925 | 1128 | 141970 | 241631 |
| 广 东 | 9 | 4026 | 3460 | 502245 | 4601639 |
| 广 西 | 3 | 999 | 801 | 158935 | 554158 |
| 海 南 | | | | | |
| 重 庆 | 2 | 1168 | 1168 | 60787 | 480053 |
| 四 川 | 3 | 808 | 778 | 38000 | 142623 |
| 贵 州 | 3 | 686 | 686 | 36900 | 327069 |
| 云 南 | 1 | 600 | 600 | 100000 | 800000 |
| 西 藏 | | | | | |
| 陕 西 | 2 | 265 | 265 | 63300 | 87131 |
| 甘 肃 | 1 | 469 | 469 | 34800 | 147526 |
| 青 海 | | | | | |
| 宁 夏 | 2 | 4438 | 3261 | 521000 | 889927 |
| 新 疆 | 4 | 2730 | 2001 | 181676 | 1652868 |

2-2 续表 22

(棉麻土畜、烟叶市场)

| 地 区 | 市场数量(个) | 总摊位数(个) | 年末出租摊位数(个) | 营业面积(平方米) | 成交额(万元) |
|---|---|---|---|---|---|
| **全 国** | **21** | **22517** | **17271** | **4041474** | **7215286** |
| 北 京 | | | | | |
| 天 津 | | | | | |
| 河 北 | 3 | 15496 | 10459 | 346790 | 1023000 |
| 山 西 | | | | | |
| 内蒙古 | 3 | 734 | 734 | 460000 | 135000 |
| 辽 宁 | 1 | 800 | 800 | 120000 | 13490 |
| 吉 林 | | | | | |
| 黑龙江 | | | | | |
| 上 海 | | | | | |
| 江 苏 | 2 | 2440 | 2412 | 430484 | 2394186 |
| 浙 江 | 3 | 787 | 741 | 86700 | 1061327 |
| 安 徽 | 1 | 376 | 376 | 16850 | 46531 |
| 福 建 | | | | | |
| 江 西 | | | | | |
| 山 东 | 7 | 1804 | 1673 | 2547650 | 2482432 |
| 河 南 | 1 | 80 | 76 | 33000 | 59320 |
| 湖 北 | | | | | |
| 湖 南 | | | | | |
| 广 东 | | | | | |
| 广 西 | | | | | |
| 海 南 | | | | | |
| 重 庆 | | | | | |
| 四 川 | | | | | |
| 贵 州 | | | | | |
| 云 南 | | | | | |
| 西 藏 | | | | | |
| 陕 西 | | | | | |
| 甘 肃 | | | | | |
| 青 海 | | | | | |
| 宁 夏 | | | | | |
| 新 疆 | | | | | |

2-2　续表 23

(其他农产品市场)

| 地　区 | 市场数量(个) | 总摊位数(个) | 年末出租摊位数(个) | 营业面积(平方米) | 成交额(万元) |
|---|---|---|---|---|---|
| **全　国** | **157** | **100129** | **89741** | **5942817** | **23325240** |
| 北　京 | 3 | 3070 | 2725 | 92235 | 153532 |
| 天　津 | 2 | 1694 | 1514 | 299226 | 1325380 |
| 河　北 | 4 | 1357 | 1340 | 145400 | 72194 |
| 山　西 | | | | | |
| 内蒙古 | 7 | 2222 | 2165 | 562200 | 424581 |
| 辽　宁 | 6 | 1850 | 1605 | 116700 | 144302 |
| 吉　林 | 4 | 3280 | 3226 | 153437 | 198943 |
| 黑龙江 | 3 | 1051 | 1035 | 64500 | 209437 |
| 上　海 | 6 | 5342 | 3809 | 182990 | 959845 |
| 江　苏 | 13 | 7928 | 7363 | 492735 | 671809 |
| 浙　江 | 27 | 15118 | 13711 | 592128 | 4243507 |
| 安　徽 | 6 | 5023 | 3611 | 270158 | 910126 |
| 福　建 | 9 | 3779 | 3650 | 87614 | 479979 |
| 江　西 | 4 | 5093 | 4702 | 173440 | 707710 |
| 山　东 | 10 | 9468 | 8928 | 523891 | 1887456 |
| 河　南 | 3 | 6533 | 5716 | 919800 | 6073946 |
| 湖　北 | 5 | 1631 | 1566 | 90220 | 205037 |
| 湖　南 | 13 | 6311 | 5284 | 120655 | 335806 |
| 广　东 | 15 | 7988 | 6902 | 108789 | 876728 |
| 广　西 | 2 | 2393 | 2393 | 224376 | 695057 |
| 海　南 | 1 | 856 | 797 | 5000 | 24526 |
| 重　庆 | 3 | 964 | 892 | 74740 | 353946 |
| 四　川 | 3 | 2863 | 2825 | 249843 | 1003412 |
| 贵　州 | 1 | 1186 | 1157 | 105000 | 318215 |
| 云　南 | 1 | 400 | 400 | 13080 | 37376 |
| 西　藏 | | | | | |
| 陕　西 | | | | | |
| 甘　肃 | 1 | 640 | 640 | 41200 | 601993 |
| 青　海 | 1 | 400 | 400 | 116203 | 32000 |
| 宁　夏 | 2 | 1276 | 972 | 49857 | 292241 |
| 新　疆 | 2 | 413 | 413 | 67400 | 86156 |

2-2 续表 24

(食品、饮料及烟酒市场)

| 地　区 | 市场数量(个) | 总摊位数(个) | 年末出租摊位数(个) | 营业面积(平方米) | 成交额(万元) |
|---|---|---|---|---|---|
| **全　国** | **124** | **86943** | **69545** | **4040027** | **12827516** |
| 北　京 | 1 | 150 | 150 | 4500 | 42000 |
| 天　津 | 2 | 2359 | 2325 | 272800 | 555722 |
| 河　北 | 3 | 1553 | 1539 | 17200 | 203546 |
| 山　西 | 1 | 120 | 89 | 3500 | 11264 |
| 内蒙古 | | | | | |
| 辽　宁 | 2 | 2358 | 1506 | 37998 | 281555 |
| 吉　林 | 1 | 115 | 115 | 1300 | 10324 |
| 黑龙江 | 3 | 2680 | 2640 | 29400 | 1140757 |
| 上　海 | 2 | 673 | 669 | 38000 | 45907 |
| 江　苏 | 10 | 3153 | 2494 | 293827 | 917170 |
| 浙　江 | 15 | 19816 | 9706 | 729407 | 3052535 |
| 安　徽 | 4 | 2848 | 2600 | 196915 | 583018 |
| 福　建 | 5 | 3638 | 2976 | 204258 | 417458 |
| 江　西 | 2 | 1054 | 1054 | 21600 | 186527 |
| 山　东 | 27 | 20685 | 19625 | 1115490 | 2550029 |
| 河　南 | 2 | 495 | 495 | 35307 | 153210 |
| 湖　北 | 7 | 3449 | 3417 | 187810 | 592336 |
| 湖　南 | 8 | 4889 | 2952 | 94822 | 410235 |
| 广　东 | 7 | 3547 | 3232 | 150573 | 161115 |
| 广　西 | 8 | 4700 | 3419 | 83903 | 247080 |
| 海　南 | 1 | 386 | 386 | 57800 | 11300 |
| 重　庆 | 4 | 1767 | 1767 | 55066 | 188881 |
| 四　川 | 2 | 1960 | 1960 | 200000 | 79105 |
| 贵　州 | 2 | 1060 | 995 | 25456 | 560916 |
| 云　南 | 2 | 722 | 722 | 60082 | 75672 |
| 西　藏 | | | | | |
| 陕　西 | 1 | 1616 | 1616 | 51000 | 78206 |
| 甘　肃 | 1 | 950 | 950 | 65000 | 243700 |
| 青　海 | | | | | |
| 宁　夏 | | | | | |
| 新　疆 | 1 | 200 | 146 | 7013 | 27948 |

2-2 续表 25

（食品饮料市场）

| 地 区 | 市场数量（个） | 总摊位数（个） | 年末出租摊位数（个） | 营业面积（平方米） | 成交额（万元） |
|---|---|---|---|---|---|
| **全 国** | **41** | **30217** | **26725** | **1197625** | **3585947** |
| 北 京 | | | | | |
| 天 津 | | | | | |
| 河 北 | 2 | 1475 | 1475 | 12400 | 150746 |
| 山 西 | | | | | |
| 内蒙古 | | | | | |
| 辽 宁 | 1 | 1978 | 1149 | 30128 | 270609 |
| 吉 林 | | | | | |
| 黑龙江 | 1 | 550 | 510 | 7000 | 13960 |
| 上 海 | | | | | |
| 江 苏 | 3 | 780 | 673 | 95652 | 200783 |
| 浙 江 | 3 | 1607 | 1607 | 67693 | 636232 |
| 安 徽 | | | | | |
| 福 建 | 1 | 681 | 489 | 15000 | 29397 |
| 江 西 | 1 | 734 | 734 | 7600 | 168817 |
| 山 东 | 9 | 9793 | 9702 | 371690 | 1291706 |
| 河 南 | 2 | 495 | 495 | 35307 | 153210 |
| 湖 北 | 4 | 1281 | 1281 | 153500 | 181660 |
| 湖 南 | 3 | 2226 | 1352 | 42383 | 124549 |
| 广 东 | 4 | 2565 | 2352 | 113173 | 62759 |
| 广 西 | 2 | 2600 | 1508 | 42020 | 87585 |
| 海 南 | | | | | |
| 重 庆 | 3 | 1552 | 1552 | 27066 | 156881 |
| 四 川 | 1 | 1700 | 1700 | 170000 | 29105 |
| 贵 州 | | | | | |
| 云 南 | | | | | |
| 西 藏 | | | | | |
| 陕 西 | | | | | |
| 甘 肃 | | | | | |
| 青 海 | | | | | |
| 宁 夏 | | | | | |
| 新 疆 | 1 | 200 | 146 | 7013 | 27948 |

2-2 续表 26

(茶叶市场)

| 地　区 | 市场数量 (个) | 总摊位数 (个) | 年末出租摊位数 (个) | 营业面积 (平方米) | 成交额 (万元) |
|---|---|---|---|---|---|
| **全　国** | **26** | **22518** | **12489** | **1066800** | **2689537** |
| 北　京 | 1 | 150 | 150 | 4500 | 42000 |
| 天　津 | | | | | |
| 河　北 | | | | | |
| 山　西 | | | | | |
| 内蒙古 | | | | | |
| 辽　宁 | | | | | |
| 吉　林 | | | | | |
| 黑龙江 | | | | | |
| 上　海 | 2 | 673 | 669 | 38000 | 45907 |
| 江　苏 | | | | | |
| 浙　江 | 6 | 12648 | 2728 | 382218 | 1142719 |
| 安　徽 | 1 | 835 | 827 | 135000 | 180462 |
| 福　建 | 1 | 2090 | 2090 | 55000 | 277900 |
| 江　西 | | | | | |
| 山　东 | 3 | 1160 | 1160 | 220000 | 353820 |
| 河　南 | | | | | |
| 湖　北 | 2 | 1335 | 1303 | 16300 | 211079 |
| 湖　南 | | | | | |
| 广　东 | 2 | 454 | 454 | 30000 | 78255 |
| 广　西 | 2 | 240 | 240 | 12500 | 79247 |
| 海　南 | | | | | |
| 重　庆 | 1 | 215 | 215 | 28000 | 32000 |
| 四　川 | 1 | 260 | 260 | 30000 | 50000 |
| 贵　州 | 1 | 120 | 55 | 4200 | 42270 |
| 云　南 | 2 | 722 | 722 | 60082 | 75672 |
| 西　藏 | | | | | |
| 陕　西 | 1 | 1616 | 1616 | 51000 | 78206 |
| 甘　肃 | | | | | |
| 青　海 | | | | | |
| 宁　夏 | | | | | |
| 新　疆 | | | | | |

2-2 续表 27

(烟酒市场)

| 地区 | 市场数量(个) | 总摊位数(个) | 年末出租摊位数(个) | 营业面积(平方米) | 成交额(万元) |
|---|---|---|---|---|---|
| **全国** | **14** | **5710** | **4374** | **355191** | **734493** |
| 北京 | | | | | |
| 天津 | | | | | |
| 河北 | 1 | 78 | 64 | 4800 | 52800 |
| 山西 | | | | | |
| 内蒙古 | | | | | |
| 辽宁 | | | | | |
| 吉林 | | | | | |
| 黑龙江 | | | | | |
| 上海 | | | | | |
| 江苏 | 1 | 200 | 191 | 3200 | 31098 |
| 浙江 | 1 | 400 | 385 | 120000 | 166919 |
| 安徽 | | | | | |
| 福建 | | | | | |
| 江西 | 1 | 320 | 320 | 14000 | 17710 |
| 山东 | 8 | 3097 | 2722 | 192140 | 411237 |
| 河南 | | | | | |
| 湖北 | | | | | |
| 湖南 | 2 | 1615 | 692 | 21051 | 54729 |
| 广东 | | | | | |
| 广西 | | | | | |
| 海南 | | | | | |
| 重庆 | | | | | |
| 四川 | | | | | |
| 贵州 | | | | | |
| 云南 | | | | | |
| 西藏 | | | | | |
| 陕西 | | | | | |
| 甘肃 | | | | | |
| 青海 | | | | | |
| 宁夏 | | | | | |
| 新疆 | | | | | |

2-2 续表 28

(其他食品饮料及烟酒市场)

| 地　区 | 市场数量(个) | 总摊位数(个) | 年末出租摊位数(个) | 营业面积(平方米) | 成交额(万元) |
|---|---|---|---|---|---|
| **全　国** | **43** | **28498** | **25957** | **1420411** | **5817539** |
| 北　京 | | | | | |
| 天　津 | 2 | 2359 | 2325 | 272800 | 555722 |
| 河　北 | | | | | |
| 山　西 | 1 | 120 | 89 | 3500 | 11264 |
| 内蒙古 | | | | | |
| 辽　宁 | 1 | 380 | 357 | 7870 | 10946 |
| 吉　林 | 1 | 115 | 115 | 1300 | 10324 |
| 黑龙江 | 2 | 2130 | 2130 | 22400 | 1126797 |
| 上　海 | | | | | |
| 江　苏 | 6 | 2173 | 1630 | 194975 | 685289 |
| 浙　江 | 5 | 5161 | 4986 | 159496 | 1106665 |
| 安　徽 | 3 | 2013 | 1773 | 61915 | 402556 |
| 福　建 | 3 | 867 | 397 | 134258 | 110161 |
| 江　西 | | | | | |
| 山　东 | 7 | 6635 | 6041 | 331660 | 493266 |
| 河　南 | | | | | |
| 湖　北 | 1 | 833 | 833 | 18010 | 199597 |
| 湖　南 | 3 | 1048 | 908 | 31388 | 230957 |
| 广　东 | 1 | 528 | 426 | 7400 | 20101 |
| 广　西 | 4 | 1860 | 1671 | 29383 | 80248 |
| 海　南 | 1 | 386 | 386 | 57800 | 11300 |
| 重　庆 | | | | | |
| 四　川 | | | | | |
| 贵　州 | 1 | 940 | 940 | 21256 | 518646 |
| 云　南 | | | | | |
| 西　藏 | | | | | |
| 陕　西 | | | | | |
| 甘　肃 | 1 | 950 | 950 | 65000 | 243700 |
| 青　海 | | | | | |
| 宁　夏 | | | | | |
| 新　疆 | | | | | |

2-2 续表 29

（纺织、服装、鞋帽市场）

| 地 区 | 市场数量（个） | 总摊位数（个） | 年末出租摊位数（个） | 营业面积（平方米） | 成交额（万元） |
|---|---|---|---|---|---|
| **全 国** | **552** | **740383** | **677759** | **31430495** | **140809542** |
| 北 京 | 13 | 18595 | 17728 | 538850 | 483975 |
| 天 津 | 3 | 3144 | 3144 | 115300 | 232861 |
| 河 北 | 24 | 43443 | 36457 | 2582855 | 7711610 |
| 山 西 | 9 | 6832 | 5655 | 350920 | 362252 |
| 内蒙古 | 13 | 9486 | 8970 | 319052 | 355392 |
| 辽 宁 | 29 | 62604 | 59334 | 1407951 | 12326703 |
| 吉 林 | 10 | 14624 | 14354 | 262000 | 555991 |
| 黑龙江 | 19 | 23193 | 19063 | 398897 | 1018875 |
| 上 海 | 9 | 7429 | 6797 | 140384 | 698093 |
| 江 苏 | 35 | 86320 | 80628 | 3979272 | 42225213 |
| 浙 江 | 76 | 114221 | 110926 | 5757688 | 37826148 |
| 安 徽 | 8 | 8808 | 8587 | 321526 | 817490 |
| 福 建 | 7 | 7391 | 6932 | 309686 | 1760367 |
| 江 西 | 7 | 3793 | 3430 | 157066 | 608045 |
| 山 东 | 66 | 57751 | 55089 | 2364638 | 7442771 |
| 河 南 | 25 | 27843 | 25682 | 1476373 | 1996318 |
| 湖 北 | 21 | 18884 | 16068 | 699389 | 1389093 |
| 湖 南 | 44 | 38347 | 34687 | 1030314 | 1968894 |
| 广 东 | 62 | 77464 | 61516 | 4496368 | 12201012 |
| 广 西 | 12 | 15599 | 14435 | 507557 | 654446 |
| 海 南 | | | | | |
| 重 庆 | 6 | 3748 | 3475 | 241177 | 1762876 |
| 四 川 | 15 | 18100 | 17337 | 811857 | 1444194 |
| 贵 州 | 5 | 4360 | 4307 | 193032 | 635851 |
| 云 南 | 3 | 30581 | 28294 | 1266387 | 2066381 |
| 西 藏 | | | | | |
| 陕 西 | 9 | 11062 | 9966 | 528942 | 786174 |
| 甘 肃 | 2 | 5605 | 5465 | 425000 | 373500 |
| 青 海 | 3 | 3427 | 2920 | 124000 | 71508 |
| 宁 夏 | 3 | 5228 | 5228 | 118000 | 187729 |
| 新 疆 | 14 | 12501 | 11285 | 506014 | 845780 |

2-2 续表 30

(布料及纺织品市场)

| 地区 | 市场数量(个) | 总摊位数(个) | 年末出租摊位数(个) | 营业面积(平方米) | 成交额(万元) |
|---|---|---|---|---|---|
| **全国** | **69** | **121781** | **106335** | **8761337** | **59548142** |
| 北京 | 1 | 450 | 242 | 30000 | 10769 |
| 天津 | | | | | |
| 河北 | 3 | 4273 | 4223 | 276000 | 1102000 |
| 山西 | | | | | |
| 内蒙古 | | | | | |
| 辽宁 | | | | | |
| 吉林 | | | | | |
| 黑龙江 | 4 | 4218 | 3893 | 71137 | 106808 |
| 上海 | | | | | |
| 江苏 | 8 | 22980 | 21960 | 1809620 | 24613640 |
| 浙江 | 19 | 46354 | 44969 | 2967481 | 24694879 |
| 安徽 | 2 | 2810 | 2690 | 65000 | 90000 |
| 福建 | 1 | 98 | 91 | 2420 | 56797 |
| 江西 | 1 | 270 | 270 | 27000 | 156000 |
| 山东 | 9 | 3899 | 3634 | 340006 | 1240668 |
| 河南 | 3 | 2031 | 1084 | 81300 | 54147 |
| 湖北 | 2 | 265 | 263 | 6174 | 24541 |
| 湖南 | 2 | 632 | 579 | 17400 | 62393 |
| 广东 | 12 | 31934 | 21681 | 3007799 | 7279500 |
| 广西 | | | | | |
| 海南 | | | | | |
| 重庆 | | | | | |
| 四川 | 1 | 567 | 256 | 40000 | 32000 |
| 贵州 | | | | | |
| 云南 | | | | | |
| 西藏 | | | | | |
| 陕西 | 1 | 1000 | 500 | 20000 | 24000 |
| 甘肃 | | | | | |
| 青海 | | | | | |
| 宁夏 | | | | | |
| 新疆 | | | | | |

2-2 续表 31

(服装市场)

| 地区 | 市场数量(个) | 总摊位数(个) | 年末出租摊位数(个) | 营业面积(平方米) | 成交额(万元) |
|---|---|---|---|---|---|
| **全国** | **354** | **452240** | **418407** | **17513853** | **55914545** |
| 北京 | 11 | 17645 | 16986 | 488850 | 432204 |
| 天津 | 2 | 2802 | 2802 | 76300 | 195511 |
| 河北 | 16 | 36177 | 29766 | 2235301 | 5927683 |
| 山西 | 8 | 6152 | 4985 | 312920 | 348952 |
| 内蒙古 | 7 | 5256 | 4948 | 151400 | 164501 |
| 辽宁 | 18 | 22981 | 22536 | 876417 | 2810229 |
| 吉林 | 8 | 13116 | 13116 | 218000 | 527435 |
| 黑龙江 | 11 | 10905 | 8414 | 248180 | 554920 |
| 上海 | 7 | 4968 | 4426 | 123224 | 630508 |
| 江苏 | 12 | 35528 | 32487 | 1363114 | 14062405 |
| 浙江 | 45 | 54801 | 53108 | 2099434 | 9542090 |
| 安徽 | 5 | 5298 | 5258 | 232398 | 715415 |
| 福建 | 5 | 6493 | 6491 | 207266 | 1663570 |
| 江西 | 4 | 2655 | 2306 | 94066 | 114420 |
| 山东 | 41 | 41680 | 39944 | 1453462 | 4442958 |
| 河南 | 16 | 21195 | 19981 | 931573 | 1204629 |
| 湖北 | 13 | 12197 | 9408 | 579171 | 1074584 |
| 湖南 | 34 | 25721 | 25243 | 711975 | 1204978 |
| 广东 | 44 | 39819 | 34741 | 1265744 | 4048911 |
| 广西 | 7 | 11198 | 10466 | 387837 | 524665 |
| 海南 | | | | | |
| 重庆 | 2 | 1178 | 1078 | 101391 | 170641 |
| 四川 | 12 | 16452 | 16176 | 725907 | 1391166 |
| 贵州 | 3 | 2923 | 2870 | 146032 | 476444 |
| 云南 | 3 | 30581 | 28294 | 1266387 | 2066381 |
| 西藏 | | | | | |
| 陕西 | 6 | 7525 | 6929 | 342500 | 483534 |
| 甘肃 | 2 | 5605 | 5465 | 425000 | 373500 |
| 青海 | 1 | 320 | 320 | 19000 | 10850 |
| 宁夏 | 1 | 396 | 396 | 8000 | 10647 |
| 新疆 | 10 | 10673 | 9467 | 423004 | 740814 |

2-2 续表 32

(鞋帽市场)

| 地 区 | 市场数量(个) | 总摊位数(个) | 年末出租摊位数(个) | 营业面积(平方米) | 成交额(万元) |
|---|---|---|---|---|---|
| **全 国** | **38** | **28605** | **24764** | **1278584** | **4615385** |
| 北 京 | | | | | |
| 天 津 | 1 | 342 | 342 | 39000 | 37350 |
| 河 北 | 2 | 685 | 637 | 16925 | 350000 |
| 山 西 | 1 | 680 | 670 | 38000 | 13300 |
| 内蒙古 | | | | | |
| 辽 宁 | 2 | 2750 | 1900 | 16500 | 56102 |
| 吉 林 | | | | | |
| 黑龙江 | 2 | 3300 | 2100 | 24000 | 70525 |
| 上 海 | | | | | |
| 江 苏 | 3 | 3054 | 2746 | 162200 | 441071 |
| 浙 江 | 2 | 1349 | 1280 | 87115 | 382100 |
| 安 徽 | | | | | |
| 福 建 | 1 | 800 | 350 | 100000 | 40000 |
| 江 西 | 1 | 500 | 486 | 22500 | 22150 |
| 山 东 | 7 | 3554 | 3376 | 156237 | 662821 |
| 河 南 | 2 | 900 | 900 | 22000 | 283000 |
| 湖 北 | 2 | 720 | 697 | 50000 | 51443 |
| 湖 南 | 3 | 1224 | 1202 | 62000 | 70489 |
| 广 东 | 6 | 5711 | 5094 | 222825 | 872601 |
| 广 西 | | | | | |
| 海 南 | | | | | |
| 重 庆 | 1 | 536 | 536 | 80100 | 982150 |
| 四 川 | 1 | 391 | 339 | 29000 | 10138 |
| 贵 州 | | | | | |
| 云 南 | | | | | |
| 西 藏 | | | | | |
| 陕 西 | 1 | 2109 | 2109 | 150182 | 270145 |
| 甘 肃 | | | | | |
| 青 海 | | | | | |
| 宁 夏 | | | | | |
| 新 疆 | | | | | |

2-2 续表 33

(其他纺织服装鞋帽市场)

| 地 区 | 市场数量(个) | 总摊位数(个) | 年末出租摊位数(个) | 营业面积(平方米) | 成交额(万元) |
|---|---|---|---|---|---|
| **全 国** | **91** | **137757** | **128253** | **3876721** | **20731470** |
| 北 京 | 1 | 500 | 500 | 20000 | 41002 |
| 天 津 | | | | | |
| 河 北 | 3 | 2308 | 1831 | 54629 | 331927 |
| 山 西 | | | | | |
| 内蒙古 | 6 | 4230 | 4022 | 167652 | 190891 |
| 辽 宁 | 9 | 36873 | 34898 | 515034 | 9460372 |
| 吉 林 | 2 | 1508 | 1238 | 44000 | 28556 |
| 黑龙江 | 2 | 4770 | 4656 | 55580 | 286622 |
| 上 海 | 2 | 2461 | 2371 | 17160 | 67585 |
| 江 苏 | 12 | 24758 | 23435 | 644338 | 3108097 |
| 浙 江 | 10 | 11717 | 11569 | 603658 | 3207079 |
| 安 徽 | 1 | 700 | 639 | 24128 | 12075 |
| 福 建 | | | | | |
| 江 西 | 1 | 368 | 368 | 13500 | 315475 |
| 山 东 | 9 | 8618 | 8135 | 414933 | 1096324 |
| 河 南 | 4 | 3717 | 3717 | 441500 | 454542 |
| 湖 北 | 4 | 5702 | 5700 | 64044 | 238525 |
| 湖 南 | 5 | 10770 | 7663 | 238939 | 631034 |
| 广 东 | | | | | |
| 广 西 | 5 | 4401 | 3969 | 119720 | 129781 |
| 海 南 | | | | | |
| 重 庆 | 3 | 2034 | 1861 | 59686 | 610085 |
| 四 川 | 1 | 690 | 566 | 16950 | 10890 |
| 贵 州 | 2 | 1437 | 1437 | 47000 | 159407 |
| 云 南 | | | | | |
| 西 藏 | | | | | |
| 陕 西 | 1 | 428 | 428 | 16260 | 8495 |
| 甘 肃 | | | | | |
| 青 海 | 2 | 3107 | 2600 | 105000 | 60658 |
| 宁 夏 | 2 | 4832 | 4832 | 110000 | 177082 |
| 新 疆 | 4 | 1828 | 1818 | 83010 | 104966 |

2-2 续表 34

(日用品及文化用品市场)

| 地　区 | 市场数量(个) | 总摊位数(个) | 年末出租摊位数(个) | 营业面积(平方米) | 成交额(万元) |
|---|---|---|---|---|---|
| **全　国** | **92** | **67699** | **60501** | **2955269** | **11500101** |
| 北　京 | 4 | 4438 | 4390 | 90977 | 432657 |
| 天　津 | | | | | |
| 河　北 | 1 | 7200 | 6750 | 40000 | 354210 |
| 山　西 | | | | | |
| 内蒙古 | | | | | |
| 辽　宁 | 3 | 3025 | 3025 | 50000 | 764647 |
| 吉　林 | | | | | |
| 黑龙江 | | | | | |
| 上　海 | 1 | 70 | 70 | 5000 | 1795200 |
| 江　苏 | 11 | 6936 | 6556 | 254148 | 1196073 |
| 浙　江 | 11 | 8938 | 6841 | 301573 | 716386 |
| 安　徽 | | | | | |
| 福　建 | 2 | 671 | 671 | 199360 | 168793 |
| 江　西 | | | | | |
| 山　东 | 21 | 15930 | 14433 | 886195 | 3098881 |
| 河　南 | 3 | 598 | 598 | 21000 | 48891 |
| 湖　北 | 6 | 1974 | 1804 | 167776 | 496851 |
| 湖　南 | 4 | 734 | 719 | 34450 | 187629 |
| 广　东 | 21 | 15746 | 13273 | 870929 | 1991668 |
| 广　西 | | | | | |
| 海　南 | | | | | |
| 重　庆 | 3 | 1079 | 1079 | 27861 | 236965 |
| 四　川 | | | | | |
| 贵　州 | | | | | |
| 云　南 | | | | | |
| 西　藏 | | | | | |
| 陕　西 | | | | | |
| 甘　肃 | | | | | |
| 青　海 | | | | | |
| 宁　夏 | | | | | |
| 新　疆 | 1 | 360 | 292 | 6000 | 11250 |

2-2　续表 35

（小商品市场）

| 地　区 | 市场数量（个） | 总摊位数（个） | 年末出租摊位数（个） | 营业面积（平方米） | 成交额（万元） |
|---|---|---|---|---|---|
| **全　国** | **38** | **36940** | **34153** | **1086859** | **4823527** |
| 北　京 | 2 | 3404 | 3382 | 36000 | 253439 |
| 天　津 | | | | | |
| 河　北 | 1 | 7200 | 6750 | 40000 | 354210 |
| 山　西 | | | | | |
| 内蒙古 | | | | | |
| 辽　宁 | | | | | |
| 吉　林 | | | | | |
| 黑龙江 | | | | | |
| 上　海 | | | | | |
| 江　苏 | 6 | 5483 | 5175 | 181648 | 1093515 |
| 浙　江 | 1 | 632 | 632 | 21600 | 158380 |
| 安　徽 | | | | | |
| 福　建 | 1 | 51 | 51 | 5000 | 40349 |
| 江　西 | | | | | |
| 山　东 | 11 | 11614 | 10289 | 550811 | 2435979 |
| 河　南 | 1 | 192 | 192 | 8000 | 15891 |
| 湖　北 | 1 | 326 | 326 | 4000 | 22850 |
| 湖　南 | | | | | |
| 广　东 | 13 | 7678 | 7064 | 233800 | 437664 |
| 广　西 | | | | | |
| 海　南 | | | | | |
| 重　庆 | | | | | |
| 四　川 | | | | | |
| 贵　州 | | | | | |
| 云　南 | | | | | |
| 西　藏 | | | | | |
| 陕　西 | | | | | |
| 甘　肃 | | | | | |
| 青　海 | | | | | |
| 宁　夏 | | | | | |
| 新　疆 | 1 | 360 | 292 | 6000 | 11250 |

2-2 续表 36

(箱包市场)

| 地 区 | 市场数量(个) | 总摊位数(个) | 年末出租摊位数(个) | 营业面积(平方米) | 成交额(万元) |
|---|---|---|---|---|---|
| **全 国** | **5** | **6466** | **5053** | **564400** | **1885880** |
| 北 京 | | | | | |
| 天 津 | | | | | |
| 河 北 | | | | | |
| 山 西 | | | | | |
| 内蒙古 | | | | | |
| 辽 宁 | 1 | 1330 | 1330 | 2000 | 650000 |
| 吉 林 | | | | | |
| 黑龙江 | | | | | |
| 上 海 | | | | | |
| 江 苏 | | | | | |
| 浙 江 | | | | | |
| 安 徽 | | | | | |
| 福 建 | | | | | |
| 江 西 | | | | | |
| 山 东 | 1 | 150 | 150 | 8400 | 15200 |
| 河 南 | 1 | 226 | 226 | 7000 | 20000 |
| 湖 北 | 1 | 530 | 370 | 47000 | 33300 |
| 湖 南 | | | | | |
| 广 东 | 1 | 4230 | 2977 | 500000 | 1167380 |
| 广 西 | | | | | |
| 海 南 | | | | | |
| 重 庆 | | | | | |
| 四 川 | | | | | |
| 贵 州 | | | | | |
| 云 南 | | | | | |
| 西 藏 | | | | | |
| 陕 西 | | | | | |
| 甘 肃 | | | | | |
| 青 海 | | | | | |
| 宁 夏 | | | | | |
| 新 疆 | | | | | |

2-2 续表 37

(玩具市场)

| 地区 | 市场数量(个) | 总摊位数(个) | 年末出租摊位数(个) | 营业面积(平方米) | 成交额(万元) |
|---|---|---|---|---|---|
| **全国** | **3** | **1136** | **1055** | **119410** | **240103** |
| 北京 | | | | | |
| 天津 | | | | | |
| 河北 | | | | | |
| 山西 | | | | | |
| 内蒙古 | | | | | |
| 辽宁 | | | | | |
| 吉林 | | | | | |
| 黑龙江 | | | | | |
| 上海 | | | | | |
| 江苏 | | | | | |
| 浙江 | | | | | |
| 安徽 | | | | | |
| 福建 | | | | | |
| 江西 | | | | | |
| 山东 | 2 | 1023 | 942 | 106660 | 158961 |
| 河南 | | | | | |
| 湖北 | | | | | |
| 湖南 | | | | | |
| 广东 | 1 | 113 | 113 | 12750 | 81142 |
| 广西 | | | | | |
| 海南 | | | | | |
| 重庆 | | | | | |
| 四川 | | | | | |
| 贵州 | | | | | |
| 云南 | | | | | |
| 西藏 | | | | | |
| 陕西 | | | | | |
| 甘肃 | | | | | |
| 青海 | | | | | |
| 宁夏 | | | | | |
| 新疆 | | | | | |

2-2 续表 38

(文具市场)

| 地　区 | 市场数量(个) | 总摊位数(个) | 年末出租摊位数(个) | 营业面积(平方米) | 成交额(万元) |
|---|---|---|---|---|---|
| **全　国** | **6** | **2199** | **2037** | **172320** | **276829** |
| 北　京 | 1 | 849 | 828 | 42977 | 157360 |
| 天　津 | | | | | |
| 河　北 | | | | | |
| 山　西 | | | | | |
| 内蒙古 | | | | | |
| 辽　宁 | | | | | |
| 吉　林 | | | | | |
| 黑龙江 | | | | | |
| 上　海 | | | | | |
| 江　苏 | 1 | 300 | 235 | 40000 | 12085 |
| 浙　江 | | | | | |
| 安　徽 | | | | | |
| 福　建 | | | | | |
| 江　西 | | | | | |
| 山　东 | 1 | 578 | 578 | 60000 | 32600 |
| 河　南 | | | | | |
| 湖　北 | | | | | |
| 湖　南 | 1 | 65 | 65 | 13000 | 25500 |
| 广　东 | 2 | 407 | 331 | 16343 | 49284 |
| 广　西 | | | | | |
| 海　南 | | | | | |
| 重　庆 | | | | | |
| 四　川 | | | | | |
| 贵　州 | | | | | |
| 云　南 | | | | | |
| 西　藏 | | | | | |
| 陕　西 | | | | | |
| 甘　肃 | | | | | |
| 青　海 | | | | | |
| 宁　夏 | | | | | |
| 新　疆 | | | | | |

2-2 续表 39

(图书、报刊杂志市场)

| 地 区 | 市场数量(个) | 总摊位数(个) | 年末出租摊位数(个) | 营业面积(平方米) | 成交额(万元) |
|---|---|---|---|---|---|
| **全 国** | **8** | **1485** | **1385** | **91513** | **308162** |
| 北 京 | 1 | 185 | 180 | 12000 | 21858 |
| 天 津 | | | | | |
| 河 北 | | | | | |
| 山 西 | | | | | |
| 内蒙古 | | | | | |
| 辽 宁 | | | | | |
| 吉 林 | | | | | |
| 黑龙江 | | | | | |
| 上 海 | | | | | |
| 江 苏 | 1 | 86 | 84 | 5000 | 30450 |
| 浙 江 | 1 | 91 | 70 | 10000 | 13500 |
| 安 徽 | | | | | |
| 福 建 | | | | | |
| 江 西 | | | | | |
| 山 东 | 2 | 340 | 273 | 34324 | 98145 |
| 河 南 | | | | | |
| 湖 北 | 1 | 265 | 265 | 4100 | 18550 |
| 湖 南 | 1 | 421 | 421 | 13100 | 100694 |
| 广 东 | 1 | 97 | 92 | 12989 | 24965 |
| 广 西 | | | | | |
| 海 南 | | | | | |
| 重 庆 | | | | | |
| 四 川 | | | | | |
| 贵 州 | | | | | |
| 云 南 | | | | | |
| 西 藏 | | | | | |
| 陕 西 | | | | | |
| 甘 肃 | | | | | |
| 青 海 | | | | | |
| 宁 夏 | | | | | |
| 新 疆 | | | | | |

2-2 续表 40

(音像制品及电子出版物市场)

| 地区 | 市场数量(个) | 总摊位数(个) | 年末出租摊位数(个) | 营业面积(平方米) | 成交额(万元) |
|---|---|---|---|---|---|
| **全国** | **3** | **686** | **678** | **20500** | **173076** |
| 北京 | | | | | |
| 天津 | | | | | |
| 河北 | | | | | |
| 山西 | | | | | |
| 内蒙古 | | | | | |
| 辽宁 | 1 | 200 | 200 | 3000 | 97910 |
| 吉林 | | | | | |
| 黑龙江 | | | | | |
| 上海 | | | | | |
| 江苏 | 1 | 323 | 323 | 11000 | 26693 |
| 浙江 | | | | | |
| 安徽 | | | | | |
| 福建 | | | | | |
| 江西 | | | | | |
| 山东 | | | | | |
| 河南 | | | | | |
| 湖北 | | | | | |
| 湖南 | 1 | 163 | 155 | 6500 | 48473 |
| 广东 | | | | | |
| 广西 | | | | | |
| 海南 | | | | | |
| 重庆 | | | | | |
| 四川 | | | | | |
| 贵州 | | | | | |
| 云南 | | | | | |
| 西藏 | | | | | |
| 陕西 | | | | | |
| 甘肃 | | | | | |
| 青海 | | | | | |
| 宁夏 | | | | | |
| 新疆 | | | | | |

## 2-2 续表 41

(其他日用品及文化用品市场)

| 地区 | 市场数量（个） | 总摊位数（个） | 年末出租摊位数（个） | 营业面积（平方米） | 成交额（万元） |
|---|---|---|---|---|---|
| **全国** | **29** | **18787** | **16140** | **900267** | **3792524** |
| 北京 | | | | | |
| 天津 | | | | | |
| 河北 | | | | | |
| 山西 | | | | | |
| 内蒙古 | | | | | |
| 辽宁 | 1 | 1495 | 1495 | 45000 | 16737 |
| 吉林 | | | | | |
| 黑龙江 | | | | | |
| 上海 | 1 | 70 | 70 | 5000 | 1795200 |
| 江苏 | 2 | 744 | 739 | 16500 | 33330 |
| 浙江 | 9 | 8215 | 6139 | 269973 | 544506 |
| 安徽 | | | | | |
| 福建 | 1 | 620 | 620 | 194360 | 128444 |
| 江西 | | | | | |
| 山东 | 4 | 2225 | 2201 | 126000 | 357996 |
| 河南 | 1 | 180 | 180 | 6000 | 13000 |
| 湖北 | 3 | 853 | 843 | 112676 | 422151 |
| 湖南 | 1 | 85 | 78 | 1850 | 12962 |
| 广东 | 3 | 3221 | 2696 | 95047 | 231233 |
| 广西 | | | | | |
| 海南 | | | | | |
| 重庆 | 3 | 1079 | 1079 | 27861 | 236965 |
| 四川 | | | | | |
| 贵州 | | | | | |
| 云南 | | | | | |
| 西藏 | | | | | |
| 陕西 | | | | | |
| 甘肃 | | | | | |
| 青海 | | | | | |
| 宁夏 | | | | | |
| 新疆 | | | | | |

2-2 续表 42

(黄金、珠宝、玉器等首饰市场)

| 地区 | 市场数量(个) | 总摊位数(个) | 年末出租摊位数(个) | 营业面积(平方米) | 成交额(万元) |
|---|---|---|---|---|---|
| **全国** | **26** | **18688** | **16624** | **1949538** | **4922379** |
| 北京 | 2 | 830 | 668 | 18829 | 154959 |
| 天津 | | | | | |
| 河北 | | | | | |
| 山西 | | | | | |
| 内蒙古 | 2 | 2335 | 2335 | 521600 | 138180 |
| 辽宁 | 3 | 2245 | 2217 | 38180 | 80379 |
| 吉林 | | | | | |
| 黑龙江 | | | | | |
| 上海 | | | | | |
| 江苏 | 2 | 1500 | 1437 | 60000 | 861100 |
| 浙江 | 2 | 2740 | 1496 | 126973 | 2101017 |
| 安徽 | | | | | |
| 福建 | 5 | 1624 | 1610 | 56657 | 718011 |
| 江西 | 1 | 50 | 50 | 50000 | 31000 |
| 山东 | 3 | 2306 | 2069 | 308579 | 428418 |
| 河南 | 1 | 100 | 98 | 8000 | 25230 |
| 湖北 | | | | | |
| 湖南 | 1 | 50 | 38 | 20000 | 182520 |
| 广东 | 3 | 4184 | 3882 | 683300 | 167238 |
| 广西 | | | | | |
| 海南 | | | | | |
| 重庆 | | | | | |
| 四川 | | | | | |
| 贵州 | | | | | |
| 云南 | | | | | |
| 西藏 | | | | | |
| 陕西 | | | | | |
| 甘肃 | | | | | |
| 青海 | | | | | |
| 宁夏 | | | | | |
| 新疆 | 1 | 724 | 724 | 57420 | 34327 |

2-2 续表 43

(电器、通讯器材、电子设备市场)

| 地 区 | 市场数量（个） | 总摊位数（个） | 年末出租摊位数（个） | 营业面积（平方米） | 成交额（万元） |
|---|---|---|---|---|---|
| **全 国** | **141** | **62999** | **55155** | **3346510** | **9173124** |
| 北 京 | 7 | 3484 | 3353 | 89530 | 654200 |
| 天 津 | | | | | |
| 河 北 | 2 | 359 | 359 | 54000 | 50937 |
| 山 西 | | | | | |
| 内蒙古 | | | | | |
| 辽 宁 | 2 | 1250 | 942 | 41800 | 46048 |
| 吉 林 | 2 | 990 | 990 | 4300 | 157092 |
| 黑龙江 | 3 | 2520 | 2210 | 102559 | 318100 |
| 上 海 | 5 | 804 | 670 | 39826 | 153853 |
| 江 苏 | 9 | 3792 | 3532 | 97149 | 480636 |
| 浙 江 | 22 | 8002 | 6306 | 282613 | 1004150 |
| 安 徽 | 1 | 3902 | 2317 | 875253 | 929963 |
| 福 建 | 2 | 1014 | 1014 | 46000 | 145633 |
| 江 西 | 2 | 1239 | 1207 | 53994 | 51390 |
| 山 东 | 10 | 3509 | 3336 | 300300 | 923815 |
| 河 南 | 6 | 4215 | 4035 | 316505 | 704710 |
| 湖 北 | 7 | 2481 | 2349 | 138150 | 390396 |
| 湖 南 | 14 | 4068 | 3712 | 194982 | 765746 |
| 广 东 | 16 | 10218 | 9169 | 200300 | 654833 |
| 广 西 | 1 | 700 | 700 | 20678 | 90000 |
| 海 南 | 1 | 280 | 280 | 10500 | 23900 |
| 重 庆 | 10 | 3184 | 2989 | 191061 | 611706 |
| 四 川 | 5 | 1150 | 387 | 34112 | 34030 |
| 贵 州 | 4 | 758 | 720 | 61300 | 216832 |
| 云 南 | | | | | |
| 西 藏 | | | | | |
| 陕 西 | 5 | 2985 | 2562 | 135800 | 426710 |
| 甘 肃 | | | | | |
| 青 海 | | | | | |
| 宁 夏 | 1 | 327 | 314 | 9000 | 33436 |
| 新 疆 | 4 | 1768 | 1702 | 46798 | 305008 |

2-2 续表 44

(家电市场)

| 地　区 | 市场数量(个) | 总摊位数(个) | 年末出租摊位数(个) | 营业面积(平方米) | 成交额(万元) |
|---|---|---|---|---|---|
| **全　国** | **35** | **13515** | **11069** | **1534470** | **2998394** |
| 北　京 | | | | | |
| 天　津 | | | | | |
| 河　北 | | | | | |
| 山　西 | | | | | |
| 内蒙古 | | | | | |
| 辽　宁 | 1 | 728 | 500 | 24000 | 16623 |
| 吉　林 | | | | | |
| 黑龙江 | | | | | |
| 上　海 | 1 | 180 | 150 | 18000 | 28326 |
| 江　苏 | 1 | 400 | 391 | 11000 | 59128 |
| 浙　江 | 5 | 550 | 501 | 59101 | 193856 |
| 安　徽 | 1 | 3902 | 2317 | 875253 | 929963 |
| 福　建 | | | | | |
| 江　西 | 2 | 1239 | 1207 | 53994 | 51390 |
| 山　东 | 4 | 1284 | 1237 | 188800 | 588035 |
| 河　南 | 5 | 1446 | 1266 | 110428 | 452610 |
| 湖　北 | 1 | 518 | 518 | 15150 | 100000 |
| 湖　南 | 7 | 1291 | 1268 | 96232 | 374070 |
| 广　东 | 5 | 1837 | 1574 | 51512 | 126595 |
| 广　西 | | | | | |
| 海　南 | | | | | |
| 重　庆 | 1 | 31 | 31 | 15000 | 45098 |
| 四　川 | | | | | |
| 贵　州 | 1 | 109 | 109 | 16000 | 32700 |
| 云　南 | | | | | |
| 西　藏 | | | | | |
| 陕　西 | | | | | |
| 甘　肃 | | | | | |
| 青　海 | | | | | |
| 宁　夏 | | | | | |
| 新　疆 | | | | | |

2-2　续表 45

(通讯器材市场)

| 地　区 | 市场数量(个) | 总摊位数(个) | 年末出租摊位数(个) | 营业面积(平方米) | 成交额(万元) |
|---|---|---|---|---|---|
| **全　国** | **23** | **10710** | **10183** | **385864** | **1092739** |
| 北　京 | | | | | |
| 天　津 | | | | | |
| 河　北 | 2 | 359 | 359 | 54000 | 50937 |
| 山　西 | | | | | |
| 内蒙古 | | | | | |
| 辽　宁 | | | | | |
| 吉　林 | 1 | 320 | 320 | 1500 | 58342 |
| 黑龙江 | | | | | |
| 上　海 | 1 | 27 | 15 | 5000 | 26909 |
| 江　苏 | 1 | 1602 | 1602 | 44232 | 58390 |
| 浙　江 | 2 | 874 | 872 | 40503 | 38790 |
| 安　徽 | | | | | |
| 福　建 | | | | | |
| 江　西 | | | | | |
| 山　东 | | | | | |
| 河　南 | | | | | |
| 湖　北 | 3 | 961 | 892 | 51000 | 220725 |
| 湖　南 | 2 | 291 | 246 | 2750 | 30397 |
| 广　东 | 5 | 3313 | 3109 | 54079 | 99899 |
| 广　西 | | | | | |
| 海　南 | | | | | |
| 重　庆 | 3 | 1198 | 1028 | 84000 | 322331 |
| 四　川 | | | | | |
| 贵　州 | | | | | |
| 云　南 | | | | | |
| 西　藏 | | | | | |
| 陕　西 | 2 | 1055 | 1042 | 30800 | 32359 |
| 甘　肃 | | | | | |
| 青　海 | | | | | |
| 宁　夏 | | | | | |
| 新　疆 | 1 | 710 | 698 | 18000 | 153660 |

2-2 续表 46

(照相、摄像器材市场)

| 地　区 | 市场数量(个) | 总摊位数(个) | 年末出租摊位数(个) | 营业面积(平方米) | 成交额(万元) |
|---|---|---|---|---|---|
| **全　国** | **2** | **547** | **461** | **20866** | **69872** |
| 北　京 | 1 | 300 | 278 | 13066 | 34293 |
| 天　津 | | | | | |
| 河　北 | | | | | |
| 山　西 | | | | | |
| 内蒙古 | | | | | |
| 辽　宁 | | | | | |
| 吉　林 | | | | | |
| 黑龙江 | | | | | |
| 上　海 | 1 | 247 | 183 | 7800 | 35579 |
| 江　苏 | | | | | |
| 浙　江 | | | | | |
| 安　徽 | | | | | |
| 福　建 | | | | | |
| 江　西 | | | | | |
| 山　东 | | | | | |
| 河　南 | | | | | |
| 湖　北 | | | | | |
| 湖　南 | | | | | |
| 广　东 | | | | | |
| 广　西 | | | | | |
| 海　南 | | | | | |
| 重　庆 | | | | | |
| 四　川 | | | | | |
| 贵　州 | | | | | |
| 云　南 | | | | | |
| 西　藏 | | | | | |
| 陕　西 | | | | | |
| 甘　肃 | | | | | |
| 青　海 | | | | | |
| 宁　夏 | | | | | |
| 新　疆 | | | | | |

## 2-2 续表 47

(计算机及辅助设备市场)

| 地　区 | 市场数量(个) | 总摊位数(个) | 年末出租摊位数(个) | 营业面积(平方米) | 成交额(万元) |
|---|---|---|---|---|---|
| **全　国** | **72** | **33595** | **29254** | **1256230** | **4462739** |
| 北　京 | 4 | 2477 | 2408 | 59264 | 499460 |
| 天　津 | | | | | |
| 河　北 | | | | | |
| 山　西 | | | | | |
| 内蒙古 | | | | | |
| 辽　宁 | 1 | 522 | 442 | 17800 | 29425 |
| 吉　林 | 1 | 670 | 670 | 2800 | 98750 |
| 黑龙江 | 3 | 2520 | 2210 | 102559 | 318100 |
| 上　海 | 2 | 350 | 322 | 9026 | 63039 |
| 江　苏 | 6 | 1665 | 1418 | 39917 | 346358 |
| 浙　江 | 13 | 4309 | 3045 | 131729 | 602133 |
| 安　徽 | | | | | |
| 福　建 | 2 | 1014 | 1014 | 46000 | 145633 |
| 江　西 | | | | | |
| 山　东 | 6 | 2225 | 2099 | 111500 | 335780 |
| 河　南 | 1 | 2769 | 2769 | 206077 | 252100 |
| 湖　北 | 3 | 1002 | 939 | 72000 | 69671 |
| 湖　南 | 4 | 1806 | 1528 | 84000 | 310797 |
| 广　东 | 6 | 5068 | 4486 | 94709 | 428339 |
| 广　西 | 1 | 700 | 700 | 20678 | 90000 |
| 海　南 | | | | | |
| 重　庆 | 5 | 1765 | 1740 | 72761 | 179277 |
| 四　川 | 5 | 1150 | 387 | 34112 | 34030 |
| 贵　州 | 2 | 268 | 239 | 8500 | 80712 |
| 云　南 | | | | | |
| 西　藏 | | | | | |
| 陕　西 | 3 | 1930 | 1520 | 105000 | 394351 |
| 甘　肃 | | | | | |
| 青　海 | | | | | |
| 宁　夏 | 1 | 327 | 314 | 9000 | 33436 |
| 新　疆 | 3 | 1058 | 1004 | 28798 | 151348 |

2-2 续表 48

(其他电器、通讯器材、电子设备市场)

| 地 区 | 市场数量(个) | 总摊位数(个) | 年末出租摊位数(个) | 营业面积(平方米) | 成交额(万元) |
|---|---|---|---|---|---|
| **全 国** | **9** | **4632** | **4188** | **149080** | **549380** |
| 北 京 | 2 | 707 | 667 | 17200 | 120447 |
| 天 津 | | | | | |
| 河 北 | | | | | |
| 山 西 | | | | | |
| 内蒙古 | | | | | |
| 辽 宁 | | | | | |
| 吉 林 | | | | | |
| 黑龙江 | | | | | |
| 上 海 | | | | | |
| 江 苏 | 1 | 125 | 121 | 2000 | 16760 |
| 浙 江 | 2 | 2269 | 1888 | 51280 | 169371 |
| 安 徽 | | | | | |
| 福 建 | | | | | |
| 江 西 | | | | | |
| 山 东 | | | | | |
| 河 南 | | | | | |
| 湖 北 | | | | | |
| 湖 南 | 1 | 680 | 670 | 12000 | 50482 |
| 广 东 | | | | | |
| 广 西 | | | | | |
| 海 南 | 1 | 280 | 280 | 10500 | 23900 |
| 重 庆 | 1 | 190 | 190 | 19300 | 65000 |
| 四 川 | | | | | |
| 贵 州 | 1 | 381 | 372 | 36800 | 103420 |
| 云 南 | | | | | |
| 西 藏 | | | | | |
| 陕 西 | | | | | |
| 甘 肃 | | | | | |
| 青 海 | | | | | |
| 宁 夏 | | | | | |
| 新 疆 | | | | | |

2-2　续表 49

(医药、医疗用品及器材市场)

| 地　区 | 市场数量（个） | 总摊位数（个） | 年末出租摊位数（个） | 营业面积（平方米） | 成交额（万元） |
|---|---|---|---|---|---|
| **全　国** | **22** | **34594** | **26436** | **1379874** | **9010915** |
| 北　京 | | | | | |
| 天　津 | | | | | |
| 河　北 | 1 | 14000 | 7000 | 360000 | 1600000 |
| 山　西 | | | | | |
| 内蒙古 | 1 | 177 | 136 | 17120 | 33450 |
| 辽　宁 | 1 | 724 | 610 | 93900 | 1100000 |
| 吉　林 | 2 | 1980 | 1980 | 49000 | 691000 |
| 黑龙江 | | | | | |
| 上　海 | 1 | 190 | 182 | 8000 | 40000 |
| 江　苏 | | | | | |
| 浙　江 | 2 | 1578 | 1283 | 68599 | 115240 |
| 安　徽 | 2 | 7068 | 7023 | 44500 | 2829693 |
| 福　建 | 1 | 29 | 29 | 1500 | 19800 |
| 江　西 | 1 | 700 | 378 | 19000 | 380000 |
| 山　东 | 1 | 968 | 870 | 60000 | 29779 |
| 河　南 | 2 | 3046 | 3046 | 114950 | 419020 |
| 湖　北 | | | | | |
| 湖　南 | 2 | 1747 | 1682 | 477652 | 712787 |
| 广　东 | 2 | 789 | 735 | 14971 | 124135 |
| 广　西 | 1 | 1116 | 1000 | 23000 | 750200 |
| 海　南 | | | | | |
| 重　庆 | | | | | |
| 四　川 | | | | | |
| 贵　州 | | | | | |
| 云　南 | 1 | 432 | 432 | 19682 | 143811 |
| 西　藏 | | | | | |
| 陕　西 | | | | | |
| 甘　肃 | | | | | |
| 青　海 | 1 | 50 | 50 | 8000 | 22000 |
| 宁　夏 | | | | | |
| 新　疆 | | | | | |

2-2 续表 50

(中药材市场)

| 地　区 | 市场数量(个) | 总摊位数(个) | 年末出租摊位数(个) | 营业面积(平方米) | 成交额(万元) |
|---|---|---|---|---|---|
| **全　国** | **22** | **34594** | **26436** | **1379874** | **9010915** |
| 北　京 | | | | | |
| 天　津 | | | | | |
| 河　北 | 1 | 14000 | 7000 | 360000 | 1600000 |
| 山　西 | | | | | |
| 内蒙古 | 1 | 177 | 136 | 17120 | 33450 |
| 辽　宁 | 1 | 724 | 610 | 93900 | 1100000 |
| 吉　林 | 2 | 1980 | 1980 | 49000 | 691000 |
| 黑龙江 | | | | | |
| 上　海 | 1 | 190 | 182 | 8000 | 40000 |
| 江　苏 | | | | | |
| 浙　江 | 2 | 1578 | 1283 | 68599 | 115240 |
| 安　徽 | 2 | 7068 | 7023 | 44500 | 2829693 |
| 福　建 | 1 | 29 | 29 | 1500 | 19800 |
| 江　西 | 1 | 700 | 378 | 19000 | 380000 |
| 山　东 | 1 | 968 | 870 | 60000 | 29779 |
| 河　南 | 2 | 3046 | 3046 | 114950 | 419020 |
| 湖　北 | | | | | |
| 湖　南 | 2 | 1747 | 1682 | 477652 | 712787 |
| 广　东 | 2 | 789 | 735 | 14971 | 124135 |
| 广　西 | 1 | 1116 | 1000 | 23000 | 750200 |
| 海　南 | | | | | |
| 重　庆 | | | | | |
| 四　川 | | | | | |
| 贵　州 | | | | | |
| 云　南 | 1 | 432 | 432 | 19682 | 143811 |
| 西　藏 | | | | | |
| 陕　西 | | | | | |
| 甘　肃 | | | | | |
| 青　海 | 1 | 50 | 50 | 8000 | 22000 |
| 宁　夏 | | | | | |
| 新　疆 | | | | | |

2-2　续表 51

（家具、五金及装饰材料市场）

| 地　区 | 市场数量（个） | 总摊位数（个） | 年末出租摊位数（个） | 营业面积（平方米） | 成交额（万元） |
|---|---|---|---|---|---|
| **全　国** | **585** | **310853** | **285297** | **42274049** | **50660436** |
| 北　京 | 19 | 9793 | 9223 | 1208696 | 1512491 |
| 天　津 | 7 | 2913 | 2653 | 751310 | 516707 |
| 河　北 | 25 | 15946 | 15696 | 4922724 | 4579551 |
| 山　西 | 5 | 1955 | 1740 | 306308 | 124238 |
| 内蒙古 | 4 | 1128 | 1128 | 115600 | 158494 |
| 辽　宁 | 28 | 13836 | 13136 | 1213934 | 1400306 |
| 吉　林 | 4 | 2750 | 2361 | 313745 | 160795 |
| 黑龙江 | 7 | 2242 | 1906 | 656000 | 213272 |
| 上　海 | 20 | 13553 | 12853 | 1249291 | 1143385 |
| 江　苏 | 94 | 54976 | 49483 | 6956808 | 9121860 |
| 浙　江 | 87 | 47599 | 43625 | 4958553 | 7272772 |
| 安　徽 | 18 | 10787 | 9572 | 1190573 | 1217914 |
| 福　建 | 7 | 1934 | 1724 | 279200 | 1371685 |
| 江　西 | 11 | 9987 | 9353 | 1306152 | 1057377 |
| 山　东 | 75 | 39122 | 35688 | 4757706 | 8027613 |
| 河　南 | 17 | 8466 | 7881 | 1681468 | 988956 |
| 湖　北 | 23 | 7417 | 7031 | 1214598 | 1646023 |
| 湖　南 | 31 | 12163 | 10743 | 1373929 | 2465388 |
| 广　东 | 21 | 9000 | 8002 | 2009226 | 1473234 |
| 广　西 | 7 | 5428 | 4205 | 696133 | 485087 |
| 海　南 | | | | | |
| 重　庆 | 25 | 11132 | 10082 | 1456409 | 2863089 |
| 四　川 | 9 | 9399 | 8976 | 1088952 | 1027357 |
| 贵　州 | 7 | 4040 | 3838 | 457385 | 298460 |
| 云　南 | 8 | 2892 | 2785 | 558731 | 433447 |
| 西　藏 | | | | | |
| 陕　西 | 5 | 2542 | 2043 | 362260 | 61880 |
| 甘　肃 | 9 | 3014 | 2930 | 247803 | 228148 |
| 青　海 | 1 | 1415 | 1415 | 12165 | 200800 |
| 宁　夏 | 6 | 3024 | 2919 | 591877 | 109532 |
| 新　疆 | 5 | 2400 | 2306 | 336513 | 500575 |

2-2 续表 52

(家具市场)

| 地　区 | 市场数量(个) | 总摊位数(个) | 年末出租摊位数(个) | 营业面积(平方米) | 成交额(万元) |
|---|---|---|---|---|---|
| **全　国** | **173** | **77797** | **70450** | **14995377** | **14600105** |
| 北　京 | 9 | 4835 | 4635 | 781060 | 597339 |
| 天　津 | 1 | 377 | 377 | 47691 | 28420 |
| 河　北 | 8 | 8858 | 8818 | 3476306 | 3258140 |
| 山　西 | 2 | 688 | 688 | 142502 | 47171 |
| 内蒙古 | 3 | 933 | 933 | 103600 | 144374 |
| 辽　宁 | 14 | 4580 | 4391 | 653753 | 628505 |
| 吉　林 | 2 | 1000 | 1000 | 97000 | 87000 |
| 黑龙江 | 4 | 1323 | 987 | 505000 | 93162 |
| 上　海 | 5 | 992 | 891 | 226976 | 80142 |
| 江　苏 | 26 | 15136 | 12682 | 1947841 | 1749080 |
| 浙　江 | 28 | 11543 | 10656 | 1526146 | 1823181 |
| 安　徽 | 5 | 655 | 476 | 292000 | 69908 |
| 福　建 | 2 | 710 | 616 | 213000 | 959105 |
| 江　西 | 6 | 2455 | 2398 | 564734 | 296755 |
| 山　东 | 18 | 6917 | 5956 | 1116748 | 1622466 |
| 河　南 | 4 | 2728 | 2554 | 897998 | 382854 |
| 湖　北 | 7 | 1109 | 1012 | 203364 | 152282 |
| 湖　南 | 7 | 1098 | 1078 | 162000 | 174216 |
| 广　东 | 3 | 858 | 819 | 130892 | 44141 |
| 广　西 | 2 | 1460 | 1148 | 120973 | 166009 |
| 海　南 | | | | | |
| 重　庆 | 3 | 2429 | 1972 | 550000 | 1571177 |
| 四　川 | 3 | 3648 | 3416 | 404383 | 366302 |
| 贵　州 | 1 | 67 | 58 | 27000 | 13673 |
| 云　南 | 3 | 836 | 744 | 294517 | 129220 |
| 西　藏 | | | | | |
| 陕　西 | 1 | 650 | 463 | 151180 | 18000 |
| 甘　肃 | 2 | 353 | 279 | 85508 | 23579 |
| 青　海 | | | | | |
| 宁　夏 | 3 | 1049 | 944 | 229149 | 53554 |
| 新　疆 | 1 | 510 | 459 | 44056 | 20350 |

2-2　续表 53

（装饰材料市场）

| 地　区 | 市场数量（个） | 总摊位数（个） | 年末出租摊位数（个） | 营业面积（平方米） | 成交额（万元） |
|---|---|---|---|---|---|
| **全　国** | **249** | **124144** | **114910** | **16273366** | **18795484** |
| 北　京 | 6 | 2836 | 2630 | 275784 | 645935 |
| 天　津 | 2 | 416 | 416 | 40800 | 43707 |
| 河　北 | 11 | 3674 | 3629 | 746788 | 483412 |
| 山　西 | 3 | 1267 | 1052 | 163806 | 77067 |
| 内蒙古 | 1 | 195 | 195 | 12000 | 14120 |
| 辽　宁 | 9 | 5026 | 4691 | 326081 | 526867 |
| 吉　林 | | | | | |
| 黑龙江 | 2 | 456 | 456 | 130000 | 30110 |
| 上　海 | 9 | 6841 | 6569 | 694904 | 830804 |
| 江　苏 | 41 | 20800 | 19384 | 3035719 | 3370115 |
| 浙　江 | 32 | 15823 | 14490 | 1830276 | 2170679 |
| 安　徽 | 9 | 4479 | 4212 | 615573 | 912925 |
| 福　建 | 4 | 1011 | 895 | 62300 | 368563 |
| 江　西 | 4 | 7354 | 6777 | 726418 | 742026 |
| 山　东 | 32 | 12805 | 11513 | 1747250 | 2900764 |
| 河　南 | 5 | 3714 | 3303 | 626700 | 314037 |
| 湖　北 | 14 | 5357 | 5147 | 952140 | 1449429 |
| 湖　南 | 16 | 7173 | 6107 | 545847 | 1239820 |
| 广　东 | 13 | 5759 | 5054 | 1665327 | 830219 |
| 广　西 | 2 | 907 | 907 | 175500 | 44190 |
| 海　南 | | | | | |
| 重　庆 | 17 | 6782 | 6263 | 697539 | 953625 |
| 四　川 | 3 | 3337 | 3146 | 259800 | 208655 |
| 贵　州 | 3 | 3108 | 3103 | 265480 | 232617 |
| 云　南 | 3 | 1409 | 1409 | 194000 | 240845 |
| 西　藏 | | | | | |
| 陕　西 | 2 | 772 | 772 | 168080 | 17000 |
| 甘　肃 | 4 | 954 | 944 | 85000 | 97002 |
| 青　海 | | | | | |
| 宁　夏 | 1 | 1366 | 1366 | 122728 | 28959 |
| 新　疆 | 1 | 523 | 480 | 107526 | 21992 |

2-2 续表 54

(灯具市场)

| 地 区 | 市场数量(个) | 总摊位数(个) | 年末出租摊位数(个) | 营业面积(平方米) | 成交额(万元) |
|---|---|---|---|---|---|
| **全 国** | **17** | **8622** | **7960** | **1168014** | **1997516** |
| 北 京 | 1 | 222 | 206 | 40000 | 12647 |
| 天 津 | | | | | |
| 河 北 | 1 | 302 | 302 | 6930 | 12980 |
| 山 西 | | | | | |
| 内蒙古 | | | | | |
| 辽 宁 | 2 | 455 | 359 | 110100 | 46486 |
| 吉 林 | | | | | |
| 黑龙江 | | | | | |
| 上 海 | | | | | |
| 江 苏 | 1 | 3000 | 2933 | 411000 | 925001 |
| 浙 江 | 3 | 1530 | 1126 | 83114 | 144130 |
| 安 徽 | | | | | |
| 福 建 | | | | | |
| 江 西 | | | | | |
| 山 东 | 3 | 1320 | 1315 | 268000 | 488230 |
| 河 南 | | | | | |
| 湖 北 | | | | | |
| 湖 南 | | | | | |
| 广 东 | | | | | |
| 广 西 | | | | | |
| 海 南 | | | | | |
| 重 庆 | 4 | 1325 | 1251 | 158870 | 275562 |
| 四 川 | 1 | 260 | 260 | 80000 | 80000 |
| 贵 州 | | | | | |
| 云 南 | | | | | |
| 西 藏 | | | | | |
| 陕 西 | 1 | 208 | 208 | 10000 | 12480 |
| 甘 肃 | | | | | |
| 青 海 | | | | | |
| 宁 夏 | | | | | |
| 新 疆 | | | | | |

2-2 续表 55

(厨具、盥洗设备市场)

| 地 区 | 市场数量（个） | 总摊位数（个） | 年末出租摊位数（个） | 营业面积（平方米） | 成交额（万元） |
|---|---|---|---|---|---|
| **全 国** | **5** | **3089** | **2165** | **373768** | **233574** |
| 北 京 | | | | | |
| 天 津 | | | | | |
| 河 北 | | | | | |
| 山 西 | | | | | |
| 内蒙古 | | | | | |
| 辽 宁 | | | | | |
| 吉 林 | | | | | |
| 黑龙江 | | | | | |
| 上 海 | | | | | |
| 江 苏 | | | | | |
| 浙 江 | 1 | 500 | 500 | 13000 | 126570 |
| 安 徽 | | | | | |
| 福 建 | | | | | |
| 江 西 | | | | | |
| 山 东 | 1 | 366 | 353 | 21608 | 21935 |
| 河 南 | 1 | 380 | 380 | 81200 | 26138 |
| 湖 北 | | | | | |
| 湖 南 | | | | | |
| 广 东 | | | | | |
| 广 西 | 1 | 1811 | 900 | 204660 | 46002 |
| 海 南 | | | | | |
| 重 庆 | | | | | |
| 四 川 | | | | | |
| 贵 州 | | | | | |
| 云 南 | | | | | |
| 西 藏 | | | | | |
| 陕 西 | | | | | |
| 甘 肃 | | | | | |
| 青 海 | | | | | |
| 宁 夏 | | | | | |
| 新 疆 | 1 | 32 | 32 | 53300 | 12929 |

2-2 续表 56

(五金材料市场)

| 地 区 | 市场数量(个) | 总摊位数(个) | 年末出租摊位数(个) | 营业面积(平方米) | 成交额(万元) |
|---|---|---|---|---|---|
| **全 国** | **78** | **51693** | **47074** | **4663503** | **9504025** |
| 北 京 | 2 | 1100 | 1100 | 61852 | 240000 |
| 天 津 | 3 | 1184 | 924 | 624819 | 433390 |
| 河 北 | 1 | 1650 | 1485 | 258000 | 465156 |
| 山 西 | | | | | |
| 内蒙古 | | | | | |
| 辽 宁 | | | | | |
| 吉 林 | 1 | 1369 | 980 | 199301 | 63300 |
| 黑龙江 | | | | | |
| 上 海 | 2 | 3200 | 3130 | 174179 | 140443 |
| 江 苏 | 17 | 10972 | 9511 | 808425 | 1767826 |
| 浙 江 | 11 | 8855 | 8220 | 333901 | 1922869 |
| 安 徽 | | | | | |
| 福 建 | 1 | 213 | 213 | 3900 | 44017 |
| 江 西 | | | | | |
| 山 东 | 15 | 9813 | 8990 | 841221 | 1880821 |
| 河 南 | 7 | 1644 | 1644 | 75570 | 265927 |
| 湖 北 | 1 | 551 | 530 | 35894 | 22000 |
| 湖 南 | 5 | 3246 | 3018 | 521214 | 701064 |
| 广 东 | 5 | 2383 | 2129 | 213007 | 598874 |
| 广 西 | 1 | 700 | 700 | 45000 | 119000 |
| 海 南 | | | | | |
| 重 庆 | 1 | 596 | 596 | 50000 | 62725 |
| 四 川 | 2 | 2154 | 2154 | 344769 | 372400 |
| 贵 州 | 1 | 261 | 260 | 15451 | 14813 |
| 云 南 | | | | | |
| 西 藏 | | | | | |
| 陕 西 | 1 | 912 | 600 | 33000 | 14400 |
| 甘 肃 | | | | | |
| 青 海 | | | | | |
| 宁 夏 | | | | | |
| 新 疆 | 1 | 890 | 890 | 24000 | 375000 |

2-2 续表 57

（其他装修市场）

| 地区 | 市场数量（个） | 总摊位数（个） | 年末出租摊位数（个） | 营业面积（平方米） | 成交额（万元） |
|---|---|---|---|---|---|
| **全　国** | **63** | **45508** | **42738** | **4800021** | **5529732** |
| 北　京 | 1 | 800 | 652 | 50000 | 16570 |
| 天　津 | 1 | 936 | 936 | 38000 | 11190 |
| 河　北 | 4 | 1462 | 1462 | 434700 | 359863 |
| 山　西 | | | | | |
| 内蒙古 | | | | | |
| 辽　宁 | 3 | 3775 | 3695 | 124000 | 198448 |
| 吉　林 | 1 | 381 | 381 | 17444 | 10495 |
| 黑龙江 | 1 | 463 | 463 | 21000 | 90000 |
| 上　海 | 4 | 2520 | 2263 | 153232 | 91996 |
| 江　苏 | 9 | 5068 | 4973 | 753823 | 1309838 |
| 浙　江 | 12 | 9348 | 8633 | 1172116 | 1085343 |
| 安　徽 | 4 | 5653 | 4884 | 283000 | 235081 |
| 福　建 | | | | | |
| 江　西 | 1 | 178 | 178 | 15000 | 18596 |
| 山　东 | 6 | 7901 | 7561 | 762879 | 1113397 |
| 河　南 | | | | | |
| 湖　北 | 1 | 400 | 342 | 23200 | 22312 |
| 湖　南 | 3 | 646 | 540 | 144868 | 350288 |
| 广　东 | | | | | |
| 广　西 | 1 | 550 | 550 | 150000 | 109886 |
| 海　南 | | | | | |
| 重　庆 | | | | | |
| 四　川 | | | | | |
| 贵　州 | 2 | 604 | 417 | 149454 | 37357 |
| 云　南 | 2 | 647 | 632 | 70214 | 63382 |
| 西　藏 | | | | | |
| 陕　西 | | | | | |
| 甘　肃 | 3 | 1707 | 1707 | 77295 | 107567 |
| 青　海 | 1 | 1415 | 1415 | 12165 | 200800 |
| 宁　夏 | 2 | 609 | 609 | 240000 | 27019 |
| 新　疆 | 1 | 445 | 445 | 107631 | 70304 |

2-2 续表 58

(汽车、摩托车及零配件市场)

| 地　区 | 市场数量(个) | 总摊位数(个) | 年末出租摊位数(个) | 营业面积(平方米) | 成交额(万元) |
|---|---|---|---|---|---|
| **全　国** | **270** | **90044** | **76971** | **15001497** | **64098647** |
| 北　京 | 11 | 4112 | 3438 | 823402 | 9740977 |
| 天　津 | 3 | 1413 | 1273 | 242648 | 1798112 |
| 河　北 | 10 | 3815 | 3755 | 637240 | 1124098 |
| 山　西 | | | | | |
| 内蒙古 | 1 | 43 | 35 | 2600 | 32300 |
| 辽　宁 | 10 | 6454 | 5445 | 828790 | 2762228 |
| 吉　林 | 3 | 5854 | 2722 | 585870 | 2779300 |
| 黑龙江 | 1 | 1260 | 1260 | 31875 | 25568 |
| 上　海 | 12 | 2314 | 2255 | 255217 | 2484731 |
| 江　苏 | 19 | 5749 | 4598 | 1778971 | 5423284 |
| 浙　江 | 55 | 13614 | 12057 | 1270152 | 12467932 |
| 安　徽 | 6 | 2560 | 2287 | 254403 | 945744 |
| 福　建 | 3 | 319 | 314 | 41128 | 375772 |
| 江　西 | 6 | 2806 | 2493 | 251500 | 1889150 |
| 山　东 | 36 | 7230 | 6767 | 1626442 | 3522755 |
| 河　南 | 8 | 2847 | 2847 | 381736 | 981056 |
| 湖　北 | 7 | 3624 | 3164 | 519200 | 3269323 |
| 湖　南 | 8 | 2856 | 2411 | 858292 | 2259380 |
| 广　东 | 26 | 4558 | 4290 | 1169751 | 5558902 |
| 广　西 | 5 | 1543 | 1484 | 384830 | 295694 |
| 海　南 | | | | | |
| 重　庆 | 10 | 6985 | 5090 | 651471 | 2384245 |
| 四　川 | 7 | 2117 | 1652 | 383409 | 378643 |
| 贵　州 | 6 | 1503 | 1258 | 456800 | 909601 |
| 云　南 | 5 | 1617 | 1581 | 573457 | 533017 |
| 西　藏 | | | | | |
| 陕　西 | 4 | 2086 | 2023 | 110951 | 692601 |
| 甘　肃 | 1 | 96 | 93 | 10440 | 26600 |
| 青　海 | | | | | |
| 宁　夏 | 1 | 944 | 810 | 229000 | 23143 |
| 新　疆 | 6 | 1725 | 1569 | 641922 | 1414491 |

2-2 续表 59

(汽车市场)

| 地区 | 市场数量（个） | 总摊位数（个） | 年末出租摊位数（个） | 营业面积（平方米） | 成交额（万元） |
|---|---|---|---|---|---|
| **全国** | **186** | **50749** | **41234** | **11606664** | **53069969** |
| 北京 | 8 | 1510 | 1328 | 637422 | 9177629 |
| 天津 | 3 | 1413 | 1273 | 242648 | 1798112 |
| 河北 | 4 | 810 | 810 | 263340 | 382729 |
| 山西 | | | | | |
| 内蒙古 | 1 | 43 | 35 | 2600 | 32300 |
| 辽宁 | 6 | 4427 | 4113 | 622790 | 2529748 |
| 吉林 | 3 | 5854 | 2722 | 585870 | 2779300 |
| 黑龙江 | 1 | 1260 | 1260 | 31875 | 25568 |
| 上海 | 8 | 382 | 366 | 173178 | 1918583 |
| 江苏 | 14 | 2782 | 2299 | 1441971 | 4758494 |
| 浙江 | 47 | 8885 | 7573 | 883705 | 10838409 |
| 安徽 | 3 | 1100 | 827 | 202000 | 752264 |
| 福建 | 2 | 119 | 118 | 34000 | 342120 |
| 江西 | 3 | 1154 | 1141 | 143000 | 286465 |
| 山东 | 20 | 3092 | 2934 | 1270083 | 2280459 |
| 河南 | 3 | 266 | 266 | 147178 | 776047 |
| 湖北 | 5 | 724 | 464 | 248000 | 1765067 |
| 湖南 | 3 | 1239 | 864 | 746832 | 2169748 |
| 广东 | 17 | 1949 | 1791 | 1008950 | 5179190 |
| 广西 | 4 | 1208 | 1154 | 375030 | 278494 |
| 海南 | | | | | |
| 重庆 | 8 | 5251 | 3650 | 489471 | 1508897 |
| 四川 | 7 | 2117 | 1652 | 383409 | 378643 |
| 贵州 | 5 | 1241 | 1000 | 413800 | 884711 |
| 云南 | 3 | 707 | 671 | 413333 | 436361 |
| 西藏 | | | | | |
| 陕西 | 2 | 1136 | 1133 | 89551 | 526161 |
| 甘肃 | | | | | |
| 青海 | | | | | |
| 宁夏 | 1 | 944 | 810 | 229000 | 23143 |
| 新疆 | 5 | 1136 | 980 | 527628 | 1241327 |

2-2 续表 60

(摩托车市场)

| 地 区 | 市场数量(个) | 总摊位数(个) | 年末出租摊位数(个) | 营业面积(平方米) | 成交额(万元) |
|---|---|---|---|---|---|
| **全 国** | **10** | **3819** | **3624** | **276930** | **643490** |
| 北 京 | | | | | |
| 天 津 | | | | | |
| 河 北 | 1 | 814 | 814 | 50000 | 50214 |
| 山 西 | | | | | |
| 内蒙古 | | | | | |
| 辽 宁 | | | | | |
| 吉 林 | | | | | |
| 黑龙江 | | | | | |
| 上 海 | | | | | |
| 江 苏 | | | | | |
| 浙 江 | 1 | 220 | 220 | 15226 | 31900 |
| 安 徽 | 1 | 100 | 100 | 10000 | 51000 |
| 福 建 | | | | | |
| 江 西 | | | | | |
| 山 东 | | | | | |
| 河 南 | 2 | 1260 | 1260 | 126664 | 94791 |
| 湖 北 | | | | | |
| 湖 南 | 2 | 314 | 282 | 14800 | 41785 |
| 广 东 | | | | | |
| 广 西 | 1 | 335 | 330 | 9800 | 17200 |
| 海 南 | | | | | |
| 重 庆 | 1 | 680 | 525 | 40000 | 330000 |
| 四 川 | | | | | |
| 贵 州 | | | | | |
| 云 南 | | | | | |
| 西 藏 | | | | | |
| 陕 西 | | | | | |
| 甘 肃 | 1 | 96 | 93 | 10440 | 26600 |
| 青 海 | | | | | |
| 宁 夏 | | | | | |
| 新 疆 | | | | | |

2-2 续表 61

(机动车零配件市场)

| 地 区 | 市场数量 (个) | 总摊位数 (个) | 年末出租摊位数 (个) | 营业面积 (平方米) | 成交额 (万元) |
|---|---|---|---|---|---|
| **全 国** | **74** | **35476** | **32113** | **3117903** | **10385188** |
| 北 京 | 3 | 2602 | 2110 | 185980 | 563348 |
| 天 津 | | | | | |
| 河 北 | 5 | 2191 | 2131 | 323900 | 691155 |
| 山 西 | | | | | |
| 内蒙古 | | | | | |
| 辽 宁 | 4 | 2027 | 1332 | 206000 | 232480 |
| 吉 林 | | | | | |
| 黑龙江 | | | | | |
| 上 海 | 4 | 1932 | 1889 | 82039 | 566148 |
| 江 苏 | 5 | 2967 | 2299 | 337000 | 664790 |
| 浙 江 | 7 | 4509 | 4264 | 371221 | 1597623 |
| 安 徽 | 2 | 1360 | 1360 | 42403 | 142480 |
| 福 建 | 1 | 200 | 196 | 7128 | 33652 |
| 江 西 | 3 | 1652 | 1352 | 108500 | 1602685 |
| 山 东 | 16 | 4138 | 3833 | 356359 | 1242296 |
| 河 南 | 3 | 1321 | 1321 | 107894 | 110218 |
| 湖 北 | 2 | 2900 | 2700 | 271200 | 1504256 |
| 湖 南 | 3 | 1303 | 1265 | 96660 | 47847 |
| 广 东 | 9 | 2609 | 2499 | 160801 | 379712 |
| 广 西 | | | | | |
| 海 南 | | | | | |
| 重 庆 | 1 | 1054 | 915 | 122000 | 545348 |
| 四 川 | | | | | |
| 贵 州 | 1 | 262 | 258 | 43000 | 24890 |
| 云 南 | 2 | 910 | 910 | 160124 | 96656 |
| 西 藏 | | | | | |
| 陕 西 | 2 | 950 | 890 | 21400 | 166440 |
| 甘 肃 | | | | | |
| 青 海 | | | | | |
| 宁 夏 | | | | | |
| 新 疆 | 1 | 589 | 589 | 114294 | 173164 |

2-2 续表 62

(花鸟鱼虫市场)

| 地　区 | 市场数量(个) | 总摊位数(个) | 年末出租摊位数(个) | 营业面积(平方米) | 成交额(万元) |
|---|---|---|---|---|---|
| **全　国** | **29** | **20821** | **19608** | **3322142** | **4269087** |
| 北　京 | 1 | 624 | 612 | 12190 | 15137 |
| 天　津 | 1 | 580 | 580 | 21000 | 13510 |
| 河　北 | 1 | 395 | 395 | 19260 | 30240 |
| 山　西 | | | | | |
| 内蒙古 | | | | | |
| 辽　宁 | 4 | 2165 | 2165 | 35832 | 76720 |
| 吉　林 | | | | | |
| 黑龙江 | 1 | 262 | 262 | 20000 | 15000 |
| 上　海 | 2 | 626 | 596 | 54070 | 33209 |
| 江　苏 | 3 | 4032 | 3520 | 643000 | 2131039 |
| 浙　江 | 3 | 1516 | 1433 | 61447 | 344036 |
| 安　徽 | 2 | 1550 | 1550 | 108320 | 139393 |
| 福　建 | 2 | 205 | 200 | 31855 | 115938 |
| 江　西 | | | | | |
| 山　东 | 2 | 1950 | 1790 | 189960 | 339000 |
| 河　南 | 2 | 2180 | 2180 | 54000 | 219960 |
| 湖　北 | | | | | |
| 湖　南 | 1 | 434 | 319 | 79076 | 40000 |
| 广　东 | 2 | 1742 | 1706 | 1918000 | 311705 |
| 广　西 | | | | | |
| 海　南 | | | | | |
| 重　庆 | | | | | |
| 四　川 | | | | | |
| 贵　州 | | | | | |
| 云　南 | 1 | 2260 | 2000 | 44132 | 429200 |
| 西　藏 | | | | | |
| 陕　西 | | | | | |
| 甘　肃 | | | | | |
| 青　海 | | | | | |
| 宁　夏 | | | | | |
| 新　疆 | 1 | 300 | 300 | 30000 | 15000 |

2-2 续表 63

(花卉市场)

| 地区 | 市场数量(个) | 总摊位数(个) | 年末出租摊位数(个) | 营业面积(平方米) | 成交额(万元) |
|---|---|---|---|---|---|
| **全国** | **24** | **19243** | **18065** | **3251487** | **4063079** |
| 北京 | 1 | 624 | 612 | 12190 | 15137 |
| 天津 | 1 | 580 | 580 | 21000 | 13510 |
| 河北 | 1 | 395 | 395 | 19260 | 30240 |
| 山西 | | | | | |
| 内蒙古 | | | | | |
| 辽宁 | 2 | 1465 | 1465 | 14532 | 30986 |
| 吉林 | | | | | |
| 黑龙江 | 1 | 262 | 262 | 20000 | 15000 |
| 上海 | 1 | 178 | 178 | 16470 | 11620 |
| 江苏 | 3 | 4032 | 3520 | 643000 | 2131039 |
| 浙江 | 2 | 1216 | 1133 | 56067 | 310136 |
| 安徽 | 2 | 1550 | 1550 | 108320 | 139393 |
| 福建 | 1 | 75 | 75 | 25480 | 11153 |
| 江西 | | | | | |
| 山东 | 2 | 1950 | 1790 | 189960 | 339000 |
| 河南 | 2 | 2180 | 2180 | 54000 | 219960 |
| 湖北 | | | | | |
| 湖南 | 1 | 434 | 319 | 79076 | 40000 |
| 广东 | 2 | 1742 | 1706 | 1918000 | 311705 |
| 广西 | | | | | |
| 海南 | | | | | |
| 重庆 | | | | | |
| 四川 | | | | | |
| 贵州 | | | | | |
| 云南 | 1 | 2260 | 2000 | 44132 | 429200 |
| 西藏 | | | | | |
| 陕西 | | | | | |
| 甘肃 | | | | | |
| 青海 | | | | | |
| 宁夏 | | | | | |
| 新疆 | 1 | 300 | 300 | 30000 | 15000 |

2-2　续表 64

(其他花鸟鱼虫市场)

| 地　区 | 市场数量(个) | 总摊位数(个) | 年末出租摊位数(个) | 营业面积(平方米) | 成交额(万元) |
|---|---|---|---|---|---|
| **全　国** | **5** | **1578** | **1543** | **70655** | **206008** |
| 北　京 | | | | | |
| 天　津 | | | | | |
| 河　北 | | | | | |
| 山　西 | | | | | |
| 内蒙古 | | | | | |
| 辽　宁 | 2 | 700 | 700 | 21300 | 45734 |
| 吉　林 | | | | | |
| 黑龙江 | | | | | |
| 上　海 | 1 | 448 | 418 | 37600 | 21589 |
| 江　苏 | | | | | |
| 浙　江 | 1 | 300 | 300 | 5380 | 33900 |
| 安　徽 | | | | | |
| 福　建 | 1 | 130 | 125 | 6375 | 104785 |
| 江　西 | | | | | |
| 山　东 | | | | | |
| 河　南 | | | | | |
| 湖　北 | | | | | |
| 湖　南 | | | | | |
| 广　东 | | | | | |
| 广　西 | | | | | |
| 海　南 | | | | | |
| 重　庆 | | | | | |
| 四　川 | | | | | |
| 贵　州 | | | | | |
| 云　南 | | | | | |
| 西　藏 | | | | | |
| 陕　西 | | | | | |
| 甘　肃 | | | | | |
| 青　海 | | | | | |
| 宁　夏 | | | | | |
| 新　疆 | | | | | |

## 2-2 续表 65

(旧货市场)

| 地区 | 市场数量(个) | 总摊位数(个) | 年末出租摊位数(个) | 营业面积(平方米) | 成交额(万元) |
|---|---|---|---|---|---|
| **全国** | **17** | **8679** | **8195** | **342986** | **663151** |
| 北京 | 1 | 4520 | 4520 | 39635 | 48438 |
| 天津 | | | | | |
| 河北 | | | | | |
| 山西 | | | | | |
| 内蒙古 | | | | | |
| 辽宁 | | | | | |
| 吉林 | | | | | |
| 黑龙江 | | | | | |
| 上海 | | | | | |
| 江苏 | 1 | 73 | 71 | 25000 | 19952 |
| 浙江 | 8 | 1658 | 1286 | 128531 | 451120 |
| 安徽 | | | | | |
| 福建 | 1 | 368 | 368 | 14720 | 10425 |
| 江西 | 1 | 750 | 750 | 15000 | 19120 |
| 山东 | 3 | 756 | 682 | 87000 | 89960 |
| 河南 | 1 | 507 | 500 | 13120 | 12000 |
| 湖北 | | | | | |
| 湖南 | | | | | |
| 广东 | | | | | |
| 广西 | | | | | |
| 海南 | | | | | |
| 重庆 | | | | | |
| 四川 | | | | | |
| 贵州 | | | | | |
| 云南 | 1 | 47 | 18 | 19980 | 12136 |
| 西藏 | | | | | |
| 陕西 | | | | | |
| 甘肃 | | | | | |
| 青海 | | | | | |
| 宁夏 | | | | | |
| 新疆 | | | | | |

2-2 续表 66

（古玩、古董、字画市场）

| 地　区 | 市场数量（个） | 总摊位数（个） | 年末出租摊位数（个） | 营业面积（平方米） | 成交额（万元） |
|---|---|---|---|---|---|
| **全　国** | **2** | **875** | **868** | **27840** | **22425** |
| 北　京 | | | | | |
| 天　津 | | | | | |
| 河　北 | | | | | |
| 山　西 | | | | | |
| 内蒙古 | | | | | |
| 辽　宁 | | | | | |
| 吉　林 | | | | | |
| 黑龙江 | | | | | |
| 上　海 | | | | | |
| 江　苏 | | | | | |
| 浙　江 | | | | | |
| 安　徽 | | | | | |
| 福　建 | 1 | 368 | 368 | 14720 | 10425 |
| 江　西 | | | | | |
| 山　东 | | | | | |
| 河　南 | 1 | 507 | 500 | 13120 | 12000 |
| 湖　北 | | | | | |
| 湖　南 | | | | | |
| 广　东 | | | | | |
| 广　西 | | | | | |
| 海　南 | | | | | |
| 重　庆 | | | | | |
| 四　川 | | | | | |
| 贵　州 | | | | | |
| 云　南 | | | | | |
| 西　藏 | | | | | |
| 陕　西 | | | | | |
| 甘　肃 | | | | | |
| 青　海 | | | | | |
| 宁　夏 | | | | | |
| 新　疆 | | | | | |

2-2 续表 67

(其他旧货市场)

| 地 区 | 市场数量（个） | 总摊位数（个） | 年末出租摊位数（个） | 营业面积（平方米） | 成交额（万元） |
|---|---|---|---|---|---|
| **全 国** | **15** | **7804** | **7327** | **315146** | **640726** |
| 北 京 | 1 | 4520 | 4520 | 39635 | 48438 |
| 天 津 | | | | | |
| 河 北 | | | | | |
| 山 西 | | | | | |
| 内蒙古 | | | | | |
| 辽 宁 | | | | | |
| 吉 林 | | | | | |
| 黑龙江 | | | | | |
| 上 海 | | | | | |
| 江 苏 | 1 | 73 | 71 | 25000 | 19952 |
| 浙 江 | 8 | 1658 | 1286 | 128531 | 451120 |
| 安 徽 | | | | | |
| 福 建 | | | | | |
| 江 西 | 1 | 750 | 750 | 15000 | 19120 |
| 山 东 | 3 | 756 | 682 | 87000 | 89960 |
| 河 南 | | | | | |
| 湖 北 | | | | | |
| 湖 南 | | | | | |
| 广 东 | | | | | |
| 广 西 | | | | | |
| 海 南 | | | | | |
| 重 庆 | | | | | |
| 四 川 | | | | | |
| 贵 州 | | | | | |
| 云 南 | 1 | 47 | 18 | 19980 | 12136 |
| 西 藏 | | | | | |
| 陕 西 | | | | | |
| 甘 肃 | | | | | |
| 青 海 | | | | | |
| 宁 夏 | | | | | |
| 新 疆 | | | | | |

2-2 续表 68

(其他专业市场)

| 地区 | 市场数量(个) | 总摊位数(个) | 年末出租摊位数(个) | 营业面积(平方米) | 成交额(万元) |
|---|---|---|---|---|---|
| **全国** | **56** | **43560** | **36911** | **3119113** | **7454392** |
| 北京 | 1 | 136 | 136 | 40567 | 14349 |
| 天津 | 1 | 180 | 150 | 8000 | 12000 |
| 河北 | 5 | 8001 | 7899 | 1046750 | 2286985 |
| 山西 | | | | | |
| 内蒙古 | 7 | 4930 | 4670 | 372709 | 1331938 |
| 辽宁 | 5 | 6470 | 5959 | 144000 | 285945 |
| 吉林 | | | | | |
| 黑龙江 | | | | | |
| 上海 | 4 | 1064 | 1064 | 25200 | 156592 |
| 江苏 | 6 | 1956 | 1912 | 173009 | 704338 |
| 浙江 | 5 | 1363 | 1274 | 140916 | 587453 |
| 安徽 | 2 | 1688 | 1433 | 125500 | 88302 |
| 福建 | | | | | |
| 江西 | 1 | 871 | 871 | 203468 | 50911 |
| 山东 | 11 | 6177 | 5631 | 505950 | 461625 |
| 河南 | 4 | 4485 | 4402 | 247360 | 1148154 |
| 湖北 | | | | | |
| 湖南 | 1 | 335 | 335 | 8800 | 22821 |
| 广东 | 1 | 344 | 280 | 19194 | 178000 |
| 广西 | | | | | |
| 海南 | | | | | |
| 重庆 | | | | | |
| 四川 | 1 | 560 | 560 | 15000 | 112305 |
| 贵州 | | | | | |
| 云南 | 1 | 5000 | 335 | 42690 | 12674 |
| 西藏 | | | | | |
| 陕西 | | | | | |
| 甘肃 | | | | | |
| 青海 | | | | | |
| 宁夏 | | | | | |
| 新疆 | | | | | |

# 2-3 商品交易市场情况(按营业状态分)

(常年营业)

| 地 区 | 市场数量(个) | 总摊位数(个) | 年末出租摊位数(个) | 营业面积(平方米) | 成交额(万元) |
|---|---|---|---|---|---|
| **全 国** | **4878** | **3899027** | **3437194** | **296581258** | **995279307** |
| 北 京 | 122 | 109156 | 95243 | 6643556 | 34672131 |
| 天 津 | 56 | 42197 | 38460 | 4136845 | 15983591 |
| 河 北 | 225 | 354644 | 303729 | 25499408 | 53145281 |
| 山 西 | 36 | 30049 | 27787 | 2722514 | 6303650 |
| 内蒙古 | 68 | 39682 | 37232 | 7181862 | 5848608 |
| 辽 宁 | 202 | 188484 | 172861 | 8767930 | 36914661 |
| 吉 林 | 57 | 53504 | 48878 | 2940888 | 6686166 |
| 黑龙江 | 80 | 61202 | 53144 | 3287811 | 10573335 |
| 上 海 | 153 | 71676 | 65954 | 7848458 | 91026976 |
| 江 苏 | 509 | 393572 | 348549 | 31799915 | 159607937 |
| 浙 江 | 747 | 485221 | 444546 | 30390036 | 160538751 |
| 安 徽 | 135 | 134087 | 120318 | 12896252 | 25582535 |
| 福 建 | 134 | 56569 | 50929 | 3603001 | 15806325 |
| 江 西 | 92 | 76431 | 70143 | 4075120 | 18059442 |
| 山 东 | 572 | 420348 | 388604 | 40153232 | 96265835 |
| 河 南 | 146 | 145689 | 118871 | 12542368 | 33409733 |
| 湖 北 | 156 | 86884 | 78574 | 6225205 | 20270851 |
| 湖 南 | 326 | 195421 | 178343 | 10902414 | 32457401 |
| 广 东 | 335 | 257905 | 205652 | 20094619 | 55546284 |
| 广 西 | 89 | 74875 | 67500 | 4259259 | 8969747 |
| 海 南 | 7 | 4656 | 4597 | 766300 | 525684 |
| 重 庆 | 153 | 111651 | 100207 | 8277138 | 34128682 |
| 四 川 | 134 | 194735 | 146431 | 11897887 | 27489289 |
| 贵 州 | 60 | 41342 | 31945 | 2858678 | 6863355 |
| 云 南 | 48 | 59079 | 51181 | 3449887 | 5882857 |
| 西 藏 | | | | | |
| 陕 西 | 54 | 40969 | 37188 | 3326893 | 6911934 |
| 甘 肃 | 40 | 35359 | 31465 | 1817305 | 4106396 |
| 青 海 | 9 | 6952 | 6445 | 538368 | 633375 |
| 宁 夏 | 36 | 30056 | 26673 | 4247875 | 3142532 |
| 新 疆 | 97 | 96632 | 85745 | 13430234 | 17925963 |

2-3 续表 1

(季节性营业)

| 地区 | 市场数量(个) | 总摊位数(个) | 年末出租摊位数(个) | 营业面积(平方米) | 成交额(万元) |
|---|---|---|---|---|---|
| **全国** | **68** | **44642** | **29300** | **3963494** | **5845687** |
| 北京 | 3 | 4156 | 1914 | 279000 | 152734 |
| 天津 | | | | | |
| 河北 | 9 | 7006 | 5746 | 670876 | 487975 |
| 山西 | | | | | |
| 内蒙古 | 5 | 434 | 404 | 450200 | 216656 |
| 辽宁 | 4 | 1178 | 1176 | 286690 | 698906 |
| 吉林 | | | | | |
| 黑龙江 | 2 | 218 | 218 | 146000 | 68669 |
| 上海 | 1 | 165 | 165 | 2250 | 10047 |
| 江苏 | 4 | 1288 | 1131 | 37355 | 123138 |
| 浙江 | 4 | 10985 | 1289 | 233286 | 775680 |
| 安徽 | 1 | 415 | 415 | 33350 | 86260 |
| 福建 | 1 | 29 | 29 | 1500 | 19800 |
| 江西 | 1 | 306 | 306 | 60000 | 27889 |
| 山东 | 23 | 13726 | 13025 | 1348654 | 2397103 |
| 河南 | 5 | 3691 | 2647 | 198368 | 79301 |
| 湖北 | | | | | |
| 湖南 | 1 | 450 | 265 | 6965 | 60000 |
| 广东 | 1 | 121 | 110 | 25000 | 220000 |
| 广西 | 2 | 445 | 431 | 114000 | 166953 |
| 海南 | | | | | |
| 重庆 | | | | | |
| 四川 | | | | | |
| 贵州 | | | | | |
| 云南 | 1 | 29 | 29 | 70000 | 254576 |
| 西藏 | | | | | |
| 陕西 | | | | | |
| 甘肃 | | | | | |
| 青海 | | | | | |
| 宁夏 | | | | | |
| 新疆 | | | | | |

2-3　续表 2

(其他)

| 地　　区 | 市场数量<br>(个) | 总摊位数<br>(个) | 年末出租摊位数<br>(个) | 营业面积<br>(平方米) | 成交额<br>(万元) |
|---|---|---|---|---|---|
| **全　　国** | **6** | **2443** | **2144** | **112576** | **212871** |
| 北　　京 | | | | | |
| 天　　津 | | | | | |
| 河　　北 | 2 | 602 | 587 | 41800 | 22907 |
| 山　　西 | | | | | |
| 内 蒙 古 | | | | | |
| 辽　　宁 | | | | | |
| 吉　　林 | | | | | |
| 黑 龙 江 | | | | | |
| 上　　海 | 1 | 91 | 91 | 36066 | 101985 |
| 江　　苏 | | | | | |
| 浙　　江 | | | | | |
| 安　　徽 | | | | | |
| 福　　建 | | | | | |
| 江　　西 | | | | | |
| 山　　东 | | | | | |
| 河　　南 | | | | | |
| 湖　　北 | 1 | 360 | 360 | 10500 | 32857 |
| 湖　　南 | 1 | 1074 | 790 | 19000 | 45012 |
| 广　　东 | | | | | |
| 广　　西 | | | | | |
| 海　　南 | | | | | |
| 重　　庆 | | | | | |
| 四　　川 | | | | | |
| 贵　　州 | | | | | |
| 云　　南 | | | | | |
| 西　　藏 | | | | | |
| 陕　　西 | | | | | |
| 甘　　肃 | | | | | |
| 青　　海 | | | | | |
| 宁　　夏 | | | | | |
| 新　　疆 | 1 | 316 | 316 | 5210 | 10110 |

# 2-4 商品交易市场情况(按经营方式分)

(批发为主)

| 地区 | 市场数量(个) | 总摊位数(个) | 年末出租摊位数(个) | 营业面积(平方米) | 成交额(万元) |
|---|---|---|---|---|---|
| **全国** | **2879** | **2762568** | **2399095** | **233901620** | **858369461** |
| 北京 | 56 | 67769 | 54634 | 4111329 | 21915922 |
| 天津 | 40 | 32418 | 30228 | 3413816 | 15200084 |
| 河北 | 173 | 312379 | 264150 | 23481339 | 50644987 |
| 山西 | 27 | 25414 | 23421 | 2202606 | 5966596 |
| 内蒙古 | 48 | 21716 | 20105 | 6352660 | 4309888 |
| 辽宁 | 94 | 88011 | 82730 | 5364309 | 29779351 |
| 吉林 | 30 | 24417 | 22362 | 1835909 | 4228926 |
| 黑龙江 | 37 | 35433 | 31272 | 2011771 | 7374476 |
| 上海 | 77 | 44874 | 41765 | 6352072 | 86631327 |
| 江苏 | 274 | 263098 | 231607 | 23296516 | 140316234 |
| 浙江 | 379 | 347150 | 312690 | 22976358 | 135337326 |
| 安徽 | 85 | 104545 | 94839 | 10923140 | 22579844 |
| 福建 | 61 | 29324 | 25715 | 2386311 | 12155564 |
| 江西 | 57 | 52574 | 47761 | 3167042 | 16161706 |
| 山东 | 428 | 325843 | 299151 | 35058746 | 88842970 |
| 河南 | 101 | 109305 | 84406 | 9707287 | 29505603 |
| 湖北 | 82 | 55022 | 50206 | 3656764 | 14553687 |
| 湖南 | 173 | 104953 | 97008 | 7822130 | 24402007 |
| 广东 | 219 | 204297 | 159584 | 17250768 | 48380624 |
| 广西 | 51 | 43339 | 38258 | 3110469 | 7366217 |
| 海南 | 2 | 1166 | 1166 | 737800 | 309990 |
| 重庆 | 87 | 80489 | 71878 | 6246042 | 29739697 |
| 四川 | 89 | 166996 | 122198 | 9709466 | 25359783 |
| 贵州 | 37 | 32928 | 24180 | 1952177 | 5321756 |
| 云南 | 24 | 46173 | 38717 | 2566278 | 5176427 |
| 西藏 | | | | | |
| 陕西 | 31 | 22077 | 19667 | 1668462 | 4317531 |
| 甘肃 | 32 | 26878 | 26498 | 1632890 | 3848542 |
| 青海 | 5 | 4660 | 4660 | 494203 | 399725 |
| 宁夏 | 18 | 16790 | 14228 | 2846678 | 2511042 |
| 新疆 | 62 | 72530 | 64011 | 11566282 | 15731629 |

2-4 续表

(零售为主)

| 地 区 | 市场数量 (个) | 总摊位数 (个) | 年末出租摊位数 (个) | 营业面积 (平方米) | 成交额 (万元) |
|---|---|---|---|---|---|
| **全 国** | **2073** | **1183544** | **1069543** | **66755708** | **142968404** |
| 北 京 | 69 | 45543 | 42523 | 2811227 | 12908943 |
| 天 津 | 16 | 9779 | 8232 | 723029 | 783507 |
| 河 北 | 63 | 49873 | 45912 | 2730745 | 3011176 |
| 山 西 | 9 | 4635 | 4366 | 519908 | 337054 |
| 内蒙古 | 25 | 18400 | 17531 | 1279402 | 1755376 |
| 辽 宁 | 112 | 101651 | 91307 | 3690311 | 7834216 |
| 吉 林 | 27 | 29087 | 26516 | 1104979 | 2457240 |
| 黑龙江 | 45 | 25987 | 22090 | 1422040 | 3267528 |
| 上 海 | 78 | 27058 | 24445 | 1534702 | 4507681 |
| 江 苏 | 239 | 131762 | 118073 | 8540754 | 19414841 |
| 浙 江 | 372 | 149056 | 133145 | 7646964 | 25977105 |
| 安 徽 | 51 | 29957 | 25894 | 2006462 | 3088951 |
| 福 建 | 74 | 27274 | 25243 | 1218190 | 3670561 |
| 江 西 | 36 | 24163 | 22688 | 968078 | 1925625 |
| 山 东 | 167 | 108231 | 102478 | 6443140 | 9819968 |
| 河 南 | 50 | 40075 | 37112 | 3033449 | 3983431 |
| 湖 北 | 75 | 32222 | 28728 | 2578941 | 5750021 |
| 湖 南 | 155 | 91992 | 82390 | 3106249 | 8160406 |
| 广 东 | 117 | 53729 | 46178 | 2868851 | 7385660 |
| 广 西 | 40 | 31981 | 29673 | 1262790 | 1770483 |
| 海 南 | 5 | 3490 | 3431 | 28500 | 215694 |
| 重 庆 | 66 | 31162 | 28329 | 2031096 | 4388985 |
| 四 川 | 45 | 27739 | 24233 | 2188421 | 2129506 |
| 贵 州 | 23 | 8414 | 7765 | 906501 | 1541599 |
| 云 南 | 25 | 12935 | 12493 | 953609 | 961006 |
| 西 藏 | | | | | |
| 陕 西 | 23 | 18892 | 17521 | 1658431 | 2594403 |
| 甘 肃 | 8 | 8481 | 4967 | 184415 | 257854 |
| 青 海 | 4 | 2292 | 1785 | 44165 | 233650 |
| 宁 夏 | 18 | 13266 | 12445 | 1401197 | 631490 |
| 新 疆 | 36 | 24418 | 22050 | 1869162 | 2204444 |

# 2-5 商品交易市场情况(按经营环境分)

(露天式)

| 地 区 | 市场数量(个) | 总摊位数(个) | 年末出租摊位数(个) | 营业面积(平方米) | 成交额(万元) |
|---|---|---|---|---|---|
| **全 国** | **790** | **516817** | **455967** | **58143204** | **137579763** |
| 北 京 | 19 | 21156 | 11495 | 2317663 | 14730804 |
| 天 津 | 16 | 11603 | 9628 | 1379459 | 2635467 |
| 河 北 | 78 | 110376 | 95236 | 7077738 | 8044325 |
| 山 西 | 7 | 4041 | 3630 | 398390 | 379139 |
| 内蒙古 | 31 | 13299 | 12910 | 4906195 | 3030769 |
| 辽 宁 | 43 | 26289 | 24715 | 2807472 | 4794628 |
| 吉 林 | 5 | 4788 | 4776 | 460900 | 229611 |
| 黑龙江 | 8 | 6000 | 5935 | 879175 | 1424425 |
| 上 海 | 11 | 4770 | 4256 | 484979 | 1862064 |
| 江 苏 | 55 | 23759 | 20487 | 2408746 | 11496930 |
| 浙 江 | 60 | 20830 | 19499 | 2311342 | 11712485 |
| 安 徽 | 22 | 14305 | 13011 | 931234 | 2641047 |
| 福 建 | 6 | 1256 | 1255 | 76777 | 812842 |
| 江 西 | 11 | 10042 | 9821 | 702524 | 3603035 |
| 山 东 | 186 | 108679 | 103221 | 14465316 | 30579108 |
| 河 南 | 32 | 20146 | 17285 | 2321283 | 7231829 |
| 湖 北 | 20 | 12256 | 11856 | 757121 | 5607268 |
| 湖 南 | 24 | 16815 | 14684 | 1383731 | 3952046 |
| 广 东 | 40 | 12067 | 11231 | 1702395 | 4299313 |
| 广 西 | 10 | 4683 | 4366 | 981744 | 2621247 |
| 海 南 | 2 | 1166 | 1166 | 737800 | 309990 |
| 重 庆 | 11 | 8369 | 6099 | 563846 | 2987224 |
| 四 川 | 23 | 10178 | 9473 | 1481383 | 5043521 |
| 贵 州 | 11 | 2862 | 2717 | 473744 | 1732705 |
| 云 南 | 5 | 7077 | 2341 | 196278 | 472910 |
| 西 藏 | | | | | |
| 陕 西 | 13 | 9408 | 8854 | 1026882 | 1342359 |
| 甘 肃 | 13 | 14244 | 10862 | 525342 | 1756113 |
| 青 海 | 3 | 742 | 742 | 136203 | 59617 |
| 宁 夏 | 8 | 6237 | 5327 | 750037 | 563064 |
| 新 疆 | 17 | 9374 | 9089 | 3497505 | 1623878 |

2-5 续表 1

(封闭式)

| 地　区 | 市场数量(个) | 总摊位数(个) | 年末出租摊位数(个) | 营业面积(平方米) | 成交额(万元) |
|---|---|---|---|---|---|
| **全　国** | **3554** | **2982315** | **2611826** | **195119570** | **718310316** |
| 北　京 | 99 | 82312 | 76347 | 4243552 | 16805546 |
| 天　津 | 36 | 29291 | 27564 | 2594480 | 12855312 |
| 河　北 | 124 | 216865 | 185812 | 16796070 | 42237791 |
| 山　西 | 20 | 20136 | 18555 | 1926399 | 5627284 |
| 内蒙古 | 38 | 24357 | 22266 | 2008732 | 2759151 |
| 辽　宁 | 155 | 155818 | 141877 | 5397548 | 29515706 |
| 吉　林 | 47 | 43762 | 39537 | 1972243 | 6141981 |
| 黑龙江 | 73 | 55390 | 47397 | 2546857 | 9197579 |
| 上　海 | 112 | 52657 | 48134 | 3436850 | 75415135 |
| 江　苏 | 385 | 321910 | 286004 | 24104654 | 118126003 |
| 浙　江 | 617 | 436128 | 390851 | 25808206 | 127477576 |
| 安　徽 | 86 | 77102 | 67685 | 6966176 | 13848039 |
| 福　建 | 111 | 48880 | 43388 | 3313052 | 14027136 |
| 江　西 | 70 | 57616 | 52905 | 3068098 | 12236307 |
| 山　东 | 359 | 279492 | 258192 | 21416628 | 58549986 |
| 河　南 | 95 | 110981 | 86373 | 8979736 | 23203309 |
| 湖　北 | 113 | 64145 | 57685 | 4743901 | 13812954 |
| 湖　南 | 254 | 147061 | 136210 | 7151006 | 23231448 |
| 广　东 | 243 | 209466 | 160389 | 12948488 | 38005595 |
| 广　西 | 60 | 59595 | 53387 | 2566610 | 4867489 |
| 海　南 | 5 | 3490 | 3431 | 28500 | 215694 |
| 重　庆 | 128 | 91188 | 82416 | 6752939 | 26554335 |
| 四　川 | 101 | 175005 | 128119 | 9808544 | 19887703 |
| 贵　州 | 36 | 29139 | 22579 | 1695213 | 2748258 |
| 云　南 | 35 | 47531 | 44374 | 2832027 | 4305925 |
| 西　藏 | | | | | |
| 陕　西 | 31 | 25749 | 23160 | 1881531 | 4088246 |
| 甘　肃 | 19 | 15749 | 15522 | 1043988 | 1933883 |
| 青　海 | 6 | 6210 | 5703 | 402165 | 573758 |
| 宁　夏 | 26 | 21018 | 19722 | 3014838 | 2154231 |
| 新　疆 | 70 | 74272 | 66242 | 5670539 | 7906956 |

2-5 续表 2

(其他)

| 地　区 | 市场数量 (个) | 总摊位数 (个) | 年末出租摊位数 (个) | 营业面积 (平方米) | 成交额 (万元) |
|---|---|---|---|---|---|
| **全　国** | **608** | **446980** | **400845** | **47394554** | **145447786** |
| 北　京 | 7 | 9844 | 9315 | 361341 | 3288515 |
| 天　津 | 4 | 1303 | 1268 | 162906 | 492812 |
| 河　北 | 34 | 35011 | 29014 | 2338276 | 3374047 |
| 山　西 | 9 | 5872 | 5602 | 397725 | 297227 |
| 内蒙古 | 4 | 2460 | 2460 | 717135 | 275344 |
| 辽　宁 | 8 | 7555 | 7445 | 849600 | 3303233 |
| 吉　林 | 5 | 4954 | 4565 | 507745 | 314574 |
| 黑龙江 | 1 | 30 | 30 | 7779 | 20000 |
| 上　海 | 32 | 14505 | 13820 | 3964945 | 13861809 |
| 江　苏 | 73 | 49191 | 43189 | 5323870 | 30108142 |
| 浙　江 | 74 | 39248 | 35485 | 2503774 | 22124370 |
| 安　徽 | 28 | 43095 | 40037 | 5032192 | 9179709 |
| 福　建 | 18 | 6462 | 6315 | 214672 | 986147 |
| 江　西 | 12 | 9079 | 7723 | 364498 | 2247989 |
| 山　东 | 50 | 45903 | 40216 | 5619942 | 9533844 |
| 河　南 | 24 | 18253 | 17860 | 1439717 | 3053896 |
| 湖　北 | 24 | 10843 | 9393 | 734683 | 883486 |
| 湖　南 | 50 | 33069 | 28504 | 2393642 | 5378919 |
| 广　东 | 53 | 36493 | 34142 | 5468736 | 13461376 |
| 广　西 | 21 | 11042 | 10178 | 824905 | 1647964 |
| 海　南 | | | | | |
| 重　庆 | 14 | 12094 | 11692 | 960353 | 4587123 |
| 四　川 | 10 | 9552 | 8839 | 607960 | 2558065 |
| 贵　州 | 13 | 9341 | 6649 | 689721 | 2382392 |
| 云　南 | 9 | 4500 | 4495 | 491582 | 1358598 |
| 西　藏 | | | | | |
| 陕　西 | 10 | 5812 | 5174 | 418480 | 1481329 |
| 甘　肃 | 8 | 5366 | 5081 | 247975 | 416400 |
| 青　海 | | | | | |
| 宁　夏 | 2 | 2801 | 1624 | 483000 | 425237 |
| 新　疆 | 11 | 13302 | 10730 | 4267400 | 8405239 |

# 2-6　商品交易市场成交情况(按摊位分)

| 地　区 | 粮油、食品类 | | #粮油类 | | #肉禽蛋类 | |
|---|---|---|---|---|---|---|
| | 摊位数(个) | 成交额(万元) | 摊位数(个) | 成交额(万元) | 摊位数(个) | 成交额(万元) |
| **全　国** | **987696** | **263799878** | **96768** | **35887167** | **139513** | **35758608** |
| 北　京 | 31169 | 18028783 | 2372 | 1907627 | 4652 | 1793518 |
| 天　津 | 14954 | 6465196 | 2669 | 1341435 | 1083 | 783300 |
| 河　北 | 115691 | 10890425 | 5767 | 916735 | 6476 | 1225208 |
| 山　西 | 7021 | 1739735 | 869 | 179241 | 410 | 79498 |
| 内蒙古 | 8456 | 1442632 | 732 | 289467 | 1074 | 208678 |
| 辽　宁 | 32966 | 6595707 | 3305 | 622010 | 5858 | 832350 |
| 吉　林 | 8271 | 1202117 | 1089 | 47526 | 1279 | 55210 |
| 黑龙江 | 13550 | 5766205 | 1438 | 673396 | 2332 | 548789 |
| 上　海 | 19542 | 8668416 | 2362 | 811669 | 3819 | 2018083 |
| 江　苏 | 82749 | 28265033 | 10741 | 5580363 | 15498 | 4975931 |
| 浙　江 | 114519 | 34311846 | 9180 | 5061408 | 17902 | 4365668 |
| 安　徽 | 28403 | 7697856 | 2417 | 825564 | 4733 | 1139683 |
| 福　建 | 22291 | 7291839 | 1938 | 545577 | 4467 | 725327 |
| 江　西 | 20553 | 7891918 | 2480 | 1289700 | 4579 | 1799994 |
| 山　东 | 153806 | 26512255 | 13796 | 3296979 | 10805 | 1441041 |
| 河　南 | 30872 | 14176832 | 3818 | 2004000 | 3316 | 964958 |
| 湖　北 | 21546 | 6900872 | 2051 | 703292 | 3095 | 545299 |
| 湖　南 | 48945 | 10609352 | 7515 | 2185253 | 8848 | 1420316 |
| 广　东 | 52384 | 18686155 | 5176 | 1729943 | 12475 | 4244387 |
| 广　西 | 22248 | 3382929 | 2934 | 643558 | 5526 | 863680 |
| 海　南 | 2303 | 144239 | 238 | 6521 | 603 | 61579 |
| 重　庆 | 23718 | 7753046 | 2909 | 783564 | 3764 | 1689574 |
| 四　川 | 44064 | 11283993 | 4292 | 1394397 | 6465 | 2142793 |
| 贵　州 | 8128 | 3479211 | 1053 | 1674641 | 929 | 161140 |
| 云　南 | 8791 | 2218290 | 1226 | 495770 | 1899 | 191083 |
| 西　藏 | | | | | | |
| 陕　西 | 7517 | 3160256 | 724 | 322744 | 1125 | 108438 |
| 甘　肃 | 11704 | 1712345 | 1098 | 267319 | 712 | 261875 |
| 青　海 | 1753 | 289986 | 134 | 8771 | 129 | 19841 |
| 宁　夏 | 10565 | 2034680 | 639 | 76586 | 973 | 238939 |
| 新　疆 | 19217 | 5197729 | 1806 | 202111 | 4687 | 852428 |

2-6 续表 1

| 地 区 | #水产品类 | | #蔬菜类 | | #干鲜果品类 | |
|---|---|---|---|---|---|---|
| | 摊位数（个） | 成交额（万元） | 摊位数（个） | 成交额（万元） | 摊位数（个） | 成交额（万元） |
| **全 国** | **140308** | **53736392** | **402467** | **69248667** | **173237** | **61463355** |
| 北 京 | 3964 | 2237858 | 9131 | 5107702 | 5596 | 5381963 |
| 天 津 | 1633 | 1775822 | 6823 | 1409114 | 2642 | 1146738 |
| 河 北 | 4450 | 464809 | 74319 | 4541167 | 23341 | 3603337 |
| 山 西 | 268 | 37443 | 3685 | 875172 | 1789 | 566455 |
| 内蒙古 | 592 | 63118 | 3831 | 504547 | 2177 | 281849 |
| 辽 宁 | 7037 | 2206080 | 10655 | 1290886 | 4829 | 1244358 |
| 吉 林 | 1262 | 410698 | 2084 | 477417 | 804 | 170600 |
| 黑龙江 | 2224 | 944654 | 4782 | 2100275 | 2578 | 1294894 |
| 上 海 | 4658 | 2754606 | 6381 | 1545744 | 2105 | 1192459 |
| 江 苏 | 16102 | 6266269 | 27775 | 5766430 | 11128 | 5008645 |
| 浙 江 | 27352 | 10221077 | 38899 | 6672521 | 17994 | 7462755 |
| 安 徽 | 2507 | 1246528 | 10687 | 1880404 | 5994 | 1796114 |
| 福 建 | 6144 | 3956185 | 5918 | 1052230 | 3080 | 894807 |
| 江 西 | 1654 | 661146 | 7421 | 1617589 | 3770 | 2077231 |
| 山 东 | 27936 | 6346723 | 72576 | 10002636 | 24782 | 4694350 |
| 河 南 | 4294 | 3129526 | 12998 | 4503631 | 5791 | 3514375 |
| 湖 北 | 3799 | 2561634 | 6575 | 1455034 | 4235 | 1410278 |
| 湖 南 | 4937 | 1877512 | 14331 | 2147014 | 9213 | 2488192 |
| 广 东 | 9065 | 3018547 | 16815 | 4054545 | 7920 | 5451792 |
| 广 西 | 1845 | 126037 | 7586 | 692129 | 4346 | 1056478 |
| 海 南 | 538 | 54863 | 571 | 13508 | 353 | 7768 |
| 重 庆 | 1921 | 1363067 | 8172 | 2275737 | 4171 | 1406444 |
| 四 川 | 2635 | 898747 | 21857 | 3742544 | 8171 | 3022161 |
| 贵 州 | 193 | 23550 | 3195 | 782490 | 2187 | 792120 |
| 云 南 | 559 | 43154 | 3582 | 662320 | 1270 | 823951 |
| 西 藏 | | | | | | |
| 陕 西 | 678 | 105552 | 3223 | 1356241 | 1658 | 1143211 |
| 甘 肃 | 664 | 280221 | 7683 | 511565 | 1417 | 326450 |
| 青 海 | 54 | 6694 | 729 | 182519 | 707 | 72161 |
| 宁 夏 | 530 | 223343 | 3939 | 501567 | 4437 | 983908 |
| 新 疆 | 813 | 430929 | 6244 | 1523989 | 4752 | 2147511 |

2-6　续表 2

| 地　区 | 饮料类 | | 烟酒类 | | 服装、鞋帽、针纺织品类 | |
|---|---|---|---|---|---|---|
| | 摊位数（个） | 成交额（万元） | 摊位数（个） | 成交额（万元） | 摊位数（个） | 成交额（万元） |
| **全　国** | **49018** | **11122314** | **43173** | **10904140** | **956785** | **171521637** |
| 北　京 | 1095 | 520833 | 1276 | 887688 | 24097 | 830022 |
| 天　津 | 438 | 117994 | 418 | 172788 | 7802 | 588541 |
| 河　北 | 2373 | 222546 | 3085 | 397988 | 51945 | 9501660 |
| 山　西 | 177 | 15736 | 424 | 364421 | 11257 | 1028510 |
| 内蒙古 | 260 | 62801 | 237 | 45654 | 12183 | 396212 |
| 辽　宁 | 941 | 158328 | 791 | 179639 | 74380 | 12524541 |
| 吉　林 | 455 | 13678 | 600 | 9846 | 15915 | 605559 |
| 黑龙江 | 452 | 381452 | 645 | 612856 | 23027 | 1219439 |
| 上　海 | 778 | 61034 | 916 | 172807 | 8299 | 784768 |
| 江　苏 | 4063 | 1917262 | 3515 | 1640216 | 95002 | 43975175 |
| 浙　江 | 6072 | 2105536 | 2643 | 1082982 | 141723 | 42416239 |
| 安　徽 | 2354 | 555395 | 1903 | 435890 | 25695 | 2403214 |
| 福　建 | 2778 | 475088 | 464 | 251980 | 11761 | 2389276 |
| 江　西 | 964 | 223656 | 1267 | 436122 | 15191 | 3260607 |
| 山　东 | 6396 | 1308963 | 9471 | 1003167 | 86476 | 10494252 |
| 河　南 | 1795 | 343192 | 2167 | 257441 | 35769 | 2482961 |
| 湖　北 | 2380 | 426537 | 739 | 261009 | 20492 | 1895664 |
| 湖　南 | 3888 | 505208 | 5055 | 1235004 | 54250 | 3257190 |
| 广　东 | 1411 | 260837 | 961 | 385715 | 75761 | 12946119 |
| 广　西 | 664 | 117107 | 480 | 52902 | 24498 | 845875 |
| 海　南 | 145 | 3428 | 148 | 3166 | 771 | 47270 |
| 重　庆 | 1741 | 531238 | 1848 | 413593 | 21146 | 6153157 |
| 四　川 | 1791 | 225453 | 1657 | 199543 | 46276 | 6553317 |
| 贵　州 | 784 | 200114 | 527 | 195414 | 6402 | 624829 |
| 云　南 | 1381 | 88207 | 393 | 8598 | 21460 | 1688884 |
| 西　藏 | | | | | | |
| 陕　西 | 2070 | 92483 | 166 | 2888 | 10782 | 804423 |
| 甘　肃 | 382 | 53650 | 451 | 97559 | 7729 | 473901 |
| 青　海 | 12 | 313 | 10 | 281 | 1621 | 46781 |
| 宁　夏 | 298 | 71747 | 184 | 19133 | 7417 | 214677 |
| 新　疆 | 680 | 62498 | 732 | 77850 | 17658 | 1068574 |

2-6 续表 3

| 地区 | 服装类 | | 鞋帽类 | | 针纺织品类 | |
|---|---|---|---|---|---|---|
| | 摊位数(个) | 成交额(万元) | 摊位数(个) | 成交额(万元) | 摊位数(个) | 成交额(万元) |
| **全国** | **582495** | **74683983** | **138922** | **17968114** | **235368** | **78869540** |
| 北京 | 18266 | 571922 | 2360 | 97878 | 3471 | 160222 |
| 天津 | 5501 | 394025 | 1432 | 133495 | 869 | 61021 |
| 河北 | 36794 | 6494466 | 6652 | 848000 | 8499 | 2159194 |
| 山西 | 7372 | 743737 | 2286 | 184058 | 1599 | 100715 |
| 内蒙古 | 7706 | 262671 | 2574 | 84773 | 1903 | 48768 |
| 辽宁 | 42927 | 8081081 | 11688 | 1166740 | 19765 | 3276720 |
| 吉林 | 12488 | 520061 | 1674 | 39681 | 1753 | 45817 |
| 黑龙江 | 11659 | 795310 | 3623 | 155999 | 7745 | 268130 |
| 上海 | 6508 | 703818 | 526 | 28716 | 1265 | 52234 |
| 江苏 | 44346 | 13158625 | 13888 | 2716501 | 36768 | 28100049 |
| 浙江 | 65946 | 11785466 | 13669 | 1963821 | 62108 | 28666952 |
| 安徽 | 14458 | 1289796 | 5199 | 556868 | 6038 | 556550 |
| 福建 | 9857 | 2055363 | 1220 | 162565 | 684 | 171348 |
| 江西 | 8513 | 2093974 | 3221 | 510385 | 3457 | 656248 |
| 山东 | 56362 | 5600309 | 15287 | 2000170 | 14827 | 2893773 |
| 河南 | 23921 | 1627712 | 5987 | 499552 | 5861 | 355697 |
| 湖北 | 14675 | 1433218 | 3121 | 275048 | 2696 | 187398 |
| 湖南 | 38396 | 2154997 | 8979 | 635463 | 6875 | 466730 |
| 广东 | 42447 | 4290561 | 8941 | 1184329 | 24373 | 7471229 |
| 广西 | 16753 | 609790 | 3400 | 99620 | 4345 | 136465 |
| 海南 | 600 | 43867 | 128 | 2312 | 43 | 1091 |
| 重庆 | 12538 | 2873208 | 4275 | 1829083 | 4333 | 1450866 |
| 四川 | 32364 | 3361719 | 7587 | 2114367 | 6325 | 1077231 |
| 贵州 | 4851 | 496815 | 944 | 72334 | 607 | 55680 |
| 云南 | 15750 | 1336473 | 3395 | 191487 | 2315 | 160924 |
| 西藏 | | | | | | |
| 陕西 | 7646 | 500862 | 1766 | 215661 | 1370 | 87900 |
| 甘肃 | 6102 | 419331 | 795 | 22302 | 832 | 32268 |
| 青海 | 969 | 38041 | 278 | 7180 | 374 | 1560 |
| 宁夏 | 4425 | 121753 | 1421 | 27291 | 1571 | 65633 |
| 新疆 | 12355 | 825012 | 2606 | 142435 | 2697 | 101127 |

2-6　续表 4

| 地　区 | 化妆品类 | | 金银珠宝类 | | 日用品类 | |
|---|---|---|---|---|---|---|
| | 摊位数（个） | 成交额（万元） | 摊位数（个） | 成交额（万元） | 摊位数（个） | 成交额（万元） |
| **全　国** | **25411** | **3058471** | **22345** | **6650335** | **180277** | **32407650** |
| 北　京 | 962 | 42825 | 672 | 169462 | 7500 | 811106 |
| 天　津 | 240 | 18378 | 5 | 317 | 1783 | 205845 |
| 河　北 | 930 | 117811 | 915 | 148894 | 16191 | 3691485 |
| 山　西 | 270 | 5458 | 5 | 140 | 1879 | 574253 |
| 内蒙古 | 458 | 9142 | 1733 | 116036 | 731 | 40060 |
| 辽　宁 | 1651 | 394566 | 2329 | 105441 | 11300 | 2335081 |
| 吉　林 | 317 | 7733 | 60 | 12250 | 1495 | 80318 |
| 黑龙江 | 571 | 20095 | 348 | 23852 | 1154 | 67514 |
| 上　海 | 54 | 7654 | 40 | 4754 | 1642 | 1972569 |
| 江　苏 | 1718 | 287296 | 1695 | 1565281 | 21561 | 4266065 |
| 浙　江 | 2494 | 501868 | 1557 | 2119255 | 23135 | 6421182 |
| 安　徽 | 856 | 117525 | 1748 | 339413 | 5441 | 367129 |
| 福　建 | 105 | 21796 | 1831 | 754992 | 1527 | 262753 |
| 江　西 | 688 | 73338 | 115 | 41630 | 2934 | 331967 |
| 山　东 | 2929 | 347607 | 1679 | 405346 | 25487 | 4673855 |
| 河　南 | 1255 | 100830 | 198 | 91004 | 5050 | 281812 |
| 湖　北 | 512 | 134636 | 109 | 35763 | 2779 | 389602 |
| 湖　南 | 1373 | 156085 | 354 | 235686 | 7954 | 1151206 |
| 广　东 | 2477 | 186654 | 4746 | 219779 | 16062 | 1971466 |
| 广　西 | 605 | 14457 | 124 | 1512 | 2608 | 160023 |
| 海　南 | 35 | 688 | | | 51 | 1450 |
| 重　庆 | 826 | 189556 | 26 | 12530 | 5474 | 1103750 |
| 四　川 | 1195 | 72427 | 239 | 10554 | 3078 | 294395 |
| 贵　州 | 101 | 23520 | 6 | 550 | 974 | 296144 |
| 云　南 | 814 | 65441 | 543 | 77762 | 4553 | 131460 |
| 西　藏 | | | | | | |
| 陕　西 | 141 | 4324 | 50 | 1200 | 1072 | 36336 |
| 甘　肃 | 453 | 62331 | 45 | 8196 | 1610 | 199777 |
| 青　海 | 162 | 4668 | 3 | 160 | 132 | 764 |
| 宁　夏 | 415 | 22173 | 62 | 5036 | 783 | 57585 |
| 新　疆 | 804 | 47589 | 1108 | 143540 | 4337 | 230698 |

2-6 续表 5

| 地　区 | #儿童玩具类 | | 五金、电料类 | | 体育、娱乐用品类 | |
|---|---|---|---|---|---|---|
| | 摊位数(个) | 成交额(万元) | 摊位数(个) | 成交额(万元) | 摊位数(个) | 成交额(万元) |
| **全　国** | **32004** | **4889308** | **120858** | **23941486** | **12885** | **2127346** |
| 北　京 | 1376 | 40651 | 1639 | 255795 | 847 | 167044 |
| 天　津 | 131 | 33015 | 2663 | 1199004 | 101 | 11494 |
| 河　北 | 7683 | 1533189 | 5202 | 1421048 | 1805 | 616096 |
| 山　西 | 331 | 2157 | 732 | 249372 | 50 | 1910 |
| 内 蒙 古 | 142 | 5545 | 545 | 119475 | 80 | 1771 |
| 辽　宁 | 1420 | 104098 | 3287 | 313449 | 457 | 14871 |
| 吉　林 | 115 | 2896 | 2746 | 131738 | 32 | 1277 |
| 黑 龙 江 | 191 | 7779 | 417 | 21790 | 73 | 7775 |
| 上　海 | 63 | 26047 | 4316 | 274444 | 266 | 43871 |
| 江　苏 | 3166 | 760876 | 15352 | 3563641 | 929 | 212759 |
| 浙　江 | 3115 | 623733 | 18094 | 5092741 | 1103 | 321009 |
| 安　徽 | 588 | 97758 | 4710 | 612411 | 272 | 14243 |
| 福　建 | 128 | 10805 | 755 | 79897 | 116 | 60769 |
| 江　西 | 671 | 98278 | 1765 | 458656 | 140 | 12316 |
| 山　东 | 4562 | 507174 | 15026 | 2616493 | 1852 | 141139 |
| 河　南 | 942 | 41769 | 4175 | 818678 | 760 | 54727 |
| 湖　北 | 320 | 54343 | 3612 | 443467 | 115 | 19067 |
| 湖　南 | 1486 | 232830 | 7017 | 1773812 | 1009 | 98604 |
| 广　东 | 1455 | 211823 | 7691 | 1919839 | 715 | 100851 |
| 广　西 | 752 | 43136 | 1650 | 206683 | 300 | 16175 |
| 海　南 | 8 | 188 | 181 | 30250 | 3 | 87 |
| 重　庆 | 652 | 238226 | 5991 | 1056038 | 339 | 100117 |
| 四　川 | 1008 | 85086 | 3586 | 510612 | 242 | 36301 |
| 贵　州 | 73 | 5248 | 1915 | 47080 | 35 | 5818 |
| 云　南 | 705 | 49661 | 504 | 26162 | 285 | 22171 |
| 西　藏 | | | | | | |
| 陕　西 | 115 | 2378 | 1140 | 37606 | 104 | 3039 |
| 甘　肃 | 179 | 44011 | 902 | 35624 | 254 | 22277 |
| 青　海 | 4 | 115 | 215 | 8347 | 91 | 537 |
| 宁　夏 | 66 | 3268 | 147 | 8591 | 86 | 6538 |
| 新　疆 | 557 | 23225 | 4883 | 608743 | 424 | 12693 |

2-6 续表 6

| 地区 | #照相器材类 | | 书报杂志类 | | 电子出版物及音像制品类 | |
|---|---|---|---|---|---|---|
| | 摊位数（个） | 成交额（万元） | 摊位数（个） | 成交额（万元） | 摊位数（个） | 成交额（万元） |
| **全国** | **682** | **69040** | **4706** | **810857** | **9176** | **2142504** |
| 北京 | 5 | 416 | 194 | 23086 | 13 | 761 |
| 天津 | | | 13 | 175 | 19 | 2229 |
| 河北 | 32 | 2455 | 179 | 21052 | 2480 | 1310110 |
| 山西 | | | 1 | 5 | 59 | 905 |
| 内蒙古 | 1 | 35 | 27 | 226 | 67 | 1336 |
| 辽宁 | 17 | 371 | 159 | 89528 | 627 | 199062 |
| 吉林 | 2 | 58 | 33 | 251 | 278 | 12960 |
| 黑龙江 | 1 | 48 | 16 | 912 | 61 | 2313 |
| 上海 | 184 | 36079 | 7 | 2379 | 86 | 7401 |
| 江苏 | 88 | 2330 | 395 | 69465 | 794 | 75362 |
| 浙江 | 3 | 80 | 206 | 54109 | 66 | 29955 |
| 安徽 | 12 | 345 | 242 | 184251 | 273 | 10891 |
| 福建 | 13 | 9520 | 6 | 55 | 26 | 2012 |
| 江西 | 11 | 917 | 109 | 7679 | 205 | 28741 |
| 山东 | 47 | 2601 | 715 | 121594 | 497 | 34078 |
| 河南 | 3 | 85 | 547 | 23126 | 569 | 25803 |
| 湖北 | 1 | 76 | 318 | 67097 | 173 | 17073 |
| 湖南 | 37 | 3483 | 531 | 84305 | 1268 | 193551 |
| 广东 | 120 | 4196 | 126 | 26402 | 579 | 115211 |
| 广西 | | | 54 | 493 | 175 | 16587 |
| 海南 | | | | | | |
| 重庆 | 5 | 35 | 53 | 2212 | 93 | 20394 |
| 四川 | 8 | 301 | 132 | 4657 | 58 | 5186 |
| 贵州 | 6 | 1236 | 8 | 532 | 27 | 981 |
| 云南 | 1 | 2 | 15 | 93 | 132 | 2624 |
| 西藏 | | | | | | |
| 陕西 | | | 6 | 56 | 124 | 8954 |
| 甘肃 | 12 | 577 | 277 | 1074 | 215 | 10237 |
| 青海 | | | 1 | 68 | 26 | 126 |
| 宁夏 | | | 33 | 8213 | 54 | 1175 |
| 新疆 | 73 | 3794 | 303 | 17762 | 132 | 6486 |

2-6 续表 7

| 地区 | 家用电器和音像器材类 | | 中西药品类 | | #西药类 | |
|---|---|---|---|---|---|---|
| | 摊位数(个) | 成交额(万元) | 摊位数(个) | 成交额(万元) | 摊位数(个) | 成交额(万元) |
| **全国** | **34469** | **6647268** | **30143** | **12585682** | **1396** | **481751** |
| 北京 | 873 | 136151 | 32 | 4402 | 22 | 2967 |
| 天津 | 91 | 9683 | 19 | 271 | 13 | 137 |
| 河北 | 916 | 144809 | 7096 | 1610081 | 71 | 9152 |
| 山西 | 261 | 5083 | 1 | 2 | | |
| 内蒙古 | 248 | 35940 | 186 | 34870 | 40 | 908 |
| 辽宁 | 1226 | 199835 | 539 | 1030705 | 71 | 16733 |
| 吉林 | 461 | 30448 | 2089 | 699317 | 19 | 1067 |
| 黑龙江 | 182 | 116814 | 27 | 12277 | 11 | 6569 |
| 上海 | 245 | 34964 | 186 | 41159 | 4 | 1159 |
| 江苏 | 1903 | 444714 | 158 | 282821 | 102 | 197219 |
| 浙江 | 3272 | 436875 | 1327 | 227686 | 361 | 97664 |
| 安徽 | 2765 | 852189 | 6598 | 2850201 | 40 | 37558 |
| 福建 | 484 | 85162 | 99 | 22622 | 3 | 351 |
| 江西 | 1778 | 317074 | 495 | 412758 | 33 | 10660 |
| 山东 | 4042 | 897530 | 1143 | 47370 | 130 | 8822 |
| 河南 | 2179 | 508252 | 2835 | 424165 | 147 | 6204 |
| 湖北 | 1239 | 154100 | 44 | 14651 | 10 | 472 |
| 湖南 | 3434 | 897936 | 2177 | 933124 | 106 | 41408 |
| 广东 | 1840 | 193067 | 897 | 163887 | 30 | 8243 |
| 广西 | 474 | 21098 | 1147 | 758492 | 22 | 3306 |
| 海南 | 6 | 406 | 2 | 100 | 2 | 100 |
| 重庆 | 1001 | 394031 | 74 | 21484 | 33 | 13832 |
| 四川 | 674 | 213498 | 2024 | 2801239 | 6 | 250 |
| 贵州 | 469 | 96835 | 30 | 1788 | 2 | 747 |
| 云南 | 1782 | 93262 | 519 | 146989 | 29 | 2156 |
| 西藏 | | | | | | |
| 陕西 | 230 | 20152 | | | | |
| 甘肃 | 702 | 165783 | 35 | 4444 | 18 | 2537 |
| 青海 | 61 | 1077 | 52 | 22165 | 1 | 94 |
| 宁夏 | 26 | 419 | 11 | 73 | 9 | 70 |
| 新疆 | 1605 | 140081 | 301 | 16539 | 61 | 11366 |

2-6 续表 8

| 地区 | #中草药及中成药类 | | 文化办公用品类 | | #计算机及其配套产品 | |
|---|---|---|---|---|---|---|
| | 摊位数（个） | 成交额（万元） | 摊位数（个） | 成交额（万元） | 摊位数（个） | 成交额（万元） |
| **全国** | **28082** | **11987509** | **63926** | **10078059** | **26840** | **3866432** |
| 北京 | 10 | 1435 | 3773 | 726772 | 51 | 5348 |
| 天津 | 3 | 64 | 508 | 41695 | 7 | 12 |
| 河北 | 7023 | 1600896 | 4501 | 1471731 | 100 | 6917 |
| 山西 | | | 199 | 6522 | 15 | 1200 |
| 内蒙古 | 143 | 33660 | 346 | 32090 | 41 | 11000 |
| 辽宁 | 466 | 1013906 | 3888 | 330130 | 903 | 60394 |
| 吉林 | 2065 | 694009 | 1016 | 94471 | 652 | 87816 |
| 黑龙江 | 15 | 5523 | 2352 | 334125 | 2210 | 318100 |
| 上海 | 182 | 40000 | 485 | 99621 | 314 | 62073 |
| 江苏 | 51 | 75559 | 4104 | 941215 | 1461 | 369929 |
| 浙江 | 899 | 107892 | 9685 | 1442027 | 3486 | 612347 |
| 安徽 | 6538 | 2807011 | 539 | 62822 | 48 | 3243 |
| 福建 | 86 | 20475 | 893 | 116097 | 589 | 91658 |
| 江西 | 392 | 385993 | 886 | 100746 | 180 | 7308 |
| 山东 | 926 | 31615 | 5519 | 679616 | 2125 | 335634 |
| 河南 | 2672 | 417529 | 3709 | 328597 | 2792 | 255099 |
| 湖北 | 2 | 174 | 1874 | 510830 | 84 | 4684 |
| 湖南 | 1941 | 883154 | 3210 | 837801 | 1329 | 272952 |
| 广东 | 834 | 134898 | 6453 | 576569 | 4828 | 468402 |
| 广西 | 1066 | 753998 | 953 | 106614 | 740 | 92050 |
| 海南 | | | 280 | 23900 | 150 | 11260 |
| 重庆 | 36 | 5464 | 2474 | 299779 | 1680 | 179149 |
| 四川 | 2005 | 2800349 | 935 | 106735 | 393 | 42660 |
| 贵州 | 28 | 1041 | 521 | 142738 | 280 | 92023 |
| 云南 | 482 | 144523 | 535 | 36345 | 68 | 3173 |
| 西藏 | | | | | | |
| 陕西 | | | 1259 | 306615 | 1112 | 301726 |
| 甘肃 | 17 | 1907 | 534 | 61771 | 14 | 1117 |
| 青海 | 51 | 22071 | 337 | 10183 | | |
| 宁夏 | 2 | 3 | 426 | 43454 | 314 | 33436 |
| 新疆 | 147 | 4360 | 1732 | 206448 | 874 | 135722 |

2-6 续表 9

| 地区 | 家具类 | | 通讯器材类 | | 煤炭及制品类 | |
|---|---|---|---|---|---|---|
| | 摊位数(个) | 成交额(万元) | 摊位数(个) | 成交额(万元) | 摊位数(个) | 成交额(万元) |
| **全国** | **100748** | **20938392** | **22289** | **3062324** | **3800** | **3518228** |
| 北京 | 5162 | 817131 | 636 | 150870 | 1 | 2 |
| 天津 | 433 | 35181 | 75 | 31712 | 2779 | 1484768 |
| 河北 | 10827 | 3742123 | 1153 | 210088 | 37 | 9160 |
| 山西 | 1402 | 64780 | 10 | 1098 | 4 | 20909 |
| 内蒙古 | 1301 | 215420 | 49 | 2371 | 31 | 369259 |
| 辽宁 | 6131 | 642040 | 520 | 30696 | 3 | 150 |
| 吉林 | 1307 | 126616 | 483 | 57432 | | |
| 黑龙江 | 790 | 132503 | 64 | 19085 | | |
| 上海 | 2678 | 205648 | 67 | 10227 | | |
| 江苏 | 14338 | 2454128 | 1741 | 140416 | 193 | 510701 |
| 浙江 | 13825 | 2545511 | 2628 | 301599 | 69 | 1004548 |
| 安徽 | 3174 | 1199767 | 52 | 9833 | 3 | 355 |
| 福建 | 772 | 1081405 | 133 | 17184 | | |
| 江西 | 2745 | 387697 | 74 | 12570 | | |
| 山东 | 9106 | 2261063 | 1633 | 170185 | 67 | 11591 |
| 河南 | 2525 | 581636 | 546 | 412204 | 68 | 1207 |
| 湖北 | 2020 | 272530 | 1140 | 309770 | | |
| 湖南 | 3169 | 751556 | 875 | 88112 | 52 | 2873 |
| 广东 | 854 | 82828 | 5380 | 387977 | 40 | 1650 |
| 广西 | 1144 | 234570 | 72 | 5148 | | |
| 海南 | | | | | | |
| 重庆 | 3228 | 1981307 | 1084 | 360178 | 3 | 490 |
| 四川 | 5092 | 424908 | 28 | 428 | | |
| 贵州 | 1510 | 78644 | 15 | 983 | | |
| 云南 | 781 | 136700 | 784 | 18837 | 4 | 30 |
| 西藏 | | | | | | |
| 陕西 | 505 | 24903 | 1281 | 107240 | | |
| 甘肃 | 1114 | 71254 | 28 | 9218 | 2 | 221 |
| 青海 | 326 | 47210 | 4 | 126 | | |
| 宁夏 | 916 | 53047 | 144 | 4336 | 317 | 98158 |
| 新疆 | 3573 | 286286 | 1590 | 192401 | 127 | 2156 |

2-6 续表 10

| 地 区 | 木材及制品类 | | 石油及制品类 | | 化工材料及制品类 | |
|---|---|---|---|---|---|---|
| | 摊位数（个） | 成交额（万元） | 摊位数（个） | 成交额（万元） | 摊位数（个） | 成交额（万元） |
| **全 国** | **30904** | **9820953** | **2140** | **20720074** | **48864** | **38447312** |
| 北 京 | 277 | 24320 | | | 45 | 19208 |
| 天 津 | 62 | 18629 | | | 310 | 324347 |
| 河 北 | 358 | 251761 | 26 | 7134 | 18030 | 3226731 |
| 山 西 | 130 | 9000 | | | 4 | 200 |
| 内蒙古 | 407 | 267126 | | | 44 | 28633 |
| 辽 宁 | 1393 | 123705 | 180 | 5300000 | 96 | 24591 |
| 吉 林 | 437 | 20650 | | | 735 | 20111 |
| 黑龙江 | 81 | 9456 | | | 59 | 38430 |
| 上 海 | 1662 | 793612 | 584 | 11402950 | 787 | 1328749 |
| 江 苏 | 7091 | 1389861 | 39 | 871 | 8908 | 13035952 |
| 浙 江 | 4347 | 1170743 | 74 | 2741401 | 4313 | 8522343 |
| 安 徽 | 983 | 242761 | 2 | 180 | 578 | 190702 |
| 福 建 | 537 | 88238 | 2 | 59 | 305 | 75145 |
| 江 西 | 427 | 40012 | 2 | 195 | 334 | 38688 |
| 山 东 | 5343 | 3661362 | 174 | 1105114 | 4032 | 6045638 |
| 河 南 | 349 | 229316 | 977 | 130782 | 1616 | 78109 |
| 湖 北 | 688 | 198112 | 3 | 864 | 223 | 44600 |
| 湖 南 | 873 | 112344 | 29 | 8587 | 1213 | 212158 |
| 广 东 | 2104 | 707755 | 8 | 274 | 4621 | 4311466 |
| 广 西 | 300 | 56130 | 1 | 750 | 228 | 89775 |
| 海 南 | | | | | | |
| 重 庆 | 542 | 208891 | | | 221 | 77755 |
| 四 川 | 1078 | 89118 | | | 535 | 224239 |
| 贵 州 | 138 | 5461 | | | | |
| 云 南 | 177 | 11707 | 1 | 2784 | 307 | 15452 |
| 西 藏 | | | | | | |
| 陕 西 | 7 | 168 | | | 24 | 145600 |
| 甘 肃 | 42 | 46167 | | | 61 | 1992 |
| 青 海 | | | | | | |
| 宁 夏 | 2 | 34 | 7 | 951 | 29 | 1866 |
| 新 疆 | 1069 | 44514 | 31 | 17178 | 1206 | 324832 |

2-6 续表 11

| 地　区 | #化肥类 摊位数（个） | #化肥类 成交额（万元） | 金属材料类 摊位数（个） | 金属材料类 成交额（万元） | 建筑及装潢材料类 摊位数（个） | 建筑及装潢材料类 成交额（万元） |
|---|---|---|---|---|---|---|
| **全　国** | **4076** | **1187056** | **95167** | **180680304** | **281026** | **49244138** |
| 北　京 | | | 449 | 50140 | 4789 | 790209 |
| 天　津 | 6 | 4021 | 1189 | 2875810 | 1723 | 196414 |
| 河　北 | 278 | 127282 | 13667 | 3625602 | 7448 | 1328432 |
| 山　西 | | | 243 | 624109 | 2235 | 784892 |
| 内蒙古 | 42 | 27800 | 624 | 432901 | 1295 | 462657 |
| 辽　宁 | 8 | 725 | 5804 | 2729215 | 6758 | 926910 |
| 吉　林 | 724 | 14630 | 1688 | 161762 | 3189 | 251553 |
| 黑龙江 | 59 | 38430 | 745 | 1098000 | 4998 | 401342 |
| 上　海 | | | 2871 | 59555185 | 14115 | 2544307 |
| 江　苏 | 346 | 240123 | 14595 | 32956002 | 42222 | 7668736 |
| 浙　江 | 2 | 1390 | 14982 | 21311756 | 29057 | 5925434 |
| 安　徽 | 21 | 4033 | 2088 | 3165723 | 14018 | 2046297 |
| 福　建 | | | 102 | 186492 | 3083 | 1540355 |
| 江　西 | 41 | 8805 | 992 | 67828 | 11186 | 1424245 |
| 山　东 | 456 | 175423 | 7932 | 19881201 | 29050 | 6710072 |
| 河　南 | 770 | 50044 | 3308 | 7426210 | 7760 | 1967098 |
| 湖　北 | 34 | 14704 | 2688 | 2301680 | 10428 | 2318256 |
| 湖　南 | 73 | 37804 | 2266 | 1974758 | 18046 | 2981141 |
| 广　东 | 2 | 57 | 2576 | 4182808 | 5971 | 1109912 |
| 广　西 | 100 | 77292 | 1591 | 1735553 | 2919 | 399415 |
| 海　南 | | | | | 505 | 248500 |
| 重　庆 | 51 | 11143 | 4289 | 5802460 | 12127 | 2586398 |
| 四　川 | 130 | 43310 | 2856 | 1297510 | 19375 | 1584018 |
| 贵　州 | | | 1804 | 364610 | 3440 | 362293 |
| 云　南 | 113 | 7086 | 153 | 6430 | 2651 | 370675 |
| 西　藏 | | | | | | |
| 陕　西 | | | 50 | 229700 | 7641 | 1068054 |
| 甘　肃 | 27 | 165 | 1466 | 781669 | 1608 | 183388 |
| 青　海 | | | 22 | 16767 | 1047 | 148000 |
| 宁　夏 | 25 | 1670 | 1317 | 297945 | 1746 | 46954 |
| 新　疆 | 768 | 301119 | 2810 | 5540478 | 10596 | 868181 |

2-6　续表 12

| 地　区 | 机电产品及设备类 | | #农机类 | | 汽车类 | |
|---|---|---|---|---|---|---|
| | 摊位数（个） | 成交额（万元） | 摊位数（个） | 成交额（万元） | 摊位数（个） | 成交额（万元） |
| **全　国** | **53259** | **14772929** | **5826** | **2299631** | **75301** | **65680311** |
| 北　京 | 305 | 108620 | | | 3438 | 9740977 |
| 天　津 | 749 | 334936 | 1 | 26 | 1289 | 1817817 |
| 河　北 | 4345 | 1129824 | 1404 | 838840 | 4413 | 1800171 |
| 山　西 | 216 | 222570 | | | 35 | 483321 |
| 内蒙古 | 146 | 101339 | 113 | 91253 | 35 | 32300 |
| 辽　宁 | 969 | 56633 | | | 5443 | 2762607 |
| 吉　林 | 391 | 16078 | 157 | 10000 | 3015 | 2824874 |
| 黑龙江 | | | | | 1330 | 30631 |
| 上　海 | 596 | 101436 | 20 | 3135 | 2255 | 2484731 |
| 江　苏 | 7208 | 2399375 | 963 | 170692 | 4296 | 5441523 |
| 浙　江 | 4592 | 2320829 | 11 | 2060 | 12175 | 12531424 |
| 安　徽 | 2036 | 700588 | 637 | 387140 | 1568 | 895789 |
| 福　建 | 134 | 7226 | | | 314 | 375772 |
| 江　西 | 890 | 439974 | 467 | 206375 | 2323 | 1883868 |
| 山　东 | 5640 | 1618353 | 700 | 251385 | 6529 | 3584133 |
| 河　南 | 1616 | 208154 | 316 | 88489 | 1631 | 887890 |
| 湖　北 | 656 | 65607 | 8 | 316 | 3209 | 3349165 |
| 湖　南 | 4046 | 1048462 | 205 | 115359 | 2592 | 2627474 |
| 广　东 | 1311 | 473975 | | | 4290 | 5558902 |
| 广　西 | 1086 | 158523 | | | 1504 | 291954 |
| 海　南 | 100 | 20190 | | | | |
| 重　庆 | 4408 | 1528488 | 59 | 875 | 4847 | 2145505 |
| 四　川 | 4919 | 718263 | 176 | 45337 | 1236 | 303343 |
| 贵　州 | 168 | 6326 | 21 | 1166 | 1259 | 909626 |
| 云　南 | 541 | 23451 | 181 | 9189 | 1099 | 476664 |
| 西　藏 | | | | | | |
| 陕　西 | 815 | 159197 | | | 2023 | 692601 |
| 甘　肃 | 163 | 31116 | | | | |
| 青　海 | | | | | 1 | 16 |
| 宁　夏 | 431 | 64426 | 160 | 26866 | 810 | 23143 |
| 新　疆 | 4782 | 708970 | 227 | 51128 | 2342 | 1724090 |

2-6 续表 13

| 地区 | 种子饲料类 | | 棉麻类 | | 其他类 | |
|---|---|---|---|---|---|---|
| | 摊位数（个） | 成交额（万元） | 摊位数（个） | 成交额（万元） | 摊位数（个） | 成交额（万元） |
| **全国** | **8356** | **1340913** | **5521** | **5172498** | **200395** | **30141862** |
| 北京 | 6 | 238 | 60 | 750 | 7847 | 517670 |
| 天津 | 7 | 1365 | | | 790 | 29002 |
| 河北 | 2628 | 90481 | 737 | 45964 | 33084 | 6622956 |
| 山西 | | | | | 1172 | 100719 |
| 内蒙古 | 147 | 39265 | 6 | 363 | 7994 | 1775385 |
| 辽宁 | 231 | 11974 | 3 | 63 | 11965 | 534100 |
| 吉林 | 201 | 6976 | 203 | 2355 | 3461 | 295796 |
| 黑龙江 | 85 | 40119 | 7 | 275 | 2328 | 284744 |
| 上海 | 9 | 1119 | 23 | 1770 | 3701 | 533433 |
| 江苏 | 275 | 70818 | 992 | 1561467 | 13844 | 4594920 |
| 浙江 | 183 | 45571 | 751 | 1062427 | 32943 | 5267535 |
| 安徽 | 449 | 67846 | 33 | 21200 | 13950 | 624324 |
| 福建 | 181 | 276882 | | | 2259 | 363029 |
| 江西 | 137 | 19222 | 167 | 7964 | 4082 | 167860 |
| 山东 | 893 | 123896 | 1669 | 2387604 | 14523 | 1819461 |
| 河南 | 596 | 67341 | 109 | 59910 | 8537 | 1521757 |
| 湖北 | 93 | 7272 | | | 1854 | 165484 |
| 湖南 | 321 | 99821 | 89 | 9674 | 5362 | 676589 |
| 广东 | 32 | 844 | | | 6472 | 1195342 |
| 广西 | 502 | 95832 | 313 | 6445 | 2291 | 361658 |
| 海南 | | | | | 67 | 2010 |
| 重庆 | 365 | 154945 | 15 | 1898 | 4274 | 1229442 |
| 四川 | 240 | 22413 | 2 | 40 | 5119 | 507099 |
| 贵州 | 23 | 705 | 49 | 479 | 3612 | 18674 |
| 云南 | 233 | 8472 | 14 | 52 | 2758 | 459891 |
| 西藏 | | | | | | |
| 陕西 | 5 | 80 | | | 176 | 6059 |
| 甘肃 | 12 | 2182 | 5 | 32 | 1671 | 70188 |
| 青海 | | | | | 569 | 35800 |
| 宁夏 | 46 | 6187 | 9 | 190 | 392 | 51801 |
| 新疆 | 456 | 79047 | 265 | 1576 | 3298 | 309134 |

## (二)东中西部及东北地区

# 2-7 商品交易市场总体情况

| 地 区 | 市场数量(个) | 总摊位数(个) | 年末出租摊位数(个) | 营业面积(平方米) | 成交额(万元) |
|---|---|---|---|---|---|
| **全 国** | **4952** | **3946112** | **3468638** | **300657328** | **1001337865** |
| **东部地区** | **2909** | **2234113** | **1970350** | **173611157** | **687430164** |
| 北 京 | 125 | 113312 | 97157 | 6922556 | 34824865 |
| 天 津 | 56 | 42197 | 38460 | 4136845 | 15983591 |
| 河 北 | 236 | 362252 | 310062 | 26212084 | 53656163 |
| 上 海 | 155 | 71932 | 66210 | 7886774 | 91139008 |
| 江 苏 | 513 | 394860 | 349680 | 31837270 | 159731075 |
| 浙 江 | 751 | 496206 | 445835 | 30623322 | 161314431 |
| 福 建 | 135 | 56598 | 50958 | 3604501 | 15826125 |
| 山 东 | 595 | 434074 | 401629 | 41501886 | 98662938 |
| 广 东 | 336 | 258026 | 205762 | 20119619 | 55766284 |
| 海 南 | 7 | 4656 | 4597 | 766300 | 525684 |
| **东北地区** | **345** | **304586** | **276277** | **15429319** | **54941737** |
| 辽 宁 | 206 | 189662 | 174037 | 9054620 | 37613567 |
| 吉 林 | 57 | 53504 | 48878 | 2940888 | 6686166 |
| 黑 龙 江 | 82 | 61420 | 53362 | 3433811 | 10642004 |
| **中部地区** | **901** | **674857** | **598819** | **49692056** | **136414931** |
| 山 西 | 36 | 30049 | 27787 | 2722514 | 6303650 |
| 安 徽 | 136 | 134502 | 120733 | 12929602 | 25668795 |
| 江 西 | 93 | 76737 | 70449 | 4135120 | 18087331 |
| 河 南 | 151 | 149380 | 121518 | 12740736 | 33489034 |
| 湖 北 | 157 | 87244 | 78934 | 6235705 | 20303708 |
| 湖 南 | 328 | 196945 | 179398 | 10928379 | 32562413 |
| **西部地区** | **797** | **732556** | **623192** | **61924796** | **122551033** |
| 内 蒙 古 | 73 | 40116 | 37636 | 7632062 | 6065264 |
| 广 西 | 91 | 75320 | 67931 | 4373259 | 9136700 |
| 重 庆 | 153 | 111651 | 100207 | 8277138 | 34128682 |
| 四 川 | 134 | 194735 | 146431 | 11897887 | 27489289 |
| 贵 州 | 60 | 41342 | 31945 | 2858678 | 6863355 |
| 云 南 | 49 | 59108 | 51210 | 3519887 | 6137433 |
| 西 藏 | | | | | |
| 陕 西 | 54 | 40969 | 37188 | 3326893 | 6911934 |
| 甘 肃 | 40 | 35359 | 31465 | 1817305 | 4106396 |
| 青 海 | 9 | 6952 | 6445 | 538368 | 633375 |
| 宁 夏 | 36 | 30056 | 26673 | 4247875 | 3142532 |
| 新 疆 | 98 | 96948 | 86061 | 13435444 | 17936073 |

# 2-8 商品交易市场情况(按市场类别分)

(综合市场)

| 地　区 | 市场数量(个) | 总摊位数(个) | 年末出租摊位数(个) | 营业面积(平方米) | 成交额(万元) |
|---|---|---|---|---|---|
| **全　国** | **1379** | **1474268** | **1280282** | **79780696** | **244529012** |
| **东部地区** | **760** | **734661** | **643472** | **39855791** | **139836383** |
| 北　京 | 34 | 42630 | 39604 | 2935607 | 17682427 |
| 天　津 | 17 | 18232 | 16029 | 1330502 | 5055366 |
| 河　北 | 61 | 133912 | 118957 | 7108349 | 21511702 |
| 上　海 | 42 | 26240 | 24523 | 1668577 | 5838659 |
| 江　苏 | 129 | 115524 | 100735 | 7135221 | 28358836 |
| 浙　江 | 242 | 180016 | 164937 | 9167707 | 35391164 |
| 福　建 | 52 | 25925 | 22261 | 1012175 | 3924466 |
| 山　东 | 96 | 98782 | 88223 | 5959624 | 10086944 |
| 广　东 | 84 | 91046 | 65849 | 3525029 | 11819551 |
| 海　南 | 3 | 2354 | 2354 | 13000 | 167268 |
| **东北地区** | **96** | **98874** | **88238** | **3288159** | **10287820** |
| 辽　宁 | 60 | 63731 | 56072 | 1928249 | 6019663 |
| 吉　林 | 14 | 16147 | 15416 | 603735 | 578053 |
| 黑龙江 | 22 | 18996 | 16750 | 756175 | 3690104 |
| **中部地区** | **300** | **319380** | **279793** | **19110891** | **53415884** |
| 山　西 | 11 | 17127 | 16702 | 1684926 | 5081054 |
| 安　徽 | 51 | 74888 | 67828 | 7331295 | 11792068 |
| 江　西 | 36 | 40751 | 36725 | 1282905 | 9138965 |
| 河　南 | 33 | 63323 | 42104 | 3284642 | 6531055 |
| 湖　北 | 42 | 30179 | 27208 | 1827428 | 5041210 |
| 湖　南 | 127 | 93112 | 89226 | 3699695 | 15831532 |
| **西部地区** | **223** | **321353** | **268779** | **17525855** | **40988925** |
| 内蒙古 | 11 | 10793 | 9301 | 936894 | 1297499 |
| 广　西 | 23 | 27130 | 24871 | 778570 | 1643741 |
| 重　庆 | 45 | 59867 | 54619 | 3026093 | 12871008 |
| 四　川 | 53 | 109992 | 85617 | 4359996 | 17340920 |
| 贵　州 | 14 | 22124 | 13684 | 1035364 | 588653 |
| 云　南 | 11 | 9384 | 8997 | 361922 | 332023 |
| 西　藏 | | | | | |
| 陕　西 | 8 | 7329 | 6479 | 347600 | 1317794 |
| 甘　肃 | 11 | 15004 | 11564 | 431547 | 817981 |
| 青　海 | | | | | |
| 宁　夏 | 9 | 6579 | 5802 | 325537 | 474064 |
| 新　疆 | 38 | 53151 | 47845 | 5922332 | 4305242 |

2-8 续表 1

(生产资料综合市场)

| 地 区 | 市场数量（个） | 总摊位数（个） | 年末出租摊位数（个） | 营业面积（平方米） | 成交额（万元） |
|---|---|---|---|---|---|
| **全 国** | **51** | **67814** | **60523** | **8491552** | **13571117** |
| **东部地区** | **29** | **31871** | **28232** | **3633822** | **8321916** |
| 北 京 | | | | | |
| 天 津 | | | | | |
| 河 北 | 3 | 2551 | 2231 | 545540 | 729310 |
| 上 海 | 2 | 6959 | 6959 | 608000 | 1261208 |
| 江 苏 | 4 | 10797 | 8916 | 1307130 | 778963 |
| 浙 江 | 13 | 8581 | 7341 | 902980 | 5201484 |
| 福 建 | | | | | |
| 山 东 | 6 | 1645 | 1447 | 238312 | 303508 |
| 广 东 | 1 | 1338 | 1338 | 31860 | 47443 |
| 海 南 | | | | | |
| **东北地区** | **3** | **4234** | **3892** | **121990** | **114668** |
| 辽 宁 | 2 | 1810 | 1468 | 21990 | 76850 |
| 吉 林 | 1 | 2424 | 2424 | 100000 | 37818 |
| 黑 龙 江 | | | | | |
| **中部地区** | **9** | **20236** | **19301** | **3280793** | **3567841** |
| 山 西 | 1 | 120 | 108 | 23000 | 17580 |
| 安 徽 | 3 | 10952 | 10698 | 2387145 | 2301328 |
| 江 西 | 1 | 2387 | 2387 | 94218 | 30794 |
| 河 南 | | | | | |
| 湖 北 | 3 | 6621 | 5952 | 770230 | 1198079 |
| 湖 南 | 1 | 156 | 156 | 6200 | 20060 |
| **西部地区** | **10** | **11473** | **9098** | **1454947** | **1566692** |
| 内 蒙 古 | 1 | 40 | 40 | 20000 | 32568 |
| 广 西 | | | | | |
| 重 庆 | 2 | 2200 | 2200 | 302261 | 737256 |
| 四 川 | 2 | 2169 | 2103 | 138664 | 276500 |
| 贵 州 | 1 | 2635 | 670 | 367982 | 188184 |
| 云 南 | 1 | 173 | 165 | 10920 | 11782 |
| 西 藏 | | | | | |
| 陕 西 | | | | | |
| 甘 肃 | | | | | |
| 青 海 | | | | | |
| 宁 夏 | | | | | |
| 新 疆 | 3 | 4256 | 3920 | 615120 | 320402 |

2-8 续表 2

(工业消费品综合市场)

| 地　　区 | 市场数量(个) | 总摊位数(个) | 年末出租摊位数(个) | 营业面积(平方米) | 成交额(万元) |
|---|---|---|---|---|---|
| **全　　国** | **302** | **557648** | **492143** | **29051418** | **82643671** |
| **东部地区** | **143** | **316649** | **270954** | **17156636** | **50643945** |
| 北　　京 | 13 | 12228 | 11204 | 236942 | 850674 |
| 天　　津 | 3 | 4526 | 4136 | 103071 | 506169 |
| 河　　北 | 14 | 71639 | 63669 | 4061401 | 15645839 |
| 上　　海 | 2 | 1846 | 1739 | 42478 | 78290 |
| 江　　苏 | 19 | 31764 | 29842 | 2046800 | 7333765 |
| 浙　　江 | 29 | 87361 | 83391 | 5530119 | 15112465 |
| 福　　建 | 5 | 6488 | 4346 | 338849 | 821146 |
| 山　　东 | 35 | 51120 | 44238 | 3321813 | 6778020 |
| 广　　东 | 23 | 49677 | 28389 | 1475163 | 3517577 |
| 海　　南 | | | | | |
| **东北地区** | **36** | **43962** | **39567** | **982544** | **1918988** |
| 辽　　宁 | 23 | 30476 | 26932 | 636829 | 1223927 |
| 吉　　林 | 4 | 6246 | 6145 | 216200 | 277068 |
| 黑 龙 江 | 9 | 7240 | 6490 | 129515 | 417993 |
| **中部地区** | **70** | **107838** | **100129** | **5835530** | **18741681** |
| 山　　西 | 2 | 1560 | 1275 | 111220 | 23446 |
| 安　　徽 | 13 | 32786 | 30548 | 2941612 | 2775329 |
| 江　　西 | 6 | 14543 | 12181 | 288880 | 3455989 |
| 河　　南 | 12 | 19272 | 17422 | 735648 | 3193402 |
| 湖　　北 | 8 | 7605 | 7442 | 471328 | 997758 |
| 湖　　南 | 29 | 32072 | 31261 | 1286842 | 8295757 |
| **西部地区** | **53** | **89199** | **81493** | **5076708** | **11339057** |
| 内 蒙 古 | 2 | 3402 | 3348 | 171000 | 97290 |
| 广　　西 | 2 | 6621 | 5985 | 212000 | 195100 |
| 重　　庆 | 14 | 33868 | 32185 | 1808902 | 7805169 |
| 四　　川 | 10 | 16513 | 13299 | 1077790 | 1499670 |
| 贵　　州 | | | | | |
| 云　　南 | | | | | |
| 西　　藏 | | | | | |
| 陕　　西 | 2 | 2780 | 2546 | 123000 | 53545 |
| 甘　　肃 | 8 | 8154 | 7879 | 368007 | 715454 |
| 青　　海 | | | | | |
| 宁　　夏 | 2 | 2160 | 2160 | 66800 | 69219 |
| 新　　疆 | 13 | 15701 | 14091 | 1249209 | 903610 |

2-8　续表 3

(农产品综合市场)

| 地　区 | 市场数量 (个) | 总摊位数 (个) | 年末出租摊位数 (个) | 营业面积 (平方米) | 成交额 (万元) |
|---|---|---|---|---|---|
| **全　国** | **683** | **468146** | **417141** | **23741254** | **100354209** |
| **东部地区** | **452** | **279792** | **248258** | **12829595** | **62924520** |
| 北　京 | 18 | 24584 | 22884 | 2457127 | 15012417 |
| 天　津 | 5 | 4266 | 3481 | 395000 | 2583051 |
| 河　北 | 27 | 44175 | 38553 | 1725560 | 3388601 |
| 上　海 | 32 | 14478 | 12929 | 897074 | 4204587 |
| 江　苏 | 81 | 47977 | 41319 | 2390194 | 15084450 |
| 浙　江 | 178 | 71723 | 62778 | 1714465 | 10520467 |
| 福　建 | 37 | 14377 | 13037 | 294709 | 2107290 |
| 山　东 | 26 | 23234 | 21641 | 1175563 | 2145998 |
| 广　东 | 47 | 34292 | 30950 | 1778703 | 7860678 |
| 海　南 | 1 | 686 | 686 | 1200 | 16981 |
| **东北地区** | **29** | **19651** | **16577** | **1043135** | **4194004** |
| 辽　宁 | 16 | 9619 | 7530 | 388140 | 926272 |
| 吉　林 | 3 | 1578 | 1013 | 71795 | 64218 |
| 黑龙江 | 10 | 8454 | 8034 | 583200 | 3203514 |
| **中部地区** | **104** | **73782** | **67158** | **4369530** | **17464882** |
| 山　西 | 4 | 3113 | 3063 | 327747 | 446039 |
| 安　徽 | 21 | 16424 | 13528 | 608840 | 4380558 |
| 江　西 | 11 | 8654 | 8406 | 249677 | 3050373 |
| 河　南 | 11 | 11114 | 10118 | 1594483 | 2924286 |
| 湖　北 | 15 | 6954 | 5638 | 209662 | 1201503 |
| 湖　南 | 42 | 27523 | 26405 | 1379121 | 5462123 |
| **西部地区** | **98** | **94921** | **85148** | **5498994** | **15770803** |
| 内蒙古 | 5 | 2856 | 1839 | 441759 | 756591 |
| 广　西 | 13 | 10495 | 9764 | 364138 | 1045649 |
| 重　庆 | 19 | 16252 | 13328 | 419022 | 3472342 |
| 四　川 | 30 | 43168 | 40353 | 1573115 | 7355088 |
| 贵　州 | 7 | 3182 | 2820 | 80244 | 243671 |
| 云　南 | 4 | 3770 | 3688 | 46926 | 163193 |
| 西　藏 | | | | | |
| 陕　西 | 3 | 3455 | 2851 | 173300 | 1182922 |
| 甘　肃 | 2 | 2300 | 2300 | 63000 | 69620 |
| 青　海 | | | | | |
| 宁　夏 | 5 | 2614 | 2067 | 197587 | 202789 |
| 新　疆 | 10 | 6829 | 6138 | 2139903 | 1278938 |

2-8 续表 4

(其他综合市场)

| 地 区 | 市场数量 (个) | 总摊位数 (个) | 年末出租摊位数 (个) | 营业面积 (平方米) | 成交额 (万元) |
|---|---|---|---|---|---|
| **全 国** | **343** | **380660** | **310475** | **18496472** | **47960015** |
| **东部地区** | **136** | **106349** | **96028** | **6235738** | **17946002** |
| 北 京 | 3 | 5818 | 5516 | 241538 | 1819336 |
| 天 津 | 9 | 9440 | 8412 | 832431 | 1966146 |
| 河 北 | 17 | 15547 | 14504 | 775848 | 1747952 |
| 上 海 | 6 | 2957 | 2896 | 121025 | 294574 |
| 江 苏 | 25 | 24986 | 20658 | 1391097 | 5161658 |
| 浙 江 | 22 | 12351 | 11427 | 1020143 | 4556748 |
| 福 建 | 10 | 5060 | 4878 | 378617 | 996030 |
| 山 东 | 29 | 22783 | 20897 | 1223936 | 859418 |
| 广 东 | 13 | 5739 | 5172 | 239303 | 393853 |
| 海 南 | 2 | 1668 | 1668 | 11800 | 150287 |
| **东北地区** | **28** | **31027** | **28202** | **1140490** | **4060160** |
| 辽 宁 | 19 | 21826 | 20142 | 881290 | 3792614 |
| 吉 林 | 6 | 5899 | 5834 | 215740 | 198949 |
| 黑龙江 | 3 | 3302 | 2226 | 43460 | 68597 |
| **中部地区** | **117** | **117524** | **93205** | **5625038** | **13641480** |
| 山 西 | 4 | 12334 | 12256 | 1222959 | 4593989 |
| 安 徽 | 14 | 14726 | 13054 | 1393698 | 2334853 |
| 江 西 | 18 | 15167 | 13751 | 650130 | 2601809 |
| 河 南 | 10 | 32937 | 14564 | 954511 | 413367 |
| 湖 北 | 16 | 8999 | 8176 | 376208 | 1643870 |
| 湖 南 | 55 | 33361 | 31404 | 1027532 | 2053592 |
| **西部地区** | **62** | **125760** | **93040** | **5495206** | **12312373** |
| 内蒙古 | 3 | 4495 | 4074 | 304135 | 411050 |
| 广 西 | 8 | 10014 | 9122 | 202432 | 402992 |
| 重 庆 | 10 | 7547 | 6906 | 495908 | 856241 |
| 四 川 | 11 | 48142 | 29862 | 1570427 | 8209662 |
| 贵 州 | 6 | 16307 | 10194 | 587138 | 156798 |
| 云 南 | 6 | 5441 | 5144 | 304076 | 157048 |
| 西 藏 | | | | | |
| 陕 西 | 3 | 1094 | 1082 | 51300 | 81327 |
| 甘 肃 | 1 | 4550 | 1385 | 540 | 32907 |
| 青 海 | | | | | |
| 宁 夏 | 2 | 1805 | 1575 | 61150 | 202056 |
| 新 疆 | 12 | 26365 | 23696 | 1918100 | 1802292 |

2-8 续表 5

(专业市场)

| 地　区 | 市场数量(个) | 总摊位数(个) | 年末出租摊位数(个) | 营业面积(平方米) | 成交额(万元) |
|---|---|---|---|---|---|
| **全　国** | **3573** | **2471844** | **2188356** | **220876632** | **756808853** |
| **东部地区** | **2149** | **1499452** | **1326878** | **133755366** | **547593781** |
| 北　京 | 91 | 70682 | 57553 | 3986949 | 17142438 |
| 天　津 | 39 | 23965 | 22431 | 2806343 | 10928225 |
| 河　北 | 175 | 228340 | 191105 | 19103735 | 32144461 |
| 上　海 | 113 | 45692 | 41687 | 6218197 | 85300349 |
| 江　苏 | 384 | 279336 | 248945 | 24702049 | 131372239 |
| 浙　江 | 509 | 316190 | 280898 | 21455615 | 125923267 |
| 福　建 | 83 | 30673 | 28697 | 2592326 | 11901659 |
| 山　东 | 499 | 335292 | 313406 | 35542262 | 88575994 |
| 广　东 | 252 | 166980 | 139913 | 16594590 | 43946733 |
| 海　南 | 4 | 2302 | 2243 | 753300 | 358416 |
| **东北地区** | **249** | **205712** | **188039** | **12141160** | **44653917** |
| 辽　宁 | 146 | 125931 | 117965 | 7126371 | 31593904 |
| 吉　林 | 43 | 37357 | 33462 | 2337153 | 6108113 |
| 黑龙江 | 60 | 42424 | 36612 | 2677636 | 6951900 |
| **中部地区** | **601** | **355477** | **319026** | **30581165** | **82999047** |
| 山　西 | 25 | 12922 | 11085 | 1037588 | 1222596 |
| 安　徽 | 85 | 59614 | 52905 | 5598307 | 13876727 |
| 江　西 | 57 | 35986 | 33724 | 2852215 | 8948366 |
| 河　南 | 118 | 86057 | 79414 | 9456094 | 26957979 |
| 湖　北 | 115 | 57065 | 51726 | 4408277 | 15262498 |
| 湖　南 | 201 | 103833 | 90172 | 7228684 | 16730881 |
| **西部地区** | **574** | **411203** | **354413** | **44398941** | **81562108** |
| 内蒙古 | 62 | 29323 | 28335 | 6695168 | 4767765 |
| 广　西 | 68 | 48190 | 43060 | 3594689 | 7492959 |
| 重　庆 | 108 | 51784 | 45588 | 5251045 | 21257674 |
| 四　川 | 81 | 84743 | 60814 | 7537891 | 10148369 |
| 贵　州 | 46 | 19218 | 18261 | 1823314 | 6274702 |
| 云　南 | 38 | 49724 | 42213 | 3157965 | 5805410 |
| 西　藏 | | | | | |
| 陕　西 | 46 | 33640 | 30709 | 2979293 | 5594140 |
| 甘　肃 | 29 | 20355 | 19901 | 1385758 | 3288415 |
| 青　海 | 9 | 6952 | 6445 | 538368 | 633375 |
| 宁　夏 | 27 | 23477 | 20871 | 3922338 | 2668468 |
| 新　疆 | 60 | 43797 | 38216 | 7513112 | 13630831 |

2-8 续表 6

(生产资料市场)

| 地 区 | 市场数量(个) | 总摊位数(个) | 年末出租摊位数(个) | 营业面积(平方米) | 成交额(万元) |
|---|---|---|---|---|---|
| **全 国** | **680** | **352662** | **296824** | **67560741** | **276581294** |
| **东部地区** | **402** | **191833** | **169095** | **36721984** | **220059705** |
| 北 京 | 12 | 3723 | 3479 | 334332 | 652044 |
| 天 津 | 11 | 5142 | 4755 | 465357 | 4623875 |
| 河 北 | 34 | 24214 | 21846 | 4497896 | 5740038 |
| 上 海 | 30 | 7793 | 7304 | 3757519 | 73993599 |
| 江 苏 | 89 | 59455 | 49625 | 6866314 | 51408073 |
| 浙 江 | 94 | 36128 | 33016 | 4683006 | 36768840 |
| 福 建 | 12 | 3405 | 3224 | 720114 | 1799021 |
| 山 东 | 95 | 37044 | 33723 | 11586627 | 34906016 |
| 广 东 | 24 | 14149 | 11343 | 3130819 | 9869509 |
| 海 南 | 1 | 780 | 780 | 680000 | 298690 |
| **东北地区** | **42** | **19698** | **18841** | **3518063** | **10529764** |
| 辽 宁 | 22 | 8765 | 8055 | 1808663 | 8386709 |
| 吉 林 | 11 | 5478 | 5464 | 742400 | 485709 |
| 黑龙江 | 9 | 5455 | 5322 | 967000 | 1657346 |
| **中部地区** | **107** | **48936** | **43248** | **7880736** | **20324246** |
| 山 西 | 3 | 526 | 445 | 95180 | 55309 |
| 安 徽 | 16 | 7488 | 6657 | 1625656 | 3943431 |
| 江 西 | 7 | 4475 | 4311 | 284435 | 914429 |
| 河 南 | 17 | 8182 | 7688 | 2936929 | 8839114 |
| 湖 北 | 19 | 6062 | 5447 | 624677 | 2556618 |
| 湖 南 | 45 | 22203 | 18700 | 2313859 | 4015345 |
| **西部地区** | **129** | **92195** | **65640** | **19439958** | **25667579** |
| 内蒙古 | 12 | 2772 | 2728 | 3726807 | 1733757 |
| 广 西 | 17 | 6369 | 5524 | 1035733 | 2621589 |
| 重 庆 | 30 | 12470 | 11516 | 1984309 | 7969045 |
| 四 川 | 24 | 40062 | 19366 | 4358785 | 3170831 |
| 贵 州 | 9 | 2247 | 2212 | 373388 | 510342 |
| 云 南 | 6 | 1370 | 1285 | 180095 | 69688 |
| 西 藏 | | | | | |
| 陕 西 | 11 | 8306 | 7910 | 1459300 | 1588993 |
| 甘 肃 | 4 | 1682 | 1465 | 229066 | 855244 |
| 青 海 | 1 | 22 | 22 | 1000 | 16767 |
| 宁 夏 | 5 | 3036 | 2418 | 1648740 | 467800 |
| 新 疆 | 10 | 13859 | 11194 | 4442735 | 6663523 |

2-8 续表 7

(农业生产用具市场)

| 地　区 | 市场数量(个) | 总摊位数(个) | 年末出租摊位数(个) | 营业面积(平方米) | 成交额(万元) |
|---|---|---|---|---|---|
| **全　国** | **19** | **6325** | **5419** | **1442876** | **2258153** |
| **东部地区** | **10** | **3514** | **3481** | **905220** | **1420299** |
| 北　京 | | | | | |
| 天　津 | | | | | |
| 河　北 | 4 | 2560 | 2558 | 683520 | 1175621 |
| 上　海 | | | | | |
| 江　苏 | 1 | 327 | 327 | 52700 | 50358 |
| 浙　江 | | | | | |
| 福　建 | | | | | |
| 山　东 | 5 | 627 | 596 | 169000 | 194320 |
| 广　东 | | | | | |
| 海　南 | | | | | |
| **东北地区** | | | | | |
| 辽　宁 | | | | | |
| 吉　林 | | | | | |
| 黑龙江 | | | | | |
| **中部地区** | **5** | **2019** | **1356** | **292000** | **713345** |
| 山　西 | | | | | |
| 安　徽 | 1 | 632 | 632 | 120000 | 385000 |
| 江　西 | 1 | 457 | 332 | 8000 | 133687 |
| 河　南 | 1 | 360 | 260 | 56000 | 85000 |
| 湖　北 | | | | | |
| 湖　南 | 2 | 570 | 132 | 108000 | 109658 |
| **西部地区** | **4** | **792** | **582** | **245656** | **124509** |
| 内蒙古 | 2 | 61 | 61 | 180006 | 65600 |
| 广　西 | | | | | |
| 重　庆 | | | | | |
| 四　川 | | | | | |
| 贵　州 | | | | | |
| 云　南 | | | | | |
| 西　藏 | | | | | |
| 陕　西 | | | | | |
| 甘　肃 | | | | | |
| 青　海 | | | | | |
| 宁　夏 | 1 | 183 | 171 | 16144 | 41330 |
| 新　疆 | 1 | 548 | 350 | 49506 | 17579 |

2-8 续表 8

(农用生产资料市场)

| 地　　区 | 市场数量 (个) | 总摊位数 (个) | 年末出租摊位数 (个) | 营业面积 (平方米) | 成交额 (万元) |
|---|---|---|---|---|---|
| **全　　国** | **28** | **7110** | **6617** | **1063832** | **1655157** |
| **东部地区** | **13** | **3574** | **3335** | **559286** | **940416** |
| 北　　京 | | | | | |
| 天　　津 | | | | | |
| 河　　北 | 2 | 2032 | 2027 | 301800 | 104320 |
| 上　　海 | | | | | |
| 江　　苏 | 2 | 253 | 228 | 110500 | 222424 |
| 浙　　江 | 1 | 185 | 145 | 6880 | 26021 |
| 福　　建 | 2 | 348 | 209 | 23750 | 288580 |
| 山　　东 | 5 | 755 | 725 | 72400 | 286113 |
| 广　　东 | 1 | 1 | 1 | 43956 | 12958 |
| 海　　南 | | | | | |
| **东北地区** | **2** | **99** | **99** | **9500** | **38130** |
| 辽　　宁 | | | | | |
| 吉　　林 | 1 | 60 | 60 | 8500 | 20700 |
| 黑 龙 江 | 1 | 39 | 39 | 1000 | 17430 |
| **中部地区** | **4** | **1378** | **1365** | **105340** | **146113** |
| 山　　西 | | | | | |
| 安　　徽 | 1 | 116 | 116 | 2340 | 13111 |
| 江　　西 | | | | | |
| 河　　南 | 1 | 1200 | 1200 | 66000 | 50000 |
| 湖　　北 | | | | | |
| 湖　　南 | 2 | 62 | 49 | 37000 | 83002 |
| **西部地区** | **9** | **2059** | **1818** | **389706** | **530498** |
| 内 蒙 古 | 2 | 175 | 175 | 226674 | 65850 |
| 广　　西 | 3 | 950 | 928 | 71042 | 264657 |
| 重　　庆 | 1 | 380 | 247 | 28554 | 130000 |
| 四　　川 | | | | | |
| 贵　　州 | | | | | |
| 云　　南 | 1 | 316 | 316 | 7268 | 12730 |
| 西　　藏 | | | | | |
| 陕　　西 | | | | | |
| 甘　　肃 | | | | | |
| 青　　海 | | | | | |
| 宁　　夏 | | | | | |
| 新　　疆 | 2 | 238 | 152 | 56168 | 57261 |

2-8 续表 9

(煤炭市场)

| 地 区 | 市场数量 (个) | 总摊位数 (个) | 年末出租摊位数 (个) | 营业面积 (平方米) | 成交额 (万元) |
|---|---|---|---|---|---|
| **全 国** | **6** | **3727** | **3492** | **3762080** | **2965148** |
| **东部地区** | **3** | **2834** | **2834** | **406400** | **2473457** |
| 北 京 | | | | | |
| 天 津 | 2 | 2778 | 2778 | 1400 | 1484749 |
| 河 北 | | | | | |
| 上 海 | | | | | |
| 江 苏 | | | | | |
| 浙 江 | 1 | 56 | 56 | 405000 | 988708 |
| 福 建 | | | | | |
| 山 东 | | | | | |
| 广 东 | | | | | |
| 海 南 | | | | | |
| **东北地区** | | | | | |
| 辽 宁 | | | | | |
| 吉 林 | | | | | |
| 黑 龙 江 | | | | | |
| **中部地区** | **1** | **8** | **4** | **180** | **20909** |
| 山 西 | 1 | 8 | 4 | 180 | 20909 |
| 安 徽 | | | | | |
| 江 西 | | | | | |
| 河 南 | | | | | |
| 湖 北 | | | | | |
| 湖 南 | | | | | |
| **西部地区** | **2** | **885** | **654** | **3355500** | **470782** |
| 内 蒙 古 | 1 | 30 | 30 | 2000100 | 368790 |
| 广 西 | | | | | |
| 重 庆 | | | | | |
| 四 川 | | | | | |
| 贵 州 | | | | | |
| 云 南 | | | | | |
| 西 藏 | | | | | |
| 陕 西 | | | | | |
| 甘 肃 | | | | | |
| 青 海 | | | | | |
| 宁 夏 | 1 | 855 | 624 | 1355400 | 101992 |
| 新 疆 | | | | | |

2-8　续表 10

(木材市场)

| 地　区 | 市场数量<br>(个) | 总摊位数<br>(个) | 年末出租摊位数<br>(个) | 营业面积<br>(平方米) | 成交额<br>(万元) |
|---|---|---|---|---|---|
| **全　国** | **51** | **19926** | **18181** | **5716238** | **7378181** |
| **东部地区** | **43** | **18067** | **16496** | **4371478** | **6934709** |
| 北　京 | | | | | |
| 天　津 | | | | | |
| 河　北 | | | | | |
| 上　海 | 6 | 612 | 611 | 297396 | 536960 |
| 江　苏 | 8 | 4510 | 4093 | 475960 | 841168 |
| 浙　江 | 10 | 5567 | 5541 | 730966 | 1384264 |
| 福　建 | 1 | 419 | 419 | 199980 | 110952 |
| 山　东 | 16 | 4489 | 4029 | 2318666 | 3380365 |
| 广　东 | 2 | 2470 | 1803 | 348510 | 681000 |
| 海　南 | | | | | |
| **东北地区** | **2** | **368** | **356** | **227800** | **44296** |
| 辽　宁 | 1 | 200 | 200 | 2800 | 31960 |
| 吉　林 | 1 | 168 | 156 | 225000 | 12336 |
| 黑龙江 | | | | | |
| **中部地区** | **1** | **550** | **513** | **65000** | **19301** |
| 山　西 | | | | | |
| 安　徽 | | | | | |
| 江　西 | | | | | |
| 河　南 | | | | | |
| 湖　北 | | | | | |
| 湖　南 | 1 | 550 | 513 | 65000 | 19301 |
| **西部地区** | **5** | **941** | **816** | **1051960** | **379875** |
| 内蒙古 | 1 | 134 | 134 | 666700 | 170560 |
| 广　西 | 2 | 287 | 287 | 165000 | 55386 |
| 重　庆 | 2 | 520 | 395 | 220260 | 153929 |
| 四　川 | | | | | |
| 贵　州 | | | | | |
| 云　南 | | | | | |
| 西　藏 | | | | | |
| 陕　西 | | | | | |
| 甘　肃 | | | | | |
| 青　海 | | | | | |
| 宁　夏 | | | | | |
| 新　疆 | | | | | |

2-8 续表 11

(建材市场)

| 地 区 | 市场数量(个) | 总摊位数(个) | 年末出租摊位数(个) | 营业面积(平方米) | 成交额(万元) |
|---|---|---|---|---|---|
| **全 国** | **227** | **143374** | **109456** | **24610135** | **20156975** |
| **东部地区** | **106** | **55098** | **46876** | **9961965** | **10435796** |
| 北 京 | 9 | 2807 | 2678 | 256663 | 416083 |
| 天 津 | 2 | 1318 | 1010 | 215000 | 153703 |
| 河 北 | 7 | 2013 | 1637 | 405920 | 218460 |
| 上 海 | 9 | 1886 | 1843 | 2832138 | 1034417 |
| 江 苏 | 32 | 24956 | 19475 | 2519462 | 2818563 |
| 浙 江 | 16 | 4681 | 4160 | 742673 | 1600586 |
| 福 建 | 6 | 2002 | 1975 | 420704 | 1077337 |
| 山 东 | 23 | 13768 | 12589 | 1725619 | 2638372 |
| 广 东 | 1 | 887 | 729 | 163786 | 179585 |
| 海 南 | 1 | 780 | 780 | 680000 | 298690 |
| **东北地区** | **11** | **6586** | **6403** | **1179371** | **801908** |
| 辽 宁 | 5 | 1460 | 1279 | 565171 | 375608 |
| 吉 林 | 3 | 936 | 934 | 108200 | 102184 |
| 黑龙江 | 3 | 4190 | 4190 | 506000 | 324116 |
| **中部地区** | **54** | **26963** | **24182** | **3847189** | **4411982** |
| 山 西 | 1 | 372 | 321 | 15000 | 24320 |
| 安 徽 | 9 | 4676 | 3992 | 1121450 | 562841 |
| 江 西 | 5 | 3339 | 3300 | 230414 | 745741 |
| 河 南 | 5 | 3387 | 3309 | 1080886 | 1279440 |
| 湖 北 | 10 | 2968 | 2826 | 335500 | 786683 |
| 湖 南 | 24 | 12221 | 10434 | 1063939 | 1012957 |
| **西部地区** | **56** | **54727** | **31995** | **9621610** | **4507289** |
| 内蒙古 | 3 | 768 | 768 | 133000 | 211507 |
| 广 西 | 7 | 2236 | 1991 | 235200 | 280321 |
| 重 庆 | 9 | 2891 | 2793 | 523465 | 922501 |
| 四 川 | 16 | 32793 | 12654 | 3328946 | 1135371 |
| 贵 州 | 5 | 736 | 730 | 128888 | 154602 |
| 云 南 | 4 | 589 | 584 | 109320 | 43458 |
| 西 藏 | | | | | |
| 陕 西 | 9 | 7296 | 7036 | 1274100 | 1054793 |
| 甘 肃 | 1 | 32 | 32 | 11066 | 30086 |
| 青 海 | | | | | |
| 宁 夏 | | | | | |
| 新 疆 | 2 | 7386 | 5407 | 3877625 | 674650 |

2-8 续表 12

(化工材料及制品市场)

| 地　区 | 市场数量(个) | 总摊位数(个) | 年末出租摊位数(个) | 营业面积(平方米) | 成交额(万元) |
|---|---|---|---|---|---|
| **全　国** | **35** | **25365** | **23267** | **2302807** | **33750825** |
| **东部地区** | **29** | **22995** | **21344** | **2156647** | **33369676** |
| 北　京 | | | | | |
| 天　津 | 1 | 311 | 302 | 9638 | 320000 |
| 河　北 | 3 | 804 | 768 | 83834 | 460935 |
| 上　海 | 1 | 495 | 495 | 13000 | 1007000 |
| 江　苏 | 8 | 8570 | 8245 | 470539 | 12675262 |
| 浙　江 | 7 | 3938 | 3709 | 504800 | 7871672 |
| 福　建 | 1 | 85 | 85 | 12500 | 33628 |
| 山　东 | 5 | 3664 | 3544 | 374316 | 6895636 |
| 广　东 | 3 | 5128 | 4196 | 688020 | 4105543 |
| 海　南 | | | | | |
| **东北地区** | **1** | **98** | **98** | **4300** | **10100** |
| 辽　宁 | 1 | 98 | 98 | 4300 | 10100 |
| 吉　林 | | | | | |
| 黑 龙 江 | | | | | |
| **中部地区** | **4** | **1906** | **1459** | **76400** | **191049** |
| 山　西 | | | | | |
| 安　徽 | 1 | 550 | 538 | 3800 | 35309 |
| 江　西 | | | | | |
| 河　南 | | | | | |
| 湖　北 | | | | | |
| 湖　南 | 3 | 1356 | 921 | 72600 | 155740 |
| **西部地区** | **1** | **366** | **366** | **65460** | **180000** |
| 内 蒙 古 | | | | | |
| 广　西 | | | | | |
| 重　庆 | | | | | |
| 四　川 | 1 | 366 | 366 | 65460 | 180000 |
| 贵　州 | | | | | |
| 云　南 | | | | | |
| 西　藏 | | | | | |
| 陕　西 | | | | | |
| 甘　肃 | | | | | |
| 青　海 | | | | | |
| 宁　夏 | | | | | |
| 新　疆 | | | | | |

2-8　续表 13

(金属材料市场)

| 地　区 | 市场数量（个） | 总摊位数（个） | 年末出租摊位数（个） | 营业面积（平方米） | 成交额（万元） |
|---|---|---|---|---|---|
| **全　国** | **229** | **100098** | **87192** | **23356137** | **178266318** |
| **东部地区** | **150** | **65097** | **55488** | **15274027** | **143879296** |
| 北　京 | 1 | 269 | 269 | 23600 | 38000 |
| 天　津 | 6 | 735 | 665 | 239319 | 2665423 |
| 河　北 | 14 | 15439 | 13490 | 2612747 | 3574202 |
| 上　海 | 9 | 3335 | 2917 | 480057 | 59601038 |
| 江　苏 | 32 | 16668 | 13381 | 3044293 | 32983692 |
| 浙　江 | 41 | 16212 | 14735 | 2028869 | 20862807 |
| 福　建 | 1 | 101 | 86 | 30300 | 177009 |
| 山　东 | 33 | 8865 | 7503 | 5716010 | 19900116 |
| 广　东 | 13 | 3473 | 2442 | 1098832 | 4077009 |
| 海　南 | | | | | |
| **东北地区** | **19** | **10170** | **9553** | **1687392** | **4062472** |
| 辽　宁 | 13 | 6692 | 6173 | 1206392 | 2645894 |
| 吉　林 | 2 | 2402 | 2402 | 141000 | 198778 |
| 黑龙江 | 4 | 1076 | 978 | 340000 | 1217800 |
| **中部地区** | **28** | **10210** | **9207** | **3263860** | **14090174** |
| 山　西 | 1 | 146 | 120 | 80000 | 10080 |
| 安　徽 | 4 | 1514 | 1379 | 378066 | 2947170 |
| 江　西 | 1 | 679 | 679 | 46021 | 35001 |
| 河　南 | 10 | 3235 | 2919 | 1734043 | 7424674 |
| 湖　北 | 8 | 2754 | 2313 | 283177 | 1741638 |
| 湖　南 | 4 | 1882 | 1797 | 742553 | 1931611 |
| **西部地区** | **32** | **14621** | **12944** | **3130858** | **16234376** |
| 内蒙古 | 2 | 378 | 334 | 380000 | 338720 |
| 广　西 | 3 | 1546 | 1546 | 424491 | 1734350 |
| 重　庆 | 11 | 4878 | 4280 | 854030 | 5793824 |
| 四　川 | 3 | 2281 | 2003 | 650379 | 1170360 |
| 贵　州 | 4 | 1511 | 1482 | 244500 | 355740 |
| 云　南 | | | | | |
| 西　藏 | | | | | |
| 陕　西 | 1 | 210 | 74 | 5200 | 375300 |
| 甘　肃 | 3 | 1650 | 1433 | 218000 | 825158 |
| 青　海 | 1 | 22 | 22 | 1000 | 16767 |
| 宁　夏 | 2 | 1702 | 1327 | 242470 | 298473 |
| 新　疆 | 2 | 443 | 443 | 110788 | 5325684 |

2-8 续表 14

(机械设备市场)

| 地 区 | 市场数量(个) | 总摊位数(个) | 年末出租摊位数(个) | 营业面积(平方米) | 成交额(万元) |
|---|---|---|---|---|---|
| **全 国** | **49** | **27867** | **25930** | **2782272** | **7404701** |
| **东部地区** | **27** | **12080** | **11331** | **1674389** | **4688953** |
| 北 京 | 1 | 377 | 262 | 33000 | 92000 |
| 天 津 | | | | | |
| 河 北 | 4 | 1366 | 1366 | 410075 | 206500 |
| 上 海 | 1 | 187 | 160 | 4500 | 84723 |
| 江 苏 | 5 | 3471 | 3176 | 174860 | 1734606 |
| 浙 江 | 8 | 2054 | 1790 | 85880 | 743141 |
| 福 建 | | | | | |
| 山 东 | 5 | 3388 | 3358 | 358359 | 1325273 |
| 广 东 | 3 | 1237 | 1219 | 607715 | 502710 |
| 海 南 | | | | | |
| **东北地区** | | | | | |
| 辽 宁 | | | | | |
| 吉 林 | | | | | |
| 黑 龙 江 | | | | | |
| **中部地区** | **8** | **5226** | **4497** | **196650** | **697253** |
| 山 西 | | | | | |
| 安 徽 | | | | | |
| 江 西 | | | | | |
| 河 南 | | | | | |
| 湖 北 | 1 | 340 | 308 | 6000 | 28297 |
| 湖 南 | 7 | 4886 | 4189 | 190650 | 668956 |
| **西部地区** | **14** | **10561** | **10102** | **911233** | **2018495** |
| 内 蒙 古 | | | | | |
| 广 西 | 1 | 500 | 500 | 30000 | 90000 |
| 重 庆 | 5 | 2678 | 2678 | 240000 | 744990 |
| 四 川 | 4 | 4622 | 4343 | 314000 | 685100 |
| 贵 州 | | | | | |
| 云 南 | 1 | 465 | 385 | 63507 | 13500 |
| 西 藏 | | | | | |
| 陕 西 | 1 | 800 | 800 | 180000 | 158900 |
| 甘 肃 | | | | | |
| 青 海 | | | | | |
| 宁 夏 | 1 | 296 | 296 | 34726 | 26005 |
| 新 疆 | 1 | 1200 | 1100 | 49000 | 300000 |

2-8 续表 15

(其他生产资料市场)

| 地　区 | 市场数量(个) | 总摊位数(个) | 年末出租摊位数(个) | 营业面积(平方米) | 成交额(万元) |
|---|---|---|---|---|---|
| **全　国** | **36** | **18870** | **17270** | **2524364** | **22745836** |
| **东部地区** | **21** | **8574** | **7910** | **1412572** | **15917103** |
| 北　京 | 1 | 270 | 270 | 21069 | 105961 |
| 天　津 | | | | | |
| 河　北 | | | | | |
| 上　海 | 4 | 1278 | 1278 | 130428 | 11729461 |
| 江　苏 | 1 | 700 | 700 | 18000 | 82000 |
| 浙　江 | 10 | 3435 | 2880 | 177938 | 3291641 |
| 福　建 | 1 | 450 | 450 | 32880 | 111515 |
| 山　东 | 3 | 1488 | 1379 | 852257 | 285821 |
| 广　东 | 1 | 953 | 953 | 180000 | 310704 |
| 海　南 | | | | | |
| **东北地区** | **7** | **2377** | **2332** | **409700** | **5572858** |
| 辽　宁 | 2 | 315 | 305 | 30000 | 5323147 |
| 吉　林 | 4 | 1912 | 1912 | 259700 | 151711 |
| 黑龙江 | 1 | 150 | 115 | 120000 | 98000 |
| **中部地区** | **2** | **676** | **665** | **34117** | **34120** |
| 山　西 | | | | | |
| 安　徽 | | | | | |
| 江　西 | | | | | |
| 河　南 | | | | | |
| 湖　北 | | | | | |
| 湖　南 | 2 | 676 | 665 | 34117 | 34120 |
| **西部地区** | **6** | **7243** | **6363** | **667975** | **1221755** |
| 内蒙古 | 1 | 1226 | 1226 | 140327 | 512730 |
| 广　西 | 1 | 850 | 272 | 110000 | 196875 |
| 重　庆 | 2 | 1123 | 1123 | 118000 | 223801 |
| 四　川 | | | | | |
| 贵　州 | | | | | |
| 云　南 | | | | | |
| 西　藏 | | | | | |
| 陕　西 | | | | | |
| 甘　肃 | | | | | |
| 青　海 | | | | | |
| 宁　夏 | | | | | |
| 新　疆 | 2 | 4044 | 3742 | 299648 | 288349 |

2-8 续表 16

(农产品市场)

| 地　区 | 市场数量(个) | 总摊位数(个) | 年末出租摊位数(个) | 营业面积(平方米) | 成交额(万元) |
|---|---|---|---|---|---|
| **全　国** | **979** | **633919** | **558530** | **44154391** | **164838269** |
| **东部地区** | **613** | **437546** | **379401** | **28184959** | **102918810** |
| 北　京 | 19 | 20277 | 9856 | 785441 | 3391211 |
| 天　津 | 11 | 8234 | 7551 | 929928 | 3175438 |
| 河　北 | 69 | 109414 | 89409 | 4925810 | 8463246 |
| 上　海 | 27 | 11176 | 9227 | 645690 | 4755780 |
| 江　苏 | 105 | 51394 | 45089 | 3574551 | 16883501 |
| 浙　江 | 129 | 59017 | 51649 | 2946157 | 23215638 |
| 福　建 | 36 | 10075 | 9635 | 687848 | 4998756 |
| 山　东 | 149 | 141864 | 133703 | 11753375 | 26755332 |
| 广　东 | 67 | 25239 | 22485 | 1931159 | 11255382 |
| 海　南 | 1 | 856 | 797 | 5000 | 24526 |
| **东北地区** | **64** | **26413** | **24996** | **2275766** | **7913548** |
| 辽　宁 | 37 | 16035 | 15571 | 1425323 | 4082664 |
| 吉　林 | 10 | 5566 | 5476 | 378538 | 1267902 |
| 黑龙江 | 17 | 4812 | 3949 | 471905 | 2562982 |
| **中部地区** | **148** | **78939** | **70144** | **5395872** | **26855083** |
| 山　西 | 7 | 3489 | 3156 | 281680 | 669533 |
| 安　徽 | 26 | 12915 | 10879 | 855661 | 2381779 |
| 江　西 | 18 | 10261 | 9827 | 490000 | 3760417 |
| 河　南 | 30 | 23093 | 19962 | 2169346 | 11421360 |
| 湖　北 | 25 | 13174 | 12446 | 856677 | 4921858 |
| 湖　南 | 42 | 16007 | 13874 | 742508 | 3700136 |
| **西部地区** | **154** | **91021** | **83989** | **8297794** | **27150828** |
| 内蒙古 | 22 | 8452 | 8333 | 1619680 | 984254 |
| 广　西 | 17 | 12735 | 12293 | 842855 | 2348863 |
| 重　庆 | 20 | 11419 | 9590 | 643691 | 5240867 |
| 四　川 | 18 | 11395 | 10576 | 645776 | 3901904 |
| 贵　州 | 13 | 5250 | 4931 | 255953 | 3142700 |
| 云　南 | 10 | 4803 | 4761 | 392729 | 2029384 |
| 西　藏 | | | | | |
| 陕　西 | 11 | 5043 | 4589 | 331040 | 1959576 |
| 甘　肃 | 12 | 9008 | 8998 | 408449 | 1561223 |
| 青　海 | 3 | 2038 | 2038 | 393203 | 322300 |
| 宁　夏 | 11 | 10918 | 9182 | 1325721 | 1846828 |
| 新　疆 | 17 | 9960 | 8698 | 1438697 | 3812929 |

2-8 续表 17

（粮油市场）

| 地 区 | 市场数量（个） | 总摊位数（个） | 年末出租摊位数（个） | 营业面积（平方米） | 成交额（万元） |
|---|---|---|---|---|---|
| **全 国** | **103** | **35041** | **31824** | **3622389** | **18699248** |
| **东部地区** | **71** | **28013** | **25066** | **2858629** | **12943407** |
| 北 京 | 3 | 2220 | 1920 | 170000 | 1854536 |
| 天 津 | 3 | 1640 | 1631 | 174410 | 673296 |
| 河 北 | 5 | 519 | 383 | 329433 | 240582 |
| 上 海 | 6 | 859 | 859 | 30540 | 238388 |
| 江 苏 | 12 | 5884 | 4812 | 738300 | 3083216 |
| 浙 江 | 17 | 4955 | 3733 | 434623 | 2943052 |
| 福 建 | 3 | 405 | 390 | 72100 | 238697 |
| 山 东 | 16 | 10327 | 10246 | 657743 | 2879547 |
| 广 东 | 6 | 1204 | 1092 | 251480 | 792093 |
| 海 南 | | | | | |
| **东北地区** | **4** | **707** | **707** | **157283** | **803806** |
| 辽 宁 | 2 | 448 | 448 | 130000 | 303936 |
| 吉 林 | | | | | |
| 黑 龙 江 | 2 | 259 | 259 | 27283 | 499870 |
| **中部地区** | **10** | **1827** | **1631** | **201316** | **1929281** |
| 山 西 | 1 | 140 | 140 | 17000 | 75000 |
| 安 徽 | 1 | 132 | 132 | 20000 | 25100 |
| 江 西 | 2 | 101 | 101 | 44600 | 439644 |
| 河 南 | 2 | 568 | 524 | 49395 | 913501 |
| 湖 北 | 1 | 210 | 200 | 24000 | 11570 |
| 湖 南 | 3 | 676 | 534 | 46321 | 464466 |
| **西部地区** | **18** | **4494** | **4420** | **405161** | **3022754** |
| 内 蒙 古 | 4 | 302 | 302 | 145890 | 130785 |
| 广 西 | 1 | 94 | 86 | 10000 | 10001 |
| 重 庆 | 1 | 1000 | 1000 | 8000 | 90187 |
| 四 川 | 2 | 637 | 608 | 32000 | 195495 |
| 贵 州 | 3 | 579 | 577 | 42480 | 1560920 |
| 云 南 | 2 | 928 | 928 | 65431 | 496184 |
| 西 藏 | | | | | |
| 陕 西 | 1 | 244 | 244 | 5496 | 287876 |
| 甘 肃 | 2 | 465 | 465 | 63000 | 206870 |
| 青 海 | | | | | |
| 宁 夏 | 1 | 65 | 58 | 7864 | 14036 |
| 新 疆 | 1 | 180 | 152 | 25000 | 30400 |

2-8 续表 18

(肉禽蛋市场)

| 地 区 | 市场数量(个) | 总摊位数(个) | 年末出租摊位数(个) | 营业面积(平方米) | 成交额(万元) |
|---|---|---|---|---|---|
| **全 国** | **125** | **48991** | **44735** | **2813510** | **14012019** |
| **东部地区** | **74** | **23405** | **20780** | **1132553** | **7929154** |
| 北 京 | 2 | 514 | 514 | 8976 | 55232 |
| 天 津 | | | | | |
| 河 北 | 4 | 1320 | 1280 | 240812 | 740057 |
| 上 海 | 5 | 914 | 727 | 16260 | 721292 |
| 江 苏 | 28 | 9651 | 8078 | 332979 | 2809795 |
| 浙 江 | 13 | 3279 | 3173 | 110410 | 1548696 |
| 福 建 | 3 | 817 | 708 | 11469 | 174236 |
| 山 东 | 7 | 3620 | 3221 | 96610 | 175843 |
| 广 东 | 12 | 3290 | 3079 | 315037 | 1704003 |
| 海 南 | | | | | |
| **东北地区** | **5** | **1066** | **852** | **22355** | **320956** |
| 辽 宁 | 3 | 454 | 315 | 10200 | 105735 |
| 吉 林 | | | | | |
| 黑龙江 | 2 | 612 | 537 | 12155 | 215221 |
| **中部地区** | **18** | **5639** | **5043** | **247952** | **1456177** |
| 山 西 | | | | | |
| 安 徽 | 5 | 1588 | 1192 | 82132 | 342294 |
| 江 西 | 5 | 2064 | 2064 | 67960 | 917637 |
| 河 南 | 1 | 643 | 643 | 35200 | 42700 |
| 湖 北 | 2 | 335 | 214 | 8300 | 28359 |
| 湖 南 | 5 | 1009 | 930 | 54360 | 125187 |
| **西部地区** | **28** | **18881** | **18060** | **1410650** | **4305732** |
| 内蒙古 | 3 | 684 | 652 | 30000 | 60791 |
| 广 西 | 8 | 7670 | 7448 | 112924 | 469211 |
| 重 庆 | 4 | 2006 | 1821 | 106088 | 1621964 |
| 四 川 | 2 | 1948 | 1900 | 87977 | 1269377 |
| 贵 州 | 1 | 341 | 326 | 5700 | 13284 |
| 云 南 | 2 | 1058 | 1046 | 22812 | 55842 |
| 西 藏 | | | | | |
| 陕 西 | 1 | 1200 | 943 | 31526 | 18400 |
| 甘 肃 | | | | | |
| 青 海 | | | | | |
| 宁 夏 | 2 | 452 | 452 | 85000 | 99468 |
| 新 疆 | 5 | 3522 | 3472 | 928623 | 697395 |

2-8 续表 19

(水产品市场)

| 地　　区 | 市场数量（个） | 总摊位数（个） | 年末出租摊位数（个） | 营业面积（平方米） | 成交额（万元） |
|---|---|---|---|---|---|
| **全　　国** | **145** | **96345** | **86884** | **4934686** | **33191373** |
| **东部地区** | **115** | **79237** | **70447** | **3674274** | **23805038** |
| 北　　京 | 3 | 2442 | 2120 | 75830 | 1013644 |
| 天　　津 | 1 | 220 | 220 | 8000 | 598461 |
| 河　　北 | 4 | 2601 | 2566 | 68000 | 113450 |
| 上　　海 | 5 | 3140 | 2911 | 215640 | 1927971 |
| 江　　苏 | 24 | 9232 | 7941 | 784160 | 2849551 |
| 浙　　江 | 29 | 15558 | 13522 | 542628 | 5825815 |
| 福　　建 | 10 | 3078 | 2951 | 142379 | 3004917 |
| 山　　东 | 24 | 39009 | 34679 | 1557112 | 6209201 |
| 广　　东 | 15 | 3957 | 3537 | 280525 | 2262028 |
| 海　　南 | | | | | |
| **东北地区** | **11** | **7980** | **7980** | **496163** | **2662158** |
| 辽　　宁 | 9 | 6654 | 6654 | 367783 | 2022158 |
| 吉　　林 | 1 | 1296 | 1296 | 120601 | 620000 |
| 黑 龙 江 | 1 | 30 | 30 | 7779 | 20000 |
| **中部地区** | **15** | **7480** | **7245** | **636049** | **6031689** |
| 山　　西 | | | | | |
| 安　　徽 | 2 | 688 | 513 | 74000 | 133396 |
| 江　　西 | 1 | 780 | 780 | 43000 | 386630 |
| 河　　南 | 3 | 1261 | 1255 | 107424 | 1401020 |
| 湖　　北 | 4 | 3726 | 3690 | 319055 | 2824292 |
| 湖　　南 | 5 | 1025 | 1007 | 92570 | 1286351 |
| **西部地区** | **4** | **1648** | **1212** | **128200** | **692488** |
| 内 蒙 古 | | | | | |
| 广　　西 | | | | | |
| 重　　庆 | 2 | 840 | 504 | 104000 | 662000 |
| 四　　川 | | | | | |
| 贵　　州 | | | | | |
| 云　　南 | | | | | |
| 西　　藏 | | | | | |
| 陕　　西 | 1 | 720 | 620 | 23000 | 20290 |
| 甘　　肃 | 1 | 88 | 88 | 1200 | 10198 |
| 青　　海 | | | | | |
| 宁　　夏 | | | | | |
| 新　　疆 | | | | | |

2-8 续表 20

(蔬菜市场)

| 地　区 | 市场数量(个) | 总摊位数(个) | 年末出租摊位数(个) | 营业面积(平方米) | 成交额(万元) |
|---|---|---|---|---|---|
| **全　国** | **299** | **247220** | **214680** | **16506109** | **40138757** |
| **东部地区** | **173** | **171014** | **144830** | **10913066** | **21737644** |
| 北　京 | 6 | 9351 | 2037 | 183400 | 166742 |
| 天　津 | 5 | 4680 | 4186 | 448292 | 578301 |
| 河　北 | 42 | 71707 | 58488 | 2969521 | 3648551 |
| 上　海 | 3 | 671 | 671 | 78010 | 797987 |
| 江　苏 | 16 | 8940 | 8038 | 456976 | 2251056 |
| 浙　江 | 22 | 11146 | 9052 | 645312 | 3259402 |
| 福　建 | 6 | 1185 | 1145 | 296044 | 618291 |
| 山　东 | 63 | 58560 | 56798 | 5362428 | 9398423 |
| 广　东 | 10 | 4774 | 4415 | 473083 | 1018891 |
| 海　南 | | | | | |
| **东北地区** | **19** | **7006** | **6685** | **606640** | **2196967** |
| 辽　宁 | 11 | 4672 | 4663 | 399640 | 795187 |
| 吉　林 | 3 | 812 | 812 | 56800 | 353354 |
| 黑 龙 江 | 5 | 1522 | 1210 | 150200 | 1048426 |
| **中部地区** | **51** | **28876** | **25908** | **1971917** | **6166144** |
| 山　西 | 4 | 3007 | 2674 | 224800 | 549533 |
| 安　徽 | 10 | 4693 | 4640 | 359171 | 838072 |
| 江　西 | 3 | 1016 | 1016 | 86500 | 202645 |
| 河　南 | 17 | 13134 | 10914 | 859487 | 2874511 |
| 湖　北 | 8 | 1965 | 1673 | 155327 | 454688 |
| 湖　南 | 9 | 5061 | 4991 | 286632 | 1246695 |
| **西部地区** | **56** | **40324** | **37257** | **3014486** | **10038002** |
| 内 蒙 古 | 4 | 4490 | 4460 | 241590 | 202577 |
| 广　西 | 3 | 1579 | 1565 | 336620 | 620436 |
| 重　庆 | 8 | 5441 | 4205 | 290076 | 2032717 |
| 四　川 | 8 | 5139 | 4465 | 237956 | 1290997 |
| 贵　州 | 5 | 2458 | 2185 | 65873 | 923212 |
| 云　南 | 4 | 1817 | 1787 | 191406 | 639982 |
| 西　藏 | | | | | |
| 陕　西 | 6 | 2614 | 2517 | 207718 | 1545879 |
| 甘　肃 | 7 | 7346 | 7336 | 268249 | 594636 |
| 青　海 | 2 | 1638 | 1638 | 277000 | 290300 |
| 宁　夏 | 4 | 4687 | 4439 | 662000 | 551156 |
| 新　疆 | 5 | 3115 | 2660 | 235998 | 1346110 |

## 2-8 续表 21

(干鲜果品市场)

| 地　区 | 市场数量（个） | 总摊位数（个） | 年末出租摊位数（个） | 营业面积（平方米） | 成交额（万元） |
|---|---|---|---|---|---|
| **全　国** | **129** | **83676** | **73395** | **6293406** | **28256346** |
| **东部地区** | **75** | **58750** | **52254** | **3664805** | **18847666** |
| 北　京 | 2 | 2680 | 540 | 255000 | 147525 |
| 天　津 | | | | | |
| 河　北 | 7 | 16414 | 14893 | 825854 | 2625412 |
| 上　海 | 2 | 250 | 250 | 122250 | 110297 |
| 江　苏 | 10 | 7319 | 6445 | 338917 | 2823888 |
| 浙　江 | 18 | 8174 | 7717 | 534356 | 4333839 |
| 福　建 | 5 | 811 | 791 | 78242 | 482636 |
| 山　东 | 22 | 19076 | 18158 | 1007941 | 3722430 |
| 广　东 | 9 | 4026 | 3460 | 502245 | 4601639 |
| 海　南 | | | | | |
| **东北地区** | **11** | **2673** | **2106** | **538688** | **1363489** |
| 辽　宁 | 5 | 1157 | 1086 | 281000 | 697856 |
| 吉　林 | 2 | 178 | 142 | 47700 | 95605 |
| 黑龙江 | 4 | 1338 | 878 | 209988 | 570028 |
| **中部地区** | **21** | **10070** | **8986** | **714515** | **2933316** |
| 山　西 | 2 | 342 | 342 | 39880 | 45000 |
| 安　徽 | 1 | 415 | 415 | 33350 | 86260 |
| 江　西 | 3 | 1207 | 1164 | 74500 | 1106151 |
| 河　南 | 3 | 874 | 834 | 165040 | 56362 |
| 湖　北 | 5 | 5307 | 5103 | 259775 | 1397912 |
| 湖　南 | 7 | 1925 | 1128 | 141970 | 241631 |
| **西部地区** | **22** | **12183** | **10049** | **1375398** | **5111875** |
| 内蒙古 | 1 | 20 | 20 | 180000 | 30520 |
| 广　西 | 3 | 999 | 801 | 158935 | 554158 |
| 重　庆 | 2 | 1168 | 1168 | 60787 | 480053 |
| 四　川 | 3 | 808 | 778 | 38000 | 142623 |
| 贵　州 | 3 | 686 | 686 | 36900 | 327069 |
| 云　南 | 1 | 600 | 600 | 100000 | 800000 |
| 西　藏 | | | | | |
| 陕　西 | 2 | 265 | 265 | 63300 | 87131 |
| 甘　肃 | 1 | 469 | 469 | 34800 | 147526 |
| 青　海 | | | | | |
| 宁　夏 | 2 | 4438 | 3261 | 521000 | 889927 |
| 新　疆 | 4 | 2730 | 2001 | 181676 | 1652868 |

2-8 续表 22

(棉麻土畜、烟叶市场)

| 地区 | 市场数量(个) | 总摊位数(个) | 年末出租摊位数(个) | 营业面积(平方米) | 成交额(万元) |
|---|---|---|---|---|---|
| **全国** | **21** | **22517** | **17271** | **4041474** | **7215286** |
| **东部地区** | **15** | **20527** | **15285** | **3411624** | **6960945** |
| 北京 | | | | | |
| 天津 | | | | | |
| 河北 | 3 | 15496 | 10459 | 346790 | 1023000 |
| 上海 | | | | | |
| 江苏 | 2 | 2440 | 2412 | 430484 | 2394186 |
| 浙江 | 3 | 787 | 741 | 86700 | 1061327 |
| 福建 | | | | | |
| 山东 | 7 | 1804 | 1673 | 2547650 | 2482432 |
| 广东 | | | | | |
| 海南 | | | | | |
| **东北地区** | **1** | **800** | **800** | **120000** | **13490** |
| 辽宁 | 1 | 800 | 800 | 120000 | 13490 |
| 吉林 | | | | | |
| 黑龙江 | | | | | |
| **中部地区** | **2** | **456** | **452** | **49850** | **105851** |
| 山西 | | | | | |
| 安徽 | 1 | 376 | 376 | 16850 | 46531 |
| 江西 | | | | | |
| 河南 | 1 | 80 | 76 | 33000 | 59320 |
| 湖北 | | | | | |
| 湖南 | | | | | |
| **西部地区** | **3** | **734** | **734** | **460000** | **135000** |
| 内蒙古 | 3 | 734 | 734 | 460000 | 135000 |
| 广西 | | | | | |
| 重庆 | | | | | |
| 四川 | | | | | |
| 贵州 | | | | | |
| 云南 | | | | | |
| 西藏 | | | | | |
| 陕西 | | | | | |
| 甘肃 | | | | | |
| 青海 | | | | | |
| 宁夏 | | | | | |
| 新疆 | | | | | |

2-8 续表 23

(其他农产品市场)

| 地 区 | 市场数量(个) | 总摊位数(个) | 年末出租摊位数(个) | 营业面积(平方米) | 成交额(万元) |
|---|---|---|---|---|---|
| **全 国** | **157** | **100129** | **89741** | **5942817** | **23325240** |
| **东部地区** | **90** | **56600** | **50739** | **2530008** | **10694956** |
| 北 京 | 3 | 3070 | 2725 | 92235 | 153532 |
| 天 津 | 2 | 1694 | 1514 | 299226 | 1325380 |
| 河 北 | 4 | 1357 | 1340 | 145400 | 72194 |
| 上 海 | 6 | 5342 | 3809 | 182990 | 959845 |
| 江 苏 | 13 | 7928 | 7363 | 492735 | 671809 |
| 浙 江 | 27 | 15118 | 13711 | 592128 | 4243507 |
| 福 建 | 9 | 3779 | 3650 | 87614 | 479979 |
| 山 东 | 10 | 9468 | 8928 | 523891 | 1887456 |
| 广 东 | 15 | 7988 | 6902 | 108789 | 876728 |
| 海 南 | 1 | 856 | 797 | 5000 | 24526 |
| **东北地区** | **13** | **6181** | **5866** | **334637** | **552682** |
| 辽 宁 | 6 | 1850 | 1605 | 116700 | 144302 |
| 吉 林 | 4 | 3280 | 3226 | 153437 | 198943 |
| 黑龙江 | 3 | 1051 | 1035 | 64500 | 209437 |
| **中部地区** | **31** | **24591** | **20879** | **1574273** | **8232625** |
| 山 西 | | | | | |
| 安 徽 | 6 | 5023 | 3611 | 270158 | 910126 |
| 江 西 | 4 | 5093 | 4702 | 173440 | 707710 |
| 河 南 | 3 | 6533 | 5716 | 919800 | 6073946 |
| 湖 北 | 5 | 1631 | 1566 | 90220 | 205037 |
| 湖 南 | 13 | 6311 | 5284 | 120655 | 335806 |
| **西部地区** | **23** | **12757** | **12257** | **1503899** | **3844977** |
| 内蒙古 | 7 | 2222 | 2165 | 562200 | 424581 |
| 广 西 | 2 | 2393 | 2393 | 224376 | 695057 |
| 重 庆 | 3 | 964 | 892 | 74740 | 353946 |
| 四 川 | 3 | 2863 | 2825 | 249843 | 1003412 |
| 贵 州 | 1 | 1186 | 1157 | 105000 | 318215 |
| 云 南 | 1 | 400 | 400 | 13080 | 37376 |
| 西 藏 | | | | | |
| 陕 西 | | | | | |
| 甘 肃 | 1 | 640 | 640 | 41200 | 601993 |
| 青 海 | 1 | 400 | 400 | 116203 | 32000 |
| 宁 夏 | 2 | 1276 | 972 | 49857 | 292241 |
| 新 疆 | 2 | 413 | 413 | 67400 | 86156 |

2-8 续表 24

(食品、饮料及烟酒市场)

| 地　区 | 市场数量(个) | 总摊位数(个) | 年末出租摊位数(个) | 营业面积(平方米) | 成交额(万元) |
|---|---|---|---|---|---|
| **全　国** | **124** | **86943** | **69545** | **4040027** | **12827516** |
| **东部地区** | **73** | **55960** | **43102** | **2883855** | **7956782** |
| 北　京 | 1 | 150 | 150 | 4500 | 42000 |
| 天　津 | 2 | 2359 | 2325 | 272800 | 555722 |
| 河　北 | 3 | 1553 | 1539 | 17200 | 203546 |
| 上　海 | 2 | 673 | 669 | 38000 | 45907 |
| 江　苏 | 10 | 3153 | 2494 | 293827 | 917170 |
| 浙　江 | 15 | 19816 | 9706 | 729407 | 3052535 |
| 福　建 | 5 | 3638 | 2976 | 204258 | 417458 |
| 山　东 | 27 | 20685 | 19625 | 1115490 | 2550029 |
| 广　东 | 7 | 3547 | 3232 | 150573 | 161115 |
| 海　南 | 1 | 386 | 386 | 57800 | 11300 |
| **东北地区** | **6** | **5153** | **4261** | **68698** | **1432636** |
| 辽　宁 | 2 | 2358 | 1506 | 37998 | 281555 |
| 吉　林 | 1 | 115 | 115 | 1300 | 10324 |
| 黑龙江 | 3 | 2680 | 2640 | 29400 | 1140757 |
| **中部地区** | **24** | **12855** | **10607** | **539954** | **1936590** |
| 山　西 | 1 | 120 | 89 | 3500 | 11264 |
| 安　徽 | 4 | 2848 | 2600 | 196915 | 583018 |
| 江　西 | 2 | 1054 | 1054 | 21600 | 186527 |
| 河　南 | 2 | 495 | 495 | 35307 | 153210 |
| 湖　北 | 7 | 3449 | 3417 | 187810 | 592336 |
| 湖　南 | 8 | 4889 | 2952 | 94822 | 410235 |
| **西部地区** | **21** | **12975** | **11575** | **547520** | **1501508** |
| 内蒙古 | | | | | |
| 广　西 | 8 | 4700 | 3419 | 83903 | 247080 |
| 重　庆 | 4 | 1767 | 1767 | 55066 | 188881 |
| 四　川 | 2 | 1960 | 1960 | 200000 | 79105 |
| 贵　州 | 2 | 1060 | 995 | 25456 | 560916 |
| 云　南 | 2 | 722 | 722 | 60082 | 75672 |
| 西　藏 | | | | | |
| 陕　西 | 1 | 1616 | 1616 | 51000 | 78206 |
| 甘　肃 | 1 | 950 | 950 | 65000 | 243700 |
| 青　海 | | | | | |
| 宁　夏 | | | | | |
| 新　疆 | 1 | 200 | 146 | 7013 | 27948 |

2-8 续表 25

(食品饮料市场)

| 地 区 | 市场数量(个) | 总摊位数(个) | 年末出租摊位数(个) | 营业面积(平方米) | 成交额(万元) |
|---|---|---|---|---|---|
| **全 国** | **41** | **30217** | **26725** | **1197625** | **3585947** |
| **东部地区** | **22** | **16901** | **16298** | **675608** | **2371623** |
| 北 京 | | | | | |
| 天 津 | | | | | |
| 河 北 | 2 | 1475 | 1475 | 12400 | 150746 |
| 上 海 | | | | | |
| 江 苏 | 3 | 780 | 673 | 95652 | 200783 |
| 浙 江 | 3 | 1607 | 1607 | 67693 | 636232 |
| 福 建 | 1 | 681 | 489 | 15000 | 29397 |
| 山 东 | 9 | 9793 | 9702 | 371690 | 1291706 |
| 广 东 | 4 | 2565 | 2352 | 113173 | 62759 |
| 海 南 | | | | | |
| **东北地区** | **2** | **2528** | **1659** | **37128** | **284569** |
| 辽 宁 | 1 | 1978 | 1149 | 30128 | 270609 |
| 吉 林 | | | | | |
| 黑龙江 | 1 | 550 | 510 | 7000 | 13960 |
| **中部地区** | **10** | **4736** | **3862** | **238790** | **628236** |
| 山 西 | | | | | |
| 安 徽 | | | | | |
| 江 西 | 1 | 734 | 734 | 7600 | 168817 |
| 河 南 | 2 | 495 | 495 | 35307 | 153210 |
| 湖 北 | 4 | 1281 | 1281 | 153500 | 181660 |
| 湖 南 | 3 | 2226 | 1352 | 42383 | 124549 |
| **西部地区** | **7** | **6052** | **4906** | **246099** | **301519** |
| 内蒙古 | | | | | |
| 广 西 | 2 | 2600 | 1508 | 42020 | 87585 |
| 重 庆 | 3 | 1552 | 1552 | 27066 | 156881 |
| 四 川 | 1 | 1700 | 1700 | 170000 | 29105 |
| 贵 州 | | | | | |
| 云 南 | | | | | |
| 西 藏 | | | | | |
| 陕 西 | | | | | |
| 甘 肃 | | | | | |
| 青 海 | | | | | |
| 宁 夏 | | | | | |
| 新 疆 | 1 | 200 | 146 | 7013 | 27948 |

2-8 续表 26

(茶叶市场)

| 地　　区 | 市场数量(个) | 总摊位数(个) | 年末出租摊位数(个) | 营业面积(平方米) | 成交额(万元) |
|---|---|---|---|---|---|
| **全　　国** | **26** | **22518** | **12489** | **1066800** | **2689537** |
| **东部地区** | **15** | **17175** | **7251** | **729718** | **1940601** |
| 北　京 | 1 | 150 | 150 | 4500 | 42000 |
| 天　津 | | | | | |
| 河　北 | | | | | |
| 上　海 | 2 | 673 | 669 | 38000 | 45907 |
| 江　苏 | | | | | |
| 浙　江 | 6 | 12648 | 2728 | 382218 | 1142719 |
| 福　建 | 1 | 2090 | 2090 | 55000 | 277900 |
| 山　东 | 3 | 1160 | 1160 | 220000 | 353820 |
| 广　东 | 2 | 454 | 454 | 30000 | 78255 |
| 海　南 | | | | | |
| **东北地区** | | | | | |
| 辽　宁 | | | | | |
| 吉　林 | | | | | |
| 黑龙江 | | | | | |
| **中部地区** | **3** | **2170** | **2130** | **151300** | **391541** |
| 山　西 | | | | | |
| 安　徽 | 1 | 835 | 827 | 135000 | 180462 |
| 江　西 | | | | | |
| 河　南 | | | | | |
| 湖　北 | 2 | 1335 | 1303 | 16300 | 211079 |
| 湖　南 | | | | | |
| **西部地区** | **8** | **3173** | **3108** | **185782** | **357395** |
| 内蒙古 | | | | | |
| 广　西 | 2 | 240 | 240 | 12500 | 79247 |
| 重　庆 | 1 | 215 | 215 | 28000 | 32000 |
| 四　川 | 1 | 260 | 260 | 30000 | 50000 |
| 贵　州 | 1 | 120 | 55 | 4200 | 42270 |
| 云　南 | 2 | 722 | 722 | 60082 | 75672 |
| 西　藏 | | | | | |
| 陕　西 | 1 | 1616 | 1616 | 51000 | 78206 |
| 甘　肃 | | | | | |
| 青　海 | | | | | |
| 宁　夏 | | | | | |
| 新　疆 | | | | | |

2-8 续表 27

(烟酒市场)

| 地 区 | 市场数量 (个) | 总摊位数 (个) | 年末出租摊位数 (个) | 营业面积 (平方米) | 成交额 (万元) |
|---|---|---|---|---|---|
| **全 国** | **14** | **5710** | **4374** | **355191** | **734493** |
| **东部地区** | **11** | **3775** | **3362** | **320140** | **662054** |
| 北 京 | | | | | |
| 天 津 | | | | | |
| 河 北 | 1 | 78 | 64 | 4800 | 52800 |
| 上 海 | | | | | |
| 江 苏 | 1 | 200 | 191 | 3200 | 31098 |
| 浙 江 | 1 | 400 | 385 | 120000 | 166919 |
| 福 建 | | | | | |
| 山 东 | 8 | 3097 | 2722 | 192140 | 411237 |
| 广 东 | | | | | |
| 海 南 | | | | | |
| **东北地区** | | | | | |
| 辽 宁 | | | | | |
| 吉 林 | | | | | |
| 黑 龙 江 | | | | | |
| **中部地区** | **3** | **1935** | **1012** | **35051** | **72439** |
| 山 西 | | | | | |
| 安 徽 | | | | | |
| 江 西 | 1 | 320 | 320 | 14000 | 17710 |
| 河 南 | | | | | |
| 湖 北 | | | | | |
| 湖 南 | 2 | 1615 | 692 | 21051 | 54729 |
| **西部地区** | | | | | |
| 内 蒙 古 | | | | | |
| 广 西 | | | | | |
| 重 庆 | | | | | |
| 四 川 | | | | | |
| 贵 州 | | | | | |
| 云 南 | | | | | |
| 西 藏 | | | | | |
| 陕 西 | | | | | |
| 甘 肃 | | | | | |
| 青 海 | | | | | |
| 宁 夏 | | | | | |
| 新 疆 | | | | | |

2-8 续表 28

(其他食品饮料及烟酒市场)

| 地区 | 市场数量(个) | 总摊位数(个) | 年末出租摊位数(个) | 营业面积(平方米) | 成交额(万元) |
|---|---|---|---|---|---|
| **全国** | **43** | **28498** | **25957** | **1420411** | **5817539** |
| **东部地区** | **25** | **18109** | **16191** | **1158389** | **2982504** |
| 北京 | | | | | |
| 天津 | 2 | 2359 | 2325 | 272800 | 555722 |
| 河北 | | | | | |
| 上海 | | | | | |
| 江苏 | 6 | 2173 | 1630 | 194975 | 685289 |
| 浙江 | 5 | 5161 | 4986 | 159496 | 1106665 |
| 福建 | 3 | 867 | 397 | 134258 | 110161 |
| 山东 | 7 | 6635 | 6041 | 331660 | 493266 |
| 广东 | 1 | 528 | 426 | 7400 | 20101 |
| 海南 | 1 | 386 | 386 | 57800 | 11300 |
| **东北地区** | **4** | **2625** | **2602** | **31570** | **1148067** |
| 辽宁 | 1 | 380 | 357 | 7870 | 10946 |
| 吉林 | 1 | 115 | 115 | 1300 | 10324 |
| 黑龙江 | 2 | 2130 | 2130 | 22400 | 1126797 |
| **中部地区** | **8** | **4014** | **3603** | **114813** | **844374** |
| 山西 | 1 | 120 | 89 | 3500 | 11264 |
| 安徽 | 3 | 2013 | 1773 | 61915 | 402556 |
| 江西 | | | | | |
| 河南 | | | | | |
| 湖北 | 1 | 833 | 833 | 18010 | 199597 |
| 湖南 | 3 | 1048 | 908 | 31388 | 230957 |
| **西部地区** | **6** | **3750** | **3561** | **115639** | **842594** |
| 内蒙古 | | | | | |
| 广西 | 4 | 1860 | 1671 | 29383 | 80248 |
| 重庆 | | | | | |
| 四川 | | | | | |
| 贵州 | 1 | 940 | 940 | 21256 | 518646 |
| 云南 | | | | | |
| 西藏 | | | | | |
| 陕西 | | | | | |
| 甘肃 | 1 | 950 | 950 | 65000 | 243700 |
| 青海 | | | | | |
| 宁夏 | | | | | |
| 新疆 | | | | | |

2-8　续表 29

（纺织、服装、鞋帽市场）

| 地　区 | 市场数量（个） | 总摊位数（个） | 年末出租摊位数（个） | 营业面积（平方米） | 成交额（万元） |
|---|---|---|---|---|---|
| **全　国** | **552** | **740383** | **677759** | **31430495** | **140809542** |
| **东部地区** | **295** | **415758** | **379217** | **20285041** | **110582050** |
| 北　京 | 13 | 18595 | 17728 | 538850 | 483975 |
| 天　津 | 3 | 3144 | 3144 | 115300 | 232861 |
| 河　北 | 24 | 43443 | 36457 | 2582855 | 7711610 |
| 上　海 | 9 | 7429 | 6797 | 140384 | 698093 |
| 江　苏 | 35 | 86320 | 80628 | 3979272 | 42225213 |
| 浙　江 | 76 | 114221 | 110926 | 5757688 | 37826148 |
| 福　建 | 7 | 7391 | 6932 | 309686 | 1760367 |
| 山　东 | 66 | 57751 | 55089 | 2364638 | 7442771 |
| 广　东 | 62 | 77464 | 61516 | 4496368 | 12201012 |
| 海　南 | | | | | |
| **东北地区** | **58** | **100421** | **92751** | **2068848** | **13901569** |
| 辽　宁 | 29 | 62604 | 59334 | 1407951 | 12326703 |
| 吉　林 | 10 | 14624 | 14354 | 262000 | 555991 |
| 黑龙江 | 19 | 23193 | 19063 | 398897 | 1018875 |
| **中部地区** | **114** | **104507** | **94109** | **4035588** | **7142092** |
| 山　西 | 9 | 6832 | 5655 | 350920 | 362252 |
| 安　徽 | 8 | 8808 | 8587 | 321526 | 817490 |
| 江　西 | 7 | 3793 | 3430 | 157066 | 608045 |
| 河　南 | 25 | 27843 | 25682 | 1476373 | 1996318 |
| 湖　北 | 21 | 18884 | 16068 | 699389 | 1389093 |
| 湖　南 | 44 | 38347 | 34687 | 1030314 | 1968894 |
| **西部地区** | **85** | **119697** | **111682** | **5041018** | **9183831** |
| 内蒙古 | 13 | 9486 | 8970 | 319052 | 355392 |
| 广　西 | 12 | 15599 | 14435 | 507557 | 654446 |
| 重　庆 | 6 | 3748 | 3475 | 241177 | 1762876 |
| 四　川 | 15 | 18100 | 17337 | 811857 | 1444194 |
| 贵　州 | 5 | 4360 | 4307 | 193032 | 635851 |
| 云　南 | 3 | 30581 | 28294 | 1266387 | 2066381 |
| 西　藏 | | | | | |
| 陕　西 | 9 | 11062 | 9966 | 528942 | 786174 |
| 甘　肃 | 2 | 5605 | 5465 | 425000 | 373500 |
| 青　海 | 3 | 3427 | 2920 | 124000 | 71508 |
| 宁　夏 | 3 | 5228 | 5228 | 118000 | 187729 |
| 新　疆 | 14 | 12501 | 11285 | 506014 | 845780 |

2-8 续表 30

(布料及纺织品市场)

| 地　区 | 市场数量(个) | 总摊位数(个) | 年末出租摊位数(个) | 营业面积(平方米) | 成交额(万元) |
|---|---|---|---|---|---|
| **全　国** | **69** | **121781** | **106335** | **8761337** | **59548142** |
| **东部地区** | **53** | **109988** | **96800** | **8433326** | **58998253** |
| 北　京 | 1 | 450 | 242 | 30000 | 10769 |
| 天　津 | | | | | |
| 河　北 | 3 | 4273 | 4223 | 276000 | 1102000 |
| 上　海 | | | | | |
| 江　苏 | 8 | 22980 | 21960 | 1809620 | 24613640 |
| 浙　江 | 19 | 46354 | 44969 | 2967481 | 24694879 |
| 福　建 | 1 | 98 | 91 | 2420 | 56797 |
| 山　东 | 9 | 3899 | 3634 | 340006 | 1240668 |
| 广　东 | 12 | 31934 | 21681 | 3007799 | 7279500 |
| 海　南 | | | | | |
| **东北地区** | **4** | **4218** | **3893** | **71137** | **106808** |
| 辽　宁 | | | | | |
| 吉　林 | | | | | |
| 黑龙江 | 4 | 4218 | 3893 | 71137 | 106808 |
| **中部地区** | **10** | **6008** | **4886** | **196874** | **387081** |
| 山　西 | | | | | |
| 安　徽 | 2 | 2810 | 2690 | 65000 | 90000 |
| 江　西 | 1 | 270 | 270 | 27000 | 156000 |
| 河　南 | 3 | 2031 | 1084 | 81300 | 54147 |
| 湖　北 | 2 | 265 | 263 | 6174 | 24541 |
| 湖　南 | 2 | 632 | 579 | 17400 | 62393 |
| **西部地区** | **2** | **1567** | **756** | **60000** | **56000** |
| 内蒙古 | | | | | |
| 广　西 | | | | | |
| 重　庆 | | | | | |
| 四　川 | 1 | 567 | 256 | 40000 | 32000 |
| 贵　州 | | | | | |
| 云　南 | | | | | |
| 西　藏 | | | | | |
| 陕　西 | 1 | 1000 | 500 | 20000 | 24000 |
| 甘　肃 | | | | | |
| 青　海 | | | | | |
| 宁　夏 | | | | | |
| 新　疆 | | | | | |

2-8 续表 31

(服装市场)

| 地 区 | 市场数量（个） | 总摊位数（个） | 年末出租摊位数（个） | 营业面积（平方米） | 成交额（万元） |
|---|---|---|---|---|---|
| **全 国** | **354** | **452240** | **418407** | **17513853** | **55914545** |
| **东部地区** | **183** | **239913** | **220751** | **9312695** | **40945840** |
| 北 京 | 11 | 17645 | 16986 | 488850 | 432204 |
| 天 津 | 2 | 2802 | 2802 | 76300 | 195511 |
| 河 北 | 16 | 36177 | 29766 | 2235301 | 5927683 |
| 上 海 | 7 | 4968 | 4426 | 123224 | 630508 |
| 江 苏 | 12 | 35528 | 32487 | 1363114 | 14062405 |
| 浙 江 | 45 | 54801 | 53108 | 2099434 | 9542090 |
| 福 建 | 5 | 6493 | 6491 | 207266 | 1663570 |
| 山 东 | 41 | 41680 | 39944 | 1453462 | 4442958 |
| 广 东 | 44 | 39819 | 34741 | 1265744 | 4048911 |
| 海 南 | | | | | |
| **东北地区** | **37** | **47002** | **44066** | **1342597** | **3892584** |
| 辽 宁 | 18 | 22981 | 22536 | 876417 | 2810229 |
| 吉 林 | 8 | 13116 | 13116 | 218000 | 527435 |
| 黑 龙 江 | 11 | 10905 | 8414 | 248180 | 554920 |
| **中部地区** | **80** | **73218** | **67181** | **2862103** | **4662978** |
| 山 西 | 8 | 6152 | 4985 | 312920 | 348952 |
| 安 徽 | 5 | 5298 | 5258 | 232398 | 715415 |
| 江 西 | 4 | 2655 | 2306 | 94066 | 114420 |
| 河 南 | 16 | 21195 | 19981 | 931573 | 1204629 |
| 湖 北 | 13 | 12197 | 9408 | 579171 | 1074584 |
| 湖 南 | 34 | 25721 | 25243 | 711975 | 1204978 |
| **西部地区** | **54** | **92107** | **86409** | **3996458** | **6413143** |
| 内 蒙 古 | 7 | 5256 | 4948 | 151400 | 164501 |
| 广 西 | 7 | 11198 | 10466 | 387837 | 524665 |
| 重 庆 | 2 | 1178 | 1078 | 101391 | 170641 |
| 四 川 | 12 | 16452 | 16176 | 725907 | 1391166 |
| 贵 州 | 3 | 2923 | 2870 | 146032 | 476444 |
| 云 南 | 3 | 30581 | 28294 | 1266387 | 2066381 |
| 西 藏 | | | | | |
| 陕 西 | 6 | 7525 | 6929 | 342500 | 483534 |
| 甘 肃 | 2 | 5605 | 5465 | 425000 | 373500 |
| 青 海 | 1 | 320 | 320 | 19000 | 10850 |
| 宁 夏 | 1 | 396 | 396 | 8000 | 10647 |
| 新 疆 | 10 | 10673 | 9467 | 423004 | 740814 |

2-8 续表 32

(鞋帽市场)

| 地　　区 | 市场数量（个） | 总摊位数（个） | 年末出租摊位数（个） | 营业面积（平方米） | 成交额（万元） |
|---|---|---|---|---|---|
| **全　　国** | **38** | **28605** | **24764** | **1278584** | **4615385** |
| **东部地区** | **22** | **15495** | **13825** | **784302** | **2785943** |
| 北　　京 | | | | | |
| 天　　津 | 1 | 342 | 342 | 39000 | 37350 |
| 河　　北 | 2 | 685 | 637 | 16925 | 350000 |
| 上　　海 | | | | | |
| 江　　苏 | 3 | 3054 | 2746 | 162200 | 441071 |
| 浙　　江 | 2 | 1349 | 1280 | 87115 | 382100 |
| 福　　建 | 1 | 800 | 350 | 100000 | 40000 |
| 山　　东 | 7 | 3554 | 3376 | 156237 | 662821 |
| 广　　东 | 6 | 5711 | 5094 | 222825 | 872601 |
| 海　　南 | | | | | |
| **东北地区** | **4** | **6050** | **4000** | **40500** | **126627** |
| 辽　　宁 | 2 | 2750 | 1900 | 16500 | 56102 |
| 吉　　林 | | | | | |
| 黑 龙 江 | 2 | 3300 | 2100 | 24000 | 70525 |
| **中部地区** | **9** | **4024** | **3955** | **194500** | **440382** |
| 山　　西 | 1 | 680 | 670 | 38000 | 13300 |
| 安　　徽 | | | | | |
| 江　　西 | 1 | 500 | 486 | 22500 | 22150 |
| 河　　南 | 2 | 900 | 900 | 22000 | 283000 |
| 湖　　北 | 2 | 720 | 697 | 50000 | 51443 |
| 湖　　南 | 3 | 1224 | 1202 | 62000 | 70489 |
| **西部地区** | **3** | **3036** | **2984** | **259282** | **1262433** |
| 内 蒙 古 | | | | | |
| 广　　西 | | | | | |
| 重　　庆 | 1 | 536 | 536 | 80100 | 982150 |
| 四　　川 | 1 | 391 | 339 | 29000 | 10138 |
| 贵　　州 | | | | | |
| 云　　南 | | | | | |
| 西　　藏 | | | | | |
| 陕　　西 | 1 | 2109 | 2109 | 150182 | 270145 |
| 甘　　肃 | | | | | |
| 青　　海 | | | | | |
| 宁　　夏 | | | | | |
| 新　　疆 | | | | | |

2-8 续表 33

(其他纺织服装鞋帽市场)

| 地 区 | 市场数量 (个) | 总摊位数 (个) | 年末出租摊位数 (个) | 营业面积 (平方米) | 成交额 (万元) |
|---|---|---|---|---|---|
| **全 国** | **91** | **137757** | **128253** | **3876721** | **20731470** |
| **东部地区** | **37** | **50362** | **47841** | **1754718** | **7852014** |
| 北 京 | 1 | 500 | 500 | 20000 | 41002 |
| 天 津 | | | | | |
| 河 北 | 3 | 2308 | 1831 | 54629 | 331927 |
| 上 海 | 2 | 2461 | 2371 | 17160 | 67585 |
| 江 苏 | 12 | 24758 | 23435 | 644338 | 3108097 |
| 浙 江 | 10 | 11717 | 11569 | 603658 | 3207079 |
| 福 建 | | | | | |
| 山 东 | 9 | 8618 | 8135 | 414933 | 1096324 |
| 广 东 | | | | | |
| 海 南 | | | | | |
| **东北地区** | **13** | **43151** | **40792** | **614614** | **9775550** |
| 辽 宁 | 9 | 36873 | 34898 | 515034 | 9460372 |
| 吉 林 | 2 | 1508 | 1238 | 44000 | 28556 |
| 黑 龙 江 | 2 | 4770 | 4656 | 55580 | 286622 |
| **中部地区** | **15** | **21257** | **18087** | **782111** | **1651651** |
| 山 西 | | | | | |
| 安 徽 | 1 | 700 | 639 | 24128 | 12075 |
| 江 西 | 1 | 368 | 368 | 13500 | 315475 |
| 河 南 | 4 | 3717 | 3717 | 441500 | 454542 |
| 湖 北 | 4 | 5702 | 5700 | 64044 | 238525 |
| 湖 南 | 5 | 10770 | 7663 | 238939 | 631034 |
| **西部地区** | **26** | **22987** | **21533** | **725278** | **1452255** |
| 内 蒙 古 | 6 | 4230 | 4022 | 167652 | 190891 |
| 广 西 | 5 | 4401 | 3969 | 119720 | 129781 |
| 重 庆 | 3 | 2034 | 1861 | 59686 | 610085 |
| 四 川 | 1 | 690 | 566 | 16950 | 10890 |
| 贵 州 | 2 | 1437 | 1437 | 47000 | 159407 |
| 云 南 | | | | | |
| 西 藏 | | | | | |
| 陕 西 | 1 | 428 | 428 | 16260 | 8495 |
| 甘 肃 | | | | | |
| 青 海 | 2 | 3107 | 2600 | 105000 | 60658 |
| 宁 夏 | 2 | 4832 | 4832 | 110000 | 177082 |
| 新 疆 | 4 | 1828 | 1818 | 83010 | 104966 |

2-8 续表 34

(日用品及文化用品市场)

| 地 区 | 市场数量(个) | 总摊位数(个) | 年末出租摊位数(个) | 营业面积(平方米) | 成交额(万元) |
|---|---|---|---|---|---|
| **全 国** | **92** | **67699** | **60501** | **2955269** | **11500101** |
| **东部地区** | **72** | **59929** | **52984** | **2648182** | **9753868** |
| 北 京 | 4 | 4438 | 4390 | 90977 | 432657 |
| 天 津 | | | | | |
| 河 北 | 1 | 7200 | 6750 | 40000 | 354210 |
| 上 海 | 1 | 70 | 70 | 5000 | 1795200 |
| 江 苏 | 11 | 6936 | 6556 | 254148 | 1196073 |
| 浙 江 | 11 | 8938 | 6841 | 301573 | 716386 |
| 福 建 | 2 | 671 | 671 | 199360 | 168793 |
| 山 东 | 21 | 15930 | 14433 | 886195 | 3098881 |
| 广 东 | 21 | 15746 | 13273 | 870929 | 1991668 |
| 海 南 | | | | | |
| **东北地区** | **3** | **3025** | **3025** | **50000** | **764647** |
| 辽 宁 | 3 | 3025 | 3025 | 50000 | 764647 |
| 吉 林 | | | | | |
| 黑 龙 江 | | | | | |
| **中部地区** | **13** | **3306** | **3121** | **223226** | **733371** |
| 山 西 | | | | | |
| 安 徽 | | | | | |
| 江 西 | | | | | |
| 河 南 | 3 | 598 | 598 | 21000 | 48891 |
| 湖 北 | 6 | 1974 | 1804 | 167776 | 496851 |
| 湖 南 | 4 | 734 | 719 | 34450 | 187629 |
| **西部地区** | **4** | **1439** | **1371** | **33861** | **248215** |
| 内 蒙 古 | | | | | |
| 广 西 | | | | | |
| 重 庆 | 3 | 1079 | 1079 | 27861 | 236965 |
| 四 川 | | | | | |
| 贵 州 | | | | | |
| 云 南 | | | | | |
| 西 藏 | | | | | |
| 陕 西 | | | | | |
| 甘 肃 | | | | | |
| 青 海 | | | | | |
| 宁 夏 | | | | | |
| 新 疆 | 1 | 360 | 292 | 6000 | 11250 |

## 2-8 续表 35

(小商品市场)

| 地　区 | 市场数量(个) | 总摊位数(个) | 年末出租摊位数(个) | 营业面积(平方米) | 成交额(万元) |
|---|---|---|---|---|---|
| **全　国** | **38** | **36940** | **34153** | **1086859** | **4823527** |
| **东部地区** | **35** | **36062** | **33343** | **1068859** | **4773536** |
| 北　京 | 2 | 3404 | 3382 | 36000 | 253439 |
| 天　津 | | | | | |
| 河　北 | 1 | 7200 | 6750 | 40000 | 354210 |
| 上　海 | | | | | |
| 江　苏 | 6 | 5483 | 5175 | 181648 | 1093515 |
| 浙　江 | 1 | 632 | 632 | 21600 | 158380 |
| 福　建 | 1 | 51 | 51 | 5000 | 40349 |
| 山　东 | 11 | 11614 | 10289 | 550811 | 2435979 |
| 广　东 | 13 | 7678 | 7064 | 233800 | 437664 |
| 海　南 | | | | | |
| **东北地区** | | | | | |
| 辽　宁 | | | | | |
| 吉　林 | | | | | |
| 黑龙江 | | | | | |
| **中部地区** | **2** | **518** | **518** | **12000** | **38741** |
| 山　西 | | | | | |
| 安　徽 | | | | | |
| 江　西 | | | | | |
| 河　南 | 1 | 192 | 192 | 8000 | 15891 |
| 湖　北 | 1 | 326 | 326 | 4000 | 22850 |
| 湖　南 | | | | | |
| **西部地区** | **1** | **360** | **292** | **6000** | **11250** |
| 内蒙古 | | | | | |
| 广　西 | | | | | |
| 重　庆 | | | | | |
| 四　川 | | | | | |
| 贵　州 | | | | | |
| 云　南 | | | | | |
| 西　藏 | | | | | |
| 陕　西 | | | | | |
| 甘　肃 | | | | | |
| 青　海 | | | | | |
| 宁　夏 | | | | | |
| 新　疆 | 1 | 360 | 292 | 6000 | 11250 |

2-8 续表 36

(箱包市场)

| 地　　区 | 市场数量(个) | 总摊位数(个) | 年末出租摊位数(个) | 营业面积(平方米) | 成交额(万元) |
|---|---|---|---|---|---|
| **全　　国** | **5** | **6466** | **5053** | **564400** | **1885880** |
| **东部地区** | **2** | **4380** | **3127** | **508400** | **1182580** |
| 北　　京 | | | | | |
| 天　　津 | | | | | |
| 河　　北 | | | | | |
| 上　　海 | | | | | |
| 江　　苏 | | | | | |
| 浙　　江 | | | | | |
| 福　　建 | | | | | |
| 山　　东 | 1 | 150 | 150 | 8400 | 15200 |
| 广　　东 | 1 | 4230 | 2977 | 500000 | 1167380 |
| 海　　南 | | | | | |
| **东北地区** | **1** | **1330** | **1330** | **2000** | **650000** |
| 辽　　宁 | 1 | 1330 | 1330 | 2000 | 650000 |
| 吉　　林 | | | | | |
| 黑 龙 江 | | | | | |
| **中部地区** | **2** | **756** | **596** | **54000** | **53300** |
| 山　　西 | | | | | |
| 安　　徽 | | | | | |
| 江　　西 | | | | | |
| 河　　南 | 1 | 226 | 226 | 7000 | 20000 |
| 湖　　北 | 1 | 530 | 370 | 47000 | 33300 |
| 湖　　南 | | | | | |
| **西部地区** | | | | | |
| 内 蒙 古 | | | | | |
| 广　　西 | | | | | |
| 重　　庆 | | | | | |
| 四　　川 | | | | | |
| 贵　　州 | | | | | |
| 云　　南 | | | | | |
| 西　　藏 | | | | | |
| 陕　　西 | | | | | |
| 甘　　肃 | | | | | |
| 青　　海 | | | | | |
| 宁　　夏 | | | | | |
| 新　　疆 | | | | | |

2-8　续表 37

(玩具市场)

| 地　区 | 市场数量（个） | 总摊位数（个） | 年末出租摊位数（个） | 营业面积（平方米） | 成交额（万元） |
|---|---|---|---|---|---|
| **全　国** | **3** | **1136** | **1055** | **119410** | **240103** |
| **东部地区** | **3** | **1136** | **1055** | **119410** | **240103** |
| 北　京 | | | | | |
| 天　津 | | | | | |
| 河　北 | | | | | |
| 上　海 | | | | | |
| 江　苏 | | | | | |
| 浙　江 | | | | | |
| 福　建 | | | | | |
| 山　东 | 2 | 1023 | 942 | 106660 | 158961 |
| 广　东 | 1 | 113 | 113 | 12750 | 81142 |
| 海　南 | | | | | |
| **东北地区** | | | | | |
| 辽　宁 | | | | | |
| 吉　林 | | | | | |
| 黑龙江 | | | | | |
| **中部地区** | | | | | |
| 山　西 | | | | | |
| 安　徽 | | | | | |
| 江　西 | | | | | |
| 河　南 | | | | | |
| 湖　北 | | | | | |
| 湖　南 | | | | | |
| **西部地区** | | | | | |
| 内蒙古 | | | | | |
| 广　西 | | | | | |
| 重　庆 | | | | | |
| 四　川 | | | | | |
| 贵　州 | | | | | |
| 云　南 | | | | | |
| 西　藏 | | | | | |
| 陕　西 | | | | | |
| 甘　肃 | | | | | |
| 青　海 | | | | | |
| 宁　夏 | | | | | |
| 新　疆 | | | | | |

2-8 续表 38

(文具市场)

| 地区 | 市场数量(个) | 总摊位数(个) | 年末出租摊位数(个) | 营业面积(平方米) | 成交额(万元) |
|---|---|---|---|---|---|
| **全国** | **6** | **2199** | **2037** | **172320** | **276829** |
| **东部地区** | **5** | **2134** | **1972** | **159320** | **251329** |
| 北京 | 1 | 849 | 828 | 42977 | 157360 |
| 天津 | | | | | |
| 河北 | | | | | |
| 上海 | | | | | |
| 江苏 | 1 | 300 | 235 | 40000 | 12085 |
| 浙江 | | | | | |
| 福建 | | | | | |
| 山东 | 1 | 578 | 578 | 60000 | 32600 |
| 广东 | 2 | 407 | 331 | 16343 | 49284 |
| 海南 | | | | | |
| **东北地区** | | | | | |
| 辽宁 | | | | | |
| 吉林 | | | | | |
| 黑龙江 | | | | | |
| **中部地区** | **1** | **65** | **65** | **13000** | **25500** |
| 山西 | | | | | |
| 安徽 | | | | | |
| 江西 | | | | | |
| 河南 | | | | | |
| 湖北 | | | | | |
| 湖南 | 1 | 65 | 65 | 13000 | 25500 |
| **西部地区** | | | | | |
| 内蒙古 | | | | | |
| 广西 | | | | | |
| 重庆 | | | | | |
| 四川 | | | | | |
| 贵州 | | | | | |
| 云南 | | | | | |
| 西藏 | | | | | |
| 陕西 | | | | | |
| 甘肃 | | | | | |
| 青海 | | | | | |
| 宁夏 | | | | | |
| 新疆 | | | | | |

2-8 续表 39

（图书、报刊杂志市场）

| 地 区 | 市场数量（个） | 总摊位数（个） | 年末出租摊位数（个） | 营业面积（平方米） | 成交额（万元） |
|---|---|---|---|---|---|
| **全 国** | **8** | **1485** | **1385** | **91513** | **308162** |
| **东部地区** | **6** | **799** | **699** | **74313** | **188918** |
| 北 京 | 1 | 185 | 180 | 12000 | 21858 |
| 天 津 | | | | | |
| 河 北 | | | | | |
| 上 海 | | | | | |
| 江 苏 | 1 | 86 | 84 | 5000 | 30450 |
| 浙 江 | 1 | 91 | 70 | 10000 | 13500 |
| 福 建 | | | | | |
| 山 东 | 2 | 340 | 273 | 34324 | 98145 |
| 广 东 | 1 | 97 | 92 | 12989 | 24965 |
| 海 南 | | | | | |
| **东北地区** | | | | | |
| 辽 宁 | | | | | |
| 吉 林 | | | | | |
| 黑龙江 | | | | | |
| **中部地区** | **2** | **686** | **686** | **17200** | **119244** |
| 山 西 | | | | | |
| 安 徽 | | | | | |
| 江 西 | | | | | |
| 河 南 | | | | | |
| 湖 北 | 1 | 265 | 265 | 4100 | 18550 |
| 湖 南 | 1 | 421 | 421 | 13100 | 100694 |
| **西部地区** | | | | | |
| 内蒙古 | | | | | |
| 广 西 | | | | | |
| 重 庆 | | | | | |
| 四 川 | | | | | |
| 贵 州 | | | | | |
| 云 南 | | | | | |
| 西 藏 | | | | | |
| 陕 西 | | | | | |
| 甘 肃 | | | | | |
| 青 海 | | | | | |
| 宁 夏 | | | | | |
| 新 疆 | | | | | |

2-8 续表 40

(音像制品及电子出版物市场)

| 地　区 | 市场数量(个) | 总摊位数(个) | 年末出租摊位数(个) | 营业面积(平方米) | 成交额(万元) |
|---|---|---|---|---|---|
| **全　国** | **3** | **686** | **678** | **20500** | **173076** |
| **东部地区** | **1** | **323** | **323** | **11000** | **26693** |
| 北　京 | | | | | |
| 天　津 | | | | | |
| 河　北 | | | | | |
| 上　海 | | | | | |
| 江　苏 | 1 | 323 | 323 | 11000 | 26693 |
| 浙　江 | | | | | |
| 福　建 | | | | | |
| 山　东 | | | | | |
| 广　东 | | | | | |
| 海　南 | | | | | |
| **东北地区** | **1** | **200** | **200** | **3000** | **97910** |
| 辽　宁 | 1 | 200 | 200 | 3000 | 97910 |
| 吉　林 | | | | | |
| 黑龙江 | | | | | |
| **中部地区** | **1** | **163** | **155** | **6500** | **48473** |
| 山　西 | | | | | |
| 安　徽 | | | | | |
| 江　西 | | | | | |
| 河　南 | | | | | |
| 湖　北 | | | | | |
| 湖　南 | 1 | 163 | 155 | 6500 | 48473 |
| **西部地区** | | | | | |
| 内蒙古 | | | | | |
| 广　西 | | | | | |
| 重　庆 | | | | | |
| 四　川 | | | | | |
| 贵　州 | | | | | |
| 云　南 | | | | | |
| 西　藏 | | | | | |
| 陕　西 | | | | | |
| 甘　肃 | | | | | |
| 青　海 | | | | | |
| 宁　夏 | | | | | |
| 新　疆 | | | | | |

2-8 续表 41

(其他日用品及文化用品市场)

| 地 区 | 市场数量（个） | 总摊位数（个） | 年末出租摊位数（个） | 营业面积（平方米） | 成交额（万元） |
|---|---|---|---|---|---|
| **全 国** | **29** | **18787** | **16140** | **900267** | **3792524** |
| **东部地区** | **20** | **15095** | **12465** | **706880** | **3090709** |
| 北 京 | | | | | |
| 天 津 | | | | | |
| 河 北 | | | | | |
| 上 海 | 1 | 70 | 70 | 5000 | 1795200 |
| 江 苏 | 2 | 744 | 739 | 16500 | 33330 |
| 浙 江 | 9 | 8215 | 6139 | 269973 | 544506 |
| 福 建 | 1 | 620 | 620 | 194360 | 128444 |
| 山 东 | 4 | 2225 | 2201 | 126000 | 357996 |
| 广 东 | 3 | 3221 | 2696 | 95047 | 231233 |
| 海 南 | | | | | |
| **东北地区** | **1** | **1495** | **1495** | **45000** | **16737** |
| 辽 宁 | 1 | 1495 | 1495 | 45000 | 16737 |
| 吉 林 | | | | | |
| 黑 龙 江 | | | | | |
| **中部地区** | **5** | **1118** | **1101** | **120526** | **448113** |
| 山 西 | | | | | |
| 安 徽 | | | | | |
| 江 西 | | | | | |
| 河 南 | 1 | 180 | 180 | 6000 | 13000 |
| 湖 北 | 3 | 853 | 843 | 112676 | 422151 |
| 湖 南 | 1 | 85 | 78 | 1850 | 12962 |
| **西部地区** | **3** | **1079** | **1079** | **27861** | **236965** |
| 内 蒙 古 | | | | | |
| 广 西 | | | | | |
| 重 庆 | 3 | 1079 | 1079 | 27861 | 236965 |
| 四 川 | | | | | |
| 贵 州 | | | | | |
| 云 南 | | | | | |
| 西 藏 | | | | | |
| 陕 西 | | | | | |
| 甘 肃 | | | | | |
| 青 海 | | | | | |
| 宁 夏 | | | | | |
| 新 疆 | | | | | |

2-8 续表 42

(黄金、珠宝、玉器等首饰市场)

| 地　区 | 市场数量 (个) | 总摊位数 (个) | 年末出租摊位数 (个) | 营业面积 (平方米) | 成交额 (万元) |
|---|---|---|---|---|---|
| **全　国** | **26** | **18688** | **16624** | **1949538** | **4922379** |
| **东部地区** | **17** | **13184** | **11162** | **1254338** | **4430743** |
| 北　京 | 2 | 830 | 668 | 18829 | 154959 |
| 天　津 | | | | | |
| 河　北 | | | | | |
| 上　海 | | | | | |
| 江　苏 | 2 | 1500 | 1437 | 60000 | 861100 |
| 浙　江 | 2 | 2740 | 1496 | 126973 | 2101017 |
| 福　建 | 5 | 1624 | 1610 | 56657 | 718011 |
| 山　东 | 3 | 2306 | 2069 | 308579 | 428418 |
| 广　东 | 3 | 4184 | 3882 | 683300 | 167238 |
| 海　南 | | | | | |
| **东北地区** | **3** | **2245** | **2217** | **38180** | **80379** |
| 辽　宁 | 3 | 2245 | 2217 | 38180 | 80379 |
| 吉　林 | | | | | |
| 黑龙江 | | | | | |
| **中部地区** | **3** | **200** | **186** | **78000** | **238750** |
| 山　西 | | | | | |
| 安　徽 | | | | | |
| 江　西 | 1 | 50 | 50 | 50000 | 31000 |
| 河　南 | 1 | 100 | 98 | 8000 | 25230 |
| 湖　北 | | | | | |
| 湖　南 | 1 | 50 | 38 | 20000 | 182520 |
| **西部地区** | **3** | **3059** | **3059** | **579020** | **172507** |
| 内蒙古 | 2 | 2335 | 2335 | 521600 | 138180 |
| 广　西 | | | | | |
| 重　庆 | | | | | |
| 四　川 | | | | | |
| 贵　州 | | | | | |
| 云　南 | | | | | |
| 西　藏 | | | | | |
| 陕　西 | | | | | |
| 甘　肃 | | | | | |
| 青　海 | | | | | |
| 宁　夏 | | | | | |
| 新　疆 | 1 | 724 | 724 | 57420 | 34327 |

2-8　续表 43

(电器、通讯器材、电子设备市场)

| 地　区 | 市场数量(个) | 总摊位数(个) | 年末出租摊位数(个) | 营业面积(平方米) | 成交额(万元) |
|---|---|---|---|---|---|
| **全　国** | **141** | **62999** | **55155** | **3346510** | **9173124** |
| **东部地区** | **74** | **31462** | **28019** | **1120218** | **4091957** |
| 北　京 | 7 | 3484 | 3353 | 89530 | 654200 |
| 天　津 | | | | | |
| 河　北 | 2 | 359 | 359 | 54000 | 50937 |
| 上　海 | 5 | 804 | 670 | 39826 | 153853 |
| 江　苏 | 9 | 3792 | 3532 | 97149 | 480636 |
| 浙　江 | 22 | 8002 | 6306 | 282613 | 1004150 |
| 福　建 | 2 | 1014 | 1014 | 46000 | 145633 |
| 山　东 | 10 | 3509 | 3336 | 300300 | 923815 |
| 广　东 | 16 | 10218 | 9169 | 200300 | 654833 |
| 海　南 | 1 | 280 | 280 | 10500 | 23900 |
| **东北地区** | **7** | **4760** | **4142** | **148659** | **521240** |
| 辽　宁 | 2 | 1250 | 942 | 41800 | 46048 |
| 吉　林 | 2 | 990 | 990 | 4300 | 157092 |
| 黑龙江 | 3 | 2520 | 2210 | 102559 | 318100 |
| **中部地区** | **30** | **15905** | **13620** | **1578884** | **2842205** |
| 山　西 | | | | | |
| 安　徽 | 1 | 3902 | 2317 | 875253 | 929963 |
| 江　西 | 2 | 1239 | 1207 | 53994 | 51390 |
| 河　南 | 6 | 4215 | 4035 | 316505 | 704710 |
| 湖　北 | 7 | 2481 | 2349 | 138150 | 390396 |
| 湖　南 | 14 | 4068 | 3712 | 194982 | 765746 |
| **西部地区** | **30** | **10872** | **9374** | **498749** | **1717722** |
| 内蒙古 | | | | | |
| 广　西 | 1 | 700 | 700 | 20678 | 90000 |
| 重　庆 | 10 | 3184 | 2989 | 191061 | 611706 |
| 四　川 | 5 | 1150 | 387 | 34112 | 34030 |
| 贵　州 | 4 | 758 | 720 | 61300 | 216832 |
| 云　南 | | | | | |
| 西　藏 | | | | | |
| 陕　西 | 5 | 2985 | 2562 | 135800 | 426710 |
| 甘　肃 | | | | | |
| 青　海 | | | | | |
| 宁　夏 | 1 | 327 | 314 | 9000 | 33436 |
| 新　疆 | 4 | 1768 | 1702 | 46798 | 305008 |

2-8 续表 44

(家电市场)

| 地 区 | 市场数量 (个) | 总摊位数 (个) | 年末出租摊位数 (个) | 营业面积 (平方米) | 成交额 (万元) |
|---|---|---|---|---|---|
| **全 国** | **35** | **13515** | **11069** | **1534470** | **2998394** |
| **东部地区** | **16** | **4251** | **3853** | **328413** | **995940** |
| 北 京 | | | | | |
| 天 津 | | | | | |
| 河 北 | | | | | |
| 上 海 | 1 | 180 | 150 | 18000 | 28326 |
| 江 苏 | 1 | 400 | 391 | 11000 | 59128 |
| 浙 江 | 5 | 550 | 501 | 59101 | 193856 |
| 福 建 | | | | | |
| 山 东 | 4 | 1284 | 1237 | 188800 | 588035 |
| 广 东 | 5 | 1837 | 1574 | 51512 | 126595 |
| 海 南 | | | | | |
| **东北地区** | **1** | **728** | **500** | **24000** | **16623** |
| 辽 宁 | 1 | 728 | 500 | 24000 | 16623 |
| 吉 林 | | | | | |
| 黑龙江 | | | | | |
| **中部地区** | **16** | **8396** | **6576** | **1151057** | **1908033** |
| 山 西 | | | | | |
| 安 徽 | 1 | 3902 | 2317 | 875253 | 929963 |
| 江 西 | 2 | 1239 | 1207 | 53994 | 51390 |
| 河 南 | 5 | 1446 | 1266 | 110428 | 452610 |
| 湖 北 | 1 | 518 | 518 | 15150 | 100000 |
| 湖 南 | 7 | 1291 | 1268 | 96232 | 374070 |
| **西部地区** | **2** | **140** | **140** | **31000** | **77798** |
| 内蒙古 | | | | | |
| 广 西 | | | | | |
| 重 庆 | 1 | 31 | 31 | 15000 | 45098 |
| 四 川 | | | | | |
| 贵 州 | 1 | 109 | 109 | 16000 | 32700 |
| 云 南 | | | | | |
| 西 藏 | | | | | |
| 陕 西 | | | | | |
| 甘 肃 | | | | | |
| 青 海 | | | | | |
| 宁 夏 | | | | | |
| 新 疆 | | | | | |

2-8 续表 45

(通讯器材市场)

| 地 区 | 市场数量（个） | 总摊位数（个） | 年末出租摊位数（个） | 营业面积（平方米） | 成交额（万元） |
|---|---|---|---|---|---|
| **全 国** | **23** | **10710** | **10183** | **385864** | **1092739** |
| **东部地区** | **11** | **6175** | **5957** | **197814** | **274925** |
| 北 京 | | | | | |
| 天 津 | | | | | |
| 河 北 | 2 | 359 | 359 | 54000 | 50937 |
| 上 海 | 1 | 27 | 15 | 5000 | 26909 |
| 江 苏 | 1 | 1602 | 1602 | 44232 | 58390 |
| 浙 江 | 2 | 874 | 872 | 40503 | 38790 |
| 福 建 | | | | | |
| 山 东 | | | | | |
| 广 东 | 5 | 3313 | 3109 | 54079 | 99899 |
| 海 南 | | | | | |
| **东北地区** | **1** | **320** | **320** | **1500** | **58342** |
| 辽 宁 | | | | | |
| 吉 林 | 1 | 320 | 320 | 1500 | 58342 |
| 黑 龙 江 | | | | | |
| **中部地区** | **5** | **1252** | **1138** | **53750** | **251122** |
| 山 西 | | | | | |
| 安 徽 | | | | | |
| 江 西 | | | | | |
| 河 南 | | | | | |
| 湖 北 | 3 | 961 | 892 | 51000 | 220725 |
| 湖 南 | 2 | 291 | 246 | 2750 | 30397 |
| **西部地区** | **6** | **2963** | **2768** | **132800** | **508350** |
| 内 蒙 古 | | | | | |
| 广 西 | | | | | |
| 重 庆 | 3 | 1198 | 1028 | 84000 | 322331 |
| 四 川 | | | | | |
| 贵 州 | | | | | |
| 云 南 | | | | | |
| 西 藏 | | | | | |
| 陕 西 | 2 | 1055 | 1042 | 30800 | 32359 |
| 甘 肃 | | | | | |
| 青 海 | | | | | |
| 宁 夏 | | | | | |
| 新 疆 | 1 | 710 | 698 | 18000 | 153660 |

2-8 续表 46

(照相、摄像器材市场)

| 地 区 | 市场数量（个） | 总摊位数（个） | 年末出租摊位数（个） | 营业面积（平方米） | 成交额（万元） |
|---|---|---|---|---|---|
| **全 国** | **2** | **547** | **461** | **20866** | **69872** |
| **东部地区** | **2** | **547** | **461** | **20866** | **69872** |
| 北 京 | 1 | 300 | 278 | 13066 | 34293 |
| 天 津 | | | | | |
| 河 北 | | | | | |
| 上 海 | 1 | 247 | 183 | 7800 | 35579 |
| 江 苏 | | | | | |
| 浙 江 | | | | | |
| 福 建 | | | | | |
| 山 东 | | | | | |
| 广 东 | | | | | |
| 海 南 | | | | | |
| **东北地区** | | | | | |
| 辽 宁 | | | | | |
| 吉 林 | | | | | |
| 黑 龙 江 | | | | | |
| **中部地区** | | | | | |
| 山 西 | | | | | |
| 安 徽 | | | | | |
| 江 西 | | | | | |
| 河 南 | | | | | |
| 湖 北 | | | | | |
| 湖 南 | | | | | |
| **西部地区** | | | | | |
| 内 蒙 古 | | | | | |
| 广 西 | | | | | |
| 重 庆 | | | | | |
| 四 川 | | | | | |
| 贵 州 | | | | | |
| 云 南 | | | | | |
| 西 藏 | | | | | |
| 陕 西 | | | | | |
| 甘 肃 | | | | | |
| 青 海 | | | | | |
| 宁 夏 | | | | | |
| 新 疆 | | | | | |

2-8 续表 47

(计算机及辅助设备市场)

| 地 区 | 市场数量(个) | 总摊位数(个) | 年末出租摊位数(个) | 营业面积(平方米) | 成交额(万元) |
|---|---|---|---|---|---|
| **全 国** | **72** | **33595** | **29254** | **1256230** | **4462739** |
| **东部地区** | **39** | **17108** | **14792** | **492145** | **2420742** |
| 北 京 | 4 | 2477 | 2408 | 59264 | 499460 |
| 天 津 | | | | | |
| 河 北 | | | | | |
| 上 海 | 2 | 350 | 322 | 9026 | 63039 |
| 江 苏 | 6 | 1665 | 1418 | 39917 | 346358 |
| 浙 江 | 13 | 4309 | 3045 | 131729 | 602133 |
| 福 建 | 2 | 1014 | 1014 | 46000 | 145633 |
| 山 东 | 6 | 2225 | 2099 | 111500 | 335780 |
| 广 东 | 6 | 5068 | 4486 | 94709 | 428339 |
| 海 南 | | | | | |
| **东北地区** | **5** | **3712** | **3322** | **123159** | **446275** |
| 辽 宁 | 1 | 522 | 442 | 17800 | 29425 |
| 吉 林 | 1 | 670 | 670 | 2800 | 98750 |
| 黑龙江 | 3 | 2520 | 2210 | 102559 | 318100 |
| **中部地区** | **8** | **5577** | **5236** | **362077** | **632568** |
| 山 西 | | | | | |
| 安 徽 | | | | | |
| 江 西 | | | | | |
| 河 南 | 1 | 2769 | 2769 | 206077 | 252100 |
| 湖 北 | 3 | 1002 | 939 | 72000 | 69671 |
| 湖 南 | 4 | 1806 | 1528 | 84000 | 310797 |
| **西部地区** | **20** | **7198** | **5904** | **278849** | **963154** |
| 内蒙古 | | | | | |
| 广 西 | 1 | 700 | 700 | 20678 | 90000 |
| 重 庆 | 5 | 1765 | 1740 | 72761 | 179277 |
| 四 川 | 5 | 1150 | 387 | 34112 | 34030 |
| 贵 州 | 2 | 268 | 239 | 8500 | 80712 |
| 云 南 | | | | | |
| 西 藏 | | | | | |
| 陕 西 | 3 | 1930 | 1520 | 105000 | 394351 |
| 甘 肃 | | | | | |
| 青 海 | | | | | |
| 宁 夏 | 1 | 327 | 314 | 9000 | 33436 |
| 新 疆 | 3 | 1058 | 1004 | 28798 | 151348 |

2-8 续表 48

(其他电器、通讯器材、电子设备市场)

| 地　区 | 市场数量 (个) | 总摊位数 (个) | 年末出租摊位数 (个) | 营业面积 (平方米) | 成交额 (万元) |
|---|---|---|---|---|---|
| **全　国** | **9** | **4632** | **4188** | **149080** | **549380** |
| **东部地区** | **6** | **3381** | **2956** | **80980** | **330478** |
| 北　京 | 2 | 707 | 667 | 17200 | 120447 |
| 天　津 | | | | | |
| 河　北 | | | | | |
| 上　海 | | | | | |
| 江　苏 | 1 | 125 | 121 | 2000 | 16760 |
| 浙　江 | 2 | 2269 | 1888 | 51280 | 169371 |
| 福　建 | | | | | |
| 山　东 | | | | | |
| 广　东 | | | | | |
| 海　南 | 1 | 280 | 280 | 10500 | 23900 |
| **东北地区** | | | | | |
| 辽　宁 | | | | | |
| 吉　林 | | | | | |
| 黑龙江 | | | | | |
| **中部地区** | **1** | **680** | **670** | **12000** | **50482** |
| 山　西 | | | | | |
| 安　徽 | | | | | |
| 江　西 | | | | | |
| 河　南 | | | | | |
| 湖　北 | | | | | |
| 湖　南 | 1 | 680 | 670 | 12000 | 50482 |
| **西部地区** | **2** | **571** | **562** | **56100** | **168420** |
| 内蒙古 | | | | | |
| 广　西 | | | | | |
| 重　庆 | 1 | 190 | 190 | 19300 | 65000 |
| 四　川 | | | | | |
| 贵　州 | 1 | 381 | 372 | 36800 | 103420 |
| 云　南 | | | | | |
| 西　藏 | | | | | |
| 陕　西 | | | | | |
| 甘　肃 | | | | | |
| 青　海 | | | | | |
| 宁　夏 | | | | | |
| 新　疆 | | | | | |

2-8　续表 49

（医药、医疗用品及器材市场）

| 地　区 | 市场数量（个） | 总摊位数（个） | 年末出租摊位数（个） | 营业面积（平方米） | 成交额（万元） |
|---|---|---|---|---|---|
| **全　国** | **22** | **34594** | **26436** | **1379874** | **9010915** |
| **东部地区** | **8** | **17554** | **10099** | **513070** | **1928954** |
| 北　京 | | | | | |
| 天　津 | | | | | |
| 河　北 | 1 | 14000 | 7000 | 360000 | 1600000 |
| 上　海 | 1 | 190 | 182 | 8000 | 40000 |
| 江　苏 | | | | | |
| 浙　江 | 2 | 1578 | 1283 | 68599 | 115240 |
| 福　建 | 1 | 29 | 29 | 1500 | 19800 |
| 山　东 | 1 | 968 | 870 | 60000 | 29779 |
| 广　东 | 2 | 789 | 735 | 14971 | 124135 |
| 海　南 | | | | | |
| **东北地区** | **3** | **2704** | **2590** | **142900** | **1791000** |
| 辽　宁 | 1 | 724 | 610 | 93900 | 1100000 |
| 吉　林 | 2 | 1980 | 1980 | 49000 | 691000 |
| 黑龙江 | | | | | |
| **中部地区** | **7** | **12561** | **12129** | **656102** | **4341500** |
| 山　西 | | | | | |
| 安　徽 | 2 | 7068 | 7023 | 44500 | 2829693 |
| 江　西 | 1 | 700 | 378 | 19000 | 380000 |
| 河　南 | 2 | 3046 | 3046 | 114950 | 419020 |
| 湖　北 | | | | | |
| 湖　南 | 2 | 1747 | 1682 | 477652 | 712787 |
| **西部地区** | **4** | **1775** | **1618** | **67802** | **949461** |
| 内蒙古 | 1 | 177 | 136 | 17120 | 33450 |
| 广　西 | 1 | 1116 | 1000 | 23000 | 750200 |
| 重　庆 | | | | | |
| 四　川 | | | | | |
| 贵　州 | | | | | |
| 云　南 | 1 | 432 | 432 | 19682 | 143811 |
| 西　藏 | | | | | |
| 陕　西 | | | | | |
| 甘　肃 | | | | | |
| 青　海 | 1 | 50 | 50 | 8000 | 22000 |
| 宁　夏 | | | | | |
| 新　疆 | | | | | |

2-8 续表 50

(中药材市场)

| 地 区 | 市场数量(个) | 总摊位数(个) | 年末出租摊位数(个) | 营业面积(平方米) | 成交额(万元) |
|---|---|---|---|---|---|
| **全 国** | **22** | **34594** | **26436** | **1379874** | **9010915** |
| **东部地区** | **8** | **17554** | **10099** | **513070** | **1928954** |
| 北 京 | | | | | |
| 天 津 | | | | | |
| 河 北 | 1 | 14000 | 7000 | 360000 | 1600000 |
| 上 海 | 1 | 190 | 182 | 8000 | 40000 |
| 江 苏 | | | | | |
| 浙 江 | 2 | 1578 | 1283 | 68599 | 115240 |
| 福 建 | 1 | 29 | 29 | 1500 | 19800 |
| 山 东 | 1 | 968 | 870 | 60000 | 29779 |
| 广 东 | 2 | 789 | 735 | 14971 | 124135 |
| 海 南 | | | | | |
| **东北地区** | **3** | **2704** | **2590** | **142900** | **1791000** |
| 辽 宁 | 1 | 724 | 610 | 93900 | 1100000 |
| 吉 林 | 2 | 1980 | 1980 | 49000 | 691000 |
| 黑龙江 | | | | | |
| **中部地区** | **7** | **12561** | **12129** | **656102** | **4341500** |
| 山 西 | | | | | |
| 安 徽 | 2 | 7068 | 7023 | 44500 | 2829693 |
| 江 西 | 1 | 700 | 378 | 19000 | 380000 |
| 河 南 | 2 | 3046 | 3046 | 114950 | 419020 |
| 湖 北 | | | | | |
| 湖 南 | 2 | 1747 | 1682 | 477652 | 712787 |
| **西部地区** | **4** | **1775** | **1618** | **67802** | **949461** |
| 内蒙古 | 1 | 177 | 136 | 17120 | 33450 |
| 广 西 | 1 | 1116 | 1000 | 23000 | 750200 |
| 重 庆 | | | | | |
| 四 川 | | | | | |
| 贵 州 | | | | | |
| 云 南 | 1 | 432 | 432 | 19682 | 143811 |
| 西 藏 | | | | | |
| 陕 西 | | | | | |
| 甘 肃 | | | | | |
| 青 海 | 1 | 50 | 50 | 8000 | 22000 |
| 宁 夏 | | | | | |
| 新 疆 | | | | | |

2-8 续表 51

(家具、五金及装饰材料市场)

| 地区 | 市场数量（个） | 总摊位数（个） | 年末出租摊位数（个） | 营业面积（平方米） | 成交额（万元） |
|---|---|---|---|---|---|
| **全国** | **585** | **310853** | **285297** | **42274049** | **50660436** |
| **东部地区** | **355** | **194836** | **178947** | **27093514** | **35019298** |
| 北京 | 19 | 9793 | 9223 | 1208696 | 1512491 |
| 天津 | 7 | 2913 | 2653 | 751310 | 516707 |
| 河北 | 25 | 15946 | 15696 | 4922724 | 4579551 |
| 上海 | 20 | 13553 | 12853 | 1249291 | 1143385 |
| 江苏 | 94 | 54976 | 49483 | 6956808 | 9121860 |
| 浙江 | 87 | 47599 | 43625 | 4958553 | 7272772 |
| 福建 | 7 | 1934 | 1724 | 279200 | 1371685 |
| 山东 | 75 | 39122 | 35688 | 4757706 | 8027613 |
| 广东 | 21 | 9000 | 8002 | 2009226 | 1473234 |
| 海南 | | | | | |
| **东北地区** | **39** | **18828** | **17403** | **2183679** | **1774373** |
| 辽宁 | 28 | 13836 | 13136 | 1213934 | 1400306 |
| 吉林 | 4 | 2750 | 2361 | 313745 | 160795 |
| 黑龙江 | 7 | 2242 | 1906 | 656000 | 213272 |
| **中部地区** | **105** | **50775** | **46320** | **7073028** | **7499896** |
| 山西 | 5 | 1955 | 1740 | 306308 | 124238 |
| 安徽 | 18 | 10787 | 9572 | 1190573 | 1217914 |
| 江西 | 11 | 9987 | 9353 | 1306152 | 1057377 |
| 河南 | 17 | 8466 | 7881 | 1681468 | 988956 |
| 湖北 | 23 | 7417 | 7031 | 1214598 | 1646023 |
| 湖南 | 31 | 12163 | 10743 | 1373929 | 2465388 |
| **西部地区** | **86** | **46414** | **42627** | **5923828** | **6366869** |
| 内蒙古 | 4 | 1128 | 1128 | 115600 | 158494 |
| 广西 | 7 | 5428 | 4205 | 696133 | 485087 |
| 重庆 | 25 | 11132 | 10082 | 1456409 | 2863089 |
| 四川 | 9 | 9399 | 8976 | 1088952 | 1027357 |
| 贵州 | 7 | 4040 | 3838 | 457385 | 298460 |
| 云南 | 8 | 2892 | 2785 | 558731 | 433447 |
| 西藏 | | | | | |
| 陕西 | 5 | 2542 | 2043 | 362260 | 61880 |
| 甘肃 | 9 | 3014 | 2930 | 247803 | 228148 |
| 青海 | 1 | 1415 | 1415 | 12165 | 200800 |
| 宁夏 | 6 | 3024 | 2919 | 591877 | 109532 |
| 新疆 | 5 | 2400 | 2306 | 336513 | 500575 |

2-8 续表 52

(家具市场)

| 地 区 | 市场数量 (个) | 总摊位数 (个) | 年末出租摊位数 (个) | 营业面积 (平方米) | 成交额 (万元) |
|---|---|---|---|---|---|
| **全 国** | **173** | **77797** | **70450** | **14995377** | **14600105** |
| **东部地区** | **100** | **50226** | **45450** | **9466660** | **10162014** |
| 北 京 | 9 | 4835 | 4635 | 781060 | 597339 |
| 天 津 | 1 | 377 | 377 | 47691 | 28420 |
| 河 北 | 8 | 8858 | 8818 | 3476306 | 3258140 |
| 上 海 | 5 | 992 | 891 | 226976 | 80142 |
| 江 苏 | 26 | 15136 | 12682 | 1947841 | 1749080 |
| 浙 江 | 28 | 11543 | 10656 | 1526146 | 1823181 |
| 福 建 | 2 | 710 | 616 | 213000 | 959105 |
| 山 东 | 18 | 6917 | 5956 | 1116748 | 1622466 |
| 广 东 | 3 | 858 | 819 | 130892 | 44141 |
| 海 南 | | | | | |
| **东北地区** | **20** | **6903** | **6378** | **1255753** | **808667** |
| 辽 宁 | 14 | 4580 | 4391 | 653753 | 628505 |
| 吉 林 | 2 | 1000 | 1000 | 97000 | 87000 |
| 黑 龙 江 | 4 | 1323 | 987 | 505000 | 93162 |
| **中部地区** | **31** | **8733** | **8206** | **2262598** | **1123186** |
| 山 西 | 2 | 688 | 688 | 142502 | 47171 |
| 安 徽 | 5 | 655 | 476 | 292000 | 69908 |
| 江 西 | 6 | 2455 | 2398 | 564734 | 296755 |
| 河 南 | 4 | 2728 | 2554 | 897998 | 382854 |
| 湖 北 | 7 | 1109 | 1012 | 203364 | 152282 |
| 湖 南 | 7 | 1098 | 1078 | 162000 | 174216 |
| **西部地区** | **22** | **11935** | **10416** | **2010366** | **2506238** |
| 内 蒙 古 | 3 | 933 | 933 | 103600 | 144374 |
| 广 西 | 2 | 1460 | 1148 | 120973 | 166009 |
| 重 庆 | 3 | 2429 | 1972 | 550000 | 1571177 |
| 四 川 | 3 | 3648 | 3416 | 404383 | 366302 |
| 贵 州 | 1 | 67 | 58 | 27000 | 13673 |
| 云 南 | 3 | 836 | 744 | 294517 | 129220 |
| 西 藏 | | | | | |
| 陕 西 | 1 | 650 | 463 | 151180 | 18000 |
| 甘 肃 | 2 | 353 | 279 | 85508 | 23579 |
| 青 海 | | | | | |
| 宁 夏 | 3 | 1049 | 944 | 229149 | 53554 |
| 新 疆 | 1 | 510 | 459 | 44056 | 20350 |

2-8　续表 53

(装饰材料市场)

| 地　区 | 市场数量（个） | 总摊位数（个） | 年末出租摊位数（个） | 营业面积（平方米） | 成交额（万元） |
|---|---|---|---|---|---|
| **全　国** | **249** | **124144** | **114910** | **16273366** | **18795484** |
| **东部地区** | **150** | **69965** | **64580** | **10099148** | **11644198** |
| 北　京 | 6 | 2836 | 2630 | 275784 | 645935 |
| 天　津 | 2 | 416 | 416 | 40800 | 43707 |
| 河　北 | 11 | 3674 | 3629 | 746788 | 483412 |
| 上　海 | 9 | 6841 | 6569 | 694904 | 830804 |
| 江　苏 | 41 | 20800 | 19384 | 3035719 | 3370115 |
| 浙　江 | 32 | 15823 | 14490 | 1830276 | 2170679 |
| 福　建 | 4 | 1011 | 895 | 62300 | 368563 |
| 山　东 | 32 | 12805 | 11513 | 1747250 | 2900764 |
| 广　东 | 13 | 5759 | 5054 | 1665327 | 830219 |
| 海　南 | | | | | |
| **东北地区** | **11** | **5482** | **5147** | **456081** | **556977** |
| 辽　宁 | 9 | 5026 | 4691 | 326081 | 526867 |
| 吉　林 | | | | | |
| 黑龙江 | 2 | 456 | 456 | 130000 | 30110 |
| **中部地区** | **51** | **29344** | **26598** | **3630484** | **4735304** |
| 山　西 | 3 | 1267 | 1052 | 163806 | 77067 |
| 安　徽 | 9 | 4479 | 4212 | 615573 | 912925 |
| 江　西 | 4 | 7354 | 6777 | 726418 | 742026 |
| 河　南 | 5 | 3714 | 3303 | 626700 | 314037 |
| 湖　北 | 14 | 5357 | 5147 | 952140 | 1449429 |
| 湖　南 | 16 | 7173 | 6107 | 545847 | 1239820 |
| **西部地区** | **37** | **19353** | **18585** | **2087653** | **1859005** |
| 内蒙古 | 1 | 195 | 195 | 12000 | 14120 |
| 广　西 | 2 | 907 | 907 | 175500 | 44190 |
| 重　庆 | 17 | 6782 | 6263 | 697539 | 953625 |
| 四　川 | 3 | 3337 | 3146 | 259800 | 208655 |
| 贵　州 | 3 | 3108 | 3103 | 265480 | 232617 |
| 云　南 | 3 | 1409 | 1409 | 194000 | 240845 |
| 西　藏 | | | | | |
| 陕　西 | 2 | 772 | 772 | 168080 | 17000 |
| 甘　肃 | 4 | 954 | 944 | 85000 | 97002 |
| 青　海 | | | | | |
| 宁　夏 | 1 | 1366 | 1366 | 122728 | 28959 |
| 新　疆 | 1 | 523 | 480 | 107526 | 21992 |

2-8 续表 54

(灯具市场)

| 地 区 | 市场数量(个) | 总摊位数(个) | 年末出租摊位数(个) | 营业面积(平方米) | 成交额(万元) |
|---|---|---|---|---|---|
| **全 国** | **17** | **8622** | **7960** | **1168014** | **1997516** |
| **东部地区** | **9** | **6374** | **5882** | **809044** | **1582988** |
| 北 京 | 1 | 222 | 206 | 40000 | 12647 |
| 天 津 | | | | | |
| 河 北 | 1 | 302 | 302 | 6930 | 12980 |
| 上 海 | | | | | |
| 江 苏 | 1 | 3000 | 2933 | 411000 | 925001 |
| 浙 江 | 3 | 1530 | 1126 | 83114 | 144130 |
| 福 建 | | | | | |
| 山 东 | 3 | 1320 | 1315 | 268000 | 488230 |
| 广 东 | | | | | |
| 海 南 | | | | | |
| **东北地区** | **2** | **455** | **359** | **110100** | **46486** |
| 辽 宁 | 2 | 455 | 359 | 110100 | 46486 |
| 吉 林 | | | | | |
| 黑龙江 | | | | | |
| **中部地区** | | | | | |
| 山 西 | | | | | |
| 安 徽 | | | | | |
| 江 西 | | | | | |
| 河 南 | | | | | |
| 湖 北 | | | | | |
| 湖 南 | | | | | |
| **西部地区** | **6** | **1793** | **1719** | **248870** | **368042** |
| 内蒙古 | | | | | |
| 广 西 | | | | | |
| 重 庆 | 4 | 1325 | 1251 | 158870 | 275562 |
| 四 川 | 1 | 260 | 260 | 80000 | 80000 |
| 贵 州 | | | | | |
| 云 南 | | | | | |
| 西 藏 | | | | | |
| 陕 西 | 1 | 208 | 208 | 10000 | 12480 |
| 甘 肃 | | | | | |
| 青 海 | | | | | |
| 宁 夏 | | | | | |
| 新 疆 | | | | | |

2-8 续表 55

(厨具、盥洗设备市场)

| 地 区 | 市场数量(个) | 总摊位数(个) | 年末出租摊位数(个) | 营业面积(平方米) | 成交额(万元) |
|---|---|---|---|---|---|
| **全 国** | **5** | **3089** | **2165** | **373768** | **233574** |
| **东部地区** | **2** | **866** | **853** | **34608** | **148505** |
| 北 京 | | | | | |
| 天 津 | | | | | |
| 河 北 | | | | | |
| 上 海 | | | | | |
| 江 苏 | | | | | |
| 浙 江 | 1 | 500 | 500 | 13000 | 126570 |
| 福 建 | | | | | |
| 山 东 | 1 | 366 | 353 | 21608 | 21935 |
| 广 东 | | | | | |
| 海 南 | | | | | |
| **东北地区** | | | | | |
| 辽 宁 | | | | | |
| 吉 林 | | | | | |
| 黑龙江 | | | | | |
| **中部地区** | **1** | **380** | **380** | **81200** | **26138** |
| 山 西 | | | | | |
| 安 徽 | | | | | |
| 江 西 | | | | | |
| 河 南 | 1 | 380 | 380 | 81200 | 26138 |
| 湖 北 | | | | | |
| 湖 南 | | | | | |
| **西部地区** | **2** | **1843** | **932** | **257960** | **58931** |
| 内蒙古 | | | | | |
| 广 西 | 1 | 1811 | 900 | 204660 | 46002 |
| 重 庆 | | | | | |
| 四 川 | | | | | |
| 贵 州 | | | | | |
| 云 南 | | | | | |
| 西 藏 | | | | | |
| 陕 西 | | | | | |
| 甘 肃 | | | | | |
| 青 海 | | | | | |
| 宁 夏 | | | | | |
| 新 疆 | 1 | 32 | 32 | 53300 | 12929 |

2-8 续表 56

(五金材料市场)

| 地　区 | 市场数量(个) | 总摊位数(个) | 年末出租摊位数(个) | 营业面积(平方米) | 成交额(万元) |
|---|---|---|---|---|---|
| **全　国** | **78** | **51693** | **47074** | **4663503** | **9504025** |
| **东部地区** | **57** | **39370** | **35702** | **3319304** | **7493396** |
| 北　京 | 2 | 1100 | 1100 | 61852 | 240000 |
| 天　津 | 3 | 1184 | 924 | 624819 | 433390 |
| 河　北 | 1 | 1650 | 1485 | 258000 | 465156 |
| 上　海 | 2 | 3200 | 3130 | 174179 | 140443 |
| 江　苏 | 17 | 10972 | 9511 | 808425 | 1767826 |
| 浙　江 | 11 | 8855 | 8220 | 333901 | 1922869 |
| 福　建 | 1 | 213 | 213 | 3900 | 44017 |
| 山　东 | 15 | 9813 | 8990 | 841221 | 1880821 |
| 广　东 | 5 | 2383 | 2129 | 213007 | 598874 |
| 海　南 | | | | | |
| **东北地区** | **1** | **1369** | **980** | **199301** | **63300** |
| 辽　宁 | | | | | |
| 吉　林 | 1 | 1369 | 980 | 199301 | 63300 |
| 黑龙江 | | | | | |
| **中部地区** | **13** | **5441** | **5192** | **632678** | **988991** |
| 山　西 | | | | | |
| 安　徽 | | | | | |
| 江　西 | | | | | |
| 河　南 | 7 | 1644 | 1644 | 75570 | 265927 |
| 湖　北 | 1 | 551 | 530 | 35894 | 22000 |
| 湖　南 | 5 | 3246 | 3018 | 521214 | 701064 |
| **西部地区** | **7** | **5513** | **5200** | **512220** | **958338** |
| 内蒙古 | | | | | |
| 广　西 | 1 | 700 | 700 | 45000 | 119000 |
| 重　庆 | 1 | 596 | 596 | 50000 | 62725 |
| 四　川 | 2 | 2154 | 2154 | 344769 | 372400 |
| 贵　州 | 1 | 261 | 260 | 15451 | 14813 |
| 云　南 | | | | | |
| 西　藏 | | | | | |
| 陕　西 | 1 | 912 | 600 | 33000 | 14400 |
| 甘　肃 | | | | | |
| 青　海 | | | | | |
| 宁　夏 | | | | | |
| 新　疆 | 1 | 890 | 890 | 24000 | 375000 |

2-8 续表 57

(其他装修市场)

| 地 区 | 市场数量(个) | 总摊位数(个) | 年末出租摊位数(个) | 营业面积(平方米) | 成交额(万元) |
|---|---|---|---|---|---|
| **全 国** | **63** | **45508** | **42738** | **4800021** | **5529732** |
| **东部地区** | **37** | **28035** | **26480** | **3364750** | **3988197** |
| 北 京 | 1 | 800 | 652 | 50000 | 16570 |
| 天 津 | 1 | 936 | 936 | 38000 | 11190 |
| 河 北 | 4 | 1462 | 1462 | 434700 | 359863 |
| 上 海 | 4 | 2520 | 2263 | 153232 | 91996 |
| 江 苏 | 9 | 5068 | 4973 | 753823 | 1309838 |
| 浙 江 | 12 | 9348 | 8633 | 1172116 | 1085343 |
| 福 建 | | | | | |
| 山 东 | 6 | 7901 | 7561 | 762879 | 1113397 |
| 广 东 | | | | | |
| 海 南 | | | | | |
| **东北地区** | **5** | **4619** | **4539** | **162444** | **298943** |
| 辽 宁 | 3 | 3775 | 3695 | 124000 | 198448 |
| 吉 林 | 1 | 381 | 381 | 17444 | 10495 |
| 黑龙江 | 1 | 463 | 463 | 21000 | 90000 |
| **中部地区** | **9** | **6877** | **5944** | **466068** | **626277** |
| 山 西 | | | | | |
| 安 徽 | 4 | 5653 | 4884 | 283000 | 235081 |
| 江 西 | 1 | 178 | 178 | 15000 | 18596 |
| 河 南 | | | | | |
| 湖 北 | 1 | 400 | 342 | 23200 | 22312 |
| 湖 南 | 3 | 646 | 540 | 144868 | 350288 |
| **西部地区** | **12** | **5977** | **5775** | **806759** | **616315** |
| 内蒙古 | | | | | |
| 广 西 | 1 | 550 | 550 | 150000 | 109886 |
| 重 庆 | | | | | |
| 四 川 | | | | | |
| 贵 州 | 2 | 604 | 417 | 149454 | 37357 |
| 云 南 | 2 | 647 | 632 | 70214 | 63382 |
| 西 藏 | | | | | |
| 陕 西 | | | | | |
| 甘 肃 | 3 | 1707 | 1707 | 77295 | 107567 |
| 青 海 | 1 | 1415 | 1415 | 12165 | 200800 |
| 宁 夏 | 2 | 609 | 609 | 240000 | 27019 |
| 新 疆 | 1 | 445 | 445 | 107631 | 70304 |

2-8 续表 58

(汽车、摩托车及零配件市场)

| 地 区 | 市场数量(个) | 总摊位数(个) | 年末出租摊位数(个) | 营业面积(平方米) | 成交额(万元) |
|---|---|---|---|---|---|
| **全 国** | **270** | **90044** | **76971** | **15001497** | **64098647** |
| **东部地区** | **175** | **43124** | **38747** | **7844951** | **42496563** |
| 北 京 | 11 | 4112 | 3438 | 823402 | 9740977 |
| 天 津 | 3 | 1413 | 1273 | 242648 | 1798112 |
| 河 北 | 10 | 3815 | 3755 | 637240 | 1124098 |
| 上 海 | 12 | 2314 | 2255 | 255217 | 2484731 |
| 江 苏 | 19 | 5749 | 4598 | 1778971 | 5423284 |
| 浙 江 | 55 | 13614 | 12057 | 1270152 | 12467932 |
| 福 建 | 3 | 319 | 314 | 41128 | 375772 |
| 山 东 | 36 | 7230 | 6767 | 1626442 | 3522755 |
| 广 东 | 26 | 4558 | 4290 | 1169751 | 5558902 |
| 海 南 | | | | | |
| **东北地区** | **14** | **13568** | **9427** | **1446535** | **5567096** |
| 辽 宁 | 10 | 6454 | 5445 | 828790 | 2762228 |
| 吉 林 | 3 | 5854 | 2722 | 585870 | 2779300 |
| 黑 龙 江 | 1 | 1260 | 1260 | 31875 | 25568 |
| **中部地区** | **35** | **14693** | **13202** | **2265131** | **9344653** |
| 山 西 | | | | | |
| 安 徽 | 6 | 2560 | 2287 | 254403 | 945744 |
| 江 西 | 6 | 2806 | 2493 | 251500 | 1889150 |
| 河 南 | 8 | 2847 | 2847 | 381736 | 981056 |
| 湖 北 | 7 | 3624 | 3164 | 519200 | 3269323 |
| 湖 南 | 8 | 2856 | 2411 | 858292 | 2259380 |
| **西部地区** | **46** | **18659** | **15595** | **3444880** | **6690335** |
| 内 蒙 古 | 1 | 43 | 35 | 2600 | 32300 |
| 广 西 | 5 | 1543 | 1484 | 384830 | 295694 |
| 重 庆 | 10 | 6985 | 5090 | 651471 | 2384245 |
| 四 川 | 7 | 2117 | 1652 | 383409 | 378643 |
| 贵 州 | 6 | 1503 | 1258 | 456800 | 909601 |
| 云 南 | 5 | 1617 | 1581 | 573457 | 533017 |
| 西 藏 | | | | | |
| 陕 西 | 4 | 2086 | 2023 | 110951 | 692601 |
| 甘 肃 | 1 | 96 | 93 | 10440 | 26600 |
| 青 海 | | | | | |
| 宁 夏 | 1 | 944 | 810 | 229000 | 23143 |
| 新 疆 | 6 | 1725 | 1569 | 641922 | 1414491 |

2-8 续表 59

(汽车市场)

| 地 区 | 市场数量 (个) | 总摊位数 (个) | 年末出租摊位数 (个) | 营业面积 (平方米) | 成交额 (万元) |
|---|---|---|---|---|---|
| **全 国** | **186** | **50749** | **41234** | **11606664** | **53069969** |
| **东部地区** | **123** | **20942** | **18492** | **5955297** | **36675725** |
| 北 京 | 8 | 1510 | 1328 | 637422 | 9177629 |
| 天 津 | 3 | 1413 | 1273 | 242648 | 1798112 |
| 河 北 | 4 | 810 | 810 | 263340 | 382729 |
| 上 海 | 8 | 382 | 366 | 173178 | 1918583 |
| 江 苏 | 14 | 2782 | 2299 | 1441971 | 4758494 |
| 浙 江 | 47 | 8885 | 7573 | 883705 | 10838409 |
| 福 建 | 2 | 119 | 118 | 34000 | 342120 |
| 山 东 | 20 | 3092 | 2934 | 1270083 | 2280459 |
| 广 东 | 17 | 1949 | 1791 | 1008950 | 5179190 |
| 海 南 | | | | | |
| **东北地区** | **10** | **11541** | **8095** | **1240535** | **5334616** |
| 辽 宁 | 6 | 4427 | 4113 | 622790 | 2529748 |
| 吉 林 | 3 | 5854 | 2722 | 585870 | 2779300 |
| 黑 龙 江 | 1 | 1260 | 1260 | 31875 | 25568 |
| **中部地区** | **17** | **4483** | **3562** | **1487010** | **5749591** |
| 山 西 | | | | | |
| 安 徽 | 3 | 1100 | 827 | 202000 | 752264 |
| 江 西 | 3 | 1154 | 1141 | 143000 | 286465 |
| 河 南 | 3 | 266 | 266 | 147178 | 776047 |
| 湖 北 | 5 | 724 | 464 | 248000 | 1765067 |
| 湖 南 | 3 | 1239 | 864 | 746832 | 2169748 |
| **西部地区** | **36** | **13783** | **11085** | **2923822** | **5310037** |
| 内 蒙 古 | 1 | 43 | 35 | 2600 | 32300 |
| 广 西 | 4 | 1208 | 1154 | 375030 | 278494 |
| 重 庆 | 8 | 5251 | 3650 | 489471 | 1508897 |
| 四 川 | 7 | 2117 | 1652 | 383409 | 378643 |
| 贵 州 | 5 | 1241 | 1000 | 413800 | 884711 |
| 云 南 | 3 | 707 | 671 | 413333 | 436361 |
| 西 藏 | | | | | |
| 陕 西 | 2 | 1136 | 1133 | 89551 | 526161 |
| 甘 肃 | | | | | |
| 青 海 | | | | | |
| 宁 夏 | 1 | 944 | 810 | 229000 | 23143 |
| 新 疆 | 5 | 1136 | 980 | 527628 | 1241327 |

2-8 续表 60

(摩托车市场)

| 地　区 | 市场数量(个) | 总摊位数(个) | 年末出租摊位数(个) | 营业面积(平方米) | 成交额(万元) |
|---|---|---|---|---|---|
| **全　国** | **10** | **3819** | **3624** | **276930** | **643490** |
| **东部地区** | **2** | **1034** | **1034** | **65226** | **82114** |
| 北　京 | | | | | |
| 天　津 | | | | | |
| 河　北 | 1 | 814 | 814 | 50000 | 50214 |
| 上　海 | | | | | |
| 江　苏 | | | | | |
| 浙　江 | 1 | 220 | 220 | 15226 | 31900 |
| 福　建 | | | | | |
| 山　东 | | | | | |
| 广　东 | | | | | |
| 海　南 | | | | | |
| **东北地区** | | | | | |
| 辽　宁 | | | | | |
| 吉　林 | | | | | |
| 黑龙江 | | | | | |
| **中部地区** | **5** | **1674** | **1642** | **151464** | **187576** |
| 山　西 | | | | | |
| 安　徽 | 1 | 100 | 100 | 10000 | 51000 |
| 江　西 | | | | | |
| 河　南 | 2 | 1260 | 1260 | 126664 | 94791 |
| 湖　北 | | | | | |
| 湖　南 | 2 | 314 | 282 | 14800 | 41785 |
| **西部地区** | **3** | **1111** | **948** | **60240** | **373800** |
| 内蒙古 | | | | | |
| 广　西 | 1 | 335 | 330 | 9800 | 17200 |
| 重　庆 | 1 | 680 | 525 | 40000 | 330000 |
| 四　川 | | | | | |
| 贵　州 | | | | | |
| 云　南 | | | | | |
| 西　藏 | | | | | |
| 陕　西 | | | | | |
| 甘　肃 | 1 | 96 | 93 | 10440 | 26600 |
| 青　海 | | | | | |
| 宁　夏 | | | | | |
| 新　疆 | | | | | |

2-8 续表 61

(机动车零配件市场)

| 地区 | 市场数量(个) | 总摊位数(个) | 年末出租摊位数(个) | 营业面积(平方米) | 成交额(万元) |
|---|---|---|---|---|---|
| **全国** | **74** | **35476** | **32113** | **3117903** | **10385188** |
| **东部地区** | **50** | **21148** | **19221** | **1824428** | **5738724** |
| 北京 | 3 | 2602 | 2110 | 185980 | 563348 |
| 天津 | | | | | |
| 河北 | 5 | 2191 | 2131 | 323900 | 691155 |
| 上海 | 4 | 1932 | 1889 | 82039 | 566148 |
| 江苏 | 5 | 2967 | 2299 | 337000 | 664790 |
| 浙江 | 7 | 4509 | 4264 | 371221 | 1597623 |
| 福建 | 1 | 200 | 196 | 7128 | 33652 |
| 山东 | 16 | 4138 | 3833 | 356359 | 1242296 |
| 广东 | 9 | 2609 | 2499 | 160801 | 379712 |
| 海南 | | | | | |
| **东北地区** | **4** | **2027** | **1332** | **206000** | **232480** |
| 辽宁 | 4 | 2027 | 1332 | 206000 | 232480 |
| 吉林 | | | | | |
| 黑龙江 | | | | | |
| **中部地区** | **13** | **8536** | **7998** | **626657** | **3407486** |
| 山西 | | | | | |
| 安徽 | 2 | 1360 | 1360 | 42403 | 142480 |
| 江西 | 3 | 1652 | 1352 | 108500 | 1602685 |
| 河南 | 3 | 1321 | 1321 | 107894 | 110218 |
| 湖北 | 2 | 2900 | 2700 | 271200 | 1504256 |
| 湖南 | 3 | 1303 | 1265 | 96660 | 47847 |
| **西部地区** | **7** | **3765** | **3562** | **460818** | **1006498** |
| 内蒙古 | | | | | |
| 广西 | | | | | |
| 重庆 | 1 | 1054 | 915 | 122000 | 545348 |
| 四川 | | | | | |
| 贵州 | 1 | 262 | 258 | 43000 | 24890 |
| 云南 | 2 | 910 | 910 | 160124 | 96656 |
| 西藏 | | | | | |
| 陕西 | 2 | 950 | 890 | 21400 | 166440 |
| 甘肃 | | | | | |
| 青海 | | | | | |
| 宁夏 | | | | | |
| 新疆 | 1 | 589 | 589 | 114294 | 173164 |

2-8 续表 62

(花鸟鱼虫市场)

| 地　区 | 市场数量(个) | 总摊位数(个) | 年末出租摊位数(个) | 营业面积(平方米) | 成交额(万元) |
|---|---|---|---|---|---|
| **全　国** | **29** | **20821** | **19608** | **3322142** | **4269087** |
| **东部地区** | **17** | **11670** | **10832** | **2950782** | **3333814** |
| 北　京 | 1 | 624 | 612 | 12190 | 15137 |
| 天　津 | 1 | 580 | 580 | 21000 | 13510 |
| 河　北 | 1 | 395 | 395 | 19260 | 30240 |
| 上　海 | 2 | 626 | 596 | 54070 | 33209 |
| 江　苏 | 3 | 4032 | 3520 | 643000 | 2131039 |
| 浙　江 | 3 | 1516 | 1433 | 61447 | 344036 |
| 福　建 | 2 | 205 | 200 | 31855 | 115938 |
| 山　东 | 2 | 1950 | 1790 | 189960 | 339000 |
| 广　东 | 2 | 1742 | 1706 | 1918000 | 311705 |
| 海　南 | | | | | |
| **东北地区** | **5** | **2427** | **2427** | **55832** | **91720** |
| 辽　宁 | 4 | 2165 | 2165 | 35832 | 76720 |
| 吉　林 | | | | | |
| 黑龙江 | 1 | 262 | 262 | 20000 | 15000 |
| **中部地区** | **5** | **4164** | **4049** | **241396** | **399353** |
| 山　西 | | | | | |
| 安　徽 | 2 | 1550 | 1550 | 108320 | 139393 |
| 江　西 | | | | | |
| 河　南 | 2 | 2180 | 2180 | 54000 | 219960 |
| 湖　北 | | | | | |
| 湖　南 | 1 | 434 | 319 | 79076 | 40000 |
| **西部地区** | **2** | **2560** | **2300** | **74132** | **444200** |
| 内蒙古 | | | | | |
| 广　西 | | | | | |
| 重　庆 | | | | | |
| 四　川 | | | | | |
| 贵　州 | | | | | |
| 云　南 | 1 | 2260 | 2000 | 44132 | 429200 |
| 西　藏 | | | | | |
| 陕　西 | | | | | |
| 甘　肃 | | | | | |
| 青　海 | | | | | |
| 宁　夏 | | | | | |
| 新　疆 | 1 | 300 | 300 | 30000 | 15000 |

## 2-8 续表 63

(花卉市场)

| 地 区 | 市场数量 (个) | 总摊位数 (个) | 年末出租摊位数 (个) | 营业面积 (平方米) | 成交额 (万元) |
|---|---|---|---|---|---|
| **全 国** | **24** | **19243** | **18065** | **3251487** | **4063079** |
| **东部地区** | **14** | **10792** | **9989** | **2901427** | **3173540** |
| 北 京 | 1 | 624 | 612 | 12190 | 15137 |
| 天 津 | 1 | 580 | 580 | 21000 | 13510 |
| 河 北 | 1 | 395 | 395 | 19260 | 30240 |
| 上 海 | 1 | 178 | 178 | 16470 | 11620 |
| 江 苏 | 3 | 4032 | 3520 | 643000 | 2131039 |
| 浙 江 | 2 | 1216 | 1133 | 56067 | 310136 |
| 福 建 | 1 | 75 | 75 | 25480 | 11153 |
| 山 东 | 2 | 1950 | 1790 | 189960 | 339000 |
| 广 东 | 2 | 1742 | 1706 | 1918000 | 311705 |
| 海 南 | | | | | |
| **东北地区** | **3** | **1727** | **1727** | **34532** | **45986** |
| 辽 宁 | 2 | 1465 | 1465 | 14532 | 30986 |
| 吉 林 | | | | | |
| 黑 龙 江 | 1 | 262 | 262 | 20000 | 15000 |
| **中部地区** | **5** | **4164** | **4049** | **241396** | **399353** |
| 山 西 | | | | | |
| 安 徽 | 2 | 1550 | 1550 | 108320 | 139393 |
| 江 西 | | | | | |
| 河 南 | 2 | 2180 | 2180 | 54000 | 219960 |
| 湖 北 | | | | | |
| 湖 南 | 1 | 434 | 319 | 79076 | 40000 |
| **西部地区** | **2** | **2560** | **2300** | **74132** | **444200** |
| 内 蒙 古 | | | | | |
| 广 西 | | | | | |
| 重 庆 | | | | | |
| 四 川 | | | | | |
| 贵 州 | | | | | |
| 云 南 | 1 | 2260 | 2000 | 44132 | 429200 |
| 西 藏 | | | | | |
| 陕 西 | | | | | |
| 甘 肃 | | | | | |
| 青 海 | | | | | |
| 宁 夏 | | | | | |
| 新 疆 | 1 | 300 | 300 | 30000 | 15000 |

2-8 续表 64

(其他花鸟鱼虫市场)

| 地　区 | 市场数量(个) | 总摊位数(个) | 年末出租摊位数(个) | 营业面积(平方米) | 成交额(万元) |
|---|---|---|---|---|---|
| **全　国** | **5** | **1578** | **1543** | **70655** | **206008** |
| **东部地区** | **3** | **878** | **843** | **49355** | **160274** |
| 北　京 | | | | | |
| 天　津 | | | | | |
| 河　北 | | | | | |
| 上　海 | 1 | 448 | 418 | 37600 | 21589 |
| 江　苏 | | | | | |
| 浙　江 | 1 | 300 | 300 | 5380 | 33900 |
| 福　建 | 1 | 130 | 125 | 6375 | 104785 |
| 山　东 | | | | | |
| 广　东 | | | | | |
| 海　南 | | | | | |
| **东北地区** | **2** | **700** | **700** | **21300** | **45734** |
| 辽　宁 | 2 | 700 | 700 | 21300 | 45734 |
| 吉　林 | | | | | |
| 黑 龙 江 | | | | | |
| **中部地区** | | | | | |
| 山　西 | | | | | |
| 安　徽 | | | | | |
| 江　西 | | | | | |
| 河　南 | | | | | |
| 湖　北 | | | | | |
| 湖　南 | | | | | |
| **西部地区** | | | | | |
| 内 蒙 古 | | | | | |
| 广　西 | | | | | |
| 重　庆 | | | | | |
| 四　川 | | | | | |
| 贵　州 | | | | | |
| 云　南 | | | | | |
| 西　藏 | | | | | |
| 陕　西 | | | | | |
| 甘　肃 | | | | | |
| 青　海 | | | | | |
| 宁　夏 | | | | | |
| 新　疆 | | | | | |

2-8 续表 65

(旧货市场)

| 地　区 | 市场数量(个) | 总摊位数(个) | 年末出租摊位数(个) | 营业面积(平方米) | 成交额(万元) |
|---|---|---|---|---|---|
| **全　国** | **17** | **8679** | **8195** | **342986** | **663151** |
| **东部地区** | **14** | **7375** | **6927** | **294886** | **619895** |
| 北　京 | 1 | 4520 | 4520 | 39635 | 48438 |
| 天　津 | | | | | |
| 河　北 | | | | | |
| 上　海 | | | | | |
| 江　苏 | 1 | 73 | 71 | 25000 | 19952 |
| 浙　江 | 8 | 1658 | 1286 | 128531 | 451120 |
| 福　建 | 1 | 368 | 368 | 14720 | 10425 |
| 山　东 | 3 | 756 | 682 | 87000 | 89960 |
| 广　东 | | | | | |
| 海　南 | | | | | |
| **东北地区** | | | | | |
| 辽　宁 | | | | | |
| 吉　林 | | | | | |
| 黑龙江 | | | | | |
| **中部地区** | **2** | **1257** | **1250** | **28120** | **31120** |
| 山　西 | | | | | |
| 安　徽 | | | | | |
| 江　西 | 1 | 750 | 750 | 15000 | 19120 |
| 河　南 | 1 | 507 | 500 | 13120 | 12000 |
| 湖　北 | | | | | |
| 湖　南 | | | | | |
| **西部地区** | **1** | **47** | **18** | **19980** | **12136** |
| 内蒙古 | | | | | |
| 广　西 | | | | | |
| 重　庆 | | | | | |
| 四　川 | | | | | |
| 贵　州 | | | | | |
| 云　南 | 1 | 47 | 18 | 19980 | 12136 |
| 西　藏 | | | | | |
| 陕　西 | | | | | |
| 甘　肃 | | | | | |
| 青　海 | | | | | |
| 宁　夏 | | | | | |
| 新　疆 | | | | | |

2-8 续表 66

(古玩、古董、字画市场)

| 地　区 | 市场数量(个) | 总摊位数(个) | 年末出租摊位数(个) | 营业面积(平方米) | 成交额(万元) |
|---|---|---|---|---|---|
| **全　国** | **2** | **875** | **868** | **27840** | **22425** |
| **东部地区** | **1** | **368** | **368** | **14720** | **10425** |
| 北　京 | | | | | |
| 天　津 | | | | | |
| 河　北 | | | | | |
| 上　海 | | | | | |
| 江　苏 | | | | | |
| 浙　江 | | | | | |
| 福　建 | 1 | 368 | 368 | 14720 | 10425 |
| 山　东 | | | | | |
| 广　东 | | | | | |
| 海　南 | | | | | |
| **东北地区** | | | | | |
| 辽　宁 | | | | | |
| 吉　林 | | | | | |
| 黑龙江 | | | | | |
| **中部地区** | **1** | **507** | **500** | **13120** | **12000** |
| 山　西 | | | | | |
| 安　徽 | | | | | |
| 江　西 | | | | | |
| 河　南 | 1 | 507 | 500 | 13120 | 12000 |
| 湖　北 | | | | | |
| 湖　南 | | | | | |
| **西部地区** | | | | | |
| 内蒙古 | | | | | |
| 广　西 | | | | | |
| 重　庆 | | | | | |
| 四　川 | | | | | |
| 贵　州 | | | | | |
| 云　南 | | | | | |
| 西　藏 | | | | | |
| 陕　西 | | | | | |
| 甘　肃 | | | | | |
| 青　海 | | | | | |
| 宁　夏 | | | | | |
| 新　疆 | | | | | |

2-8 续表 67

(其他旧货市场)

| 地 区 | 市场数量 (个) | 总摊位数 (个) | 年末出租摊位数 (个) | 营业面积 (平方米) | 成交额 (万元) |
|---|---|---|---|---|---|
| **全 国** | **15** | **7804** | **7327** | **315146** | **640726** |
| **东部地区** | **13** | **7007** | **6559** | **280166** | **609470** |
| 北 京 | 1 | 4520 | 4520 | 39635 | 48438 |
| 天 津 | | | | | |
| 河 北 | | | | | |
| 上 海 | | | | | |
| 江 苏 | 1 | 73 | 71 | 25000 | 19952 |
| 浙 江 | 8 | 1658 | 1286 | 128531 | 451120 |
| 福 建 | | | | | |
| 山 东 | 3 | 756 | 682 | 87000 | 89960 |
| 广 东 | | | | | |
| 海 南 | | | | | |
| **东北地区** | | | | | |
| 辽 宁 | | | | | |
| 吉 林 | | | | | |
| 黑 龙 江 | | | | | |
| **中部地区** | **1** | **750** | **750** | **15000** | **19120** |
| 山 西 | | | | | |
| 安 徽 | | | | | |
| 江 西 | 1 | 750 | 750 | 15000 | 19120 |
| 河 南 | | | | | |
| 湖 北 | | | | | |
| 湖 南 | | | | | |
| **西部地区** | **1** | **47** | **18** | **19980** | **12136** |
| 内 蒙 古 | | | | | |
| 广 西 | | | | | |
| 重 庆 | | | | | |
| 四 川 | | | | | |
| 贵 州 | | | | | |
| 云 南 | 1 | 47 | 18 | 19980 | 12136 |
| 西 藏 | | | | | |
| 陕 西 | | | | | |
| 甘 肃 | | | | | |
| 青 海 | | | | | |
| 宁 夏 | | | | | |
| 新 疆 | | | | | |

2-8 续表 68

(其他专业市场)

| 地区 | 市场数量(个) | 总摊位数(个) | 年末出租摊位数(个) | 营业面积(平方米) | 成交额(万元) |
|---|---|---|---|---|---|
| **全国** | **56** | **43560** | **36911** | **3119113** | **7454392** |
| **东部地区** | **34** | **19221** | **18346** | **1959586** | **4401342** |
| 北京 | 1 | 136 | 136 | 40567 | 14349 |
| 天津 | 1 | 180 | 150 | 8000 | 12000 |
| 河北 | 5 | 8001 | 7899 | 1046750 | 2286985 |
| 上海 | 4 | 1064 | 1064 | 25200 | 156592 |
| 江苏 | 6 | 1956 | 1912 | 173009 | 704338 |
| 浙江 | 5 | 1363 | 1274 | 140916 | 587453 |
| 福建 | | | | | |
| 山东 | 11 | 6177 | 5631 | 505950 | 461625 |
| 广东 | 1 | 344 | 280 | 19194 | 178000 |
| 海南 | | | | | |
| **东北地区** | **5** | **6470** | **5959** | **144000** | **285945** |
| 辽宁 | 5 | 6470 | 5959 | 144000 | 285945 |
| 吉林 | | | | | |
| 黑龙江 | | | | | |
| **中部地区** | **8** | **7379** | **7041** | **585128** | **1310188** |
| 山西 | | | | | |
| 安徽 | 2 | 1688 | 1433 | 125500 | 88302 |
| 江西 | 1 | 871 | 871 | 203468 | 50911 |
| 河南 | 4 | 4485 | 4402 | 247360 | 1148154 |
| 湖北 | | | | | |
| 湖南 | 1 | 335 | 335 | 8800 | 22821 |
| **西部地区** | **9** | **10490** | **5565** | **430399** | **1456917** |
| 内蒙古 | 7 | 4930 | 4670 | 372709 | 1331938 |
| 广西 | | | | | |
| 重庆 | | | | | |
| 四川 | 1 | 560 | 560 | 15000 | 112305 |
| 贵州 | | | | | |
| 云南 | 1 | 5000 | 335 | 42690 | 12674 |
| 西藏 | | | | | |
| 陕西 | | | | | |
| 甘肃 | | | | | |
| 青海 | | | | | |
| 宁夏 | | | | | |
| 新疆 | | | | | |

# 2-9 商品交易市场情况(按营业状态分)

(常年营业)

| 地　区 | 市场数量(个) | 总摊位数(个) | 年末出租摊位数(个) | 营业面积(平方米) | 成交额(万元) |
|---|---|---|---|---|---|
| **全　国** | **4878** | **3899027** | **3437194** | **296581258** | **995279307** |
| **东部地区** | **2860** | **2195944** | **1946263** | **170935370** | **683118795** |
| 北　京 | 122 | 109156 | 95243 | 6643556 | 34672131 |
| 天　津 | 56 | 42197 | 38460 | 4136845 | 15983591 |
| 河　北 | 225 | 354644 | 303729 | 25499408 | 53145281 |
| 上　海 | 153 | 71676 | 65954 | 7848458 | 91026976 |
| 江　苏 | 509 | 393572 | 348549 | 31799915 | 159607937 |
| 浙　江 | 747 | 485221 | 444546 | 30390036 | 160538751 |
| 福　建 | 134 | 56569 | 50929 | 3603001 | 15806325 |
| 山　东 | 572 | 420348 | 388604 | 40153232 | 96265835 |
| 广　东 | 335 | 257905 | 205652 | 20094619 | 55546284 |
| 海　南 | 7 | 4656 | 4597 | 766300 | 525684 |
| **东北地区** | **339** | **303190** | **274883** | **14996629** | **54174162** |
| 辽　宁 | 202 | 188484 | 172861 | 8767930 | 36914661 |
| 吉　林 | 57 | 53504 | 48878 | 2940888 | 6686166 |
| 黑龙江 | 80 | 61202 | 53144 | 3287811 | 10573335 |
| **中部地区** | **891** | **668561** | **594036** | **49363873** | **136083612** |
| 山　西 | 36 | 30049 | 27787 | 2722514 | 6303650 |
| 安　徽 | 135 | 134087 | 120318 | 12896252 | 25582535 |
| 江　西 | 92 | 76431 | 70143 | 4075120 | 18059442 |
| 河　南 | 146 | 145689 | 118871 | 12542368 | 33409733 |
| 湖　北 | 156 | 86884 | 78574 | 6225205 | 20270851 |
| 湖　南 | 326 | 195421 | 178343 | 10902414 | 32457401 |
| **西部地区** | **788** | **731332** | **622012** | **61285386** | **121902738** |
| 内蒙古 | 68 | 39682 | 37232 | 7181862 | 5848608 |
| 广　西 | 89 | 74875 | 67500 | 4259259 | 8969747 |
| 重　庆 | 153 | 111651 | 100207 | 8277138 | 34128682 |
| 四　川 | 134 | 194735 | 146431 | 11897887 | 27489289 |
| 贵　州 | 60 | 41342 | 31945 | 2858678 | 6863355 |
| 云　南 | 48 | 59079 | 51181 | 3449887 | 5882857 |
| 西　藏 | | | | | |
| 陕　西 | 54 | 40969 | 37188 | 3326893 | 6911934 |
| 甘　肃 | 40 | 35359 | 31465 | 1817305 | 4106396 |
| 青　海 | 9 | 6952 | 6445 | 538368 | 633375 |
| 宁　夏 | 36 | 30056 | 26673 | 4247875 | 3142532 |
| 新　疆 | 97 | 96632 | 85745 | 13430234 | 17925963 |

2-9 续表 1

(季节性营业)

| 地 区 | 市场数量 (个) | 总摊位数 (个) | 年末出租摊位数 (个) | 营业面积 (平方米) | 成交额 (万元) |
|---|---|---|---|---|---|
| **全 国** | **68** | **44642** | **29300** | **3963494** | **5845687** |
| **东部地区** | **46** | **37476** | **23409** | **2597921** | **4186477** |
| 北 京 | 3 | 4156 | 1914 | 279000 | 152734 |
| 天 津 | | | | | |
| 河 北 | 9 | 7006 | 5746 | 670876 | 487975 |
| 上 海 | 1 | 165 | 165 | 2250 | 10047 |
| 江 苏 | 4 | 1288 | 1131 | 37355 | 123138 |
| 浙 江 | 4 | 10985 | 1289 | 233286 | 775680 |
| 福 建 | 1 | 29 | 29 | 1500 | 19800 |
| 山 东 | 23 | 13726 | 13025 | 1348654 | 2397103 |
| 广 东 | 1 | 121 | 110 | 25000 | 220000 |
| 海 南 | | | | | |
| **东北地区** | **6** | **1396** | **1394** | **432690** | **767575** |
| 辽 宁 | 4 | 1178 | 1176 | 286690 | 698906 |
| 吉 林 | | | | | |
| 黑 龙 江 | 2 | 218 | 218 | 146000 | 68669 |
| **中部地区** | **8** | **4862** | **3633** | **298683** | **253450** |
| 山 西 | | | | | |
| 安 徽 | 1 | 415 | 415 | 33350 | 86260 |
| 江 西 | 1 | 306 | 306 | 60000 | 27889 |
| 河 南 | 5 | 3691 | 2647 | 198368 | 79301 |
| 湖 北 | | | | | |
| 湖 南 | 1 | 450 | 265 | 6965 | 60000 |
| **西部地区** | **8** | **908** | **864** | **634200** | **638185** |
| 内 蒙 古 | 5 | 434 | 404 | 450200 | 216656 |
| 广 西 | 2 | 445 | 431 | 114000 | 166953 |
| 重 庆 | | | | | |
| 四 川 | | | | | |
| 贵 州 | | | | | |
| 云 南 | 1 | 29 | 29 | 70000 | 254576 |
| 西 藏 | | | | | |
| 陕 西 | | | | | |
| 甘 肃 | | | | | |
| 青 海 | | | | | |
| 宁 夏 | | | | | |
| 新 疆 | | | | | |

2-9 续表 2

(其他)

| 地 区 | 市场数量（个） | 总摊位数（个） | 年末出租摊位数（个） | 营业面积（平方米） | 成交额（万元） |
|---|---|---|---|---|---|
| **全 国** | **6** | **2443** | **2144** | **112576** | **212871** |
| **东部地区** | **3** | **693** | **678** | **77866** | **124892** |
| 北 京 | | | | | |
| 天 津 | | | | | |
| 河 北 | 2 | 602 | 587 | 41800 | 22907 |
| 上 海 | 1 | 91 | 91 | 36066 | 101985 |
| 江 苏 | | | | | |
| 浙 江 | | | | | |
| 福 建 | | | | | |
| 山 东 | | | | | |
| 广 东 | | | | | |
| 海 南 | | | | | |
| **东北地区** | | | | | |
| 辽 宁 | | | | | |
| 吉 林 | | | | | |
| 黑龙江 | | | | | |
| **中部地区** | **2** | **1434** | **1150** | **29500** | **77869** |
| 山 西 | | | | | |
| 安 徽 | | | | | |
| 江 西 | | | | | |
| 河 南 | | | | | |
| 湖 北 | 1 | 360 | 360 | 10500 | 32857 |
| 湖 南 | 1 | 1074 | 790 | 19000 | 45012 |
| **西部地区** | **1** | **316** | **316** | **5210** | **10110** |
| 内蒙古 | | | | | |
| 广 西 | | | | | |
| 重 庆 | | | | | |
| 四 川 | | | | | |
| 贵 州 | | | | | |
| 云 南 | | | | | |
| 西 藏 | | | | | |
| 陕 西 | | | | | |
| 甘 肃 | | | | | |
| 青 海 | | | | | |
| 宁 夏 | | | | | |
| 新 疆 | 1 | 316 | 316 | 5210 | 10110 |

# 2-10 商品交易市场情况(按经营方式分)

(批发为主)

| 地　区 | 市场数量(个) | 总摊位数(个) | 年末出租摊位数(个) | 营业面积(平方米) | 成交额(万元) |
|---|---|---|---|---|---|
| **全　国** | **2879** | **2762568** | **2399095** | **233901620** | **858369461** |
| **东部地区** | **1709** | **1628318** | **1420690** | **139065055** | **599735028** |
| 北　京 | 56 | 67769 | 54634 | 4111329 | 21915922 |
| 天　津 | 40 | 32418 | 30228 | 3413816 | 15200084 |
| 河　北 | 173 | 312379 | 264150 | 23481339 | 50644987 |
| 上　海 | 77 | 44874 | 41765 | 6352072 | 86631327 |
| 江　苏 | 274 | 263098 | 231607 | 23296516 | 140316234 |
| 浙　江 | 379 | 347150 | 312690 | 22976358 | 135337326 |
| 福　建 | 61 | 29324 | 25715 | 2386311 | 12155564 |
| 山　东 | 428 | 325843 | 299151 | 35058746 | 88842970 |
| 广　东 | 219 | 204297 | 159584 | 17250768 | 48380624 |
| 海　南 | 2 | 1166 | 1166 | 737800 | 309990 |
| **东北地区** | **161** | **147861** | **136364** | **9211989** | **41382753** |
| 辽　宁 | 94 | 88011 | 82730 | 5364309 | 29779351 |
| 吉　林 | 30 | 24417 | 22362 | 1835909 | 4228926 |
| 黑龙江 | 37 | 35433 | 31272 | 2011771 | 7374476 |
| **中部地区** | **525** | **451813** | **397641** | **37478969** | **113169443** |
| 山　西 | 27 | 25414 | 23421 | 2202606 | 5966596 |
| 安　徽 | 85 | 104545 | 94839 | 10923140 | 22579844 |
| 江　西 | 57 | 52574 | 47761 | 3167042 | 16161706 |
| 河　南 | 101 | 109305 | 84406 | 9707287 | 29505603 |
| 湖　北 | 82 | 55022 | 50206 | 3656764 | 14553687 |
| 湖　南 | 173 | 104953 | 97008 | 7822130 | 24402007 |
| **西部地区** | **484** | **534576** | **444400** | **48145607** | **104082237** |
| 内蒙古 | 48 | 21716 | 20105 | 6352660 | 4309888 |
| 广　西 | 51 | 43339 | 38258 | 3110469 | 7366217 |
| 重　庆 | 87 | 80489 | 71878 | 6246042 | 29739697 |
| 四　川 | 89 | 166996 | 122198 | 9709466 | 25359783 |
| 贵　州 | 37 | 32928 | 24180 | 1952177 | 5321756 |
| 云　南 | 24 | 46173 | 38717 | 2566278 | 5176427 |
| 西　藏 | | | | | |
| 陕　西 | 31 | 22077 | 19667 | 1668462 | 4317531 |
| 甘　肃 | 32 | 26878 | 26498 | 1632890 | 3848542 |
| 青　海 | 5 | 4660 | 4660 | 494203 | 399725 |
| 宁　夏 | 18 | 16790 | 14228 | 2846678 | 2511042 |
| 新　疆 | 62 | 72530 | 64011 | 11566282 | 15731629 |

2-10　续表

(零售为主)

| 地　区 | 市场数量（个） | 总摊位数（个） | 年末出租摊位数（个） | 营业面积（平方米） | 成交额（万元） |
|---|---|---|---|---|---|
| **全　国** | **2073** | **1183544** | **1069543** | **66755708** | **142968404** |
| **东部地区** | **1200** | **605795** | **549660** | **34546102** | **87695136** |
| 北　京 | 69 | 45543 | 42523 | 2811227 | 12908943 |
| 天　津 | 16 | 9779 | 8232 | 723029 | 783507 |
| 河　北 | 63 | 49873 | 45912 | 2730745 | 3011176 |
| 上　海 | 78 | 27058 | 24445 | 1534702 | 4507681 |
| 江　苏 | 239 | 131762 | 118073 | 8540754 | 19414841 |
| 浙　江 | 372 | 149056 | 133145 | 7646964 | 25977105 |
| 福　建 | 74 | 27274 | 25243 | 1218190 | 3670561 |
| 山　东 | 167 | 108231 | 102478 | 6443140 | 9819968 |
| 广　东 | 117 | 53729 | 46178 | 2868851 | 7385660 |
| 海　南 | 5 | 3490 | 3431 | 28500 | 215694 |
| **东北地区** | **184** | **156725** | **139913** | **6217330** | **13558984** |
| 辽　宁 | 112 | 101651 | 91307 | 3690311 | 7834216 |
| 吉　林 | 27 | 29087 | 26516 | 1104979 | 2457240 |
| 黑龙江 | 45 | 25987 | 22090 | 1422040 | 3267528 |
| **中部地区** | **376** | **223044** | **201178** | **12213087** | **23245488** |
| 山　西 | 9 | 4635 | 4366 | 519908 | 337054 |
| 安　徽 | 51 | 29957 | 25894 | 2006462 | 3088951 |
| 江　西 | 36 | 24163 | 22688 | 968078 | 1925625 |
| 河　南 | 50 | 40075 | 37112 | 3033449 | 3983431 |
| 湖　北 | 75 | 32222 | 28728 | 2578941 | 5750021 |
| 湖　南 | 155 | 91992 | 82390 | 3106249 | 8160406 |
| **西部地区** | **313** | **197980** | **178792** | **13779189** | **18468796** |
| 内蒙古 | 25 | 18400 | 17531 | 1279402 | 1755376 |
| 广　西 | 40 | 31981 | 29673 | 1262790 | 1770483 |
| 重　庆 | 66 | 31162 | 28329 | 2031096 | 4388985 |
| 四　川 | 45 | 27739 | 24233 | 2188421 | 2129506 |
| 贵　州 | 23 | 8414 | 7765 | 906501 | 1541599 |
| 云　南 | 25 | 12935 | 12493 | 953609 | 961006 |
| 西　藏 | | | | | |
| 陕　西 | 23 | 18892 | 17521 | 1658431 | 2594403 |
| 甘　肃 | 8 | 8481 | 4967 | 184415 | 257854 |
| 青　海 | 4 | 2292 | 1785 | 44165 | 233650 |
| 宁　夏 | 18 | 13266 | 12445 | 1401197 | 631490 |
| 新　疆 | 36 | 24418 | 22050 | 1869162 | 2204444 |

# 2-11 商品交易市场情况(按经营环境分)

(露天式)

| 地 区 | 市场数量 (个) | 总摊位数 (个) | 年末出租摊位数 (个) | 营业面积 (平方米) | 成交额 (万元) |
|---|---|---|---|---|---|
| **全 国** | **790** | **471363** | **414370** | **54062228** | **127099609** |
| **东部地区** | **473** | **311692** | **274017** | **30354240** | **81483275** |
| 北 京 | 19 | 21156 | 11495 | 2317663 | 14730804 |
| 天 津 | 16 | 11603 | 9628 | 1379459 | 2635467 |
| 河 北 | 78 | 110376 | 95236 | 7077738 | 8044325 |
| 上 海 | 11 | 20830 | 19499 | 2311342 | 11712485 |
| 江 苏 | 55 | 14305 | 13011 | 931234 | 2641047 |
| 浙 江 | 60 | 1256 | 1255 | 76777 | 812842 |
| 福 建 | 6 | 108679 | 103221 | 14465316 | 30579108 |
| 山 东 | 186 | 12256 | 11856 | 757121 | 5607268 |
| 广 东 | 40 | 8369 | 6099 | 563846 | 2987224 |
| 海 南 | 2 | 2862 | 2717 | 473744 | 1732705 |
| **东北地区** | **56** | **15558** | **14967** | **1825054** | **3516100** |
| 辽 宁 | 43 | 4788 | 4776 | 460900 | 229611 |
| 吉 林 | 5 | 6000 | 5935 | 879175 | 1424425 |
| 黑 龙 江 | 8 | 4770 | 4256 | 484979 | 1862064 |
| **中部地区** | **116** | **52145** | **47499** | **6844136** | **18444553** |
| 山 西 | 7 | 4041 | 3630 | 398390 | 379139 |
| 安 徽 | 22 | 10042 | 9821 | 702524 | 3603035 |
| 江 西 | 11 | 20146 | 17285 | 2321283 | 7231829 |
| 河 南 | 32 | 12067 | 11231 | 1702395 | 4299313 |
| 湖 北 | 20 | 4683 | 4366 | 981744 | 2621247 |
| 湖 南 | 24 | 1166 | 1166 | 737800 | 309990 |
| **西部地区** | **145** | **91968** | **77887** | **15038798** | **23655681** |
| 内 蒙 古 | 31 | 13299 | 12910 | 4906195 | 3030769 |
| 广 西 | 10 | 10178 | 9473 | 1481383 | 5043521 |
| 重 庆 | 11 | 8369 | 6099 | 563846 | 2987224 |
| 四 川 | 23 | 10178 | 9473 | 1481383 | 5043521 |
| 贵 州 | 11 | 2862 | 2717 | 473744 | 1732705 |
| 云 南 | 5 | 7077 | 2341 | 196278 | 472910 |
| 西 藏 | | | | | |
| 陕 西 | 13 | 9408 | 8854 | 1026882 | 1342359 |
| 甘 肃 | 13 | 14244 | 10862 | 525342 | 1756113 |
| 青 海 | 3 | 742 | 742 | 136203 | 59617 |
| 宁 夏 | 8 | 6237 | 5327 | 750037 | 563064 |
| 新 疆 | 17 | 9374 | 9089 | 3497505 | 1623878 |

## 2-11 续表 1

(封闭式)

| 地区 | 市场数量(个) | 总摊位数(个) | 年末出租摊位数(个) | 营业面积(平方米) | 成交额(万元) |
|---|---|---|---|---|---|
| **全国** | **3554** | **2652858** | **2280849** | **176723058** | **596627455** |
| **东部地区** | **2091** | **1354542** | **1212519** | **94330217** | **328916933** |
| 北京 | 99 | 82312 | 76347 | 4243552 | 16805546 |
| 天津 | 36 | 29291 | 27564 | 2594480 | 12855312 |
| 河北 | 124 | 216865 | 185812 | 16796070 | 42237791 |
| 上海 | 112 | 436128 | 390851 | 25808206 | 127477576 |
| 江苏 | 385 | 77102 | 67685 | 6966176 | 13848039 |
| 浙江 | 617 | 48880 | 43388 | 3313052 | 14027136 |
| 福建 | 111 | 279492 | 258192 | 21416628 | 58549986 |
| 山东 | 359 | 64145 | 57685 | 4743901 | 13812954 |
| 广东 | 243 | 91188 | 82416 | 6752939 | 26554335 |
| 海南 | 5 | 29139 | 22579 | 1695213 | 2748258 |
| **东北地区** | **275** | **151809** | **135068** | **7955950** | **90754695** |
| 辽宁 | 155 | 43762 | 39537 | 1972243 | 6141981 |
| 吉林 | 47 | 55390 | 47397 | 2546857 | 9197579 |
| 黑龙江 | 73 | 52657 | 48134 | 3436850 | 75415135 |
| **中部地区** | **638** | **461284** | **375040** | **29517831** | **84155678** |
| 山西 | 20 | 20136 | 18555 | 1926399 | 5627284 |
| 安徽 | 86 | 57616 | 52905 | 3068098 | 12236307 |
| 江西 | 70 | 110981 | 86373 | 8979736 | 23203309 |
| 河南 | 95 | 209466 | 160389 | 12948488 | 38005595 |
| 湖北 | 113 | 59595 | 53387 | 2566610 | 4867489 |
| 湖南 | 254 | 3490 | 3431 | 28500 | 215694 |
| **西部地区** | **550** | **685223** | **558222** | **44919060** | **92800149** |
| 内蒙古 | 38 | 24357 | 22266 | 2008732 | 2759151 |
| 广西 | 60 | 175005 | 128119 | 9808544 | 19887703 |
| 重庆 | 128 | 91188 | 82416 | 6752939 | 26554335 |
| 四川 | 101 | 175005 | 128119 | 9808544 | 19887703 |
| 贵州 | 36 | 29139 | 22579 | 1695213 | 2748258 |
| 云南 | 35 | 47531 | 44374 | 2832027 | 4305925 |
| 西藏 | | | | | |
| 陕西 | 31 | 25749 | 23160 | 1881531 | 4088246 |
| 甘肃 | 19 | 15749 | 15522 | 1043988 | 1933883 |
| 青海 | 6 | 6210 | 5703 | 402165 | 573758 |
| 宁夏 | 26 | 21018 | 19722 | 3014838 | 2154231 |
| 新疆 | 70 | 74272 | 66242 | 5670539 | 7906956 |

2-11 续表 2

(其他)

| 地　区 | 市场数量(个) | 总摊位数(个) | 年末出租摊位数(个) | 营业面积(平方米) | 成交额(万元) |
|---|---|---|---|---|---|
| **全　国** | **608** | **388152** | **348887** | **41085476** | **116185072** |
| **东部地区** | **345** | **213144** | **189384** | **18617860** | **56832445** |
| 北　京 | 7 | 9844 | 9315 | 361341 | 3288515 |
| 天　津 | 4 | 1303 | 1268 | 162906 | 492812 |
| 河　北 | 34 | 35011 | 29014 | 2338276 | 3374047 |
| 上　海 | 32 | 39248 | 35485 | 2503774 | 22124370 |
| 江　苏 | 73 | 43095 | 40037 | 5032192 | 9179709 |
| 浙　江 | 74 | 6462 | 6315 | 214672 | 986147 |
| 福　建 | 18 | 45903 | 40216 | 5619942 | 9533844 |
| 山　东 | 50 | 10843 | 9393 | 734683 | 883486 |
| 广　东 | 53 | 12094 | 11692 | 960353 | 4587123 |
| 海　南 |  | 9341 | 6649 | 689721 | 2382392 |
| **东北地区** | **14** | **19489** | **18415** | **4480469** | **14196383** |
| 辽　宁 | 8 | 4954 | 4565 | 507745 | 314574 |
| 吉　林 | 5 | 30 | 30 | 7779 | 20000 |
| 黑龙江 | 1 | 14505 | 13820 | 3964945 | 13861809 |
| **中部地区** | **147** | **80739** | **75505** | **8495581** | **20708452** |
| 山　西 | 9 | 5872 | 5602 | 397725 | 297227 |
| 安　徽 | 28 | 9079 | 7723 | 364498 | 2247989 |
| 江　西 | 12 | 18253 | 17860 | 1439717 | 3053896 |
| 河　南 | 24 | 36493 | 34142 | 5468736 | 13461376 |
| 湖　北 | 24 | 11042 | 10178 | 824905 | 1647964 |
| 湖　南 | 50 |  |  |  |  |
| **西部地区** | **102** | **74780** | **65583** | **9491566** | **24447792** |
| 内蒙古 | 4 | 2460 | 2460 | 717135 | 275344 |
| 广　西 | 21 | 9552 | 8839 | 607960 | 2558065 |
| 重　庆 | 14 | 12094 | 11692 | 960353 | 4587123 |
| 四　川 | 10 | 9552 | 8839 | 607960 | 2558065 |
| 贵　州 | 13 | 9341 | 6649 | 689721 | 2382392 |
| 云　南 | 9 | 4500 | 4495 | 491582 | 1358598 |
| 西　藏 |  |  |  |  |  |
| 陕　西 | 10 | 5812 | 5174 | 418480 | 1481329 |
| 甘　肃 | 8 | 5366 | 5081 | 247975 | 416400 |
| 青　海 |  |  |  |  |  |
| 宁　夏 | 2 | 2801 | 1624 | 483000 | 425237 |
| 新　疆 | 11 | 13302 | 10730 | 4267400 | 8405239 |

# 2-12 商品交易市场成交情况(按摊位分)

| 地区 | 粮油、食品类 | | #粮油类 | | #肉禽蛋类 | |
|---|---|---|---|---|---|---|
| | 摊位数(个) | 成交额(万元) | 摊位数(个) | 成交额(万元) | 摊位数(个) | 成交额(万元) |
| **全国** | **987696** | **263799878** | **96768** | **35887167** | **139513** | **35758608** |
| **东部地区** | **609408** | **159264187** | **54239** | **21198257** | **77780** | **21634042** |
| 北京 | 31169 | 18028783 | 2372 | 1907627 | 4652 | 1793518 |
| 天津 | 14954 | 6465196 | 2669 | 1341435 | 1083 | 783300 |
| 河北 | 115691 | 10890425 | 5767 | 916735 | 6476 | 1225208 |
| 上海 | 19542 | 8668416 | 2362 | 811669 | 3819 | 2018083 |
| 江苏 | 82749 | 28265033 | 10741 | 5580363 | 15498 | 4975931 |
| 浙江 | 114519 | 34311846 | 9180 | 5061408 | 17902 | 4365668 |
| 福建 | 22291 | 7291839 | 1938 | 545577 | 4467 | 725327 |
| 山东 | 153806 | 26512255 | 13796 | 3296979 | 10805 | 1441041 |
| 广东 | 52384 | 18686155 | 5176 | 1729943 | 12475 | 4244387 |
| 海南 | 2303 | 144239 | 238 | 6521 | 603 | 61579 |
| **东北地区** | **54787** | **13564029** | **5832** | **1342932** | **9469** | **1436349** |
| 辽宁 | 32966 | 6595707 | 3305 | 622010 | 5858 | 832350 |
| 吉林 | 8271 | 1202117 | 1089 | 47526 | 1279 | 55210 |
| 黑龙江 | 13550 | 5766205 | 1438 | 673396 | 2332 | 548789 |
| **中部地区** | **157340** | **49016565** | **19150** | **7187050** | **24981** | **5949748** |
| 山西 | 7021 | 1739735 | 869 | 179241 | 410 | 79498 |
| 安徽 | 28403 | 7697856 | 2417 | 825564 | 4733 | 1139683 |
| 江西 | 20553 | 7891918 | 2480 | 1289700 | 4579 | 1799994 |
| 河南 | 30872 | 14176832 | 3818 | 2004000 | 3316 | 964958 |
| 湖北 | 21546 | 6900872 | 2051 | 703292 | 3095 | 545299 |
| 湖南 | 48945 | 10609352 | 7515 | 2185253 | 8848 | 1420316 |
| **西部地区** | **166161** | **41955097** | **17547** | **6158928** | **27283** | **6738469** |
| 内蒙古 | 8456 | 1442632 | 732 | 289467 | 1074 | 208678 |
| 广西 | 22248 | 3382929 | 2934 | 643558 | 5526 | 863680 |
| 重庆 | 23718 | 7753046 | 2909 | 783564 | 3764 | 1689574 |
| 四川 | 44064 | 11283993 | 4292 | 1394397 | 6465 | 2142793 |
| 贵州 | 8128 | 3479211 | 1053 | 1674641 | 929 | 161140 |
| 云南 | 8791 | 2218290 | 1226 | 495770 | 1899 | 191083 |
| 西藏 | | | | | | |
| 陕西 | 7517 | 3160256 | 724 | 322744 | 1125 | 108438 |
| 甘肃 | 11704 | 1712345 | 1098 | 267319 | 712 | 261875 |
| 青海 | 1753 | 289986 | 134 | 8771 | 129 | 19841 |
| 宁夏 | 10565 | 2034680 | 639 | 76586 | 973 | 238939 |
| 新疆 | 19217 | 5197729 | 1806 | 202111 | 4687 | 852428 |

2-12 续表 1

| 地 区 | #水产品类 | | #蔬菜类 | | #干鲜果品类 | |
|---|---|---|---|---|---|---|
| | 摊位数(个) | 成交额(万元) | 摊位数(个) | 成交额(万元) | 摊位数(个) | 成交额(万元) |
| **全 国** | **140308** | **53736392** | **402467** | **69248667** | **173237** | **61463355** |
| **东部地区** | **101842** | **37096759** | **259208** | **40165597** | **98941** | **34844614** |
| 北 京 | 3964 | 2237858 | 9131 | 5107702 | 5596 | 5381963 |
| 天 津 | 1633 | 1775822 | 6823 | 1409114 | 2642 | 1146738 |
| 河 北 | 4450 | 464809 | 74319 | 4541167 | 23341 | 3603337 |
| 上 海 | 4658 | 2754606 | 6381 | 1545744 | 2105 | 1192459 |
| 江 苏 | 16102 | 6266269 | 27775 | 5766430 | 11128 | 5008645 |
| 浙 江 | 27352 | 10221077 | 38899 | 6672521 | 17994 | 7462755 |
| 福 建 | 6144 | 3956185 | 5918 | 1052230 | 3080 | 894807 |
| 山 东 | 27936 | 6346723 | 72576 | 10002636 | 24782 | 4694350 |
| 广 东 | 9065 | 3018547 | 16815 | 4054545 | 7920 | 5451792 |
| 海 南 | 538 | 54863 | 571 | 13508 | 353 | 7768 |
| **东北地区** | **10523** | **3561432** | **17521** | **3868578** | **8211** | **2709852** |
| 辽 宁 | 7037 | 2206080 | 10655 | 1290886 | 4829 | 1244358 |
| 吉 林 | 1262 | 410698 | 2084 | 477417 | 804 | 170600 |
| 黑龙江 | 2224 | 944654 | 4782 | 2100275 | 2578 | 1294894 |
| **中部地区** | **17459** | **9513789** | **55697** | **12478844** | **30792** | **11852645** |
| 山 西 | 268 | 37443 | 3685 | 875172 | 1789 | 566455 |
| 安 徽 | 2507 | 1246528 | 10687 | 1880404 | 5994 | 1796114 |
| 江 西 | 1654 | 661146 | 7421 | 1617589 | 3770 | 2077231 |
| 河 南 | 4294 | 3129526 | 12998 | 4503631 | 5791 | 3514375 |
| 湖 北 | 3799 | 2561634 | 6575 | 1455034 | 4235 | 1410278 |
| 湖 南 | 4937 | 1877512 | 14331 | 2147014 | 9213 | 2488192 |
| **西部地区** | **10484** | **3564412** | **70041** | **12735648** | **35293** | **12056244** |
| 内蒙古 | 592 | 63118 | 3831 | 504547 | 2177 | 281849 |
| 广 西 | 1845 | 126037 | 7586 | 692129 | 4346 | 1056478 |
| 重 庆 | 1921 | 1363067 | 8172 | 2275737 | 4171 | 1406444 |
| 四 川 | 2635 | 898747 | 21857 | 3742544 | 8171 | 3022161 |
| 贵 州 | 193 | 23550 | 3195 | 782490 | 2187 | 792120 |
| 云 南 | 559 | 43154 | 3582 | 662320 | 1270 | 823951 |
| 西 藏 | | | | | | |
| 陕 西 | 678 | 105552 | 3223 | 1356241 | 1658 | 1143211 |
| 甘 肃 | 664 | 280221 | 7683 | 511565 | 1417 | 326450 |
| 青 海 | 54 | 6694 | 729 | 182519 | 707 | 72161 |
| 宁 夏 | 530 | 223343 | 3939 | 501567 | 4437 | 983908 |
| 新 疆 | 813 | 430929 | 6244 | 1523989 | 4752 | 2147511 |

2-12　续表 2

| 地　　区 | 饮料类 | | 烟酒类 | | 服装、鞋帽、针纺织品类 | |
|---|---|---|---|---|---|---|
| | 摊位数（个） | 成交额（万元） | 摊位数（个） | 成交额（万元） | 摊位数（个） | 成交额（万元） |
| **全　　国** | **49018** | **11122314** | **43173** | **10904140** | **956785** | **171521637** |
| **东部地区** | **25549** | **6993521** | **22897** | **5998497** | **503637** | **123973322** |
| 北　　京 | 1095 | 520833 | 1276 | 887688 | 24097 | 830022 |
| 天　　津 | 438 | 117994 | 418 | 172788 | 7802 | 588541 |
| 河　　北 | 2373 | 222546 | 3085 | 397988 | 51945 | 9501660 |
| 上　　海 | 778 | 61034 | 916 | 172807 | 8299 | 784768 |
| 江　　苏 | 4063 | 1917262 | 3515 | 1640216 | 95002 | 43975175 |
| 浙　　江 | 6072 | 2105536 | 2643 | 1082982 | 141723 | 42416239 |
| 福　　建 | 2778 | 475088 | 464 | 251980 | 11761 | 2389276 |
| 山　　东 | 6396 | 1308963 | 9471 | 1003167 | 86476 | 10494252 |
| 广　　东 | 1411 | 260837 | 961 | 385715 | 75761 | 12946119 |
| 海　　南 | 145 | 3428 | 148 | 3166 | 771 | 47270 |
| **东北地区** | **1848** | **553458** | **2036** | **802341** | **113322** | **14349539** |
| 辽　　宁 | 941 | 158328 | 791 | 179639 | 74380 | 12524541 |
| 吉　　林 | 455 | 13678 | 600 | 9846 | 15915 | 605559 |
| 黑 龙 江 | 452 | 381452 | 645 | 612856 | 23027 | 1219439 |
| **中部地区** | **11558** | **2069724** | **11555** | **2989887** | **162654** | **14328146** |
| 山　　西 | 177 | 15736 | 424 | 364421 | 11257 | 1028510 |
| 安　　徽 | 2354 | 555395 | 1903 | 435890 | 25695 | 2403214 |
| 江　　西 | 964 | 223656 | 1267 | 436122 | 15191 | 3260607 |
| 河　　南 | 1795 | 343192 | 2167 | 257441 | 35769 | 2482961 |
| 湖　　北 | 2380 | 426537 | 739 | 261009 | 20492 | 1895664 |
| 湖　　南 | 3888 | 505208 | 5055 | 1235004 | 54250 | 3257190 |
| **西部地区** | **10063** | **1505611** | **6685** | **1113415** | **177172** | **18870630** |
| 内 蒙 古 | 260 | 62801 | 237 | 45654 | 12183 | 396212 |
| 广　　西 | 664 | 117107 | 480 | 52902 | 24498 | 845875 |
| 重　　庆 | 1741 | 531238 | 1848 | 413593 | 21146 | 6153157 |
| 四　　川 | 1791 | 225453 | 1657 | 199543 | 46276 | 6553317 |
| 贵　　州 | 784 | 200114 | 527 | 195414 | 6402 | 624829 |
| 云　　南 | 1381 | 88207 | 393 | 8598 | 21460 | 1688884 |
| 西　　藏 | | | | | | |
| 陕　　西 | 2070 | 92483 | 166 | 2888 | 10782 | 804423 |
| 甘　　肃 | 382 | 53650 | 451 | 97559 | 7729 | 473901 |
| 青　　海 | 12 | 313 | 10 | 281 | 1621 | 46781 |
| 宁　　夏 | 298 | 71747 | 184 | 19133 | 7417 | 214677 |
| 新　　疆 | 680 | 62498 | 732 | 77850 | 17658 | 1068574 |

2-12 续表 3

| 地区 | 服装类 | | 鞋帽类 | | 针纺织品类 | |
|---|---|---|---|---|---|---|
| | 摊位数(个) | 成交额(万元) | 摊位数(个) | 成交额(万元) | 摊位数(个) | 成交额(万元) |
| **全国** | **582495** | **74683983** | **138922** | **17968114** | **235368** | **78869540** |
| **东部地区** | **286627** | **45098422** | **64103** | **9137787** | **152907** | **69737113** |
| 北京 | 18266 | 571922 | 2360 | 97878 | 3471 | 160222 |
| 天津 | 5501 | 394025 | 1432 | 133495 | 869 | 61021 |
| 河北 | 36794 | 6494466 | 6652 | 848000 | 8499 | 2159194 |
| 上海 | 6508 | 703818 | 526 | 28716 | 1265 | 52234 |
| 江苏 | 44346 | 13158625 | 13888 | 2716501 | 36768 | 28100049 |
| 浙江 | 65946 | 11785466 | 13669 | 1963821 | 62108 | 28666952 |
| 福建 | 9857 | 2055363 | 1220 | 162565 | 684 | 171348 |
| 山东 | 56362 | 5600309 | 15287 | 2000170 | 14827 | 2893773 |
| 广东 | 42447 | 4290561 | 8941 | 1184329 | 24373 | 7471229 |
| 海南 | 600 | 43867 | 128 | 2312 | 43 | 1091 |
| **东北地区** | **67074** | **9396452** | **16985** | **1362420** | **29263** | **3590667** |
| 辽宁 | 42927 | 8081081 | 11688 | 1166740 | 19765 | 3276720 |
| 吉林 | 12488 | 520061 | 1674 | 39681 | 1753 | 45817 |
| 黑龙江 | 11659 | 795310 | 3623 | 155999 | 7745 | 268130 |
| **中部地区** | **107335** | **9343434** | **28793** | **2661374** | **26526** | **2323338** |
| 山西 | 7372 | 743737 | 2286 | 184058 | 1599 | 100715 |
| 安徽 | 14458 | 1289796 | 5199 | 556868 | 6038 | 556550 |
| 江西 | 8513 | 2093974 | 3221 | 510385 | 3457 | 656248 |
| 河南 | 23921 | 1627712 | 5987 | 499552 | 5861 | 355697 |
| 湖北 | 14675 | 1433218 | 3121 | 275048 | 2696 | 187398 |
| 湖南 | 38396 | 2154997 | 8979 | 635463 | 6875 | 466730 |
| **西部地区** | **121459** | **10845675** | **29041** | **4806533** | **26672** | **3218422** |
| 内蒙古 | 7706 | 262671 | 2574 | 84773 | 1903 | 48768 |
| 广西 | 16753 | 609790 | 3400 | 99620 | 4345 | 136465 |
| 重庆 | 12538 | 2873208 | 4275 | 1829083 | 4333 | 1450866 |
| 四川 | 32364 | 3361719 | 7587 | 2114367 | 6325 | 1077231 |
| 贵州 | 4851 | 496815 | 944 | 72334 | 607 | 55680 |
| 云南 | 15750 | 1336473 | 3395 | 191487 | 2315 | 160924 |
| 西藏 | | | | | | |
| 陕西 | 7646 | 500862 | 1766 | 215661 | 1370 | 87900 |
| 甘肃 | 6102 | 419331 | 795 | 22302 | 832 | 32268 |
| 青海 | 969 | 38041 | 278 | 7180 | 374 | 1560 |
| 宁夏 | 4425 | 121753 | 1421 | 27291 | 1571 | 65633 |
| 新疆 | 12355 | 825012 | 2606 | 142435 | 2697 | 101127 |

2-12 续表 4

| 地区 | 化妆品类 | | 金银珠宝类 | | 日用品类 | |
|---|---|---|---|---|---|---|
| | 摊位数（个） | 成交额（万元） | 摊位数（个） | 成交额（万元） | 摊位数（个） | 成交额（万元） |
| **全 国** | **25411** | **3058471** | **22345** | **6650335** | **180277** | **32407650** |
| **东部地区** | **11944** | **1532577** | **13140** | **5388080** | **114939** | **24277776** |
| 北 京 | 962 | 42825 | 672 | 169462 | 7500 | 811106 |
| 天 津 | 240 | 18378 | 5 | 317 | 1783 | 205845 |
| 河 北 | 930 | 117811 | 915 | 148894 | 16191 | 3691485 |
| 上 海 | 54 | 7654 | 40 | 4754 | 1642 | 1972569 |
| 江 苏 | 1718 | 287296 | 1695 | 1565281 | 21561 | 4266065 |
| 浙 江 | 2494 | 501868 | 1557 | 2119255 | 23135 | 6421182 |
| 福 建 | 105 | 21796 | 1831 | 754992 | 1527 | 262753 |
| 山 东 | 2929 | 347607 | 1679 | 405346 | 25487 | 4673855 |
| 广 东 | 2477 | 186654 | 4746 | 219779 | 16062 | 1971466 |
| 海 南 | 35 | 688 | | | 51 | 1450 |
| **东北地区** | **2539** | **422394** | **2737** | **141543** | **13949** | **2482913** |
| 辽 宁 | 1651 | 394566 | 2329 | 105441 | 11300 | 2335081 |
| 吉 林 | 317 | 7733 | 60 | 12250 | 1495 | 80318 |
| 黑龙江 | 571 | 20095 | 348 | 23852 | 1154 | 67514 |
| **中部地区** | **4954** | **587872** | **2529** | **743636** | **26037** | **3095969** |
| 山 西 | 270 | 5458 | 5 | 140 | 1879 | 574253 |
| 安 徽 | 856 | 117525 | 1748 | 339413 | 5441 | 367129 |
| 江 西 | 688 | 73338 | 115 | 41630 | 2934 | 331967 |
| 河 南 | 1255 | 100830 | 198 | 91004 | 5050 | 281812 |
| 湖 北 | 512 | 134636 | 109 | 35763 | 2779 | 389602 |
| 湖 南 | 1373 | 156085 | 354 | 235686 | 7954 | 1151206 |
| **西部地区** | **5974** | **515628** | **3939** | **377076** | **25352** | **2550992** |
| 内蒙古 | 458 | 9142 | 1733 | 116036 | 731 | 40060 |
| 广 西 | 605 | 14457 | 124 | 1512 | 2608 | 160023 |
| 重 庆 | 826 | 189556 | 26 | 12530 | 5474 | 1103750 |
| 四 川 | 1195 | 72427 | 239 | 10554 | 3078 | 294395 |
| 贵 州 | 101 | 23520 | 6 | 550 | 974 | 296144 |
| 云 南 | 814 | 65441 | 543 | 77762 | 4553 | 131460 |
| 西 藏 | | | | | | |
| 陕 西 | 141 | 4324 | 50 | 1200 | 1072 | 36336 |
| 甘 肃 | 453 | 62331 | 45 | 8196 | 1610 | 199777 |
| 青 海 | 162 | 4668 | 3 | 160 | 132 | 764 |
| 宁 夏 | 415 | 22173 | 62 | 5036 | 783 | 57585 |
| 新 疆 | 804 | 47589 | 1108 | 143540 | 4337 | 230698 |

2-12 续表 5

| 地区 | #儿童玩具类 | | 五金、电料类 | | 体育、娱乐用品类 | |
|---|---|---|---|---|---|---|
| | 摊位数（个） | 成交额（万元） | 摊位数（个） | 成交额（万元） | 摊位数（个） | 成交额（万元） |
| **全国** | **32004** | **4889308** | **120858** | **23941486** | **12885** | **2127346** |
| **东部地区** | **21687** | **3747501** | **70919** | **16453152** | **7737** | **1675119** |
| 北京 | 1376 | 40651 | 1639 | 255795 | 847 | 167044 |
| 天津 | 131 | 33015 | 2663 | 1199004 | 101 | 11494 |
| 河北 | 7683 | 1533189 | 5202 | 1421048 | 1805 | 616096 |
| 上海 | 63 | 26047 | 4316 | 274444 | 266 | 43871 |
| 江苏 | 3166 | 760876 | 15352 | 3563641 | 929 | 212759 |
| 浙江 | 3115 | 623733 | 18094 | 5092741 | 1103 | 321009 |
| 福建 | 128 | 10805 | 755 | 79897 | 116 | 60769 |
| 山东 | 4562 | 507174 | 15026 | 2616493 | 1852 | 141139 |
| 广东 | 1455 | 211823 | 7691 | 1919839 | 715 | 100851 |
| 海南 | 8 | 188 | 181 | 30250 | 3 | 87 |
| **东北地区** | **1726** | **114773** | **6450** | **466977** | **562** | **23923** |
| 辽宁 | 1420 | 104098 | 3287 | 313449 | 457 | 14871 |
| 吉林 | 115 | 2896 | 2746 | 131738 | 32 | 1277 |
| 黑龙江 | 191 | 7779 | 417 | 21790 | 73 | 7775 |
| **中部地区** | **4338** | **527135** | **22011** | **4356396** | **2346** | **200867** |
| 山西 | 331 | 2157 | 732 | 249372 | 50 | 1910 |
| 安徽 | 588 | 97758 | 4710 | 612411 | 272 | 14243 |
| 江西 | 671 | 98278 | 1765 | 458656 | 140 | 12316 |
| 河南 | 942 | 41769 | 4175 | 818678 | 760 | 54727 |
| 湖北 | 320 | 54343 | 3612 | 443467 | 115 | 19067 |
| 湖南 | 1486 | 232830 | 7017 | 1773812 | 1009 | 98604 |
| **西部地区** | **4253** | **499899** | **21478** | **2664961** | **2240** | **227437** |
| 内蒙古 | 142 | 5545 | 545 | 119475 | 80 | 1771 |
| 广西 | 752 | 43136 | 1650 | 206683 | 300 | 16175 |
| 重庆 | 652 | 238226 | 5991 | 1056038 | 339 | 100117 |
| 四川 | 1008 | 85086 | 3586 | 510612 | 242 | 36301 |
| 贵州 | 73 | 5248 | 1915 | 47080 | 35 | 5818 |
| 云南 | 705 | 49661 | 504 | 26162 | 285 | 22171 |
| 西藏 | | | | | | |
| 陕西 | 115 | 2378 | 1140 | 37606 | 104 | 3039 |
| 甘肃 | 179 | 44011 | 902 | 35624 | 254 | 22277 |
| 青海 | 4 | 115 | 215 | 8347 | 91 | 537 |
| 宁夏 | 66 | 3268 | 147 | 8591 | 86 | 6538 |
| 新疆 | 557 | 23225 | 4883 | 608743 | 424 | 12693 |

2-12 续表 6

| 地区 | #照相器材类 | | 书报杂志类 | | 电子出版物及音像制品类 | |
|---|---|---|---|---|---|---|
| | 摊位数（个） | 成交额（万元） | 摊位数（个） | 成交额（万元） | 摊位数（个） | 成交额（万元） |
| **全国** | **682** | **69040** | **4706** | **810857** | **9176** | **2142504** |
| **东部地区** | **492** | **57677** | **1841** | **318317** | **4560** | **1577119** |
| 北京 | 5 | 416 | 194 | 23086 | 13 | 761 |
| 天津 | | | 13 | 175 | 19 | 2229 |
| 河北 | 32 | 2455 | 179 | 21052 | 2480 | 1310110 |
| 上海 | 184 | 36079 | 7 | 2379 | 86 | 7401 |
| 江苏 | 88 | 2330 | 395 | 69465 | 794 | 75362 |
| 浙江 | 3 | 80 | 206 | 54109 | 66 | 29955 |
| 福建 | 13 | 9520 | 6 | 55 | 26 | 2012 |
| 山东 | 47 | 2601 | 715 | 121594 | 497 | 34078 |
| 广东 | 120 | 4196 | 126 | 26402 | 579 | 115211 |
| 海南 | | | | | | |
| **东北地区** | **20** | **477** | **208** | **90691** | **966** | **214335** |
| 辽宁 | 17 | 371 | 159 | 89528 | 627 | 199062 |
| 吉林 | 2 | 58 | 33 | 251 | 278 | 12960 |
| 黑龙江 | 1 | 48 | 16 | 912 | 61 | 2313 |
| **中部地区** | **64** | **4906** | **1748** | **366463** | **2547** | **276964** |
| 山西 | | | 1 | 5 | 59 | 905 |
| 安徽 | 12 | 345 | 242 | 184251 | 273 | 10891 |
| 江西 | 11 | 917 | 109 | 7679 | 205 | 28741 |
| 河南 | 3 | 85 | 547 | 23126 | 569 | 25803 |
| 湖北 | 1 | 76 | 318 | 67097 | 173 | 17073 |
| 湖南 | 37 | 3483 | 531 | 84305 | 1268 | 193551 |
| **西部地区** | **106** | **5980** | **909** | **35386** | **1103** | **74086** |
| 内蒙古 | 1 | 35 | 27 | 226 | 67 | 1336 |
| 广西 | | | 54 | 493 | 175 | 16587 |
| 重庆 | 5 | 35 | 53 | 2212 | 93 | 20394 |
| 四川 | 8 | 301 | 132 | 4657 | 58 | 5186 |
| 贵州 | 6 | 1236 | 8 | 532 | 27 | 981 |
| 云南 | 1 | 2 | 15 | 93 | 132 | 2624 |
| 西藏 | | | | | | |
| 陕西 | | | 6 | 56 | 124 | 8954 |
| 甘肃 | 12 | 577 | 277 | 1074 | 215 | 10237 |
| 青海 | | | 1 | 68 | 26 | 126 |
| 宁夏 | | | 33 | 8213 | 54 | 1175 |
| 新疆 | 73 | 3794 | 303 | 17762 | 132 | 6486 |

2-12 续表 7

| 地　区 | 家用电器和音像器材类 | | 中西药品类 | | #西药类 | |
|---|---|---|---|---|---|---|
| | 摊位数（个） | 成交额（万元） | 摊位数（个） | 成交额（万元） | 摊位数（个） | 成交额（万元） |
| **全　国** | **34469** | **6647268** | **30143** | **12585682** | **1396** | **481751** |
| **东部地区** | **13672** | **2383361** | **10959** | **2400399** | **738** | **325814** |
| 北　京 | 873 | 136151 | 32 | 4402 | 22 | 2967 |
| 天　津 | 91 | 9683 | 19 | 271 | 13 | 137 |
| 河　北 | 916 | 144809 | 7096 | 1610081 | 71 | 9152 |
| 上　海 | 245 | 34964 | 186 | 41159 | 4 | 1159 |
| 江　苏 | 1903 | 444714 | 158 | 282821 | 102 | 197219 |
| 浙　江 | 3272 | 436875 | 1327 | 227686 | 361 | 97664 |
| 福　建 | 484 | 85162 | 99 | 22622 | 3 | 351 |
| 山　东 | 4042 | 897530 | 1143 | 47370 | 130 | 8822 |
| 广　东 | 1840 | 193067 | 897 | 163887 | 30 | 8243 |
| 海　南 | 6 | 406 | 2 | 100 | 2 | 100 |
| **东北地区** | **1869** | **347097** | **2655** | **1742299** | **101** | **24369** |
| 辽　宁 | 1226 | 199835 | 539 | 1030705 | 71 | 16733 |
| 吉　林 | 461 | 30448 | 2089 | 699317 | 19 | 1067 |
| 黑龙江 | 182 | 116814 | 27 | 12277 | 11 | 6569 |
| **中部地区** | **11656** | **2734634** | **12150** | **4634901** | **336** | **96302** |
| 山　西 | 261 | 5083 | 1 | 2 | | |
| 安　徽 | 2765 | 852189 | 6598 | 2850201 | 40 | 37558 |
| 江　西 | 1778 | 317074 | 495 | 412758 | 33 | 10660 |
| 河　南 | 2179 | 508252 | 2835 | 424165 | 147 | 6204 |
| 湖　北 | 1239 | 154100 | 44 | 14651 | 10 | 472 |
| 湖　南 | 3434 | 897936 | 2177 | 933124 | 106 | 41408 |
| **西部地区** | **7272** | **1182176** | **4379** | **3808083** | **221** | **35266** |
| 内蒙古 | 248 | 35940 | 186 | 34870 | 40 | 908 |
| 广　西 | 474 | 21098 | 1147 | 758492 | 22 | 3306 |
| 重　庆 | 1001 | 394031 | 74 | 21484 | 33 | 13832 |
| 四　川 | 674 | 213498 | 2024 | 2801239 | 6 | 250 |
| 贵　州 | 469 | 96835 | 30 | 1788 | 2 | 747 |
| 云　南 | 1782 | 93262 | 519 | 146989 | 29 | 2156 |
| 西　藏 | | | | | | |
| 陕　西 | 230 | 20152 | | | | |
| 甘　肃 | 702 | 165783 | 35 | 4444 | 18 | 2537 |
| 青　海 | 61 | 1077 | 52 | 22165 | 1 | 94 |
| 宁　夏 | 26 | 419 | 11 | 73 | 9 | 70 |
| 新　疆 | 1605 | 140081 | 301 | 16539 | 61 | 11366 |

2-12 续表 8

| 地区 | #中草药及中成药类 | | 文化办公用品类 | | #计算机及其配套产品 | |
|---|---|---|---|---|---|---|
| | 摊位数（个） | 成交额（万元） | 摊位数（个） | 成交额（万元） | 摊位数（个） | 成交额（万元） |
| **全国** | **28082** | **11987509** | **63926** | **10078059** | **26840** | **3866432** |
| **东部地区** | **10014** | **2012834** | **36201** | **6119243** | **13111** | **1963580** |
| 北京 | 10 | 1435 | 3773 | 726772 | 51 | 5348 |
| 天津 | 3 | 64 | 508 | 41695 | 7 | 12 |
| 河北 | 7023 | 1600896 | 4501 | 1471731 | 100 | 6917 |
| 上海 | 182 | 40000 | 485 | 99621 | 314 | 62073 |
| 江苏 | 51 | 75559 | 4104 | 941215 | 1461 | 369929 |
| 浙江 | 899 | 107892 | 9685 | 1442027 | 3486 | 612347 |
| 福建 | 86 | 20475 | 893 | 116097 | 589 | 91658 |
| 山东 | 926 | 31615 | 5519 | 679616 | 2125 | 335634 |
| 广东 | 834 | 134898 | 6453 | 576569 | 4828 | 468402 |
| 海南 | | | 280 | 23900 | 150 | 11260 |
| **东北地区** | **2546** | **1713438** | **7256** | **758726** | **3765** | **466310** |
| 辽宁 | 466 | 1013906 | 3888 | 330130 | 903 | 60394 |
| 吉林 | 2065 | 694009 | 1016 | 94471 | 652 | 87816 |
| 黑龙江 | 15 | 5523 | 2352 | 334125 | 2210 | 318100 |
| **中部地区** | **11545** | **4493861** | **10417** | **1847318** | **4448** | **544486** |
| 山西 | | | 199 | 6522 | 15 | 1200 |
| 安徽 | 6538 | 2807011 | 539 | 62822 | 48 | 3243 |
| 江西 | 392 | 385993 | 886 | 100746 | 180 | 7308 |
| 河南 | 2672 | 417529 | 3709 | 328597 | 2792 | 255099 |
| 湖北 | 2 | 174 | 1874 | 510830 | 84 | 4684 |
| 湖南 | 1941 | 883154 | 3210 | 837801 | 1329 | 272952 |
| **西部地区** | **3977** | **3767376** | **10052** | **1352772** | **5516** | **892056** |
| 内蒙古 | 143 | 33660 | 346 | 32090 | 41 | 11000 |
| 广西 | 1066 | 753998 | 953 | 106614 | 740 | 92050 |
| 重庆 | 36 | 5464 | 2474 | 299779 | 1680 | 179149 |
| 四川 | 2005 | 2800349 | 935 | 106735 | 393 | 42660 |
| 贵州 | 28 | 1041 | 521 | 142738 | 280 | 92023 |
| 云南 | 482 | 144523 | 535 | 36345 | 68 | 3173 |
| 西藏 | | | | | | |
| 陕西 | | | 1259 | 306615 | 1112 | 301726 |
| 甘肃 | 17 | 1907 | 534 | 61771 | 14 | 1117 |
| 青海 | 51 | 22071 | 337 | 10183 | | |
| 宁夏 | 2 | 3 | 426 | 43454 | 314 | 33436 |
| 新疆 | 147 | 4360 | 1732 | 206448 | 874 | 135722 |

2-12 续表 9

| 地 区 | 家具类 | | 通讯器材类 | | 煤炭及制品类 | |
|---|---|---|---|---|---|---|
| | 摊位数（个） | 成交额（万元） | 摊位数（个） | 成交额（万元） | 摊位数（个） | 成交额（万元） |
| **全 国** | **100748** | **20938392** | **22289** | **3062324** | **3800** | **3518228** |
| **东部地区** | **57995** | **13225018** | **13446** | **1420258** | **3186** | **3022420** |
| 北 京 | 5162 | 817131 | 636 | 150870 | 1 | 2 |
| 天 津 | 433 | 35181 | 75 | 31712 | 2779 | 1484768 |
| 河 北 | 10827 | 3742123 | 1153 | 210088 | 37 | 9160 |
| 上 海 | 2678 | 205648 | 67 | 10227 | | |
| 江 苏 | 14338 | 2454128 | 1741 | 140416 | 193 | 510701 |
| 浙 江 | 13825 | 2545511 | 2628 | 301599 | 69 | 1004548 |
| 福 建 | 772 | 1081405 | 133 | 17184 | | |
| 山 东 | 9106 | 2261063 | 1633 | 170185 | 67 | 11591 |
| 广 东 | 854 | 82828 | 5380 | 387977 | 40 | 1650 |
| 海 南 | | | | | | |
| **东北地区** | **8228** | **901159** | **1067** | **107213** | **3** | **150** |
| 辽 宁 | 6131 | 642040 | 520 | 30696 | 3 | 150 |
| 吉 林 | 1307 | 126616 | 483 | 57432 | | |
| 黑龙江 | 790 | 132503 | 64 | 19085 | | |
| **中部地区** | **15035** | **3257966** | **2697** | **833587** | **127** | **25344** |
| 山 西 | 1402 | 64780 | 10 | 1098 | 4 | 20909 |
| 安 徽 | 3174 | 1199767 | 52 | 9833 | 3 | 355 |
| 江 西 | 2745 | 387697 | 74 | 12570 | | |
| 河 南 | 2525 | 581636 | 546 | 412204 | 68 | 1207 |
| 湖 北 | 2020 | 272530 | 1140 | 309770 | | |
| 湖 南 | 3169 | 751556 | 875 | 88112 | 52 | 2873 |
| **西部地区** | **19490** | **3554249** | **5079** | **701266** | **484** | **470314** |
| 内蒙古 | 1301 | 215420 | 49 | 2371 | 31 | 369259 |
| 广 西 | 1144 | 234570 | 72 | 5148 | | |
| 重 庆 | 3228 | 1981307 | 1084 | 360178 | 3 | 490 |
| 四 川 | 5092 | 424908 | 28 | 428 | | |
| 贵 州 | 1510 | 78644 | 15 | 983 | | |
| 云 南 | 781 | 136700 | 784 | 18837 | 4 | 30 |
| 西 藏 | | | | | | |
| 陕 西 | 505 | 24903 | 1281 | 107240 | | |
| 甘 肃 | 1114 | 71254 | 28 | 9218 | 2 | 221 |
| 青 海 | 326 | 47210 | 4 | 126 | | |
| 宁 夏 | 916 | 53047 | 144 | 4336 | 317 | 98158 |
| 新 疆 | 3573 | 286286 | 1590 | 192401 | 127 | 2156 |

2-12 续表 10

| 地　　区 | 木材及制品类 | | 石油及制品类 | | 化工材料及制品类 | |
|---|---|---|---|---|---|---|
| | 摊位数（个） | 成交额（万元） | 摊位数（个） | 成交额（万元） | 摊位数（个） | 成交额（万元） |
| **全　国** | **30904** | **9820953** | **2140** | **20720074** | **48864** | **38447312** |
| **东部地区** | **21781** | **8106281** | **907** | **15257803** | **41351** | **36889579** |
| 北　京 | 277 | 24320 | | | 45 | 19208 |
| 天　津 | 62 | 18629 | | | 310 | 324347 |
| 河　北 | 358 | 251761 | 26 | 7134 | 18030 | 3226731 |
| 上　海 | 1662 | 793612 | 584 | 11402950 | 787 | 1328749 |
| 江　苏 | 7091 | 1389861 | 39 | 871 | 8908 | 13035952 |
| 浙　江 | 4347 | 1170743 | 74 | 2741401 | 4313 | 8522343 |
| 福　建 | 537 | 88238 | 2 | 59 | 305 | 75145 |
| 山　东 | 5343 | 3661362 | 174 | 1105114 | 4032 | 6045638 |
| 广　东 | 2104 | 707755 | 8 | 274 | 4621 | 4311466 |
| 海　南 | | | | | | |
| **东北地区** | **1911** | **153811** | **180** | **5300000** | **890** | **83132** |
| 辽　宁 | 1393 | 123705 | 180 | 5300000 | 96 | 24591 |
| 吉　林 | 437 | 20650 | | | 735 | 20111 |
| 黑龙江 | 81 | 9456 | | | 59 | 38430 |
| **中部地区** | **3450** | **831545** | **1013** | **140608** | **3968** | **564457** |
| 山　西 | 130 | 9000 | | | 4 | 200 |
| 安　徽 | 983 | 242761 | 2 | 180 | 578 | 190702 |
| 江　西 | 427 | 40012 | 2 | 195 | 334 | 38688 |
| 河　南 | 349 | 229316 | 977 | 130782 | 1616 | 78109 |
| 湖　北 | 688 | 198112 | 3 | 864 | 223 | 44600 |
| 湖　南 | 873 | 112344 | 29 | 8587 | 1213 | 212158 |
| **西部地区** | **3762** | **729316** | **40** | **21663** | **2655** | **910144** |
| 内蒙古 | 407 | 267126 | | | 44 | 28633 |
| 广　西 | 300 | 56130 | 1 | 750 | 228 | 89775 |
| 重　庆 | 542 | 208891 | | | 221 | 77755 |
| 四　川 | 1078 | 89118 | | | 535 | 224239 |
| 贵　州 | 138 | 5461 | | | | |
| 云　南 | 177 | 11707 | 1 | 2784 | 307 | 15452 |
| 西　藏 | | | | | | |
| 陕　西 | 7 | 168 | | | 24 | 145600 |
| 甘　肃 | 42 | 46167 | | | 61 | 1992 |
| 青　海 | | | | | | |
| 宁　夏 | 2 | 34 | 7 | 951 | 29 | 1866 |
| 新　疆 | 1069 | 44514 | 31 | 17178 | 1206 | 324832 |

2-12 续表 11

| 地　　区 | #化肥类 | | 金属材料类 | | 建筑及装潢材料类 | |
|---|---|---|---|---|---|---|
| | 摊位数（个） | 成交额（万元） | 摊位数（个） | 成交额（万元） | 摊位数（个） | 成交额（万元） |
| **全　　国** | **4076** | **1187056** | **95167** | **180680304** | **281026** | **49244138** |
| **东部地区** | **1090** | **548296** | **58363** | **144624996** | **137963** | **28062371** |
| 北　　京 | | | 449 | 50140 | 4789 | 790209 |
| 天　　津 | 6 | 4021 | 1189 | 2875810 | 1723 | 196414 |
| 河　　北 | 278 | 127282 | 13667 | 3625602 | 7448 | 1328432 |
| 上　　海 | | | 2871 | 59555185 | 14115 | 2544307 |
| 江　　苏 | 346 | 240123 | 14595 | 32956002 | 42222 | 7668736 |
| 浙　　江 | 2 | 1390 | 14982 | 21311756 | 29057 | 5925434 |
| 福　　建 | | | 102 | 186492 | 3083 | 1540355 |
| 山　　东 | 456 | 175423 | 7932 | 19881201 | 29050 | 6710072 |
| 广　　东 | 2 | 57 | 2576 | 4182808 | 5971 | 1109912 |
| 海　　南 | | | | | 505 | 248500 |
| **东北地区** | **791** | **53785** | **8237** | **3988977** | **14945** | **1579805** |
| 辽　　宁 | 8 | 725 | 5804 | 2729215 | 6758 | 926910 |
| 吉　　林 | 724 | 14630 | 1688 | 161762 | 3189 | 251553 |
| 黑 龙 江 | 59 | 38430 | 745 | 1098000 | 4998 | 401342 |
| **中部地区** | **939** | **115390** | **11585** | **15560308** | **63673** | **11521929** |
| 山　　西 | | | 243 | 624109 | 2235 | 784892 |
| 安　　徽 | 21 | 4033 | 2088 | 3165723 | 14018 | 2046297 |
| 江　　西 | 41 | 8805 | 992 | 67828 | 11186 | 1424245 |
| 河　　南 | 770 | 50044 | 3308 | 7426210 | 7760 | 1967098 |
| 湖　　北 | 34 | 14704 | 2688 | 2301680 | 10428 | 2318256 |
| 湖　　南 | 73 | 37804 | 2266 | 1974758 | 18046 | 2981141 |
| **西部地区** | **1256** | **469585** | **16982** | **16506023** | **64445** | **8080033** |
| 内 蒙 古 | 42 | 27800 | 624 | 432901 | 1295 | 462657 |
| 广　　西 | 100 | 77292 | 1591 | 1735553 | 2919 | 399415 |
| 重　　庆 | 51 | 11143 | 4289 | 5802460 | 12127 | 2586398 |
| 四　　川 | 130 | 43310 | 2856 | 1297510 | 19375 | 1584018 |
| 贵　　州 | | | 1804 | 364610 | 3440 | 362293 |
| 云　　南 | 113 | 7086 | 153 | 6430 | 2651 | 370675 |
| 西　　藏 | | | | | | |
| 陕　　西 | | | 50 | 229700 | 7641 | 1068054 |
| 甘　　肃 | 27 | 165 | 1466 | 781669 | 1608 | 183388 |
| 青　　海 | | | 22 | 16767 | 1047 | 148000 |
| 宁　　夏 | 25 | 1670 | 1317 | 297945 | 1746 | 46954 |
| 新　　疆 | 768 | 301119 | 2810 | 5540478 | 10596 | 868181 |

2-12 续表 12

| 地 区 | 机电产品及设备类 | | #农机类 | | 汽车类 | |
|---|---|---|---|---|---|---|
| | 摊位数（个） | 成交额（万元） | 摊位数（个） | 成交额（万元） | 摊位数（个） | 成交额（万元） |
| **全 国** | **53259** | **14772929** | **5826** | **2299631** | **75301** | **65680311** |
| **东部地区** | **24980** | **8514764** | **3099** | **1266138** | **38999** | **43335450** |
| 北 京 | 305 | 108620 | | | 3438 | 9740977 |
| 天 津 | 749 | 334936 | 1 | 26 | 1289 | 1817817 |
| 河 北 | 4345 | 1129824 | 1404 | 838840 | 4413 | 1800171 |
| 上 海 | 596 | 101436 | 20 | 3135 | 2255 | 2484731 |
| 江 苏 | 7208 | 2399375 | 963 | 170692 | 4296 | 5441523 |
| 浙 江 | 4592 | 2320829 | 11 | 2060 | 12175 | 12531424 |
| 福 建 | 134 | 7226 | | | 314 | 375772 |
| 山 东 | 5640 | 1618353 | 700 | 251385 | 6529 | 3584133 |
| 广 东 | 1311 | 473975 | | | 4290 | 5558902 |
| 海 南 | 100 | 20190 | | | | |
| **东北地区** | **1360** | **72711** | **157** | **10000** | **9788** | **5618112** |
| 辽 宁 | 969 | 56633 | | | 5443 | 2762607 |
| 吉 林 | 391 | 16078 | 157 | 10000 | 3015 | 2824874 |
| 黑龙江 | | | | | 1330 | 30631 |
| **中部地区** | **9460** | **2685355** | **1633** | **797679** | **11358** | **10127507** |
| 山 西 | 216 | 222570 | | | 35 | 483321 |
| 安 徽 | 2036 | 700588 | 637 | 387140 | 1568 | 895789 |
| 江 西 | 890 | 439974 | 467 | 206375 | 2323 | 1883868 |
| 河 南 | 1616 | 208154 | 316 | 88489 | 1631 | 887890 |
| 湖 北 | 656 | 65607 | 8 | 316 | 3209 | 3349165 |
| 湖 南 | 4046 | 1048462 | 205 | 115359 | 2592 | 2627474 |
| **西部地区** | **17459** | **3500099** | **937** | **225814** | **15156** | **6599242** |
| 内蒙古 | 146 | 101339 | 113 | 91253 | 35 | 32300 |
| 广 西 | 1086 | 158523 | | | 1504 | 291954 |
| 重 庆 | 4408 | 1528488 | 59 | 875 | 4847 | 2145505 |
| 四 川 | 4919 | 718263 | 176 | 45337 | 1236 | 303343 |
| 贵 州 | 168 | 6326 | 21 | 1166 | 1259 | 909626 |
| 云 南 | 541 | 23451 | 181 | 9189 | 1099 | 476664 |
| 西 藏 | | | | | | |
| 陕 西 | 815 | 159197 | | | 2023 | 692601 |
| 甘 肃 | 163 | 31116 | | | | |
| 青 海 | | | | | 1 | 16 |
| 宁 夏 | 431 | 64426 | 160 | 26866 | 810 | 23143 |
| 新 疆 | 4782 | 708970 | 227 | 51128 | 2342 | 1724090 |

2-12 续表 13

| 地区 | 种子饲料类 | | 棉麻类 | | 其他类 | |
|---|---|---|---|---|---|---|
| | 摊位数（个） | 成交额（万元） | 摊位数（个） | 成交额（万元） | 摊位数（个） | 成交额（万元） |
| **全 国** | **8356** | **1340913** | **5521** | **5172498** | **200395** | **30141862** |
| **东部地区** | **4214** | **611214** | **4232** | **5059982** | **115530** | **20945358** |
| 北 京 | 6 | 238 | 60 | 750 | 7847 | 517670 |
| 天 津 | 7 | 1365 | | | 790 | 29002 |
| 河 北 | 2628 | 90481 | 737 | 45964 | 33084 | 6622956 |
| 上 海 | 9 | 1119 | 23 | 1770 | 3701 | 533433 |
| 江 苏 | 275 | 70818 | 992 | 1561467 | 13844 | 4594920 |
| 浙 江 | 183 | 45571 | 751 | 1062427 | 32943 | 5267535 |
| 福 建 | 181 | 276882 | | | 2259 | 363029 |
| 山 东 | 893 | 123896 | 1669 | 2387604 | 14523 | 1819461 |
| 广 东 | 32 | 844 | | | 6472 | 1195342 |
| 海 南 | | | | | 67 | 2010 |
| **东北地区** | **517** | **59069** | **213** | **2693** | **17754** | **1114640** |
| 辽 宁 | 231 | 11974 | 3 | 63 | 11965 | 534100 |
| 吉 林 | 201 | 6976 | 203 | 2355 | 3461 | 295796 |
| 黑龙江 | 85 | 40119 | 7 | 275 | 2328 | 284744 |
| **中部地区** | **1596** | **261502** | **398** | **98748** | **34957** | **3256733** |
| 山 西 | | | | | 1172 | 100719 |
| 安 徽 | 449 | 67846 | 33 | 21200 | 13950 | 624324 |
| 江 西 | 137 | 19222 | 167 | 7964 | 4082 | 167860 |
| 河 南 | 596 | 67341 | 109 | 59910 | 8537 | 1521757 |
| 湖 北 | 93 | 7272 | | | 1854 | 165484 |
| 湖 南 | 321 | 99821 | 89 | 9674 | 5362 | 676589 |
| **西部地区** | **2029** | **409128** | **678** | **11075** | **32154** | **4825131** |
| 内蒙古 | 147 | 39265 | 6 | 363 | 7994 | 1775385 |
| 广 西 | 502 | 95832 | 313 | 6445 | 2291 | 361658 |
| 重 庆 | 365 | 154945 | 15 | 1898 | 4274 | 1229442 |
| 四 川 | 240 | 22413 | 2 | 40 | 5119 | 507099 |
| 贵 州 | 23 | 705 | 49 | 479 | 3612 | 18674 |
| 云 南 | 233 | 8472 | 14 | 52 | 2758 | 459891 |
| 西 藏 | | | | | | |
| 陕 西 | 5 | 80 | | | 176 | 6059 |
| 甘 肃 | 12 | 2182 | 5 | 32 | 1671 | 70188 |
| 青 海 | | | | | 569 | 35800 |
| 宁 夏 | 46 | 6187 | 9 | 190 | 392 | 51801 |
| 新 疆 | 456 | 79047 | 265 | 1576 | 3298 | 309134 |

# （三）36城市

## 2-13 商品交易市场总体情况

| 地 区 | 市场数量（个） | 总摊位数（个） | 年末出租摊位数（个） | 营业面积（平方米） | 成交额（万元） |
|---|---|---|---|---|---|
| **36城市合计** | **1872** | **1537186** | **1315794** | **117745142** | **467008424** |
| 北 京 | 125 | 113312 | 97157 | 6922556 | 34824865 |
| 天 津 | 56 | 42197 | 38460 | 4136845 | 15983591 |
| 石家庄 | 51 | 68226 | 59286 | 5394941 | 13250277 |
| 太 原 | 9 | 5044 | 4969 | 671002 | 455088 |
| 呼和浩特 | 8 | 4128 | 4128 | 204600 | 366155 |
| 沈 阳 | 53 | 57920 | 50333 | 2480515 | 10998119 |
| 大 连 | 43 | 37636 | 35098 | 2040746 | 13204499 |
| 长 春 | 26 | 29958 | 26090 | 2152255 | 4805690 |
| 哈尔滨 | 45 | 38357 | 33963 | 2425299 | 7551619 |
| 上 海 | 155 | 71932 | 66210 | 7886774 | 91139008 |
| 南 京 | 40 | 34857 | 33666 | 2461985 | 8810596 |
| 杭 州 | 178 | 96333 | 88891 | 4556069 | 34767129 |
| 宁 波 | 130 | 59277 | 52286 | 4431674 | 32193945 |
| 合 肥 | 34 | 26878 | 22911 | 2859396 | 7829952 |
| 福 州 | 43 | 14287 | 13818 | 1159570 | 6664181 |
| 厦 门 | 19 | 6508 | 6429 | 555132 | 1899800 |
| 南 昌 | 31 | 27727 | 25731 | 1453350 | 9626063 |
| 济 南 | 34 | 21884 | 20889 | 1898556 | 4019687 |
| 青 岛 | 70 | 63917 | 60793 | 5602078 | 11096120 |
| 郑 州 | 31 | 52995 | 33151 | 3471362 | 12014899 |
| 武 汉 | 51 | 30539 | 26758 | 2447945 | 8283708 |
| 长 沙 | 63 | 44993 | 41902 | 5326858 | 16797655 |
| 广 州 | 139 | 104883 | 86194 | 8496347 | 22186359 |
| 深 圳 | 32 | 54900 | 33517 | 1755832 | 5621771 |
| 南 宁 | 35 | 25718 | 22379 | 1872231 | 4498120 |
| 海 口 | 3 | 1446 | 1446 | 748300 | 333890 |
| 重 庆 | 153 | 111651 | 100207 | 8277138 | 34128682 |
| 成 都 | 47 | 117367 | 75252 | 8473565 | 21426243 |
| 贵 阳 | 19 | 7250 | 6747 | 1125029 | 3736696 |
| 昆 明 | 26 | 46201 | 38743 | 2523317 | 4857218 |
| 拉 萨 | | | | | |
| 西 安 | 35 | 29469 | 26245 | 2268351 | 4590916 |
| 兰 州 | 26 | 17437 | 17067 | 1368801 | 3348164 |
| 西 宁 | 6 | 6393 | 5886 | 501368 | 569758 |
| 银 川 | 22 | 18489 | 16023 | 2140880 | 2040095 |
| 乌鲁木齐 | 34 | 47077 | 43169 | 7654475 | 13087866 |

# 2-14 商品交易市场情况(按市场类别分)

(综合市场)

| 地 区 | 市场数量(个) | 总摊位数(个) | 年末出租摊位数(个) | 营业面积(平方米) | 成交额(万元) |
|---|---|---|---|---|---|
| **36城市总计** | **437** | **527820** | **436578** | **28384145** | **118406041** |
| 北 京 | 34 | 42630 | 39604 | 2935607 | 17682427 |
| 天 津 | 17 | 18232 | 16029 | 1330502 | 5055366 |
| 石家庄 | 14 | 29961 | 25298 | 2082724 | 6029405 |
| 太 原 | 2 | 2450 | 2411 | 271500 | 227037 |
| 呼和浩特 | 1 | 590 | 590 | 96000 | 175724 |
| 沈 阳 | 7 | 6166 | 4464 | 105853 | 205025 |
| 大 连 | 18 | 22198 | 20103 | 887039 | 4604070 |
| 长 春 | 7 | 8431 | 8366 | 259783 | 304536 |
| 哈尔滨 | 11 | 8955 | 7662 | 497800 | 3038125 |
| 上 海 | 42 | 26240 | 24523 | 1668577 | 5838659 |
| 南 京 | 14 | 12606 | 12368 | 765828 | 4488554 |
| 杭 州 | 48 | 25837 | 23976 | 1132321 | 5698075 |
| 宁 波 | 46 | 25217 | 22066 | 1003122 | 5053331 |
| 合 肥 | 4 | 3999 | 3961 | 412002 | 2180079 |
| 福 州 | 17 | 5409 | 5161 | 361909 | 1347830 |
| 厦 门 | 7 | 3199 | 3121 | 219226 | 314058 |
| 南 昌 | 7 | 14326 | 12814 | 350035 | 5340711 |
| 济 南 | 5 | 5357 | 5327 | 293000 | 424232 |
| 青 岛 | 12 | 10101 | 9427 | 698160 | 2545589 |
| 郑 州 | 2 | 24450 | 6590 | 642124 | 240367 |
| 武 汉 | 7 | 5956 | 5748 | 635322 | 972365 |
| 长 沙 | 12 | 18793 | 18504 | 1914969 | 9807878 |
| 广 州 | 15 | 13377 | 11938 | 413565 | 1210847 |
| 深 圳 | 12 | 42351 | 21970 | 1380057 | 4683534 |
| 南 宁 | 5 | 3098 | 2510 | 148800 | 682587 |
| 海 口 | | | | | |
| 重 庆 | 45 | 59867 | 54619 | 3026093 | 12871008 |
| 成 都 | 8 | 55184 | 35494 | 2512834 | 13650901 |
| 贵 阳 | 1 | 337 | 317 | 23000 | 22760 |
| 昆 明 | 1 | 618 | 618 | 19980 | 15687 |
| 拉 萨 | | | | | |
| 西 安 | 3 | 2545 | 2051 | 158300 | 1190392 |
| 兰 州 | 4 | 4101 | 4101 | 254800 | 526526 |
| 西 宁 | | | | | |
| 银 川 | 4 | 3137 | 3046 | 108670 | 260612 |
| 乌鲁木齐 | 5 | 22102 | 21801 | 1774643 | 1717744 |

2-14 续表 1

(生产资料综合市场)

| 地 区 | 市场数量（个） | 总摊位数（个） | 年末出租摊位数（个） | 营业面积（平方米） | 成交额（万元） |
|---|---|---|---|---|---|
| **36城市总计** | **18** | **23796** | **22270** | **2733040** | **4126061** |
| 北 京 | | | | | |
| 天 津 | | | | | |
| 石 家 庄 | 2 | 1930 | 1630 | 520000 | 668050 |
| 太 原 | | | | | |
| 呼和浩特 | | | | | |
| 沈 阳 | | | | | |
| 大 连 | 1 | 610 | 610 | 11990 | 40000 |
| 长 春 | | | | | |
| 哈 尔 滨 | | | | | |
| 上 海 | 2 | 6959 | 6959 | 608000 | 1261208 |
| 南 京 | | | | | |
| 杭 州 | 2 | 1350 | 1341 | 104087 | 478706 |
| 宁 波 | 4 | 1212 | 406 | 100622 | 374055 |
| 合 肥 | | | | | |
| 福 州 | | | | | |
| 厦 门 | | | | | |
| 南 昌 | | | | | |
| 济 南 | | | | | |
| 青 岛 | 1 | 110 | 108 | 30000 | 16500 |
| 郑 州 | | | | | |
| 武 汉 | 1 | 3533 | 3410 | 519100 | 295843 |
| 长 沙 | | | | | |
| 广 州 | | | | | |
| 深 圳 | 1 | 1338 | 1338 | 31860 | 47443 |
| 南 宁 | | | | | |
| 海 口 | | | | | |
| 重 庆 | 2 | 2200 | 2200 | 302261 | 737256 |
| 成 都 | 1 | 1808 | 1808 | 100000 | 176000 |
| 贵 阳 | | | | | |
| 昆 明 | | | | | |
| 拉 萨 | | | | | |
| 西 安 | | | | | |
| 兰 州 | | | | | |
| 西 宁 | | | | | |
| 银 川 | | | | | |
| 乌鲁木齐 | 1 | 2746 | 2460 | 405120 | 31000 |

2-14　续表 2

(工业消费品综合市场)

| 地　区 | 市场数量(个) | 总摊位数(个) | 年末出租摊位数(个) | 营业面积(平方米) | 成交额(万元) |
|---|---|---|---|---|---|
| **36城市总计** | **109** | **185848** | **156342** | **8331017** | **32274435** |
| 北　京 | 13 | 12228 | 11204 | 236942 | 850674 |
| 天　津 | 3 | 4526 | 4136 | 103071 | 506169 |
| 石家庄 | 6 | 15700 | 14879 | 1151424 | 4403345 |
| 太　原 | 1 | 1100 | 1061 | 51500 | 13100 |
| 呼和浩特 | | | | | |
| 沈　阳 | 1 | 1457 | 1293 | 14193 | 54091 |
| 大　连 | 10 | 9998 | 8023 | 300319 | 730858 |
| 长　春 | 2 | 4896 | 4896 | 146000 | 184388 |
| 哈尔滨 | 3 | 2355 | 2351 | 43800 | 138073 |
| 上　海 | 2 | 1846 | 1739 | 42478 | 78290 |
| 南　京 | 3 | 1809 | 1776 | 62679 | 191609 |
| 杭　州 | 8 | 6923 | 6671 | 185173 | 965247 |
| 宁　波 | 6 | 7489 | 7037 | 427973 | 1588902 |
| 合　肥 | 1 | 2000 | 1962 | 200000 | 89830 |
| 福　州 | 2 | 797 | 797 | 267491 | 87722 |
| 厦　门 | | | | | |
| 南　昌 | 3 | 10931 | 9826 | 226380 | 3316854 |
| 济　南 | 3 | 3097 | 3073 | 113000 | 58740 |
| 青　岛 | 4 | 5544 | 5532 | 445160 | 1746662 |
| 郑　州 | 1 | 1450 | 1200 | 36000 | 98200 |
| 武　汉 | 2 | 381 | 381 | 12440 | 20151 |
| 长　沙 | 4 | 11186 | 11052 | 861323 | 6528618 |
| 广　州 | 8 | 7454 | 6719 | 280405 | 864166 |
| 深　圳 | 4 | 34056 | 13826 | 999564 | 1376783 |
| 南　宁 | | | | | |
| 海　口 | | | | | |
| 重　庆 | 14 | 33868 | 32185 | 1808902 | 7805169 |
| 成　都 | | | | | |
| 贵　阳 | | | | | |
| 昆　明 | | | | | |
| 拉　萨 | | | | | |
| 西　安 | 1 | 980 | 946 | 30000 | 23669 |
| 兰　州 | 3 | 3301 | 3301 | 244800 | 508906 |
| 西　宁 | | | | | |
| 银　川 | 1 | 476 | 476 | 40000 | 44219 |
| 乌鲁木齐 | | | | | |

2-14　续表 3

（农产品综合市场）

| 地　　区 | 市场数量（个） | 总摊位数（个） | 年末出租摊位数（个） | 营业面积（平方米） | 成交额（万元） |
|---|---|---|---|---|---|
| **36城市总计** | **230** | **171789** | **151673** | **10559536** | **59228331** |
| 北　　京 | 18 | 24584 | 22884 | 2457127 | 15012417 |
| 天　　津 | 5 | 4266 | 3481 | 395000 | 2583051 |
| 石 家 庄 | 6 | 12331 | 8789 | 411300 | 958010 |
| 太　　原 | 1 | 1350 | 1350 | 220000 | 213937 |
| 呼和浩特 | 1 | 590 | 590 | 96000 | 175724 |
| 沈　　阳 | 4 | 3580 | 2042 | 66360 | 99797 |
| 大　　连 | 3 | 2068 | 2058 | 82980 | 460624 |
| 长　　春 | 1 | 420 | 420 | 2195 | 13567 |
| 哈 尔 滨 | 7 | 4600 | 4244 | 439000 | 2872732 |
| 上　　海 | 32 | 14478 | 12929 | 897074 | 4204587 |
| 南　　京 | 7 | 5660 | 5623 | 538170 | 3460705 |
| 杭　　州 | 30 | 11614 | 10110 | 320075 | 1330208 |
| 宁　　波 | 34 | 16021 | 14128 | 446207 | 3010766 |
| 合　　肥 | 2 | 1898 | 1898 | 194002 | 2071242 |
| 福　　州 | 13 | 4203 | 3996 | 84422 | 1227294 |
| 厦　　门 | 4 | 1527 | 1483 | 45516 | 174321 |
| 南　　昌 | 3 | 2657 | 2452 | 111969 | 1732457 |
| 济　　南 | 2 | 2260 | 2254 | 180000 | 365492 |
| 青　　岛 | 5 | 2866 | 2527 | 173000 | 708064 |
| 郑　　州 |  |  |  |  |  |
| 武　　汉 | 4 | 2042 | 1957 | 103782 | 656371 |
| 长　　沙 | 2 | 5094 | 5094 | 874000 | 3084449 |
| 广　　州 | 6 | 5413 | 4846 | 129180 | 330461 |
| 深　　圳 | 5 | 5789 | 5789 | 327833 | 3212589 |
| 南　　宁 | 4 | 2398 | 1980 | 130800 | 660674 |
| 海　　口 |  |  |  |  |  |
| 重　　庆 | 19 | 16252 | 13328 | 419022 | 3472342 |
| 成　　都 | 4 | 11173 | 9317 | 1128258 | 5558864 |
| 贵　　阳 |  |  |  |  |  |
| 昆　　明 | 1 | 618 | 618 | 19980 | 15687 |
| 拉　　萨 |  |  |  |  |  |
| 西　　安 | 2 | 1565 | 1105 | 128300 | 1166723 |
| 兰　　州 | 1 | 800 | 800 | 10000 | 17620 |
| 西　　宁 |  |  |  |  |  |
| 银　　川 | 2 | 1598 | 1507 | 31020 | 37403 |
| 乌鲁木齐 | 2 | 2074 | 2074 | 96964 | 340153 |

2-14 续表 4

(其他综合市场)

| 地 区 | 市场数量(个) | 总摊位数(个) | 年末出租摊位数(个) | 营业面积(平方米) | 成交额(万元) |
|---|---|---|---|---|---|
| **36城市总计** | **80** | **146387** | **106293** | **6760552** | **22777214** |
| 北 京 | 3 | 5818 | 5516 | 241538 | 1819336 |
| 天 津 | 9 | 9440 | 8412 | 832431 | 1966146 |
| 石家庄 | | | | | |
| 太 原 | | | | | |
| 呼和浩特 | | | | | |
| 沈 阳 | 2 | 1129 | 1129 | 25300 | 51137 |
| 大 连 | 4 | 9522 | 9412 | 491750 | 3372588 |
| 长 春 | 4 | 3115 | 3050 | 111588 | 106581 |
| 哈尔滨 | 1 | 2000 | 1067 | 15000 | 27320 |
| 上 海 | 6 | 2957 | 2896 | 121025 | 294574 |
| 南 京 | 4 | 5137 | 4969 | 164979 | 836240 |
| 杭 州 | 8 | 5950 | 5854 | 522986 | 2923914 |
| 宁 波 | 2 | 495 | 495 | 28320 | 79608 |
| 合 肥 | 1 | 101 | 101 | 18000 | 19007 |
| 福 州 | 2 | 409 | 368 | 9996 | 32814 |
| 厦 门 | 3 | 1672 | 1638 | 173710 | 139737 |
| 南 昌 | 1 | 738 | 536 | 11686 | 291400 |
| 济 南 | | | | | |
| 青 岛 | 2 | 1581 | 1260 | 50000 | 74363 |
| 郑 州 | 1 | 23000 | 5390 | 606124 | 142167 |
| 武 汉 | | | | | |
| 长 沙 | 6 | 2513 | 2358 | 179646 | 194811 |
| 广 州 | 1 | 510 | 373 | 3980 | 16220 |
| 深 圳 | 2 | 1168 | 1017 | 20800 | 46719 |
| 南 宁 | 1 | 700 | 530 | 18000 | 21913 |
| 海 口 | | | | | |
| 重 庆 | 10 | 7547 | 6906 | 495908 | 856241 |
| 成 都 | 3 | 42203 | 24369 | 1284576 | 7916037 |
| 贵 阳 | 1 | 337 | 317 | 23000 | 22760 |
| 昆 明 | | | | | |
| 拉 萨 | | | | | |
| 西 安 | | | | | |
| 兰 州 | | | | | |
| 西 宁 | | | | | |
| 银 川 | 1 | 1063 | 1063 | 37650 | 178990 |
| 乌鲁木齐 | 2 | 17282 | 17267 | 1272559 | 1346591 |

## 2-14 续表 5

(专业市场)

| 地　　区 | 市场数量(个) | 总摊位数(个) | 年末出租摊位数(个) | 营业面积(平方米) | 成交额(万元) |
|---|---|---|---|---|---|
| **36城市总计** | **1435** | **1009366** | **879216** | **89360997** | **348602383** |
| 北　京 | 91 | 70682 | 57553 | 3986949 | 17142438 |
| 天　津 | 39 | 23965 | 22431 | 2806343 | 10928225 |
| 石家庄 | 37 | 38265 | 33988 | 3312217 | 7220872 |
| 太　原 | 7 | 2594 | 2558 | 399502 | 228051 |
| 呼和浩特 | 7 | 3538 | 3538 | 108600 | 190431 |
| 沈　阳 | 46 | 51754 | 45869 | 2374662 | 10793094 |
| 大　连 | 25 | 15438 | 14995 | 1153707 | 8600429 |
| 长　春 | 19 | 21527 | 17724 | 1892472 | 4501154 |
| 哈尔滨 | 34 | 29402 | 26301 | 1927499 | 4513494 |
| 上　海 | 113 | 45692 | 41687 | 6218197 | 85300349 |
| 南　京 | 26 | 22251 | 21298 | 1696157 | 4322042 |
| 杭　州 | 130 | 70496 | 64915 | 3423748 | 29069054 |
| 宁　波 | 84 | 34060 | 30220 | 3428552 | 27140614 |
| 合　肥 | 30 | 22879 | 18950 | 2447394 | 5649873 |
| 福　州 | 26 | 8878 | 8657 | 797661 | 5316351 |
| 厦　门 | 12 | 3309 | 3308 | 335906 | 1585742 |
| 南　昌 | 24 | 13401 | 12917 | 1103315 | 4285352 |
| 济　南 | 29 | 16527 | 15562 | 1605556 | 3595455 |
| 青　岛 | 58 | 53816 | 51366 | 4903918 | 8550531 |
| 郑　州 | 29 | 28545 | 26561 | 2829238 | 11774532 |
| 武　汉 | 44 | 24583 | 21010 | 1812623 | 7311343 |
| 长　沙 | 51 | 26200 | 23398 | 3411889 | 6989777 |
| 广　州 | 124 | 91506 | 74256 | 8082782 | 20975512 |
| 深　圳 | 20 | 12549 | 11547 | 375775 | 938237 |
| 南　宁 | 30 | 22620 | 19869 | 1723431 | 3815533 |
| 海　口 | 3 | 1446 | 1446 | 748300 | 333890 |
| 重　庆 | 108 | 51784 | 45588 | 5251045 | 21257674 |
| 成　都 | 39 | 62183 | 39758 | 5960731 | 7775342 |
| 贵　阳 | 18 | 6913 | 6430 | 1102029 | 3713936 |
| 昆　明 | 25 | 45583 | 38125 | 2503337 | 4841531 |
| 拉　萨 | | | | | |
| 西　安 | 32 | 26924 | 24194 | 2110051 | 3400524 |
| 兰　州 | 22 | 13336 | 12966 | 1114001 | 2821638 |
| 西　宁 | 6 | 6393 | 5886 | 501368 | 569758 |
| 银　川 | 18 | 15352 | 12977 | 2032210 | 1779483 |
| 乌鲁木齐 | 29 | 24975 | 21368 | 5879832 | 11370122 |

2-14　续表 6

(生产资料市场)

| 地　区 | 市场数量（个） | 总摊位数（个） | 年末出租摊位数（个） | 营业面积（平方米） | 成交额（万元） |
|---|---|---|---|---|---|
| **36城市总计** | **265** | **155264** | **123510** | **28501421** | **155114332** |
| 北　京 | 12 | 3723 | 3479 | 334332 | 652044 |
| 天　津 | 11 | 5142 | 4755 | 465357 | 4623875 |
| 石家庄 | 3 | 917 | 915 | 395716 | 145588 |
| 太　原 | 1 | 146 | 120 | 80000 | 10080 |
| 呼和浩特 | | | | | |
| 沈　阳 | 7 | 5180 | 4764 | 505471 | 2274923 |
| 大　连 | 4 | 588 | 489 | 114300 | 5372247 |
| 长　春 | 5 | 4167 | 4155 | 616000 | 311280 |
| 哈尔滨 | 6 | 4674 | 4541 | 898000 | 1612030 |
| 上　海 | 30 | 7793 | 7304 | 3757519 | 73993599 |
| 南　京 | 4 | 9357 | 9353 | 506266 | 1697248 |
| 杭　州 | 18 | 5075 | 4132 | 282656 | 7767057 |
| 宁　波 | 26 | 11102 | 9996 | 1748021 | 21454301 |
| 合　肥 | 6 | 2867 | 2771 | 481947 | 2772211 |
| 福　州 | 4 | 932 | 930 | 317638 | 1035239 |
| 厦　门 | 1 | 294 | 294 | 48000 | 33352 |
| 南　昌 | 4 | 2798 | 2673 | 161645 | 761889 |
| 济　南 | 5 | 1162 | 1050 | 211000 | 284790 |
| 青　岛 | 8 | 2222 | 2029 | 1700960 | 1425563 |
| 郑　州 | 2 | 206 | 147 | 633288 | 124820 |
| 武　汉 | 7 | 2924 | 2423 | 269177 | 1558087 |
| 长　沙 | 15 | 8051 | 5848 | 1439390 | 2072575 |
| 广　州 | 6 | 2046 | 1652 | 682686 | 3009045 |
| 深　圳 | 1 | 91 | 91 | 50000 | 11000 |
| 南　宁 | 7 | 2583 | 2421 | 326491 | 1880495 |
| 海　口 | 1 | 780 | 780 | 680000 | 298690 |
| 重　庆 | 30 | 12470 | 11516 | 1984309 | 7969045 |
| 成　都 | 13 | 35563 | 15560 | 3859759 | 2845928 |
| 贵　阳 | 6 | 1754 | 1719 | 327424 | 392507 |
| 昆　明 | 3 | 931 | 851 | 85775 | 38800 |
| 拉　萨 | | | | | |
| 西　安 | 6 | 5873 | 5581 | 979300 | 992128 |
| 兰　州 | 4 | 1682 | 1465 | 229066 | 855244 |
| 西　宁 | | | | | |
| 银　川 | 4 | 2181 | 1794 | 293340 | 365808 |
| 乌鲁木齐 | 5 | 9990 | 7912 | 4036588 | 6472844 |

2-14 续表 7

(农业生产用具市场)

| 地　区 | 市场数量(个) | 总摊位数(个) | 年末出租摊位数(个) | 营业面积(平方米) | 成交额(万元) |
|---|---|---|---|---|---|
| **36城市总计** | **6** | **1519** | **1368** | **277144** | **643872** |
| 北　京 | | | | | |
| 天　津 | | | | | |
| 石家庄 | 1 | 7 | 5 | 4000 | 12955 |
| 太　原 | | | | | |
| 呼和浩特 | | | | | |
| 沈　阳 | | | | | |
| 大　连 | | | | | |
| 长　春 | | | | | |
| 哈尔滨 | | | | | |
| 上　海 | | | | | |
| 南　京 | | | | | |
| 杭　州 | | | | | |
| 宁　波 | | | | | |
| 合　肥 | 1 | 632 | 632 | 120000 | 385000 |
| 福　州 | | | | | |
| 厦　门 | | | | | |
| 南　昌 | 1 | 457 | 332 | 8000 | 133687 |
| 济　南 | | | | | |
| 青　岛 | 2 | 240 | 228 | 129000 | 70900 |
| 郑　州 | | | | | |
| 武　汉 | | | | | |
| 长　沙 | | | | | |
| 广　州 | | | | | |
| 深　圳 | | | | | |
| 南　宁 | | | | | |
| 海　口 | | | | | |
| 重　庆 | | | | | |
| 成　都 | | | | | |
| 贵　阳 | | | | | |
| 昆　明 | | | | | |
| 拉　萨 | | | | | |
| 西　安 | | | | | |
| 兰　州 | | | | | |
| 西　宁 | | | | | |
| 银　川 | 1 | 183 | 171 | 16144 | 41330 |
| 乌鲁木齐 | | | | | |

2-14 续表 8

(农用生产资料市场)

| 地 区 | 市场数量(个) | 总摊位数(个) | 年末出租摊位数(个) | 营业面积(平方米) | 成交额(万元) |
|---|---|---|---|---|---|
| **36城市总计** | **6** | **1630** | **1455** | **95702** | **419529** |
| 北 京 | | | | | |
| 天 津 | | | | | |
| 石家庄 | | | | | |
| 太 原 | | | | | |
| 呼和浩特 | | | | | |
| 沈 阳 | | | | | |
| 大 连 | | | | | |
| 长 春 | | | | | |
| 哈尔滨 | 1 | 39 | 39 | 1000 | 17430 |
| 上 海 | | | | | |
| 南 京 | | | | | |
| 杭 州 | | | | | |
| 宁 波 | 1 | 185 | 145 | 6880 | 26021 |
| 合 肥 | | | | | |
| 福 州 | | | | | |
| 厦 门 | | | | | |
| 南 昌 | | | | | |
| 济 南 | | | | | |
| 青 岛 | | | | | |
| 郑 州 | | | | | |
| 武 汉 | | | | | |
| 长 沙 | | | | | |
| 广 州 | | | | | |
| 深 圳 | | | | | |
| 南 宁 | 2 | 710 | 708 | 52000 | 233348 |
| 海 口 | | | | | |
| 重 庆 | 1 | 380 | 247 | 28554 | 130000 |
| 成 都 | | | | | |
| 贵 阳 | | | | | |
| 昆 明 | 1 | 316 | 316 | 7268 | 12730 |
| 拉 萨 | | | | | |
| 西 安 | | | | | |
| 兰 州 | | | | | |
| 西 宁 | | | | | |
| 银 川 | | | | | |
| 乌鲁木齐 | | | | | |

2-14 续表 9

(煤炭市场)

| 地 区 | 市场数量(个) | 总摊位数(个) | 年末出租摊位数(个) | 营业面积(平方米) | 成交额(万元) |
|---|---|---|---|---|---|
| **36城市总计** | **3** | **2834** | **2834** | **406400** | **2473457** |
| 北 京 | | | | | |
| 天 津 | 2 | 2778 | 2778 | 1400 | 1484749 |
| 石家庄 | | | | | |
| 太 原 | | | | | |
| 呼和浩特 | | | | | |
| 沈 阳 | | | | | |
| 大 连 | | | | | |
| 长 春 | | | | | |
| 哈尔滨 | | | | | |
| 上 海 | | | | | |
| 南 京 | | | | | |
| 杭 州 | | | | | |
| 宁 波 | 1 | 56 | 56 | 405000 | 988708 |
| 合 肥 | | | | | |
| 福 州 | | | | | |
| 厦 门 | | | | | |
| 南 昌 | | | | | |
| 济 南 | | | | | |
| 青 岛 | | | | | |
| 郑 州 | | | | | |
| 武 汉 | | | | | |
| 长 沙 | | | | | |
| 广 州 | | | | | |
| 深 圳 | | | | | |
| 南 宁 | | | | | |
| 海 口 | | | | | |
| 重 庆 | | | | | |
| 成 都 | | | | | |
| 贵 阳 | | | | | |
| 昆 明 | | | | | |
| 拉 萨 | | | | | |
| 西 安 | | | | | |
| 兰 州 | | | | | |
| 西 宁 | | | | | |
| 银 川 | | | | | |
| 乌鲁木齐 | | | | | |

2-14 续表 10

(木材市场)

| 地　区 | 市场数量(个) | 总摊位数(个) | 年末出租摊位数(个) | 营业面积(平方米) | 成交额(万元) |
|---|---|---|---|---|---|
| **36城市总计** | **15** | **2495** | **2348** | **1448396** | **993055** |
| 北　京 | | | | | |
| 天　津 | | | | | |
| 石家庄 | | | | | |
| 太　原 | | | | | |
| 呼和浩特 | | | | | |
| 沈　阳 | 1 | 200 | 200 | 2800 | 31960 |
| 大　连 | | | | | |
| 长　春 | 1 | 168 | 156 | 225000 | 12336 |
| 哈尔滨 | | | | | |
| 上　海 | 6 | 612 | 611 | 297396 | 536960 |
| 南　京 | | | | | |
| 杭　州 | 2 | 285 | 280 | 53000 | 59390 |
| 宁　波 | | | | | |
| 合　肥 | | | | | |
| 福　州 | 1 | 419 | 419 | 199980 | 110952 |
| 厦　门 | | | | | |
| 南　昌 | | | | | |
| 济　南 | | | | | |
| 青　岛 | 1 | 200 | 196 | 399960 | 76528 |
| 郑　州 | | | | | |
| 武　汉 | | | | | |
| 长　沙 | | | | | |
| 广　州 | | | | | |
| 深　圳 | 1 | 91 | 91 | 50000 | 11000 |
| 南　宁 | | | | | |
| 海　口 | | | | | |
| 重　庆 | 2 | 520 | 395 | 220260 | 153929 |
| 成　都 | | | | | |
| 贵　阳 | | | | | |
| 昆　明 | | | | | |
| 拉　萨 | | | | | |
| 西　安 | | | | | |
| 兰　州 | | | | | |
| 西　宁 | | | | | |
| 银　川 | | | | | |
| 乌鲁木齐 | | | | | |

## 2-14 续表 11

（建材市场）

| 地 区 | 市场数量（个） | 总摊位数（个） | 年末出租摊位数（个） | 营业面积（平方米） | 成交额（万元） |
|---|---|---|---|---|---|
| **36城市总计** | **83** | **76935** | **51923** | **15305673** | **9267183** |
| 北 京 | 9 | 2807 | 2678 | 256663 | 416083 |
| 天 津 | 2 | 1318 | 1010 | 215000 | 153703 |
| 石家庄 | | | | | |
| 太 原 | | | | | |
| 呼和浩特 | | | | | |
| 沈 阳 | 1 | 273 | 92 | 39171 | 153829 |
| 大 连 | | | | | |
| 长 春 | | | | | |
| 哈尔滨 | 1 | 3600 | 3600 | 450000 | 300000 |
| 上 海 | 9 | 1886 | 1843 | 2832138 | 1034417 |
| 南 京 | 3 | 8657 | 8653 | 206266 | 469248 |
| 杭 州 | 2 | 275 | 255 | 12285 | 46317 |
| 宁 波 | 5 | 1859 | 1657 | 221246 | 836663 |
| 合 肥 | 3 | 1051 | 985 | 114481 | 67211 |
| 福 州 | 2 | 428 | 426 | 105158 | 890659 |
| 厦 门 | 1 | 294 | 294 | 48000 | 33352 |
| 南 昌 | 2 | 1662 | 1662 | 107624 | 593201 |
| 济 南 | 1 | 450 | 450 | 40000 | 100000 |
| 青 岛 | 2 | 1112 | 1094 | 262000 | 208551 |
| 郑 州 | 1 | 150 | 95 | 500000 | 12320 |
| 武 汉 | 1 | 280 | 220 | 5000 | 10300 |
| 长 沙 | 8 | 3868 | 2277 | 699780 | 421603 |
| 广 州 | 1 | 887 | 729 | 163786 | 179585 |
| 深 圳 | | | | | |
| 南 宁 | 2 | 627 | 467 | 100000 | 42797 |
| 海 口 | 1 | 780 | 780 | 680000 | 298690 |
| 重 庆 | 9 | 2891 | 2793 | 523465 | 922501 |
| 成 都 | 8 | 29207 | 9430 | 2957720 | 874360 |
| 贵 阳 | 2 | 243 | 237 | 82924 | 36767 |
| 昆 明 | 1 | 150 | 150 | 15000 | 12570 |
| 拉 萨 | | | | | |
| 西 安 | 4 | 4863 | 4707 | 794100 | 457928 |
| 兰 州 | 1 | 32 | 32 | 11066 | 30086 |
| 西 宁 | | | | | |
| 银 川 | | | | | |
| 乌鲁木齐 | 1 | 7285 | 5307 | 3862800 | 664442 |

2-14 续表 12

(化工材料及制品市场)

| 地　区 | 市场数量(个) | 总摊位数(个) | 年末出租摊位数(个) | 营业面积(平方米) | 成交额(万元) |
|---|---|---|---|---|---|
| **36城市总计** | **11** | **5769** | **5134** | **579298** | **8934342** |
| 北　京 | | | | | |
| 天　津 | 1 | 311 | 302 | 9638 | 320000 |
| 石家庄 | | | | | |
| 太　原 | | | | | |
| 呼和浩特 | | | | | |
| 沈　阳 | | | | | |
| 大　连 | 1 | 98 | 98 | 4300 | 10100 |
| 长　春 | | | | | |
| 哈尔滨 | | | | | |
| 上　海 | 1 | 495 | 495 | 13000 | 1007000 |
| 南　京 | | | | | |
| 杭　州 | 1 | 90 | 90 | 2000 | 173716 |
| 宁　波 | 3 | 3155 | 2964 | 411800 | 7079026 |
| 合　肥 | | | | | |
| 福　州 | 1 | 85 | 85 | 12500 | 33628 |
| 厦　门 | | | | | |
| 南　昌 | | | | | |
| 济　南 | | | | | |
| 青　岛 | | | | | |
| 郑　州 | | | | | |
| 武　汉 | | | | | |
| 长　沙 | 2 | 1169 | 734 | 60600 | 130872 |
| 广　州 | | | | | |
| 深　圳 | | | | | |
| 南　宁 | | | | | |
| 海　口 | | | | | |
| 重　庆 | | | | | |
| 成　都 | 1 | 366 | 366 | 65460 | 180000 |
| 贵　阳 | | | | | |
| 昆　明 | | | | | |
| 拉　萨 | | | | | |
| 西　安 | | | | | |
| 兰　州 | | | | | |
| 西　宁 | | | | | |
| 银　川 | | | | | |
| 乌鲁木齐 | | | | | |

2-14 续表 13

(金属材料市场)

| 地　　区 | 市场数量（个） | 总摊位数（个） | 年末出租摊位数（个） | 营业面积（平方米） | 成交额（万元） |
|---|---|---|---|---|---|
| **36城市总计** | **101** | **43201** | **38968** | **8491618** | **109091974** |
| 北　　京 | 1 | 269 | 269 | 23600 | 38000 |
| 天　　津 | 6 | 735 | 665 | 239319 | 2665423 |
| 石 家 庄 | 1 | 110 | 110 | 201716 | 43267 |
| 太　　原 | 1 | 146 | 120 | 80000 | 10080 |
| 呼和浩特 | | | | | |
| 沈　　阳 | 5 | 4707 | 4472 | 463500 | 2089134 |
| 大　　连 | 1 | 175 | 86 | 80000 | 39000 |
| 长　　春 | 2 | 2402 | 2402 | 141000 | 198778 |
| 哈 尔 滨 | 3 | 885 | 787 | 327000 | 1196600 |
| 上　　海 | 9 | 3335 | 2917 | 480057 | 59601038 |
| 南　　京 | 1 | 700 | 700 | 300000 | 1228000 |
| 杭　　州 | 10 | 3513 | 3038 | 184948 | 7099537 |
| 宁　　波 | 13 | 5210 | 4773 | 675995 | 9904798 |
| 合　　肥 | 2 | 1184 | 1154 | 247466 | 2320000 |
| 福　　州 | | | | | |
| 厦　　门 | | | | | |
| 南　　昌 | 1 | 679 | 679 | 46021 | 35001 |
| 济　　南 | 4 | 712 | 600 | 171000 | 184790 |
| 青　　岛 | 3 | 670 | 511 | 910000 | 1069584 |
| 郑　　州 | 1 | 56 | 52 | 133288 | 112500 |
| 武　　汉 | 6 | 2644 | 2203 | 264177 | 1547787 |
| 长　　沙 | 1 | 1307 | 1256 | 634273 | 1300000 |
| 广　　州 | 4 | 822 | 589 | 506200 | 2793660 |
| 深　　圳 | | | | | |
| 南　　宁 | 2 | 746 | 746 | 144491 | 1514350 |
| 海　　口 | | | | | |
| 重　　庆 | 11 | 4878 | 4280 | 854030 | 5793824 |
| 成　　都 | 1 | 1800 | 1800 | 562579 | 1126468 |
| 贵　　阳 | 4 | 1511 | 1482 | 244500 | 355740 |
| 昆　　明 | | | | | |
| 拉　　萨 | | | | | |
| 西　　安 | 1 | 210 | 74 | 5200 | 375300 |
| 兰　　州 | 3 | 1650 | 1433 | 218000 | 825158 |
| 西　　宁 | | | | | |
| 银　　川 | 2 | 1702 | 1327 | 242470 | 298473 |
| 乌鲁木齐 | 2 | 443 | 443 | 110788 | 5325684 |

2-14 续表 14

(机械设备市场)

| 地　　区 | 市场数量(个) | 总摊位数(个) | 年末出租摊位数(个) | 营业面积(平方米) | 成交额(万元) |
|---|---|---|---|---|---|
| **36城市总计** | **22** | **13583** | **12666** | **1157476** | **2671218** |
| 北　　京 | 1 | 377 | 262 | 33000 | 92000 |
| 天　　津 | | | | | |
| 石 家 庄 | 1 | 800 | 800 | 190000 | 89366 |
| 太　　原 | | | | | |
| 呼和浩特 | | | | | |
| 沈　　阳 | | | | | |
| 大　　连 | | | | | |
| 长　　春 | | | | | |
| 哈 尔 滨 | | | | | |
| 上　　海 | 1 | 187 | 160 | 4500 | 84723 |
| 南　　京 | | | | | |
| 杭　　州 | 2 | 712 | 466 | 25423 | 174834 |
| 宁　　波 | | | | | |
| 合　　肥 | | | | | |
| 福　　州 | | | | | |
| 厦　　门 | | | | | |
| 南　　昌 | | | | | |
| 济　　南 | | | | | |
| 青　　岛 | | | | | |
| 郑　　州 | | | | | |
| 武　　汉 | | | | | |
| 长　　沙 | 3 | 1041 | 921 | 20620 | 196000 |
| 广　　州 | 1 | 337 | 334 | 12700 | 35800 |
| 深　　圳 | | | | | |
| 南　　宁 | 1 | 500 | 500 | 30000 | 90000 |
| 海　　口 | | | | | |
| 重　　庆 | 5 | 2678 | 2678 | 240000 | 744990 |
| 成　　都 | 3 | 4190 | 3964 | 274000 | 665100 |
| 贵　　阳 | | | | | |
| 昆　　明 | 1 | 465 | 385 | 63507 | 13500 |
| 拉　　萨 | | | | | |
| 西　　安 | 1 | 800 | 800 | 180000 | 158900 |
| 兰　　州 | | | | | |
| 西　　宁 | | | | | |
| 银　　川 | 1 | 296 | 296 | 34726 | 26005 |
| 乌鲁木齐 | 1 | 1200 | 1100 | 49000 | 300000 |

2-14　续表 15

（其他生产资料市场）

| 地　区 | 市场数量（个） | 总摊位数（个） | 年末出租摊位数（个） | 营业面积（平方米） | 成交额（万元） |
|---|---|---|---|---|---|
| **36城市总计** | **18** | **7298** | **6814** | **739714** | **20619702** |
| 北　京 | 1 | 270 | 270 | 21069 | 105961 |
| 天　津 | | | | | |
| 石家庄 | | | | | |
| 太　原 | | | | | |
| 呼和浩特 | | | | | |
| 沈　阳 | | | | | |
| 大　连 | 2 | 315 | 305 | 30000 | 5323147 |
| 长　春 | 2 | 1597 | 1597 | 250000 | 100166 |
| 哈尔滨 | 1 | 150 | 115 | 120000 | 98000 |
| 上　海 | 4 | 1278 | 1278 | 130428 | 11729461 |
| 南　京 | | | | | |
| 杭　州 | 1 | 200 | 3 | 5000 | 213263 |
| 宁　波 | 3 | 637 | 401 | 27100 | 2619085 |
| 合　肥 | | | | | |
| 福　州 | | | | | |
| 厦　门 | | | | | |
| 南　昌 | | | | | |
| 济　南 | | | | | |
| 青　岛 | | | | | |
| 郑　州 | | | | | |
| 武　汉 | | | | | |
| 长　沙 | 1 | 666 | 660 | 24117 | 24100 |
| 广　州 | | | | | |
| 深　圳 | | | | | |
| 南　宁 | | | | | |
| 海　口 | | | | | |
| 重　庆 | 2 | 1123 | 1123 | 118000 | 223801 |
| 成　都 | | | | | |
| 贵　阳 | | | | | |
| 昆　明 | | | | | |
| 拉　萨 | | | | | |
| 西　安 | | | | | |
| 兰　州 | | | | | |
| 西　宁 | | | | | |
| 银　川 | | | | | |
| 乌鲁木齐 | 1 | 1062 | 1062 | 14000 | 182718 |

2-14 续表 16

(农产品市场)

| 地 区 | 市场数量(个) | 总摊位数(个) | 年末出租摊位数(个) | 营业面积(平方米) | 成交额(万元) |
|---|---|---|---|---|---|
| **36城市总计** | **310** | **199039** | **171672** | **14308057** | **71267430** |
| 北 京 | 19 | 20277 | 9856 | 785441 | 3391211 |
| 天 津 | 11 | 8234 | 7551 | 929928 | 3175438 |
| 石家庄 | 9 | 3496 | 3135 | 197028 | 217567 |
| 太 原 | 2 | 180 | 180 | 24000 | 95000 |
| 呼和浩特 | 1 | 120 | 120 | 10000 | 12920 |
| 沈 阳 | 8 | 3717 | 3717 | 394000 | 2198598 |
| 大 连 | 5 | 3849 | 3849 | 194283 | 865880 |
| 长 春 | 3 | 2322 | 2322 | 230501 | 895876 |
| 哈尔滨 | 6 | 1467 | 1441 | 86123 | 584682 |
| 上 海 | 27 | 11176 | 9227 | 645690 | 4755780 |
| 南 京 | 8 | 3726 | 2953 | 431254 | 1156087 |
| 杭 州 | 32 | 18085 | 15646 | 719306 | 6724282 |
| 宁 波 | 17 | 9344 | 8164 | 369604 | 2422254 |
| 合 肥 | 7 | 3443 | 2063 | 265898 | 464638 |
| 福 州 | 5 | 1676 | 1606 | 135256 | 2519470 |
| 厦 门 | 9 | 2896 | 2896 | 253906 | 1210270 |
| 南 昌 | 4 | 1428 | 1428 | 95400 | 1240914 |
| 济 南 | 8 | 6605 | 6597 | 260500 | 1462802 |
| 青 岛 | 22 | 34648 | 33630 | 1845556 | 3463336 |
| 郑 州 | 6 | 6092 | 5269 | 996118 | 8230264 |
| 武 汉 | 5 | 3568 | 3568 | 271070 | 2518727 |
| 长 沙 | 4 | 1793 | 1785 | 218540 | 1194172 |
| 广 州 | 20 | 6534 | 5725 | 530682 | 4247889 |
| 深 圳 | 7 | 3145 | 2857 | 70433 | 485629 |
| 南 宁 | 5 | 4055 | 3991 | 254593 | 963944 |
| 海 口 | | | | | |
| 重 庆 | 20 | 11419 | 9590 | 643691 | 5240867 |
| 成 都 | 6 | 5584 | 5000 | 389820 | 2413928 |
| 贵 阳 | 2 | 1421 | 1194 | 46549 | 1734154 |
| 昆 明 | 4 | 2608 | 2578 | 272103 | 1656154 |
| 拉 萨 | | | | | |
| 西 安 | 6 | 2916 | 2559 | 136338 | 432346 |
| 兰 州 | 7 | 2734 | 2734 | 209200 | 1138186 |
| 西 宁 | 2 | 1821 | 1821 | 376203 | 286300 |
| 银 川 | 5 | 5410 | 3674 | 921721 | 1099441 |
| 乌鲁木齐 | 8 | 3250 | 2946 | 1097322 | 2768424 |

## 2-14 续表 17

(粮油市场)

| 地　区 | 市场数量（个） | 总摊位数（个） | 年末出租摊位数（个） | 营业面积（平方米） | 成交额（万元） |
|---|---|---|---|---|---|
| **36城市总计** | **41** | **13980** | **12473** | **1186948** | **8857167** |
| 北　京 | 3 | 2220 | 1920 | 170000 | 1854536 |
| 天　津 | 3 | 1640 | 1631 | 174410 | 673296 |
| 石家庄 | 1 | 200 | 102 | 10000 | 35170 |
| 太　原 | 1 | 140 | 140 | 17000 | 75000 |
| 呼和浩特 | | | | | |
| 沈　阳 | 1 | 288 | 288 | 37000 | 282553 |
| 大　连 | | | | | |
| 长　春 | | | | | |
| 哈尔滨 | 1 | 79 | 79 | 13283 | 191020 |
| 上　海 | 6 | 859 | 859 | 30540 | 238388 |
| 南　京 | 2 | 136 | 136 | 83000 | 207546 |
| 杭　州 | 3 | 2866 | 1981 | 133000 | 1427898 |
| 宁　波 | 1 | 272 | 243 | 23000 | 175693 |
| 合　肥 | | | | | |
| 福　州 | 1 | 268 | 260 | 30900 | 56300 |
| 厦　门 | | | | | |
| 南　昌 | | | | | |
| 济　南 | | | | | |
| 青　岛 | 3 | 361 | 346 | 175171 | 206840 |
| 郑　州 | 1 | 312 | 312 | 40000 | 850000 |
| 武　汉 | | | | | |
| 长　沙 | | | | | |
| 广　州 | 3 | 865 | 774 | 40953 | 272793 |
| 深　圳 | | | | | |
| 南　宁 | 1 | 94 | 86 | 10000 | 10001 |
| 海　口 | | | | | |
| 重　庆 | 1 | 1000 | 1000 | 8000 | 90187 |
| 成　都 | 1 | 217 | 190 | 15000 | 176000 |
| 贵　阳 | 1 | 281 | 279 | 8900 | 998580 |
| 昆　明 | 2 | 928 | 928 | 65431 | 496184 |
| 拉　萨 | | | | | |
| 西　安 | 1 | 244 | 244 | 5496 | 287876 |
| 兰　州 | 2 | 465 | 465 | 63000 | 206870 |
| 西　宁 | | | | | |
| 银　川 | 1 | 65 | 58 | 7864 | 14036 |
| 乌鲁木齐 | 1 | 180 | 152 | 25000 | 30400 |

2-14 续表 18

(肉禽蛋市场)

| 地　区 | 市场数量(个) | 总摊位数(个) | 年末出租摊位数(个) | 营业面积(平方米) | 成交额(万元) |
|---|---|---|---|---|---|
| **36城市总计** | **43** | **15654** | **14579** | **1554940** | **7539157** |
| 北　京 | 2 | 514 | 514 | 8976 | 55232 |
| 天　津 | | | | | |
| 石家庄 | 2 | 380 | 340 | 29826 | 45270 |
| 太　原 | | | | | |
| 呼和浩特 | 1 | 120 | 120 | 10000 | 12920 |
| 沈　阳 | 1 | 38 | 38 | 4000 | 54725 |
| 大　连 | | | | | |
| 长　春 | | | | | |
| 哈尔滨 | 1 | 27 | 27 | 7340 | 147800 |
| 上　海 | 5 | 914 | 727 | 16260 | 721292 |
| 南　京 | 1 | 72 | 72 | 1500 | 16500 |
| 杭　州 | 5 | 1341 | 1325 | 63277 | 982714 |
| 宁　波 | 1 | 760 | 760 | 17900 | 174894 |
| 合　肥 | 2 | 633 | 591 | 63748 | 227512 |
| 福　州 | | | | | |
| 厦　门 | 1 | 85 | 85 | 3200 | 105000 |
| 南　昌 | 3 | 648 | 648 | 52400 | 854284 |
| 济　南 | | | | | |
| 青　岛 | 1 | 32 | 32 | 1500 | 10300 |
| 郑　州 | | | | | |
| 武　汉 | | | | | |
| 长　沙 | | | | | |
| 广　州 | 5 | 1042 | 882 | 85700 | 601848 |
| 深　圳 | 1 | 440 | 389 | 7000 | 90968 |
| 南　宁 | 2 | 3392 | 3336 | 74300 | 345393 |
| 海　口 | | | | | |
| 重　庆 | 4 | 2006 | 1821 | 106088 | 1621964 |
| 成　都 | 1 | 1718 | 1687 | 86777 | 1217446 |
| 贵　阳 | | | | | |
| 昆　明 | | | | | |
| 拉　萨 | | | | | |
| 西　安 | 1 | 1200 | 943 | 31526 | 18400 |
| 兰　州 | | | | | |
| 西　宁 | | | | | |
| 银　川 | | | | | |
| 乌鲁木齐 | 3 | 292 | 242 | 883622 | 234695 |

2-14 续表 19

(水产品市场)

| 地 区 | 市场数量(个) | 总摊位数(个) | 年末出租摊位数(个) | 营业面积(平方米) | 成交额(万元) |
|---|---|---|---|---|---|
| **36城市总计** | **61** | **53098** | **48884** | **2567803** | **19544989** |
| 北 京 | 3 | 2442 | 2120 | 75830 | 1013644 |
| 天 津 | 1 | 220 | 220 | 8000 | 598461 |
| 石 家 庄 | 1 | 300 | 300 | 8000 | 31023 |
| 太 原 | | | | | |
| 呼和浩特 | | | | | |
| 沈 阳 | 4 | 2571 | 2571 | 109000 | 1099748 |
| 大 连 | 3 | 3421 | 3421 | 162783 | 817194 |
| 长 春 | 1 | 1296 | 1296 | 120601 | 620000 |
| 哈 尔 滨 | | | | | |
| 上 海 | 5 | 3140 | 2911 | 215640 | 1927971 |
| 南 京 | 2 | 2366 | 1755 | 285239 | 782395 |
| 杭 州 | 2 | 2170 | 1786 | 89135 | 984550 |
| 宁 波 | 9 | 6255 | 5104 | 154471 | 1193339 |
| 合 肥 | 1 | 318 | 143 | 22000 | 10340 |
| 福 州 | 2 | 795 | 737 | 81579 | 2182140 |
| 厦 门 | 3 | 983 | 983 | 26800 | 454353 |
| 南 昌 | 1 | 780 | 780 | 43000 | 386630 |
| 济 南 | 2 | 1270 | 1270 | 36000 | 660000 |
| 青 岛 | 5 | 17759 | 17251 | 615052 | 1209858 |
| 郑 州 | 2 | 761 | 755 | 64800 | 1360000 |
| 武 汉 | 2 | 2492 | 2492 | 233468 | 2397225 |
| 长 沙 | 1 | 313 | 305 | 13340 | 484735 |
| 广 州 | 5 | 948 | 697 | 41865 | 404895 |
| 深 圳 | 2 | 850 | 775 | 33000 | 234000 |
| 南 宁 | | | | | |
| 海 口 | | | | | |
| 重 庆 | 2 | 840 | 504 | 104000 | 662000 |
| 成 都 | | | | | |
| 贵 阳 | | | | | |
| 昆 明 | | | | | |
| 拉 萨 | | | | | |
| 西 安 | 1 | 720 | 620 | 23000 | 20290 |
| 兰 州 | 1 | 88 | 88 | 1200 | 10198 |
| 西 宁 | | | | | |
| 银 川 | | | | | |
| 乌鲁木齐 | | | | | |

2-14 续表 20

(蔬菜市场)

| 地　区 | 市场数量（个） | 总摊位数（个） | 年末出租摊位数（个） | 营业面积（平方米） | 成交额（万元） |
|---|---|---|---|---|---|
| **36城市总计** | **76** | **61331** | **50500** | **4269908** | **12321283** |
| 北　京 | 6 | 9351 | 2037 | 183400 | 166742 |
| 天　津 | 5 | 4680 | 4186 | 448292 | 578301 |
| 石家庄 | 3 | 2361 | 2287 | 134202 | 83291 |
| 太　原 | | | | | |
| 呼和浩特 | | | | | |
| 沈　阳 | 1 | 320 | 320 | 94000 | 178012 |
| 大　连 | | | | | |
| 长　春 | 1 | 300 | 300 | 45000 | 250000 |
| 哈尔滨 | 1 | 310 | 300 | 1000 | 36425 |
| 上　海 | 3 | 671 | 671 | 78010 | 797987 |
| 南　京 | 2 | 227 | 194 | 48000 | 90459 |
| 杭　州 | 5 | 3764 | 3753 | 53200 | 468656 |
| 宁　波 | 3 | 868 | 868 | 104933 | 457043 |
| 合　肥 | 1 | 396 | 396 | 50000 | 58408 |
| 福　州 | | | | | |
| 厦　门 | 2 | 720 | 720 | 182806 | 447827 |
| 南　昌 | | | | | |
| 济　南 | 4 | 2496 | 2488 | 111500 | 603835 |
| 青　岛 | 8 | 13802 | 13494 | 783442 | 1075094 |
| 郑　州 | 2 | 1019 | 1019 | 231318 | 679700 |
| 武　汉 | 1 | 191 | 191 | 12827 | 20116 |
| 长　沙 | 2 | 1280 | 1280 | 135200 | 680937 |
| 广　州 | 4 | 2488 | 2187 | 121879 | 287559 |
| 深　圳 | | | | | |
| 南　宁 | 1 | 220 | 220 | 46620 | 130000 |
| 海　口 | | | | | |
| 重　庆 | 8 | 5441 | 4205 | 290076 | 2032717 |
| 成　都 | 2 | 1286 | 798 | 104866 | 278055 |
| 贵　阳 | 1 | 1140 | 915 | 37649 | 735574 |
| 昆　明 | 1 | 1080 | 1050 | 106672 | 359970 |
| 拉　萨 | | | | | |
| 西　安 | 2 | 627 | 627 | 38016 | 67800 |
| 兰　州 | 2 | 1072 | 1072 | 69000 | 171599 |
| 西　宁 | 1 | 1421 | 1421 | 260000 | 254300 |
| 银　川 | 2 | 2270 | 2022 | 405000 | 391667 |
| 乌鲁木齐 | 2 | 1530 | 1479 | 93000 | 939209 |

2-14 续表 21

(干鲜果品市场)

| 地 区 | 市场数量<br>(个) | 总摊位数<br>(个) | 年末出租摊位数<br>(个) | 营业面积<br>(平方米) | 成交额<br>(万元) |
|---|---|---|---|---|---|
| **36城市总计** | **34** | **18024** | **13966** | **2214286** | **9598790** |
| 北 京 | 2 | 2680 | 540 | 255000 | 147525 |
| 天 津 | | | | | |
| 石 家 庄 | 2 | 255 | 106 | 15000 | 22813 |
| 太 原 | 1 | 40 | 40 | 7000 | 20000 |
| 呼和浩特 | | | | | |
| 沈 阳 | 1 | 500 | 500 | 150000 | 583560 |
| 大 连 | 1 | 302 | 302 | 27000 | 33254 |
| 长 春 | | | | | |
| 哈 尔 滨 | | | | | |
| 上 海 | 2 | 250 | 250 | 122250 | 110297 |
| 南 京 | | | | | |
| 杭 州 | 5 | 1838 | 1592 | 121989 | 1028293 |
| 宁 波 | 1 | 500 | 500 | 53000 | 217623 |
| 合 肥 | 1 | 415 | 415 | 33350 | 86260 |
| 福 州 | 1 | 302 | 302 | 18777 | 261500 |
| 厦 门 | 1 | 180 | 180 | 25000 | 70792 |
| 南 昌 | | | | | |
| 济 南 | 1 | 2200 | 2200 | 110000 | 165000 |
| 青 岛 | 2 | 595 | 430 | 88600 | 232240 |
| 郑 州 | | | | | |
| 武 汉 | 1 | 365 | 365 | 12775 | 39853 |
| 长 沙 | 1 | 200 | 200 | 70000 | 28500 |
| 广 州 | 3 | 1191 | 1185 | 240285 | 2680794 |
| 深 圳 | | | | | |
| 南 宁 | 1 | 349 | 349 | 123673 | 478550 |
| 海 口 | | | | | |
| 重 庆 | 2 | 1168 | 1168 | 60787 | 480053 |
| 成 都 | | | | | |
| 贵 阳 | | | | | |
| 昆 明 | 1 | 600 | 600 | 100000 | 800000 |
| 拉 萨 | | | | | |
| 西 安 | 1 | 125 | 125 | 38300 | 37980 |
| 兰 州 | 1 | 469 | 469 | 34800 | 147526 |
| 西 宁 | | | | | |
| 银 川 | 1 | 2300 | 1123 | 471000 | 413367 |
| 乌鲁木齐 | 1 | 1200 | 1025 | 35700 | 1513010 |

2-14 续表 22

(棉麻土畜、烟叶市场)

| 地 区 | 市场数量(个) | 总摊位数(个) | 年末出租摊位数(个) | 营业面积(平方米) | 成交额(万元) |
|---|---|---|---|---|---|
| **36城市总计** | **1** | **261** | **261** | **10000** | **189427** |
| 北 京 | | | | | |
| 天 津 | | | | | |
| 石 家 庄 | | | | | |
| 太 原 | | | | | |
| 呼和浩特 | | | | | |
| 沈 阳 | | | | | |
| 大 连 | | | | | |
| 长 春 | | | | | |
| 哈 尔 滨 | | | | | |
| 上 海 | | | | | |
| 南 京 | | | | | |
| 杭 州 | | | | | |
| 宁 波 | 1 | 261 | 261 | 10000 | 189427 |
| 合 肥 | | | | | |
| 福 州 | | | | | |
| 厦 门 | | | | | |
| 南 昌 | | | | | |
| 济 南 | | | | | |
| 青 岛 | | | | | |
| 郑 州 | | | | | |
| 武 汉 | | | | | |
| 长 沙 | | | | | |
| 广 州 | | | | | |
| 深 圳 | | | | | |
| 南 宁 | | | | | |
| 海 口 | | | | | |
| 重 庆 | | | | | |
| 成 都 | | | | | |
| 贵 阳 | | | | | |
| 昆 明 | | | | | |
| 拉 萨 | | | | | |
| 西 安 | | | | | |
| 兰 州 | | | | | |
| 西 宁 | | | | | |
| 银 川 | | | | | |
| 乌鲁木齐 | | | | | |

## 2-14 续表 23

(其他农产品市场)

| 地 区 | 市场数量（个） | 总摊位数（个） | 年末出租摊位数（个） | 营业面积（平方米） | 成交额（万元） |
|---|---|---|---|---|---|
| **36城市总计** | **54** | **36691** | **31009** | **2504172** | **13216617** |
| 北 京 | 3 | 3070 | 2725 | 92235 | 153532 |
| 天 津 | 2 | 1694 | 1514 | 299226 | 1325380 |
| 石家庄 | | | | | |
| 太 原 | | | | | |
| 呼和浩特 | | | | | |
| 沈 阳 | | | | | |
| 大 连 | 1 | 126 | 126 | 4500 | 15432 |
| 长 春 | 1 | 726 | 726 | 64900 | 25876 |
| 哈尔滨 | 3 | 1051 | 1035 | 64500 | 209437 |
| 上 海 | 6 | 5342 | 3809 | 182990 | 959845 |
| 南 京 | 1 | 925 | 796 | 13515 | 59187 |
| 杭 州 | 12 | 6106 | 5209 | 258705 | 1832171 |
| 宁 波 | 1 | 428 | 428 | 6300 | 14235 |
| 合 肥 | 2 | 1681 | 518 | 96800 | 82118 |
| 福 州 | 1 | 311 | 307 | 4000 | 19530 |
| 厦 门 | 2 | 928 | 928 | 16100 | 132298 |
| 南 昌 | | | | | |
| 济 南 | 1 | 639 | 639 | 3000 | 33967 |
| 青 岛 | 3 | 2099 | 2077 | 181791 | 729004 |
| 郑 州 | 1 | 4000 | 3183 | 660000 | 5340564 |
| 武 汉 | 1 | 520 | 520 | 12000 | 61533 |
| 长 沙 | | | | | |
| 广 州 | | | | | |
| 深 圳 | 4 | 1855 | 1693 | 30433 | 160661 |
| 南 宁 | | | | | |
| 海 口 | | | | | |
| 重 庆 | 3 | 964 | 892 | 74740 | 353946 |
| 成 都 | 2 | 2363 | 2325 | 183177 | 742427 |
| 贵 阳 | | | | | |
| 昆 明 | | | | | |
| 拉 萨 | | | | | |
| 西 安 | | | | | |
| 兰 州 | 1 | 640 | 640 | 41200 | 601993 |
| 西 宁 | 1 | 400 | 400 | 116203 | 32000 |
| 银 川 | 1 | 775 | 471 | 37857 | 280371 |
| 乌鲁木齐 | 1 | 48 | 48 | 60000 | 51110 |

2-14 续表 24

(食品、饮料及烟酒市场)

| 地区 | 市场数量(个) | 总摊位数(个) | 年末出租摊位数(个) | 营业面积(平方米) | 成交额(万元) |
|---|---|---|---|---|---|
| **36城市总计** | **40** | **24310** | **22226** | **1288047** | **5357975** |
| 北京 | 1 | 150 | 150 | 4500 | 42000 |
| 天津 | 2 | 2359 | 2325 | 272800 | 555722 |
| 石家庄 | | | | | |
| 太原 | | | | | |
| 呼和浩特 | | | | | |
| 沈阳 | 1 | 1978 | 1149 | 30128 | 270609 |
| 大连 | | | | | |
| 长春 | 1 | 115 | 115 | 1300 | 10324 |
| 哈尔滨 | 1 | 1845 | 1845 | 20000 | 1109450 |
| 上海 | 2 | 673 | 669 | 38000 | 45907 |
| 南京 | | | | | |
| 杭州 | 3 | 732 | 732 | 55500 | 357480 |
| 宁波 | 3 | 2171 | 2156 | 182000 | 726204 |
| 合肥 | 1 | 565 | 372 | 45000 | 181500 |
| 福州 | | | | | |
| 厦门 | | | | | |
| 南昌 | 1 | 734 | 734 | 7600 | 168817 |
| 济南 | 2 | 800 | 800 | 90000 | 179500 |
| 青岛 | 1 | 370 | 333 | 16000 | 252904 |
| 郑州 | | | | | |
| 武汉 | 2 | 385 | 385 | 18000 | 24082 |
| 长沙 | 1 | 380 | 380 | 7600 | 20534 |
| 广州 | 3 | 804 | 759 | 80000 | 90571 |
| 深圳 | 1 | 1468 | 1468 | 36895 | 27209 |
| 南宁 | 3 | 2140 | 1213 | 42520 | 128757 |
| 海口 | 1 | 386 | 386 | 57800 | 11300 |
| 重庆 | 4 | 1767 | 1767 | 55066 | 188881 |
| 成都 | 1 | 260 | 260 | 30000 | 50000 |
| 贵阳 | 1 | 940 | 940 | 21256 | 518646 |
| 昆明 | 2 | 722 | 722 | 60082 | 75672 |
| 拉萨 | | | | | |
| 西安 | 1 | 1616 | 1616 | 51000 | 78206 |
| 兰州 | 1 | 950 | 950 | 65000 | 243700 |
| 西宁 | | | | | |
| 银川 | | | | | |
| 乌鲁木齐 | | | | | |

2-14 续表 25

(食品饮料市场)

| 地　区 | 市场数量<br>(个) | 总摊位数<br>(个) | 年末出租摊位数<br>(个) | 营业面积<br>(平方米) | 成交额<br>(万元) |
|---|---|---|---|---|---|
| **36城市总计** | **11** | **9109** | **7308** | **248709** | **1313798** |
| 北　京 | | | | | |
| 天　津 | | | | | |
| 石家庄 | | | | | |
| 太　原 | | | | | |
| 呼和浩特 | | | | | |
| 沈　阳 | 1 | 1978 | 1149 | 30128 | 270609 |
| 大　连 | | | | | |
| 长　春 | | | | | |
| 哈尔滨 | | | | | |
| 上　海 | | | | | |
| 南　京 | | | | | |
| 杭　州 | 1 | 212 | 212 | 19000 | 195000 |
| 宁　波 | 1 | 665 | 665 | 40000 | 423453 |
| 合　肥 | | | | | |
| 福　州 | | | | | |
| 厦　门 | | | | | |
| 南　昌 | 1 | 734 | 734 | 7600 | 168817 |
| 济　南 | | | | | |
| 青　岛 | | | | | |
| 郑　州 | | | | | |
| 武　汉 | 1 | 250 | 250 | 8000 | 10003 |
| 长　沙 | | | | | |
| 广　州 | 1 | 350 | 305 | 50000 | 12316 |
| 深　圳 | 1 | 1468 | 1468 | 36895 | 27209 |
| 南　宁 | 1 | 1900 | 973 | 30020 | 49510 |
| 海　口 | | | | | |
| 重　庆 | 3 | 1552 | 1552 | 27066 | 156881 |
| 成　都 | | | | | |
| 贵　阳 | | | | | |
| 昆　明 | | | | | |
| 拉　萨 | | | | | |
| 西　安 | | | | | |
| 兰　州 | | | | | |
| 西　宁 | | | | | |
| 银　川 | | | | | |
| 乌鲁木齐 | | | | | |

2-14 续表 26

(茶叶市场)

| 地　区 | 市场数量(个) | 总摊位数(个) | 年末出租摊位数(个) | 营业面积(平方米) | 成交额(万元) |
|---|---|---|---|---|---|
| **36城市总计** | **17** | **5785** | **5781** | **390582** | **837346** |
| 北　京 | 1 | 150 | 150 | 4500 | 42000 |
| 天　津 | | | | | |
| 石家庄 | | | | | |
| 太　原 | | | | | |
| 呼和浩特 | | | | | |
| 沈　阳 | | | | | |
| 大　连 | | | | | |
| 长　春 | | | | | |
| 哈尔滨 | | | | | |
| 上　海 | 2 | 673 | 669 | 38000 | 45907 |
| 南　京 | | | | | |
| 杭　州 | 2 | 520 | 520 | 36500 | 162480 |
| 宁　波 | | | | | |
| 合　肥 | | | | | |
| 福　州 | | | | | |
| 厦　门 | | | | | |
| 南　昌 | | | | | |
| 济　南 | 2 | 800 | 800 | 90000 | 179500 |
| 青　岛 | | | | | |
| 郑　州 | | | | | |
| 武　汉 | 1 | 135 | 135 | 10000 | 14079 |
| 长　沙 | | | | | |
| 广　州 | 2 | 454 | 454 | 30000 | 78255 |
| 深　圳 | | | | | |
| 南　宁 | 2 | 240 | 240 | 12500 | 79247 |
| 海　口 | | | | | |
| 重　庆 | 1 | 215 | 215 | 28000 | 32000 |
| 成　都 | 1 | 260 | 260 | 30000 | 50000 |
| 贵　阳 | | | | | |
| 昆　明 | 2 | 722 | 722 | 60082 | 75672 |
| 拉　萨 | | | | | |
| 西　安 | 1 | 1616 | 1616 | 51000 | 78206 |
| 兰　州 | | | | | |
| 西　宁 | | | | | |
| 银　川 | | | | | |
| 乌鲁木齐 | | | | | |

2-14　续表 27

(烟酒市场)

| 地　　区 | 市场数量<br>(个) | 总摊位数<br>(个) | 年末出租摊位数<br>(个) | 营业面积<br>(平方米) | 成交额<br>(万元) |
|---|---|---|---|---|---|
| **36城市总计** | **3** | **1150** | **1098** | **143600** | **440357** |
| 北　　京 | | | | | |
| 天　　津 | | | | | |
| 石 家 庄 | | | | | |
| 太　　原 | | | | | |
| 呼和浩特 | | | | | |
| 沈　　阳 | | | | | |
| 大　　连 | | | | | |
| 长　　春 | | | | | |
| 哈 尔 滨 | | | | | |
| 上　　海 | | | | | |
| 南　　京 | | | | | |
| 杭　　州 | | | | | |
| 宁　　波 | 1 | 400 | 385 | 120000 | 166919 |
| 合　　肥 | | | | | |
| 福　　州 | | | | | |
| 厦　　门 | | | | | |
| 南　　昌 | | | | | |
| 济　　南 | | | | | |
| 青　　岛 | 1 | 370 | 333 | 16000 | 252904 |
| 郑　　州 | | | | | |
| 武　　汉 | | | | | |
| 长　　沙 | 1 | 380 | 380 | 7600 | 20534 |
| 广　　州 | | | | | |
| 深　　圳 | | | | | |
| 南　　宁 | | | | | |
| 海　　口 | | | | | |
| 重　　庆 | | | | | |
| 成　　都 | | | | | |
| 贵　　阳 | | | | | |
| 昆　　明 | | | | | |
| 拉　　萨 | | | | | |
| 西　　安 | | | | | |
| 兰　　州 | | | | | |
| 西　　宁 | | | | | |
| 银　　川 | | | | | |
| 乌鲁木齐 | | | | | |

2-14 续表 28

(其他食品饮料及烟酒市场)

| 地　区 | 市场数量(个) | 总摊位数(个) | 年末出租摊位数(个) | 营业面积(平方米) | 成交额(万元) |
|---|---|---|---|---|---|
| **36城市总计** | **9** | **8266** | **8039** | **505156** | **2766474** |
| 北　京 | | | | | |
| 天　津 | 2 | 2359 | 2325 | 272800 | 555722 |
| 石家庄 | | | | | |
| 太　原 | | | | | |
| 呼和浩特 | | | | | |
| 沈　阳 | | | | | |
| 大　连 | | | | | |
| 长　春 | 1 | 115 | 115 | 1300 | 10324 |
| 哈尔滨 | 1 | 1845 | 1845 | 20000 | 1109450 |
| 上　海 | | | | | |
| 南　京 | | | | | |
| 杭　州 | | | | | |
| 宁　波 | 1 | 1106 | 1106 | 22000 | 135832 |
| 合　肥 | 1 | 565 | 372 | 45000 | 181500 |
| 福　州 | | | | | |
| 厦　门 | | | | | |
| 南　昌 | | | | | |
| 济　南 | | | | | |
| 青　岛 | | | | | |
| 郑　州 | | | | | |
| 武　汉 | | | | | |
| 长　沙 | | | | | |
| 广　州 | | | | | |
| 深　圳 | | | | | |
| 南　宁 | | | | | |
| 海　口 | 1 | 386 | 386 | 57800 | 11300 |
| 重　庆 | | | | | |
| 成　都 | | | | | |
| 贵　阳 | 1 | 940 | 940 | 21256 | 518646 |
| 昆　明 | | | | | |
| 拉　萨 | | | | | |
| 西　安 | | | | | |
| 兰　州 | 1 | 950 | 950 | 65000 | 243700 |
| 西　宁 | | | | | |
| 银　川 | | | | | |
| 乌鲁木齐 | | | | | |

## 2-14 续表 29

(纺织、服装、鞋帽市场)

| 地区 | 市场数量(个) | 总摊位数(个) | 年末出租摊位数(个) | 营业面积(平方米) | 成交额(万元) |
|---|---|---|---|---|---|
| **36城市总计** | **219** | **333766** | **298816** | **12796090** | **40796895** |
| 北京 | 13 | 18595 | 17728 | 538850 | 483975 |
| 天津 | 3 | 3144 | 3144 | 115300 | 232861 |
| 石家庄 | 5 | 27243 | 23329 | 1243700 | 5375638 |
| 太原 | 1 | 680 | 670 | 38000 | 13300 |
| 呼和浩特 | 3 | 2610 | 2610 | 41000 | 102015 |
| 沈阳 | 9 | 26293 | 23281 | 636130 | 4348061 |
| 大连 | 5 | 4584 | 4450 | 74234 | 348726 |
| 长春 | 4 | 6458 | 6188 | 164000 | 304436 |
| 哈尔滨 | 12 | 16960 | 14636 | 274817 | 681570 |
| 上海 | 9 | 7429 | 6797 | 140384 | 698093 |
| 南京 | 2 | 3960 | 3960 | 82000 | 484049 |
| 杭州 | 23 | 24289 | 23210 | 594857 | 5219358 |
| 宁波 | 6 | 5026 | 4957 | 229346 | 859678 |
| 合肥 | 2 | 5600 | 5480 | 205000 | 571500 |
| 福州 | 4 | 2343 | 2343 | 133784 | 575654 |
| 厦门 | | | | | |
| 南昌 | 2 | 1008 | 994 | 39734 | 41198 |
| 济南 | 3 | 3924 | 3797 | 247941 | 432840 |
| 青岛 | 4 | 8545 | 8516 | 282500 | 2342441 |
| 郑州 | 6 | 8674 | 7671 | 195285 | 500228 |
| 武汉 | 12 | 11186 | 8372 | 573634 | 922472 |
| 长沙 | 8 | 6820 | 6800 | 180500 | 292262 |
| 广州 | 42 | 54093 | 41759 | 3238974 | 8622320 |
| 深圳 | | | | | |
| 南宁 | 6 | 7635 | 7284 | 153126 | 232143 |
| 海口 | | | | | |
| 重庆 | 6 | 3748 | 3475 | 241177 | 1762876 |
| 成都 | 8 | 11227 | 10698 | 533846 | 1281697 |
| 贵阳 | | | | | |
| 昆明 | 3 | 30581 | 28294 | 1266387 | 2066381 |
| 拉萨 | | | | | |
| 西安 | 7 | 9678 | 8582 | 502482 | 733653 |
| 兰州 | 2 | 5605 | 5465 | 425000 | 373500 |
| 西宁 | 2 | 3107 | 2600 | 105000 | 60658 |
| 银川 | 2 | 4832 | 4832 | 110000 | 177082 |
| 乌鲁木齐 | 5 | 7889 | 6894 | 189102 | 656230 |

2-14 续表 30

(布料及纺织品市场)

| 地　　区 | 市场数量(个) | 总摊位数(个) | 年末出租摊位数(个) | 营业面积(平方米) | 成交额(万元) |
|---|---|---|---|---|---|
| **36城市总计** | **22** | **40682** | **29671** | **2926601** | **8833156** |
| 北　　京 | 1 | 450 | 242 | 30000 | 10769 |
| 天　　津 | | | | | |
| 石 家 庄 | 1 | 1487 | 1487 | 8000 | 400000 |
| 太　　原 | | | | | |
| 呼和浩特 | | | | | |
| 沈　　阳 | | | | | |
| 大　　连 | | | | | |
| 长　　春 | | | | | |
| 哈 尔 滨 | 3 | 3615 | 3380 | 67137 | 73760 |
| 上　　海 | | | | | |
| 南　　京 | | | | | |
| 杭　　州 | 5 | 4572 | 4402 | 207290 | 2665481 |
| 宁　　波 | 1 | 1680 | 1680 | 35700 | 295050 |
| 合　　肥 | 1 | 2600 | 2480 | 60000 | 79000 |
| 福　　州 | | | | | |
| 厦　　门 | | | | | |
| 南　　昌 | | | | | |
| 济　　南 | | | | | |
| 青　　岛 | 1 | 358 | 358 | 20000 | 253719 |
| 郑　　州 | 2 | 1281 | 558 | 69300 | 23000 |
| 武　　汉 | 2 | 265 | 263 | 6174 | 24541 |
| 长　　沙 | | | | | |
| 广　　州 | 3 | 22807 | 14065 | 2363000 | 4951836 |
| 深　　圳 | | | | | |
| 南　　宁 | | | | | |
| 海　　口 | | | | | |
| 重　　庆 | | | | | |
| 成　　都 | 1 | 567 | 256 | 40000 | 32000 |
| 贵　　阳 | | | | | |
| 昆　　明 | | | | | |
| 拉　　萨 | | | | | |
| 西　　安 | 1 | 1000 | 500 | 20000 | 24000 |
| 兰　　州 | | | | | |
| 西　　宁 | | | | | |
| 银　　川 | | | | | |
| 乌鲁木齐 | | | | | |

2-14 续表 31

(服装市场)

| 地 区 | 市场数量(个) | 总摊位数(个) | 年末出租摊位数(个) | 营业面积(平方米) | 成交额(万元) |
|---|---|---|---|---|---|
| **36城市总计** | **154** | **234590** | **216818** | **8234601** | **23694584** |
| 北 京 | 11 | 17645 | 16986 | 488850 | 432204 |
| 天 津 | 2 | 2802 | 2802 | 76300 | 195511 |
| 石家庄 | 4 | 25756 | 21842 | 1235700 | 4975638 |
| 太 原 | | | | | |
| 呼和浩特 | 1 | 1750 | 1750 | 30000 | 80503 |
| 沈 阳 | 6 | 8059 | 7833 | 272630 | 360863 |
| 大 连 | 3 | 3394 | 3296 | 46200 | 328203 |
| 长 春 | 3 | 5928 | 5928 | 145000 | 288013 |
| 哈尔滨 | 6 | 5855 | 5080 | 133680 | 256563 |
| 上 海 | 7 | 4968 | 4426 | 123224 | 630508 |
| 南 京 | 1 | 1878 | 1878 | 7000 | 188674 |
| 杭 州 | 17 | 18856 | 18086 | 373567 | 2535127 |
| 宁 波 | 4 | 2991 | 2922 | 189846 | 529940 |
| 合 肥 | 1 | 3000 | 3000 | 145000 | 492500 |
| 福 州 | 4 | 2343 | 2343 | 133784 | 575654 |
| 厦 门 | | | | | |
| 南 昌 | 1 | 508 | 508 | 17234 | 19048 |
| 济 南 | 1 | 2924 | 2924 | 190000 | 242400 |
| 青 岛 | 1 | 7017 | 7003 | 230000 | 1994190 |
| 郑 州 | 3 | 7093 | 6813 | 119985 | 462228 |
| 武 汉 | 8 | 10201 | 7412 | 517460 | 846488 |
| 长 沙 | 8 | 6820 | 6800 | 180500 | 292262 |
| 广 州 | 33 | 25575 | 22600 | 653149 | 2797883 |
| 深 圳 | | | | | |
| 南 宁 | 5 | 6745 | 6440 | 117466 | 214227 |
| 海 口 | | | | | |
| 重 庆 | 2 | 1178 | 1078 | 101391 | 170641 |
| 成 都 | 7 | 10660 | 10442 | 493846 | 1249697 |
| 贵 阳 | | | | | |
| 昆 明 | 3 | 30581 | 28294 | 1266387 | 2066381 |
| 拉 萨 | | | | | |
| 西 安 | 5 | 6569 | 5973 | 332300 | 439508 |
| 兰 州 | 2 | 5605 | 5465 | 425000 | 373500 |
| 西 宁 | | | | | |
| 银 川 | | | | | |
| 乌鲁木齐 | 5 | 7889 | 6894 | 189102 | 656230 |

2-14 续表 32

(鞋帽市场)

| 地 区 | 市场数量（个） | 总摊位数（个） | 年末出租摊位数（个） | 营业面积（平方米） | 成交额（万元） |
|---|---|---|---|---|---|
| **36城市总计** | **21** | **18258** | **15402** | **718048** | **2652562** |
| 北 京 | | | | | |
| 天 津 | 1 | 342 | 342 | 39000 | 37350 |
| 石家庄 | | | | | |
| 太 原 | 1 | 680 | 670 | 38000 | 13300 |
| 呼和浩特 | | | | | |
| 沈 阳 | 2 | 2750 | 1900 | 16500 | 56102 |
| 大 连 | | | | | |
| 长 春 | | | | | |
| 哈尔滨 | 2 | 3300 | 2100 | 24000 | 70525 |
| 上 海 | | | | | |
| 南 京 | | | | | |
| 杭 州 | | | | | |
| 宁 波 | | | | | |
| 合 肥 | | | | | |
| 福 州 | | | | | |
| 厦 门 | | | | | |
| 南 昌 | 1 | 500 | 486 | 22500 | 22150 |
| 济 南 | 2 | 1000 | 873 | 57941 | 190440 |
| 青 岛 | 1 | 310 | 295 | 11000 | 71356 |
| 郑 州 | 1 | 300 | 300 | 6000 | 15000 |
| 武 汉 | 2 | 720 | 697 | 50000 | 51443 |
| 长 沙 | | | | | |
| 广 州 | 6 | 5711 | 5094 | 222825 | 872601 |
| 深 圳 | | | | | |
| 南 宁 | | | | | |
| 海 口 | | | | | |
| 重 庆 | 1 | 536 | 536 | 80100 | 982150 |
| 成 都 | | | | | |
| 贵 阳 | | | | | |
| 昆 明 | | | | | |
| 拉 萨 | | | | | |
| 西 安 | 1 | 2109 | 2109 | 150182 | 270145 |
| 兰 州 | | | | | |
| 西 宁 | | | | | |
| 银 川 | | | | | |
| 乌鲁木齐 | | | | | |

2-14 续表 33

(其他纺织服装鞋帽市场)

| 地区 | 市场数量(个) | 总摊位数(个) | 年末出租摊位数(个) | 营业面积(平方米) | 成交额(万元) |
|---|---|---|---|---|---|
| **36城市总计** | **22** | **40236** | **36925** | **916840** | **5616593** |
| 北京 | 1 | 500 | 500 | 20000 | 41002 |
| 天津 | | | | | |
| 石家庄 | | | | | |
| 太原 | | | | | |
| 呼和浩特 | 2 | 860 | 860 | 11000 | 21512 |
| 沈阳 | 1 | 15484 | 13548 | 347000 | 3931096 |
| 大连 | 2 | 1190 | 1154 | 28034 | 20523 |
| 长春 | 1 | 530 | 260 | 19000 | 16423 |
| 哈尔滨 | 1 | 4190 | 4076 | 50000 | 280722 |
| 上海 | 2 | 2461 | 2371 | 17160 | 67585 |
| 南京 | 1 | 2082 | 2082 | 75000 | 295375 |
| 杭州 | 1 | 861 | 722 | 14000 | 18750 |
| 宁波 | 1 | 355 | 355 | 3800 | 34688 |
| 合肥 | | | | | |
| 福州 | | | | | |
| 厦门 | | | | | |
| 南昌 | | | | | |
| 济南 | | | | | |
| 青岛 | 1 | 860 | 860 | 21500 | 23176 |
| 郑州 | | | | | |
| 武汉 | | | | | |
| 长沙 | | | | | |
| 广州 | | | | | |
| 深圳 | | | | | |
| 南宁 | 1 | 890 | 844 | 35660 | 17916 |
| 海口 | | | | | |
| 重庆 | 3 | 2034 | 1861 | 59686 | 610085 |
| 成都 | | | | | |
| 贵阳 | | | | | |
| 昆明 | | | | | |
| 拉萨 | | | | | |
| 西安 | | | | | |
| 兰州 | | | | | |
| 西宁 | 2 | 3107 | 2600 | 105000 | 60658 |
| 银川 | 2 | 4832 | 4832 | 110000 | 177082 |
| 乌鲁木齐 | | | | | |

2-14 续表 34

(日用品及文化用品市场)

| 地　　区 | 市场数量(个) | 总摊位数(个) | 年末出租摊位数(个) | 营业面积(平方米) | 成交额(万元) |
|---|---|---|---|---|---|
| **36城市总计** | **46** | **28193** | **24922** | **1331990** | **5187376** |
| 北　京 | 4 | 4438 | 4390 | 90977 | 432657 |
| 天　津 | | | | | |
| 石家庄 | | | | | |
| 太　原 | | | | | |
| 呼和浩特 | | | | | |
| 沈　阳 | 1 | 1495 | 1495 | 45000 | 16737 |
| 大　连 | | | | | |
| 长　春 | | | | | |
| 哈尔滨 | | | | | |
| 上　海 | 1 | 70 | 70 | 5000 | 1795200 |
| 南　京 | 1 | 86 | 84 | 5000 | 30450 |
| 杭　州 | 3 | 836 | 815 | 38773 | 53815 |
| 宁　波 | | | | | |
| 合　肥 | | | | | |
| 福　州 | 1 | 51 | 51 | 5000 | 40349 |
| 厦　门 | | | | | |
| 南　昌 | | | | | |
| 济　南 | | | | | |
| 青　岛 | 2 | 1605 | 1116 | 47324 | 26232 |
| 郑　州 | 2 | 406 | 406 | 13000 | 33000 |
| 武　汉 | 5 | 1648 | 1478 | 163776 | 474001 |
| 长　沙 | 2 | 486 | 486 | 26100 | 126194 |
| 广　州 | 19 | 15426 | 12988 | 856237 | 1895326 |
| 深　圳 | 1 | 207 | 172 | 1942 | 15200 |
| 南　宁 | | | | | |
| 海　口 | | | | | |
| 重　庆 | 3 | 1079 | 1079 | 27861 | 236965 |
| 成　都 | | | | | |
| 贵　阳 | | | | | |
| 昆　明 | | | | | |
| 拉　萨 | | | | | |
| 西　安 | | | | | |
| 兰　州 | | | | | |
| 西　宁 | | | | | |
| 银　川 | | | | | |
| 乌鲁木齐 | 1 | 360 | 292 | 6000 | 11250 |

2-14　续表 35

(小商品市场)

| 地　　区 | 市场数量（个） | 总摊位数（个） | 年末出租摊位数（个） | 营业面积（平方米） | 成交额（万元） |
|---|---|---|---|---|---|
| **36城市总计** | **18** | **12893** | **11767** | **318800** | **753039** |
| 北　京 | 2 | 3404 | 3382 | 36000 | 253439 |
| 天　津 | | | | | |
| 石家庄 | | | | | |
| 太　原 | | | | | |
| 呼和浩特 | | | | | |
| 沈　阳 | | | | | |
| 大　连 | | | | | |
| 长　春 | | | | | |
| 哈尔滨 | | | | | |
| 上　海 | | | | | |
| 南　京 | | | | | |
| 杭　州 | | | | | |
| 宁　波 | | | | | |
| 合　肥 | | | | | |
| 福　州 | 1 | 51 | 51 | 5000 | 40349 |
| 厦　门 | | | | | |
| 南　昌 | | | | | |
| 济　南 | | | | | |
| 青　岛 | 1 | 1400 | 978 | 38000 | 10337 |
| 郑　州 | | | | | |
| 武　汉 | | | | | |
| 长　沙 | | | | | |
| 广　州 | 13 | 7678 | 7064 | 233800 | 437664 |
| 深　圳 | | | | | |
| 南　宁 | | | | | |
| 海　口 | | | | | |
| 重　庆 | | | | | |
| 成　都 | | | | | |
| 贵　阳 | | | | | |
| 昆　明 | | | | | |
| 拉　萨 | | | | | |
| 西　安 | | | | | |
| 兰　州 | | | | | |
| 西　宁 | | | | | |
| 银　川 | | | | | |
| 乌鲁木齐 | 1 | 360 | 292 | 6000 | 11250 |

2-14 续表 36

(箱包市场)

| 地　区 | 市场数量(个) | 总摊位数(个) | 年末出租摊位数(个) | 营业面积(平方米) | 成交额(万元) |
|---|---|---|---|---|---|
| **36城市总计** | **3** | **4986** | **3573** | **554000** | **1220680** |
| 北　京 | | | | | |
| 天　津 | | | | | |
| 石家庄 | | | | | |
| 太　原 | | | | | |
| 呼和浩特 | | | | | |
| 沈　阳 | | | | | |
| 大　连 | | | | | |
| 长　春 | | | | | |
| 哈尔滨 | | | | | |
| 上　海 | | | | | |
| 南　京 | | | | | |
| 杭　州 | | | | | |
| 宁　波 | | | | | |
| 合　肥 | | | | | |
| 福　州 | | | | | |
| 厦　门 | | | | | |
| 南　昌 | | | | | |
| 济　南 | | | | | |
| 青　岛 | | | | | |
| 郑　州 | 1 | 226 | 226 | 7000 | 20000 |
| 武　汉 | 1 | 530 | 370 | 47000 | 33300 |
| 长　沙 | | | | | |
| 广　州 | 1 | 4230 | 2977 | 500000 | 1167380 |
| 深　圳 | | | | | |
| 南　宁 | | | | | |
| 海　口 | | | | | |
| 重　庆 | | | | | |
| 成　都 | | | | | |
| 贵　阳 | | | | | |
| 昆　明 | | | | | |
| 拉　萨 | | | | | |
| 西　安 | | | | | |
| 兰　州 | | | | | |
| 西　宁 | | | | | |
| 银　川 | | | | | |
| 乌鲁木齐 | | | | | |

## 2-14 续表 37

(文具市场)

| 地 区 | 市场数量 (个) | 总摊位数 (个) | 年末出租摊位数 (个) | 营业面积 (平方米) | 成交额 (万元) |
|---|---|---|---|---|---|
| **36城市总计** | **4** | **1321** | **1224** | **72320** | **232144** |
| 北 京 | 1 | 849 | 828 | 42977 | 157360 |
| 天 津 | | | | | |
| 石家庄 | | | | | |
| 太 原 | | | | | |
| 呼和浩特 | | | | | |
| 沈 阳 | | | | | |
| 大 连 | | | | | |
| 长 春 | | | | | |
| 哈尔滨 | | | | | |
| 上 海 | | | | | |
| 南 京 | | | | | |
| 杭 州 | | | | | |
| 宁 波 | | | | | |
| 合 肥 | | | | | |
| 福 州 | | | | | |
| 厦 门 | | | | | |
| 南 昌 | | | | | |
| 济 南 | | | | | |
| 青 岛 | | | | | |
| 郑 州 | | | | | |
| 武 汉 | | | | | |
| 长 沙 | 1 | 65 | 65 | 13000 | 25500 |
| 广 州 | 2 | 407 | 331 | 16343 | 49284 |
| 深 圳 | | | | | |
| 南 宁 | | | | | |
| 海 口 | | | | | |
| 重 庆 | | | | | |
| 成 都 | | | | | |
| 贵 阳 | | | | | |
| 昆 明 | | | | | |
| 拉 萨 | | | | | |
| 西 安 | | | | | |
| 兰 州 | | | | | |
| 西 宁 | | | | | |
| 银 川 | | | | | |
| 乌鲁木齐 | | | | | |

2-14 续表 38

(图书、报刊杂志市场)

| 地　区 | 市场数量(个) | 总摊位数(个) | 年末出租摊位数(个) | 营业面积(平方米) | 成交额(万元) |
|---|---|---|---|---|---|
| **36城市总计** | **7** | **1350** | **1250** | **66513** | **225912** |
| 北　京 | 1 | 185 | 180 | 12000 | 21858 |
| 天　津 | | | | | |
| 石家庄 | | | | | |
| 太　原 | | | | | |
| 呼和浩特 | | | | | |
| 沈　阳 | | | | | |
| 大　连 | | | | | |
| 长　春 | | | | | |
| 哈尔滨 | | | | | |
| 上　海 | | | | | |
| 南　京 | 1 | 86 | 84 | 5000 | 30450 |
| 杭　州 | 1 | 91 | 70 | 10000 | 13500 |
| 宁　波 | | | | | |
| 合　肥 | | | | | |
| 福　州 | | | | | |
| 厦　门 | | | | | |
| 南　昌 | | | | | |
| 济　南 | | | | | |
| 青　岛 | 1 | 205 | 138 | 9324 | 15895 |
| 郑　州 | | | | | |
| 武　汉 | 1 | 265 | 265 | 4100 | 18550 |
| 长　沙 | 1 | 421 | 421 | 13100 | 100694 |
| 广　州 | 1 | 97 | 92 | 12989 | 24965 |
| 深　圳 | | | | | |
| 南　宁 | | | | | |
| 海　口 | | | | | |
| 重　庆 | | | | | |
| 成　都 | | | | | |
| 贵　阳 | | | | | |
| 昆　明 | | | | | |
| 拉　萨 | | | | | |
| 西　安 | | | | | |
| 兰　州 | | | | | |
| 西　宁 | | | | | |
| 银　川 | | | | | |
| 乌鲁木齐 | | | | | |

2-14 续表 39

(其他日用品及文化用品市场)

| 地 区 | 市场数量（个） | 总摊位数（个） | 年末出租摊位数（个） | 营业面积（平方米） | 成交额（万元） |
|---|---|---|---|---|---|
| **36城市总计** | **14** | **7643** | **7108** | **320357** | **2755601** |
| 北 京 | | | | | |
| 天 津 | | | | | |
| 石家庄 | | | | | |
| 太 原 | | | | | |
| 呼和浩特 | | | | | |
| 沈 阳 | 1 | 1495 | 1495 | 45000 | 16737 |
| 大 连 | | | | | |
| 长 春 | | | | | |
| 哈尔滨 | | | | | |
| 上 海 | 1 | 70 | 70 | 5000 | 1795200 |
| 南 京 | | | | | |
| 杭 州 | 2 | 745 | 745 | 28773 | 40315 |
| 宁 波 | | | | | |
| 合 肥 | | | | | |
| 福 州 | | | | | |
| 厦 门 | | | | | |
| 南 昌 | | | | | |
| 济 南 | | | | | |
| 青 岛 | | | | | |
| 郑 州 | 1 | 180 | 180 | 6000 | 13000 |
| 武 汉 | 3 | 853 | 843 | 112676 | 422151 |
| 长 沙 | | | | | |
| 广 州 | 2 | 3014 | 2524 | 93105 | 216033 |
| 深 圳 | 1 | 207 | 172 | 1942 | 15200 |
| 南 宁 | | | | | |
| 海 口 | | | | | |
| 重 庆 | 3 | 1079 | 1079 | 27861 | 236965 |
| 成 都 | | | | | |
| 贵 阳 | | | | | |
| 昆 明 | | | | | |
| 拉 萨 | | | | | |
| 西 安 | | | | | |
| 兰 州 | | | | | |
| 西 宁 | | | | | |
| 银 川 | | | | | |
| 乌鲁木齐 | | | | | |

2-14 续表 40

(黄金、珠宝、玉器等首饰市场)

| 地 区 | 市场数量(个) | 总摊位数(个) | 年末出租摊位数(个) | 营业面积(平方米) | 成交额(万元) |
|---|---|---|---|---|---|
| **36城市总计** | **12** | **5672** | **5012** | **410408** | **2289998** |
| 北 京 | 2 | 830 | 668 | 18829 | 154959 |
| 天 津 | | | | | |
| 石家庄 | | | | | |
| 太 原 | | | | | |
| 呼和浩特 | | | | | |
| 沈 阳 | | | | | |
| 大 连 | | | | | |
| 长 春 | | | | | |
| 哈尔滨 | | | | | |
| 上 海 | | | | | |
| 南 京 | | | | | |
| 杭 州 | 1 | 360 | 360 | 20000 | 1100000 |
| 宁 波 | | | | | |
| 合 肥 | | | | | |
| 福 州 | 3 | 1231 | 1227 | 25000 | 469759 |
| 厦 门 | | | | | |
| 南 昌 | 1 | 50 | 50 | 50000 | 31000 |
| 济 南 | | | | | |
| 青 岛 | 2 | 1851 | 1661 | 258579 | 263418 |
| 郑 州 | 1 | 100 | 98 | 8000 | 25230 |
| 武 汉 | | | | | |
| 长 沙 | 1 | 50 | 38 | 20000 | 182520 |
| 广 州 | 1 | 1200 | 910 | 10000 | 63112 |
| 深 圳 | | | | | |
| 南 宁 | | | | | |
| 海 口 | | | | | |
| 重 庆 | | | | | |
| 成 都 | | | | | |
| 贵 阳 | | | | | |
| 昆 明 | | | | | |
| 拉 萨 | | | | | |
| 西 安 | | | | | |
| 兰 州 | | | | | |
| 西 宁 | | | | | |
| 银 川 | | | | | |
| 乌鲁木齐 | | | | | |

2-14　续表 41

（电器、通讯器材、电子设备市场）

| 地　区 | 市场数量（个） | 总摊位数（个） | 年末出租摊位数（个） | 营业面积（平方米） | 成交额（万元） |
|---|---|---|---|---|---|
| **36城市总计** | **91** | **45271** | **39678** | **2484328** | **6111353** |
| 北　京 | 7 | 3484 | 3353 | 89530 | 654200 |
| 天　津 | | | | | |
| 石家庄 | 2 | 359 | 359 | 54000 | 50937 |
| 太　原 | | | | | |
| 呼和浩特 | | | | | |
| 沈　阳 | 1 | 728 | 500 | 24000 | 16623 |
| 大　连 | | | | | |
| 长　春 | 1 | 670 | 670 | 2800 | 98750 |
| 哈尔滨 | 3 | 2520 | 2210 | 102559 | 318100 |
| 上　海 | 5 | 804 | 670 | 39826 | 153853 |
| 南　京 | 1 | 220 | 215 | 4007 | 49850 |
| 杭　州 | 7 | 1652 | 1521 | 83821 | 219194 |
| 宁　波 | 2 | 666 | 666 | 32000 | 139531 |
| 合　肥 | 1 | 3902 | 2317 | 875253 | 929963 |
| 福　州 | 2 | 1014 | 1014 | 46000 | 145633 |
| 厦　门 | | | | | |
| 南　昌 | 2 | 1239 | 1207 | 53994 | 51390 |
| 济　南 | 1 | 90 | 90 | 5500 | 12100 |
| 青　岛 | 2 | 686 | 544 | 45000 | 143002 |
| 郑　州 | 1 | 2769 | 2769 | 206077 | 252100 |
| 武　汉 | 5 | 1955 | 1892 | 112150 | 351671 |
| 长　沙 | 5 | 1952 | 1629 | 50750 | 326574 |
| 广　州 | 8 | 2632 | 2262 | 86607 | 405558 |
| 深　圳 | 7 | 7356 | 6677 | 107505 | 230599 |
| 南　宁 | 1 | 700 | 700 | 20678 | 90000 |
| 海　口 | 1 | 280 | 280 | 10500 | 23900 |
| 重　庆 | 10 | 3184 | 2989 | 191061 | 611706 |
| 成　都 | 4 | 1072 | 309 | 30112 | 20015 |
| 贵　阳 | 2 | 257 | 257 | 19000 | 50950 |
| 昆　明 | | | | | |
| 拉　萨 | | | | | |
| 西　安 | 5 | 2985 | 2562 | 135800 | 426710 |
| 兰　州 | | | | | |
| 西　宁 | | | | | |
| 银　川 | 1 | 327 | 314 | 9000 | 33436 |
| 乌鲁木齐 | 4 | 1768 | 1702 | 46798 | 305008 |

2-14 续表 42

(家电市场)

| 地 区 | 市场数量(个) | 总摊位数(个) | 年末出租摊位数(个) | 营业面积(平方米) | 成交额(万元) |
|---|---|---|---|---|---|
| **36城市总计** | **17** | **9045** | **6832** | **1118537** | **1433447** |
| 北 京 | | | | | |
| 天 津 | | | | | |
| 石家庄 | | | | | |
| 太 原 | | | | | |
| 呼和浩特 | | | | | |
| 沈 阳 | 1 | 728 | 500 | 24000 | 16623 |
| 大 连 | | | | | |
| 长 春 | | | | | |
| 哈尔滨 | | | | | |
| 上 海 | 1 | 180 | 150 | 18000 | 28326 |
| 南 京 | | | | | |
| 杭 州 | 3 | 355 | 306 | 40628 | 89750 |
| 宁 波 | | | | | |
| 合 肥 | 1 | 3902 | 2317 | 875253 | 929963 |
| 福 州 | | | | | |
| 厦 门 | | | | | |
| 南 昌 | 2 | 1239 | 1207 | 53994 | 51390 |
| 济 南 | | | | | |
| 青 岛 | 1 | 146 | 120 | 9000 | 13002 |
| 郑 州 | | | | | |
| 武 汉 | 1 | 518 | 518 | 15150 | 100000 |
| 长 沙 | | | | | |
| 广 州 | 3 | 906 | 770 | 35500 | 95353 |
| 深 圳 | 2 | 931 | 804 | 16012 | 31242 |
| 南 宁 | | | | | |
| 海 口 | | | | | |
| 重 庆 | 1 | 31 | 31 | 15000 | 45098 |
| 成 都 | | | | | |
| 贵 阳 | 1 | 109 | 109 | 16000 | 32700 |
| 昆 明 | | | | | |
| 拉 萨 | | | | | |
| 西 安 | | | | | |
| 兰 州 | | | | | |
| 西 宁 | | | | | |
| 银 川 | | | | | |
| 乌鲁木齐 | | | | | |

2-14 续表 43

(通讯器材市场)

| 地　区 | 市场数量（个） | 总摊位数（个） | 年末出租摊位数（个） | 营业面积（平方米） | 成交额（万元） |
|---|---|---|---|---|---|
| **36城市总计** | **18** | **7688** | **7232** | **284632** | **914022** |
| 北　京 | | | | | |
| 天　津 | | | | | |
| 石家庄 | 2 | 359 | 359 | 54000 | 50937 |
| 太　原 | | | | | |
| 呼和浩特 | | | | | |
| 沈　阳 | | | | | |
| 大　连 | | | | | |
| 长　春 | | | | | |
| 哈尔滨 | | | | | |
| 上　海 | 1 | 27 | 15 | 5000 | 26909 |
| 南　京 | | | | | |
| 杭　州 | 1 | 300 | 300 | 11003 | 15530 |
| 宁　波 | | | | | |
| 合　肥 | | | | | |
| 福　州 | | | | | |
| 厦　门 | | | | | |
| 南　昌 | | | | | |
| 济　南 | | | | | |
| 青　岛 | | | | | |
| 郑　州 | | | | | |
| 武　汉 | 1 | 435 | 435 | 25000 | 182000 |
| 长　沙 | 2 | 291 | 246 | 2750 | 30397 |
| 广　州 | 1 | 485 | 334 | 12579 | 43972 |
| 深　圳 | 4 | 2828 | 2775 | 41500 | 55927 |
| 南　宁 | | | | | |
| 海　口 | | | | | |
| 重　庆 | 3 | 1198 | 1028 | 84000 | 322331 |
| 成　都 | | | | | |
| 贵　阳 | | | | | |
| 昆　明 | | | | | |
| 拉　萨 | | | | | |
| 西　安 | 2 | 1055 | 1042 | 30800 | 32359 |
| 兰　州 | | | | | |
| 西　宁 | | | | | |
| 银　川 | | | | | |
| 乌鲁木齐 | 1 | 710 | 698 | 18000 | 153660 |

2-14 续表 44

(照相、摄像器材市场)

| 地　区 | 市场数量(个) | 总摊位数(个) | 年末出租摊位数(个) | 营业面积(平方米) | 成交额(万元) |
|---|---|---|---|---|---|
| **36城市总计** | **2** | **547** | **461** | **20866** | **69872** |
| 北　京 | 1 | 300 | 278 | 13066 | 34293 |
| 天　津 | | | | | |
| 石家庄 | | | | | |
| 太　原 | | | | | |
| 呼和浩特 | | | | | |
| 沈　阳 | | | | | |
| 大　连 | | | | | |
| 长　春 | | | | | |
| 哈尔滨 | | | | | |
| 上　海 | 1 | 247 | 183 | 7800 | 35579 |
| 南　京 | | | | | |
| 杭　州 | | | | | |
| 宁　波 | | | | | |
| 合　肥 | | | | | |
| 福　州 | | | | | |
| 厦　门 | | | | | |
| 南　昌 | | | | | |
| 济　南 | | | | | |
| 青　岛 | | | | | |
| 郑　州 | | | | | |
| 武　汉 | | | | | |
| 长　沙 | | | | | |
| 广　州 | | | | | |
| 深　圳 | | | | | |
| 南　宁 | | | | | |
| 海　口 | | | | | |
| 重　庆 | | | | | |
| 成　都 | | | | | |
| 贵　阳 | | | | | |
| 昆　明 | | | | | |
| 拉　萨 | | | | | |
| 西　安 | | | | | |
| 兰　州 | | | | | |
| 西　宁 | | | | | |
| 银　川 | | | | | |
| 乌鲁木齐 | | | | | |

2-14 续表 45

（计算机及辅助设备市场）

| 地区 | 市场数量（个） | 总摊位数（个） | 年末出租摊位数（个） | 营业面积（平方米） | 成交额（万元） |
|---|---|---|---|---|---|
| **36城市总计** | **50** | **26814** | **24016** | **1013293** | **3484665** |
| 北京 | 4 | 2477 | 2408 | 59264 | 499460 |
| 天津 | | | | | |
| 石家庄 | | | | | |
| 太原 | | | | | |
| 呼和浩特 | | | | | |
| 沈阳 | | | | | |
| 大连 | | | | | |
| 长春 | 1 | 670 | 670 | 2800 | 98750 |
| 哈尔滨 | 3 | 2520 | 2210 | 102559 | 318100 |
| 上海 | 2 | 350 | 322 | 9026 | 63039 |
| 南京 | 1 | 220 | 215 | 4007 | 49850 |
| 杭州 | 3 | 997 | 915 | 32190 | 113914 |
| 宁波 | 2 | 666 | 666 | 32000 | 139531 |
| 合肥 | | | | | |
| 福州 | 2 | 1014 | 1014 | 46000 | 145633 |
| 厦门 | | | | | |
| 南昌 | | | | | |
| 济南 | 1 | 90 | 90 | 5500 | 12100 |
| 青岛 | 1 | 540 | 424 | 36000 | 130000 |
| 郑州 | 1 | 2769 | 2769 | 206077 | 252100 |
| 武汉 | 3 | 1002 | 939 | 72000 | 69671 |
| 长沙 | 3 | 1661 | 1383 | 48000 | 296177 |
| 广州 | 4 | 1241 | 1158 | 38528 | 266233 |
| 深圳 | 1 | 3597 | 3098 | 49993 | 143430 |
| 南宁 | 1 | 700 | 700 | 20678 | 90000 |
| 海口 | | | | | |
| 重庆 | 5 | 1765 | 1740 | 72761 | 179277 |
| 成都 | 4 | 1072 | 309 | 30112 | 20015 |
| 贵阳 | 1 | 148 | 148 | 3000 | 18250 |
| 昆明 | | | | | |
| 拉萨 | | | | | |
| 西安 | 3 | 1930 | 1520 | 105000 | 394351 |
| 兰州 | | | | | |
| 西宁 | | | | | |
| 银川 | 1 | 327 | 314 | 9000 | 33436 |
| 乌鲁木齐 | 3 | 1058 | 1004 | 28798 | 151348 |

2-14　续表 46

(其他电器、通讯器材、电子设备市场)

| 地　区 | 市场数量<br>(个) | 总摊位数<br>(个) | 年末出租摊位数<br>(个) | 营业面积<br>(平方米) | 成交额<br>(万元) |
|---|---|---|---|---|---|
| **36城市总计** | **4** | **1177** | **1137** | **47000** | **209347** |
| 北　京 | 2 | 707 | 667 | 17200 | 120447 |
| 天　津 | | | | | |
| 石家庄 | | | | | |
| 太　原 | | | | | |
| 呼和浩特 | | | | | |
| 沈　阳 | | | | | |
| 大　连 | | | | | |
| 长　春 | | | | | |
| 哈尔滨 | | | | | |
| 上　海 | | | | | |
| 南　京 | | | | | |
| 杭　州 | | | | | |
| 宁　波 | | | | | |
| 合　肥 | | | | | |
| 福　州 | | | | | |
| 厦　门 | | | | | |
| 南　昌 | | | | | |
| 济　南 | | | | | |
| 青　岛 | | | | | |
| 郑　州 | | | | | |
| 武　汉 | | | | | |
| 长　沙 | | | | | |
| 广　州 | | | | | |
| 深　圳 | | | | | |
| 南　宁 | | | | | |
| 海　口 | 1 | 280 | 280 | 10500 | 23900 |
| 重　庆 | 1 | 190 | 190 | 19300 | 65000 |
| 成　都 | | | | | |
| 贵　阳 | | | | | |
| 昆　明 | | | | | |
| 拉　萨 | | | | | |
| 西　安 | | | | | |
| 兰　州 | | | | | |
| 西　宁 | | | | | |
| 银　川 | | | | | |
| 乌鲁木齐 | | | | | |

## 2-14　续表 47

（医药、医疗用品及器材市场）

| 地　　区 | 市场数量（个） | 总摊位数（个） | 年末出租摊位数（个） | 营业面积（平方米） | 成交额（万元） |
|---|---|---|---|---|---|
| **36城市总计** | **3** | **678** | **616** | **20971** | **73335** |
| 北　　京 | | | | | |
| 天　　津 | | | | | |
| 石 家 庄 | | | | | |
| 太　　原 | | | | | |
| 呼和浩特 | | | | | |
| 沈　　阳 | | | | | |
| 大　　连 | | | | | |
| 长　　春 | | | | | |
| 哈 尔 滨 | | | | | |
| 上　　海 | 1 | 190 | 182 | 8000 | 40000 |
| 南　　京 | | | | | |
| 杭　　州 | | | | | |
| 宁　　波 | | | | | |
| 合　　肥 | | | | | |
| 福　　州 | | | | | |
| 厦　　门 | | | | | |
| 南　　昌 | | | | | |
| 济　　南 | | | | | |
| 青　　岛 | | | | | |
| 郑　　州 | | | | | |
| 武　　汉 | | | | | |
| 长　　沙 | | | | | |
| 广　　州 | 1 | 438 | 384 | 4971 | 11335 |
| 深　　圳 | | | | | |
| 南　　宁 | | | | | |
| 海　　口 | | | | | |
| 重　　庆 | | | | | |
| 成　　都 | | | | | |
| 贵　　阳 | | | | | |
| 昆　　明 | | | | | |
| 拉　　萨 | | | | | |
| 西　　安 | | | | | |
| 兰　　州 | | | | | |
| 西　　宁 | 1 | 50 | 50 | 8000 | 22000 |
| 银　　川 | | | | | |
| 乌鲁木齐 | | | | | |

2-14 续表 48

(中药材市场)

| 地　区 | 市场数量 (个) | 总摊位数 (个) | 年末出租摊位数 (个) | 营业面积 (平方米) | 成交额 (万元) |
|---|---|---|---|---|---|
| **36城市总计** | **3** | **678** | **616** | **20971** | **73335** |
| 北　京 | | | | | |
| 天　津 | | | | | |
| 石家庄 | | | | | |
| 太　原 | | | | | |
| 呼和浩特 | | | | | |
| 沈　阳 | | | | | |
| 大　连 | | | | | |
| 长　春 | | | | | |
| 哈尔滨 | | | | | |
| 上　海 | 1 | 190 | 182 | 8000 | 40000 |
| 南　京 | | | | | |
| 杭　州 | | | | | |
| 宁　波 | | | | | |
| 合　肥 | | | | | |
| 福　州 | | | | | |
| 厦　门 | | | | | |
| 南　昌 | | | | | |
| 济　南 | | | | | |
| 青　岛 | | | | | |
| 郑　州 | | | | | |
| 武　汉 | | | | | |
| 长　沙 | | | | | |
| 广　州 | 1 | 438 | 384 | 4971 | 11335 |
| 深　圳 | | | | | |
| 南　宁 | | | | | |
| 海　口 | | | | | |
| 重　庆 | | | | | |
| 成　都 | | | | | |
| 贵　阳 | | | | | |
| 昆　明 | | | | | |
| 拉　萨 | | | | | |
| 西　安 | | | | | |
| 兰　州 | | | | | |
| 西　宁 | 1 | 50 | 50 | 8000 | 22000 |
| 银　川 | | | | | |
| 乌鲁木齐 | | | | | |

## 2-14 续表 49

（家具、五金及装饰材料市场）

| 地 区 | 市场数量（个） | 总摊位数（个） | 年末出租摊位数（个） | 营业面积（平方米） | 成交额（万元） |
|---|---|---|---|---|---|
| **36城市总计** | **257** | **127716** | **118775** | **16730396** | **16754247** |
| 北 京 | 19 | 9793 | 9223 | 1208696 | 1512491 |
| 天 津 | 7 | 2913 | 2653 | 751310 | 516707 |
| 石家庄 | 15 | 5683 | 5683 | 1180773 | 851960 |
| 太 原 | 3 | 1588 | 1588 | 257502 | 109671 |
| 呼和浩特 | 3 | 808 | 808 | 57600 | 75496 |
| 沈 阳 | 9 | 6203 | 5805 | 382843 | 609461 |
| 大 连 | 8 | 4042 | 3837 | 465890 | 182976 |
| 长 春 | 3 | 2369 | 1980 | 296301 | 150300 |
| 哈尔滨 | 5 | 1674 | 1366 | 526000 | 192662 |
| 上 海 | 20 | 13553 | 12853 | 1249291 | 1143385 |
| 南 京 | 8 | 4753 | 4615 | 609430 | 676929 |
| 杭 州 | 23 | 11589 | 11018 | 1223897 | 1817994 |
| 宁 波 | 18 | 4429 | 3655 | 650804 | 598715 |
| 合 肥 | 7 | 3416 | 2861 | 363573 | 308688 |
| 福 州 | 4 | 1226 | 1090 | 96000 | 380657 |
| 厦 门 | | | | | |
| 南 昌 | 3 | 2588 | 2588 | 428442 | 81874 |
| 济 南 | 5 | 1635 | 1494 | 316777 | 200196 |
| 青 岛 | 10 | 2783 | 2509 | 524979 | 229727 |
| 郑 州 | 4 | 3694 | 3674 | 386670 | 573672 |
| 武 汉 | 4 | 1626 | 1605 | 206616 | 132194 |
| 长 沙 | 10 | 4683 | 4577 | 613631 | 986880 |
| 广 州 | 6 | 3299 | 3084 | 337766 | 224616 |
| 深 圳 | 1 | 196 | 196 | 26000 | 15000 |
| 南 宁 | 5 | 4351 | 3128 | 570993 | 323038 |
| 海 口 | | | | | |
| 重 庆 | 25 | 11132 | 10082 | 1456409 | 2863089 |
| 成 都 | 5 | 6899 | 6738 | 892383 | 929202 |
| 贵 阳 | 3 | 1235 | 1230 | 247000 | 189630 |
| 昆 明 | 7 | 2412 | 2305 | 498731 | 353447 |
| 拉 萨 | | | | | |
| 西 安 | 3 | 1770 | 1271 | 194180 | 44880 |
| 兰 州 | 7 | 2269 | 2259 | 175295 | 184408 |
| 西 宁 | 1 | 1415 | 1415 | 12165 | 200800 |
| 银 川 | 5 | 1658 | 1553 | 469149 | 80573 |
| 乌鲁木齐 | 1 | 32 | 32 | 53300 | 12929 |

2-14 续表 50

(家具市场)

| 地　　区 | 市场数量（个） | 总摊位数（个） | 年末出租摊位数（个） | 营业面积（平方米） | 成交额（万元） |
|---|---|---|---|---|---|
| **36城市总计** | **80** | **32892** | **30002** | **6100787** | **4831833** |
| 北　　京 | 9 | 4835 | 4635 | 781060 | 597339 |
| 天　　津 | 1 | 377 | 377 | 47691 | 28420 |
| 石 家 庄 | 3 | 1677 | 1677 | 261659 | 289727 |
| 太　　原 | 2 | 688 | 688 | 142502 | 47171 |
| 呼和浩特 | 2 | 613 | 613 | 45600 | 61376 |
| 沈　　阳 | 2 | 931 | 924 | 150343 | 102728 |
| 大　　连 | 5 | 2083 | 1918 | 290209 | 108976 |
| 长　　春 | 2 | 1000 | 1000 | 97000 | 87000 |
| 哈 尔 滨 | 3 | 1135 | 827 | 475000 | 82562 |
| 上　　海 | 5 | 992 | 891 | 226976 | 80142 |
| 南　　京 | 3 | 1197 | 1165 | 195088 | 189016 |
| 杭　　州 | 6 | 1646 | 1546 | 344831 | 203106 |
| 宁　　波 | 8 | 1223 | 932 | 272904 | 116244 |
| 合　　肥 | | | | | |
| 福　　州 | 1 | 310 | 234 | 53000 | 9130 |
| 厦　　门 | | | | | |
| 南　　昌 | 2 | 614 | 614 | 150000 | 59769 |
| 济　　南 | 3 | 1109 | 973 | 184277 | 163536 |
| 青　　岛 | 3 | 707 | 570 | 177471 | 76718 |
| 郑　　州 | 1 | 1688 | 1668 | 300000 | 286935 |
| 武　　汉 | 1 | 185 | 185 | 52722 | 29081 |
| 长　　沙 | 2 | 263 | 263 | 48000 | 35025 |
| 广　　州 | 1 | 512 | 509 | 64892 | 19120 |
| 深　　圳 | 1 | 196 | 196 | 26000 | 15000 |
| 南　　宁 | 1 | 550 | 238 | 61333 | 26600 |
| 海　　口 | | | | | |
| 重　　庆 | 3 | 2429 | 1972 | 550000 | 1571177 |
| 成　　都 | 2 | 3250 | 3089 | 402383 | 335102 |
| 贵　　阳 | | | | | |
| 昆　　明 | 3 | 836 | 744 | 294517 | 129220 |
| 拉　　萨 | | | | | |
| 西　　安 | 1 | 650 | 463 | 151180 | 18000 |
| 兰　　州 | 1 | 147 | 147 | 25000 | 10059 |
| 西　　宁 | | | | | |
| 银　　川 | 3 | 1049 | 944 | 229149 | 53554 |
| 乌鲁木齐 | | | | | |

2-14　续表 51

(装饰材料市场)

| 地　　区 | 市场数量 (个) | 总摊位数 (个) | 年末出租摊位数 (个) | 营业面积 (平方米) | 成交额 (万元) |
|---|---|---|---|---|---|
| **36城市总计** | **103** | **50005** | **47530** | **5557890** | **6462429** |
| 北　　京 | 6 | 2836 | 2630 | 275784 | 645935 |
| 天　　津 | 2 | 416 | 416 | 40800 | 43707 |
| 石 家 庄 | 9 | 2906 | 2906 | 581114 | 462136 |
| 太　　原 | 1 | 900 | 900 | 115000 | 62500 |
| 呼和浩特 | 1 | 195 | 195 | 12000 | 14120 |
| 沈　　阳 | 5 | 2436 | 2141 | 141500 | 324913 |
| 大　　连 | 2 | 1780 | 1740 | 119581 | 64000 |
| 长　　春 | | | | | |
| 哈 尔 滨 | 1 | 76 | 76 | 30000 | 20100 |
| 上　　海 | 9 | 6841 | 6569 | 694904 | 830804 |
| 南　　京 | 3 | 1418 | 1312 | 154342 | 79115 |
| 杭　　州 | 8 | 3564 | 3353 | 381775 | 392823 |
| 宁　　波 | 6 | 1532 | 1114 | 292955 | 220921 |
| 合　　肥 | 4 | 2131 | 1963 | 210573 | 223650 |
| 福　　州 | 2 | 703 | 643 | 39100 | 327510 |
| 厦　　门 | | | | | |
| 南　　昌 | 1 | 1974 | 1974 | 278442 | 22105 |
| 济　　南 | 1 | 336 | 336 | 64500 | 28430 |
| 青　　岛 | 3 | 819 | 756 | 171600 | 45248 |
| 郑　　州 | 1 | 1321 | 1321 | 42000 | 191537 |
| 武　　汉 | 2 | 890 | 890 | 118000 | 81113 |
| 长　　沙 | 5 | 2568 | 2564 | 237507 | 636612 |
| 广　　州 | 4 | 2387 | 2289 | 259874 | 188998 |
| 深　　圳 | | | | | |
| 南　　宁 | 1 | 740 | 740 | 110000 | 21550 |
| 海　　口 | | | | | |
| 重　　庆 | 17 | 6782 | 6263 | 697539 | 953625 |
| 成　　都 | 1 | 1600 | 1600 | 90000 | 160000 |
| 贵　　阳 | 2 | 971 | 966 | 180000 | 163130 |
| 昆　　明 | 2 | 929 | 929 | 134000 | 160845 |
| 拉　　萨 | | | | | |
| 西　　安 | | | | | |
| 兰　　州 | 4 | 954 | 944 | 85000 | 97002 |
| 西　　宁 | | | | | |
| 银　　川 | | | | | |
| 乌鲁木齐 | | | | | |

2-14 续表 52

(灯具市场)

| 地　区 | 市场数量(个) | 总摊位数(个) | 年末出租摊位数(个) | 营业面积(平方米) | 成交额(万元) |
|---|---|---|---|---|---|
| **36城市总计** | **12** | **3800** | **3609** | **564970** | **473385** |
| 北　京 | 1 | 222 | 206 | 40000 | 12647 |
| 天　津 | | | | | |
| 石家庄 | | | | | |
| 太　原 | | | | | |
| 呼和浩特 | | | | | |
| 沈　阳 | 1 | 276 | 180 | 54000 | 36486 |
| 大　连 | 1 | 179 | 179 | 56100 | 10000 |
| 长　春 | | | | | |
| 哈尔滨 | | | | | |
| 上　海 | | | | | |
| 南　京 | | | | | |
| 杭　州 | 1 | 980 | 980 | 48000 | 13980 |
| 宁　波 | | | | | |
| 合　肥 | | | | | |
| 福　州 | | | | | |
| 厦　门 | | | | | |
| 南　昌 | | | | | |
| 济　南 | 1 | 190 | 185 | 68000 | 8230 |
| 青　岛 | 1 | 160 | 160 | 50000 | 24000 |
| 郑　州 | | | | | |
| 武　汉 | | | | | |
| 长　沙 | | | | | |
| 广　州 | | | | | |
| 深　圳 | | | | | |
| 南　宁 | | | | | |
| 海　口 | | | | | |
| 重　庆 | 4 | 1325 | 1251 | 158870 | 275562 |
| 成　都 | 1 | 260 | 260 | 80000 | 80000 |
| 贵　阳 | | | | | |
| 昆　明 | | | | | |
| 拉　萨 | | | | | |
| 西　安 | 1 | 208 | 208 | 10000 | 12480 |
| 兰　州 | | | | | |
| 西　宁 | | | | | |
| 银　川 | | | | | |
| 乌鲁木齐 | | | | | |

2-14 续表 53

(厨具、盥洗设备市场)

| 地区 | 市场数量(个) | 总摊位数(个) | 年末出租摊位数(个) | 营业面积(平方米) | 成交额(万元) |
|---|---|---|---|---|---|
| **36城市总计** | **4** | **2709** | **1785** | **292568** | **207436** |
| 北京 | | | | | |
| 天津 | | | | | |
| 石家庄 | | | | | |
| 太原 | | | | | |
| 呼和浩特 | | | | | |
| 沈阳 | | | | | |
| 大连 | | | | | |
| 长春 | | | | | |
| 哈尔滨 | | | | | |
| 上海 | | | | | |
| 南京 | | | | | |
| 杭州 | | | | | |
| 宁波 | 1 | 500 | 500 | 13000 | 126570 |
| 合肥 | | | | | |
| 福州 | | | | | |
| 厦门 | | | | | |
| 南昌 | | | | | |
| 济南 | | | | | |
| 青岛 | 1 | 366 | 353 | 21608 | 21935 |
| 郑州 | | | | | |
| 武汉 | | | | | |
| 长沙 | | | | | |
| 广州 | | | | | |
| 深圳 | | | | | |
| 南宁 | 1 | 1811 | 900 | 204660 | 46002 |
| 海口 | | | | | |
| 重庆 | | | | | |
| 成都 | | | | | |
| 贵阳 | | | | | |
| 昆明 | | | | | |
| 拉萨 | | | | | |
| 西安 | | | | | |
| 兰州 | | | | | |
| 西宁 | | | | | |
| 银川 | | | | | |
| 乌鲁木齐 | 1 | 32 | 32 | 53300 | 12929 |

2-14 续表 54

(五金材料市场)

| 地　区 | 市场数量(个) | 总摊位数(个) | 年末出租摊位数(个) | 营业面积(平方米) | 成交额(万元) |
|---|---|---|---|---|---|
| **36城市总计** | **26** | **19201** | **17749** | **2293159** | **2988336** |
| 北　京 | 2 | 1100 | 1100 | 61852 | 240000 |
| 天　津 | 3 | 1184 | 924 | 624819 | 433390 |
| 石家庄 | | | | | |
| 太　原 | | | | | |
| 呼和浩特 | | | | | |
| 沈　阳 | | | | | |
| 大　连 | | | | | |
| 长　春 | 1 | 1369 | 980 | 199301 | 63300 |
| 哈尔滨 | | | | | |
| 上　海 | 2 | 3200 | 3130 | 174179 | 140443 |
| 南　京 | 1 | 990 | 990 | 200000 | 77900 |
| 杭　州 | 3 | 2421 | 2297 | 87120 | 870243 |
| 宁　波 | 2 | 1134 | 1072 | 68000 | 103756 |
| 合　肥 | | | | | |
| 福　州 | 1 | 213 | 213 | 3900 | 44017 |
| 厦　门 | | | | | |
| 南　昌 | | | | | |
| 济　南 | | | | | |
| 青　岛 | 1 | 181 | 181 | 24300 | 26364 |
| 郑　州 | 2 | 685 | 685 | 44670 | 95200 |
| 武　汉 | 1 | 551 | 530 | 35894 | 22000 |
| 长　沙 | 2 | 1776 | 1676 | 308124 | 305000 |
| 广　州 | 1 | 400 | 286 | 13000 | 16498 |
| 深　圳 | | | | | |
| 南　宁 | 1 | 700 | 700 | 45000 | 119000 |
| 海　口 | | | | | |
| 重　庆 | 1 | 596 | 596 | 50000 | 62725 |
| 成　都 | 1 | 1789 | 1789 | 320000 | 354100 |
| 贵　阳 | | | | | |
| 昆　明 | | | | | |
| 拉　萨 | | | | | |
| 西　安 | 1 | 912 | 600 | 33000 | 14400 |
| 兰　州 | | | | | |
| 西　宁 | | | | | |
| 银　川 | | | | | |
| 乌鲁木齐 | | | | | |

2-14 续表 55

(其他装修市场)

| 地 区 | 市场数量（个） | 总摊位数（个） | 年末出租摊位数（个） | 营业面积（平方米） | 成交额（万元） |
|---|---|---|---|---|---|
| **36城市总计** | **32** | **19109** | **18100** | **1921022** | **1790828** |
| 北 京 | 1 | 800 | 652 | 50000 | 16570 |
| 天 津 | 1 | 936 | 936 | 38000 | 11190 |
| 石家庄 | 3 | 1100 | 1100 | 338000 | 100097 |
| 太 原 | | | | | |
| 呼和浩特 | | | | | |
| 沈 阳 | 1 | 2560 | 2560 | 37000 | 145334 |
| 大 连 | | | | | |
| 长 春 | | | | | |
| 哈尔滨 | 1 | 463 | 463 | 21000 | 90000 |
| 上 海 | 4 | 2520 | 2263 | 153232 | 91996 |
| 南 京 | 1 | 1148 | 1148 | 60000 | 330898 |
| 杭 州 | 5 | 2978 | 2842 | 362171 | 337842 |
| 宁 波 | 1 | 40 | 37 | 3945 | 31224 |
| 合 肥 | 3 | 1285 | 898 | 153000 | 85038 |
| 福 州 | | | | | |
| 厦 门 | | | | | |
| 南 昌 | | | | | |
| 济 南 | | | | | |
| 青 岛 | 1 | 550 | 489 | 80000 | 35462 |
| 郑 州 | | | | | |
| 武 汉 | | | | | |
| 长 沙 | 1 | 76 | 74 | 20000 | 10243 |
| 广 州 | | | | | |
| 深 圳 | | | | | |
| 南 宁 | 1 | 550 | 550 | 150000 | 109886 |
| 海 口 | | | | | |
| 重 庆 | | | | | |
| 成 都 | | | | | |
| 贵 阳 | 1 | 264 | 264 | 67000 | 26500 |
| 昆 明 | 2 | 647 | 632 | 70214 | 63382 |
| 拉 萨 | | | | | |
| 西 安 | | | | | |
| 兰 州 | 2 | 1168 | 1168 | 65295 | 77347 |
| 西 宁 | 1 | 1415 | 1415 | 12165 | 200800 |
| 银 川 | 2 | 609 | 609 | 240000 | 27019 |
| 乌鲁木齐 | | | | | |

2-14 续表 56

(汽车、摩托车及零配件市场)

| 地区 | 市场数量(个) | 总摊位数(个) | 年末出租摊位数(个) | 营业面积(平方米) | 成交额(万元) |
|---|---|---|---|---|---|
| **36城市总计** | **151** | **56902** | **47843** | **8246591** | **41828277** |
| 北京 | 11 | 4112 | 3438 | 823402 | 9740977 |
| 天津 | 3 | 1413 | 1273 | 242648 | 1798112 |
| 石家庄 | 3 | 567 | 567 | 241000 | 579182 |
| 太原 | | | | | |
| 呼和浩特 | | | | | |
| 沈阳 | 5 | 3020 | 2529 | 283790 | 821642 |
| 大连 | 3 | 2375 | 2370 | 305000 | 1830600 |
| 长春 | 2 | 5426 | 2294 | 581570 | 2730188 |
| 哈尔滨 | | | | | |
| 上海 | 12 | 2314 | 2255 | 255217 | 2484731 |
| 南京 | 2 | 149 | 118 | 58200 | 227429 |
| 杭州 | 18 | 6417 | 6103 | 345730 | 5477138 |
| 宁波 | 8 | 969 | 327 | 158616 | 606393 |
| 合肥 | 4 | 1536 | 1536 | 102403 | 281980 |
| 福州 | 1 | 200 | 196 | 7128 | 33652 |
| 厦门 | 2 | 119 | 118 | 34000 | 342120 |
| 南昌 | 6 | 2806 | 2493 | 251500 | 1889150 |
| 济南 | 4 | 1111 | 972 | 237838 | 998177 |
| 青岛 | 7 | 1106 | 1028 | 183020 | 403908 |
| 郑州 | 3 | 827 | 827 | 103680 | 723218 |
| 武汉 | 4 | 1291 | 1287 | 198200 | 1330109 |
| 长沙 | 4 | 1551 | 1536 | 776302 | 1748066 |
| 广州 | 15 | 2948 | 2747 | 317665 | 1916035 |
| 深圳 | 2 | 86 | 86 | 83000 | 153600 |
| 南宁 | 3 | 1156 | 1132 | 355030 | 197156 |
| 海口 | | | | | |
| 重庆 | 10 | 6985 | 5090 | 651471 | 2384245 |
| 成都 | 2 | 1578 | 1193 | 224811 | 234572 |
| 贵阳 | 4 | 1306 | 1090 | 440800 | 828049 |
| 昆明 | 3 | 1022 | 1022 | 213457 | 197067 |
| 拉萨 | | | | | |
| 西安 | 4 | 2086 | 2023 | 110951 | 692601 |
| 兰州 | 1 | 96 | 93 | 10440 | 26600 |
| 西宁 | | | | | |
| 银川 | 1 | 944 | 810 | 229000 | 23143 |
| 乌鲁木齐 | 4 | 1386 | 1290 | 420722 | 1128437 |

2-14 续表 57

(汽车市场)

| 地 区 | 市场数量（个） | 总摊位数（个） | 年末出租摊位数（个） | 营业面积（平方米） | 成交额（万元） |
|---|---|---|---|---|---|
| **36城市总计** | **99** | **32624** | **25590** | **6359755** | **34715001** |
| 北 京 | 8 | 1510 | 1328 | 637422 | 9177629 |
| 天 津 | 3 | 1413 | 1273 | 242648 | 1798112 |
| 石家庄 | 2 | 67 | 67 | 141000 | 246392 |
| 太 原 | | | | | |
| 呼和浩特 | | | | | |
| 沈 阳 | 2 | 1452 | 1452 | 117790 | 604616 |
| 大 连 | 3 | 2375 | 2370 | 305000 | 1830600 |
| 长 春 | 2 | 5426 | 2294 | 581570 | 2730188 |
| 哈尔滨 | | | | | |
| 上 海 | 8 | 382 | 366 | 173178 | 1918583 |
| 南 京 | 2 | 149 | 118 | 58200 | 227429 |
| 杭 州 | 14 | 3816 | 3572 | 171205 | 4267338 |
| 宁 波 | 8 | 969 | 327 | 158616 | 606393 |
| 合 肥 | 1 | 76 | 76 | 50000 | 88500 |
| 福 州 | | | | | |
| 厦 门 | 2 | 119 | 118 | 34000 | 342120 |
| 南 昌 | 3 | 1154 | 1141 | 143000 | 286465 |
| 济 南 | 1 | 68 | 68 | 130000 | 619577 |
| 青 岛 | 4 | 578 | 500 | 124020 | 241560 |
| 郑 州 | 1 | 37 | 37 | 40786 | 673000 |
| 武 汉 | 3 | 391 | 387 | 187000 | 1318853 |
| 长 沙 | 1 | 199 | 199 | 679032 | 1698951 |
| 广 州 | 6 | 339 | 248 | 156864 | 1536323 |
| 深 圳 | 2 | 86 | 86 | 83000 | 153600 |
| 南 宁 | 3 | 1156 | 1132 | 355030 | 197156 |
| 海 口 | | | | | |
| 重 庆 | 8 | 5251 | 3650 | 489471 | 1508897 |
| 成 都 | 2 | 1578 | 1193 | 224811 | 234572 |
| 贵 阳 | 3 | 1044 | 832 | 397800 | 803159 |
| 昆 明 | 1 | 112 | 112 | 53333 | 100411 |
| 拉 萨 | | | | | |
| 西 安 | 2 | 1136 | 1133 | 89551 | 526161 |
| 兰 州 | | | | | |
| 西 宁 | | | | | |
| 银 川 | 1 | 944 | 810 | 229000 | 23143 |
| 乌鲁木齐 | 3 | 797 | 701 | 306428 | 955273 |

2-14 续表 58

(摩托车市场)

| 地　区 | 市场数量(个) | 总摊位数(个) | 年末出租摊位数(个) | 营业面积(平方米) | 成交额(万元) |
|---|---|---|---|---|---|
| **36城市总计** | **4** | **1003** | **830** | **63240** | **431455** |
| 北　京 | | | | | |
| 天　津 | | | | | |
| 石家庄 | | | | | |
| 太　原 | | | | | |
| 呼和浩特 | | | | | |
| 沈　阳 | | | | | |
| 大　连 | | | | | |
| 长　春 | | | | | |
| 哈尔滨 | | | | | |
| 上　海 | | | | | |
| 南　京 | | | | | |
| 杭　州 | | | | | |
| 宁　波 | | | | | |
| 合　肥 | 1 | 100 | 100 | 10000 | 51000 |
| 福　州 | | | | | |
| 厦　门 | | | | | |
| 南　昌 | | | | | |
| 济　南 | | | | | |
| 青　岛 | | | | | |
| 郑　州 | | | | | |
| 武　汉 | | | | | |
| 长　沙 | 1 | 127 | 112 | 2800 | 23855 |
| 广　州 | | | | | |
| 深　圳 | | | | | |
| 南　宁 | | | | | |
| 海　口 | | | | | |
| 重　庆 | 1 | 680 | 525 | 40000 | 330000 |
| 成　都 | | | | | |
| 贵　阳 | | | | | |
| 昆　明 | | | | | |
| 拉　萨 | | | | | |
| 西　安 | | | | | |
| 兰　州 | 1 | 96 | 93 | 10440 | 26600 |
| 西　宁 | | | | | |
| 银　川 | | | | | |
| 乌鲁木齐 | | | | | |

2-14 续表 59

(机动车零配件市场)

| 地　区 | 市场数量(个) | 总摊位数(个) | 年末出租摊位数(个) | 营业面积(平方米) | 成交额(万元) |
|---|---|---|---|---|---|
| **36城市总计** | **48** | **23275** | **21423** | **1823596** | **6681821** |
| 北　京 | 3 | 2602 | 2110 | 185980 | 563348 |
| 天　津 | | | | | |
| 石家庄 | 1 | 500 | 500 | 100000 | 332790 |
| 太　原 | | | | | |
| 呼和浩特 | | | | | |
| 沈　阳 | 3 | 1568 | 1077 | 166000 | 217026 |
| 大　连 | | | | | |
| 长　春 | | | | | |
| 哈尔滨 | | | | | |
| 上　海 | 4 | 1932 | 1889 | 82039 | 566148 |
| 南　京 | | | | | |
| 杭　州 | 4 | 2601 | 2531 | 174525 | 1209800 |
| 宁　波 | | | | | |
| 合　肥 | 2 | 1360 | 1360 | 42403 | 142480 |
| 福　州 | 1 | 200 | 196 | 7128 | 33652 |
| 厦　门 | | | | | |
| 南　昌 | 3 | 1652 | 1352 | 108500 | 1602685 |
| 济　南 | 3 | 1043 | 904 | 107838 | 378600 |
| 青　岛 | 3 | 528 | 528 | 59000 | 162348 |
| 郑　州 | 2 | 790 | 790 | 62894 | 50218 |
| 武　汉 | 1 | 900 | 900 | 11200 | 11256 |
| 长　沙 | 2 | 1225 | 1225 | 94470 | 25260 |
| 广　州 | 9 | 2609 | 2499 | 160801 | 379712 |
| 深　圳 | | | | | |
| 南　宁 | | | | | |
| 海　口 | | | | | |
| 重　庆 | 1 | 1054 | 915 | 122000 | 545348 |
| 成　都 | | | | | |
| 贵　阳 | 1 | 262 | 258 | 43000 | 24890 |
| 昆　明 | 2 | 910 | 910 | 160124 | 96656 |
| 拉　萨 | | | | | |
| 西　安 | 2 | 950 | 890 | 21400 | 166440 |
| 兰　州 | | | | | |
| 西　宁 | | | | | |
| 银　川 | | | | | |
| 乌鲁木齐 | 1 | 589 | 589 | 114294 | 173164 |

2-14 续表 60

(花鸟鱼虫市场)

| 地　区 | 市场数量(个) | 总摊位数(个) | 年末出租摊位数(个) | 营业面积(平方米) | 成交额(万元) |
|---|---|---|---|---|---|
| **36城市总计** | **18** | **12584** | **12043** | **2437151** | **1651808** |
| 北　京 | 1 | 624 | 612 | 12190 | 15137 |
| 天　津 | 1 | 580 | 580 | 21000 | 13510 |
| 石家庄 | | | | | |
| 太　原 | | | | | |
| 呼和浩特 | | | | | |
| 沈　阳 | 1 | 540 | 540 | 9300 | 10980 |
| 大　连 | | | | | |
| 长　春 | | | | | |
| 哈尔滨 | 1 | 262 | 262 | 20000 | 15000 |
| 上　海 | 2 | 626 | 596 | 54070 | 33209 |
| 南　京 | | | | | |
| 杭　州 | 2 | 1461 | 1378 | 59208 | 332736 |
| 宁　波 | | | | | |
| 合　肥 | 2 | 1550 | 1550 | 108320 | 139393 |
| 福　州 | 2 | 205 | 200 | 31855 | 115938 |
| 厦　门 | | | | | |
| 南　昌 | | | | | |
| 济　南 | | | | | |
| 青　岛 | | | | | |
| 郑　州 | 1 | 2000 | 2000 | 50000 | 180000 |
| 武　汉 | | | | | |
| 长　沙 | 1 | 434 | 319 | 79076 | 40000 |
| 广　州 | 2 | 1742 | 1706 | 1918000 | 311705 |
| 深　圳 | | | | | |
| 南　宁 | | | | | |
| 海　口 | | | | | |
| 重　庆 | | | | | |
| 成　都 | | | | | |
| 贵　阳 | | | | | |
| 昆　明 | 1 | 2260 | 2000 | 44132 | 429200 |
| 拉　萨 | | | | | |
| 西　安 | | | | | |
| 兰　州 | | | | | |
| 西　宁 | | | | | |
| 银　川 | | | | | |
| 乌鲁木齐 | 1 | 300 | 300 | 30000 | 15000 |

2-14 续表 61

(花卉市场)

| 地 区 | 市场数量（个） | 总摊位数（个） | 年末出租摊位数（个） | 营业面积（平方米） | 成交额（万元） |
|---|---|---|---|---|---|
| **36城市总计** | **14** | **11166** | **10660** | **2378496** | **1480554** |
| 北 京 | 1 | 624 | 612 | 12190 | 15137 |
| 天 津 | 1 | 580 | 580 | 21000 | 13510 |
| 石家庄 | | | | | |
| 太 原 | | | | | |
| 呼和浩特 | | | | | |
| 沈 阳 | | | | | |
| 大 连 | | | | | |
| 长 春 | | | | | |
| 哈尔滨 | 1 | 262 | 262 | 20000 | 15000 |
| 上 海 | 1 | 178 | 178 | 16470 | 11620 |
| 南 京 | | | | | |
| 杭 州 | 1 | 1161 | 1078 | 53828 | 298836 |
| 宁 波 | | | | | |
| 合 肥 | 2 | 1550 | 1550 | 108320 | 139393 |
| 福 州 | 1 | 75 | 75 | 25480 | 11153 |
| 厦 门 | | | | | |
| 南 昌 | | | | | |
| 济 南 | | | | | |
| 青 岛 | | | | | |
| 郑 州 | 1 | 2000 | 2000 | 50000 | 180000 |
| 武 汉 | | | | | |
| 长 沙 | 1 | 434 | 319 | 79076 | 40000 |
| 广 州 | 2 | 1742 | 1706 | 1918000 | 311705 |
| 深 圳 | | | | | |
| 南 宁 | | | | | |
| 海 口 | | | | | |
| 重 庆 | | | | | |
| 成 都 | | | | | |
| 贵 阳 | | | | | |
| 昆 明 | 1 | 2260 | 2000 | 44132 | 429200 |
| 拉 萨 | | | | | |
| 西 安 | | | | | |
| 兰 州 | | | | | |
| 西 宁 | | | | | |
| 银 川 | | | | | |
| 乌鲁木齐 | 1 | 300 | 300 | 30000 | 15000 |

2-14 续表 62

(其他花鸟鱼虫市场)

| 地 区 | 市场数量(个) | 总摊位数(个) | 年末出租摊位数(个) | 营业面积(平方米) | 成交额(万元) |
|---|---|---|---|---|---|
| **36城市总计** | **4** | **1418** | **1383** | **58655** | **171254** |
| 北 京 | | | | | |
| 天 津 | | | | | |
| 石家庄 | | | | | |
| 太 原 | | | | | |
| 呼和浩特 | | | | | |
| 沈 阳 | 1 | 540 | 540 | 9300 | 10980 |
| 大 连 | | | | | |
| 长 春 | | | | | |
| 哈尔滨 | | | | | |
| 上 海 | 1 | 448 | 418 | 37600 | 21589 |
| 南 京 | | | | | |
| 杭 州 | 1 | 300 | 300 | 5380 | 33900 |
| 宁 波 | | | | | |
| 合 肥 | | | | | |
| 福 州 | 1 | 130 | 125 | 6375 | 104785 |
| 厦 门 | | | | | |
| 南 昌 | | | | | |
| 济 南 | | | | | |
| 青 岛 | | | | | |
| 郑 州 | | | | | |
| 武 汉 | | | | | |
| 长 沙 | | | | | |
| 广 州 | | | | | |
| 深 圳 | | | | | |
| 南 宁 | | | | | |
| 海 口 | | | | | |
| 重 庆 | | | | | |
| 成 都 | | | | | |
| 贵 阳 | | | | | |
| 昆 明 | | | | | |
| 拉 萨 | | | | | |
| 西 安 | | | | | |
| 兰 州 | | | | | |
| 西 宁 | | | | | |
| 银 川 | | | | | |
| 乌鲁木齐 | | | | | |

2-14 续表 63

(旧货市场)

| 地 区 | 市场数量(个) | 总摊位数(个) | 年末出租摊位数(个) | 营业面积(平方米) | 成交额(万元) |
|---|---|---|---|---|---|
| **36城市总计** | **8** | **6177** | **6087** | **145896** | **425232** |
| 北 京 | 1 | 4520 | 4520 | 39635 | 48438 |
| 天 津 | | | | | |
| 石 家 庄 | | | | | |
| 太 原 | | | | | |
| 呼和浩特 | | | | | |
| 沈 阳 | | | | | |
| 大 连 | | | | | |
| 长 春 | | | | | |
| 哈 尔 滨 | | | | | |
| 上 海 | | | | | |
| 南 京 | | | | | |
| 杭 州 | | | | | |
| 宁 波 | 4 | 353 | 299 | 58161 | 333538 |
| 合 肥 | | | | | |
| 福 州 | | | | | |
| 厦 门 | | | | | |
| 南 昌 | 1 | 750 | 750 | 15000 | 19120 |
| 济 南 | | | | | |
| 青 岛 | | | | | |
| 郑 州 | 1 | 507 | 500 | 13120 | 12000 |
| 武 汉 | | | | | |
| 长 沙 | | | | | |
| 广 州 | | | | | |
| 深 圳 | | | | | |
| 南 宁 | | | | | |
| 海 口 | | | | | |
| 重 庆 | | | | | |
| 成 都 | | | | | |
| 贵 阳 | | | | | |
| 昆 明 | 1 | 47 | 18 | 19980 | 12136 |
| 拉 萨 | | | | | |
| 西 安 | | | | | |
| 兰 州 | | | | | |
| 西 宁 | | | | | |
| 银 川 | | | | | |
| 乌鲁木齐 | | | | | |

2-14 续表 64

(古玩、古董、字画市场)

| 地　区 | 市场数量(个) | 总摊位数(个) | 年末出租摊位数(个) | 营业面积(平方米) | 成交额(万元) |
|---|---|---|---|---|---|
| **36城市总计** | **1** | **507** | **500** | **13120** | **12000** |
| 北　京 | | | | | |
| 天　津 | | | | | |
| 石家庄 | | | | | |
| 太　原 | | | | | |
| 呼和浩特 | | | | | |
| 沈　阳 | | | | | |
| 大　连 | | | | | |
| 长　春 | | | | | |
| 哈尔滨 | | | | | |
| 上　海 | | | | | |
| 南　京 | | | | | |
| 杭　州 | | | | | |
| 宁　波 | | | | | |
| 合　肥 | | | | | |
| 福　州 | | | | | |
| 厦　门 | | | | | |
| 南　昌 | | | | | |
| 济　南 | | | | | |
| 青　岛 | | | | | |
| 郑　州 | 1 | 507 | 500 | 13120 | 12000 |
| 武　汉 | | | | | |
| 长　沙 | | | | | |
| 广　州 | | | | | |
| 深　圳 | | | | | |
| 南　宁 | | | | | |
| 海　口 | | | | | |
| 重　庆 | | | | | |
| 成　都 | | | | | |
| 贵　阳 | | | | | |
| 昆　明 | | | | | |
| 拉　萨 | | | | | |
| 西　安 | | | | | |
| 兰　州 | | | | | |
| 西　宁 | | | | | |
| 银　川 | | | | | |
| 乌鲁木齐 | | | | | |

2-14　续表 65

(其他旧货市场)

| 地　　区 | 市场数量(个) | 总摊位数(个) | 年末出租摊位数(个) | 营业面积(平方米) | 成交额(万元) |
|---|---|---|---|---|---|
| **36城市总计** | **7** | **5670** | **5587** | **132776** | **413232** |
| 北　　京 | 1 | 4520 | 4520 | 39635 | 48438 |
| 天　　津 | | | | | |
| 石 家 庄 | | | | | |
| 太　　原 | | | | | |
| 呼和浩特 | | | | | |
| 沈　　阳 | | | | | |
| 大　　连 | | | | | |
| 长　　春 | | | | | |
| 哈 尔 滨 | | | | | |
| 上　　海 | | | | | |
| 南　　京 | | | | | |
| 杭　　州 | | | | | |
| 宁　　波 | 4 | 353 | 299 | 58161 | 333538 |
| 合　　肥 | | | | | |
| 福　　州 | | | | | |
| 厦　　门 | | | | | |
| 南　　昌 | 1 | 750 | 750 | 15000 | 19120 |
| 济　　南 | | | | | |
| 青　　岛 | | | | | |
| 郑　　州 | | | | | |
| 武　　汉 | | | | | |
| 长　　沙 | | | | | |
| 广　　州 | | | | | |
| 深　　圳 | | | | | |
| 南　　宁 | | | | | |
| 海　　口 | | | | | |
| 重　　庆 | | | | | |
| 成　　都 | | | | | |
| 贵　　阳 | | | | | |
| 昆　　明 | 1 | 47 | 18 | 19980 | 12136 |
| 拉　　萨 | | | | | |
| 西　　安 | | | | | |
| 兰　　州 | | | | | |
| 西　　宁 | | | | | |
| 银　　川 | | | | | |
| 乌鲁木齐 | | | | | |

2-14 续表 66

(其他专业市场)

| 地　区 | 市场数量(个) | 总摊位数(个) | 年末出租摊位数(个) | 营业面积(平方米) | 成交额(万元) |
|---|---|---|---|---|---|
| **36城市总计** | **15** | **13794** | **8016** | **659651** | **1744125** |
| 北　京 | 1 | 136 | 136 | 40567 | 14349 |
| 天　津 | 1 | 180 | 150 | 8000 | 12000 |
| 石家庄 | | | | | |
| 太　原 | | | | | |
| 呼和浩特 | | | | | |
| 沈　阳 | 4 | 2600 | 2089 | 64000 | 225460 |
| 大　连 | | | | | |
| 长　春 | | | | | |
| 哈尔滨 | | | | | |
| 上　海 | 4 | 1064 | 1064 | 25200 | 156592 |
| 南　京 | | | | | |
| 杭　州 | | | | | |
| 宁　波 | | | | | |
| 合　肥 | | | | | |
| 福　州 | | | | | |
| 厦　门 | | | | | |
| 南　昌 | | | | | |
| 济　南 | 1 | 1200 | 762 | 236000 | 25050 |
| 青　岛 | | | | | |
| 郑　州 | 2 | 3270 | 3200 | 224000 | 1120000 |
| 武　汉 | | | | | |
| 长　沙 | | | | | |
| 广　州 | 1 | 344 | 280 | 19194 | 178000 |
| 深　圳 | | | | | |
| 南　宁 | | | | | |
| 海　口 | | | | | |
| 重　庆 | | | | | |
| 成　都 | | | | | |
| 贵　阳 | | | | | |
| 昆　明 | 1 | 5000 | 335 | 42690 | 12674 |
| 拉　萨 | | | | | |
| 西　安 | | | | | |
| 兰　州 | | | | | |
| 西　宁 | | | | | |
| 银　川 | | | | | |
| 乌鲁木齐 | | | | | |

# 2-15 商品交易市场情况(按营业状态分)

(常年营业)

| 地区 | 市场数量(个) | 总摊位数(个) | 年末出租摊位数(个) | 营业面积(平方米) | 成交额(万元) |
|---|---|---|---|---|---|
| **总计** | **1855** | **1527964** | **1309195** | **116893590** | **465531938** |
| 北京 | 122 | 109156 | 95243 | 6643556 | 34672131 |
| 天津 | 56 | 42197 | 38460 | 4136845 | 15983591 |
| 石家庄 | 50 | 67824 | 58899 | 5373141 | 13238370 |
| 太原 | 9 | 5044 | 4969 | 671002 | 455088 |
| 呼和浩特 | 8 | 4128 | 4128 | 204600 | 366155 |
| 沈阳 | 51 | 56975 | 49388 | 2296515 | 10320498 |
| 大连 | 43 | 37636 | 35098 | 2040746 | 13204499 |
| 长春 | 26 | 29958 | 26090 | 2152255 | 4805690 |
| 哈尔滨 | 45 | 38357 | 33963 | 2425299 | 7551619 |
| 上海 | 153 | 71676 | 65954 | 7848458 | 91026976 |
| 南京 | 40 | 34857 | 33666 | 2461985 | 8810596 |
| 杭州 | 177 | 96220 | 88778 | 4552569 | 34737672 |
| 宁波 | 129 | 58435 | 51444 | 4278088 | 31974345 |
| 合肥 | 33 | 26463 | 22496 | 2826046 | 7743692 |
| 福州 | 43 | 14287 | 13818 | 1159570 | 6664181 |
| 厦门 | 19 | 6508 | 6429 | 555132 | 1899800 |
| 南昌 | 31 | 27727 | 25731 | 1453350 | 9626063 |
| 济南 | 33 | 21574 | 20582 | 1879556 | 3989755 |
| 青岛 | 66 | 62256 | 59495 | 5489078 | 10975694 |
| 郑州 | 31 | 52995 | 33151 | 3471362 | 12014899 |
| 武汉 | 51 | 30539 | 26758 | 2447945 | 8283708 |
| 长沙 | 63 | 44993 | 41902 | 5326858 | 16797655 |
| 广州 | 139 | 104883 | 86194 | 8496347 | 22186359 |
| 深圳 | 32 | 54900 | 33517 | 1755832 | 5621771 |
| 南宁 | 34 | 25596 | 22257 | 1866231 | 4461603 |
| 海口 | 3 | 1446 | 1446 | 748300 | 333890 |
| 重庆 | 153 | 111651 | 100207 | 8277138 | 34128682 |
| 成都 | 47 | 117367 | 75252 | 8473565 | 21426243 |
| 贵阳 | 19 | 7250 | 6747 | 1125029 | 3736696 |
| 昆明 | 26 | 46201 | 38743 | 2523317 | 4857218 |
| 拉萨 | | | | | |
| 西安 | 35 | 29469 | 26245 | 2268351 | 4590916 |
| 兰州 | 26 | 17437 | 17067 | 1368801 | 3348164 |
| 西宁 | 6 | 6393 | 5886 | 501368 | 569758 |
| 银川 | 22 | 18489 | 16023 | 2140880 | 2040095 |
| 乌鲁木齐 | 34 | 47077 | 43169 | 7654475 | 13087866 |

2-15 续表 1

(季节性营业)

| 地 区 | 市场数量 (个) | 总摊位数 (个) | 年末出租摊位数 (个) | 营业面积 (平方米) | 成交额 (万元) |
|---|---|---|---|---|---|
| **总 计** | **15** | **8729** | **6121** | **793686** | **1362594** |
| 北 京 | 3 | 4156 | 1914 | 279000 | 152734 |
| 天 津 | | | | | |
| 石家庄 | | | | | |
| 太 原 | | | | | |
| 呼和浩特 | | | | | |
| 沈 阳 | 2 | 945 | 945 | 184000 | 677621 |
| 大 连 | | | | | |
| 长 春 | | | | | |
| 哈尔滨 | | | | | |
| 上 海 | 1 | 165 | 165 | 2250 | 10047 |
| 南 京 | | | | | |
| 杭 州 | 1 | 113 | 113 | 3500 | 29457 |
| 宁 波 | 1 | 842 | 842 | 153586 | 219600 |
| 合 肥 | 1 | 415 | 415 | 33350 | 86260 |
| 福 州 | | | | | |
| 厦 门 | | | | | |
| 南 昌 | | | | | |
| 济 南 | 1 | 310 | 307 | 19000 | 29932 |
| 青 岛 | 4 | 1661 | 1298 | 113000 | 120426 |
| 郑 州 | | | | | |
| 武 汉 | | | | | |
| 长 沙 | | | | | |
| 广 州 | | | | | |
| 深 圳 | | | | | |
| 南 宁 | 1 | 122 | 122 | 6000 | 36517 |
| 海 口 | | | | | |
| 重 庆 | | | | | |
| 成 都 | | | | | |
| 贵 阳 | | | | | |
| 昆 明 | | | | | |
| 拉 萨 | | | | | |
| 西 安 | | | | | |
| 兰 州 | | | | | |
| 西 宁 | | | | | |
| 银 川 | | | | | |
| 乌鲁木齐 | | | | | |

2-15 续表 2

(其他)

| 地 区 | 市场数量（个） | 总摊位数（个） | 年末出租摊位数（个） | 营业面积（平方米） | 成交额（万元） |
|---|---|---|---|---|---|
| **总 计** | **2** | **493** | **478** | **57866** | **113892** |
| 北 京 | | | | | |
| 天 津 | | | | | |
| 石家庄 | 1 | 402 | 387 | 21800 | 11907 |
| 太 原 | | | | | |
| 呼和浩特 | | | | | |
| 沈 阳 | | | | | |
| 大 连 | | | | | |
| 长 春 | | | | | |
| 哈尔滨 | | | | | |
| 上 海 | 1 | 91 | 91 | 36066 | 101985 |
| 南 京 | | | | | |
| 杭 州 | | | | | |
| 宁 波 | | | | | |
| 合 肥 | | | | | |
| 福 州 | | | | | |
| 厦 门 | | | | | |
| 南 昌 | | | | | |
| 济 南 | | | | | |
| 青 岛 | | | | | |
| 郑 州 | | | | | |
| 武 汉 | | | | | |
| 长 沙 | | | | | |
| 广 州 | | | | | |
| 深 圳 | | | | | |
| 南 宁 | | | | | |
| 海 口 | | | | | |
| 重 庆 | | | | | |
| 成 都 | | | | | |
| 贵 阳 | | | | | |
| 昆 明 | | | | | |
| 拉 萨 | | | | | |
| 西 安 | | | | | |
| 兰 州 | | | | | |
| 西 宁 | | | | | |
| 银 川 | | | | | |
| 乌鲁木齐 | | | | | |

# 2-16 商品交易市场情况(按经营方式分)

(批发为主)

| 地 区 | 市场数量(个) | 总摊位数(个) | 年末出租摊位数(个) | 营业面积(平方米) | 成交额(万元) |
|---|---|---|---|---|---|
| **总 计** | **1104** | **1120766** | **939953** | **90688646** | **402228825** |
| 北 京 | 56 | 67769 | 54634 | 4111329 | 21915922 |
| 天 津 | 40 | 32418 | 30228 | 3413816 | 15200084 |
| 石家庄 | 33 | 50211 | 42126 | 4414158 | 12008268 |
| 太 原 | 6 | 3456 | 3381 | 413500 | 345417 |
| 呼和浩特 | 4 | 1315 | 1315 | 126000 | 212822 |
| 沈 阳 | 31 | 36253 | 32525 | 1736871 | 9317733 |
| 大 连 | 21 | 16542 | 16278 | 1229220 | 11153519 |
| 长 春 | 13 | 15856 | 14458 | 1410272 | 2850710 |
| 哈尔滨 | 17 | 22971 | 21221 | 1263760 | 4741150 |
| 上 海 | 77 | 44874 | 41765 | 6352072 | 86631327 |
| 南 京 | 15 | 21280 | 20334 | 1614999 | 7129504 |
| 杭 州 | 96 | 63083 | 58331 | 3031992 | 27961753 |
| 宁 波 | 67 | 37580 | 34080 | 3321954 | 29263349 |
| 合 肥 | 22 | 21635 | 18239 | 2356647 | 7258136 |
| 福 州 | 17 | 5345 | 5225 | 660756 | 5627242 |
| 厦 门 | 7 | 2117 | 2117 | 260252 | 1146887 |
| 南 昌 | 21 | 20282 | 18590 | 1041965 | 9032356 |
| 济 南 | 26 | 17471 | 16594 | 1411279 | 3131038 |
| 青 岛 | 49 | 53073 | 51044 | 4861467 | 10327770 |
| 郑 州 | 25 | 44861 | 25024 | 2919379 | 9866262 |
| 武 汉 | 38 | 25452 | 22169 | 1971819 | 7238216 |
| 长 沙 | 36 | 32743 | 30026 | 4110976 | 13912011 |
| 广 州 | 108 | 92164 | 75434 | 7864163 | 19562770 |
| 深 圳 | 19 | 46725 | 27232 | 1460416 | 5106938 |
| 南 宁 | 23 | 17172 | 14583 | 1104377 | 3642553 |
| 海 口 | 2 | 1166 | 1166 | 737800 | 309990 |
| 重 庆 | 87 | 80489 | 71878 | 6246042 | 29739697 |
| 成 都 | 36 | 109415 | 68442 | 7717224 | 20549152 |
| 贵 阳 | 13 | 5153 | 4862 | 507229 | 2746937 |
| 昆 明 | 17 | 42632 | 35295 | 1994958 | 4502050 |
| 拉 萨 | | | | | |
| 西 安 | 18 | 13689 | 11836 | 839820 | 2576494 |
| 兰 州 | 22 | 15303 | 14933 | 1268801 | 3238434 |
| 西 宁 | 3 | 4421 | 4421 | 476203 | 346958 |
| 银 川 | 11 | 10861 | 8986 | 1002711 | 1635826 |
| 乌鲁木齐 | 28 | 44989 | 41181 | 7434419 | 11999550 |

2-16 续表

(零售为主)

| 地 区 | 市场数量（个） | 总摊位数（个） | 年末出租摊位数（个） | 营业面积（平方米） | 成交额（万元） |
|---|---|---|---|---|---|
| **总 计** | **768** | **416420** | **375841** | **27056496** | **64779599** |
| 北 京 | 69 | 45543 | 42523 | 2811227 | 12908943 |
| 天 津 | 16 | 9779 | 8232 | 723029 | 783507 |
| 石 家 庄 | 18 | 18015 | 17160 | 980783 | 1242009 |
| 太 原 | 3 | 1588 | 1588 | 257502 | 109671 |
| 呼和浩特 | 4 | 2813 | 2813 | 78600 | 153333 |
| 沈 阳 | 22 | 21667 | 17808 | 743644 | 1680386 |
| 大 连 | 22 | 21094 | 18820 | 811526 | 2050980 |
| 长 春 | 13 | 14102 | 11632 | 741983 | 1954980 |
| 哈 尔 滨 | 28 | 15386 | 12742 | 1161539 | 2810469 |
| 上 海 | 78 | 27058 | 24445 | 1534702 | 4507681 |
| 南 京 | 25 | 13577 | 13332 | 846986 | 1681092 |
| 杭 州 | 82 | 33250 | 30560 | 1524077 | 6805376 |
| 宁 波 | 63 | 21697 | 18206 | 1109720 | 2930596 |
| 合 肥 | 12 | 5243 | 4672 | 502749 | 571816 |
| 福 州 | 26 | 8942 | 8593 | 498814 | 1036939 |
| 厦 门 | 12 | 4391 | 4312 | 294880 | 752913 |
| 南 昌 | 10 | 7445 | 7141 | 411385 | 593707 |
| 济 南 | 8 | 4413 | 4295 | 487277 | 888649 |
| 青 岛 | 21 | 10844 | 9749 | 740611 | 768350 |
| 郑 州 | 6 | 8134 | 8127 | 551983 | 2148637 |
| 武 汉 | 13 | 5087 | 4589 | 476126 | 1045492 |
| 长 沙 | 27 | 12250 | 11876 | 1215882 | 2885644 |
| 广 州 | 31 | 12719 | 10760 | 632184 | 2623589 |
| 深 圳 | 13 | 8175 | 6285 | 295416 | 514833 |
| 南 宁 | 12 | 8546 | 7796 | 767854 | 855567 |
| 海 口 | 1 | 280 | 280 | 10500 | 23900 |
| 重 庆 | 66 | 31162 | 28329 | 2031096 | 4388985 |
| 成 都 | 11 | 7952 | 6810 | 756341 | 877091 |
| 贵 阳 | 6 | 2097 | 1885 | 617800 | 989759 |
| 昆 明 | 9 | 3569 | 3448 | 528359 | 355168 |
| 拉 萨 | | | | | |
| 西 安 | 17 | 15780 | 14409 | 1428531 | 2014422 |
| 兰 州 | 4 | 2134 | 2134 | 100000 | 109730 |
| 西 宁 | 3 | 1972 | 1465 | 25165 | 222800 |
| 银 川 | 11 | 7628 | 7037 | 1138169 | 404269 |
| 乌鲁木齐 | 6 | 2088 | 1988 | 220056 | 1088316 |

# 2-17 商品交易市场情况(按经营环境分)

(露天式)

| 地　　区 | 市场数量(个) | 总摊位数(个) | 年末出租摊位数(个) | 营业面积(平方米) | 成交额(万元) |
|---|---|---|---|---|---|
| **总　　计** | **244** | **161205** | **136495** | **19170862** | **58323424** |
| 北　　京 | 19 | 21156 | 11495 | 2317663 | 14730804 |
| 天　　津 | 16 | 11603 | 9628 | 1379459 | 2635467 |
| 石 家 庄 | 8 | 8137 | 7985 | 416083 | 220584 |
| 太　　原 | 1 | 146 | 120 | 80000 | 10080 |
| 呼和浩特 | 2 | 315 | 315 | 22000 | 27040 |
| 沈　　阳 | 13 | 9040 | 8323 | 783300 | 2614030 |
| 大　　连 | 6 | 4538 | 4439 | 488980 | 1088990 |
| 长　　春 | 2 | 894 | 882 | 289900 | 38212 |
| 哈 尔 滨 | 4 | 4424 | 4359 | 772000 | 1334030 |
| 上　　海 | 11 | 4770 | 4256 | 484979 | 1862064 |
| 南　　京 | 3 | 827 | 796 | 61700 | 241494 |
| 杭　　州 | 12 | 2947 | 2556 | 202662 | 1713498 |
| 宁　　波 | 12 | 7310 | 7119 | 776522 | 3787866 |
| 合　　肥 | 3 | 944 | 769 | 140320 | 221833 |
| 福　　州 | 1 | 302 | 302 | 18777 | 261500 |
| 厦　　门 | 5 | 954 | 953 | 58000 | 551342 |
| 南　　昌 | 6 | 3483 | 3358 | 237448 | 2791451 |
| 济　　南 | 8 | 4474 | 4268 | 342938 | 732681 |
| 青　　岛 | 20 | 12687 | 12117 | 2107303 | 2241385 |
| 郑　　州 | 5 | 3509 | 3342 | 244197 | 510098 |
| 武　　汉 | 10 | 5389 | 5214 | 378321 | 3184541 |
| 长　　沙 | 5 | 3316 | 3222 | 855833 | 2516862 |
| 广　　州 | 9 | 3704 | 3453 | 256054 | 575240 |
| 深　　圳 | 2 | 413 | 413 | 51550 | 63960 |
| 南　　宁 | 7 | 3196 | 2942 | 656744 | 2368551 |
| 海　　口 | 2 | 1166 | 1166 | 737800 | 309990 |
| 重　　庆 | 11 | 8369 | 6099 | 563846 | 2987224 |
| 成　　都 | 3 | 5050 | 4549 | 997258 | 3580519 |
| 贵　　阳 | 3 | 934 | 818 | 377800 | 712231 |
| 昆　　明 | 4 | 6427 | 1703 | 179466 | 443380 |
| 拉　　萨 | | | | | |
| 西　　安 | 11 | 8613 | 8059 | 950622 | 1297599 |
| 兰　　州 | 9 | 5121 | 4904 | 413800 | 1437403 |
| 西　　宁 | 1 | 400 | 400 | 116203 | 32000 |
| 银　　川 | 3 | 2969 | 2515 | 356470 | 309468 |
| 乌鲁木齐 | 7 | 3678 | 3656 | 1054864 | 890007 |

2-17 续表 1

(封闭式)

| 地区 | 市场数量（个） | 总摊位数（个） | 年末出租摊位数（个） | 营业面积（平方米） | 成交额（万元） |
|---|---|---|---|---|---|
| **总计** | **1427** | **1224334** | **1043427** | **77209471** | **341481438** |
| 北京 | 99 | 82312 | 76347 | 4243552 | 16805546 |
| 天津 | 36 | 29291 | 27564 | 2594480 | 12855312 |
| 石家庄 | 31 | 50809 | 43043 | 3926122 | 11732855 |
| 太原 | 6 | 2898 | 2888 | 424502 | 369408 |
| 呼和浩特 | 6 | 3813 | 3813 | 182600 | 339115 |
| 沈阳 | 39 | 48680 | 41810 | 1692215 | 8357705 |
| 大连 | 34 | 27178 | 24849 | 1253766 | 9000564 |
| 长春 | 20 | 24491 | 21024 | 1372054 | 4463399 |
| 哈尔滨 | 41 | 33933 | 29604 | 1653299 | 6217589 |
| 上海 | 112 | 52657 | 48134 | 3436850 | 75415135 |
| 南京 | 37 | 34030 | 32870 | 2400285 | 8569102 |
| 杭州 | 150 | 84404 | 78130 | 3874296 | 25261513 |
| 宁波 | 108 | 49602 | 43208 | 3456050 | 27317024 |
| 合肥 | 20 | 14837 | 13105 | 1042464 | 3819176 |
| 福州 | 36 | 11814 | 11353 | 1078185 | 6251929 |
| 厦门 | 9 | 3168 | 3134 | 396422 | 960246 |
| 南昌 | 24 | 24026 | 22155 | 1197902 | 6391088 |
| 济南 | 22 | 15362 | 15040 | 1134118 | 2506799 |
| 青岛 | 43 | 45590 | 43558 | 2839534 | 7491616 |
| 郑州 | 21 | 47626 | 27953 | 2963207 | 10852401 |
| 武汉 | 40 | 24599 | 21014 | 2033730 | 5077167 |
| 长沙 | 47 | 27889 | 26970 | 2705231 | 10616330 |
| 广州 | 121 | 96557 | 78481 | 5904644 | 18281929 |
| 深圳 | 24 | 47295 | 26575 | 1547356 | 4109226 |
| 南宁 | 22 | 20143 | 17424 | 1085687 | 1512359 |
| 海口 | 1 | 280 | 280 | 10500 | 23900 |
| 重庆 | 128 | 91188 | 82416 | 6752939 | 26554335 |
| 成都 | 39 | 104465 | 63522 | 7008307 | 15396159 |
| 贵阳 | 11 | 3993 | 3853 | 536756 | 1091912 |
| 昆明 | 21 | 39174 | 36440 | 2243851 | 3613838 |
| 拉萨 | | | | | |
| 西安 | 19 | 17801 | 15625 | 1108029 | 1991485 |
| 兰州 | 14 | 11742 | 11589 | 871640 | 1785292 |
| 西宁 | 5 | 5993 | 5486 | 385165 | 537758 |
| 银川 | 18 | 13220 | 12385 | 1313410 | 1317260 |
| 乌鲁木齐 | 23 | 33474 | 31785 | 2540323 | 4594966 |

2-17 续表 2

(其他)

| 地　区 | 市场数量(个) | 总摊位数(个) | 年末出租摊位数(个) | 营业面积(平方米) | 成交额(万元) |
|---|---|---|---|---|---|
| **总　计** | **201** | **151647** | **135872** | **21364809** | **67203562** |
| 北　京 | 7 | 9844 | 9315 | 361341 | 3288515 |
| 天　津 | 4 | 1303 | 1268 | 162906 | 492812 |
| 石家庄 | 12 | 9280 | 8258 | 1052736 | 1296838 |
| 太　原 | 2 | 2000 | 1961 | 166500 | 75600 |
| 呼和浩特 | | | | | |
| 沈　阳 | 1 | 200 | 200 | 5000 | 26384 |
| 大　连 | 3 | 5920 | 5810 | 298000 | 3114945 |
| 长　春 | 4 | 4573 | 4184 | 490301 | 304079 |
| 哈尔滨 | | | | | |
| 上　海 | 32 | 14505 | 13820 | 3964945 | 13861809 |
| 南　京 | | | | | |
| 杭　州 | 16 | 8982 | 8205 | 479111 | 7792118 |
| 宁　波 | 10 | 2365 | 1959 | 199102 | 1089055 |
| 合　肥 | 11 | 11097 | 9037 | 1676612 | 3788943 |
| 福　州 | 6 | 2171 | 2163 | 62608 | 150752 |
| 厦　门 | 5 | 2386 | 2342 | 100710 | 388212 |
| 南　昌 | 1 | 218 | 218 | 18000 | 443524 |
| 济　南 | 4 | 2048 | 1581 | 421500 | 780207 |
| 青　岛 | 7 | 5640 | 5118 | 655241 | 1363119 |
| 郑　州 | 5 | 1860 | 1856 | 263958 | 652400 |
| 武　汉 | 1 | 551 | 530 | 35894 | 22000 |
| 长　沙 | 11 | 13788 | 11710 | 1765794 | 3664463 |
| 广　州 | 9 | 4622 | 4260 | 2335649 | 3329190 |
| 深　圳 | 6 | 7192 | 6529 | 156926 | 1448585 |
| 南　宁 | 6 | 2379 | 2013 | 129800 | 617210 |
| 海　口 | | | | | |
| 重　庆 | 14 | 12094 | 11692 | 960353 | 4587123 |
| 成　都 | 5 | 7852 | 7181 | 468000 | 2449565 |
| 贵　阳 | 5 | 2323 | 2076 | 210473 | 1932553 |
| 昆　明 | 1 | 600 | 600 | 100000 | 800000 |
| 拉　萨 | | | | | |
| 西　安 | 5 | 3055 | 2561 | 209700 | 1301832 |
| 兰　州 | 3 | 574 | 574 | 83361 | 125469 |
| 西　宁 | | | | | |
| 银　川 | 1 | 2300 | 1123 | 471000 | 413367 |
| 乌鲁木齐 | 4 | 9925 | 7728 | 4059288 | 7602893 |

# 2-18 商品交易市场成交情况(按摊位分)

| 地区 | 粮油、食品类 | | #粮油类 | | #肉禽蛋类 | |
|---|---|---|---|---|---|---|
| | 摊位数（个） | 成交额（万元） | 摊位数（个） | 成交额（万元） | 摊位数（个） | 成交额（万元） |
| **总计** | **317294** | **130850931** | **35403** | **17717333** | **45534** | **17627855** |
| 北京 | 31169 | 18028783 | 2372 | 1907627 | 4652 | 1793518 |
| 天津 | 14954 | 6465196 | 2669 | 1341435 | 1083 | 783300 |
| 石家庄 | 10513 | 1149469 | 1643 | 123572 | 1171 | 119441 |
| 太原 | 1560 | 309367 | 545 | 117787 | | |
| 呼和浩特 | 621 | 145790 | 35 | 28800 | 290 | 54320 |
| 沈阳 | 7371 | 2578817 | 690 | 314919 | 1413 | 162444 |
| 大连 | 7793 | 2452806 | 688 | 146267 | 1372 | 391491 |
| 长春 | 2933 | 757679 | 339 | 25609 | 245 | 12085 |
| 哈尔滨 | 6875 | 3435404 | 834 | 298847 | 1145 | 448620 |
| 上海 | 19542 | 8668416 | 2362 | 811669 | 3819 | 2018083 |
| 南京 | 8314 | 3645428 | 1512 | 1428197 | 1462 | 150609 |
| 杭州 | 24882 | 8661283 | 1803 | 1958504 | 4990 | 1646149 |
| 宁波 | 21921 | 5544264 | 1158 | 521000 | 3114 | 667058 |
| 合肥 | 4424 | 2607776 | 452 | 356593 | 503 | 530996 |
| 福州 | 5249 | 3648136 | 729 | 132282 | 941 | 213881 |
| 厦门 | 4856 | 1409234 | 192 | 12376 | 953 | 253719 |
| 南昌 | 4802 | 3419736 | 579 | 377316 | 952 | 1121525 |
| 济南 | 8029 | 1763784 | 341 | 64267 | 367 | 78772 |
| 青岛 | 26558 | 3486734 | 939 | 425397 | 1270 | 328080 |
| 郑州 | 5159 | 8223014 | 392 | 878300 | 256 | 287000 |
| 武汉 | 5850 | 3190239 | 826 | 286993 | 364 | 21417 |
| 长沙 | 8907 | 5215859 | 2055 | 1325184 | 711 | 452724 |
| 广州 | 9985 | 4459506 | 1224 | 288169 | 2298 | 712576 |
| 深圳 | 9264 | 3439508 | 921 | 294230 | 1765 | 622016 |
| 南宁 | 5286 | 1670246 | 689 | 284357 | 984 | 495207 |
| 海口 | 95 | 2755 | 95 | 2755 | | |
| 重庆 | 23718 | 7753046 | 2909 | 783564 | 3764 | 1689574 |
| 成都 | 13618 | 7938612 | 2396 | 1021908 | 3092 | 1830245 |
| 贵阳 | 1393 | 1807314 | 325 | 1031772 | 90 | 41202 |
| 昆明 | 2741 | 1652798 | 909 | 473820 | 408 | 48564 |
| 拉萨 | | | | | | |
| 西安 | 3289 | 1592317 | 569 | 303806 | 717 | 22390 |
| 兰州 | 3477 | 1214035 | 992 | 257607 | 500 | 245894 |
| 西宁 | 1531 | 255482 | 101 | 7150 | 117 | 12110 |
| 银川 | 4436 | 1120692 | 236 | 18768 | 287 | 104317 |
| 乌鲁木齐 | 6179 | 3137406 | 882 | 66486 | 439 | 268528 |

2-18 续表 1

| 地区 | #水产品类 | | #蔬菜类 | | #干鲜果品类 | |
|---|---|---|---|---|---|---|
| | 摊位数（个） | 成交额（万元） | 摊位数（个） | 成交额（万元） | 摊位数（个） | 成交额（万元） |
| **总计** | **52984** | **29835508** | **113708** | **30971831** | **55114** | **31066462** |
| 北京 | 3964 | 2237858 | 9131 | 5107702 | 5596 | 5381963 |
| 天津 | 1633 | 1775822 | 6823 | 1409114 | 2642 | 1146738 |
| 石家庄 | 468 | 46500 | 5636 | 546242 | 1530 | 304211 |
| 太原 | | | 532 | 106969 | 483 | 84611 |
| 呼和浩特 | 30 | 1100 | 230 | 60124 | 36 | 1446 |
| 沈阳 | 2323 | 1074960 | 1207 | 191665 | 1449 | 738356 |
| 大连 | 2107 | 911657 | 1877 | 427051 | 1303 | 315037 |
| 长春 | 842 | 398211 | 676 | 295147 | 51 | 4537 |
| 哈尔滨 | 1820 | 882980 | 1854 | 781264 | 1202 | 826986 |
| 上海 | 4658 | 2754606 | 6381 | 1545744 | 2105 | 1192459 |
| 南京 | 1679 | 1002106 | 2754 | 602832 | 875 | 455794 |
| 杭州 | 3570 | 2047684 | 9590 | 880411 | 3630 | 1994929 |
| 宁波 | 7584 | 2276174 | 7907 | 1399206 | 1864 | 630305 |
| 合肥 | 618 | 592270 | 878 | 464043 | 1531 | 600242 |
| 福州 | 1927 | 2858315 | 979 | 96812 | 671 | 345505 |
| 厦门 | 1330 | 489246 | 1825 | 545877 | 491 | 84516 |
| 南昌 | 516 | 340324 | 1573 | 678430 | 1182 | 721377 |
| 济南 | 1492 | 680995 | 3206 | 749858 | 2617 | 189122 |
| 青岛 | 4439 | 611017 | 17286 | 1468038 | 2302 | 613735 |
| 郑州 | 1645 | 2579598 | 1908 | 2522100 | 958 | 1956016 |
| 武汉 | 1918 | 1934950 | 1516 | 674517 | 706 | 210829 |
| 长沙 | 616 | 586975 | 2831 | 1037093 | 2474 | 1803591 |
| 广州 | 1318 | 465225 | 3825 | 1134490 | 934 | 1776739 |
| 深圳 | 1556 | 427992 | 2948 | 1192744 | 2021 | 901856 |
| 南宁 | 310 | 16695 | 2006 | 237079 | 1294 | 636908 |
| 海口 | | | | | | |
| 重庆 | 1921 | 1363067 | 8172 | 2275737 | 4171 | 1406444 |
| 成都 | 878 | 628584 | 3141 | 2271442 | 4008 | 2148433 |
| 贵阳 | 1 | 2596 | 456 | 456871 | 445 | 266597 |
| 昆明 | 124 | 3069 | 609 | 325469 | 691 | 801876 |
| 拉萨 | | | | | | |
| 西安 | 439 | 16917 | 529 | 48257 | 1003 | 1081389 |
| 兰州 | 421 | 264296 | 814 | 166022 | 750 | 280216 |
| 西宁 | 41 | 5435 | 586 | 160290 | 686 | 70497 |
| 银川 | 405 | 200740 | 1858 | 353446 | 1612 | 433084 |
| 乌鲁木齐 | 391 | 357544 | 2164 | 759745 | 1801 | 1660118 |

2-18　续表 2

| 地　区 | 饮料类 | | 烟酒类 | | 服装、鞋帽、针纺织品类 | |
|---|---|---|---|---|---|---|
| | 摊位数（个） | 成交额（万元） | 摊位数（个） | 成交额（万元） | 摊位数（个） | 成交额（万元） |
| **总　计** | **16593** | **4076979** | **15015** | **5551105** | **389043** | **56505201** |
| 北　京 | 1095 | 520833 | 1276 | 887688 | 24097 | 830022 |
| 天　津 | 438 | 117994 | 418 | 172788 | 7802 | 588541 |
| 石家庄 | 652 | 36253 | 1543 | 49237 | 25731 | 5373970 |
| 太　原 | | | 2 | 40 | 829 | 14600 |
| 呼和浩特 | 101 | 43397 | 1 | 16 | 2009 | 86579 |
| 沈　阳 | 50 | 5334 | 49 | 2756 | 22106 | 3776183 |
| 大　连 | 315 | 114501 | 252 | 146329 | 11577 | 1642089 |
| 长　春 | 126 | 3845 | 181 | 4306 | 8805 | 368668 |
| 哈尔滨 | 333 | 360495 | 491 | 586398 | 15919 | 774614 |
| 上　海 | 778 | 61034 | 916 | 172807 | 8299 | 784768 |
| 南　京 | 362 | 447860 | 208 | 547726 | 6575 | 676021 |
| 杭　州 | 1068 | 349890 | 718 | 276927 | 25783 | 5742784 |
| 宁　波 | 591 | 160327 | 675 | 259190 | 7898 | 1542514 |
| 合　肥 | 165 | 81962 | 321 | 103810 | 7570 | 788980 |
| 福　州 | 120 | 3128 | 85 | 23956 | 2985 | 564564 |
| 厦　门 | 43 | 15810 | 54 | 9895 | 154 | 5522 |
| 南　昌 | 105 | 43351 | 216 | 89938 | 7283 | 2484889 |
| 济　南 | 812 | 180551 | 110 | 5007 | 4211 | 450280 |
| 青　岛 | 667 | 67887 | 1732 | 261122 | 16648 | 3049158 |
| 郑　州 | 27 | 1310 | 2 | 390 | 9251 | 542565 |
| 武　汉 | 409 | 28544 | 10 | 2206 | 8748 | 941033 |
| 长　沙 | 568 | 144663 | 1836 | 905285 | 7543 | 627615 |
| 广　州 | 508 | 98033 | 191 | 62291 | 44000 | 8713881 |
| 深　圳 | 325 | 22996 | 151 | 152358 | 5656 | 229282 |
| 南　宁 | 279 | 80380 | 32 | 929 | 8197 | 228171 |
| 海　口 | 98 | 2800 | 83 | 2490 | 6 | 150 |
| 重　庆 | 1741 | 531238 | 1848 | 413593 | 21146 | 6153157 |
| 成　都 | 540 | 115714 | 317 | 109739 | 30644 | 5861447 |
| 贵　阳 | 456 | 129295 | 284 | 153220 | 35 | 13726 |
| 昆　明 | 1035 | 81398 | 27 | 998 | 19444 | 1635009 |
| 拉　萨 | | | | | | |
| 西　安 | 1994 | 84878 | 153 | 2313 | 7932 | 706879 |
| 兰　州 | 263 | 44598 | 342 | 90556 | 6187 | 403325 |
| 西　宁 | 1 | 34 | 1 | 60 | 1385 | 38520 |
| 银　川 | 226 | 71318 | 58 | 17628 | 5105 | 178360 |
| 乌鲁木齐 | 302 | 25328 | 432 | 37113 | 7483 | 687335 |

2-18 续表 3

| 地　区 | 服装类 | | 鞋帽类 | | 针纺织品类 | |
|---|---|---|---|---|---|---|
| | 摊位数(个) | 成交额(万元) | 摊位数(个) | 成交额(万元) | 摊位数(个) | 成交额(万元) |
| **总　计** | **264086** | **32783767** | **50877** | **8138546** | **74080** | **15582888** |
| 北　京 | 18266 | 571922 | 2360 | 97878 | 3471 | 160222 |
| 天　津 | 5501 | 394025 | 1432 | 133495 | 869 | 61021 |
| 石家庄 | 21528 | 4259535 | 1404 | 159922 | 2799 | 954513 |
| 太　原 | 71 | 355 | 701 | 13445 | 57 | 800 |
| 呼和浩特 | 1590 | 70649 | 183 | 9012 | 236 | 6918 |
| 沈　阳 | 12309 | 2508509 | 3766 | 253982 | 6031 | 1013692 |
| 大　连 | 6782 | 887482 | 2111 | 280414 | 2684 | 474193 |
| 长　春 | 6822 | 317758 | 992 | 27755 | 991 | 23155 |
| 哈尔滨 | 7304 | 477401 | 2443 | 94422 | 6172 | 202791 |
| 上　海 | 6508 | 703818 | 526 | 28716 | 1265 | 52234 |
| 南　京 | 4073 | 478945 | 875 | 74665 | 1627 | 122411 |
| 杭　州 | 17699 | 2830653 | 2151 | 87698 | 5933 | 2824433 |
| 宁　波 | 5149 | 848649 | 884 | 322858 | 1865 | 371007 |
| 合　肥 | 4410 | 561420 | 350 | 89260 | 2810 | 138300 |
| 福　州 | 2729 | 493177 | 156 | 30503 | 100 | 40884 |
| 厦　门 | 105 | 3143 | 38 | 2139 | 11 | 240 |
| 南　昌 | 4358 | 1857096 | 1466 | 296756 | 1459 | 331037 |
| 济　南 | 2940 | 222070 | 1129 | 220440 | 142 | 7770 |
| 青　岛 | 11772 | 1821603 | 2550 | 452938 | 2326 | 774617 |
| 郑　州 | 7565 | 470906 | 606 | 19040 | 1080 | 52619 |
| 武　汉 | 7188 | 824867 | 1004 | 72218 | 556 | 43948 |
| 长　沙 | 6231 | 452117 | 888 | 116308 | 424 | 59190 |
| 广　州 | 23998 | 2839837 | 5427 | 887494 | 14575 | 4986550 |
| 深　圳 | 3081 | 111179 | 1384 | 46662 | 1191 | 71441 |
| 南　宁 | 5819 | 176438 | 1150 | 24087 | 1228 | 27646 |
| 海　口 | | | | | 6 | 150 |
| 重　庆 | 12538 | 2873208 | 4275 | 1829083 | 4333 | 1450866 |
| 成　都 | 22466 | 2931650 | 4164 | 1972847 | 4014 | 956950 |
| 贵　阳 | 15 | 920 | | | 20 | 12806 |
| 昆　明 | 14629 | 1302839 | 2789 | 178256 | 2026 | 153914 |
| 拉　萨 | | | | | | |
| 西　安 | 5623 | 428852 | 1312 | 200685 | 997 | 77342 |
| 兰　州 | 5376 | 378272 | 362 | 7348 | 449 | 17705 |
| 西　宁 | 805 | 31200 | 233 | 6500 | 347 | 820 |
| 银　川 | 2775 | 99269 | 967 | 18920 | 1363 | 60171 |
| 乌鲁木齐 | 6061 | 554003 | 799 | 82800 | 623 | 50532 |

2-18 续表 4

| 地 区 | 化妆品类 | | 金银珠宝类 | | 日用品类 | |
|---|---|---|---|---|---|---|
| | 摊位数（个） | 成交额（万元） | 摊位数（个） | 成交额（万元） | 摊位数（个） | 成交额（万元） |
| **总 计** | **10119** | **987042** | **7885** | **2648183** | **73228** | **12798249** |
| 北 京 | 962 | 42825 | 672 | 169462 | 7500 | 811106 |
| 天 津 | 240 | 18378 | 5 | 317 | 1783 | 205845 |
| 石家庄 | 213 | 44154 | 502 | 111186 | 3503 | 1444859 |
| 太 原 | 22 | 720 | | | 180 | 1950 |
| 呼和浩特 | 199 | 3200 | 4 | 1650 | 171 | 6527 |
| 沈 阳 | 302 | 13067 | | | 4331 | 740424 |
| 大 连 | 436 | 110418 | 92 | 24005 | 1821 | 526388 |
| 长 春 | 133 | 3034 | 25 | 5829 | 556 | 21677 |
| 哈尔滨 | 172 | 7180 | 26 | 2089 | 552 | 42550 |
| 上 海 | 54 | 7654 | 40 | 4754 | 1642 | 1972569 |
| 南 京 | 58 | 5686 | 23 | 4043 | 2715 | 416747 |
| 杭 州 | 253 | 10611 | 365 | 1100563 | 4997 | 600230 |
| 宁 波 | 162 | 30352 | | | 2305 | 377155 |
| 合 肥 | 15 | 150 | 100 | 3500 | 338 | 14657 |
| 福 州 | 42 | 7467 | 1240 | 473021 | 217 | 39865 |
| 厦 门 | 8 | 7500 | 36 | 5773 | 288 | 21241 |
| 南 昌 | 334 | 47064 | 50 | 31000 | 1665 | 229235 |
| 济 南 | 37 | 2240 | 25 | 950 | 735 | 26570 |
| 青 岛 | 397 | 33066 | 1064 | 194231 | 3902 | 920448 |
| 郑 州 | 259 | 9541 | 99 | 25410 | 1800 | 76680 |
| 武 汉 | 47 | 514 | 64 | 450 | 86 | 31254 |
| 长 沙 | 233 | 34839 | 260 | 206348 | 1352 | 688427 |
| 广 州 | 2024 | 111594 | 739 | 52659 | 12380 | 1603719 |
| 深 圳 | 124 | 1720 | 787 | 37102 | 1555 | 45548 |
| 南 宁 | 306 | 7954 | 60 | 458 | 1041 | 39894 |
| 海 口 | | | | | 29 | 812 |
| 重 庆 | 826 | 189556 | 26 | 12530 | 5474 | 1103750 |
| 成 都 | 344 | 56160 | 220 | 9700 | 632 | 86932 |
| 贵 阳 | 40 | 17185 | | | 209 | 146952 |
| 昆 明 | 782 | 64435 | 509 | 73544 | 4112 | 123786 |
| 拉 萨 | | | | | | |
| 西 安 | 91 | 2413 | 50 | 1200 | 957 | 34320 |
| 兰 州 | 292 | 51967 | 19 | 3515 | 869 | 176872 |
| 西 宁 | 156 | 4260 | | | 124 | 630 |
| 银 川 | 302 | 20065 | 46 | 4979 | 631 | 53845 |
| 乌鲁木齐 | 254 | 20073 | 737 | 87915 | 2776 | 164785 |

2-18 续表 5

| 地区 | #儿童玩具类 | | 五金、电料类 | | 体育、娱乐用品类 | |
|---|---|---|---|---|---|---|
| | 摊位数(个) | 成交额(万元) | 摊位数(个) | 成交额(万元) | 摊位数(个) | 成交额(万元) |
| **总计** | **8856** | **1491854** | **47749** | **9528254** | **4410** | **649794** |
| 北京 | 1376 | 40651 | 1639 | 255795 | 847 | 167044 |
| 天津 | 131 | 33015 | 2663 | 1199004 | 101 | 11494 |
| 石家庄 | 628 | 504025 | 1467 | 198462 | 256 | 84200 |
| 太原 | 28 | 200 | 167 | 3350 | 30 | 610 |
| 呼和浩特 | 21 | 483 | 16 | 432 | 18 | 238 |
| 沈阳 | 686 | 65140 | 923 | 17358 | | |
| 大连 | 139 | 5146 | 791 | 221663 | 53 | 2219 |
| 长春 | 104 | 2729 | 1801 | 88346 | 22 | 957 |
| 哈尔滨 | 45 | 2274 | 101 | 6105 | 52 | 4051 |
| 上海 | 63 | 26047 | 4316 | 274444 | 266 | 43871 |
| 南京 | 252 | 35543 | 821 | 234455 | 37 | 4435 |
| 杭州 | 159 | 17288 | 4139 | 1587183 | 65 | 11849 |
| 宁波 | 158 | 3892 | 2398 | 442297 | 89 | 2869 |
| 合肥 | | | 280 | 37786 | 3 | 30 |
| 福州 | 34 | 4711 | 282 | 64395 | 8 | 1011 |
| 厦门 | 7 | 1021 | 33 | 3733 | 1 | 22 |
| 南昌 | 337 | 78633 | 500 | 224523 | | |
| 济南 | 45 | 3647 | 410 | 4831 | 150 | 5157 |
| 青岛 | 1523 | 146398 | 956 | 344519 | 431 | 21384 |
| 郑州 | 3 | 220 | 1277 | 112778 | 151 | 5891 |
| 武汉 | | | 1342 | 93231 | | |
| 长沙 | 332 | 108856 | 2843 | 1130333 | 135 | 52956 |
| 广州 | 175 | 6311 | 3812 | 1009118 | 121 | 15130 |
| 深圳 | 395 | 11599 | 1134 | 80230 | 351 | 39483 |
| 南宁 | 296 | 3588 | 748 | 120417 | 35 | 172 |
| 海口 | | | 175 | 30000 | 3 | 87 |
| 重庆 | 652 | 238226 | 5991 | 1056038 | 339 | 100117 |
| 成都 | 321 | 41400 | 2597 | 456430 | 55 | 17120 |
| 贵阳 | 9 | 2111 | | | | |
| 昆明 | 552 | 46445 | 422 | 21772 | 278 | 22150 |
| 拉萨 | | | | | | |
| 西安 | 87 | 2126 | 979 | 24994 | 75 | 1828 |
| 兰州 | 115 | 41011 | 288 | 17649 | 103 | 19877 |
| 西宁 | | | 195 | 6892 | 88 | 457 |
| 银川 | 28 | 1908 | 60 | 5474 | 61 | 6321 |
| 乌鲁木齐 | 155 | 17210 | 2183 | 154217 | 186 | 6764 |

2-18 续表 6

| 地区 | #照相器材类 | | 书报杂志类 | | 电子出版物及音像制品类 | |
|---|---|---|---|---|---|---|
| | 摊位数（个） | 成交额（万元） | 摊位数（个） | 成交额（万元） | 摊位数（个） | 成交额（万元） |
| **总计** | **331** | **43547** | **1789** | **342545** | **3851** | **1447945** |
| 北京 | 5 | 416 | 194 | 23086 | 13 | 761 |
| 天津 | | | 13 | 175 | 19 | 2229 |
| 石家庄 | | | 72 | 18895 | 2244 | 1298384 |
| 太原 | | | 1 | 5 | 55 | 825 |
| 呼和浩特 | | | 17 | 98 | 22 | 112 |
| 沈阳 | | | | | 5 | 31 |
| 大连 | 7 | 248 | 28 | 424 | 121 | 17683 |
| 长春 | 2 | 58 | 6 | 145 | 80 | 4638 |
| 哈尔滨 | | | 10 | 302 | 44 | 1328 |
| 上海 | 184 | 36079 | 7 | 2379 | 86 | 7401 |
| 南京 | | | 96 | 39966 | 16 | 6015 |
| 杭州 | | | 70 | 13500 | 3 | 32 |
| 宁波 | | | 5 | 19 | | |
| 合肥 | | | 160 | 95588 | | |
| 福州 | 3 | 148 | 4 | 18 | 18 | 1770 |
| 厦门 | 1 | 22 | | | | |
| 南昌 | | | | | 50 | 6447 |
| 济南 | | | 15 | 230 | | |
| 青岛 | | | 81 | 8776 | 65 | 4882 |
| 郑州 | | | 2 | 13 | | |
| 武汉 | | | 201 | 14070 | 65 | 4530 |
| 长沙 | | | 334 | 73023 | 115 | 29767 |
| 广州 | 108 | 3391 | 102 | 25089 | 13 | 76 |
| 深圳 | | | | | 427 | 28494 |
| 南宁 | | | 19 | 79 | | |
| 海口 | | | | | | |
| 重庆 | 5 | 35 | 53 | 2212 | 93 | 20394 |
| 成都 | | | | | 40 | 1680 |
| 贵阳 | | | | | | |
| 昆明 | | | 13 | 87 | 61 | 508 |
| 拉萨 | | | | | | |
| 西安 | | | 3 | 40 | 123 | 8947 |
| 兰州 | | | 3 | 54 | 20 | 625 |
| 西宁 | | | | | 24 | 53 |
| 银川 | | | 30 | 8211 | 28 | 323 |
| 乌鲁木齐 | 16 | 3150 | 250 | 16061 | 1 | 10 |

2-18 续表 7

| 地　区 | 家用电器和音像器材类 | | 中西药品类 | | #西药类 | |
|---|---|---|---|---|---|---|
| | 摊位数（个） | 成交额（万元） | 摊位数（个） | 成交额（万元） | 摊位数（个） | 成交额（万元） |
| **总　计** | **15955** | **2951734** | **3270** | **3126695** | **200** | **62879** |
| 北　京 | 873 | 136151 | 32 | 4402 | 22 | 2967 |
| 天　津 | 91 | 9683 | 19 | 271 | 13 | 137 |
| 石家庄 | 567 | 33456 | 25 | 1709 | 22 | 1463 |
| 太　原 | | | | | | |
| 呼和浩特 | 35 | 780 | | | | |
| 沈　阳 | 500 | 16623 | | | | |
| 大　连 | 473 | 170896 | 8 | 525 | 5 | 435 |
| 长　春 | 410 | 21463 | 28 | 6058 | 19 | 1067 |
| 哈尔滨 | 104 | 108061 | 2 | 24 | 2 | 24 |
| 上　海 | 245 | 34964 | 186 | 41159 | 4 | 1159 |
| 南　京 | 69 | 12064 | | | | |
| 杭　州 | 409 | 119053 | 4 | 575 | 2 | 169 |
| 宁　波 | 245 | 51329 | | | | |
| 合　肥 | 995 | 588890 | | | | |
| 福　州 | 170 | 55985 | 5 | 248 | 1 | 40 |
| 厦　门 | 5 | 143 | | | | |
| 南　昌 | 1157 | 80308 | | | | |
| 济　南 | 480 | 3460 | | | | |
| 青　岛 | 620 | 44558 | 37 | 1626 | 17 | 611 |
| 郑　州 | 693 | 27954 | | | | |
| 武　汉 | 830 | 103104 | 2 | 213 | | |
| 长　沙 | 1116 | 395353 | 232 | 204487 | 36 | 36349 |
| 广　州 | 980 | 129763 | 422 | 13031 | 3 | 943 |
| 深　圳 | 573 | 26401 | 9 | 780 | 3 | 50 |
| 南　宁 | 14 | 400 | 9 | 2775 | 6 | 1585 |
| 海　口 | 3 | 96 | 2 | 100 | 2 | 100 |
| 重　庆 | 1001 | 394031 | 74 | 21484 | 33 | 13832 |
| 成　都 | 160 | 56120 | 1995 | 2800000 | | |
| 贵　阳 | 109 | 32700 | | | | |
| 昆　明 | 1688 | 90912 | 4 | 143 | 4 | 143 |
| 拉　萨 | | | | | | |
| 西　安 | 42 | 8074 | | | | |
| 兰　州 | 556 | 156980 | 4 | 720 | 2 | 640 |
| 西　宁 | 58 | 990 | 50 | 22000 | | |
| 银　川 | 19 | 320 | | | | |
| 乌鲁木齐 | 665 | 40669 | 121 | 4365 | 4 | 1165 |

2-18 续表 8

| 地 区 | #中草药及中成药类 | | 文化办公用品类 | | #计算机及其配套产品 | |
|---|---|---|---|---|---|---|
| | 摊位数（个） | 成交额（万元） | 摊位数（个） | 成交额（万元） | 摊位数（个） | 成交额（万元） |
| **总 计** | **3025** | **3055748** | **37569** | **6091926** | **20722** | **2831810** |
| 北 京 | 10 | 1435 | 3773 | 726772 | 51 | 5348 |
| 天 津 | 3 | 64 | 508 | 41695 | 7 | 12 |
| 石家庄 | 3 | 246 | 778 | 681101 | 2 | 22 |
| 太 原 | | | 165 | 2970 | | |
| 呼和浩特 | | | 59 | 1148 | | |
| 沈 阳 | | | | | | |
| 大 连 | 1 | 24 | 2123 | 264158 | 584 | 41269 |
| 长 春 | 5 | 793 | 708 | 89104 | 652 | 87816 |
| 哈尔滨 | | | 2314 | 328873 | 2210 | 318100 |
| 上 海 | 182 | 40000 | 485 | 99621 | 314 | 62073 |
| 南 京 | | | 342 | 68435 | 215 | 49850 |
| 杭 州 | 2 | 406 | 2257 | 255721 | 987 | 133968 |
| 宁 波 | | | 1069 | 185382 | 656 | 136268 |
| 合 肥 | | | 143 | 5345 | | |
| 福 州 | 1 | 28 | 734 | 97821 | 589 | 91658 |
| 厦 门 | | | 3 | 340 | | |
| 南 昌 | | | 555 | 74470 | 144 | 6200 |
| 济 南 | | | 440 | 18853 | 90 | 12100 |
| 青 岛 | | | 714 | 154147 | 431 | 130288 |
| 郑 州 | | | 2899 | 264200 | 2769 | 252100 |
| 武 汉 | | | 1634 | 447141 | 83 | 4633 |
| 长 沙 | 190 | 168000 | 1721 | 648693 | 1081 | 252252 |
| 广 州 | 419 | 12088 | 1645 | 314788 | 1158 | 266233 |
| 深 圳 | 6 | 730 | 4279 | 197995 | 3439 | 183488 |
| 南 宁 | 3 | 1190 | 708 | 90148 | 700 | 90000 |
| 海 口 | | | 280 | 23900 | 150 | 11260 |
| 重 庆 | 36 | 5464 | 2474 | 299779 | 1680 | 179149 |
| 成 都 | 1995 | 2800000 | 465 | 46060 | 311 | 28635 |
| 贵 阳 | | | 182 | 26118 | 148 | 18250 |
| 昆 明 | | | 522 | 36183 | 65 | 3120 |
| 拉 萨 | | | | | | |
| 西 安 | | | 1204 | 304900 | 1110 | 301711 |
| 兰 州 | 2 | 80 | 307 | 56778 | 6 | 681 |
| 西 宁 | 50 | 22000 | 332 | 9780 | | |
| 银 川 | | | 418 | 43336 | 314 | 33436 |
| 乌鲁木齐 | 117 | 3200 | 1329 | 186171 | 776 | 131890 |

2-18 续表 9

| 地区 | 家具类 | | 通讯器材类 | | 煤炭及制品类 | |
|---|---|---|---|---|---|---|
| | 摊位数(个) | 成交额(万元) | 摊位数(个) | 成交额(万元) | 摊位数(个) | 成交额(万元) |
| **总计** | **42186** | **7447802** | **13982** | **1726629** | **2859** | **2474439** |
| 北京 | 5162 | 817131 | 636 | 150870 | 1 | 2 |
| 天津 | 433 | 35181 | 75 | 31712 | 2779 | 1484768 |
| 石家庄 | 3062 | 609529 | 588 | 62900 | 10 | 300 |
| 太原 | 768 | 49671 | | | | |
| 呼和浩特 | 613 | 61376 | | | | |
| 沈阳 | 2017 | 176184 | 2 | 102 | | |
| 大连 | 1501 | 95128 | 220 | 11690 | | |
| 长春 | 1079 | 111328 | 137 | 4874 | | |
| 哈尔滨 | 618 | 118536 | 34 | 2830 | | |
| 上海 | 2678 | 205648 | 67 | 10227 | | |
| 南京 | 1610 | 325391 | 2 | 22 | | |
| 杭州 | 1814 | 253728 | 731 | 117050 | | |
| 宁波 | 1531 | 289097 | | | 56 | 988708 |
| 合肥 | 367 | 9815 | 4 | 300 | | |
| 福州 | 256 | 108150 | 123 | 16321 | | |
| 厦门 | 106 | 16023 | 2 | 680 | | |
| 南昌 | 541 | 52394 | 16 | 820 | | |
| 济南 | 973 | 163536 | 215 | 2959 | | |
| 青岛 | 1685 | 357871 | 236 | 20489 | 5 | 71 |
| 郑州 | 1291 | 203031 | 75 | 933 | | |
| 武汉 | 558 | 68483 | 543 | 197658 | | |
| 长沙 | 1260 | 384983 | 517 | 62747 | 1 | 70 |
| 广州 | 362 | 18367 | 407 | 48690 | | |
| 深圳 | 298 | 26456 | 4858 | 310564 | | |
| 南宁 | 631 | 105518 | 3 | 98 | | |
| 海口 | | | | | | |
| 重庆 | 3228 | 1981307 | 1084 | 360178 | 3 | 490 |
| 成都 | 2594 | 320472 | | | | |
| 贵阳 | 136 | 13652 | | | | |
| 昆明 | 740 | 126831 | 767 | 18228 | 4 | 30 |
| 拉萨 | | | | | | |
| 西安 | 313 | 12900 | 1281 | 107240 | | |
| 兰州 | 843 | 45339 | 14 | 8104 | | |
| 西宁 | 325 | 46800 | | | | |
| 银川 | 903 | 51031 | 136 | 4318 | | |
| 乌鲁木齐 | 1890 | 186915 | 1209 | 174025 | | |

2-18 续表 10

| 地区 | 木材及制品类 | | 石油及制品类 | | 化工材料及制品类 | |
|---|---|---|---|---|---|---|
| | 摊位数（个） | 成交额（万元） | 摊位数（个） | 成交额（万元） | 摊位数（个） | 成交额（万元） |
| **总　计** | **7238** | **1999854** | **864** | **19447362** | **7857** | **10726600** |
| 北　京 | 277 | 24320 | | | 45 | 19208 |
| 天　津 | 62 | 18629 | | | 310 | 324347 |
| 石家庄 | 153 | 248894 | 7 | 611 | 95 | 112682 |
| 太　原 | 130 | 9000 | | | | |
| 呼和浩特 | | | | | | |
| 沈　阳 | 291 | 58902 | | | 1 | 72 |
| 大　连 | 468 | 21836 | 180 | 5300000 | 86 | 9472 |
| 长　春 | 156 | 12336 | | | | |
| 哈尔滨 | 81 | 9456 | | | 59 | 38430 |
| 上　海 | 1662 | 793612 | 584 | 11402950 | 787 | 1328749 |
| 南　京 | 86 | 28578 | | | | |
| 杭　州 | 413 | 121986 | 3 | 213263 | 315 | 467939 |
| 宁　波 | 154 | 54178 | 69 | 2527428 | 3260 | 7519914 |
| 合　肥 | 57 | 8948 | | | | |
| 福　州 | 299 | 67848 | | | 85 | 33628 |
| 厦　门 | 202 | 19772 | | | 4 | 3011 |
| 南　昌 | 165 | 16483 | | | 102 | 12282 |
| 济　南 | | | | | | |
| 青　岛 | 301 | 87412 | 19 | 2258 | | |
| 郑　州 | 1 | 160 | | | 256 | 9949 |
| 武　汉 | 310 | 31154 | | | 165 | 38042 |
| 长　沙 | 54 | 5347 | 1 | 102 | 869 | 134185 |
| 广　州 | 183 | 25845 | | | 20 | 5154 |
| 深　圳 | 49 | 5100 | | | 397 | 200275 |
| 南　宁 | | | 1 | 750 | 38 | 53348 |
| 海　口 | | | | | | |
| 重　庆 | 542 | 208891 | | | 221 | 77755 |
| 成　都 | 612 | 61100 | | | 366 | 180000 |
| 贵　阳 | | | | | | |
| 昆　明 | | | | | 244 | 9517 |
| 拉　萨 | | | | | | |
| 西　安 | | | | | 24 | 145600 |
| 兰　州 | 42 | 46167 | | | | |
| 西　宁 | | | | | | |
| 银　川 | | | | | 19 | 483 |
| 乌鲁木齐 | 488 | 13900 | | | 89 | 2558 |

2-18 续表 11

| 地　区 | #化肥类 | | 金属材料类 | | 建筑及装潢材料类 | |
|---|---|---|---|---|---|---|
| | 摊位数（个） | 成交额（万元） | 摊位数（个） | 成交额（万元） | 摊位数（个） | 成交额（万元） |
| **总　计** | **323** | **128641** | **39486** | **108403792** | **127494** | **20134547** |
| 北　京 | | | 449 | 50140 | 4789 | 790209 |
| 天　津 | 6 | 4021 | 1189 | 2875810 | 1723 | 196414 |
| 石家庄 | 18 | 120 | 188 | 49123 | 4882 | 876094 |
| 太　原 | | | 120 | 10080 | 550 | 48000 |
| 呼和浩特 | | | | | 195 | 14120 |
| 沈　阳 | | | 3765 | 2062344 | 3524 | 524354 |
| 大　连 | | | 114 | 41000 | 1419 | 94932 |
| 长　春 | | | 1173 | 134468 | 1676 | 101507 |
| 哈尔滨 | 59 | 38430 | 692 | 1085000 | 3990 | 360100 |
| 上　海 | | | 2871 | 59555185 | 14115 | 2544307 |
| 南　京 | | | 720 | 1239920 | 10888 | 825436 |
| 杭　州 | 2 | 1390 | 3201 | 6940112 | 7803 | 1344659 |
| 宁　波 | | | 4101 | 9427657 | 3758 | 1350758 |
| 合　肥 | | | 1196 | 2322981 | 3187 | 344961 |
| 福　州 | | | | | 1114 | 1232309 |
| 厦　门 | | | 16 | 9483 | 336 | 21295 |
| 南　昌 | | | 774 | 44552 | 3471 | 598823 |
| 济　南 | | | 495 | 158780 | 786 | 128430 |
| 青　岛 | | | 511 | 1069584 | 2537 | 453771 |
| 郑　州 | 6 | 820 | 52 | 112500 | 2516 | 260207 |
| 武　汉 | 34 | 14704 | 2116 | 1538091 | 2009 | 176057 |
| 长　沙 | 1 | 52 | 1287 | 1302307 | 6212 | 1662584 |
| 广　州 | | | 548 | 2787400 | 2342 | 225448 |
| 深　圳 | | | 18 | 1500 | 215 | 29062 |
| 南　宁 | 38 | 53348 | 748 | 1514380 | 1343 | 94624 |
| 海　口 | | | | | 505 | 248500 |
| 重　庆 | 51 | 11143 | 4289 | 5802460 | 12127 | 2586398 |
| 成　都 | | | 2400 | 1180618 | 11118 | 1068840 |
| 贵　阳 | | | 1482 | 355740 | 1331 | 212745 |
| 昆　明 | 89 | 4130 | | | 1535 | 221576 |
| 拉　萨 | | | | | | |
| 西　安 | | | 50 | 229700 | 4757 | 466438 |
| 兰　州 | | | 1391 | 778991 | 1286 | 162318 |
| 西　宁 | | | | | 1047 | 148000 |
| 银　川 | 19 | 483 | 1297 | 297698 | 650 | 29542 |
| 乌鲁木齐 | | | 2233 | 5426188 | 7758 | 691729 |

2-18 续表 12

| 地区 | 机电产品及设备类 | | #农机类 | | 汽车类 | |
|---|---|---|---|---|---|---|
| | 摊位数(个) | 成交额(万元) | 摊位数(个) | 成交额(万元) | 摊位数(个) | 成交额(万元) |
| **总计** | **24241** | **5958425** | **1786** | **648953** | **48161** | **42013323** |
| 北京 | 305 | 108620 | | | 3438 | 9740977 |
| 天津 | 749 | 334936 | 1 | 26 | 1289 | 1817817 |
| 石家庄 | 1188 | 117131 | 10 | 13205 | 567 | 579182 |
| 太原 | | | | | | |
| 呼和浩特 | | | | | | |
| 沈阳 | 359 | 16633 | | | 2524 | 821351 |
| 大连 | 610 | 40000 | | | 2370 | 1830600 |
| 长春 | 314 | 10878 | 80 | 4800 | 2529 | 2772062 |
| 哈尔滨 | | | | | | |
| 上海 | 596 | 101436 | 20 | 3135 | 2255 | 2484731 |
| 南京 | 44 | 7550 | 20 | 3659 | 118 | 227429 |
| 杭州 | 1171 | 579370 | | | 6103 | 5477138 |
| 宁波 | 143 | 53723 | | | 328 | 612356 |
| 合肥 | 732 | 436000 | 632 | 385000 | 1436 | 230980 |
| 福州 | | | | | 196 | 33652 |
| 厦门 | | | | | 118 | 342120 |
| 南昌 | 526 | 241965 | 332 | 133687 | 2298 | 1875336 |
| 济南 | 143 | 27793 | 38 | 1783 | 972 | 998177 |
| 青岛 | 239 | 73058 | 237 | 72689 | 1028 | 403908 |
| 郑州 | 301 | 10215 | 1 | 90 | 827 | 723218 |
| 武汉 | 77 | 9475 | | | 1287 | 1330109 |
| 长沙 | 1472 | 510108 | 39 | 1606 | 1773 | 2121782 |
| 广州 | 363 | 40409 | | | 2747 | 1916035 |
| 深圳 | 173 | 87184 | | | 86 | 153600 |
| 南宁 | 500 | 90000 | | | 1482 | 210616 |
| 海口 | 100 | 20190 | | | | |
| 重庆 | 4408 | 1528488 | 59 | 875 | 4847 | 2145505 |
| 成都 | 4241 | 651470 | | | 772 | 159072 |
| 贵阳 | | | | | 1090 | 828049 |
| 昆明 | 477 | 21836 | 160 | 8232 | 1047 | 199565 |
| 拉萨 | | | | | | |
| 西安 | 815 | 159197 | | | 2023 | 692601 |
| 兰州 | 148 | 28710 | | | | |
| 西宁 | | | | | | |
| 银川 | 428 | 57726 | 157 | 20166 | 810 | 23143 |
| 乌鲁木齐 | 3619 | 594324 | | | 1801 | 1262212 |

2-18 续表 13

| 地区 | 种子饲料类 | | 棉麻类 | | 其他类 | |
|---|---|---|---|---|---|---|
| | 摊位数(个) | 成交额(万元) | 摊位数(个) | 成交额(万元) | 摊位数(个) | 成交额(万元) |
| **总计** | **1326** | **336853** | **739** | **217636** | **55591** | **8564579** |
| 北京 | 6 | 238 | 60 | 750 | 7847 | 517670 |
| 天津 | 7 | 1365 | | | 790 | 29002 |
| 石家庄 | 7 | 573 | 9 | 178 | 464 | 67745 |
| 太原 | | | | | 390 | 3900 |
| 呼和浩特 | | | | | 47 | 692 |
| 沈阳 | 223 | 11625 | | | 1990 | 175959 |
| 大连 | | | | | 2247 | 65737 |
| 长春 | | | 203 | 2355 | 3009 | 280133 |
| 哈尔滨 | 65 | 35000 | | | 1429 | 244793 |
| 上海 | 9 | 1119 | 23 | 1770 | 3701 | 533433 |
| 南京 | | | | | 562 | 47389 |
| 杭州 | | | 100 | 20000 | 2224 | 501683 |
| 宁波 | 148 | 40655 | 261 | 189427 | 1119 | 544346 |
| 合肥 | | | | | 1418 | 147493 |
| 福州 | 3 | 167 | | | 583 | 190721 |
| 厦门 | 4 | 210 | | | 160 | 7993 |
| 南昌 | | | 39 | 1055 | 1082 | 51392 |
| 济南 | | | | | 1851 | 78099 |
| 青岛 | 13 | 316 | | | 347 | 34844 |
| 郑州 | 3 | 1560 | | | 6210 | 1403380 |
| 武汉 | 35 | 4810 | | | 370 | 33300 |
| 长沙 | 3 | 168 | | | 1258 | 255624 |
| 广州 | 12 | 327 | | | 2288 | 510006 |
| 深圳 | | | | | 2788 | 506133 |
| 南宁 | 320 | 75160 | 29 | 203 | 550 | 111400 |
| 海口 | | | | | 67 | 2010 |
| 重庆 | 365 | 154945 | 15 | 1898 | 4274 | 1229442 |
| 成都 | | | | | 1522 | 248957 |
| 贵阳 | | | | | | |
| 昆明 | 63 | 2583 | | | 2228 | 453329 |
| 拉萨 | | | | | | |
| 西安 | | | | | 90 | 4137 |
| 兰州 | | | | | 613 | 40984 |
| 西宁 | | | | | 569 | 35800 |
| 银川 | 25 | 5726 | | | 335 | 39556 |
| 乌鲁木齐 | 15 | 306 | | | 1169 | 167497 |

## （四）三大地带

# 2-19 商品交易市场总体情况

| 地 区 | 市场数量（个） | 总摊位数（个） | 年末出租摊位数（个） | 营业面积（平方米） | 成交额（万元） |
|---|---|---|---|---|---|
| **三大地带合计** | **1824** | **1291741** | **1142136** | **96072558** | **506782235** |
| **环 渤 海** | **402** | **353497** | **316223** | **23998586** | **93451043** |
| 北 京 | 125 | 113312 | 97157 | 6922556 | 34824865 |
| 天 津 | 56 | 42197 | 38460 | 4136845 | 15983591 |
| 唐 山 | 21 | 16631 | 13493 | 917290 | 3324162 |
| 沈 阳 | 53 | 57920 | 50333 | 2480515 | 10998119 |
| 大 连 | 43 | 37636 | 35098 | 2040746 | 13204499 |
| 济 南 | 34 | 21884 | 20889 | 1898556 | 4019687 |
| 青 岛 | 70 | 63917 | 60793 | 5602078 | 11096120 |
| **长 三 角** | **1144** | **710819** | **648123** | **54697610** | **362827454** |
| 上 海 | 155 | 71932 | 66210 | 7886774 | 91139008 |
| 南 京 | 40 | 34857 | 33666 | 2461985 | 8810596 |
| 苏 州 | 82 | 84205 | 77309 | 6023404 | 55670516 |
| 无 锡 | 54 | 44831 | 39474 | 4935215 | 30603267 |
| 常 州 | 56 | 43798 | 37267 | 5133921 | 20014817 |
| 镇 江 | 14 | 7260 | 6694 | 1060551 | 3222451 |
| 南 通 | 82 | 49348 | 44864 | 2873868 | 16343738 |
| 扬 州 | 58 | 21420 | 20447 | 1661772 | 7527980 |
| 泰 州 | 23 | 16351 | 14105 | 1730531 | 3055693 |
| 杭 州 | 178 | 96333 | 88891 | 4556069 | 34767129 |
| 宁 波 | 130 | 59277 | 52286 | 4431674 | 32193945 |
| 嘉 兴 | 67 | 54809 | 50862 | 3467566 | 15091888 |
| 湖 州 | 45 | 23517 | 21338 | 1840347 | 6352275 |
| 绍 兴 | 49 | 52251 | 49249 | 4332512 | 26604636 |
| 舟 山 | 12 | 6290 | 5704 | 317417 | 1740262 |
| 台 州 | 99 | 44340 | 39757 | 1984004 | 9689253 |
| **珠 三 角** | **278** | **227425** | **177790** | **17376362** | **50503738** |
| 广 州 | 139 | 104883 | 86194 | 8496347 | 22186359 |
| 深 圳 | 32 | 54900 | 33517 | 1755832 | 5621771 |
| 珠 海 | 9 | 4560 | 4087 | 116359 | 1749515 |
| 佛 山 | 32 | 17268 | 15878 | 3174595 | 6751690 |
| 江 门 | 8 | 3274 | 2974 | 155217 | 941143 |
| 东 莞 | 40 | 32063 | 25133 | 3204237 | 10719895 |
| 中 山 | 3 | 2382 | 2114 | 55315 | 59972 |
| 惠 州 | 6 | 5919 | 5825 | 370000 | 2289410 |
| 肇 庆 | 9 | 2176 | 2068 | 48460 | 183983 |

# 2-20 商品交易市场情况(按市场类别分)

(综合市场)

| 地　区 | 市场数量(个) | 总摊位数(个) | 年末出租摊位数(个) | 营业面积(平方米) | 成交额(万元) |
|---|---|---|---|---|---|
| **三大地带** | **504** | **403700** | **346985** | **21094098** | **92879402** |
| **环 渤 海** | **101** | **112854** | **102733** | **6568421** | **32199262** |
| 北　京 | 34 | 42630 | 39604 | 2935607 | 17682427 |
| 天　津 | 17 | 18232 | 16029 | 1330502 | 5055366 |
| 唐　山 | 8 | 8170 | 7779 | 318260 | 1682553 |
| 沈　阳 | 7 | 6166 | 4464 | 105853 | 205025 |
| 大　连 | 18 | 22198 | 20103 | 887039 | 4604070 |
| 济　南 | 5 | 5357 | 5327 | 293000 | 424232 |
| 青　岛 | 12 | 10101 | 9427 | 698160 | 2545589 |
| **长 三 角** | **348** | **214118** | **191854** | **11347597** | **50158329** |
| 上　海 | 42 | 26240 | 24523 | 1668577 | 5838659 |
| 南　京 | 14 | 12606 | 12368 | 765828 | 4488554 |
| 苏　州 | 23 | 13002 | 11400 | 563338 | 5763297 |
| 无　锡 | 12 | 23076 | 20906 | 1711830 | 5343299 |
| 常　州 | 16 | 9869 | 7308 | 1194702 | 5094701 |
| 镇　江 | 3 | 2502 | 2404 | 512429 | 490333 |
| 南　通 | 30 | 18741 | 17203 | 476361 | 2248368 |
| 扬　州 | 6 | 2784 | 2745 | 87454 | 1147325 |
| 泰　州 | 9 | 9522 | 7753 | 618300 | 1478222 |
| 杭　州 | 48 | 25837 | 23976 | 1132321 | 5698075 |
| 宁　波 | 46 | 25217 | 22066 | 1003122 | 5053331 |
| 嘉　兴 | 18 | 8998 | 7581 | 155439 | 842106 |
| 湖　州 | 27 | 13020 | 11210 | 711138 | 2172804 |
| 绍　兴 | 10 | 5046 | 4591 | 278794 | 1759296 |
| 舟　山 | 6 | 2930 | 2378 | 47515 | 238361 |
| 台　州 | 38 | 14728 | 13442 | 420449 | 2501598 |
| **珠 三 角** | **55** | **76728** | **52398** | **3178080** | **10521811** |
| 广　州 | 15 | 13377 | 11938 | 413565 | 1210847 |
| 深　圳 | 12 | 42351 | 21970 | 1380057 | 4683534 |
| 珠　海 | 3 | 1667 | 1581 | 14659 | 56393 |
| 佛　山 | 8 | 6793 | 6264 | 446008 | 1543706 |
| 江　门 | 4 | 2363 | 2083 | 79068 | 116213 |
| 东　莞 | 4 | 5436 | 3972 | 749563 | 2421760 |
| 中　山 | | | | | |
| 惠　州 | 1 | 3249 | 3194 | 50000 | 345501 |
| 肇　庆 | 8 | 1492 | 1396 | 45160 | 143857 |

2-20 续表 1

(生产资料综合市场)

| 地 区 | 市场数量（个） | 总摊位数（个） | 年末出租摊位数（个） | 营业面积（平方米） | 成交额（万元） |
|---|---|---|---|---|---|
| **三大地带** | **18** | **17814** | **16517** | **2351576** | **3099738** |
| **环 渤 海** | **2** | **720** | **718** | **41990** | **56500** |
| 北 京 | | | | | |
| 天 津 | | | | | |
| 唐 山 | | | | | |
| 沈 阳 | | | | | |
| 大 连 | 1 | 610 | 610 | 11990 | 40000 |
| 济 南 | | | | | |
| 青 岛 | 1 | 110 | 108 | 30000 | 16500 |
| **长 三 角** | **15** | **15756** | **14461** | **2277726** | **2995795** |
| 上 海 | 2 | 6959 | 6959 | 608000 | 1261208 |
| 南 京 | | | | | |
| 苏 州 | | | | | |
| 无 锡 | 2 | 2036 | 1954 | 732130 | 248910 |
| 常 州 | | | | | |
| 镇 江 | 1 | 1962 | 1962 | 500000 | 423693 |
| 南 通 | | | | | |
| 扬 州 | | | | | |
| 泰 州 | | | | | |
| 杭 州 | 2 | 1350 | 1341 | 104087 | 478706 |
| 宁 波 | 4 | 1212 | 406 | 100622 | 374055 |
| 嘉 兴 | | | | | |
| 湖 州 | 3 | 1357 | 959 | 207001 | 160223 |
| 绍 兴 | | | | | |
| 舟 山 | 1 | 880 | 880 | 25886 | 49000 |
| 台 州 | | | | | |
| **珠 三 角** | **1** | **1338** | **1338** | **31860** | **47443** |
| 广 州 | | | | | |
| 深 圳 | 1 | 1338 | 1338 | 31860 | 47443 |
| 珠 海 | | | | | |
| 佛 山 | | | | | |
| 江 门 | | | | | |
| 东 莞 | | | | | |
| 中 山 | | | | | |
| 惠 州 | | | | | |
| 肇 庆 | | | | | |

2-20 续表 2

(工业消费品综合市场)

| 地　区 | 市场数量(个) | 总摊位数(个) | 年末出租摊位数(个) | 营业面积(平方米) | 成交额(万元) |
|---|---|---|---|---|---|
| **三大地带** | **90** | **132360** | **105367** | **5019647** | **17982751** |
| **环渤海** | **35** | **37504** | **33915** | **1220905** | **4325294** |
| 北　京 | 13 | 12228 | 11204 | 236942 | 850674 |
| 天　津 | 3 | 4526 | 4136 | 103071 | 506169 |
| 唐　山 | 1 | 654 | 654 | 8220 | 378100 |
| 沈　阳 | 1 | 1457 | 1293 | 14193 | 54091 |
| 大　连 | 10 | 9998 | 8023 | 300319 | 730858 |
| 济　南 | 3 | 3097 | 3073 | 113000 | 58740 |
| 青　岛 | 4 | 5544 | 5532 | 445160 | 1746662 |
| **长三角** | **40** | **48508** | **46180** | **2401095** | **10374461** |
| 上　海 | 2 | 1846 | 1739 | 42478 | 78290 |
| 南　京 | 3 | 1809 | 1776 | 62679 | 191609 |
| 苏　州 | 1 | 800 | 443 | 22000 | 32280 |
| 无　锡 | 4 | 13757 | 13449 | 645000 | 3366986 |
| 常　州 | 1 | 450 | 315 | 360000 | 414975 |
| 镇　江 | | | | | |
| 南　通 | 5 | 3528 | 3126 | 208564 | 750966 |
| 扬　州 | 1 | 1985 | 1985 | 50000 | 939608 |
| 泰　州 | 1 | 2466 | 2464 | 48000 | 80125 |
| 杭　州 | 8 | 6923 | 6671 | 185173 | 965247 |
| 宁　波 | 6 | 7489 | 7037 | 427973 | 1588902 |
| 嘉　兴 | | | | | |
| 湖　州 | 2 | 1240 | 1240 | 34689 | 297403 |
| 绍　兴 | 2 | 1506 | 1478 | 121719 | 843083 |
| 舟　山 | | | | | |
| 台　州 | 4 | 4709 | 4457 | 192820 | 824987 |
| **珠三角** | **15** | **46348** | **25272** | **1397647** | **3282996** |
| 广　州 | 8 | 7454 | 6719 | 280405 | 864166 |
| 深　圳 | 4 | 34056 | 13826 | 999564 | 1376783 |
| 珠　海 | | | | | |
| 佛　山 | 2 | 1589 | 1533 | 67678 | 696546 |
| 江　门 | | | | | |
| 东　莞 | | | | | |
| 中　山 | | | | | |
| 惠　州 | 1 | 3249 | 3194 | 50000 | 345501 |
| 肇　庆 | | | | | |

2-20 续表 3

(农产品综合市场)

| 地　区 | 市场数量(个) | 总摊位数(个) | 年末出租摊位数(个) | 营业面积(平方米) | 成交额(万元) |
|---|---|---|---|---|---|
| **三大地带** | **319** | **183935** | **161343** | **9811235** | **54243023** |
| **环渤海** | **40** | **41104** | **36353** | **3574467** | **19640119** |
| 北　京 | 18 | 24584 | 22884 | 2457127 | 15012417 |
| 天　津 | 5 | 4266 | 3481 | 395000 | 2583051 |
| 唐　山 | 3 | 1480 | 1107 | 220000 | 410674 |
| 沈　阳 | 4 | 3580 | 2042 | 66360 | 99797 |
| 大　连 | 3 | 2068 | 2058 | 82980 | 460624 |
| 济　南 | 2 | 2260 | 2254 | 180000 | 365492 |
| 青　岛 | 5 | 2866 | 2527 | 173000 | 708064 |
| **长三角** | **250** | **118326** | **103173** | **4609027** | **27604475** |
| 上　海 | 32 | 14478 | 12929 | 897074 | 4204587 |
| 南　京 | 7 | 5660 | 5623 | 538170 | 3460705 |
| 苏　州 | 18 | 10604 | 9496 | 510538 | 3836495 |
| 无　锡 | 6 | 7283 | 5503 | 334700 | 1727403 |
| 常　州 | 13 | 8240 | 5852 | 547402 | 3568753 |
| 镇　江 | 1 | 290 | 230 | 8929 | 32910 |
| 南　通 | 20 | 9954 | 9604 | 162325 | 1302868 |
| 扬　州 | 4 | 462 | 423 | 31874 | 159054 |
| 泰　州 | 6 | 2427 | 2021 | 135300 | 543315 |
| 杭　州 | 30 | 11614 | 10110 | 320075 | 1330208 |
| 宁　波 | 34 | 16021 | 14128 | 446207 | 3010766 |
| 嘉　兴 | 18 | 8998 | 7581 | 155439 | 842106 |
| 湖　州 | 18 | 7728 | 7104 | 208948 | 1337848 |
| 绍　兴 | 7 | 3103 | 2676 | 90243 | 566213 |
| 舟　山 | 5 | 2050 | 1498 | 21629 | 189361 |
| 台　州 | 31 | 9414 | 8395 | 200174 | 1491883 |
| **珠三角** | **29** | **24505** | **21817** | **1627741** | **6998429** |
| 广　州 | 6 | 5413 | 4846 | 129180 | 330461 |
| 深　圳 | 5 | 5789 | 5789 | 327833 | 3212589 |
| 珠　海 | 3 | 1667 | 1581 | 14659 | 56393 |
| 佛　山 | 5 | 4454 | 4070 | 358330 | 837526 |
| 江　门 | 2 | 1005 | 875 | 30049 | 53086 |
| 东　莞 | 4 | 5436 | 3972 | 749563 | 2421760 |
| 中　山 | | | | | |
| 惠　州 | | | | | |
| 肇　庆 | 4 | 741 | 684 | 18127 | 86614 |

2-20 续表 4

(其他综合市场)

| 地　区 | 市场数量(个) | 总摊位数(个) | 年末出租摊位数(个) | 营业面积(平方米) | 成交额(万元) |
|---|---|---|---|---|---|
| **三大地带** | **77** | **69591** | **63758** | **3911640** | **17553890** |
| **环渤海** | **24** | **33526** | **31747** | **1731059** | **8177349** |
| 北　京 | 3 | 5818 | 5516 | 241538 | 1819336 |
| 天　津 | 9 | 9440 | 8412 | 832431 | 1966146 |
| 唐　山 | 4 | 6036 | 6018 | 90040 | 893779 |
| 沈　阳 | 2 | 1129 | 1129 | 25300 | 51137 |
| 大　连 | 4 | 9522 | 9412 | 491750 | 3372588 |
| 济　南 | | | | | |
| 青　岛 | 2 | 1581 | 1260 | 50000 | 74363 |
| **长三角** | **43** | **31528** | **28040** | **2059749** | **9183598** |
| 上　海 | 6 | 2957 | 2896 | 121025 | 294574 |
| 南　京 | 4 | 5137 | 4969 | 164979 | 836240 |
| 苏　州 | 4 | 1598 | 1461 | 30800 | 1894522 |
| 无　锡 | | | | | |
| 常　州 | 2 | 1179 | 1141 | 287300 | 1110973 |
| 镇　江 | 1 | 250 | 212 | 3500 | 33730 |
| 南　通 | 5 | 5259 | 4473 | 105472 | 194534 |
| 扬　州 | 1 | 337 | 337 | 5580 | 48663 |
| 泰　州 | 2 | 4629 | 3268 | 435000 | 854782 |
| 杭　州 | 8 | 5950 | 5854 | 522986 | 2923914 |
| 宁　波 | 2 | 495 | 495 | 28320 | 79608 |
| 嘉　兴 | | | | | |
| 湖　州 | 4 | 2695 | 1907 | 260500 | 377330 |
| 绍　兴 | 1 | 437 | 437 | 66832 | 350000 |
| 舟　山 | | | | | |
| 台　州 | 3 | 605 | 590 | 27455 | 184728 |
| **珠三角** | **10** | **4537** | **3971** | **120832** | **192943** |
| 广　州 | 1 | 510 | 373 | 3980 | 16220 |
| 深　圳 | 2 | 1168 | 1017 | 20800 | 46719 |
| 珠　海 | | | | | |
| 佛　山 | 1 | 750 | 661 | 20000 | 9634 |
| 江　门 | 2 | 1358 | 1208 | 49019 | 63127 |
| 东　莞 | | | | | |
| 中　山 | | | | | |
| 惠　州 | | | | | |
| 肇　庆 | 4 | 751 | 712 | 27033 | 57243 |

2-20 续表 5

（专业市场）

| 地 区 | 市场数量（个） | 总摊位数（个） | 年末出租摊位数（个） | 营业面积（平方米） | 成交额（万元） |
|---|---|---|---|---|---|
| **三大地带** | **1320** | **888041** | **795151** | **74978460** | **413902833** |
| **环渤海** | **301** | **240643** | **213490** | **17430165** | **61251781** |
| 北 京 | 91 | 70682 | 57553 | 3986949 | 17142438 |
| 天 津 | 39 | 23965 | 22431 | 2806343 | 10928225 |
| 唐 山 | 13 | 8461 | 5714 | 599030 | 1641609 |
| 沈 阳 | 46 | 51754 | 45869 | 2374662 | 10793094 |
| 大 连 | 25 | 15438 | 14995 | 1153707 | 8600429 |
| 济 南 | 29 | 16527 | 15562 | 1605556 | 3595455 |
| 青 岛 | 58 | 53816 | 51366 | 4903918 | 8550531 |
| **长三角** | **796** | **496701** | **456269** | **43350013** | **312669125** |
| 上 海 | 113 | 45692 | 41687 | 6218197 | 85300349 |
| 南 京 | 26 | 22251 | 21298 | 1696157 | 4322042 |
| 苏 州 | 59 | 71203 | 65909 | 5460066 | 49907219 |
| 无 锡 | 42 | 21755 | 18568 | 3223385 | 25259968 |
| 常 州 | 40 | 33929 | 29959 | 3939219 | 14920116 |
| 镇 江 | 11 | 4758 | 4290 | 548122 | 2732118 |
| 南 通 | 52 | 30607 | 27661 | 2397507 | 14095370 |
| 扬 州 | 52 | 18636 | 17702 | 1574318 | 6380655 |
| 泰 州 | 14 | 6829 | 6352 | 1112231 | 1577471 |
| 杭 州 | 130 | 70496 | 64915 | 3423748 | 29069054 |
| 宁 波 | 84 | 34060 | 30220 | 3428552 | 27140614 |
| 嘉 兴 | 49 | 45811 | 43281 | 3312127 | 14249782 |
| 湖 州 | 18 | 10497 | 10128 | 1129209 | 4179471 |
| 绍 兴 | 39 | 47205 | 44658 | 4053718 | 24845340 |
| 舟 山 | 6 | 3360 | 3326 | 269902 | 1501901 |
| 台 州 | 61 | 29612 | 26315 | 1563555 | 7187655 |
| **珠三角** | **223** | **150697** | **125392** | **14198282** | **39981927** |
| 广 州 | 124 | 91506 | 74256 | 8082782 | 20975512 |
| 深 圳 | 20 | 12549 | 11547 | 375775 | 938237 |
| 珠 海 | 6 | 2893 | 2506 | 101700 | 1693122 |
| 佛 山 | 24 | 10475 | 9614 | 2728587 | 5207984 |
| 江 门 | 4 | 911 | 891 | 76149 | 824930 |
| 东 莞 | 36 | 26627 | 21161 | 2454674 | 8298135 |
| 中 山 | 3 | 2382 | 2114 | 55315 | 59972 |
| 惠 州 | 5 | 2670 | 2631 | 320000 | 1943909 |
| 肇 庆 | 1 | 684 | 672 | 3300 | 40126 |

2-20 续表 6

(生产资料市场)

| 地　区 | 市场数量（个） | 总摊位数（个） | 年末出租摊位数（个） | 营业面积（平方米） | 成交额（万元） |
|---|---|---|---|---|---|
| **三大地带** | **244** | **112018** | **100336** | **18623572** | **178146447** |
| **环渤海** | **50** | **18567** | **17051** | **3491486** | **15052887** |
| 北　京 | 12 | 3723 | 3479 | 334332 | 652044 |
| 天　津 | 11 | 5142 | 4755 | 465357 | 4623875 |
| 唐　山 | 3 | 550 | 485 | 160066 | 419445 |
| 沈　阳 | 7 | 5180 | 4764 | 505471 | 2274923 |
| 大　连 | 4 | 588 | 489 | 114300 | 5372247 |
| 济　南 | 5 | 1162 | 1050 | 211000 | 284790 |
| 青　岛 | 8 | 2222 | 2029 | 1700960 | 1425563 |
| **长三角** | **175** | **81598** | **74166** | **12909934** | **154641197** |
| 上　海 | 30 | 7793 | 7304 | 3757519 | 73993599 |
| 南　京 | 4 | 9357 | 9353 | 506266 | 1697248 |
| 苏　州 | 19 | 12114 | 11729 | 1033596 | 16281503 |
| 无　锡 | 15 | 10092 | 7997 | 1581423 | 19494509 |
| 常　州 | 13 | 8718 | 7557 | 1249922 | 6148971 |
| 镇　江 | 1 | 258 | 112 | 15196 | 1647231 |
| 南　通 | 7 | 1267 | 1023 | 207453 | 300094 |
| 扬　州 | 8 | 2032 | 1930 | 355815 | 591174 |
| 泰　州 | 3 | 1480 | 1169 | 503727 | 643270 |
| 杭　州 | 18 | 5075 | 4132 | 282656 | 7767057 |
| 宁　波 | 26 | 11102 | 9996 | 1748021 | 21454301 |
| 嘉　兴 | 7 | 3271 | 3040 | 415519 | 766678 |
| 湖　州 | 5 | 3999 | 3999 | 406257 | 1140607 |
| 绍　兴 | 9 | 3022 | 2847 | 607598 | 1837964 |
| 舟　山 | 1 | 1 | 1 | 3200 | 352600 |
| 台　州 | 9 | 2017 | 1977 | 235766 | 524391 |
| **珠三角** | **19** | **11853** | **9119** | **2222152** | **8452363** |
| 广　州 | 6 | 2046 | 1652 | 682686 | 3009045 |
| 深　圳 | 1 | 91 | 91 | 50000 | 11000 |
| 珠　海 | | | | | |
| 佛　山 | 6 | 1350 | 761 | 359436 | 494615 |
| 江　门 | | | | | |
| 东　莞 | 6 | 8366 | 6615 | 1130030 | 4937703 |
| 中　山 | | | | | |
| 惠　州 | | | | | |
| 肇　庆 | | | | | |

2-20　续表 7

(农业生产用具市场)

| 地　　区 | 市场数量<br>(个) | 总摊位数<br>(个) | 年末出租摊位数<br>(个) | 营业面积<br>(平方米) | 成交额<br>(万元) |
|---|---|---|---|---|---|
| **三大地带** | **3** | **567** | **555** | **181700** | **121258** |
| **环渤海** | **2** | **240** | **228** | **129000** | **70900** |
| 北　　京 | | | | | |
| 天　　津 | | | | | |
| 唐　　山 | | | | | |
| 沈　　阳 | | | | | |
| 大　　连 | | | | | |
| 济　　南 | | | | | |
| 青　　岛 | 2 | 240 | 228 | 129000 | 70900 |
| **长三角** | **1** | **327** | **327** | **52700** | **50358** |
| 上　　海 | | | | | |
| 南　　京 | | | | | |
| 苏　　州 | | | | | |
| 无　　锡 | | | | | |
| 常　　州 | 1 | 327 | 327 | 52700 | 50358 |
| 镇　　江 | | | | | |
| 南　　通 | | | | | |
| 扬　　州 | | | | | |
| 泰　　州 | | | | | |
| 杭　　州 | | | | | |
| 宁　　波 | | | | | |
| 嘉　　兴 | | | | | |
| 湖　　州 | | | | | |
| 绍　　兴 | | | | | |
| 舟　　山 | | | | | |
| 台　　州 | | | | | |
| **珠三角** | | | | | |
| 广　　州 | | | | | |
| 深　　圳 | | | | | |
| 珠　　海 | | | | | |
| 佛　　山 | | | | | |
| 江　　门 | | | | | |
| 东　　莞 | | | | | |
| 中　　山 | | | | | |
| 惠　　州 | | | | | |
| 肇　　庆 | | | | | |

2-20 续表 8

(农用生产资料市场)

| 地区 | 市场数量(个) | 总摊位数(个) | 年末出租摊位数(个) | 营业面积(平方米) | 成交额(万元) |
|---|---|---|---|---|---|
| **三大地带** | **2** | **186** | **146** | **50836** | **38979** |
| **环渤海** | | | | | |
| 北京 | | | | | |
| 天津 | | | | | |
| 唐山 | | | | | |
| 沈阳 | | | | | |
| 大连 | | | | | |
| 济南 | | | | | |
| 青岛 | | | | | |
| **长三角** | **1** | **185** | **145** | **6880** | **26021** |
| 上海 | | | | | |
| 南京 | | | | | |
| 苏州 | | | | | |
| 无锡 | | | | | |
| 常州 | | | | | |
| 镇江 | | | | | |
| 南通 | | | | | |
| 扬州 | | | | | |
| 泰州 | | | | | |
| 杭州 | | | | | |
| 宁波 | 1 | 185 | 145 | 6880 | 26021 |
| 嘉兴 | | | | | |
| 湖州 | | | | | |
| 绍兴 | | | | | |
| 舟山 | | | | | |
| 台州 | | | | | |
| **珠三角** | **1** | **1** | **1** | **43956** | **12958** |
| 广州 | | | | | |
| 深圳 | | | | | |
| 珠海 | | | | | |
| 佛山 | 1 | 1 | 1 | 43956 | 12958 |
| 江门 | | | | | |
| 东莞 | | | | | |
| 中山 | | | | | |
| 惠州 | | | | | |
| 肇庆 | | | | | |

2-20 续表 9

(煤炭市场)

| 地 区 | 市场数量（个） | 总摊位数（个） | 年末出租摊位数（个） | 营业面积（平方米） | 成交额（万元） |
|---|---|---|---|---|---|
| **三大地带** | **3** | **2834** | **2834** | **406400** | **2473457** |
| **环 渤 海** | **2** | **2778** | **2778** | **1400** | **1484749** |
| 北 京 | | | | | |
| 天 津 | 2 | 2778 | 2778 | 1400 | 1484749 |
| 唐 山 | | | | | |
| 沈 阳 | | | | | |
| 大 连 | | | | | |
| 济 南 | | | | | |
| 青 岛 | | | | | |
| **长 三 角** | **1** | **56** | **56** | **405000** | **988708** |
| 上 海 | | | | | |
| 南 京 | | | | | |
| 苏 州 | | | | | |
| 无 锡 | | | | | |
| 常 州 | | | | | |
| 镇 江 | | | | | |
| 南 通 | | | | | |
| 扬 州 | | | | | |
| 泰 州 | | | | | |
| 杭 州 | | | | | |
| 宁 波 | 1 | 56 | 56 | 405000 | 988708 |
| 嘉 兴 | | | | | |
| 湖 州 | | | | | |
| 绍 兴 | | | | | |
| 舟 山 | | | | | |
| 台 州 | | | | | |
| **珠 三 角** | | | | | |
| 广 州 | | | | | |
| 深 圳 | | | | | |
| 珠 海 | | | | | |
| 佛 山 | | | | | |
| 江 门 | | | | | |
| 东 莞 | | | | | |
| 中 山 | | | | | |
| 惠 州 | | | | | |
| 肇 庆 | | | | | |

2-20 续表 10

(木材市场)

| 地　区 | 市场数量(个) | 总摊位数(个) | 年末出租摊位数(个) | 营业面积(平方米) | 成交额(万元) |
|---|---|---|---|---|---|
| **三大地带** | **22** | **12043** | **11313** | **1907555** | **3220806** |
| **环渤海** | **2** | **400** | **396** | **402760** | **108488** |
| 北　京 | | | | | |
| 天　津 | | | | | |
| 唐　山 | | | | | |
| 沈　阳 | 1 | 200 | 200 | 2800 | 31960 |
| 大　连 | | | | | |
| 济　南 | | | | | |
| 青　岛 | 1 | 200 | 196 | 399960 | 76528 |
| **长三角** | **18** | **9173** | **9114** | **1156285** | **2431318** |
| 上　海 | 6 | 612 | 611 | 297396 | 536960 |
| 南　京 | | | | | |
| 苏　州 | 1 | 311 | 311 | 32000 | 31250 |
| 无　锡 | | | | | |
| 常　州 | 2 | 3286 | 3243 | 262300 | 549840 |
| 镇　江 | | | | | |
| 南　通 | 1 | 120 | 115 | 6660 | 13008 |
| 扬　州 | 1 | 142 | 137 | 30000 | 98642 |
| 泰　州 | | | | | |
| 杭　州 | 2 | 285 | 280 | 53000 | 59390 |
| 宁　波 | | | | | |
| 嘉　兴 | | | | | |
| 湖　州 | 3 | 3952 | 3952 | 403322 | 1111383 |
| 绍　兴 | 1 | 70 | 70 | 11607 | 15615 |
| 舟　山 | | | | | |
| 台　州 | 1 | 395 | 395 | 60000 | 15230 |
| **珠三角** | **2** | **2470** | **1803** | **348510** | **681000** |
| 广　州 | | | | | |
| 深　圳 | 1 | 91 | 91 | 50000 | 11000 |
| 珠　海 | | | | | |
| 佛　山 | | | | | |
| 江　门 | | | | | |
| 东　莞 | 1 | 2379 | 1712 | 298510 | 670000 |
| 中　山 | | | | | |
| 惠　州 | | | | | |
| 肇　庆 | | | | | |

2-20　续表 11

(建材市场)

| 地　区 | 市场数量 (个) | 总摊位数 (个) | 年末出租摊位数 (个) | 营业面积 (平方米) | 成交额 (万元) |
|---|---|---|---|---|---|
| **三大地带** | **61** | **28126** | **26188** | **5924261** | **5694359** |
| **环渤海** | **15** | **5960** | **5324** | **812834** | **1032166** |
| 北　京 | 9 | 2807 | 2678 | 256663 | 416083 |
| 天　津 | 2 | 1318 | 1010 | 215000 | 153703 |
| 唐　山 | | | | | |
| 沈　阳 | 1 | 273 | 92 | 39171 | 153829 |
| 大　连 | | | | | |
| 济　南 | 1 | 450 | 450 | 40000 | 100000 |
| 青　岛 | 2 | 1112 | 1094 | 262000 | 208551 |
| **长三角** | **45** | **21279** | **20135** | **4947641** | **4482608** |
| 上　海 | 9 | 1886 | 1843 | 2832138 | 1034417 |
| 南　京 | 3 | 8657 | 8653 | 206266 | 469248 |
| 苏　州 | 6 | 2321 | 2217 | 158227 | 304503 |
| 无　锡 | 1 | 1280 | 1083 | 450800 | 300000 |
| 常　州 | 4 | 1085 | 1010 | 432782 | 796585 |
| 镇　江 | | | | | |
| 南　通 | 3 | 719 | 674 | 87833 | 204900 |
| 扬　州 | 4 | 1151 | 1077 | 223695 | 122323 |
| 泰　州 | 2 | 910 | 631 | 123727 | 109956 |
| 杭　州 | 2 | 275 | 255 | 12285 | 46317 |
| 宁　波 | 5 | 1859 | 1657 | 221246 | 836663 |
| 嘉　兴 | 2 | 436 | 405 | 138502 | 47274 |
| 湖　州 | | | | | |
| 绍　兴 | 2 | 528 | 468 | 45000 | 163994 |
| 舟　山 | | | | | |
| 台　州 | 2 | 172 | 162 | 15140 | 46428 |
| **珠三角** | **1** | **887** | **729** | **163786** | **179585** |
| 广　州 | 1 | 887 | 729 | 163786 | 179585 |
| 深　圳 | | | | | |
| 珠　海 | | | | | |
| 佛　山 | | | | | |
| 江　门 | | | | | |
| 东　莞 | | | | | |
| 中　山 | | | | | |
| 惠　州 | | | | | |
| 肇　庆 | | | | | |

2-20 续表 12

(化工材料及制品市场)

| 地　区 | 市场数量(个) | 总摊位数(个) | 年末出租摊位数(个) | 营业面积(平方米) | 成交额(万元) |
|---|---|---|---|---|---|
| **三大地带** | **20** | **18265** | **16942** | **1660997** | **25883035** |
| **环渤海** | **2** | **409** | **400** | **13938** | **330100** |
| 北　京 | | | | | |
| 天　津 | 1 | 311 | 302 | 9638 | 320000 |
| 唐　山 | | | | | |
| 沈　阳 | | | | | |
| 大　连 | 1 | 98 | 98 | 4300 | 10100 |
| 济　南 | | | | | |
| 青　岛 | | | | | |
| **长三角** | **15** | **12728** | **12346** | **959039** | **21447392** |
| 上　海 | 1 | 495 | 495 | 13000 | 1007000 |
| 南　京 | | | | | |
| 苏　州 | 3 | 6029 | 5959 | 78239 | 6696407 |
| 无　锡 | 2 | 858 | 813 | 42000 | 4041362 |
| 常　州 | 2 | 1408 | 1370 | 321000 | 1830951 |
| 镇　江 | | | | | |
| 南　通 | | | | | |
| 扬　州 | | | | | |
| 泰　州 | | | | | |
| 杭　州 | 1 | 90 | 90 | 2000 | 173716 |
| 宁　波 | 3 | 3155 | 2964 | 411800 | 7079026 |
| 嘉　兴 | | | | | |
| 湖　州 | | | | | |
| 绍　兴 | 2 | 359 | 333 | 36000 | 459080 |
| 舟　山 | | | | | |
| 台　州 | 1 | 334 | 322 | 55000 | 159850 |
| **珠三角** | **3** | **5128** | **4196** | **688020** | **4105543** |
| 广　州 | | | | | |
| 深　圳 | | | | | |
| 珠　海 | | | | | |
| 佛　山 | | | | | |
| 江　门 | | | | | |
| 东　莞 | 3 | 5128 | 4196 | 688020 | 4105543 |
| 中　山 | | | | | |
| 惠　州 | | | | | |
| 肇　庆 | | | | | |

2-20 续表 13

（金属材料市场）

| 地 区 | 市场数量（个） | 总摊位数（个） | 年末出租摊位数（个） | 营业面积（平方米） | 成交额（万元） |
|---|---|---|---|---|---|
| **三大地带** | **103** | **41595** | **35103** | **7858702** | **119287813** |
| **环 渤 海** | **23** | **7818** | **7088** | **2047485** | **6505376** |
| 北 京 | 1 | 269 | 269 | 23600 | 38000 |
| 天 津 | 6 | 735 | 665 | 239319 | 2665423 |
| 唐 山 | 3 | 550 | 485 | 160066 | 419445 |
| 沈 阳 | 5 | 4707 | 4472 | 463500 | 2089134 |
| 大 连 | 1 | 175 | 86 | 80000 | 39000 |
| 济 南 | 4 | 712 | 600 | 171000 | 184790 |
| 青 岛 | 3 | 670 | 511 | 910000 | 1069584 |
| **长 三 角** | **70** | **30927** | **26139** | **4961052** | **109389980** |
| 上 海 | 9 | 3335 | 2917 | 480057 | 59601038 |
| 南 京 | 1 | 700 | 700 | 300000 | 1228000 |
| 苏 州 | 7 | 2602 | 2391 | 722130 | 9147564 |
| 无 锡 | 11 | 7854 | 6066 | 1081723 | 15105147 |
| 常 州 | 3 | 1792 | 867 | 178140 | 2766950 |
| 镇 江 | 1 | 258 | 112 | 15196 | 1647231 |
| 南 通 | 2 | 128 | 84 | 73000 | 50906 |
| 扬 州 | 3 | 739 | 716 | 102120 | 370209 |
| 泰 州 | 1 | 570 | 538 | 380000 | 533314 |
| 杭 州 | 10 | 3513 | 3038 | 184948 | 7099537 |
| 宁 波 | 13 | 5210 | 4773 | 675995 | 9904798 |
| 嘉 兴 | 3 | 1413 | 1213 | 197983 | 511135 |
| 湖 州 | | | | | |
| 绍 兴 | 3 | 1883 | 1794 | 494600 | 1178151 |
| 舟 山 | | | | | |
| 台 州 | 3 | 930 | 930 | 75160 | 246000 |
| **珠 三 角** | **10** | **2850** | **1876** | **850165** | **3392457** |
| 广 州 | 4 | 822 | 589 | 506200 | 2793660 |
| 深 圳 | | | | | |
| 珠 海 | | | | | |
| 佛 山 | 4 | 1169 | 580 | 200465 | 436637 |
| 江 门 | | | | | |
| 东 莞 | 2 | 859 | 707 | 143500 | 162160 |
| 中 山 | | | | | |
| 惠 州 | | | | | |
| 肇 庆 | | | | | |

2-20 续表 14

(机械设备市场)

| 地 区 | 市场数量(个) | 总摊位数(个) | 年末出租摊位数(个) | 营业面积(平方米) | 成交额(万元) |
|---|---|---|---|---|---|
| **三大地带** | **15** | **3579** | **2875** | **322255** | **1131330** |
| **环渤海** | **1** | **377** | **262** | **33000** | **92000** |
| 北 京 | 1 | 377 | 262 | 33000 | 92000 |
| 天 津 | | | | | |
| 唐 山 | | | | | |
| 沈 阳 | | | | | |
| 大 连 | | | | | |
| 济 南 | | | | | |
| 青 岛 | | | | | |
| **长三角** | **12** | **2685** | **2099** | **161540** | **958510** |
| 上 海 | 1 | 187 | 160 | 4500 | 84723 |
| 南 京 | | | | | |
| 苏 州 | 1 | 151 | 151 | 25000 | 19779 |
| 无 锡 | 1 | 100 | 35 | 6900 | 48000 |
| 常 州 | 1 | 820 | 740 | 3000 | 154287 |
| 镇 江 | | | | | |
| 南 通 | 1 | 300 | 150 | 39960 | 31280 |
| 扬 州 | | | | | |
| 泰 州 | | | | | |
| 杭 州 | 2 | 712 | 466 | 25423 | 174834 |
| 宁 波 | | | | | |
| 嘉 兴 | | | | | |
| 湖 州 | 1 | 46 | 46 | 2700 | 15000 |
| 绍 兴 | 1 | 182 | 182 | 20391 | 21124 |
| 舟 山 | 1 | 1 | 1 | 3200 | 352600 |
| 台 州 | 2 | 186 | 168 | 30466 | 56883 |
| **珠三角** | **2** | **517** | **514** | **127715** | **80820** |
| 广 州 | 1 | 337 | 334 | 12700 | 35800 |
| 深 圳 | | | | | |
| 珠 海 | | | | | |
| 佛 山 | 1 | 180 | 180 | 115015 | 45020 |
| 江 门 | | | | | |
| 东 莞 | | | | | |
| 中 山 | | | | | |
| 惠 州 | | | | | |
| 肇 庆 | | | | | |

2-20 续表 15

(其他生产资料市场)

| 地　区 | 市场数量（个） | 总摊位数（个） | 年末出租摊位数（个） | 营业面积（平方米） | 成交额（万元） |
|---|---|---|---|---|---|
| **三大地带** | **15** | **4823** | **4380** | **310866** | **20295410** |
| **环渤海** | **3** | **585** | **575** | **51069** | **5429108** |
| 北　京 | 1 | 270 | 270 | 21069 | 105961 |
| 天　津 | | | | | |
| 唐　山 | | | | | |
| 沈　阳 | | | | | |
| 大　连 | 2 | 315 | 305 | 30000 | 5323147 |
| 济　南 | | | | | |
| 青　岛 | | | | | |
| **长三角** | **12** | **4238** | **3805** | **259797** | **14866302** |
| 上　海 | 4 | 1278 | 1278 | 130428 | 11729461 |
| 南　京 | | | | | |
| 苏　州 | 1 | 700 | 700 | 18000 | 82000 |
| 无　锡 | | | | | |
| 常　州 | | | | | |
| 镇　江 | | | | | |
| 南　通 | | | | | |
| 扬　州 | | | | | |
| 泰　州 | | | | | |
| 杭　州 | 1 | 200 | 3 | 5000 | 213263 |
| 宁　波 | 3 | 637 | 401 | 27100 | 2619085 |
| 嘉　兴 | 2 | 1422 | 1422 | 79034 | 208269 |
| 湖　州 | 1 | 1 | 1 | 235 | 14224 |
| 绍　兴 | | | | | |
| 舟　山 | | | | | |
| 台　州 | | | | | |
| **珠三角** | | | | | |
| 广　州 | | | | | |
| 深　圳 | | | | | |
| 珠　海 | | | | | |
| 佛　山 | | | | | |
| 江　门 | | | | | |
| 东　莞 | | | | | |
| 中　山 | | | | | |
| 惠　州 | | | | | |
| 肇　庆 | | | | | |

2-20 续表 16

(农产品市场)

| 地　区 | 市场数量（个） | 总摊位数（个） | 年末出租摊位数（个） | 营业面积（平方米） | 成交额（万元） |
|---|---|---|---|---|---|
| **三大地带** | **326** | **186909** | **159286** | **11103175** | **61085031** |
| **环渤海** | **76** | **80698** | **66031** | **4584094** | **14812705** |
| 北　京 | 19 | 20277 | 9856 | 785441 | 3391211 |
| 天　津 | 11 | 8234 | 7551 | 929928 | 3175438 |
| 唐　山 | 3 | 3368 | 831 | 174386 | 255440 |
| 沈　阳 | 8 | 3717 | 3717 | 394000 | 2198598 |
| 大　连 | 5 | 3849 | 3849 | 194283 | 865880 |
| 济　南 | 8 | 6605 | 6597 | 260500 | 1462802 |
| 青　岛 | 22 | 34648 | 33630 | 1845556 | 3463336 |
| **长三角** | **196** | **85001** | **74386** | **4927795** | **36636826** |
| 上　海 | 27 | 11176 | 9227 | 645690 | 4755780 |
| 南　京 | 8 | 3726 | 2953 | 431254 | 1156087 |
| 苏　州 | 15 | 4453 | 3773 | 302921 | 2347999 |
| 无　锡 | 7 | 3159 | 2917 | 199076 | 1824035 |
| 常　州 | 2 | 3389 | 2767 | 439984 | 2414632 |
| 镇　江 | 1 | 388 | 329 | 40000 | 347200 |
| 南　通 | 17 | 6831 | 5843 | 163049 | 1823750 |
| 扬　州 | 23 | 7309 | 6897 | 282790 | 3703719 |
| 泰　州 | 4 | 565 | 561 | 286800 | 666180 |
| 杭　州 | 32 | 18085 | 15646 | 719306 | 6724282 |
| 宁　波 | 17 | 9344 | 8164 | 369604 | 2422254 |
| 嘉　兴 | 10 | 3602 | 3205 | 486872 | 3391604 |
| 湖　州 | 3 | 1142 | 1108 | 60600 | 665972 |
| 绍　兴 | 10 | 4068 | 3706 | 204485 | 1440612 |
| 舟　山 | 3 | 1919 | 1885 | 111700 | 1047838 |
| 台　州 | 17 | 5845 | 5405 | 183664 | 1904882 |
| **珠三角** | **54** | **21210** | **18869** | **1591286** | **9635500** |
| 广　州 | 20 | 6534 | 5725 | 530682 | 4247889 |
| 深　圳 | 7 | 3145 | 2857 | 70433 | 485629 |
| 珠　海 | 5 | 2365 | 2080 | 94300 | 1673021 |
| 佛　山 | 4 | 2012 | 1954 | 205629 | 536693 |
| 江　门 | 3 | 841 | 841 | 73000 | 810600 |
| 东　莞 | 12 | 5048 | 4226 | 593927 | 1829620 |
| 中　山 | 2 | 1082 | 1003 | 15315 | 41517 |
| 惠　州 | 1 | 183 | 183 | 8000 | 10531 |
| 肇　庆 | | | | | |

2-20　续表 17

(粮油市场)

| 地　区 | 市场数量(个) | 总摊位数(个) | 年末出租摊位数(个) | 营业面积(平方米) | 成交额(万元) |
|---|---|---|---|---|---|
| **三大地带** | **42** | **13747** | **11121** | **1518013** | **8634414** |
| **环渤海** | **10** | **4509** | **4185** | **556581** | **3017225** |
| 北　京 | 3 | 2220 | 1920 | 170000 | 1854536 |
| 天　津 | 3 | 1640 | 1631 | 174410 | 673296 |
| 唐　山 | | | | | |
| 沈　阳 | 1 | 288 | 288 | 37000 | 282553 |
| 大　连 | | | | | |
| 济　南 | | | | | |
| 青　岛 | 3 | 361 | 346 | 175171 | 206840 |
| **长三角** | **26** | **8034** | **5844** | **709952** | **4825096** |
| 上　海 | 6 | 859 | 859 | 30540 | 238388 |
| 南　京 | 2 | 136 | 136 | 83000 | 207546 |
| 苏　州 | 3 | 623 | 422 | 8600 | 1247593 |
| 无　锡 | 2 | 842 | 614 | 121000 | 319784 |
| 常　州 | 1 | 991 | 396 | 14000 | 33384 |
| 镇　江 | | | | | |
| 南　通 | | | | | |
| 扬　州 | 1 | 458 | 458 | 6500 | 273454 |
| 泰　州 | 1 | 79 | 78 | 170000 | 435600 |
| 杭　州 | 3 | 2866 | 1981 | 133000 | 1427898 |
| 宁　波 | 1 | 272 | 243 | 23000 | 175693 |
| 嘉　兴 | 2 | 449 | 213 | 70200 | 134160 |
| 湖　州 | | | | | |
| 绍　兴 | 3 | 359 | 359 | 37112 | 245791 |
| 舟　山 | | | | | |
| 台　州 | 1 | 100 | 85 | 13000 | 85805 |
| **珠三角** | **6** | **1204** | **1092** | **251480** | **792093** |
| 广　州 | 3 | 865 | 774 | 40953 | 272793 |
| 深　圳 | | | | | |
| 珠　海 | | | | | |
| 佛　山 | | | | | |
| 江　门 | | | | | |
| 东　莞 | 3 | 339 | 318 | 210527 | 519300 |
| 中　山 | | | | | |
| 惠　州 | | | | | |
| 肇　庆 | | | | | |

2-20 续表 18

(肉禽蛋市场)

| 地　区 | 市场数量(个) | 总摊位数(个) | 年末出租摊位数(个) | 营业面积(平方米) | 成交额(万元) |
|---|---|---|---|---|---|
| **三大地带** | **49** | **14213** | **12466** | **694315** | **6280407** |
| **环渤海** | **5** | **852** | **852** | **25462** | **135632** |
| 北　京 | 2 | 514 | 514 | 8976 | 55232 |
| 天　津 | | | | | |
| 唐　山 | 1 | 268 | 268 | 10986 | 15375 |
| 沈　阳 | 1 | 38 | 38 | 4000 | 54725 |
| 大　连 | | | | | |
| 济　南 | | | | | |
| 青　岛 | 1 | 32 | 32 | 1500 | 10300 |
| **长三角** | **34** | **10471** | **8935** | **359616** | **4477361** |
| 上　海 | 5 | 914 | 727 | 16260 | 721292 |
| 南　京 | 1 | 72 | 72 | 1500 | 16500 |
| 苏　州 | 4 | 1256 | 914 | 99640 | 486517 |
| 无　锡 | 1 | 1177 | 1177 | 35310 | 1147375 |
| 常　州 | | | | | |
| 镇　江 | | | | | |
| 南　通 | 12 | 4267 | 3288 | 103349 | 462080 |
| 扬　州 | 3 | 213 | 211 | 14900 | 440239 |
| 泰　州 | 1 | 283 | 281 | 4300 | 22150 |
| 杭　州 | 5 | 1341 | 1325 | 63277 | 982714 |
| 宁　波 | 1 | 760 | 760 | 17900 | 174894 |
| 嘉　兴 | | | | | |
| 湖　州 | | | | | |
| 绍　兴 | | | | | |
| 舟　山 | | | | | |
| 台　州 | 1 | 188 | 180 | 3180 | 23600 |
| **珠三角** | **10** | **2890** | **2679** | **309237** | **1667414** |
| 广　州 | 5 | 1042 | 882 | 85700 | 601848 |
| 深　圳 | 1 | 440 | 389 | 7000 | 90968 |
| 珠　海 | | | | | |
| 佛　山 | 2 | 1105 | 1105 | 148737 | 402198 |
| 江　门 | 1 | 302 | 302 | 38000 | 522400 |
| 东　莞 | 1 | 1 | 1 | 29800 | 50000 |
| 中　山 | | | | | |
| 惠　州 | | | | | |
| 肇　庆 | | | | | |

2-20 续表 19

(水产品市场)

| 地 区 | 市场数量(个) | 总摊位数(个) | 年末出租摊位数(个) | 营业面积(平方米) | 成交额(万元) |
|---|---|---|---|---|---|
| **三大地带** | **76** | **53806** | **49486** | **2523649** | **15513833** |
| **环渤海** | **19** | **27783** | **26920** | **1012065** | **5410055** |
| 北 京 | 3 | 2442 | 2120 | 75830 | 1013644 |
| 天 津 | 1 | 220 | 220 | 8000 | 598461 |
| 唐 山 | 1 | 100 | 67 | 5400 | 11150 |
| 沈 阳 | 4 | 2571 | 2571 | 109000 | 1099748 |
| 大 连 | 3 | 3421 | 3421 | 162783 | 817194 |
| 济 南 | 2 | 1270 | 1270 | 36000 | 660000 |
| 青 岛 | 5 | 17759 | 17251 | 615052 | 1209858 |
| **长三角** | **47** | **23286** | **20166** | **1356719** | **9120150** |
| 上 海 | 5 | 3140 | 2911 | 215640 | 1927971 |
| 南 京 | 2 | 2366 | 1755 | 285239 | 782395 |
| 苏 州 | 5 | 1412 | 1347 | 108881 | 493979 |
| 无 锡 | 2 | 237 | 225 | 31666 | 164668 |
| 常 州 | | | | | |
| 镇 江 | | | | | |
| 南 通 | 2 | 1130 | 1125 | 40000 | 316764 |
| 扬 州 | 5 | 1021 | 747 | 108444 | 280681 |
| 泰 州 | 2 | 203 | 202 | 112500 | 208430 |
| 杭 州 | 2 | 2170 | 1786 | 89135 | 984550 |
| 宁 波 | 9 | 6255 | 5104 | 154471 | 1193339 |
| 嘉 兴 | 1 | 180 | 124 | 20825 | 50609 |
| 湖 州 | | | | | |
| 绍 兴 | 1 | 160 | 160 | 7200 | 201026 |
| 舟 山 | 2 | 1900 | 1866 | 110200 | 1035009 |
| 台 州 | 9 | 3112 | 2814 | 72518 | 1480729 |
| **珠三角** | **10** | **2737** | **2400** | **154865** | **983628** |
| 广 州 | 5 | 948 | 697 | 41865 | 404895 |
| 深 圳 | 2 | 850 | 775 | 33000 | 234000 |
| 珠 海 | 1 | 121 | 110 | 25000 | 220000 |
| 佛 山 | 1 | 500 | 500 | 50000 | 96533 |
| 江 门 | 1 | 318 | 318 | 5000 | 28200 |
| 东 莞 | | | | | |
| 中 山 | | | | | |
| 惠 州 | | | | | |
| 肇 庆 | | | | | |

2-20 续表 20

(蔬菜市场)

| 地区 | 市场数量(个) | 总摊位数(个) | 年末出租摊位数(个) | 营业面积(平方米) | 成交额(万元) |
|---|---|---|---|---|---|
| **三大地带** | **59** | **47453** | **36224** | **2690275** | **7964752** |
| **环渤海** | **25** | **33649** | **23021** | **1778634** | **2830899** |
| 北京 | 6 | 9351 | 2037 | 183400 | 166742 |
| 天津 | 5 | 4680 | 4186 | 448292 | 578301 |
| 唐山 | 1 | 3000 | 496 | 158000 | 228915 |
| 沈阳 | 1 | 320 | 320 | 94000 | 178012 |
| 大连 | | | | | |
| 济南 | 4 | 2496 | 2488 | 111500 | 603835 |
| 青岛 | 8 | 13802 | 13494 | 783442 | 1075094 |
| **长三角** | **27** | **10273** | **10031** | **629962** | **4288294** |
| 上海 | 3 | 671 | 671 | 78010 | 797987 |
| 南京 | 2 | 227 | 194 | 48000 | 90459 |
| 苏州 | 2 | 1052 | 980 | 84800 | 98722 |
| 无锡 | 1 | 526 | 525 | 7400 | 166359 |
| 常州 | | | | | |
| 镇江 | | | | | |
| 南通 | 1 | 350 | 350 | 15000 | 20776 |
| 扬州 | 4 | 1958 | 1852 | 75626 | 1376578 |
| 泰州 | | | | | |
| 杭州 | 5 | 3764 | 3753 | 53200 | 468656 |
| 宁波 | 3 | 868 | 868 | 104933 | 457043 |
| 嘉兴 | 3 | 690 | 671 | 114146 | 658055 |
| 湖州 | | | | | |
| 绍兴 | | | | | |
| 舟山 | 1 | 19 | 19 | 1500 | 12829 |
| 台州 | 2 | 148 | 148 | 47347 | 140830 |
| **珠三角** | **7** | **3531** | **3172** | **281679** | **845559** |
| 广州 | 4 | 2488 | 2187 | 121879 | 287559 |
| 深圳 | | | | | |
| 珠海 | | | | | |
| 佛山 | | | | | |
| 江门 | | | | | |
| 东莞 | 3 | 1043 | 985 | 159800 | 558000 |
| 中山 | | | | | |
| 惠州 | | | | | |
| 肇庆 | | | | | |

2-20 续表 21

(干鲜果品市场)

| 地　　区 | 市场数量<br>(个) | 总摊位数<br>(个) | 年末出租摊位数<br>(个) | 营业面积<br>(平方米) | 成交额<br>(万元) |
|---|---|---|---|---|---|
| **三大地带** | **34** | **18397** | **15062** | **1751677** | **11379602** |
| **环 渤 海** | **7** | **6277** | **3972** | **630600** | **1161579** |
| 北　京 | 2 | 2680 | 540 | 255000 | 147525 |
| 天　津 | | | | | |
| 唐　山 | | | | | |
| 沈　阳 | 1 | 500 | 500 | 150000 | 583560 |
| 大　连 | 1 | 302 | 302 | 27000 | 33254 |
| 济　南 | 1 | 2200 | 2200 | 110000 | 165000 |
| 青　岛 | 2 | 595 | 430 | 88600 | 232240 |
| **长 三 角** | **19** | **8183** | **7719** | **620792** | **5628886** |
| 上　海 | 2 | 250 | 250 | 122250 | 110297 |
| 南　京 | | | | | |
| 苏　州 | 1 | 110 | 110 | 1000 | 21188 |
| 无　锡 | | | | | |
| 常　州 | | | | | |
| 镇　江 | 1 | 388 | 329 | 40000 | 347200 |
| 南　通 | 1 | 1034 | 1034 | 1200 | 1012300 |
| 扬　州 | 2 | 328 | 326 | 15300 | 1023821 |
| 泰　州 | | | | | |
| 杭　州 | 5 | 1838 | 1592 | 121989 | 1028293 |
| 宁　波 | 1 | 500 | 500 | 53000 | 217623 |
| 嘉　兴 | 2 | 1757 | 1717 | 205001 | 1676880 |
| 湖　州 | | | | | |
| 绍　兴 | 1 | 91 | 80 | 21433 | 52154 |
| 舟　山 | | | | | |
| 台　州 | 3 | 1887 | 1781 | 39619 | 139130 |
| **珠 三 角** | **8** | **3937** | **3371** | **500285** | **4589137** |
| 广　州 | 3 | 1191 | 1185 | 240285 | 2680794 |
| 深　圳 | | | | | |
| 珠　海 | 1 | 612 | 492 | 50000 | 987548 |
| 佛　山 | | | | | |
| 江　门 | 1 | 221 | 221 | 30000 | 260000 |
| 东　莞 | 2 | 1730 | 1290 | 172000 | 650264 |
| 中　山 | | | | | |
| 惠　州 | 1 | 183 | 183 | 8000 | 10531 |
| 肇　庆 | | | | | |

2-20 续表 22

(棉麻土畜、烟叶市场)

| 地 区 | 市场数量(个) | 总摊位数(个) | 年末出租摊位数(个) | 营业面积(平方米) | 成交额(万元) |
|---|---|---|---|---|---|
| **三大地带** | **4** | **3185** | **3112** | **512684** | **3442575** |
| **环渤海** | | | | | |
| 北 京 | | | | | |
| 天 津 | | | | | |
| 唐 山 | | | | | |
| 沈 阳 | | | | | |
| 大 连 | | | | | |
| 济 南 | | | | | |
| 青 岛 | | | | | |
| **长三角** | **4** | **3185** | **3112** | **512684** | **3442575** |
| 上 海 | | | | | |
| 南 京 | | | | | |
| 苏 州 | | | | | |
| 无 锡 | | | | | |
| 常 州 | 1 | 2398 | 2371 | 425984 | 2381248 |
| 镇 江 | | | | | |
| 南 通 | | | | | |
| 扬 州 | | | | | |
| 泰 州 | | | | | |
| 杭 州 | | | | | |
| 宁 波 | 1 | 261 | 261 | 10000 | 189427 |
| 嘉 兴 | 2 | 526 | 480 | 76700 | 871900 |
| 湖 州 | | | | | |
| 绍 兴 | | | | | |
| 舟 山 | | | | | |
| 台 州 | | | | | |
| **珠三角** | | | | | |
| 广 州 | | | | | |
| 深 圳 | | | | | |
| 珠 海 | | | | | |
| 佛 山 | | | | | |
| 江 门 | | | | | |
| 东 莞 | | | | | |
| 中 山 | | | | | |
| 惠 州 | | | | | |
| 肇 庆 | | | | | |

2-20 续表 23

(其他农产品市场)

| 地 区 | 市场数量（个） | 总摊位数（个） | 年末出租摊位数（个） | 营业面积（平方米） | 成交额（万元） |
|---|---|---|---|---|---|
| **三大地带** | **62** | **36108** | **31815** | **1412562** | **7869448** |
| **环渤海** | **10** | **7628** | **7081** | **580752** | **2257315** |
| 北 京 | 3 | 3070 | 2725 | 92235 | 153532 |
| 天 津 | 2 | 1694 | 1514 | 299226 | 1325380 |
| 唐 山 | | | | | |
| 沈 阳 | | | | | |
| 大 连 | 1 | 126 | 126 | 4500 | 15432 |
| 济 南 | 1 | 639 | 639 | 3000 | 33967 |
| 青 岛 | 3 | 2099 | 2077 | 181791 | 729004 |
| **长三角** | **39** | **21569** | **18579** | **738070** | **4854464** |
| 上 海 | 6 | 5342 | 3809 | 182990 | 959845 |
| 南 京 | 1 | 925 | 796 | 13515 | 59187 |
| 苏 州 | | | | | |
| 无 锡 | 1 | 377 | 376 | 3700 | 25849 |
| 常 州 | | | | | |
| 镇 江 | | | | | |
| 南 通 | 1 | 50 | 46 | 3500 | 11830 |
| 扬 州 | 8 | 3331 | 3303 | 62020 | 308946 |
| 泰 州 | | | | | |
| 杭 州 | 12 | 6106 | 5209 | 258705 | 1832171 |
| 宁 波 | 1 | 428 | 428 | 6300 | 14235 |
| 嘉 兴 | | | | | |
| 湖 州 | 3 | 1142 | 1108 | 60600 | 665972 |
| 绍 兴 | 5 | 3458 | 3107 | 138740 | 941641 |
| 舟 山 | | | | | |
| 台 州 | 1 | 410 | 397 | 8000 | 34788 |
| **珠三角** | **13** | **6911** | **6155** | **93740** | **757669** |
| 广 州 | | | | | |
| 深 圳 | 4 | 1855 | 1693 | 30433 | 160661 |
| 珠 海 | 3 | 1632 | 1478 | 19300 | 465473 |
| 佛 山 | 1 | 407 | 349 | 6892 | 37962 |
| 江 门 | | | | | |
| 东 莞 | 3 | 1935 | 1632 | 21800 | 52056 |
| 中 山 | 2 | 1082 | 1003 | 15315 | 41517 |
| 惠 州 | | | | | |
| 肇 庆 | | | | | |

2-20 续表 24

(食品、饮料及烟酒市场)

| 地　区 | 市场数量(个) | 总摊位数(个) | 年末出租摊位数(个) | 营业面积(平方米) | 成交额(万元) |
|---|---|---|---|---|---|
| **三大地带** | **34** | **17576** | **15375** | **1410704** | **4013390** |
| **环渤海** | **7** | **5657** | **4757** | **413428** | **1300735** |
| 北　京 | 1 | 150 | 150 | 4500 | 42000 |
| 天　津 | 2 | 2359 | 2325 | 272800 | 555722 |
| 唐　山 | | | | | |
| 沈　阳 | 1 | 1978 | 1149 | 30128 | 270609 |
| 大　连 | | | | | |
| 济　南 | 2 | 800 | 800 | 90000 | 179500 |
| 青　岛 | 1 | 370 | 333 | 16000 | 252904 |
| **长三角** | **20** | **8372** | **7386** | **846703** | **2551540** |
| 上　海 | 2 | 673 | 669 | 38000 | 45907 |
| 南　京 | | | | | |
| 苏　州 | 1 | 750 | 409 | 110000 | 518488 |
| 无　锡 | 1 | 142 | 125 | 13580 | 70300 |
| 常　州 | 3 | 1050 | 986 | 73555 | 215048 |
| 镇　江 | 1 | 200 | 191 | 3200 | 31098 |
| 南　通 | 3 | 893 | 665 | 83492 | 43336 |
| 扬　州 | | | | | |
| 泰　州 | | | | | |
| 杭　州 | 3 | 732 | 732 | 55500 | 357480 |
| 宁　波 | 3 | 2171 | 2156 | 182000 | 726204 |
| 嘉　兴 | 1 | 550 | 385 | 36570 | 59763 |
| 湖　州 | | | | | |
| 绍　兴 | 1 | 1117 | 974 | 246558 | 434636 |
| 舟　山 | | | | | |
| 台　州 | 1 | 94 | 94 | 4248 | 49280 |
| **珠三角** | **7** | **3547** | **3232** | **150573** | **161115** |
| 广　州 | 3 | 804 | 759 | 80000 | 90571 |
| 深　圳 | 1 | 1468 | 1468 | 36895 | 27209 |
| 珠　海 | 1 | 528 | 426 | 7400 | 20101 |
| 佛　山 | 1 | 457 | 374 | 15078 | 12818 |
| 江　门 | | | | | |
| 东　莞 | 1 | 290 | 205 | 11200 | 10416 |
| 中　山 | | | | | |
| 惠　州 | | | | | |
| 肇　庆 | | | | | |

2-20 续表 25

(食品饮料市场)

| 地 区 | 市场数量(个) | 总摊位数(个) | 年末出租摊位数(个) | 营业面积(平方米) | 成交额(万元) |
|---|---|---|---|---|---|
| **三大地带** | **10** | **6200** | **5051** | **297953** | **1152604** |
| **环渤海** | **1** | **1978** | **1149** | **30128** | **270609** |
| 北 京 | | | | | |
| 天 津 | | | | | |
| 唐 山 | | | | | |
| 沈 阳 | 1 | 1978 | 1149 | 30128 | 270609 |
| 大 连 | | | | | |
| 济 南 | | | | | |
| 青 岛 | | | | | |
| **长三角** | **5** | **1657** | **1550** | **154652** | **819236** |
| 上 海 | | | | | |
| 南 京 | | | | | |
| 苏 州 | | | | | |
| 无 锡 | | | | | |
| 常 州 | 2 | 630 | 616 | 44960 | 186143 |
| 镇 江 | | | | | |
| 南 通 | 1 | 150 | 57 | 50692 | 14640 |
| 扬 州 | | | | | |
| 泰 州 | | | | | |
| 杭 州 | 1 | 212 | 212 | 19000 | 195000 |
| 宁 波 | 1 | 665 | 665 | 40000 | 423453 |
| 嘉 兴 | | | | | |
| 湖 州 | | | | | |
| 绍 兴 | | | | | |
| 舟 山 | | | | | |
| 台 州 | | | | | |
| **珠三角** | **4** | **2565** | **2352** | **113173** | **62759** |
| 广 州 | 1 | 350 | 305 | 50000 | 12316 |
| 深 圳 | 1 | 1468 | 1468 | 36895 | 27209 |
| 珠 海 | | | | | |
| 佛 山 | 1 | 457 | 374 | 15078 | 12818 |
| 江 门 | | | | | |
| 东 莞 | 1 | 290 | 205 | 11200 | 10416 |
| 中 山 | | | | | |
| 惠 州 | | | | | |
| 肇 庆 | | | | | |

2-20 续表 26

(茶叶市场)

| 地　区 | 市场数量(个) | 总摊位数(个) | 年末出租摊位数(个) | 营业面积(平方米) | 成交额(万元) |
|---|---|---|---|---|---|
| **三大地带** | **10** | **3714** | **3567** | **445558** | **942778** |
| **环渤海** | **3** | **950** | **950** | **94500** | **221500** |
| 北　京 | 1 | 150 | 150 | 4500 | 42000 |
| 天　津 | | | | | |
| 唐　山 | | | | | |
| 沈　阳 | | | | | |
| 大　连 | | | | | |
| 济　南 | 2 | 800 | 800 | 90000 | 179500 |
| 青　岛 | | | | | |
| **长三角** | **5** | **2310** | **2163** | **321058** | **643023** |
| 上　海 | 2 | 673 | 669 | 38000 | 45907 |
| 南　京 | | | | | |
| 苏　州 | | | | | |
| 无　锡 | | | | | |
| 常　州 | | | | | |
| 镇　江 | | | | | |
| 南　通 | | | | | |
| 扬　州 | | | | | |
| 泰　州 | | | | | |
| 杭　州 | 2 | 520 | 520 | 36500 | 162480 |
| 宁　波 | | | | | |
| 嘉　兴 | | | | | |
| 湖　州 | | | | | |
| 绍　兴 | 1 | 1117 | 974 | 246558 | 434636 |
| 舟　山 | | | | | |
| 台　州 | | | | | |
| **珠三角** | **2** | **454** | **454** | **30000** | **78255** |
| 广　州 | 2 | 454 | 454 | 30000 | 78255 |
| 深　圳 | | | | | |
| 珠　海 | | | | | |
| 佛　山 | | | | | |
| 江　门 | | | | | |
| 东　莞 | | | | | |
| 中　山 | | | | | |
| 惠　州 | | | | | |
| 肇　庆 | | | | | |

2-20 续表 27

(烟酒市场)

| 地 区 | 市场数量（个） | 总摊位数（个） | 年末出租摊位数（个） | 营业面积（平方米） | 成交额（万元） |
|---|---|---|---|---|---|
| **三大地带** | **3** | **970** | **909** | **139200** | **450921** |
| **环 渤 海** | **1** | **370** | **333** | **16000** | **252904** |
| 北 京 | | | | | |
| 天 津 | | | | | |
| 唐 山 | | | | | |
| 沈 阳 | | | | | |
| 大 连 | | | | | |
| 济 南 | | | | | |
| 青 岛 | 1 | 370 | 333 | 16000 | 252904 |
| **长 三 角** | **2** | **600** | **576** | **123200** | **198017** |
| 上 海 | | | | | |
| 南 京 | | | | | |
| 苏 州 | | | | | |
| 无 锡 | | | | | |
| 常 州 | | | | | |
| 镇 江 | 1 | 200 | 191 | 3200 | 31098 |
| 南 通 | | | | | |
| 扬 州 | | | | | |
| 泰 州 | | | | | |
| 杭 州 | | | | | |
| 宁 波 | 1 | 400 | 385 | 120000 | 166919 |
| 嘉 兴 | | | | | |
| 湖 州 | | | | | |
| 绍 兴 | | | | | |
| 舟 山 | | | | | |
| 台 州 | | | | | |
| **珠 三 角** | | | | | |
| 广 州 | | | | | |
| 深 圳 | | | | | |
| 珠 海 | | | | | |
| 佛 山 | | | | | |
| 江 门 | | | | | |
| 东 莞 | | | | | |
| 中 山 | | | | | |
| 惠 州 | | | | | |
| 肇 庆 | | | | | |

2-20 续表 28

(其他食品饮料及烟酒市场)

| 地　　区 | 市场数量(个) | 总摊位数(个) | 年末出租摊位数(个) | 营业面积(平方米) | 成交额(万元) |
|---|---|---|---|---|---|
| **三大地带** | **11** | **6692** | **5848** | **527993** | **1467087** |
| **环 渤 海** | **2** | **2359** | **2325** | **272800** | **555722** |
| 北　　京 | | | | | |
| 天　　津 | 2 | 2359 | 2325 | 272800 | 555722 |
| 唐　　山 | | | | | |
| 沈　　阳 | | | | | |
| 大　　连 | | | | | |
| 济　　南 | | | | | |
| 青　　岛 | | | | | |
| **长 三 角** | **8** | **3805** | **3097** | **247793** | **891264** |
| 上　　海 | | | | | |
| 南　　京 | | | | | |
| 苏　　州 | 1 | 750 | 409 | 110000 | 518488 |
| 无　　锡 | 1 | 142 | 125 | 13580 | 70300 |
| 常　　州 | 1 | 420 | 370 | 28595 | 28905 |
| 镇　　江 | | | | | |
| 南　　通 | 2 | 743 | 608 | 32800 | 28696 |
| 扬　　州 | | | | | |
| 泰　　州 | | | | | |
| 杭　　州 | | | | | |
| 宁　　波 | 1 | 1106 | 1106 | 22000 | 135832 |
| 嘉　　兴 | 1 | 550 | 385 | 36570 | 59763 |
| 湖　　州 | | | | | |
| 绍　　兴 | | | | | |
| 舟　　山 | | | | | |
| 台　　州 | 1 | 94 | 94 | 4248 | 49280 |
| **珠 三 角** | **1** | **528** | **426** | **7400** | **20101** |
| 广　　州 | | | | | |
| 深　　圳 | | | | | |
| 珠　　海 | 1 | 528 | 426 | 7400 | 20101 |
| 佛　　山 | | | | | |
| 江　　门 | | | | | |
| 东　　莞 | | | | | |
| 中　　山 | | | | | |
| 惠　　州 | | | | | |
| 肇　　庆 | | | | | |

2-20 续表 29

(纺织、服装、鞋帽市场)

| 地区 | 市场数量（个） | 总摊位数（个） | 年末出租摊位数（个） | 营业面积（平方米） | 成交额（万元） |
|---|---|---|---|---|---|
| **三大地带** | **197** | **316866** | **290910** | **15068555** | **97484501** |
| **环渤海** | **41** | **67900** | **63731** | **1943783** | **9059240** |
| 北京 | 13 | 18595 | 17728 | 538850 | 483975 |
| 天津 | 3 | 3144 | 3144 | 115300 | 232861 |
| 唐山 | 4 | 2815 | 2815 | 48828 | 870336 |
| 沈阳 | 9 | 26293 | 23281 | 636130 | 4348061 |
| 大连 | 5 | 4584 | 4450 | 74234 | 348726 |
| 济南 | 3 | 3924 | 3797 | 247941 | 432840 |
| 青岛 | 4 | 8545 | 8516 | 282500 | 2342441 |
| **长三角** | **100** | **178376** | **171280** | **9030288** | **76712048** |
| 上海 | 9 | 7429 | 6797 | 140384 | 698093 |
| 南京 | 2 | 3960 | 3960 | 82000 | 484049 |
| 苏州 | 3 | 36245 | 33651 | 1943300 | 26832974 |
| 无锡 | 2 | 2900 | 2439 | 157996 | 598733 |
| 常州 | 4 | 5894 | 5793 | 158360 | 598544 |
| 镇江 | 4 | 1973 | 1743 | 201226 | 252817 |
| 南通 | 5 | 12913 | 12561 | 620650 | 10556383 |
| 扬州 | 4 | 4261 | 3996 | 276036 | 480837 |
| 泰州 | 2 | 1554 | 1451 | 41104 | 84238 |
| 杭州 | 23 | 24289 | 23210 | 594857 | 5219358 |
| 宁波 | 6 | 5026 | 4957 | 229346 | 859678 |
| 嘉兴 | 16 | 30512 | 29818 | 1805353 | 8201989 |
| 湖州 | 2 | 3475 | 3418 | 343113 | 1907568 |
| 绍兴 | 9 | 31427 | 31083 | 2229220 | 18878448 |
| 舟山 | | | | | |
| 台州 | 9 | 6518 | 6403 | 207343 | 1058339 |
| **珠三角** | **56** | **70590** | **55899** | **4094484** | **11713213** |
| 广州 | 42 | 54093 | 41759 | 3238974 | 8622320 |
| 深圳 | | | | | |
| 珠海 | | | | | |
| 佛山 | 1 | 3706 | 3706 | 404000 | 1946054 |
| 江门 | | | | | |
| 东莞 | 10 | 9093 | 6963 | 349510 | 637529 |
| 中山 | 1 | 1300 | 1111 | 40000 | 18455 |
| 惠州 | 2 | 2398 | 2360 | 62000 | 488855 |
| 肇庆 | | | | | |

2-20 续表 30

(布料及纺织品市场)

| 地 区 | 市场数量(个) | 总摊位数(个) | 年末出租摊位数(个) | 营业面积(平方米) | 成交额(万元) |
|---|---|---|---|---|---|
| **三大地带** | **36** | **96332** | **84279** | **7700825** | **56349135** |
| **环 渤 海** | **2** | **808** | **600** | **50000** | **264488** |
| 北 京 | 1 | 450 | 242 | 30000 | 10769 |
| 天 津 | | | | | |
| 唐 山 | | | | | |
| 沈 阳 | | | | | |
| 大 连 | | | | | |
| 济 南 | | | | | |
| 青 岛 | 1 | 358 | 358 | 20000 | 253719 |
| **长 三 角** | **23** | **64423** | **62738** | **4683665** | **48816147** |
| 上 海 | | | | | |
| 南 京 | | | | | |
| 苏 州 | 2 | 8600 | 8409 | 943300 | 13706000 |
| 无 锡 | 1 | 1300 | 1000 | 100000 | 190178 |
| 常 州 | | | | | |
| 镇 江 | | | | | |
| 南 通 | 2 | 11020 | 10678 | 560000 | 10507178 |
| 扬 州 | 2 | 1600 | 1413 | 193320 | 196904 |
| 泰 州 | | | | | |
| 杭 州 | 5 | 4572 | 4402 | 207290 | 2665481 |
| 宁 波 | 1 | 1680 | 1680 | 35700 | 295050 |
| 嘉 兴 | 3 | 5896 | 5793 | 437322 | 2444400 |
| 湖 州 | 1 | 195 | 138 | 24513 | 122130 |
| 绍 兴 | 6 | 29560 | 29225 | 2182220 | 18688826 |
| 舟 山 | | | | | |
| 台 州 | | | | | |
| **珠 三 角** | **11** | **31101** | **20941** | **2967160** | **7268500** |
| 广 州 | 3 | 22807 | 14065 | 2363000 | 4951836 |
| 深 圳 | | | | | |
| 珠 海 | | | | | |
| 佛 山 | 1 | 3706 | 3706 | 404000 | 1946054 |
| 江 门 | | | | | |
| 东 莞 | 7 | 4588 | 3170 | 200160 | 370610 |
| 中 山 | | | | | |
| 惠 州 | | | | | |
| 肇 庆 | | | | | |

2-20 续表 31

(服装市场)

| 地 区 | 市场数量（个） | 总摊位数（个） | 年末出租摊位数（个） | 营业面积（平方米） | 成交额（万元） |
|---|---|---|---|---|---|
| **三大地带** | **118** | **165723** | **156010** | **5519431** | **31279305** |
| **环 渤 海** | **25** | **43186** | **42189** | **1315180** | **3777371** |
| 北 京 | 11 | 17645 | 16986 | 488850 | 432204 |
| 天 津 | 2 | 2802 | 2802 | 76300 | 195511 |
| 唐 山 | 1 | 1345 | 1345 | 11200 | 224000 |
| 沈 阳 | 6 | 8059 | 7833 | 272630 | 360863 |
| 大 连 | 3 | 3394 | 3296 | 46200 | 328203 |
| 济 南 | 1 | 2924 | 2924 | 190000 | 242400 |
| 青 岛 | 1 | 7017 | 7003 | 230000 | 1994190 |
| **长 三 角** | **54** | **88759** | **83957** | **3299752** | **23929822** |
| 上 海 | 7 | 4968 | 4426 | 123224 | 630508 |
| 南 京 | 1 | 1878 | 1878 | 7000 | 188674 |
| 苏 州 | 1 | 27645 | 25242 | 1000000 | 13126974 |
| 无 锡 | 1 | 1600 | 1439 | 57996 | 408555 |
| 常 州 | 1 | 280 | 278 | 45000 | 104105 |
| 镇 江 | 3 | 1458 | 1345 | 71226 | 102817 |
| 南 通 | 1 | 317 | 315 | 15000 | 15362 |
| 扬 州 | | | | | |
| 泰 州 | 1 | 319 | 216 | 8892 | 11988 |
| 杭 州 | 17 | 18856 | 18086 | 373567 | 2535127 |
| 宁 波 | 4 | 2991 | 2922 | 189846 | 529940 |
| 嘉 兴 | 12 | 24467 | 23945 | 1287410 | 5437589 |
| 湖 州 | | | | | |
| 绍 兴 | 2 | 867 | 867 | 14500 | 30030 |
| 舟 山 | | | | | |
| 台 州 | 3 | 3113 | 2998 | 106091 | 808153 |
| **珠 三 角** | **39** | **33778** | **29864** | **904499** | **3572112** |
| 广 州 | 33 | 25575 | 22600 | 653149 | 2797883 |
| 深 圳 | | | | | |
| 珠 海 | | | | | |
| 佛 山 | | | | | |
| 江 门 | | | | | |
| 东 莞 | 3 | 4505 | 3793 | 149350 | 266919 |
| 中 山 | 1 | 1300 | 1111 | 40000 | 18455 |
| 惠 州 | 2 | 2398 | 2360 | 62000 | 488855 |
| 肇 庆 | | | | | |

2-20 续表 32

(鞋帽市场)

| 地　区 | 市场数量 (个) | 总摊位数 (个) | 年末出租摊位数 (个) | 营业面积 (平方米) | 成交额 (万元) |
|---|---|---|---|---|---|
| **三大地带** | **17** | **14567** | **12737** | **584906** | **2362260** |
| **环 渤 海** | **7** | **4937** | **3945** | **132466** | **692248** |
| 北　京 | | | | | |
| 天　津 | 1 | 342 | 342 | 39000 | 37350 |
| 唐　山 | 1 | 535 | 535 | 8025 | 337000 |
| 沈　阳 | 2 | 2750 | 1900 | 16500 | 56102 |
| 大　连 | | | | | |
| 济　南 | 2 | 1000 | 873 | 57941 | 190440 |
| 青　岛 | 1 | 310 | 295 | 11000 | 71356 |
| **长 三 角** | **4** | **3919** | **3698** | **229615** | **797411** |
| 上　海 | | | | | |
| 南　京 | | | | | |
| 苏　州 | | | | | |
| 无　锡 | | | | | |
| 常　州 | | | | | |
| 镇　江 | 1 | 515 | 398 | 130000 | 150000 |
| 南　通 | | | | | |
| 扬　州 | 1 | 2055 | 2020 | 12500 | 265311 |
| 泰　州 | | | | | |
| 杭　州 | | | | | |
| 宁　波 | | | | | |
| 嘉　兴 | 1 | 149 | 80 | 80621 | 320000 |
| 湖　州 | | | | | |
| 绍　兴 | | | | | |
| 舟　山 | | | | | |
| 台　州 | 1 | 1200 | 1200 | 6494 | 62100 |
| **珠 三 角** | **6** | **5711** | **5094** | **222825** | **872601** |
| 广　州 | 6 | 5711 | 5094 | 222825 | 872601 |
| 深　圳 | | | | | |
| 珠　海 | | | | | |
| 佛　山 | | | | | |
| 江　门 | | | | | |
| 东　莞 | | | | | |
| 中　山 | | | | | |
| 惠　州 | | | | | |
| 肇　庆 | | | | | |

2-20 续表 33

(其他纺织服装鞋帽市场)

| 地　区 | 市场数量 (个) | 总摊位数 (个) | 年末出租摊位数 (个) | 营业面积 (平方米) | 成交额 (万元) |
|---|---|---|---|---|---|
| **三大地带** | **26** | **40244** | **37884** | **1263393** | **7493801** |
| **环 渤 海** | **7** | **18969** | **16997** | **446137** | **4325133** |
| 北　京 | 1 | 500 | 500 | 20000 | 41002 |
| 天　津 | | | | | |
| 唐　山 | 2 | 935 | 935 | 29603 | 309336 |
| 沈　阳 | 1 | 15484 | 13548 | 347000 | 3931096 |
| 大　连 | 2 | 1190 | 1154 | 28034 | 20523 |
| 济　南 | | | | | |
| 青　岛 | 1 | 860 | 860 | 21500 | 23176 |
| **长 三 角** | **19** | **21275** | **20887** | **817256** | **3168668** |
| 上　海 | 2 | 2461 | 2371 | 17160 | 67585 |
| 南　京 | 1 | 2082 | 2082 | 75000 | 295375 |
| 苏　州 | | | | | |
| 无　锡 | | | | | |
| 常　州 | 3 | 5614 | 5515 | 113360 | 494439 |
| 镇　江 | | | | | |
| 南　通 | 2 | 1576 | 1568 | 45650 | 33843 |
| 扬　州 | 1 | 606 | 563 | 70216 | 18622 |
| 泰　州 | 1 | 1235 | 1235 | 32212 | 72250 |
| 杭　州 | 1 | 861 | 722 | 14000 | 18750 |
| 宁　波 | 1 | 355 | 355 | 3800 | 34688 |
| 嘉　兴 | | | | | |
| 湖　州 | 1 | 3280 | 3280 | 318600 | 1785438 |
| 绍　兴 | 1 | 1000 | 991 | 32500 | 159592 |
| 舟　山 | | | | | |
| 台　州 | 5 | 2205 | 2205 | 94758 | 188086 |
| **珠 三 角** | | | | | |
| 广　州 | | | | | |
| 深　圳 | | | | | |
| 珠　海 | | | | | |
| 佛　山 | | | | | |
| 江　门 | | | | | |
| 东　莞 | | | | | |
| 中　山 | | | | | |
| 惠　州 | | | | | |
| 肇　庆 | | | | | |

2-20 续表 34

(日用品及文化用品市场)

| 地区 | 市场数量 (个) | 总摊位数 (个) | 年末出租摊位数 (个) | 营业面积 (平方米) | 成交额 (万元) |
|---|---|---|---|---|---|
| **三大地带** | **41** | **32239** | **28196** | **1354901** | **5468262** |
| **环渤海** | **7** | **7538** | **7001** | **183301** | **475626** |
| 北京 | 4 | 4438 | 4390 | 90977 | 432657 |
| 天津 | | | | | |
| 唐山 | | | | | |
| 沈阳 | 1 | 1495 | 1495 | 45000 | 16737 |
| 大连 | | | | | |
| 济南 | | | | | |
| 青岛 | 2 | 1605 | 1116 | 47324 | 26232 |
| **长三角** | **14** | **9068** | **8035** | **313421** | **3082110** |
| 上海 | 1 | 70 | 70 | 5000 | 1795200 |
| 南京 | 1 | 86 | 84 | 5000 | 30450 |
| 苏州 | 1 | 2350 | 2327 | 59200 | 650000 |
| 无锡 | | | | | |
| 常州 | 3 | 2507 | 2507 | 27448 | 410196 |
| 镇江 | | | | | |
| 南通 | 2 | 798 | 513 | 92000 | 31919 |
| 扬州 | | | | | |
| 泰州 | | | | | |
| 杭州 | 3 | 836 | 815 | 38773 | 53815 |
| 宁波 | | | | | |
| 嘉兴 | | | | | |
| 湖州 | | | | | |
| 绍兴 | | | | | |
| 舟山 | | | | | |
| 台州 | 3 | 2421 | 1719 | 86000 | 110530 |
| **珠三角** | **20** | **15633** | **13160** | **858179** | **1910526** |
| 广州 | 19 | 15426 | 12988 | 856237 | 1895326 |
| 深圳 | 1 | 207 | 172 | 1942 | 15200 |
| 珠海 | | | | | |
| 佛山 | | | | | |
| 江门 | | | | | |
| 东莞 | | | | | |
| 中山 | | | | | |
| 惠州 | | | | | |
| 肇庆 | | | | | |

2-20 续表 35

(小商品市场)

| 地 区 | 市场数量（个） | 总摊位数（个） | 年末出租摊位数（个） | 营业面积（平方米） | 成交额（万元） |
|---|---|---|---|---|---|
| **三大地带** | **21** | **17693** | **16327** | **478448** | **1780203** |
| **环渤海** | **3** | **4804** | **4360** | **74000** | **263776** |
| 北京 | 2 | 3404 | 3382 | 36000 | 253439 |
| 天津 | | | | | |
| 唐山 | | | | | |
| 沈阳 | | | | | |
| 大连 | | | | | |
| 济南 | | | | | |
| 青岛 | 1 | 1400 | 978 | 38000 | 10337 |
| **长三角** | **5** | **5211** | **4903** | **170648** | **1078763** |
| 上海 | | | | | |
| 南京 | | | | | |
| 苏州 | 1 | 2350 | 2327 | 59200 | 650000 |
| 无锡 | | | | | |
| 常州 | 2 | 2063 | 2063 | 19448 | 396844 |
| 镇江 | | | | | |
| 南通 | 2 | 798 | 513 | 92000 | 31919 |
| 扬州 | | | | | |
| 泰州 | | | | | |
| 杭州 | | | | | |
| 宁波 | | | | | |
| 嘉兴 | | | | | |
| 湖州 | | | | | |
| 绍兴 | | | | | |
| 舟山 | | | | | |
| 台州 | | | | | |
| **珠三角** | **13** | **7678** | **7064** | **233800** | **437664** |
| 广州 | 13 | 7678 | 7064 | 233800 | 437664 |
| 深圳 | | | | | |
| 珠海 | | | | | |
| 佛山 | | | | | |
| 江门 | | | | | |
| 东莞 | | | | | |
| 中山 | | | | | |
| 惠州 | | | | | |
| 肇庆 | | | | | |

2-20 续表 36

(箱包市场)

| 地 区 | 市场数量(个) | 总摊位数(个) | 年末出租摊位数(个) | 营业面积(平方米) | 成交额(万元) |
|---|---|---|---|---|---|
| **三大地带** | **1** | **4230** | **2977** | **500000** | **1167380** |
| **环 渤 海** | | | | | |
| 北 京 | | | | | |
| 天 津 | | | | | |
| 唐 山 | | | | | |
| 沈 阳 | | | | | |
| 大 连 | | | | | |
| 济 南 | | | | | |
| 青 岛 | | | | | |
| **长 三 角** | | | | | |
| 上 海 | | | | | |
| 南 京 | | | | | |
| 苏 州 | | | | | |
| 无 锡 | | | | | |
| 常 州 | | | | | |
| 镇 江 | | | | | |
| 南 通 | | | | | |
| 扬 州 | | | | | |
| 泰 州 | | | | | |
| 杭 州 | | | | | |
| 宁 波 | | | | | |
| 嘉 兴 | | | | | |
| 湖 州 | | | | | |
| 绍 兴 | | | | | |
| 舟 山 | | | | | |
| 台 州 | | | | | |
| **珠 三 角** | **1** | **4230** | **2977** | **500000** | **1167380** |
| 广 州 | 1 | 4230 | 2977 | 500000 | 1167380 |
| 深 圳 | | | | | |
| 珠 海 | | | | | |
| 佛 山 | | | | | |
| 江 门 | | | | | |
| 东 莞 | | | | | |
| 中 山 | | | | | |
| 惠 州 | | | | | |
| 肇 庆 | | | | | |

2-20　续表 37

(文具市场)

| 地　　区 | 市场数量 (个) | 总摊位数 (个) | 年末出租摊位数 (个) | 营业面积 (平方米) | 成交额 (万元) |
|---|---|---|---|---|---|
| **三大地带** | **3** | **1256** | **1159** | **59320** | **206644** |
| **环 渤 海** | **1** | **849** | **828** | **42977** | **157360** |
| 北　　京 | 1 | 849 | 828 | 42977 | 157360 |
| 天　　津 | | | | | |
| 唐　　山 | | | | | |
| 沈　　阳 | | | | | |
| 大　　连 | | | | | |
| 济　　南 | | | | | |
| 青　　岛 | | | | | |
| **长 三 角** | | | | | |
| 上　　海 | | | | | |
| 南　　京 | | | | | |
| 苏　　州 | | | | | |
| 无　　锡 | | | | | |
| 常　　州 | | | | | |
| 镇　　江 | | | | | |
| 南　　通 | | | | | |
| 扬　　州 | | | | | |
| 泰　　州 | | | | | |
| 杭　　州 | | | | | |
| 宁　　波 | | | | | |
| 嘉　　兴 | | | | | |
| 湖　　州 | | | | | |
| 绍　　兴 | | | | | |
| 舟　　山 | | | | | |
| 台　　州 | | | | | |
| **珠 三 角** | **2** | **407** | **331** | **16343** | **49284** |
| 广　　州 | 2 | 407 | 331 | 16343 | 49284 |
| 深　　圳 | | | | | |
| 珠　　海 | | | | | |
| 佛　　山 | | | | | |
| 江　　门 | | | | | |
| 东　　莞 | | | | | |
| 中　　山 | | | | | |
| 惠　　州 | | | | | |
| 肇　　庆 | | | | | |

2-20 续表 38

(图书、报刊杂志市场)

| 地 区 | 市场数量(个) | 总摊位数(个) | 年末出租摊位数(个) | 营业面积(平方米) | 成交额(万元) |
|---|---|---|---|---|---|
| **三大地带** | **5** | **664** | **564** | **49313** | **106668** |
| **环 渤 海** | **2** | **390** | **318** | **21324** | **37753** |
| 北 京 | 1 | 185 | 180 | 12000 | 21858 |
| 天 津 | | | | | |
| 唐 山 | | | | | |
| 沈 阳 | | | | | |
| 大 连 | | | | | |
| 济 南 | | | | | |
| 青 岛 | 1 | 205 | 138 | 9324 | 15895 |
| **长 三 角** | **2** | **177** | **154** | **15000** | **43950** |
| 上 海 | | | | | |
| 南 京 | 1 | 86 | 84 | 5000 | 30450 |
| 苏 州 | | | | | |
| 无 锡 | | | | | |
| 常 州 | | | | | |
| 镇 江 | | | | | |
| 南 通 | | | | | |
| 扬 州 | | | | | |
| 泰 州 | | | | | |
| 杭 州 | 1 | 91 | 70 | 10000 | 13500 |
| 宁 波 | | | | | |
| 嘉 兴 | | | | | |
| 湖 州 | | | | | |
| 绍 兴 | | | | | |
| 舟 山 | | | | | |
| 台 州 | | | | | |
| **珠 三 角** | **1** | **97** | **92** | **12989** | **24965** |
| 广 州 | 1 | 97 | 92 | 12989 | 24965 |
| 深 圳 | | | | | |
| 珠 海 | | | | | |
| 佛 山 | | | | | |
| 江 门 | | | | | |
| 东 莞 | | | | | |
| 中 山 | | | | | |
| 惠 州 | | | | | |
| 肇 庆 | | | | | |

2-20　续表 39

(其他日用品及文化用品市场)

| 地　区 | 市场数量（个） | 总摊位数（个） | 年末出租摊位数（个） | 营业面积（平方米） | 成交额（万元） |
|---|---|---|---|---|---|
| **三大地带** | **11** | **8396** | **7169** | **267820** | **2207367** |
| **环渤海** | **1** | **1495** | **1495** | **45000** | **16737** |
| 北　京 | | | | | |
| 天　津 | | | | | |
| 唐　山 | | | | | |
| 沈　阳 | 1 | 1495 | 1495 | 45000 | 16737 |
| 大　连 | | | | | |
| 济　南 | | | | | |
| 青　岛 | | | | | |
| **长三角** | **7** | **3680** | **2978** | **127773** | **1959397** |
| 上　海 | 1 | 70 | 70 | 5000 | 1795200 |
| 南　京 | | | | | |
| 苏　州 | | | | | |
| 无　锡 | | | | | |
| 常　州 | 1 | 444 | 444 | 8000 | 13352 |
| 镇　江 | | | | | |
| 南　通 | | | | | |
| 扬　州 | | | | | |
| 泰　州 | | | | | |
| 杭　州 | 2 | 745 | 745 | 28773 | 40315 |
| 宁　波 | | | | | |
| 嘉　兴 | | | | | |
| 湖　州 | | | | | |
| 绍　兴 | | | | | |
| 舟　山 | | | | | |
| 台　州 | 3 | 2421 | 1719 | 86000 | 110530 |
| **珠三角** | **3** | **3221** | **2696** | **95047** | **231233** |
| 广　州 | 2 | 3014 | 2524 | 93105 | 216033 |
| 深　圳 | 1 | 207 | 172 | 1942 | 15200 |
| 珠　海 | | | | | |
| 佛　山 | | | | | |
| 江　门 | | | | | |
| 东　莞 | | | | | |
| 中　山 | | | | | |
| 惠　州 | | | | | |
| 肇　庆 | | | | | |

2-20 续表 40

(黄金、珠宝、玉器等首饰市场)

| 地　区 | 市场数量(个) | 总摊位数(个) | 年末出租摊位数(个) | 营业面积(平方米) | 成交额(万元) |
|---|---|---|---|---|---|
| **三大地带** | **9** | **7505** | **5594** | **427681** | **2771632** |
| **环 渤 海** | **4** | **2681** | **2329** | **277408** | **418377** |
| 北　京 | 2 | 830 | 668 | 18829 | 154959 |
| 天　津 | | | | | |
| 唐　山 | | | | | |
| 沈　阳 | | | | | |
| 大　连 | | | | | |
| 济　南 | | | | | |
| 青　岛 | 2 | 1851 | 1661 | 258579 | 263418 |
| **长 三 角** | **3** | **2940** | **1683** | **136973** | **2250017** |
| 上　海 | | | | | |
| 南　京 | | | | | |
| 苏　州 | 1 | 200 | 187 | 10000 | 149000 |
| 无　锡 | | | | | |
| 常　州 | | | | | |
| 镇　江 | | | | | |
| 南　通 | | | | | |
| 扬　州 | | | | | |
| 泰　州 | | | | | |
| 杭　州 | 1 | 360 | 360 | 20000 | 1100000 |
| 宁　波 | | | | | |
| 嘉　兴 | | | | | |
| 湖　州 | | | | | |
| 绍　兴 | 1 | 2380 | 1136 | 106973 | 1001017 |
| 舟　山 | | | | | |
| 台　州 | | | | | |
| **珠 三 角** | **2** | **1884** | **1582** | **13300** | **103238** |
| 广　州 | 1 | 1200 | 910 | 10000 | 63112 |
| 深　圳 | | | | | |
| 珠　海 | | | | | |
| 佛　山 | | | | | |
| 江　门 | | | | | |
| 东　莞 | | | | | |
| 中　山 | | | | | |
| 惠　州 | | | | | |
| 肇　庆 | 1 | 684 | 672 | 3300 | 40126 |

2-20　续表 41

（电器、通讯器材、电子设备市场）

| 地　区 | 市场数量（个） | 总摊位数（个） | 年末出租摊位数（个） | 营业面积（平方米） | 成交额（万元） |
|---|---|---|---|---|---|
| **三大地带** | **53** | **25779** | **22223** | **702396** | **2713059** |
| **环渤海** | **11** | **4988** | **4487** | **164030** | **825925** |
| 北　京 | 7 | 3484 | 3353 | 89530 | 654200 |
| 天　津 | | | | | |
| 唐　山 | | | | | |
| 沈　阳 | 1 | 728 | 500 | 24000 | 16623 |
| 大　连 | | | | | |
| 济　南 | 1 | 90 | 90 | 5500 | 12100 |
| 青　岛 | 2 | 686 | 544 | 45000 | 143002 |
| **长三角** | **26** | **10573** | **8567** | **338066** | **1232301** |
| 上　海 | 5 | 804 | 670 | 39826 | 153853 |
| 南　京 | 1 | 220 | 215 | 4007 | 49850 |
| 苏　州 | 1 | 1602 | 1602 | 44232 | 58390 |
| 无　锡 | 2 | 499 | 373 | 14300 | 86464 |
| 常　州 | 1 | 426 | 310 | 10000 | 39524 |
| 镇　江 | | | | | |
| 南　通 | | | | | |
| 扬　州 | 1 | 245 | 245 | 9000 | 105730 |
| 泰　州 | 1 | 400 | 391 | 11000 | 59128 |
| 杭　州 | 7 | 1652 | 1521 | 83821 | 219194 |
| 宁　波 | 2 | 666 | 666 | 32000 | 139531 |
| 嘉　兴 | 1 | 73 | 67 | 3000 | 18120 |
| 湖　州 | | | | | |
| 绍　兴 | 1 | 185 | 180 | 5680 | 52316 |
| 舟　山 | | | | | |
| 台　州 | 3 | 3801 | 2327 | 81200 | 250201 |
| **珠三角** | **16** | **10218** | **9169** | **200300** | **654833** |
| 广　州 | 8 | 2632 | 2262 | 86607 | 405558 |
| 深　圳 | 7 | 7356 | 6677 | 107505 | 230599 |
| 珠　海 | | | | | |
| 佛　山 | 1 | 230 | 230 | 6188 | 18676 |
| 江　门 | | | | | |
| 东　莞 | | | | | |
| 中　山 | | | | | |
| 惠　州 | | | | | |
| 肇　庆 | | | | | |

2-20 续表 42

(家电市场)

| 地区 | 市场数量(个) | 总摊位数(个) | 年末出租摊位数(个) | 营业面积(平方米) | 成交额(万元) |
|---|---|---|---|---|---|
| **三大地带** | **12** | **3646** | **3041** | **154140** | **333424** |
| **环渤海** | **2** | **874** | **620** | **33000** | **29625** |
| 北京 | | | | | |
| 天津 | | | | | |
| 唐山 | | | | | |
| 沈阳 | 1 | 728 | 500 | 24000 | 16623 |
| 大连 | | | | | |
| 济南 | | | | | |
| 青岛 | 1 | 146 | 120 | 9000 | 13002 |
| **长三角** | **5** | **935** | **847** | **69628** | **177204** |
| 上海 | 1 | 180 | 150 | 18000 | 28326 |
| 南京 | | | | | |
| 苏州 | | | | | |
| 无锡 | | | | | |
| 常州 | | | | | |
| 镇江 | | | | | |
| 南通 | | | | | |
| 扬州 | | | | | |
| 泰州 | 1 | 400 | 391 | 11000 | 59128 |
| 杭州 | 3 | 355 | 306 | 40628 | 89750 |
| 宁波 | | | | | |
| 嘉兴 | | | | | |
| 湖州 | | | | | |
| 绍兴 | | | | | |
| 舟山 | | | | | |
| 台州 | | | | | |
| **珠三角** | **5** | **1837** | **1574** | **51512** | **126595** |
| 广州 | 3 | 906 | 770 | 35500 | 95353 |
| 深圳 | 2 | 931 | 804 | 16012 | 31242 |
| 珠海 | | | | | |
| 佛山 | | | | | |
| 江门 | | | | | |
| 东莞 | | | | | |
| 中山 | | | | | |
| 惠州 | | | | | |
| 肇庆 | | | | | |

2-20 续表 43

(通讯器材市场)

| 地 区 | 市场数量(个) | 总摊位数(个) | 年末出租摊位数(个) | 营业面积(平方米) | 成交额(万元) |
|---|---|---|---|---|---|
| **三大地带** | **8** | **5242** | **5026** | **114314** | **200728** |
| **环渤海** | | | | | |
| 北京 | | | | | |
| 天津 | | | | | |
| 唐山 | | | | | |
| 沈阳 | | | | | |
| 大连 | | | | | |
| 济南 | | | | | |
| 青岛 | | | | | |
| **长三角** | **3** | **1929** | **1917** | **60235** | **100829** |
| 上海 | 1 | 27 | 15 | 5000 | 26909 |
| 南京 | | | | | |
| 苏州 | 1 | 1602 | 1602 | 44232 | 58390 |
| 无锡 | | | | | |
| 常州 | | | | | |
| 镇江 | | | | | |
| 南通 | | | | | |
| 扬州 | | | | | |
| 泰州 | | | | | |
| 杭州 | 1 | 300 | 300 | 11003 | 15530 |
| 宁波 | | | | | |
| 嘉兴 | | | | | |
| 湖州 | | | | | |
| 绍兴 | | | | | |
| 舟山 | | | | | |
| 台州 | | | | | |
| **珠三角** | **5** | **3313** | **3109** | **54079** | **99899** |
| 广州 | 1 | 485 | 334 | 12579 | 43972 |
| 深圳 | 4 | 2828 | 2775 | 41500 | 55927 |
| 珠海 | | | | | |
| 佛山 | | | | | |
| 江门 | | | | | |
| 东莞 | | | | | |
| 中山 | | | | | |
| 惠州 | | | | | |
| 肇庆 | | | | | |

2-20 续表 44

(照相、摄像器材市场)

| 地　　区 | 市场数量(个) | 总摊位数(个) | 年末出租摊位数(个) | 营业面积(平方米) | 成交额(万元) |
|---|---|---|---|---|---|
| **三大地带** | **2** | **547** | **461** | **20866** | **69872** |
| **环渤海** | **1** | **300** | **278** | **13066** | **34293** |
| 北　京 | 1 | 300 | 278 | 13066 | 34293 |
| 天　津 | | | | | |
| 唐　山 | | | | | |
| 沈　阳 | | | | | |
| 大　连 | | | | | |
| 济　南 | | | | | |
| 青　岛 | | | | | |
| **长三角** | **1** | **247** | **183** | **7800** | **35579** |
| 上　海 | 1 | 247 | 183 | 7800 | 35579 |
| 南　京 | | | | | |
| 苏　州 | | | | | |
| 无　锡 | | | | | |
| 常　州 | | | | | |
| 镇　江 | | | | | |
| 南　通 | | | | | |
| 扬　州 | | | | | |
| 泰　州 | | | | | |
| 杭　州 | | | | | |
| 宁　波 | | | | | |
| 嘉　兴 | | | | | |
| 湖　州 | | | | | |
| 绍　兴 | | | | | |
| 舟　山 | | | | | |
| 台　州 | | | | | |
| **珠三角** | | | | | |
| 广　州 | | | | | |
| 深　圳 | | | | | |
| 珠　海 | | | | | |
| 佛　山 | | | | | |
| 江　门 | | | | | |
| 东　莞 | | | | | |
| 中　山 | | | | | |
| 惠　州 | | | | | |
| 肇　庆 | | | | | |

2-20 续表 45

(计算机及辅助设备市场)

| 地 区 | 市场数量 (个) | 总摊位数 (个) | 年末出租摊位数 (个) | 营业面积 (平方米) | 成交额 (万元) |
|---|---|---|---|---|---|
| **三大地带** | **28** | **13478** | **11237** | **345876** | **1829287** |
| **环 渤 海** | **6** | **3107** | **2922** | **100764** | **641560** |
| 北 京 | 4 | 2477 | 2408 | 59264 | 499460 |
| 天 津 | | | | | |
| 唐 山 | | | | | |
| 沈 阳 | | | | | |
| 大 连 | | | | | |
| 济 南 | 1 | 90 | 90 | 5500 | 12100 |
| 青 岛 | 1 | 540 | 424 | 36000 | 130000 |
| **长 三 角** | **16** | **5303** | **3829** | **150403** | **759388** |
| 上 海 | 2 | 350 | 322 | 9026 | 63039 |
| 南 京 | 1 | 220 | 215 | 4007 | 49850 |
| 苏 州 | | | | | |
| 无 锡 | 2 | 499 | 373 | 14300 | 86464 |
| 常 州 | 1 | 426 | 310 | 10000 | 39524 |
| 镇 江 | | | | | |
| 南 通 | | | | | |
| 扬 州 | 1 | 245 | 245 | 9000 | 105730 |
| 泰 州 | | | | | |
| 杭 州 | 3 | 997 | 915 | 32190 | 113914 |
| 宁 波 | 2 | 666 | 666 | 32000 | 139531 |
| 嘉 兴 | 1 | 73 | 67 | 3000 | 18120 |
| 湖 州 | | | | | |
| 绍 兴 | 1 | 185 | 180 | 5680 | 52316 |
| 舟 山 | | | | | |
| 台 州 | 2 | 1642 | 536 | 31200 | 90900 |
| **珠 三 角** | **6** | **5068** | **4486** | **94709** | **428339** |
| 广 州 | 4 | 1241 | 1158 | 38528 | 266233 |
| 深 圳 | 1 | 3597 | 3098 | 49993 | 143430 |
| 珠 海 | | | | | |
| 佛 山 | 1 | 230 | 230 | 6188 | 18676 |
| 江 门 | | | | | |
| 东 莞 | | | | | |
| 中 山 | | | | | |
| 惠 州 | | | | | |
| 肇 庆 | | | | | |

2-20 续表 46

(其他电器、通讯器材、电子设备市场)

| 地　　区 | 市场数量（个） | 总摊位数（个） | 年末出租摊位数（个） | 营业面积（平方米） | 成交额（万元） |
|---|---|---|---|---|---|
| **三大地带** | **3** | **2866** | **2458** | **67200** | **279748** |
| **环 渤 海** | **2** | **707** | **667** | **17200** | **120447** |
| 北　京 | 2 | 707 | 667 | 17200 | 120447 |
| 天　津 | | | | | |
| 唐　山 | | | | | |
| 沈　阳 | | | | | |
| 大　连 | | | | | |
| 济　南 | | | | | |
| 青　岛 | | | | | |
| **长 三 角** | **1** | **2159** | **1791** | **50000** | **159301** |
| 上　海 | | | | | |
| 南　京 | | | | | |
| 苏　州 | | | | | |
| 无　锡 | | | | | |
| 常　州 | | | | | |
| 镇　江 | | | | | |
| 南　通 | | | | | |
| 扬　州 | | | | | |
| 泰　州 | | | | | |
| 杭　州 | | | | | |
| 宁　波 | | | | | |
| 嘉　兴 | | | | | |
| 湖　州 | | | | | |
| 绍　兴 | | | | | |
| 舟　山 | | | | | |
| 台　州 | 1 | 2159 | 1791 | 50000 | 159301 |
| **珠 三 角** | | | | | |
| 广　州 | | | | | |
| 深　圳 | | | | | |
| 珠　海 | | | | | |
| 佛　山 | | | | | |
| 江　门 | | | | | |
| 东　莞 | | | | | |
| 中　山 | | | | | |
| 惠　州 | | | | | |
| 肇　庆 | | | | | |

2-20 续表 47

(医药、医疗用品及器材市场)

| 地区 | 市场数量(个) | 总摊位数(个) | 年末出租摊位数(个) | 营业面积(平方米) | 成交额(万元) |
|---|---|---|---|---|---|
| **三大地带** | **2** | **628** | **566** | **12971** | **51335** |
| **环渤海** | | | | | |
| 北京 | | | | | |
| 天津 | | | | | |
| 唐山 | | | | | |
| 沈阳 | | | | | |
| 大连 | | | | | |
| 济南 | | | | | |
| 青岛 | | | | | |
| **长三角** | **1** | **190** | **182** | **8000** | **40000** |
| 上海 | 1 | 190 | 182 | 8000 | 40000 |
| 南京 | | | | | |
| 苏州 | | | | | |
| 无锡 | | | | | |
| 常州 | | | | | |
| 镇江 | | | | | |
| 南通 | | | | | |
| 扬州 | | | | | |
| 泰州 | | | | | |
| 杭州 | | | | | |
| 宁波 | | | | | |
| 嘉兴 | | | | | |
| 湖州 | | | | | |
| 绍兴 | | | | | |
| 舟山 | | | | | |
| 台州 | | | | | |
| **珠三角** | **1** | **438** | **384** | **4971** | **11335** |
| 广州 | 1 | 438 | 384 | 4971 | 11335 |
| 深圳 | | | | | |
| 珠海 | | | | | |
| 佛山 | | | | | |
| 江门 | | | | | |
| 东莞 | | | | | |
| 中山 | | | | | |
| 惠州 | | | | | |
| 肇庆 | | | | | |

2-20 续表 48

(中药材市场)

| 地　　区 | 市场数量 (个) | 总摊位数 (个) | 年末出租摊位数 (个) | 营业面积 (平方米) | 成交额 (万元) |
|---|---|---|---|---|---|
| **三大地带** | **2** | **628** | **566** | **12971** | **51335** |
| **环 渤 海** | | | | | |
| 北　京 | | | | | |
| 天　津 | | | | | |
| 唐　山 | | | | | |
| 沈　阳 | | | | | |
| 大　连 | | | | | |
| 济　南 | | | | | |
| 青　岛 | | | | | |
| **长 三 角** | **1** | **190** | **182** | **8000** | **40000** |
| 上　海 | 1 | 190 | 182 | 8000 | 40000 |
| 南　京 | | | | | |
| 苏　州 | | | | | |
| 无　锡 | | | | | |
| 常　州 | | | | | |
| 镇　江 | | | | | |
| 南　通 | | | | | |
| 扬　州 | | | | | |
| 泰　州 | | | | | |
| 杭　州 | | | | | |
| 宁　波 | | | | | |
| 嘉　兴 | | | | | |
| 湖　州 | | | | | |
| 绍　兴 | | | | | |
| 舟　山 | | | | | |
| 台　州 | | | | | |
| **珠 三 角** | **1** | **438** | **384** | **4971** | **11335** |
| 广　州 | 1 | 438 | 384 | 4971 | 11335 |
| 深　圳 | | | | | |
| 珠　海 | | | | | |
| 佛　山 | | | | | |
| 江　门 | | | | | |
| 东　莞 | | | | | |
| 中　山 | | | | | |
| 惠　州 | | | | | |
| 肇　庆 | | | | | |

2-20 续表 49

（家具、五金及装饰材料市场）

| 地　区 | 市场数量（个） | 总摊位数（个） | 年末出租摊位数（个） | 营业面积（平方米） | 成交额（万元） |
|---|---|---|---|---|---|
| **三大地带** | **241** | **128644** | **119224** | **16777627** | **18879014** |
| **环渤海** | **59** | **27854** | **25961** | **3770495** | **3261559** |
| 北　京 | 19 | 9793 | 9223 | 1208696 | 1512491 |
| 天　津 | 7 | 2913 | 2653 | 751310 | 516707 |
| 唐　山 | 1 | 485 | 440 | 120000 | 10001 |
| 沈　阳 | 9 | 6203 | 5805 | 382843 | 609461 |
| 大　连 | 8 | 4042 | 3837 | 465890 | 182976 |
| 济　南 | 5 | 1635 | 1494 | 316777 | 200196 |
| 青　岛 | 10 | 2783 | 2509 | 524979 | 229727 |
| **长三角** | **161** | **91790** | **85261** | **10997906** | **14144221** |
| 上　海 | 20 | 13553 | 12853 | 1249291 | 1143385 |
| 南　京 | 8 | 4753 | 4615 | 609430 | 676929 |
| 苏　州 | 13 | 12620 | 11600 | 1432744 | 2180536 |
| 无　锡 | 9 | 3767 | 3592 | 893510 | 1195457 |
| 常　州 | 10 | 7695 | 6713 | 944950 | 1720582 |
| 镇　江 | 3 | 874 | 855 | 220000 | 172772 |
| 南　通 | 16 | 6356 | 5675 | 1011263 | 818356 |
| 扬　州 | 10 | 3453 | 3353 | 476968 | 1073352 |
| 泰　州 | 4 | 2830 | 2780 | 269600 | 124655 |
| 杭　州 | 23 | 11589 | 11018 | 1223897 | 1817994 |
| 宁　波 | 18 | 4429 | 3655 | 650804 | 598715 |
| 嘉　兴 | 7 | 4976 | 4680 | 435393 | 714228 |
| 湖　州 | 5 | 1638 | 1377 | 242000 | 262054 |
| 绍　兴 | 4 | 4163 | 3899 | 609300 | 743241 |
| 舟　山 | 1 | 1439 | 1439 | 142347 | 50070 |
| 台　州 | 10 | 7655 | 7157 | 586409 | 851895 |
| **珠三角** | **21** | **9000** | **8002** | **2009226** | **1473234** |
| 广　州 | 6 | 3299 | 3084 | 337766 | 224616 |
| 深　圳 | 1 | 196 | 196 | 26000 | 15000 |
| 珠　海 | | | | | |
| 佛　山 | 8 | 2452 | 2330 | 1362304 | 619933 |
| 江　门 | 1 | 70 | 50 | 3149 | 14330 |
| 东　莞 | 5 | 2983 | 2342 | 280007 | 599355 |
| 中　山 | | | | | |
| 惠　州 | | | | | |
| 肇　庆 | | | | | |

2-20　续表 50

(家具市场)

| 地　　区 | 市场数量(个) | 总摊位数(个) | 年末出租摊位数(个) | 营业面积(平方米) | 成交额(万元) |
|---|---|---|---|---|---|
| **三大地带** | **72** | **28785** | **26305** | **4615696** | **3353137** |
| **环 渤 海** | **23** | **10042** | **9397** | **1631051** | **1077717** |
| 北　　京 | 9 | 4835 | 4635 | 781060 | 597339 |
| 天　　津 | 1 | 377 | 377 | 47691 | 28420 |
| 唐　　山 | | | | | |
| 沈　　阳 | 2 | 931 | 924 | 150343 | 102728 |
| 大　　连 | 5 | 2083 | 1918 | 290209 | 108976 |
| 济　　南 | 3 | 1109 | 973 | 184277 | 163536 |
| 青　　岛 | 3 | 707 | 570 | 177471 | 76718 |
| **长 三 角** | **46** | **17885** | **16089** | **2853753** | **2231279** |
| 上　　海 | 5 | 992 | 891 | 226976 | 80142 |
| 南　　京 | 3 | 1197 | 1165 | 195088 | 189016 |
| 苏　　州 | 5 | 5067 | 4747 | 656134 | 1018238 |
| 无　　锡 | 2 | 809 | 732 | 204610 | 65287 |
| 常　　州 | 3 | 1525 | 1178 | 223577 | 213097 |
| 镇　　江 | | | | | |
| 南　　通 | 4 | 920 | 512 | 145040 | 61353 |
| 扬　　州 | | | | | |
| 泰　　州 | 2 | 2230 | 2180 | 134600 | 79015 |
| 杭　　州 | 6 | 1646 | 1546 | 344831 | 203106 |
| 宁　　波 | 8 | 1223 | 932 | 272904 | 116244 |
| 嘉　　兴 | 2 | 312 | 290 | 91646 | 31693 |
| 湖　　州 | 1 | 200 | 200 | 69000 | 21003 |
| 绍　　兴 | 2 | 268 | 224 | 97000 | 71215 |
| 舟　　山 | 1 | 1439 | 1439 | 142347 | 50070 |
| 台　　州 | 2 | 57 | 53 | 50000 | 31800 |
| **珠 三 角** | **3** | **858** | **819** | **130892** | **44141** |
| 广　　州 | 1 | 512 | 509 | 64892 | 19120 |
| 深　　圳 | 1 | 196 | 196 | 26000 | 15000 |
| 珠　　海 | | | | | |
| 佛　　山 | 1 | 150 | 114 | 40000 | 10021 |
| 江　　门 | | | | | |
| 东　　莞 | | | | | |
| 中　　山 | | | | | |
| 惠　　州 | | | | | |
| 肇　　庆 | | | | | |

2-20 续表 51

(装饰材料市场)

| 地区 | 市场数量(个) | 总摊位数(个) | 年末出租摊位数(个) | 营业面积(平方米) | 成交额(万元) |
|---|---|---|---|---|---|
| **三大地带** | **96** | **47518** | **44507** | **7011557** | **6944166** |
| **环渤海** | **20** | **9108** | **8459** | **933765** | **1162234** |
| 北京 | 6 | 2836 | 2630 | 275784 | 645935 |
| 天津 | 2 | 416 | 416 | 40800 | 43707 |
| 唐山 | 1 | 485 | 440 | 120000 | 10001 |
| 沈阳 | 5 | 2436 | 2141 | 141500 | 324913 |
| 大连 | 2 | 1780 | 1740 | 119581 | 64000 |
| 济南 | 1 | 336 | 336 | 64500 | 28430 |
| 青岛 | 3 | 819 | 756 | 171600 | 45248 |
| **长三角** | **63** | **32651** | **30994** | **4412465** | **4951713** |
| 上海 | 9 | 6841 | 6569 | 694904 | 830804 |
| 南京 | 3 | 1418 | 1312 | 154342 | 79115 |
| 苏州 | 3 | 2422 | 2417 | 241722 | 79474 |
| 无锡 | 6 | 1808 | 1735 | 626000 | 876185 |
| 常州 | 3 | 1228 | 1117 | 225556 | 221460 |
| 镇江 | 3 | 874 | 855 | 220000 | 172772 |
| 南通 | 8 | 3711 | 3634 | 647400 | 618923 |
| 扬州 | 5 | 1780 | 1704 | 256858 | 545286 |
| 泰州 | 1 | 215 | 215 | 55000 | 14540 |
| 杭州 | 8 | 3564 | 3353 | 381775 | 392823 |
| 宁波 | 6 | 1532 | 1114 | 292955 | 220921 |
| 嘉兴 | 4 | 4414 | 4170 | 253747 | 619535 |
| 湖州 | 1 | 333 | 333 | 16000 | 13000 |
| 绍兴 | | | | | |
| 舟山 | | | | | |
| 台州 | 3 | 2511 | 2466 | 346206 | 266875 |
| **珠三角** | **13** | **5759** | **5054** | **1665327** | **830219** |
| 广州 | 4 | 2387 | 2289 | 259874 | 188998 |
| 深圳 | | | | | |
| 珠海 | | | | | |
| 佛山 | 7 | 2302 | 2216 | 1322304 | 609912 |
| 江门 | 1 | 70 | 50 | 3149 | 14330 |
| 东莞 | 1 | 1000 | 499 | 80000 | 16979 |
| 中山 | | | | | |
| 惠州 | | | | | |
| 肇庆 | | | | | |

2-20 续表 52

(灯具市场)

| 地　　区 | 市场数量(个) | 总摊位数(个) | 年末出租摊位数(个) | 营业面积(平方米) | 成交额(万元) |
|---|---|---|---|---|---|
| **三大地带** | **8** | **5057** | **4838** | **738100** | **1040494** |
| **环 渤 海** | **5** | **1027** | **910** | **268100** | **91363** |
| 北　京 | 1 | 222 | 206 | 40000 | 12647 |
| 天　津 | | | | | |
| 唐　山 | | | | | |
| 沈　阳 | 1 | 276 | 180 | 54000 | 36486 |
| 大　连 | 1 | 179 | 179 | 56100 | 10000 |
| 济　南 | 1 | 190 | 185 | 68000 | 8230 |
| 青　岛 | 1 | 160 | 160 | 50000 | 24000 |
| **长 三 角** | **3** | **4030** | **3928** | **470000** | **949131** |
| 上　海 | | | | | |
| 南　京 | | | | | |
| 苏　州 | | | | | |
| 无　锡 | | | | | |
| 常　州 | 1 | 3000 | 2933 | 411000 | 925001 |
| 镇　江 | | | | | |
| 南　通 | | | | | |
| 扬　州 | | | | | |
| 泰　州 | | | | | |
| 杭　州 | 1 | 980 | 980 | 48000 | 13980 |
| 宁　波 | | | | | |
| 嘉　兴 | | | | | |
| 湖　州 | 1 | 50 | 15 | 11000 | 10150 |
| 绍　兴 | | | | | |
| 舟　山 | | | | | |
| 台　州 | | | | | |
| **珠 三 角** | | | | | |
| 广　州 | | | | | |
| 深　圳 | | | | | |
| 珠　海 | | | | | |
| 佛　山 | | | | | |
| 江　门 | | | | | |
| 东　莞 | | | | | |
| 中　山 | | | | | |
| 惠　州 | | | | | |
| 肇　庆 | | | | | |

2-20 续表 53

(厨具、盥洗设备市场)

| 地 区 | 市场数量(个) | 总摊位数(个) | 年末出租摊位数(个) | 营业面积(平方米) | 成交额(万元) |
|---|---|---|---|---|---|
| **三大地带** | **2** | **866** | **853** | **34608** | **148505** |
| **环 渤 海** | **1** | **366** | **353** | **21608** | **21935** |
| 北 京 | | | | | |
| 天 津 | | | | | |
| 唐 山 | | | | | |
| 沈 阳 | | | | | |
| 大 连 | | | | | |
| 济 南 | | | | | |
| 青 岛 | 1 | 366 | 353 | 21608 | 21935 |
| **长 三 角** | **1** | **500** | **500** | **13000** | **126570** |
| 上 海 | | | | | |
| 南 京 | | | | | |
| 苏 州 | | | | | |
| 无 锡 | | | | | |
| 常 州 | | | | | |
| 镇 江 | | | | | |
| 南 通 | | | | | |
| 扬 州 | | | | | |
| 泰 州 | | | | | |
| 杭 州 | | | | | |
| 宁 波 | 1 | 500 | 500 | 13000 | 126570 |
| 嘉 兴 | | | | | |
| 湖 州 | | | | | |
| 绍 兴 | | | | | |
| 舟 山 | | | | | |
| 台 州 | | | | | |
| **珠 三 角** | | | | | |
| 广 州 | | | | | |
| 深 圳 | | | | | |
| 珠 海 | | | | | |
| 佛 山 | | | | | |
| 江 门 | | | | | |
| 东 莞 | | | | | |
| 中 山 | | | | | |
| 惠 州 | | | | | |
| 肇 庆 | | | | | |

2-20 续表 54

(五金材料市场)

| 地　　区 | 市场数量（个） | 总摊位数（个） | 年末出租摊位数（个） | 营业面积（平方米） | 成交额（万元） |
|---|---|---|---|---|---|
| **三大地带** | **36** | **26145** | **23619** | **2201495** | **4859599** |
| **环 渤 海** | **6** | **2465** | **2205** | **710971** | **699754** |
| 北　京 | 2 | 1100 | 1100 | 61852 | 240000 |
| 天　津 | 3 | 1184 | 924 | 624819 | 433390 |
| 唐　山 | | | | | |
| 沈　阳 | | | | | |
| 大　连 | | | | | |
| 济　南 | | | | | |
| 青　岛 | 1 | 181 | 181 | 24300 | 26364 |
| **长 三 角** | **25** | **21297** | **19285** | **1277517** | **3560971** |
| 上　海 | 2 | 3200 | 3130 | 174179 | 140443 |
| 南　京 | 1 | 990 | 990 | 200000 | 77900 |
| 苏　州 | 2 | 3318 | 2693 | 265888 | 362000 |
| 无　锡 | 1 | 1150 | 1125 | 62900 | 253985 |
| 常　州 | 3 | 1942 | 1485 | 84817 | 361024 |
| 镇　江 | | | | | |
| 南　通 | 2 | 1008 | 827 | 45000 | 59821 |
| 扬　州 | 4 | 1177 | 1158 | 117110 | 504929 |
| 泰　州 | | | | | |
| 杭　州 | 3 | 2421 | 2297 | 87120 | 870243 |
| 宁　波 | 2 | 1134 | 1072 | 68000 | 103756 |
| 嘉　兴 | | | | | |
| 湖　州 | | | | | |
| 绍　兴 | 1 | 775 | 775 | 32300 | 324650 |
| 舟　山 | | | | | |
| 台　州 | 4 | 4182 | 3733 | 140203 | 502220 |
| **珠 三 角** | **5** | **2383** | **2129** | **213007** | **598874** |
| 广　州 | 1 | 400 | 286 | 13000 | 16498 |
| 深　圳 | | | | | |
| 珠　海 | | | | | |
| 佛　山 | | | | | |
| 江　门 | | | | | |
| 东　莞 | 4 | 1983 | 1843 | 200007 | 582376 |
| 中　山 | | | | | |
| 惠　州 | | | | | |
| 肇　庆 | | | | | |

2-20 续表 55

(其他装修市场)

| 地 区 | 市场数量(个) | 总摊位数(个) | 年末出租摊位数(个) | 营业面积(平方米) | 成交额(万元) |
|---|---|---|---|---|---|
| **三大地带** | **27** | **20273** | **19102** | **2176171** | **2533113** |
| **环渤海** | **4** | **4846** | **4637** | **205000** | **208556** |
| 北 京 | 1 | 800 | 652 | 50000 | 16570 |
| 天 津 | 1 | 936 | 936 | 38000 | 11190 |
| 唐 山 | | | | | |
| 沈 阳 | 1 | 2560 | 2560 | 37000 | 145334 |
| 大 连 | | | | | |
| 济 南 | | | | | |
| 青 岛 | 1 | 550 | 489 | 80000 | 35462 |
| **长三角** | **23** | **15427** | **14465** | **1971171** | **2324557** |
| 上 海 | 4 | 2520 | 2263 | 153232 | 91996 |
| 南 京 | 1 | 1148 | 1148 | 60000 | 330898 |
| 苏 州 | 3 | 1813 | 1743 | 269000 | 720824 |
| 无 锡 | | | | | |
| 常 州 | | | | | |
| 镇 江 | | | | | |
| 南 通 | 2 | 717 | 702 | 173823 | 78259 |
| 扬 州 | 1 | 496 | 491 | 103000 | 23137 |
| 泰 州 | 1 | 385 | 385 | 80000 | 31100 |
| 杭 州 | 5 | 2978 | 2842 | 362171 | 337842 |
| 宁 波 | 1 | 40 | 37 | 3945 | 31224 |
| 嘉 兴 | 1 | 250 | 220 | 90000 | 63000 |
| 湖 州 | 2 | 1055 | 829 | 146000 | 217901 |
| 绍 兴 | 1 | 3120 | 2900 | 480000 | 347376 |
| 舟 山 | | | | | |
| 台 州 | 1 | 905 | 905 | 50000 | 51000 |
| **珠三角** | | | | | |
| 广 州 | | | | | |
| 深 圳 | | | | | |
| 珠 海 | | | | | |
| 佛 山 | | | | | |
| 江 门 | | | | | |
| 东 莞 | | | | | |
| 中 山 | | | | | |
| 惠 州 | | | | | |
| 肇 庆 | | | | | |

2-20 续表 56

(汽车、摩托车及零配件市场)

| 地　　区 | 市场数量(个) | 总摊位数(个) | 年末出租摊位数(个) | 营业面积(平方米) | 成交额(万元) |
|---|---|---|---|---|---|
| **三大地带** | **129** | **35103** | **30863** | **6009481** | **38286770** |
| **环 渤 海** | **34** | **13380** | **11853** | **2138098** | **15648143** |
| 北　京 | 11 | 4112 | 3438 | 823402 | 9740977 |
| 天　津 | 3 | 1413 | 1273 | 242648 | 1798112 |
| 唐　山 | 1 | 243 | 243 | 62400 | 54727 |
| 沈　阳 | 5 | 3020 | 2529 | 283790 | 821642 |
| 大　连 | 3 | 2375 | 2370 | 305000 | 1830600 |
| 济　南 | 4 | 1111 | 972 | 237838 | 998177 |
| 青　岛 | 7 | 1106 | 1028 | 183020 | 403908 |
| **长 三 角** | **71** | **17485** | **15020** | **2754766** | **17261762** |
| 上　海 | 12 | 2314 | 2255 | 255217 | 2484731 |
| 南　京 | 2 | 149 | 118 | 58200 | 227429 |
| 苏　州 | 3 | 553 | 316 | 510073 | 852829 |
| 无　锡 | 6 | 1196 | 1125 | 363500 | 1990470 |
| 常　州 | 3 | 1750 | 1326 | 575000 | 1728984 |
| 镇　江 | | | | | |
| 南　通 | 1 | 529 | 370 | 84600 | 165690 |
| 扬　州 | 2 | 376 | 326 | 70200 | 29080 |
| 泰　州 | | | | | |
| 杭　州 | 18 | 6417 | 6103 | 345730 | 5477138 |
| 宁　波 | 8 | 969 | 327 | 158616 | 606393 |
| 嘉　兴 | 6 | 2231 | 1770 | 92561 | 1062388 |
| 湖　州 | 2 | 188 | 171 | 75000 | 191970 |
| 绍　兴 | | | | | |
| 舟　山 | 1 | 1 | 1 | 12655 | 51393 |
| 台　州 | 7 | 812 | 812 | 153414 | 2393267 |
| **珠 三 角** | **24** | **4238** | **3990** | **1116617** | **5376865** |
| 广　州 | 15 | 2948 | 2747 | 317665 | 1916035 |
| 深　圳 | 2 | 86 | 86 | 83000 | 153600 |
| 珠　海 | | | | | |
| 佛　山 | 3 | 268 | 259 | 375952 | 1579195 |
| 江　门 | | | | | |
| 东　莞 | 2 | 847 | 810 | 90000 | 283512 |
| 中　山 | | | | | |
| 惠　州 | 2 | 89 | 88 | 250000 | 1444523 |
| 肇　庆 | | | | | |

2-20　续表 57

(汽车市场)

| 地　　区 | 市场数量(个) | 总摊位数(个) | 年末出租摊位数(个) | 营业面积(平方米) | 成交额(万元) |
|---|---|---|---|---|---|
| **三大地带** | **94** | **19785** | **17470** | **4794376** | **34500568** |
| **环 渤 海** | **22** | **7639** | **7234** | **1619280** | **14326821** |
| 北　京 | 8 | 1510 | 1328 | 637422 | 9177629 |
| 天　津 | 3 | 1413 | 1273 | 242648 | 1798112 |
| 唐　山 | 1 | 243 | 243 | 62400 | 54727 |
| 沈　阳 | 2 | 1452 | 1452 | 117790 | 604616 |
| 大　连 | 3 | 2375 | 2370 | 305000 | 1830600 |
| 济　南 | 1 | 68 | 68 | 130000 | 619577 |
| 青　岛 | 4 | 578 | 500 | 124020 | 241560 |
| **长 三 角** | **57** | **10517** | **8745** | **2219280** | **15176594** |
| 上　海 | 8 | 382 | 366 | 173178 | 1918583 |
| 南　京 | 2 | 149 | 118 | 58200 | 227429 |
| 苏　州 | 3 | 553 | 316 | 510073 | 852829 |
| 无　锡 | 4 | 529 | 516 | 251500 | 1778362 |
| 常　州 | 2 | 960 | 918 | 515000 | 1691415 |
| 镇　江 | | | | | |
| 南　通 | 1 | 529 | 370 | 84600 | 165690 |
| 扬　州 | 1 | 26 | 26 | 5200 | 13580 |
| 泰　州 | | | | | |
| 杭　州 | 14 | 3816 | 3572 | 171205 | 4267338 |
| 宁　波 | 8 | 969 | 327 | 158616 | 606393 |
| 嘉　兴 | 5 | 1823 | 1452 | 65865 | 1050245 |
| 湖　州 | 2 | 188 | 171 | 75000 | 191970 |
| 绍　兴 | | | | | |
| 舟　山 | 1 | 1 | 1 | 12655 | 51393 |
| 台　州 | 6 | 592 | 592 | 138188 | 2361367 |
| **珠 三 角** | **15** | **1629** | **1491** | **955816** | **4997153** |
| 广　州 | 6 | 339 | 248 | 156864 | 1536323 |
| 深　圳 | 2 | 86 | 86 | 83000 | 153600 |
| 珠　海 | | | | | |
| 佛　山 | 3 | 268 | 259 | 375952 | 1579195 |
| 江　门 | | | | | |
| 东　莞 | 2 | 847 | 810 | 90000 | 283512 |
| 中　山 | | | | | |
| 惠　州 | 2 | 89 | 88 | 250000 | 1444523 |
| 肇　庆 | | | | | |

2-20 续表 58

(摩托车市场)

| 地　区 | 市场数量(个) | 总摊位数(个) | 年末出租摊位数(个) | 营业面积(平方米) | 成交额(万元) |
|---|---|---|---|---|---|
| **三大地带** | **1** | **220** | **220** | **15226** | **31900** |
| **环渤海** | | | | | |
| 北　京 | | | | | |
| 天　津 | | | | | |
| 唐　山 | | | | | |
| 沈　阳 | | | | | |
| 大　连 | | | | | |
| 济　南 | | | | | |
| 青　岛 | | | | | |
| **长三角** | **1** | **220** | **220** | **15226** | **31900** |
| 上　海 | | | | | |
| 南　京 | | | | | |
| 苏　州 | | | | | |
| 无　锡 | | | | | |
| 常　州 | | | | | |
| 镇　江 | | | | | |
| 南　通 | | | | | |
| 扬　州 | | | | | |
| 泰　州 | | | | | |
| 杭　州 | | | | | |
| 宁　波 | | | | | |
| 嘉　兴 | | | | | |
| 湖　州 | | | | | |
| 绍　兴 | | | | | |
| 舟　山 | | | | | |
| 台　州 | 1 | 220 | 220 | 15226 | 31900 |
| **珠三角** | | | | | |
| 广　州 | | | | | |
| 深　圳 | | | | | |
| 珠　海 | | | | | |
| 佛　山 | | | | | |
| 江　门 | | | | | |
| 东　莞 | | | | | |
| 中　山 | | | | | |
| 惠　州 | | | | | |
| 肇　庆 | | | | | |

2-20 续表 59

(机动车零配件市场)

| 地　　区 | 市场数量<br>(个) | 总摊位数<br>(个) | 年末出租摊位数<br>(个) | 营业面积<br>(平方米) | 成交额<br>(万元) |
|---|---|---|---|---|---|
| **三大地带** | **34** | **15098** | **13173** | **1199879** | **3754302** |
| **环渤海** | **12** | **5741** | **4619** | **518818** | **1321322** |
| 北　京 | 3 | 2602 | 2110 | 185980 | 563348 |
| 天　津 | | | | | |
| 唐　山 | | | | | |
| 沈　阳 | 3 | 1568 | 1077 | 166000 | 217026 |
| 大　连 | | | | | |
| 济　南 | 3 | 1043 | 904 | 107838 | 378600 |
| 青　岛 | 3 | 528 | 528 | 59000 | 162348 |
| **长三角** | **13** | **6748** | **6055** | **520260** | **2053268** |
| 上　海 | 4 | 1932 | 1889 | 82039 | 566148 |
| 南　京 | | | | | |
| 苏　州 | | | | | |
| 无　锡 | 2 | 667 | 609 | 112000 | 212108 |
| 常　州 | 1 | 790 | 408 | 60000 | 37569 |
| 镇　江 | | | | | |
| 南　通 | | | | | |
| 扬　州 | 1 | 350 | 300 | 65000 | 15500 |
| 泰　州 | | | | | |
| 杭　州 | 4 | 2601 | 2531 | 174525 | 1209800 |
| 宁　波 | | | | | |
| 嘉　兴 | 1 | 408 | 318 | 26696 | 12143 |
| 湖　州 | | | | | |
| 绍　兴 | | | | | |
| 舟　山 | | | | | |
| 台　州 | | | | | |
| **珠三角** | **9** | **2609** | **2499** | **160801** | **379712** |
| 广　州 | 9 | 2609 | 2499 | 160801 | 379712 |
| 深　圳 | | | | | |
| 珠　海 | | | | | |
| 佛　山 | | | | | |
| 江　门 | | | | | |
| 东　莞 | | | | | |
| 中　山 | | | | | |
| 惠　州 | | | | | |
| 肇　庆 | | | | | |

2-20 续表 60

(花鸟鱼虫市场)

| 地　区 | 市场数量（个） | 总摊位数（个） | 年末出租摊位数（个） | 营业面积（平方米） | 成交额（万元） |
|---|---|---|---|---|---|
| **三大地带** | **13** | **9660** | **8987** | **2719007** | **2859616** |
| **环 渤 海** | **3** | **1744** | **1732** | **42490** | **39627** |
| 北　京 | 1 | 624 | 612 | 12190 | 15137 |
| 天　津 | 1 | 580 | 580 | 21000 | 13510 |
| 唐　山 | | | | | |
| 沈　阳 | 1 | 540 | 540 | 9300 | 10980 |
| 大　连 | | | | | |
| 济　南 | | | | | |
| 青　岛 | | | | | |
| **长 三 角** | **8** | **6174** | **5549** | **758517** | **2508284** |
| 上　海 | 2 | 626 | 596 | 54070 | 33209 |
| 南　京 | | | | | |
| 苏　州 | | | | | |
| 无　锡 | | | | | |
| 常　州 | 1 | 2500 | 2000 | 460000 | 1643635 |
| 镇　江 | | | | | |
| 南　通 | 1 | 1020 | 1011 | 135000 | 355842 |
| 扬　州 | 1 | 512 | 509 | 48000 | 131562 |
| 泰　州 | | | | | |
| 杭　州 | 2 | 1461 | 1378 | 59208 | 332736 |
| 宁　波 | | | | | |
| 嘉　兴 | | | | | |
| 湖　州 | 1 | 55 | 55 | 2239 | 11300 |
| 绍　兴 | | | | | |
| 舟　山 | | | | | |
| 台　州 | | | | | |
| **珠 三 角** | **2** | **1742** | **1706** | **1918000** | **311705** |
| 广　州 | 2 | 1742 | 1706 | 1918000 | 311705 |
| 深　圳 | | | | | |
| 珠　海 | | | | | |
| 佛　山 | | | | | |
| 江　门 | | | | | |
| 东　莞 | | | | | |
| 中　山 | | | | | |
| 惠　州 | | | | | |
| 肇　庆 | | | | | |

2-20 续表 61

(花卉市场)

| 地　　区 | 市场数量(个) | 总摊位数(个) | 年末出租摊位数(个) | 营业面积(平方米) | 成交额(万元) |
|---|---|---|---|---|---|
| **三大地带** | **10** | **8372** | **7729** | **2666727** | **2793147** |
| **环 渤 海** | **2** | **1204** | **1192** | **33190** | **28647** |
| 北　京 | 1 | 624 | 612 | 12190 | 15137 |
| 天　津 | 1 | 580 | 580 | 21000 | 13510 |
| 唐　山 | | | | | |
| 沈　阳 | | | | | |
| 大　连 | | | | | |
| 济　南 | | | | | |
| 青　岛 | | | | | |
| **长 三 角** | **6** | **5426** | **4831** | **715537** | **2452795** |
| 上　海 | 1 | 178 | 178 | 16470 | 11620 |
| 南　京 | | | | | |
| 苏　州 | | | | | |
| 无　锡 | | | | | |
| 常　州 | 1 | 2500 | 2000 | 460000 | 1643635 |
| 镇　江 | | | | | |
| 南　通 | 1 | 1020 | 1011 | 135000 | 355842 |
| 扬　州 | 1 | 512 | 509 | 48000 | 131562 |
| 泰　州 | | | | | |
| 杭　州 | 1 | 1161 | 1078 | 53828 | 298836 |
| 宁　波 | | | | | |
| 嘉　兴 | | | | | |
| 湖　州 | 1 | 55 | 55 | 2239 | 11300 |
| 绍　兴 | | | | | |
| 舟　山 | | | | | |
| 台　州 | | | | | |
| **珠 三 角** | **2** | **1742** | **1706** | **1918000** | **311705** |
| 广　州 | 2 | 1742 | 1706 | 1918000 | 311705 |
| 深　圳 | | | | | |
| 珠　海 | | | | | |
| 佛　山 | | | | | |
| 江　门 | | | | | |
| 东　莞 | | | | | |
| 中　山 | | | | | |
| 惠　州 | | | | | |
| 肇　庆 | | | | | |

2-20 续表 62

(其他花鸟鱼虫市场)

| 地　区 | 市场数量(个) | 总摊位数(个) | 年末出租摊位数(个) | 营业面积(平方米) | 成交额(万元) |
|---|---|---|---|---|---|
| **三大地带** | **3** | **1288** | **1258** | **52280** | **66469** |
| **环渤海** | **1** | **540** | **540** | **9300** | **10980** |
| 北　京 | | | | | |
| 天　津 | | | | | |
| 唐　山 | | | | | |
| 沈　阳 | 1 | 540 | 540 | 9300 | 10980 |
| 大　连 | | | | | |
| 济　南 | | | | | |
| 青　岛 | | | | | |
| **长三角** | **2** | **748** | **718** | **42980** | **55489** |
| 上　海 | 1 | 448 | 418 | 37600 | 21589 |
| 南　京 | | | | | |
| 苏　州 | | | | | |
| 无　锡 | | | | | |
| 常　州 | | | | | |
| 镇　江 | | | | | |
| 南　通 | | | | | |
| 扬　州 | | | | | |
| 泰　州 | | | | | |
| 杭　州 | 1 | 300 | 300 | 5380 | 33900 |
| 宁　波 | | | | | |
| 嘉　兴 | | | | | |
| 湖　州 | | | | | |
| 绍　兴 | | | | | |
| 舟　山 | | | | | |
| 台　州 | | | | | |
| **珠三角** | | | | | |
| 广　州 | | | | | |
| 深　圳 | | | | | |
| 珠　海 | | | | | |
| 佛　山 | | | | | |
| 江　门 | | | | | |
| 东　莞 | | | | | |
| 中　山 | | | | | |
| 惠　州 | | | | | |
| 肇　庆 | | | | | |

2-20 续表 63

(旧货市场)

| 地 区 | 市场数量（个） | 总摊位数（个） | 年末出租摊位数（个） | 营业面积（平方米） | 成交额（万元） |
|---|---|---|---|---|---|
| **三大地带** | **10** | **6251** | **5877** | **193166** | **519510** |
| **环渤海** | **1** | **4520** | **4520** | **39635** | **48438** |
| 北 京 | 1 | 4520 | 4520 | 39635 | 48438 |
| 天 津 | | | | | |
| 唐 山 | | | | | |
| 沈 阳 | | | | | |
| 大 连 | | | | | |
| 济 南 | | | | | |
| 青 岛 | | | | | |
| **长三角** | **9** | **1731** | **1357** | **153531** | **471072** |
| 上 海 | | | | | |
| 南 京 | | | | | |
| 苏 州 | | | | | |
| 无 锡 | | | | | |
| 常 州 | | | | | |
| 镇 江 | | | | | |
| 南 通 | | | | | |
| 扬 州 | 1 | 73 | 71 | 25000 | 19952 |
| 泰 州 | | | | | |
| 杭 州 | | | | | |
| 宁 波 | 4 | 353 | 299 | 58161 | 333538 |
| 嘉 兴 | 1 | 596 | 316 | 36859 | 35012 |
| 湖 州 | | | | | |
| 绍 兴 | 1 | 260 | 250 | 8000 | 37700 |
| 舟 山 | | | | | |
| 台 州 | 2 | 449 | 421 | 25511 | 44870 |
| **珠三角** | | | | | |
| 广 州 | | | | | |
| 深 圳 | | | | | |
| 珠 海 | | | | | |
| 佛 山 | | | | | |
| 江 门 | | | | | |
| 东 莞 | | | | | |
| 中 山 | | | | | |
| 惠 州 | | | | | |
| 肇 庆 | | | | | |

2-20 续表 64

(其他旧货市场)

| 地区 | 市场数量(个) | 总摊位数(个) | 年末出租摊位数(个) | 营业面积(平方米) | 成交额(万元) |
|---|---|---|---|---|---|
| **三大地带** | **10** | **6251** | **5877** | **193166** | **519510** |
| **环渤海** | **1** | **4520** | **4520** | **39635** | **48438** |
| 北京 | 1 | 4520 | 4520 | 39635 | 48438 |
| 天津 | | | | | |
| 唐山 | | | | | |
| 沈阳 | | | | | |
| 大连 | | | | | |
| 济南 | | | | | |
| 青岛 | | | | | |
| **长三角** | **9** | **1731** | **1357** | **153531** | **471072** |
| 上海 | | | | | |
| 南京 | | | | | |
| 苏州 | | | | | |
| 无锡 | | | | | |
| 常州 | | | | | |
| 镇江 | | | | | |
| 南通 | | | | | |
| 扬州 | 1 | 73 | 71 | 25000 | 19952 |
| 泰州 | | | | | |
| 杭州 | | | | | |
| 宁波 | 4 | 353 | 299 | 58161 | 333538 |
| 嘉兴 | 1 | 596 | 316 | 36859 | 35012 |
| 湖州 | | | | | |
| 绍兴 | 1 | 260 | 250 | 8000 | 37700 |
| 舟山 | | | | | |
| 台州 | 2 | 449 | 421 | 25511 | 44870 |
| **珠三角** | | | | | |
| 广州 | | | | | |
| 深圳 | | | | | |
| 珠海 | | | | | |
| 佛山 | | | | | |
| 江门 | | | | | |
| 东莞 | | | | | |
| 中山 | | | | | |
| 惠州 | | | | | |
| 肇庆 | | | | | |

2-20 续表 65

(其他专业市场)

| 地 区 | 市场数量 (个) | 总摊位数 (个) | 年末出租摊位数 (个) | 营业面积 (平方米) | 成交额 (万元) |
|---|---|---|---|---|---|
| **三大地带** | **21** | **8863** | **7714** | **575224** | **1624266** |
| **环渤海** | **8** | **5116** | **4037** | **381917** | **308519** |
| 北 京 | 1 | 136 | 136 | 40567 | 14349 |
| 天 津 | 1 | 180 | 150 | 8000 | 12000 |
| 唐 山 | 1 | 1000 | 900 | 33350 | 31660 |
| 沈 阳 | 4 | 2600 | 2089 | 64000 | 225460 |
| 大 连 | | | | | |
| 济 南 | 1 | 1200 | 762 | 236000 | 25050 |
| 青 岛 | | | | | |
| **长三角** | **12** | **3403** | **3397** | **174113** | **1137747** |
| 上 海 | 4 | 1064 | 1064 | 25200 | 156592 |
| 南 京 | | | | | |
| 苏 州 | 2 | 316 | 315 | 14000 | 35500 |
| 无 锡 | | | | | |
| 常 州 | | | | | |
| 镇 江 | 1 | 1065 | 1060 | 68500 | 281000 |
| 南 通 | | | | | |
| 扬 州 | 2 | 375 | 375 | 30509 | 245249 |
| 泰 州 | | | | | |
| 杭 州 | | | | | |
| 宁 波 | | | | | |
| 嘉 兴 | | | | | |
| 湖 州 | | | | | |
| 绍 兴 | 3 | 583 | 583 | 35904 | 419406 |
| 舟 山 | | | | | |
| 台 州 | | | | | |
| **珠三角** | **1** | **344** | **280** | **19194** | **178000** |
| 广 州 | 1 | 344 | 280 | 19194 | 178000 |
| 深 圳 | | | | | |
| 珠 海 | | | | | |
| 佛 山 | | | | | |
| 江 门 | | | | | |
| 东 莞 | | | | | |
| 中 山 | | | | | |
| 惠 州 | | | | | |
| 肇 庆 | | | | | |

# 2-21 商品交易市场情况(按营业状态分)

(常年营业)

| 地 区 | 市场数量(个) | 总摊位数(个) | 年末出租摊位数(个) | 营业面积(平方米) | 成交额(万元) |
|---|---|---|---|---|---|
| **三大地带** | **1803** | **1281019** | **1134290** | **95179251** | **505014615** |
| **环 渤 海** | **391** | **345425** | **310859** | **23370236** | **92438670** |
| 北 京 | 122 | 109156 | 95243 | 6643556 | 34672131 |
| 天 津 | 56 | 42197 | 38460 | 4136845 | 15983591 |
| 唐 山 | 20 | 15631 | 12593 | 883940 | 3292502 |
| 沈 阳 | 51 | 56975 | 49388 | 2296515 | 10320498 |
| 大 连 | 43 | 37636 | 35098 | 2040746 | 13204499 |
| 济 南 | 33 | 21574 | 20582 | 1879556 | 3989755 |
| 青 岛 | 66 | 62256 | 59495 | 5489078 | 10975694 |
| **长 三 角** | **1135** | **708290** | **645751** | **54457653** | **362292207** |
| 上 海 | 153 | 71676 | 65954 | 7848458 | 91026976 |
| 南 京 | 40 | 34857 | 33666 | 2461985 | 8810596 |
| 苏 州 | 80 | 83869 | 77004 | 5999064 | 55621496 |
| 无 锡 | 54 | 44831 | 39474 | 4935215 | 30603267 |
| 常 州 | 56 | 43798 | 37267 | 5133921 | 20014817 |
| 镇 江 | 14 | 7260 | 6694 | 1060551 | 3222451 |
| 南 通 | 80 | 48396 | 44038 | 2860853 | 16269620 |
| 扬 州 | 58 | 21420 | 20447 | 1661772 | 7527980 |
| 泰 州 | 23 | 16351 | 14105 | 1730531 | 3055693 |
| 杭 州 | 177 | 96220 | 88778 | 4552569 | 34737672 |
| 宁 波 | 129 | 58435 | 51444 | 4278088 | 31974345 |
| 嘉 兴 | 67 | 54809 | 50862 | 3467566 | 15091888 |
| 湖 州 | 45 | 23517 | 21338 | 1840347 | 6352275 |
| 绍 兴 | 48 | 52221 | 49219 | 4325312 | 26553616 |
| 舟 山 | 12 | 6290 | 5704 | 317417 | 1740262 |
| 台 州 | 99 | 44340 | 39757 | 1984004 | 9689253 |
| **珠 三 角** | **277** | **227304** | **177680** | **17351362** | **50283738** |
| 广 州 | 139 | 104883 | 86194 | 8496347 | 22186359 |
| 深 圳 | 32 | 54900 | 33517 | 1755832 | 5621771 |
| 珠 海 | 8 | 4439 | 3977 | 91359 | 1529515 |
| 佛 山 | 32 | 17268 | 15878 | 3174595 | 6751690 |
| 江 门 | 8 | 3274 | 2974 | 155217 | 941143 |
| 东 莞 | 40 | 32063 | 25133 | 3204237 | 10719895 |
| 中 山 | 3 | 2382 | 2114 | 55315 | 59972 |
| 惠 州 | 6 | 5919 | 5825 | 370000 | 2289410 |
| 肇 庆 | 9 | 2176 | 2068 | 48460 | 183983 |

2-21 续表 1

(季节性营业)

| 地 区 | 市场数量(个) | 总摊位数(个) | 年末出租摊位数(个) | 营业面积(平方米) | 成交额(万元) |
|---|---|---|---|---|---|
| **三大地带** | **20** | **10631** | **7755** | **857241** | **1665635** |
| **环 渤 海** | **11** | **8072** | **5364** | **628350** | **1012373** |
| 北 京 | 3 | 4156 | 1914 | 279000 | 152734 |
| 天 津 | | | | | |
| 唐 山 | 1 | 1000 | 900 | 33350 | 31660 |
| 沈 阳 | 2 | 945 | 945 | 184000 | 677621 |
| 大 连 | | | | | |
| 济 南 | 1 | 310 | 307 | 19000 | 29932 |
| 青 岛 | 4 | 1661 | 1298 | 113000 | 120426 |
| **长 三 角** | **8** | **2438** | **2281** | **203891** | **433262** |
| 上 海 | 1 | 165 | 165 | 2250 | 10047 |
| 南 京 | | | | | |
| 苏 州 | 2 | 336 | 305 | 24340 | 49020 |
| 无 锡 | | | | | |
| 常 州 | | | | | |
| 镇 江 | | | | | |
| 南 通 | 2 | 952 | 826 | 13015 | 74118 |
| 扬 州 | | | | | |
| 泰 州 | | | | | |
| 杭 州 | 1 | 113 | 113 | 3500 | 29457 |
| 宁 波 | 1 | 842 | 842 | 153586 | 219600 |
| 嘉 兴 | | | | | |
| 湖 州 | | | | | |
| 绍 兴 | 1 | 30 | 30 | 7200 | 51020 |
| 舟 山 | | | | | |
| 台 州 | | | | | |
| **珠 三 角** | **1** | **121** | **110** | **25000** | **220000** |
| 广 州 | | | | | |
| 深 圳 | | | | | |
| 珠 海 | 1 | 121 | 110 | 25000 | 220000 |
| 佛 山 | | | | | |
| 江 门 | | | | | |
| 东 莞 | | | | | |
| 中 山 | | | | | |
| 惠 州 | | | | | |
| 肇 庆 | | | | | |

2-21 续表 2

(其他)

| 地　区 | 市场数量(个) | 总摊位数(个) | 年末出租摊位数(个) | 营业面积(平方米) | 成交额(万元) |
|---|---|---|---|---|---|
| **三大地带** | **1** | **91** | **91** | **36066** | **101985** |
| **环渤海** | | | | | |
| 北　京 | | | | | |
| 天　津 | | | | | |
| 唐　山 | | | | | |
| 沈　阳 | | | | | |
| 大　连 | | | | | |
| 济　南 | | | | | |
| 青　岛 | | | | | |
| **长三角** | **1** | **91** | **91** | **36066** | **101985** |
| 上　海 | 1 | 91 | 91 | 36066 | 101985 |
| 南　京 | | | | | |
| 苏　州 | | | | | |
| 无　锡 | | | | | |
| 常　州 | | | | | |
| 镇　江 | | | | | |
| 南　通 | | | | | |
| 扬　州 | | | | | |
| 泰　州 | | | | | |
| 杭　州 | | | | | |
| 宁　波 | | | | | |
| 嘉　兴 | | | | | |
| 湖　州 | | | | | |
| 绍　兴 | | | | | |
| 舟　山 | | | | | |
| 台　州 | | | | | |
| **珠三角** | | | | | |
| 广　州 | | | | | |
| 深　圳 | | | | | |
| 珠　海 | | | | | |
| 佛　山 | | | | | |
| 江　门 | | | | | |
| 东　莞 | | | | | |
| 中　山 | | | | | |
| 惠　州 | | | | | |
| 肇　庆 | | | | | |

# 2-22 商品交易市场情况(按经营方式分)

(批发为主)

| 地区 | 市场数量(个) | 总摊位数(个) | 年末出租摊位数(个) | 营业面积(平方米) | 成交额(万元) |
|---|---|---|---|---|---|
| **三大地带** | **1012** | **889937** | **783291** | **73550273** | **438947035** |
| **环渤海** | **236** | **235070** | **209843** | **17505943** | **74082631** |
| 北京 | 56 | 67769 | 54634 | 4111329 | 21915922 |
| 天津 | 40 | 32418 | 30228 | 3413816 | 15200084 |
| 唐山 | 13 | 11544 | 8540 | 741961 | 3036565 |
| 沈阳 | 31 | 36253 | 32525 | 1736871 | 9317733 |
| 大连 | 21 | 16542 | 16278 | 1229220 | 11153519 |
| 济南 | 26 | 17471 | 16594 | 1411279 | 3131038 |
| 青岛 | 49 | 53073 | 51044 | 4861467 | 10327770 |
| **长三角** | **584** | **465336** | **427047** | **40608500** | **320490502** |
| 上海 | 77 | 44874 | 41765 | 6352072 | 86631327 |
| 南京 | 15 | 21280 | 20334 | 1614999 | 7129504 |
| 苏州 | 50 | 72856 | 67472 | 4729049 | 53409244 |
| 无锡 | 34 | 25265 | 20533 | 3419709 | 23967697 |
| 常州 | 31 | 28464 | 24573 | 4042991 | 17128464 |
| 镇江 | 7 | 4769 | 4427 | 893696 | 2985370 |
| 南通 | 31 | 24812 | 22741 | 1756496 | 14208650 |
| 扬州 | 33 | 12420 | 11742 | 1135470 | 6259653 |
| 泰州 | 13 | 10322 | 8634 | 1448527 | 2428583 |
| 杭州 | 96 | 63083 | 58331 | 3031992 | 27961753 |
| 宁波 | 67 | 37580 | 34080 | 3321954 | 29263349 |
| 嘉兴 | 31 | 35386 | 33822 | 2625967 | 12685677 |
| 湖州 | 18 | 12943 | 11623 | 1324269 | 5010372 |
| 绍兴 | 32 | 42130 | 39964 | 3582630 | 25005854 |
| 舟山 | 4 | 2080 | 2080 | 135586 | 1414445 |
| 台州 | 45 | 27072 | 24926 | 1193093 | 5000560 |
| **珠三角** | **192** | **189531** | **146401** | **15435830** | **44373902** |
| 广州 | 108 | 92164 | 75434 | 7864163 | 19562770 |
| 深圳 | 19 | 46725 | 27232 | 1460416 | 5106938 |
| 珠海 | 5 | 2636 | 2249 | 98200 | 1679271 |
| 佛山 | 21 | 13176 | 12444 | 2643168 | 4983821 |
| 江门 | 3 | 1178 | 1149 | 108314 | 816913 |
| 东莞 | 29 | 25912 | 20500 | 2945874 | 10284585 |
| 中山 | 2 | 1850 | 1596 | 45695 | 44194 |
| 惠州 | 5 | 5890 | 5797 | 270000 | 1895410 |
| 肇庆 | | | | | |

2-22 续表

(零售为主)

| 地 区 | 市场数量(个) | 总摊位数(个) | 年末出租摊位数(个) | 营业面积(平方米) | 成交额(万元) |
|---|---|---|---|---|---|
| **三大地带** | **812** | **401804** | **358845** | **22522285** | **67835200** |
| **环渤海** | **166** | **118427** | **106380** | **6492643** | **19368412** |
| 北 京 | 69 | 45543 | 42523 | 2811227 | 12908943 |
| 天 津 | 16 | 9779 | 8232 | 723029 | 783507 |
| 唐 山 | 8 | 5087 | 4953 | 175329 | 287597 |
| 沈 阳 | 22 | 21667 | 17808 | 743644 | 1680386 |
| 大 连 | 22 | 21094 | 18820 | 811526 | 2050980 |
| 济 南 | 8 | 4413 | 4295 | 487277 | 888649 |
| 青 岛 | 21 | 10844 | 9749 | 740611 | 768350 |
| **长三角** | **560** | **245483** | **221076** | **14089110** | **42336952** |
| 上 海 | 78 | 27058 | 24445 | 1534702 | 4507681 |
| 南 京 | 25 | 13577 | 13332 | 846986 | 1681092 |
| 苏 州 | 32 | 11349 | 9837 | 1294355 | 2261272 |
| 无 锡 | 20 | 19566 | 18941 | 1515506 | 6635570 |
| 常 州 | 25 | 15334 | 12694 | 1090930 | 2886353 |
| 镇 江 | 7 | 2491 | 2267 | 166855 | 237081 |
| 南 通 | 51 | 24536 | 22123 | 1117372 | 2135088 |
| 扬 州 | 25 | 9000 | 8705 | 526302 | 1268327 |
| 泰 州 | 10 | 6029 | 5471 | 282004 | 627110 |
| 杭 州 | 82 | 33250 | 30560 | 1524077 | 6805376 |
| 宁 波 | 63 | 21697 | 18206 | 1109720 | 2930596 |
| 嘉 兴 | 36 | 19423 | 17040 | 841599 | 2406211 |
| 湖 州 | 27 | 10574 | 9715 | 516078 | 1341903 |
| 绍 兴 | 17 | 10121 | 9285 | 749882 | 1598782 |
| 舟 山 | 8 | 4210 | 3624 | 181831 | 325817 |
| 台 州 | 54 | 17268 | 14831 | 790911 | 4688693 |
| **珠三角** | **86** | **37894** | **31389** | **1940532** | **6129836** |
| 广 州 | 31 | 12719 | 10760 | 632184 | 2623589 |
| 深 圳 | 13 | 8175 | 6285 | 295416 | 514833 |
| 珠 海 | 4 | 1924 | 1838 | 18159 | 70244 |
| 佛 山 | 11 | 4092 | 3434 | 531427 | 1767869 |
| 江 门 | 5 | 2096 | 1825 | 46903 | 124230 |
| 东 莞 | 11 | 6151 | 4633 | 258363 | 435310 |
| 中 山 | 1 | 532 | 518 | 9620 | 15778 |
| 惠 州 | 1 | 29 | 28 | 100000 | 394000 |
| 肇 庆 | 9 | 2176 | 2068 | 48460 | 183983 |

# 2-23　商品交易市场情况(按经营环境分)

(露天式)

| 地　区 | 市场数量(个) | 总摊位数(个) | 年末出租摊位数(个) | 营业面积(平方米) | 成交额(万元) |
|---|---|---|---|---|---|
| **三大地带** | **202** | **107127** | **89907** | **13241381** | **49043937** |
| **环 渤 海** | **88** | **65591** | **52198** | **7795459** | **24874283** |
| 北　京 | 19 | 21156 | 11495 | 2317663 | 14730804 |
| 天　津 | 16 | 11603 | 9628 | 1379459 | 2635467 |
| 唐　山 | 6 | 2093 | 1928 | 375816 | 830926 |
| 沈　阳 | 13 | 9040 | 8323 | 783300 | 2614030 |
| 大　连 | 6 | 4538 | 4439 | 488980 | 1088990 |
| 济　南 | 8 | 4474 | 4268 | 342938 | 732681 |
| 青　岛 | 20 | 12687 | 12117 | 2107303 | 2241385 |
| **长 三 角** | **85** | **32222** | **28926** | **3918501** | **20264091** |
| 上　海 | 11 | 4770 | 4256 | 484979 | 1862064 |
| 南　京 | 3 | 827 | 796 | 61700 | 241494 |
| 苏　州 | 5 | 1528 | 1368 | 173039 | 146600 |
| 无　锡 | 5 | 1363 | 635 | 149903 | 1014374 |
| 常　州 | 5 | 3010 | 2437 | 718496 | 3132150 |
| 镇　江 | 1 | 258 | 112 | 15196 | 1647231 |
| 南　通 | 5 | 1656 | 1649 | 51460 | 1310808 |
| 扬　州 | 7 | 2028 | 2016 | 171037 | 586444 |
| 泰　州 | 3 | 413 | 409 | 178800 | 256430 |
| 杭　州 | 12 | 2947 | 2556 | 202662 | 1713498 |
| 宁　波 | 12 | 7310 | 7119 | 776522 | 3787866 |
| 嘉　兴 | | | | | |
| 湖　州 | 5 | 1132 | 1044 | 285409 | 151169 |
| 绍　兴 | 7 | 4624 | 4183 | 611858 | 4056928 |
| 舟　山 | | | | | |
| 台　州 | 4 | 356 | 346 | 37440 | 357035 |
| **珠 三 角** | **29** | **9314** | **8783** | **1527421** | **3905563** |
| 广　州 | 9 | 3704 | 3453 | 256054 | 575240 |
| 深　圳 | 2 | 413 | 413 | 51550 | 63960 |
| 珠　海 | | | | | |
| 佛　山 | 5 | 856 | 856 | 360968 | 362763 |
| 江　门 | | | | | |
| 东　莞 | 7 | 3488 | 3270 | 580077 | 1404235 |
| 中　山 | | | | | |
| 惠　州 | 2 | 89 | 88 | 250000 | 1444523 |
| 肇　庆 | 4 | 764 | 703 | 28772 | 54842 |

2-23 续表 1

(封闭式)

| 地 区 | 市场数量（个） | 总摊位数（个） | 年末出租摊位数（个） | 营业面积（平方米） | 成交额（万元） |
|---|---|---|---|---|---|
| **三大地带** | **1398** | **1043728** | **925819** | **66359924** | **378439028** |
| **环 渤 海** | **285** | **258848** | **239217** | **14083699** | **59254464** |
| 北 京 | 99 | 82312 | 76347 | 4243552 | 16805546 |
| 天 津 | 36 | 29291 | 27564 | 2594480 | 12855312 |
| 唐 山 | 12 | 10435 | 10049 | 326034 | 2236922 |
| 沈 阳 | 39 | 48680 | 41810 | 1692215 | 8357705 |
| 大 连 | 34 | 27178 | 24849 | 1253766 | 9000564 |
| 济 南 | 22 | 15362 | 15040 | 1134118 | 2506799 |
| 青 岛 | 43 | 45590 | 43558 | 2839534 | 7491616 |
| **长 三 角** | **906** | **594168** | **543195** | **40559209** | **284987233** |
| 上 海 | 112 | 52657 | 48134 | 3436850 | 75415135 |
| 南 京 | 37 | 34030 | 32870 | 2400285 | 8569102 |
| 苏 州 | 61 | 70352 | 64332 | 4677587 | 38465814 |
| 无 锡 | 38 | 33037 | 31152 | 3458982 | 22664016 |
| 常 州 | 41 | 33898 | 28153 | 3288631 | 14106911 |
| 镇 江 | 12 | 5040 | 4620 | 545355 | 1151527 |
| 南 通 | 66 | 42675 | 38818 | 2572808 | 14184498 |
| 扬 州 | 39 | 15108 | 14623 | 1224897 | 6265422 |
| 泰 州 | 18 | 13729 | 11831 | 1479731 | 2390161 |
| 杭 州 | 150 | 84404 | 78130 | 3874296 | 25261513 |
| 宁 波 | 108 | 49602 | 43208 | 3456050 | 27317024 |
| 嘉 兴 | 63 | 53951 | 50202 | 3342856 | 14705343 |
| 湖 州 | 33 | 16507 | 15042 | 1323477 | 4199602 |
| 绍 兴 | 36 | 44357 | 42114 | 3427715 | 20847983 |
| 舟 山 | 10 | 5091 | 4505 | 210917 | 727417 |
| 台 州 | 82 | 39730 | 35461 | 1838772 | 8715765 |
| **珠 三 角** | **207** | **190712** | **143407** | **11717016** | **34197331** |
| 广 州 | 121 | 96557 | 78481 | 5904644 | 18281929 |
| 深 圳 | 24 | 47295 | 26575 | 1547356 | 4109226 |
| 珠 海 | 6 | 3508 | 3152 | 77959 | 1488435 |
| 佛 山 | 19 | 8236 | 6943 | 1577060 | 1825382 |
| 江 门 | 5 | 2124 | 1834 | 101476 | 357676 |
| 东 莞 | 25 | 25086 | 18838 | 2339113 | 7219822 |
| 中 山 | 2 | 1832 | 1629 | 49620 | 34233 |
| 惠 州 | 3 | 5647 | 5554 | 112000 | 834356 |
| 肇 庆 | 2 | 427 | 401 | 7788 | 46272 |

2-23 续表 2

(其他)

| 地 区 | 市场数量 (个) | 总摊位数 (个) | 年末出租摊位数 (个) | 营业面积 (平方米) | 成交额 (万元) |
|---|---|---|---|---|---|
| **三大地带** | **224** | **140886** | **126410** | **16471253** | **79299270** |
| **环 渤 海** | **29** | **29058** | **24808** | **2119428** | **9322296** |
| 北 京 | 7 | 9844 | 9315 | 361341 | 3288515 |
| 天 津 | 4 | 1303 | 1268 | 162906 | 492812 |
| 唐 山 | 3 | 4103 | 1516 | 215440 | 256314 |
| 沈 阳 | 1 | 200 | 200 | 5000 | 26384 |
| 大 连 | 3 | 5920 | 5810 | 298000 | 3114945 |
| 济 南 | 4 | 2048 | 1581 | 421500 | 780207 |
| 青 岛 | 7 | 5640 | 5118 | 655241 | 1363119 |
| **长 三 角** | **153** | **84429** | **76002** | **10219900** | **57576130** |
| 上 海 | 32 | 14505 | 13820 | 3964945 | 13861809 |
| 南 京 | | | | | |
| 苏 州 | 16 | 12325 | 11609 | 1172778 | 17058102 |
| 无 锡 | 11 | 10431 | 7687 | 1326330 | 6924877 |
| 常 州 | 10 | 6890 | 6677 | 1126794 | 2775756 |
| 镇 江 | 1 | 1962 | 1962 | 500000 | 423693 |
| 南 通 | 11 | 5017 | 4397 | 249600 | 848432 |
| 扬 州 | 12 | 4284 | 3808 | 265838 | 676114 |
| 泰 州 | 2 | 2209 | 1865 | 72000 | 409102 |
| 杭 州 | 16 | 8982 | 8205 | 479111 | 7792118 |
| 宁 波 | 10 | 2365 | 1959 | 199102 | 1089055 |
| 嘉 兴 | 4 | 858 | 660 | 124710 | 386545 |
| 湖 州 | 7 | 5878 | 5252 | 231461 | 2001504 |
| 绍 兴 | 6 | 3270 | 2952 | 292939 | 1699725 |
| 舟 山 | 2 | 1199 | 1199 | 106500 | 1012845 |
| 台 州 | 13 | 4254 | 3950 | 107792 | 616453 |
| **珠 三 角** | **42** | **27399** | **25600** | **4131925** | **12400844** |
| 广 州 | 9 | 4622 | 4260 | 2335649 | 3329190 |
| 深 圳 | 6 | 7192 | 6529 | 156926 | 1448585 |
| 珠 海 | 3 | 1052 | 935 | 38400 | 261080 |
| 佛 山 | 8 | 8176 | 8079 | 1236567 | 4563545 |
| 江 门 | 3 | 1150 | 1140 | 53741 | 583467 |
| 东 莞 | 8 | 3489 | 3025 | 285047 | 2095838 |
| 中 山 | 1 | 550 | 485 | 5695 | 25739 |
| 惠 州 | 1 | 183 | 183 | 8000 | 10531 |
| 肇 庆 | 3 | 985 | 964 | 11900 | 82869 |

# 2-24 商品交易市场成交情况(按摊位分)

| 地区 | 粮油、食品类 | | #粮油类 | | #肉禽蛋类 | |
|---|---|---|---|---|---|---|
| | 摊位数(个) | 成交额(万元) | 摊位数(个) | 成交额(万元) | 摊位数(个) | 成交额(万元) |
| **三大地带** | **310079** | **112356681** | **29117** | **15229248** | **51297** | **17728765** |
| **环渤海** | **99662** | **35816667** | **8096** | **4291029** | **11106** | **3647458** |
| 北京 | 31169 | 18028783 | 2372 | 1907627 | 4652 | 1793518 |
| 天津 | 14954 | 6465196 | 2669 | 1341435 | 1083 | 783300 |
| 唐山 | 3788 | 1040547 | 397 | 91117 | 949 | 109853 |
| 沈阳 | 7371 | 2578817 | 690 | 314919 | 1413 | 162444 |
| 大连 | 7793 | 2452806 | 688 | 146267 | 1372 | 391491 |
| 济南 | 8029 | 1763784 | 341 | 64267 | 367 | 78772 |
| 青岛 | 26558 | 3486734 | 939 | 425397 | 1270 | 328080 |
| **长三角** | **169849** | **60271546** | **17043** | **9344101** | **30678** | **10201576** |
| 上海 | 19542 | 8668416 | 2362 | 811669 | 3819 | 2018083 |
| 南京 | 8314 | 3645428 | 1512 | 1428197 | 1462 | 150609 |
| 苏州 | 12405 | 6370214 | 1093 | 1514673 | 2877 | 1364162 |
| 无锡 | 7965 | 3489140 | 1418 | 656214 | 1445 | 1205136 |
| 常州 | 5234 | 3208602 | 813 | 463470 | 1032 | 523432 |
| 镇江 | 925 | 400989 | 96 | 24773 | 220 | 54088 |
| 南通 | 17350 | 3081606 | 1807 | 142429 | 3648 | 714049 |
| 扬州 | 7126 | 3789669 | 999 | 252366 | 1159 | 401668 |
| 泰州 | 2576 | 1212246 | 149 | 456657 | 699 | 187505 |
| 杭州 | 24882 | 8661283 | 1803 | 1958504 | 4990 | 1646149 |
| 宁波 | 21921 | 5544264 | 1158 | 521000 | 3114 | 667058 |
| 嘉兴 | 10053 | 3305791 | 1554 | 281507 | 1600 | 213873 |
| 湖州 | 8475 | 2100100 | 612 | 240695 | 1849 | 367340 |
| 绍兴 | 6032 | 2071265 | 596 | 328883 | 828 | 231314 |
| 舟山 | 3372 | 1236781 | 132 | 7749 | 189 | 55406 |
| 台州 | 13677 | 3485752 | 939 | 255315 | 1747 | 401704 |
| **珠三角** | **40568** | **16268468** | **3978** | **1594118** | **9513** | **3879731** |
| 广州 | 9985 | 4459506 | 1224 | 288169 | 2298 | 712576 |
| 深圳 | 9264 | 3439508 | 921 | 294230 | 1765 | 622016 |
| 珠海 | 3154 | 1721615 | 112 | 10658 | 480 | 232500 |
| 佛山 | 5998 | 1395940 | 179 | 69850 | 2340 | 844780 |
| 江门 | 2063 | 862210 | 228 | 39363 | 447 | 430884 |
| 东莞 | 7880 | 4199563 | 934 | 857794 | 1550 | 963186 |
| 中山 | 884 | 38788 | 45 | 1316 | 207 | 11210 |
| 惠州 | 303 | 23626 | 120 | 13095 | | |
| 肇庆 | 1037 | 127712 | 215 | 19643 | 426 | 62579 |

2-24 续表 1

| 地 区 | #水产品类 | | #蔬菜类 | | #干鲜果品类 | |
|---|---|---|---|---|---|---|
| | 摊位数（个） | 成交额（万元） | 摊位数（个） | 成交额（万元） | 摊位数（个） | 成交额（万元） |
| **三大地带** | **61923** | **25891594** | **109526** | **24612834** | **46565** | **25393078** |
| **环 渤 海** | **16415** | **7402248** | **41079** | **9859176** | **16345** | **8601594** |
| 北 京 | 3964 | 2237858 | 9131 | 5107702 | 5596 | 5381963 |
| 天 津 | 1633 | 1775822 | 6823 | 1409114 | 2642 | 1146738 |
| 唐 山 | 457 | 109939 | 1549 | 505748 | 436 | 216643 |
| 沈 阳 | 2323 | 1074960 | 1207 | 191665 | 1449 | 738356 |
| 大 连 | 2107 | 911657 | 1877 | 427051 | 1303 | 315037 |
| 济 南 | 1492 | 680995 | 3206 | 749858 | 2617 | 189122 |
| 青 岛 | 4439 | 611017 | 17286 | 1468038 | 2302 | 613735 |
| **长 三 角** | **39730** | **17032467** | **55254** | **10975179** | **23031** | **11412572** |
| 上 海 | 4658 | 2754606 | 6381 | 1545744 | 2105 | 1192459 |
| 南 京 | 1679 | 1002106 | 2754 | 602832 | 875 | 455794 |
| 苏 州 | 2933 | 1491374 | 3138 | 808105 | 2089 | 886836 |
| 无 锡 | 1043 | 448966 | 2584 | 460447 | 1286 | 660494 |
| 常 州 | 875 | 983925 | 1609 | 802681 | 645 | 428857 |
| 镇 江 | 103 | 23587 | 319 | 71388 | 181 | 227153 |
| 南 通 | 3960 | 764060 | 5501 | 515400 | 2018 | 772215 |
| 扬 州 | 1591 | 508981 | 2447 | 1452361 | 864 | 1098857 |
| 泰 州 | 637 | 336832 | 941 | 164656 | 141 | 66596 |
| 杭 州 | 3570 | 2047684 | 9590 | 880411 | 3630 | 1994929 |
| 宁 波 | 7584 | 2276174 | 7907 | 1399206 | 1864 | 630305 |
| 嘉 兴 | 1427 | 250150 | 2694 | 836728 | 2587 | 1686707 |
| 湖 州 | 1519 | 528230 | 3074 | 437292 | 1253 | 495580 |
| 绍 兴 | 955 | 504309 | 2634 | 534820 | 998 | 469049 |
| 舟 山 | 1976 | 1113385 | 1032 | 55141 | 43 | 5100 |
| 台 州 | 5220 | 1998098 | 2649 | 407967 | 2452 | 341641 |
| **珠 三 角** | **5778** | **1456879** | **13193** | **3778479** | **7189** | **5378912** |
| 广 州 | 1318 | 465225 | 3825 | 1134490 | 934 | 1776739 |
| 深 圳 | 1556 | 427992 | 2948 | 1192744 | 2021 | 901856 |
| 珠 海 | 679 | 242849 | 1383 | 557374 | 451 | 670667 |
| 佛 山 | 1036 | 186226 | 2260 | 253307 | 183 | 40772 |
| 江 门 | 224 | 27286 | 433 | 8433 | 302 | 267972 |
| 东 莞 | 502 | 75120 | 1867 | 604640 | 3027 | 1698297 |
| 中 山 | 365 | 13532 | 239 | 6588 | 28 | 6142 |
| 惠 州 | | | | | 183 | 10531 |
| 肇 庆 | 98 | 18649 | 238 | 20903 | 60 | 5936 |

2-24 续表 2

| 地　区 | 饮料类 | | 烟酒类 | | 服装、鞋帽、针纺织品类 | |
|---|---|---|---|---|---|---|
| | 摊位数（个） | 成交额（万元） | 摊位数（个） | 成交额（万元） | 摊位数（个） | 成交额（万元） |
| **三大地带** | **11885** | **4323592** | **10108** | **4362828** | **350949** | **103992613** |
| **环 渤 海** | **3640** | **1071034** | **4029** | **1543398** | **91044** | **11354866** |
| 北　京 | 1095 | 520833 | 1276 | 887688 | 24097 | 830022 |
| 天　津 | 438 | 117994 | 418 | 172788 | 7802 | 588541 |
| 唐　山 | 263 | 63934 | 192 | 67708 | 4603 | 1018593 |
| 沈　阳 | 50 | 5334 | 49 | 2756 | 22106 | 3776183 |
| 大　连 | 315 | 114501 | 252 | 146329 | 11577 | 1642089 |
| 济　南 | 812 | 180551 | 110 | 5007 | 4211 | 450280 |
| 青　岛 | 667 | 67887 | 1732 | 261122 | 16648 | 3049158 |
| **长 三 角** | **7140** | **3058154** | **5405** | **2520054** | **192574** | **80324929** |
| 上　海 | 778 | 61034 | 916 | 172807 | 8299 | 784768 |
| 南　京 | 362 | 447860 | 208 | 547726 | 6575 | 676021 |
| 苏　州 | 205 | 173703 | 424 | 597247 | 31838 | 26334613 |
| 无　锡 | 346 | 114825 | 154 | 61868 | 7024 | 1536946 |
| 常　州 | 1172 | 938780 | 348 | 113299 | 5379 | 748620 |
| 镇　江 | 38 | 2180 | 162 | 38010 | 1838 | 264969 |
| 南　通 | 733 | 104435 | 748 | 120285 | 14741 | 10761195 |
| 扬　州 | 161 | 36883 | 271 | 45903 | 4612 | 936794 |
| 泰　州 | 137 | 8967 | 219 | 10149 | 3176 | 109976 |
| 杭　州 | 1068 | 349890 | 718 | 276927 | 25783 | 5742784 |
| 宁　波 | 591 | 160327 | 675 | 259190 | 7898 | 1542514 |
| 嘉　兴 | 54 | 18311 | 52 | 45177 | 29528 | 8091081 |
| 湖　州 | 217 | 89944 | 242 | 108383 | 4501 | 2097896 |
| 绍　兴 | 1071 | 511486 | 67 | 84655 | 32491 | 19236874 |
| 舟　山 | | | | | 5 | 195 |
| 台　州 | 207 | 39529 | 201 | 38428 | 8886 | 1459683 |
| **珠 三 角** | **1105** | **194404** | **674** | **299376** | **67331** | **12312818** |
| 广　州 | 508 | 98033 | 191 | 62291 | 44000 | 8713881 |
| 深　圳 | 325 | 22996 | 151 | 152358 | 5656 | 229282 |
| 珠　海 | 28 | 1891 | 29 | 2831 | 548 | 11945 |
| 佛　山 | 73 | 26512 | 126 | 45607 | 4562 | 2052237 |
| 江　门 | 85 | 16582 | 84 | 12746 | 206 | 7908 |
| 东　莞 | 60 | 27063 | 72 | 22255 | 7253 | 644084 |
| 中　山 | 6 | 73 | 2 | 25 | 1217 | 20978 |
| 惠　州 | 10 | 945 | 9 | 1080 | 3779 | 627161 |
| 肇　庆 | 10 | 309 | 10 | 183 | 110 | 5342 |

2-24 续表 3

| 地 区 | 服装类 | | 鞋帽类 | | 针纺织品类 | |
|---|---|---|---|---|---|---|
| | 摊位数（个） | 成交额（万元） | 摊位数（个） | 成交额（万元） | 摊位数（个） | 成交额（万元） |
| **三大地带** | **189453** | **33124965** | **40734** | **6720253** | **120762** | **64147395** |
| **环 渤 海** | **60625** | **6806201** | **14251** | **1868125** | **16168** | **2680540** |
| 北 京 | 18266 | 571922 | 2360 | 97878 | 3471 | 160222 |
| 天 津 | 5501 | 394025 | 1432 | 133495 | 869 | 61021 |
| 唐 山 | 3055 | 400590 | 903 | 428978 | 645 | 189025 |
| 沈 阳 | 12309 | 2508509 | 3766 | 253982 | 6031 | 1013692 |
| 大 连 | 6782 | 887482 | 2111 | 280414 | 2684 | 474193 |
| 济 南 | 2940 | 222070 | 1129 | 220440 | 142 | 7770 |
| 青 岛 | 11772 | 1821603 | 2550 | 452938 | 2326 | 774617 |
| **长 三 角** | **92790** | **22569545** | **18325** | **3714629** | **81459** | **54040755** |
| 上 海 | 6508 | 703818 | 526 | 28716 | 1265 | 52234 |
| 南 京 | 4073 | 478945 | 875 | 74665 | 1627 | 122411 |
| 苏 州 | 18415 | 10075746 | 3440 | 1218530 | 9983 | 15040337 |
| 无 锡 | 2583 | 676541 | 1534 | 439272 | 2907 | 421133 |
| 常 州 | 2971 | 276480 | 888 | 90113 | 1520 | 382027 |
| 镇 江 | 978 | 85422 | 688 | 159160 | 172 | 20387 |
| 南 通 | 2379 | 187665 | 1153 | 113717 | 11209 | 10459813 |
| 扬 州 | 813 | 191390 | 1472 | 343007 | 2327 | 402397 |
| 泰 州 | 2315 | 73678 | 505 | 22988 | 356 | 13310 |
| 杭 州 | 17699 | 2830653 | 2151 | 87698 | 5933 | 2824433 |
| 宁 波 | 5149 | 848649 | 884 | 322858 | 1865 | 371007 |
| 嘉 兴 | 19994 | 4189643 | 273 | 333785 | 9261 | 3567653 |
| 湖 州 | 2427 | 825145 | 315 | 49245 | 1759 | 1223506 |
| 绍 兴 | 2156 | 225805 | 330 | 71181 | 30005 | 18939888 |
| 舟 山 | 5 | 195 | | | | |
| 台 州 | 4325 | 899770 | 3291 | 359694 | 1270 | 200219 |
| **珠 三 角** | **36038** | **3749219** | **8158** | **1137499** | **23135** | **7426100** |
| 广 州 | 23998 | 2839837 | 5427 | 887494 | 14575 | 4986550 |
| 深 圳 | 3081 | 111179 | 1384 | 46662 | 1191 | 71441 |
| 珠 海 | 453 | 7492 | 79 | 2595 | 16 | 1858 |
| 佛 山 | 611 | 68662 | 146 | 22486 | 3805 | 1961089 |
| 江 门 | 186 | 6545 | 14 | 822 | 6 | 541 |
| 东 莞 | 3930 | 269275 | 80 | 1640 | 3243 | 373169 |
| 中 山 | 1129 | 19466 | 88 | 1512 | | |
| 惠 州 | 2560 | 421926 | 929 | 173843 | 290 | 31392 |
| 肇 庆 | 90 | 4837 | 11 | 445 | 9 | 60 |

2-24 续表 4

| 地区 | 化妆品类 | | 金银珠宝类 | | 日用品类 | |
|---|---|---|---|---|---|---|
| | 摊位数（个） | 成交额（万元） | 摊位数（个） | 成交额（万元） | 摊位数（个） | 成交额（万元） |
| **三大地带** | **6579** | **826606** | **6250** | **3536668** | **69181** | **13048521** |
| **环渤海** | **2575** | **263866** | **1869** | **415296** | **20536** | **3311446** |
| 北京 | 962 | 42825 | 672 | 169462 | 7500 | 811106 |
| 天津 | 240 | 18378 | 5 | 317 | 1783 | 205845 |
| 唐山 | 201 | 43872 | 11 | 26331 | 464 | 80665 |
| 沈阳 | 302 | 13067 | | | 4331 | 740424 |
| 大连 | 436 | 110418 | 92 | 24005 | 1821 | 526388 |
| 济南 | 37 | 2240 | 25 | 950 | 735 | 26570 |
| 青岛 | 397 | 33066 | 1064 | 194231 | 3902 | 920448 |
| **长三角** | **1633** | **382480** | **1938** | **2965608** | **33166** | **7893692** |
| 上海 | 54 | 7654 | 40 | 4754 | 1642 | 1972569 |
| 南京 | 58 | 5686 | 23 | 4043 | 2715 | 416747 |
| 苏州 | 35 | 10719 | 235 | 823285 | 2819 | 640060 |
| 无锡 | 222 | 50457 | 80 | 7973 | 5226 | 1381797 |
| 常州 | 58 | 16696 | 22 | 11487 | 6275 | 1352432 |
| 镇江 | 37 | 1523 | 7 | 912 | 189 | 3189 |
| 南通 | 196 | 60807 | 22 | 2806 | 1155 | 139641 |
| 扬州 | 38 | 85923 | | | 1043 | 217780 |
| 泰州 | 304 | 22736 | | | 478 | 15189 |
| 杭州 | 253 | 10611 | 365 | 1100563 | 4997 | 600230 |
| 宁波 | 162 | 30352 | | | 2305 | 377155 |
| 嘉兴 | 33 | 2298 | 4 | 258 | 669 | 138028 |
| 湖州 | 57 | 46606 | 2 | 120 | 174 | 56984 |
| 绍兴 | 5 | 83 | 1137 | 1001357 | 652 | 241581 |
| 舟山 | | | | | 6 | 223 |
| 台州 | 121 | 30329 | 1 | 8050 | 2821 | 340087 |
| **珠三角** | **2371** | **180260** | **2443** | **155764** | **15479** | **1843383** |
| 广州 | 2024 | 111594 | 739 | 52659 | 12380 | 1603719 |
| 深圳 | 124 | 1720 | 787 | 37102 | 1555 | 45548 |
| 珠海 | 19 | 528 | 3 | 59 | 91 | 3967 |
| 佛山 | 32 | 17790 | 2 | 15 | 571 | 134407 |
| 江门 | 12 | 433 | | | 337 | 13890 |
| 东莞 | 2 | 25 | | | 25 | 1950 |
| 中山 | | | | | 2 | 69 |
| 惠州 | 158 | 48170 | 240 | 25803 | 443 | 34700 |
| 肇庆 | | | 672 | 40126 | 75 | 5133 |

2-24　续表 5

| 地　区 | #儿童玩具类 | | 五金、电料类 | | 体育、娱乐用品类 | |
|---|---|---|---|---|---|---|
| | 摊位数（个） | 成交额（万元） | 摊位数（个） | 成交额（万元） | 摊位数（个） | 成交额（万元） |
| **三大地带** | **8418** | **1294673** | **42990** | **10411170** | **3555** | **643637** |
| **环 渤 海** | **4073** | **341926** | **7659** | **2144369** | **1710** | **250222** |
| 北　京 | 1376 | 40651 | 1639 | 255795 | 847 | 167044 |
| 天　津 | 131 | 33015 | 2663 | 1199004 | 101 | 11494 |
| 唐　山 | 173 | 47929 | 277 | 101199 | 128 | 42924 |
| 沈　阳 | 686 | 65140 | 923 | 17358 | | |
| 大　连 | 139 | 5146 | 791 | 221663 | 53 | 2219 |
| 济　南 | 45 | 3647 | 410 | 4831 | 150 | 5157 |
| 青　岛 | 1523 | 146398 | 956 | 344519 | 431 | 21384 |
| **长 三 角** | **3098** | **831764** | **28151** | **6502529** | **1251** | **307412** |
| 上　海 | 63 | 26047 | 4316 | 274444 | 266 | 43871 |
| 南　京 | 252 | 35543 | 821 | 234455 | 37 | 4435 |
| 苏　州 | 407 | 95765 | 2999 | 569022 | 254 | 130666 |
| 无　锡 | 492 | 383396 | 3397 | 921540 | 68 | 21831 |
| 常　州 | 163 | 29668 | 1929 | 583691 | 9 | 11008 |
| 镇　江 | 99 | 1607 | 29 | 2204 | 4 | 322 |
| 南　通 | 440 | 39749 | 1473 | 176340 | 126 | 21377 |
| 扬　州 | 455 | 126056 | 929 | 440532 | | |
| 泰　州 | 128 | 6639 | 1125 | 303007 | 143 | 5872 |
| 杭　州 | 159 | 17288 | 4139 | 1587183 | 65 | 11849 |
| 宁　波 | 158 | 3892 | 2398 | 442297 | 89 | 2869 |
| 嘉　兴 | 7 | 236 | 305 | 14319 | | |
| 湖　州 | 37 | 27734 | 405 | 66685 | 11 | 915 |
| 绍　兴 | 78 | 17585 | 1077 | 458978 | 5 | 8542 |
| 舟　山 | | | | | | |
| 台　州 | 160 | 20559 | 2809 | 427832 | 174 | 43855 |
| **珠 三 角** | **1247** | **120983** | **7180** | **1764272** | **594** | **86003** |
| 广　州 | 175 | 6311 | 3812 | 1009118 | 121 | 15130 |
| 深　圳 | 395 | 11599 | 1134 | 80230 | 351 | 39483 |
| 珠　海 | 31 | 1526 | 21 | 1001 | 8 | 598 |
| 佛　山 | 272 | 73955 | 222 | 79726 | 57 | 25526 |
| 江　门 | 42 | 1008 | 13 | 745 | 10 | 388 |
| 东　莞 | 7 | 590 | 1838 | 580844 | 1 | 9 |
| 中　山 | | | | | | |
| 惠　州 | 310 | 25987 | 140 | 12608 | 46 | 4869 |
| 肇　庆 | 15 | 7 | | | | |

2-24 续表 6

| 地区 | #照相器材类 | | 书报杂志类 | | 电子出版物及音像制品类 | |
|---|---|---|---|---|---|---|
| | 摊位数(个) | 成交额(万元) | 摊位数(个) | 成交额(万元) | 摊位数(个) | 成交额(万元) |
| **三大地带** | **358** | **44484** | **870** | **142794** | **1158** | **176995** |
| **环渤海** | **43** | **3099** | **334** | **33691** | **259** | **29923** |
| 北京 | 5 | 416 | 194 | 23086 | 13 | 761 |
| 天津 | | | 13 | 175 | 19 | 2229 |
| 唐山 | 31 | 2435 | 3 | 1000 | 36 | 4337 |
| 沈阳 | | | | | 5 | 31 |
| 大连 | 7 | 248 | 28 | 424 | 121 | 17683 |
| 济南 | | | 15 | 230 | | |
| 青岛 | | | 81 | 8776 | 65 | 4882 |
| **长三角** | **199** | **37589** | **428** | **83987** | **357** | **35386** |
| 上海 | 184 | 36079 | 7 | 2379 | 86 | 7401 |
| 南京 | | | 96 | 39966 | 16 | 6015 |
| 苏州 | | | 1 | 43 | 2 | 464 |
| 无锡 | 2 | 85 | 141 | 8371 | 114 | 5571 |
| 常州 | | | 2 | 32 | 24 | 2421 |
| 镇江 | 2 | 210 | 5 | 145 | 8 | 207 |
| 南通 | 11 | 1215 | 94 | 19045 | 62 | 6835 |
| 扬州 | | | 4 | 466 | 2 | 69 |
| 泰州 | | | 2 | 5 | 21 | 350 |
| 杭州 | | | 70 | 13500 | 3 | 32 |
| 宁波 | | | 5 | 19 | | |
| 嘉兴 | | | | | | |
| 湖州 | | | | | 11 | 990 |
| 绍兴 | | | 1 | 16 | 3 | 4431 |
| 舟山 | | | | | | |
| 台州 | | | | | 5 | 600 |
| **珠三角** | **116** | **3796** | **108** | **25116** | **542** | **111686** |
| 广州 | 108 | 3391 | 102 | 25089 | 13 | 76 |
| 深圳 | | | | | 427 | 28494 |
| 珠海 | 8 | 405 | 1 | 8 | | |
| 佛山 | | | 2 | 18 | 72 | 79790 |
| 江门 | | | | | 1 | 140 |
| 东莞 | | | | | | |
| 中山 | | | | | | |
| 惠州 | | | | | 29 | 3186 |
| 肇庆 | | | 3 | 1 | | |

2-24 续表 7

| 地区 | 家用电器和音像器材类 | | 中西药品类 | | #西药类 | |
|---|---|---|---|---|---|---|
| | 摊位数（个） | 成交额（万元） | 摊位数（个） | 成交额（万元） | 摊位数（个） | 成交额（万元） |
| **三大地带** | **7760** | **1312831** | **935** | **371546** | **159** | **208523** |
| **环渤海** | **3150** | **465155** | **110** | **13424** | **71** | **10750** |
| 北京 | 873 | 136151 | 32 | 4402 | 22 | 2967 |
| 天津 | 91 | 9683 | 19 | 271 | 13 | 137 |
| 唐山 | 113 | 83784 | 14 | 6600 | 14 | 6600 |
| 沈阳 | 500 | 16623 | | | | |
| 大连 | 473 | 170896 | 8 | 525 | 5 | 435 |
| 济南 | 480 | 3460 | | | | |
| 青岛 | 620 | 44558 | 37 | 1626 | 17 | 611 |
| **长三角** | **2859** | **662825** | **363** | **342756** | **78** | **196551** |
| 上海 | 245 | 34964 | 186 | 41159 | 4 | 1159 |
| 南京 | 69 | 12064 | | | | |
| 苏州 | 688 | 32528 | 1 | 48 | 1 | 48 |
| 无锡 | 148 | 100846 | 19 | 135220 | 13 | 53215 |
| 常州 | 61 | 145994 | 9 | 135167 | 9 | 135167 |
| 镇江 | 25 | 1454 | 34 | 1975 | 18 | 1380 |
| 南通 | 140 | 34527 | 36 | 6277 | 27 | 5304 |
| 扬州 | 40 | 988 | 7 | 205 | 4 | 109 |
| 泰州 | 236 | 44601 | | | | |
| 杭州 | 409 | 119053 | 4 | 575 | 2 | 169 |
| 宁波 | 245 | 51329 | | | | |
| 嘉兴 | 9 | 336 | | | | |
| 湖州 | 5 | 200 | 8 | 454 | | |
| 绍兴 | 123 | 6918 | | | | |
| 舟山 | | | | | | |
| 台州 | 416 | 77023 | 59 | 21676 | | |
| **珠三角** | **1751** | **184851** | **462** | **15366** | **10** | **1222** |
| 广州 | 980 | 129763 | 422 | 13031 | 3 | 943 |
| 深圳 | 573 | 26401 | 9 | 780 | 3 | 50 |
| 珠海 | | | 5 | 660 | 1 | 158 |
| 佛山 | 50 | 12946 | 10 | 138 | | |
| 江门 | | | 5 | 590 | | |
| 东莞 | | | 5 | 159 | 3 | 71 |
| 中山 | | | | | | |
| 惠州 | 146 | 15732 | | | | |
| 肇庆 | 2 | 9 | 6 | 8 | | |

2-24 续表 8

| 地区 | #中草药及中成药类 | | 文化办公用品类 | | #计算机及其配套产品 | |
|---|---|---|---|---|---|---|
| | 摊位数（个） | 成交额（万元） | 摊位数（个） | 成交额（万元） | 摊位数（个） | 成交额（万元） |
| **三大地带** | **671** | **128831** | **22397** | **3429372** | **10188** | **1424816** |
| **环渤海** | **14** | **1523** | **7924** | **1313573** | **1166** | **191717** |
| 北京 | 10 | 1435 | 3773 | 726772 | 51 | 5348 |
| 天津 | 3 | 64 | 508 | 41695 | 7 | 12 |
| 唐山 | | | 366 | 107948 | 3 | 2700 |
| 沈阳 | | | | | | |
| 大连 | 1 | 24 | 2123 | 264158 | 584 | 41269 |
| 济南 | | | 440 | 18853 | 90 | 12100 |
| 青岛 | | | 714 | 154147 | 431 | 130288 |
| **长三角** | **213** | **114032** | **8066** | **1551195** | **4195** | **764702** |
| 上海 | 182 | 40000 | 485 | 99621 | 314 | 62073 |
| 南京 | | | 342 | 68435 | 215 | 49850 |
| 苏州 | | | 386 | 162270 | | |
| 无锡 | 3 | 72005 | 683 | 139023 | 236 | 69763 |
| 常州 | | | 420 | 63876 | 310 | 39524 |
| 镇江 | 16 | 595 | 15 | 1076 | 6 | 660 |
| 南通 | 9 | 972 | 403 | 74390 | 44 | 7250 |
| 扬州 | 1 | 54 | 354 | 235949 | 201 | 86950 |
| 泰州 | | | 131 | 3016 | 18 | 170 |
| 杭州 | 2 | 406 | 2257 | 255721 | 987 | 133968 |
| 宁波 | | | 1069 | 185382 | 656 | 136268 |
| 嘉兴 | | | 83 | 20559 | 67 | 18120 |
| 湖州 | | | 23 | 21755 | | |
| 绍兴 | | | 251 | 61798 | 180 | 52316 |
| 舟山 | | | | | | |
| 台州 | | | 1164 | 158324 | 961 | 107790 |
| **珠三角** | **444** | **13276** | **6407** | **564604** | **4827** | **468397** |
| 广州 | 419 | 12088 | 1645 | 314788 | 1158 | 266233 |
| 深圳 | 6 | 730 | 4279 | 197995 | 3439 | 183488 |
| 珠海 | 3 | 312 | 7 | 358 | | |
| 佛山 | 10 | 138 | 288 | 33710 | 230 | 18676 |
| 江门 | | | 21 | 480 | | |
| 东莞 | | | 20 | 1154 | | |
| 中山 | | | | | | |
| 惠州 | | | 147 | 16119 | | |
| 肇庆 | 6 | 8 | | | | |

2-24 续表 9

| 地 区 | 家具类 | | 通讯器材类 | | 煤炭及制品类 | |
|---|---|---|---|---|---|---|
| | 摊位数（个） | 成交额（万元） | 摊位数（个） | 成交额（万元） | 摊位数（个） | 成交额（万元） |
| **三大地带** | **34387** | **5336126** | **10139** | **979692** | **3016** | **2997054** |
| **环渤海** | **11924** | **1656869** | **1422** | **234422** | **2790** | **1488941** |
| 北 京 | 5162 | 817131 | 636 | 150870 | 1 | 2 |
| 天 津 | 433 | 35181 | 75 | 31712 | 2779 | 1484768 |
| 唐 山 | 153 | 11838 | 38 | 16600 | 5 | 4100 |
| 沈 阳 | 2017 | 176184 | 2 | 102 | | |
| 大 连 | 1501 | 95128 | 220 | 11690 | | |
| 济 南 | 973 | 163536 | 215 | 2959 | | |
| 青 岛 | 1685 | 357871 | 236 | 20489 | 5 | 71 |
| **长三角** | **21611** | **3598095** | **3342** | **357338** | **186** | **1506463** |
| 上 海 | 2678 | 205648 | 67 | 10227 | | |
| 南 京 | 1610 | 325391 | 2 | 22 | | |
| 苏 州 | 5070 | 1166440 | 948 | 35562 | 5 | 2502 |
| 无 锡 | 847 | 126893 | 195 | 36208 | 66 | 496191 |
| 常 州 | 737 | 154940 | 125 | 10505 | | |
| 镇 江 | 15 | 1498 | 24 | 1403 | 8 | 312 |
| 南 通 | 861 | 124037 | 71 | 17471 | | |
| 扬 州 | 692 | 145118 | | | | |
| 泰 州 | 1301 | 71183 | | | 38 | 2910 |
| 杭 州 | 1814 | 253728 | 731 | 117050 | | |
| 宁 波 | 1531 | 289097 | | | 56 | 988708 |
| 嘉 兴 | 225 | 24930 | | | | |
| 湖 州 | 1452 | 351494 | 2 | 200 | 2 | 150 |
| 绍 兴 | 1176 | 260783 | | | 11 | 15690 |
| 舟 山 | 1439 | 50070 | | | | |
| 台 州 | 163 | 46845 | 1177 | 128690 | | |
| **珠三角** | **852** | **81162** | **5375** | **387932** | **40** | **1650** |
| 广 州 | 362 | 18367 | 407 | 48690 | | |
| 深 圳 | 298 | 26456 | 4858 | 310564 | | |
| 珠 海 | | | 5 | 239 | | |
| 佛 山 | 188 | 36033 | 13 | 18905 | | |
| 江 门 | | | 1 | 23 | | |
| 东 莞 | 4 | 306 | | | 40 | 1650 |
| 中 山 | | | | | | |
| 惠 州 | | | 88 | 9495 | | |
| 肇 庆 | | | 3 | 16 | | |

2-24 续表 10

| 地区 | 木材及制品类 | | 石油及制品类 | | 化工材料及制品类 | |
|---|---|---|---|---|---|---|
| | 摊位数（个） | 成交额（万元） | 摊位数（个） | 成交额（万元） | 摊位数（个） | 成交额（万元） |
| **三大地带** | **13947** | **3746780** | **870** | **19450016** | **18482** | **27211952** |
| **环渤海** | **1532** | **213623** | **202** | **5305358** | **451** | **358699** |
| 北京 | 277 | 24320 | | | 45 | 19208 |
| 天津 | 62 | 18629 | | | 310 | 324347 |
| 唐山 | 133 | 2524 | 3 | 3100 | 9 | 5600 |
| 沈阳 | 291 | 58902 | | | 1 | 72 |
| 大连 | 468 | 21836 | 180 | 5300000 | 86 | 9472 |
| 济南 | | | | | | |
| 青岛 | 301 | 87412 | 19 | 2258 | | |
| **长三角** | **10444** | **2831782** | **668** | **14144658** | **13411** | **22541914** |
| 上海 | 1662 | 793612 | 584 | 11402950 | 787 | 1328749 |
| 南京 | 86 | 28578 | | | | |
| 苏州 | 637 | 263850 | | | 5959 | 6696407 |
| 无锡 | 677 | 31880 | | | 866 | 4060192 |
| 常州 | 3350 | 573009 | | | 1370 | 1830951 |
| 镇江 | 7 | 274 | 10 | 307 | 50 | 93181 |
| 南通 | 371 | 42433 | | | 31 | 16875 |
| 扬州 | 238 | 115949 | | | | |
| 泰州 | | | | | 94 | 11616 |
| 杭州 | 413 | 121986 | 3 | 213263 | 315 | 467939 |
| 宁波 | 154 | 54178 | 69 | 2527428 | 3260 | 7519914 |
| 嘉兴 | | | | | 8 | 6370 |
| 湖州 | 2211 | 747213 | | | 5 | 510 |
| 绍兴 | 183 | 34790 | 2 | 710 | 314 | 347860 |
| 舟山 | | | | | | |
| 台州 | 455 | 24030 | | | 352 | 161350 |
| **珠三角** | **1971** | **701375** | | | **4620** | **4311339** |
| 广州 | 183 | 25845 | | | 20 | 5154 |
| 深圳 | 49 | 5100 | | | 397 | 200275 |
| 珠海 | 2 | 160 | | | | |
| 佛山 | | | | | | |
| 江门 | | | | | 2 | 57 |
| 东莞 | 1737 | 670270 | | | 4201 | 4105853 |
| 中山 | | | | | | |
| 惠州 | | | | | | |
| 肇庆 | | | | | | |

2-24　续表 11

| 地　　区 | #化肥类 | | 金属材料类 | | 建筑及装潢材料类 | |
|---|---|---|---|---|---|---|
| | 摊位数（个） | 成交额（万元） | 摊位数（个） | 成交额（万元） | 摊位数（个） | 成交额（万元） |
| **三大地带** | **107** | **21273** | **34871** | **118269042** | **91397** | **16484559** |
| **环 渤 海** | **9** | **6821** | **7020** | **6684903** | **15288** | **2237286** |
| 北　　京 | | | 449 | 50140 | 4789 | 790209 |
| 天　　津 | 6 | 4021 | 1189 | 2875810 | 1723 | 196414 |
| 唐　　山 | 3 | 2800 | 497 | 427245 | 510 | 49176 |
| 沈　　阳 | | | 3765 | 2062344 | 3524 | 524354 |
| 大　　连 | | | 114 | 41000 | 1419 | 94932 |
| 济　　南 | | | 495 | 158780 | 786 | 128430 |
| 青　　岛 | | | 511 | 1069584 | 2537 | 453771 |
| **长 三 角** | **96** | **14395** | **25928** | **108166409** | **70871** | **13361159** |
| 上　　海 | | | 2871 | 59555185 | 14115 | 2544307 |
| 南　　京 | | | 720 | 1239920 | 10888 | 825436 |
| 苏　　州 | | | 2384 | 9144864 | 5836 | 643096 |
| 无　　锡 | 8 | 6092 | 5883 | 14532507 | 3332 | 1206153 |
| 常　　州 | | | 867 | 2766950 | 3593 | 1883761 |
| 镇　　江 | 3 | 833 | 154 | 1727966 | 927 | 207109 |
| 南　　通 | 7 | 155 | 505 | 95428 | 3368 | 663902 |
| 扬　　州 | | | 557 | 283108 | 2328 | 563774 |
| 泰　　州 | 76 | 5925 | 517 | 522956 | 2413 | 327638 |
| 杭　　州 | 2 | 1390 | 3201 | 6940112 | 7803 | 1344659 |
| 宁　　波 | | | 4101 | 9427657 | 3758 | 1350758 |
| 嘉　　兴 | | | 1213 | 511135 | 5065 | 744099 |
| 湖　　州 | | | | | 2639 | 317615 |
| 绍　　兴 | | | 1725 | 1151221 | 1408 | 385742 |
| 舟　　山 | | | | | | |
| 台　　州 | | | 1230 | 267400 | 3398 | 353110 |
| **珠 三 角** | **2** | **57** | **1923** | **3417730** | **5238** | **886114** |
| 广　　州 | | | 548 | 2787400 | 2342 | 225448 |
| 深　　圳 | | | 18 | 1500 | 215 | 29062 |
| 珠　　海 | | | 2 | 127 | | |
| 佛　　山 | | | 648 | 466543 | 2237 | 616276 |
| 江　　门 | 2 | 57 | | | | |
| 东　　莞 | | | 707 | 162160 | 444 | 15328 |
| 中　　山 | | | | | | |
| 惠　　州 | | | | | | |
| 肇　　庆 | | | | | | |

2-24 续表 12

| 地区 | 机电产品及设备类 | | #农机类 | | 汽车类 | |
|---|---|---|---|---|---|---|
| | 摊位数（个） | 成交额（万元） | 摊位数（个） | 成交额（万元） | 摊位数（个） | 成交额（万元） |
| **三大地带** | **12220** | **3145852** | **1136** | **168133** | **30968** | **38500187** |
| **环渤海** | **2905** | **624760** | **280** | **76898** | **11864** | **15667557** |
| 北京 | 305 | 108620 | | | 3438 | 9740977 |
| 天津 | 749 | 334936 | 1 | 26 | 1289 | 1817817 |
| 唐山 | 500 | 23720 | 4 | 2400 | 243 | 54727 |
| 沈阳 | 359 | 16633 | | | 2524 | 821351 |
| 大连 | 610 | 40000 | | | 2370 | 1830600 |
| 济南 | 143 | 27793 | 38 | 1783 | 972 | 998177 |
| 青岛 | 239 | 73058 | 237 | 72689 | 1028 | 403908 |
| **长三角** | **8546** | **2332932** | **856** | **91235** | **15114** | **17455765** |
| 上海 | 596 | 101436 | 20 | 3135 | 2255 | 2484731 |
| 南京 | 44 | 7550 | 20 | 3659 | 118 | 227429 |
| 苏州 | 1467 | 182135 | 235 | 2700 | 319 | 855928 |
| 无锡 | 56 | 58142 | 8 | 1521 | 1128 | 1992488 |
| 常州 | 1164 | 215340 | 386 | 53612 | 1240 | 1793091 |
| 镇江 | 920 | 176902 | 82 | 10965 | 4 | 2416 |
| 南通 | 236 | 45689 | 48 | 6845 | 387 | 185305 |
| 扬州 | 234 | 26352 | 57 | 8798 | 361 | 68336 |
| 泰州 | 454 | 291648 | | | | |
| 杭州 | 1171 | 579370 | | | 6103 | 5477138 |
| 宁波 | 143 | 53723 | | | 328 | 612356 |
| 嘉兴 | 346 | 15608 | | | 1770 | 1062388 |
| 湖州 | 67 | 17350 | | | 508 | 281520 |
| 绍兴 | 254 | 65343 | | | 1 | 126 |
| 舟山 | 881 | 401600 | | | 1 | 51393 |
| 台州 | 513 | 94744 | | | 591 | 2361120 |
| **珠三角** | **769** | **188160** | | | **3990** | **5376865** |
| 广州 | 363 | 40409 | | | 2747 | 1916035 |
| 深圳 | 173 | 87184 | | | 86 | 153600 |
| 珠海 | | | | | | |
| 佛山 | 181 | 46187 | | | 259 | 1579195 |
| 江门 | 50 | 14330 | | | | |
| 东莞 | 2 | 50 | | | 810 | 283512 |
| 中山 | | | | | | |
| 惠州 | | | | | 88 | 1444523 |
| 肇庆 | | | | | | |

2-24 续表 13

| 地　区 | 种子饲料类 | | 棉麻类 | | 其他类 | |
|---|---|---|---|---|---|---|
| | 摊位数（个） | 成交额（万元） | 摊位数（个） | 成交额（万元） | 摊位数（个） | 成交额（万元） |
| **三大地带** | **545** | **81031** | **1539** | **2616830** | **45059** | **9027260** |
| **环 渤 海** | **254** | **16444** | **60** | **750** | **16010** | **934501** |
| 北　京 | 6 | 238 | 60 | 750 | 7847 | 517670 |
| 天　津 | 7 | 1365 | | | 790 | 29002 |
| 唐　山 | 5 | 2900 | | | 938 | 33190 |
| 沈　阳 | 223 | 11625 | | | 1990 | 175959 |
| 大　连 | | | | | 2247 | 65737 |
| 济　南 | | | | | 1851 | 78099 |
| 青　岛 | 13 | 316 | | | 347 | 34844 |
| **长 三 角** | **274** | **63788** | **1479** | **2616080** | **23069** | **6948518** |
| 上　海 | 9 | 1119 | 23 | 1770 | 3701 | 533433 |
| 南　京 | | | | | 562 | 47389 |
| 苏　州 | 8 | 232 | 21 | 1750 | 2363 | 832868 |
| 无　锡 | | | | | 837 | 87205 |
| 常　州 | 8 | 578 | 549 | 1487687 | 3322 | 1965900 |
| 镇　江 | 4 | 263 | | | 1255 | 291665 |
| 南　通 | 85 | 20413 | 135 | 62446 | 1535 | 460173 |
| 扬　州 | 5 | 109 | | | 1445 | 534073 |
| 泰　州 | | | | | 740 | 91628 |
| 杭　州 | | | 100 | 20000 | 2224 | 501683 |
| 宁　波 | 148 | 40655 | 261 | 189427 | 1119 | 544346 |
| 嘉　兴 | | | 390 | 853000 | 1055 | 238200 |
| 湖　州 | 5 | 391 | | | 316 | 44800 |
| 绍　兴 | 2 | 28 | | | 1258 | 654359 |
| 舟　山 | | | | | | |
| 台　州 | | | | | 1337 | 120796 |
| **珠 三 角** | **17** | **799** | | | **5980** | **1144241** |
| 广　州 | 12 | 327 | | | 2288 | 510006 |
| 深　圳 | | | | | 2788 | 506133 |
| 珠　海 | | | | | 164 | 3528 |
| 佛　山 | 4 | 451 | | | 283 | 83738 |
| 江　门 | 1 | 21 | | | 83 | 10600 |
| 东　莞 | | | | | 32 | 3660 |
| 中　山 | | | | | 3 | 39 |
| 惠　州 | | | | | 199 | 21393 |
| 肇　庆 | | | | | 140 | 5144 |

# 第三部分 市场篇

简要说明：

本篇资料的主要内容是按成交额排名居前列的大型商品交易市场的名称，包括按照市场类别划分的综合市场、专业市场等。

# 3-1　前100家商品交易市场

| 顺序 | 市场名称 | 顺序 | 市场名称 |
|---|---|---|---|
| 1 | 上海物贸有色金属交易市场 | 51 | 杭州萧山商业城(杭州市) |
| 2 | 中国常熟服装城(苏州市) | 52 | 江阴市金属材料市场(无锡市) |
| 3 | 中国东方丝绸市场(苏州市) | 53 | 广州江南果菜批发市场(广州市) |
| 4 | 白沟新城市场(保定市) | 54 | 商丘农产品中心批发市场 |
| 5 | 浙江省义乌市中国小商品城(金华市) | 55 | 湖南省三湘南湖大市场(长沙市) |
| 6 | 中国轻纺城(绍兴市) | 56 | 江苏湖塘纺织城(常州市) |
| 7 | 张家港玖隆物流园企业管理有限公司(苏州市) | 57 | 浙江新世纪金属材料现货市场(杭州市) |
| 8 | 成都国际商贸城 | 58 | 沧州崔尔庄红枣批发市场 |
| 9 | 张家港保税区化工品交易中心(苏州市) | 59 | 洛阳市洛龙区关林市场 |
| 10 | 上海石协石化市场 | 60 | 广州钢铁交易中心 |
| 11 | 齐鲁国际塑化城(淄博市) | 61 | 武汉白沙洲农副产品大市场 |
| 12 | 叠石桥国际家纺城(南通市) | 62 | 苏州南环桥市场 |
| 13 | 北京市丰台新发地农副产品批发市场中心 | 63 | 安庆市光彩大市场 |
| 14 | 宁波镇海大宗生产资料交易中心 | 64 | 中储发展股份有限公司天津储宝分公司 |
| 15 | 博兴县兴福镇黑白铁市场(滨州市) | 65 | 临沂市万宝市场开发服务有限公司钢材市场分公司 |
| 16 | 山东泰山钢材大市场(泰安市) | 66 | 福州海峡水产品交易市场 |
| 17 | 余姚市中国塑料城(宁波市) | 67 | 重庆市观音桥农贸市场 |
| 18 | 上海石化物资交易中心 | 68 | 浙江长三角石油化工发展有限公司(宁波市) |
| 19 | 河南万邦国际农产品物流股份有限公司(郑州市) | 69 | 合肥周谷堆农产品批发市场(合肥市) |
| 20 | 海城市西柳服装市场(鞍山市) | 70 | 东莞市信立农副产品批发中心 |
| 21 | 大连石油交易所 | 71 | 即墨市服装批发市场(青岛市) |
| 22 | 钱清中国轻纺原料城(绍兴市) | 72 | 安徽省徽商钢材市场(合肥市) |
| 23 | 石家庄市新华集贸市场 | 73 | 广东西樵轻纺城(佛山市) |
| 24 | 广州市海珠区中大布匹市场 | 74 | 北京北辰亚运村汽车交易市场中心 |
| 25 | 北京市旧机动车交易市场 | 75 | 聊城大东钢管市场 |
| 26 | 盐湖区禹都市场(运城市) | 76 | 天津市王顶堤批发市场 |
| 27 | 新疆宝新恒源钢材物流园(乌鲁木齐市) | 77 | 江苏宣武集团市场(徐州市) |
| 28 | 南通市通州区志浩综合市场 | 78 | 上海外高桥钟表交易中心 |
| 29 | 浙江中国科技五金城(金华市) | 79 | 中国织里童装市场(湖州市) |
| 30 | 湖南高桥大市场(长沙市) | 80 | 北京锦绣大地农副产品批发市场 |
| 31 | 沈阳五爱小商品批发市场 | 81 | 浙江纺织采购博览城(杭州市) |
| 32 | 江苏华东石化物资交易市场(无锡市) | 82 | 东莞市大京九塑胶原料市场 |
| 33 | 长葛市新区钢材市场(许昌市) | 83 | 江苏八里钢铁市场(徐州市) |
| 34 | 南三条市场(石家庄市) | 84 | 中南汽车世界大中南汽车贸易公司(长沙市) |
| 35 | 朝天门市场(重庆市) | 85 | 南昌深圳农产品中心批发市场 |
| 36 | 江阴长江港口物流园区交易中心(无锡市) | 86 | 海吉星农产品批发市场(深圳市) |
| 37 | 南京众彩农副产品批发市场 | 87 | 常州淮都金属城 |
| 38 | 绍兴越州轻纺工贸园区市场 | 88 | 张家港保税区进口消费品市场(苏州市) |
| 39 | 张家港保税区纺织原料市场(苏州市) | 89 | 常州市武进汽车城 |
| 40 | 桐乡市濮院羊毛衫市场(嘉兴市) | 90 | 惠龙港国际钢铁物流股份有限公司(镇江市) |
| 41 | 成都濛阳农副产品综合批发交易市场 | 91 | 常州市武进夏溪花木市场 |
| 42 | 南昌市洪城大市场(南昌市) | 92 | 江津区双福国际农贸城(重庆市) |
| 43 | 长沙市红星实业集团有限公司农副产品大市场 | 93 | 安国市东方药城交易大厅(保定市) |
| 44 | 无锡招商城市场 | 94 | 东莞市华南塑胶城投资有限公司 |
| 45 | 江苏凌家塘市场 | 95 | 无锡南方不锈钢市场 |
| 46 | 大连双兴商品城(大连市) | 96 | 北京盛华宏林粮油批发市场 |
| 47 | 河北省香河家具城(廊坊市) | 97 | 宁波镇海液体化工产品交易市场 |
| 48 | 亳州市(中国)中药材交易中心 | 98 | 松北区润恒农副产品大市场(哈尔滨市) |
| 49 | 江苏东方钢材城(无锡市) | 99 | 萧山(浙江)新农都物流中心(杭州市) |
| 50 | 北京大洋路农副产品市场 | 100 | 永年县标准件市场(邯郸市) |

# 3-2 前100家综合贸易市场

| 序号 | 市场名称 | 序号 | 市场名称 |
|---|---|---|---|
| 1 | 白沟新城市场(保定市) | 51 | 蚌埠市光彩市场 |
| 2 | 浙江省义乌市中国小商品城(金华市) | 52 | 监利县天府庙大市场(荆州市) |
| 3 | 成都国际商贸城 | 53 | 赣南贸易广场(赣州市) |
| 4 | 北京市丰台新发地农副产品批发市场中心 | 54 | 深圳市福田农产品批发市场 |
| 5 | 盐湖区禹都市场(运城市) | 55 | 北京朝来万通农贸综合批发市场 |
| 6 | 浙江中国科技五金城(金华市) | 56 | 华威物流新西营里市场(福州) |
| 7 | 湖南高桥大市场(长沙市) | 57 | 北京八里桥农产品中心批发市场 |
| 8 | 南三条市场(石家庄市) | 58 | 扬州曲江商品城 |
| 9 | 朝天门市场(重庆市) | 59 | 无锡朝阳农产品大市场 |
| 10 | 南京众彩农副产品批发市场 | 60 | 湖北北盟投资集团有限公司(襄阳市) |
| 11 | 成都濛阳农副产品综合批发交易市场 | 61 | 闽南商业城批发市场(漳州市) |
| 12 | 南昌市洪城大市场 | 62 | 路南区荷花坑市场(唐山市) |
| 13 | 长沙市红星实业集团有限公司农副产品大市场 | 63 | 泰州市华东五金城市场 |
| 14 | 无锡招商城市场 | 64 | 大足区龙水五金市场(重庆市) |
| 15 | 江苏凌家塘市场(常州市) | 65 | 安徽省广德县农贸市场(宣城市) |
| 16 | 大连双兴商品城 | 66 | 中南农产品市场(佛山市) |
| 17 | 北京大洋路农副产品市场 | 67 | 山东黑马集团有限公司商贸批发市场(德州市) |
| 18 | 杭州萧山商业城 | 68 | 成都市海霸王冷藏物流交易市场 |
| 19 | 商丘农产品中心批发市场 | 69 | 慈溪市农副产品批发市场(宁波市) |
| 20 | 湖南省三湘南湖大市场(长沙市) | 70 | 四川好一新商贸城(达州市) |
| 21 | 洛阳市洛龙区关林市场 | 71 | 重庆马家岩板材批发市场 |
| 22 | 苏州南环桥市场 | 72 | 正定县恒山板材批发市场(石家庄市) |
| 23 | 安庆市光彩大市场 | 73 | 南京金桥市场 |
| 24 | 重庆市观音桥农贸市场 | 74 | 中国龙水五金旅游城(重庆市) |
| 25 | 合肥周谷堆农产品批发市场 | 75 | 安徽省广德县太极商城(宣城市) |
| 26 | 东莞市信立农副产品批发中心(东莞市) | 76 | 宜春市赣西农副新产品批发市场 |
| 27 | 天津市王顶堤批发市场 | 77 | 中国芜湖商品交易博览城 |
| 28 | 北京锦绣大地农副产品批发市场 | 78 | 阜阳临沂商城 |
| 29 | 南昌深圳农产品中心批发市场 | 79 | 宁波轻纺城 |
| 30 | 海吉星农产品批发市场(深圳市) | 80 | 湖北汉口四季美农贸市场(武汉市) |
| 31 | 张家港保税区进口消费品市场(苏州市) | 81 | 蚌埠海吉星农产品物流有限公司 |
| 32 | 松北区润恒农副产品大市场(哈尔滨市) | 82 | 张家港市青草巷农副产品批发市场(苏州市) |
| 33 | 上海江杨农产品批发市场 | 83 | 长兴县农副产品综合批发市场(湖州市) |
| 34 | 烟台市三站市场 | 84 | 涵江商贸批发中心(莆田市) |
| 35 | 成都农产品中心批发市场 | 85 | 正定国际小商品市场(石家庄市) |
| 36 | 聊城香江光彩大市场 | 86 | 诸暨市小商品市场(绍兴市) |
| 37 | 北京农产品中央批发市场 | 87 | 南宁市桂果香果品有限公司五里亭蔬菜批发市场 |
| 38 | 宿迁经济开发区宿迁义乌商贸城 | 88 | 慈溪市工业品批发市场(宁波市) |
| 39 | 华南国际工业原料城(深圳市) | 89 | 皖西北商贸城(阜阳市) |
| 40 | 中国北方五金城(天津市) | 90 | 天津金元宝滨海农产品交易市场 |
| 41 | 上海九星综合市场 | 91 | 九江市京九农副产品中心批发市场 |
| 42 | 新疆华凌工贸集团有限公司华凌综合市场(乌鲁木齐市) | 92 | 江阴市江南农副产品批发市场(无锡市) |
| 43 | 重庆市永川区商贸城 | 93 | 余姚市农副产品批发市场(宁波市) |
| 44 | 即墨小商品城(青岛市) | 94 | 邵东县工业品市场(邵阳市) |
| 45 | 北京顺鑫石门农产品批发市场 | 95 | 中国矿业设备博览城(淮北市) |
| 46 | 西安雨润农产品全球采购有限公司 | 96 | 兰州瑞德摩尔城市购物广场 |
| 47 | 哈尔滨哈达农副产品股份有限公司 | 97 | 台州市路桥小商品批发市场 |
| 48 | 北京京丰岳各庄农副产品批发市场中心 | 98 | 重庆市万州区小天鹅批发市场 |
| 49 | 上海农产品中心批发市场 | 99 | 石河子农产品交易中心 |
| 50 | 江苏苏浙皖边界市场(常州市) | 100 | 北京鼎好天地电子市场 |

# 3-3 前100家专业市场

| 序号 | 市场名称 | 序号 | 市场名称 |
|---|---|---|---|
| 1 | 上海物贸有色金属交易市场 | 51 | 上海外高桥钟表交易中心 |
| 2 | 中国常熟服装城(苏州市) | 52 | 中国织里童装市场(湖州市) |
| 3 | 中国东方丝绸市场(苏州市) | 53 | 浙江纺织采购博览城(杭州市) |
| 4 | 中国轻纺城(绍兴市) | 54 | 东莞市大京九塑胶原料市场 |
| 5 | 张家港玖隆物流园企业管理有限公司(苏州市) | 55 | 江苏八里钢铁市场(徐州市) |
| 6 | 张家港保税区化工品交易中心(苏州市) | 56 | 中南汽车世界大中南汽车贸易公司(长沙市) |
| 7 | 上海石协石化市场 | 57 | 常州淮都金属城 |
| 8 | 齐鲁国际塑化城(淄博市) | 58 | 常州市武进汽车城 |
| 9 | 叠石桥国际家纺城(南通市) | 59 | 惠龙港国际钢铁物流股份有限公司(镇江市) |
| 10 | 宁波镇海大宗生产资料交易中心 | 60 | 常州市武进夏溪花木市场 |
| 11 | 博兴县兴福镇黑白铁市场(滨州市) | 61 | 江津区双福国际农贸城(重庆市) |
| 12 | 山东泰山钢材大市场(泰安市) | 62 | 安国市东方药城交易大厅(保定市) |
| 13 | 余姚市中国塑料城(宁波市) | 63 | 东莞市华南塑胶城 |
| 14 | 上海石化物资交易中心 | 64 | 无锡南方不锈钢市场(无锡市) |
| 15 | 河南万邦国际农产品物流股份有限公司(郑州市) | 65 | 北京盛华宏林粮油批发市场 |
| 16 | 海城市西柳服装市场(鞍山市) | 66 | 宁波镇海液体化工产品交易市场 |
| 17 | 大连石油交易所 | 67 | 萧山(浙江)新农都物流中心(杭州市) |
| 18 | 钱清中国轻纺原料城(绍兴市) | 68 | 永年县标准件市场(邯郸市) |
| 19 | 石家庄市新华集贸市场 | 69 | 重庆万吨冷储物流交易中心 |
| 20 | 广州市海珠区中大布匹市场(广州市) | 70 | 淄川建材城(淄博市) |
| 21 | 北京市旧机动车交易市场 | 71 | 天津空港北方汽车交易市场 |
| 22 | 新疆宝新恒源钢材物流园(乌鲁木齐市) | 72 | 碑廓木材市场(日照市) |
| 23 | 南通市通州区志浩综合市场 | 73 | 新疆九鼎盛和果品批发市场(乌鲁木齐市) |
| 24 | 沈阳五爱小商品批发市场 | 74 | 长春北方汽贸城市场 |
| 25 | 江苏华东石化物资交易市场(无锡市) | 75 | 中国(十堰)汽配城 |
| 26 | 长葛市新区钢材市场(许昌市) | 76 | 徐州区域生产资料市场 |
| 27 | 江阴长江港口物流园区交易中心(无锡市) | 77 | 宁波华东物资城 |
| 28 | 绍兴越州轻纺工贸园区市场(绍兴市) | 78 | 江西省洪城汽配城(南昌市) |
| 29 | 张家港保税区纺织原料市场(苏州市) | 79 | 无锡市国联金属材料市场(无锡市) |
| 30 | 桐乡市濮院羊毛衫市场(嘉兴市) | 80 | 重庆铠恩国际家居名都经营有限公司 |
| 31 | 河北省香河家具城(廊坊市) | 81 | 杭州机动车交易市场 |
| 32 | 亳州市(中国)中药材交易中心 | 82 | 肃宁县皮毛交易市场(沧州市) |
| 33 | 江苏东方钢材城(无锡市) | 83 | 滕州市杏花村干杂货市场(枣庄市) |
| 34 | 江阴市金属材料市场(无锡市) | 84 | 天津港散货交易市场 |
| 35 | 广州江南果菜批发市场 | 85 | 海宁中国皮革城(嘉兴市) |
| 36 | 江苏湖塘纺织城(常州市) | 86 | 江苏长江塑料化工交易市场(常州市) |
| 37 | 浙江新世纪金属材料现货市场(杭州市) | 87 | 嘉兴水果市场 |
| 38 | 沧州崔尔庄红枣批发市场 | 88 | 浙江大唐轻纺袜业城(绍兴市) |
| 39 | 广州钢铁交易中心 | 89 | 临沂鲁南国际粮油市场(临沂市) |
| 40 | 武汉白沙洲农副产品大市场 | 90 | 湖南钢材大市场(长沙市) |
| 41 | 中储发展股份有限公司天津储宝分公司 | 91 | 江苏联谊农副产品批发市场(扬州市) |
| 42 | 临沂市万宝市场开发服务有限公司钢材市场分公司 | 92 | 杭州城北金属材料市场 |
| 43 | 福州海峡水产品交易市场 | 93 | 武城县老城棉花交易市场(德州市) |
| 44 | 浙江长三角石油化工发展有限公司(宁波市) | 94 | 江苏南华物流有限公司(南京市) |
| 45 | 即墨市服装批发市场(青岛市) | 95 | 长春汽车批发中心市场 |
| 46 | 安徽省徽商钢材市场(合肥市) | 96 | 三联家禽市场(成都市) |
| 47 | 广东西樵轻纺城(佛山市) | 97 | 四季水产物流港(郑州市) |
| 48 | 北京北辰亚运村汽车交易市场中心 | 98 | 昆明螺蛳湾国际商贸城一期市场 |
| 49 | 聊城大东钢管市场 | 99 | 周口市黄淮物流港农产品批发市场 |
| 50 | 江苏宣武集团市场(徐州市) | 100 | 长葛市九鼎美达建材市场(许昌市) |

## 3-4 前20家生产资料综合市场

| 序号 | 市场名称 |
|---|---|
| 1 | 浙江中国科技五金城(金华市) |
| 2 | 安庆市光彩大市场 |
| 3 | 上海九星综合市场 |
| 4 | 湖北北盟投资集团有限公司(襄阳市) |
| 5 | 重庆马家岩板材批发市场 |
| 6 | 正定县恒山板材批发市场(石家庄市) |
| 7 | 江苏华东灯具城(镇江市) |
| 8 | 浙江世纪建材装饰市场(杭州市) |
| 9 | 武汉市舵落口大市场 |
| 10 | 宁波万国商城 |
| 11 | 阿克苏市农哈哈农资市场 |
| 12 | 新雪域农产品交易中心(遵义市) |
| 13 | 成都国融金府机电城 |
| 14 | 宜兴市轻纺建材装璜市场(无锡市) |
| 15 | 无锡五洲国际装饰城 |
| 16 | 浙江汇宇棉纱市场(杭州市) |
| 17 | 长兴太平洋商贸城市场(湖州市) |
| 18 | 博兴县城东大市场(滨州市) |
| 19 | 丰县招商场(徐州市) |
| 20 | 绵阳现代农资批发市场 |

## 3-5 前20家工业消费品综合市场

| 序号 | 市场名称 |
|---|---|
| 1 | 白沟新城市场(保定市) |
| 2 | 浙江省义乌市中国小商品城(金华市) |
| 3 | 湖南高桥大市场(长沙市) |
| 4 | 南三条市场(石家庄市) |
| 5 | 朝天门市场(重庆市) |
| 6 | 南昌市洪城大市场 |
| 7 | 无锡招商城市场 |
| 8 | 湖南省三湘南湖大市场(长沙市) |
| 9 | 洛阳市洛龙区关林市场 |
| 10 | 烟台市三站市场 |
| 11 | 聊城香江光彩大市场 |
| 12 | 宿迁经济开发区宿迁义乌商贸城 |
| 13 | 华南国际工业原料城(深圳市) |
| 14 | 重庆市永川区商贸城 |
| 15 | 即墨小商品城(青岛市) |
| 16 | 蚌埠市光彩市场 |
| 17 | 扬州曲江商品城 |
| 18 | 大足区龙水五金市场(重庆市) |
| 19 | 山东黑马集团有限公司商贸批发市场(德州市) |
| 20 | 四川好一新商贸城(达州市) |

## 3-6 前20家农产品综合市场

| 序号 | 市场名称 |
|---|---|
| 1 | 北京市丰台新发地农副产品批发市场中心 |
| 2 | 南京众彩农副产品批发市场 |
| 3 | 成都濛阳农副产品综合批发交易市场 |
| 4 | 长沙市红星实业集团有限公司农副产品大市场 |
| 5 | 江苏凌家塘市场(常州市) |
| 6 | 北京大洋路农副产品市场 |
| 7 | 商丘农产品中心批发市场 |
| 8 | 苏州南环桥市场 |
| 9 | 重庆市观音桥农贸市场 |
| 10 | 合肥周谷堆农产品批发市场 |
| 11 | 东莞市信立农副产品批发中心 |
| 12 | 天津市王顶堤批发市场 |
| 13 | 南昌深圳农产品中心批发市场 |
| 14 | 海吉星农产品批发市场(深圳市) |
| 15 | 松北区润恒农副产品大市场(哈尔滨市) |
| 16 | 上海江杨农产品批发市场 |
| 17 | 成都农产品中心批发市场 |
| 18 | 北京农产品中央批发市场 |
| 19 | 北京顺鑫石门农产品批发市场 |
| 20 | 西安雨润农产品全球采购有限公司 |

## 3-7 前20家其他综合市场

| 序号 | 市场名称 |
|---|---|
| 1 | 成都国际商贸城 |
| 2 | 盐湖区禹都市场(运城市) |
| 3 | 大连双兴商品城 |
| 4 | 杭州萧山商业城(杭州市) |
| 5 | 北京锦绣大地农副产品批发市场 |
| 6 | 张家港保税区进口消费品市场(苏州市) |
| 7 | 中国北方五金城(天津市) |
| 8 | 新疆华凌工贸集团有限公司华凌综合市场(乌鲁木齐市) |
| 9 | 江苏苏浙皖边界市场(常州市) |
| 10 | 监利县天府庙大市场(荆州市) |
| 11 | 赣南贸易广场(赣州市) |
| 12 | 闽南商业城批发市场(漳州市) |
| 13 | 路南区荷花坑市场(唐山市) |
| 14 | 泰州市华东五金城市场 |
| 15 | 南京金桥市场 |
| 16 | 安徽省广德县太极商城(宣城市) |
| 17 | 阜阳临沂商城 |
| 18 | 九江市京九农副产品中心批发市场 |
| 19 | 中国矿业设备博览城(淮北市) |
| 20 | 重庆渝州交易城 |

## 3-8 19家农业生产用具市场

| 序号 | 市场名称 |
|---|---|
| 1 | 高阳县庞口汽车农机配件城（保定市） |
| 2 | 肥东县裕隆市场（合肥市） |
| 3 | 宁晋县大陆村镇农机配件市场（邢台市） |
| 4 | 南昌县农机大市场（南昌市） |
| 5 | 湖南农机产业园（湘潭市） |
| 6 | 长葛市金桥农机商贸市场（许昌市） |
| 7 | 通辽经济技术开发区农机市场 |
| 8 | 临邑县农机大市场（德州市） |
| 9 | 常州农机机电市场 |
| 10 | 陵县农机市场（德州市） |
| 11 | 平度市农机及配件市场（青岛市） |
| 12 | 西北农资城(银川博源物业服务有限公司)（银川市） |
| 13 | 武城县农机大世界（德州市） |
| 14 | 平度市机动车配件城（青岛市） |
| 15 | 伊宁市城东综合批发市场（伊犁哈萨克自治州） |
| 16 | 湘潭农机机电大市场 |
| 17 | 新乐市三轮车市场（石家庄市） |
| 18 | 扎兰屯市蒙东农机具交易市场（呼伦贝尔市） |
| 19 | 阜城县崔庙镇粮保器材批发市场（衡水市） |

## 3-9 前20家农用生产资料市场

| 序号 | 市场名称 |
|---|---|
| 1 | 漳州闽南饲料批发市场（漳州市） |
| 2 | 新沂市农资市场（徐州市） |
| 3 | 南宁市种畜场饲料兽药禽苗市场 |
| 4 | 中国荣昌畜牧产品交易市场（重庆市） |
| 5 | 临邑县金家园农资市场（德州市） |
| 6 | 七西农资批发市场（德州市） |
| 7 | 海兴县辛集镇鱼子鱼粉市场（沧州市） |
| 8 | 闽西粮油饲料城（龙岩市） |
| 9 | 供销农资批发市场（怀化市） |
| 10 | 武鸣县农资专业市场（南宁市） |
| 11 | 南阳惠农达农资市场 |
| 12 | 菏泽市牡丹区农业科技市场 |
| 13 | 石河子市种子交易市场 |
| 14 | 通辽经济技术开发区农资市场 |
| 15 | 邢台市第一农业生产资料总公司（邢台市） |
| 16 | 八步区八达饲料市场（贺州市） |
| 17 | 宁津县生产资料市场（德州市） |
| 18 | 永州市农业生产资料市场 |
| 19 | 扎兰屯市蒙东农业生产资料市场（呼伦贝尔市） |
| 20 | 徐州大自然牧业市场 |

## 3-10 前20家木材市场

| 序号 | 市场名称 |
|---|---|
| 1 | 碑廓木材市场（日照市） |
| 2 | 华东胶合板市场（临沂市） |
| 3 | 浙江南浔建材市场（湖州市） |
| 4 | 广东东方兴业城(木材装饰市场)（东莞市） |
| 5 | 常州长贸中心市场 |
| 6 | 上海福人国际木材交易中心 |
| 7 | 鲁北木材市场（德州市） |
| 8 | 通辽经济技术开发区木材市场 |
| 9 | 华岩陶瓷市场（重庆市） |
| 10 | 浙江贺村木业市场（衢州市） |
| 11 | 仓山区上渡林产品交易市场（福州市） |
| 12 | 丰县木材市场（徐州市） |
| 13 | 郓城县黄安木材交易市场（菏泽市） |
| 14 | 上海金翔木材批发市场（嘉定区） |
| 15 | 扬州兴森木业有限公司 |
| 16 | 青岛市金胶州木材市场 |
| 17 | 邹城市兴隆大市场（济宁市） |
| 18 | 上海晋福木制品有限公司（联东） |
| 19 | 临邑县建材大市场（德州市） |
| 20 | 常州武进奔牛港木材交易市场 |

## 3-11 前20家建材市场

| 序号 | 市场名称 |
|---|---|
| 1 | 福州市南方建材市场 |
| 2 | 长葛市九鼎美达建材市场(许昌市) |
| 3 | 宁波江北华东物资城浙甬市场开发有限公司 |
| 4 | 新世界建材市场(重庆市) |
| 5 | 新疆华凌建材出口基地(乌鲁木齐市) |
| 6 | 山东罗庄建材批发市场(临沂市) |
| 7 | 江西省装潢建材大市场有限责任公司(南昌市) |
| 8 | 金华市浙中建筑装饰材料市场有限公司 |
| 9 | 成都市西南石材交易市场 |
| 10 | 青岛启城建材批发市场 |
| 11 | 大港国际建材城(成都市) |
| 12 | 成都富森美家居置业有限公司 |
| 13 | 常州市常鹏装饰材料市场有限公司 |
| 14 | 沈阳红旗台石材市场 |
| 15 | 江苏省华东石材市场(无锡市) |
| 16 | 安徽金太阳装饰城(滁州市) |
| 17 | 禧龙建筑装饰材料大市场(哈尔滨市) |
| 18 | 四川省俊翔市场管理有限公司(成都市) |
| 19 | 海南金盛达家居建材商城(海口市) |
| 20 | 青龙国际建材装饰城(成都市) |

## 3-12　前20家化工材料及制品市场

| 序号 | 市场名称 |
|---|---|
| 1 | 张家港保税区化工品交易中心(苏州市) |
| 2 | 余姚市中国塑料城(宁波市) |
| 3 | 江苏华东石化物资交易市场(无锡市) |
| 4 | 齐鲁国际塑化城(淄博市) |
| 5 | 东莞市华南塑胶城 |
| 6 | 宁波镇海液体化工产品交易市场 |
| 7 | 江苏长江塑料化工交易市场(常州市) |
| 8 | 东莞市大京九塑胶原料市场 |
| 9 | 东莞市樟木头塑胶原料市场 |
| 10 | 江苏万商商贸城(常州市) |
| 11 | 上海中山化工市场 |
| 12 | 绍兴染料城 |
| 13 | 天津危险化学品交易市场 |
| 14 | 中央空调配件城(德州市) |
| 15 | 张家港保税区华东化工电子交易市场(苏州市) |
| 16 | 成都西部化工市场 |
| 17 | 临沂鲁南化工市场 |
| 18 | 武城县滕庄镇玻璃钢原料市场(德州市) |
| 19 | 河北衡水橡胶城 |
| 20 | 温州化工市场 |

## 3-13　前20家金属材料市场

| 序号 | 市场名称 |
|---|---|
| 1 | 上海物贸有色金属交易市场 |
| 2 | 张家港玖隆物流园企业管理有限公司(苏州市) |
| 3 | 博兴县兴福镇黑白铁市场(滨州市) |
| 4 | 江阴长江港口物流园区交易中心(无锡市) |
| 5 | 山东泰山钢材大市场(泰安市) |
| 6 | 新疆宝新恒源钢材物流园(乌鲁木齐市) |
| 7 | 浙江新世纪金属材料现货市场(杭州市) |
| 8 | 江苏东方钢材城有限公司(无锡市) |
| 9 | 江阴市金属材料市场(无锡市) |
| 10 | 惠龙港国际钢铁物流股份有限公司(镇江市) |
| 11 | 安徽省徽商钢材市场(合肥市) |
| 12 | 中储发展股份有限公司天津储宝分公司 |
| 13 | 长葛市新区钢材市场(许昌市) |
| 14 | 宁波镇海大宗生产资料交易中心 |
| 15 | 临沂市万宝市场开发服务有限公司钢材市场分公司 |
| 16 | 无锡南方不锈钢市场 |
| 17 | 广州钢铁交易中心 |
| 18 | 湖南钢材大市场(长沙) |
| 19 | 江苏南华物流有限公司(南京市) |
| 20 | 福州市南方钢材物流中心 |

## 3-14　前20家机械设备市场

| 序号 | 市场名称 |
|---|---|
| 1 | 徐州区域生产资料市场 |
| 2 | 临清市烟店轴承市场(聊城市) |
| 3 | 成都万贯五金机电市场 |
| 4 | 湛江海田新五金机电产品批发市场 |
| 5 | 浙江船舶交易市场(舟山市) |
| 6 | 庆云县万通机车市场(德州市) |
| 7 | 杭州长城机电市场 |
| 8 | 湘潭市长株潭大市场 |
| 9 | 长沙市设备交易中心 |
| 10 | 陈家坪机电市场(重庆市) |
| 11 | 庆云县金融机具礼品市场(德州市) |
| 12 | 无锡市机电五金市场 |
| 13 | 西安蔚蓝机电市场 |
| 14 | 常州怡康五金机电市场 |
| 15 | 渝州五金市场(重庆市) |
| 16 | 北京经开万佳国际机械商城 |
| 17 | 双峰县湘中农机机电大市场(娄底市) |
| 18 | 高新机电批发配送中心(重庆) |
| 19 | 杭州南方浙金机电市场 |
| 20 | 乐清市柳市电器城(温州市) |

## 3-15　前20家其他生产资料市场

| 序号 | 市场名称 |
|---|---|
| 1 | 上海石协石化市场 |
| 2 | 上海石化物资交易中心 |
| 3 | 大连石油交易所 |
| 4 | 浙江长三角石油化工发展有限公司（宁波市） |
| 5 | 浙江华东能源交易中心（宁波市） |
| 6 | 乌兰浩特市融佳建材市场（兴安盟） |
| 7 | 湛江海田建饰材料综合批发市场 |
| 8 | 中昊化工网上交易中心（上海市） |
| 9 | 浙江物产金属材料市场（杭州市） |
| 10 | 广西百色市南大建材综合市场 |
| 11 | 新疆通汇市场（乌鲁木齐市） |
| 12 | 中国西部模具城（重庆市） |
| 13 | 莱阳市恒基建材批发市场（烟台市） |
| 14 | 嘉善汾湖金属材料交易市场（嘉兴市） |
| 15 | 莆田市黄石鞋服城（莆田市） |
| 16 | 温州浙江皮革市场 |
| 17 | 北京益麒麟家居建材广场市场中心 |
| 18 | 新疆华凌工贸（集团）有限责任公司华凌市场（巴州） |
| 19 | 晏城镇建材市场（德州市） |
| 20 | 黑龙江先锋农业生产资料交易市场（哈尔滨市） |

## 3-16　前20家粮油市场

| 序号 | 市场名称 |
|---|---|
| 1 | 北京盛华宏林粮油批发市场 |
| 2 | 临沂鲁南国际粮油市场 |
| 3 | 张家港保税区粮油交易市场（苏州市） |
| 4 | 贵阳市谷丰粮油食品批发市场 |
| 5 | 杭州农副产品物流中心浙江食品市场 |
| 6 | 河南万邦庆丰粮油市场（郑州市） |
| 7 | 遵义兴邦粮油物流有限责任公司 |
| 8 | 连云港市农副产品批发市场 |
| 9 | 兴化市粮食交易市场（泰州市） |
| 10 | 杭州粮油批发交易市场 |
| 11 | 东莞市常平粮油饲料批发市场 |
| 12 | 南方粮食交易市场（九江市） |
| 13 | 天津市兴耀粮油食品批发市场 |
| 14 | 大庆市粮食综合批发市场 |
| 15 | 昆明骏骐干菜副食粮油批发市场 |
| 16 | 西安粮油批发交易市场 |
| 17 | 沈阳粮食批发市场 |
| 18 | 北京锦绣大地玉泉路粮油经营有限公司 |
| 19 | 扬州东方国际食品城 |
| 20 | 山东省武城县粮食批发市场（德州市） |

## 3-17　前20家肉禽蛋市场

| 序号 | 市场名称 |
|---|---|
| 1 | 重庆万吨冷储物流交易中心 |
| 2 | 三联家禽市场（成都市） |
| 3 | 无锡天鹏菜篮子工程有限公司 |
| 4 | 杭州农副产品物流中心冷冻食品交易市场 |
| 5 | 邯郸市馆陶县金凤禽蛋农贸批发市场 |
| 6 | 江门市水产冻品副食市场 |
| 7 | 南昌县小蓝禽蛋批发市场 |
| 8 | 扬州朝苏农副畜产品冷冻食品批发市场 |
| 9 | 广州市嘉禾禽畜交易服务中心 |
| 10 | 上海江桥批发市场曹杨分公司 |
| 11 | 广西淡村商贸城（南宁市） |
| 12 | 南昌肉类联合加工厂肉食品批发市场 |
| 13 | 额敏县万通畜牧有限责任公司（塔城地区） |
| 14 | 佛山市南海创贸投资有限公司 |
| 15 | 苏州食品有限公司肉食品批发交易市场 |
| 16 | 合肥徽商城农产品批发市场 |
| 17 | 上海市江桥批发市场华江分公司 |
| 18 | 沙依巴克村活畜交易市场 |
| 19 | 张家港市第一集贸市场（苏州市） |
| 20 | 宁波市肉禽蛋批发市场 |

## 3-18　前20家水产品市场

| 序号 | 市场名称 |
|---|---|
| 1 | 武汉白沙洲农副产品大市场 |
| 2 | 福州海峡水产品交易市场 |
| 3 | 四季水产物流港（郑州市） |
| 4 | 湛江市霞山区水产品批发市场 |
| 5 | 舟山水产品中心批发市场 |
| 6 | 青岛市城阳蔬菜水产品批发市场 |
| 7 | 北京大红门京深海鲜批发市场 |
| 8 | 日照市岚山区安东卫海货城市场 |
| 9 | 上海东方国际水产中心市场 |
| 10 | 上海铜川水产经营管理有限公司 |
| 11 | 岚山鲜活水产城（日照市） |
| 12 | 烟台九田国际水产品批发市场 |
| 13 | 杭州农副产品物流中心水产品交易市场 |
| 14 | 浙江松门水产品批发市场（台州市） |
| 15 | 长春东北亚物流农贸水产市场 |
| 16 | 西三街农副水产品市场（重庆市） |
| 17 | 天津市食品公司冷冻厂 |
| 18 | 安东卫国际水产城（日照市） |
| 19 | 马王堆海鲜水产批发市场（长沙市） |
| 20 | 浙江象山水产城（宁波市） |

## 3-19　前20家蔬菜市场

| 序号 | 市场名称 |
|---|---|
| 1 | 江津区双福国际农贸城（重庆市） |
| 2 | 江苏联谊农副产品批发市场（扬州市） |
| 3 | 周口市黄淮物流港农产品批发市场 |
| 4 | 济宁蔬菜批发市场 |
| 5 | 庆云县蔬菜水果批发市场（德州市） |
| 6 | 东宁县雨润绥阳木耳大市场（牡丹江市） |
| 7 | 新疆九鼎恒兴蔬菜批发市场（乌鲁木齐市） |
| 8 | 寿光市农产品物流园有限公司（潍坊市） |
| 9 | 金乡县鱼山农副产品批发市场（济宁市） |
| 10 | 山东金乡大蒜国际交易市场（济宁市） |
| 11 | 上海市江桥批发市场 |
| 12 | 贵阳地利农产品物流园有限公司 |
| 13 | 马王堆蔬菜批发市场（长沙市） |
| 14 | 宝鸡市恒丰园农产品发展有限公司 |
| 15 | 南充川北农产品交易有限公司 |
| 16 | 咸阳新阳光西北农副产品交易中心 |
| 17 | 嘉兴市蔬菜批发交易市场 |
| 18 | 衢州农贸城 |
| 19 | 陈砦蔬菜批发市场（郑州市） |
| 20 | 厦门闽南农副产品物流中心 |

## 3-20 前20家干鲜果品市场

| 序号 | 市场名称 |
|---|---|
| 1 | 广州江南果菜批发市场 |
| 2 | 沧州崔尔庄红枣批发市场 |
| 3 | 新疆九鼎盛和果品批发市场（乌鲁木齐市） |
| 4 | 滕州市杏花村干杂货市场（枣庄市） |
| 5 | 嘉兴水果市场（嘉兴市） |
| 6 | 蓝特商业城（蓝特集团有限公司）（荆州市） |
| 7 | 南通农副产品物流有限公司（南通市） |
| 8 | 珠海市铭海投资发展有限公司农副产品批发物流中心 |
| 9 | 金华农产品批发市场 |
| 10 | 昆明金马正昌第二果品市场 |
| 11 | 赣州市南北大市场 |
| 12 | 滕州市嘉誉市场（枣庄市） |
| 13 | 扬州市广陵区东花园副食品批发市场 |
| 14 | 东莞市果菜副食交易市场 |
| 15 | 沈阳果品批发市场 |
| 16 | 杭州农副产品物流中心果品批发市场 |
| 17 | 广西海吉星市场（南宁市） |
| 18 | 中宁县国际枸杞交易中心（中卫市） |
| 19 | 宁夏四季鲜果品蔬菜批发市场（银川市） |
| 20 | 杭州近江食品市场 |

## 3-21 前20家棉麻土畜、烟叶市场

| 序号 | 市场名称 |
|---|---|
| 1 | 江苏湖塘纺织城（常州市） |
| 2 | 武城县老城棉花交易市场（德州市） |
| 3 | 昌黎县佳朋皮毛交易市场（秦皇岛市） |
| 4 | 武城县银山棉花市场（德州市） |
| 5 | 中国茧丝绸交易市场（嘉兴市） |
| 6 | 宁波市江北浙东轻纺城 |
| 7 | 陵县皮毛市场（德州市） |
| 8 | 夏津县棉花交易中心（德州市） |
| 9 | 扎兰屯市蒙东牲畜交易市场（呼伦贝尔市） |
| 10 | 内蒙古中绒绒业有限公司（兴安盟） |
| 11 | 新野县棉花交易市场（南阳市） |
| 12 | 无棣县西小王乡枣棉市场（滨州市） |
| 13 | 临泉县瓦店山羊交易市场（阜阳市） |
| 14 | 宁津县刘营伍乡棉花市场（德州市） |
| 15 | 海宁市西山皮革原辅料市场（嘉兴市） |
| 16 | 巨野县锦源棉花加工市场（菏泽市） |
| 17 | 乌兰浩特市中野畜牧有限责任公司（兴安盟） |
| 18 | 凌源市三十家子大牲畜交易市场（朝阳市） |
| 19 | 阜宁县陈集镇苗猪交易市场（盐城市） |
| 20 | 围场满族蒙古族自治县棋盘山大牲畜交易市场（承德市） |

## 3-22 前20家其他农产品市场

| 序号 | 市场名称 |
|---|---|
| 1 | 河南万邦国际农产品物流股份有限公司（郑州市） |
| 2 | 萧山(浙江)新农都物流中心（杭州市） |
| 3 | 天津市金钟河蔬菜贸易中心 |
| 4 | 玉林宏进农副产品批发市场（玉林市） |
| 5 | 温州菜篮子农副产品批发交易市场 |
| 6 | 浙北农副产品交易中心(湖州市) |
| 7 | 山东黑马集团有限公司农贸批发市场（德州市） |
| 8 | 成都市农副产品批发中心 |
| 9 | 甘肃省食品股份有限公司肉食水产批发市场（兰州市） |
| 10 | 绍兴市蔬菜果品批发交易市场 |
| 11 | 吉安农产品批发市场 |
| 12 | 上海浦南农副产品批发市场 |
| 13 | 即墨市农产品批发市场（青岛市） |
| 14 | 芜湖大地农副产品批发市场 |
| 15 | 珠海市和平物流综合市场农产品批发市场 |
| 16 | 众信农副产品批发交易市场（驻马店市） |
| 17 | 濉溪县中瑞农副产品有限责任公司（淮北市） |
| 18 | 诸暨市农副产品批发市场（绍兴市） |
| 19 | 新乡市宇鑫农贸有限公司 |
| 20 | 遵义绿色产品交易中心 |

## 3-23 前20家食品饮料市场

| 序号 | 市场名称 |
|---|---|
| 1 | 庆云县酒水副食市场（德州市） |
| 2 | 慈溪市周巷副食品批发市场（宁波市） |
| 3 | 青龙路市场（泰安市） |
| 4 | 临沂国际副食品市场 |
| 5 | 沈阳温州城商品交易市场 |
| 6 | 杭州江南食品市场 |
| 7 | 南昌县莲塘综合市场（南昌市） |
| 8 | 常州市金三角食品市场 |
| 9 | 承德市裕华路市场 |
| 10 | 商丘市白云副食品批发市场 |
| 11 | 邵阳市湘运大市场 |
| 12 | 火车站日用品批发城（十堰市） |
| 13 | 重庆万隆小食品批发市场 |
| 14 | 永川区玉屏市场（重庆市） |
| 15 | 食品新城（襄阳市） |
| 16 | 南宁市交易市场 |
| 17 | 山东东方圣都副食品批发市场（济宁市） |
| 18 | 迎宾大市场（德州市） |
| 19 | 容县容州市场（玉林市） |
| 20 | 驻马店市驿城区宏大副食批发市场 |

## 3-24 前20家茶叶市场

| 序号 | 市场名称 |
|---|---|
| 1 | 浙江浙南茶叶市场（丽水市） |
| 2 | 新昌县江南名茶市场（绍兴市） |
| 3 | 安溪茶叶批发市场（泉州市） |
| 4 | 宜昌三峡国际旅游茶城 |
| 5 | 安徽江南第一茶市（芜湖市） |
| 6 | 德州金华茶城 |
| 7 | 济南博茗茶叶市场 |
| 8 | 淳安千岛湖茶叶市场（杭州市） |
| 9 | 西安金康茶叶街市场 |
| 10 | 广州市穗芳东兴实业有限公司 |
| 11 | 昆明雄达茶文化城 |
| 12 | 杭州西湖茶叶市场 |
| 13 | 茶叶市场（成都市） |
| 14 | 南宁市佳禾市场投资开发有限公司－茶叶市场 |
| 15 | 湄潭县西南茶城（遵义市） |
| 16 | 北京市京华沅茶叶市场 |
| 17 | 武义县茶城（金华市） |
| 18 | 南宁市佳禾市场投资开发有限公司－茉莉花市场 |
| 19 | 重庆恒康茶叶批发市场 |
| 20 | 浙江遂昌龙谷名茶市场（丽水市） |

## 3-25 14家烟酒市场

| 序号 | 市场名称 |
|---|---|
| 1 | 即墨市东关副食品批发市场（青岛市） |
| 2 | 宁波保税区进出口葡萄酒市场 |
| 3 | 魏县当歌酒类专业批发市场（邯郸市） |
| 4 | 滨州市姜家副食品批发市场 |
| 5 | 湘乡市烟酒副食大市场（湘潭市） |
| 6 | 丹徒区宝堰集贸市场（镇江市） |
| 7 | 滕州市荆西副食品批发交易市场（枣庄市） |
| 8 | 东营区刘家副食品批发市场 |
| 9 | 长沙市红星糖酒批发大市场 |
| 10 | 临邑县副食品批发市场（德州市） |
| 11 | 鹰潭市干鲜果综合批发市场 |
| 12 | 临邑县兴隆街综合市场（德州市） |
| 13 | 龙山副食批发城（聊城市） |
| 14 | 博山区掩的小商品批发市场（淄博市） |

## 3-26 前20家其他食品饮料烟酒市场

| 序号 | 市场名称 |
|---|---|
| 1 | 哈尔滨南极批发市场（哈尔滨市） |
| 2 | 义乌市副食品市场（金华市） |
| 3 | 天津韩家墅海吉星农产品物流有限公司 |
| 4 | 贵阳海恒农副产品批发市场 |
| 5 | 常熟华东食品城（苏州市） |
| 6 | 温州浙闽副食品商城 |
| 7 | 兰州金港物业服务有限公司 |
| 8 | 枝江市五柳树市场（宜昌市） |
| 9 | 宣州区九洲市场（宣城市） |
| 10 | 山东省潍坊青州市副食品批发市场 |
| 11 | 漕冲糖酒批发市场（合肥市） |
| 12 | 五一大市场（衡阳市） |
| 13 | 宁波市二号桥市场 |
| 14 | 恒盛（菏泽）大市场 |
| 15 | 福鼎市闽浙边贸商城（宁德市） |
| 16 | 宜兴市金三角副食城（无锡市） |
| 17 | 宁津县闫沙副食品批发市场（德州市） |
| 18 | 齐河县晏城大集（德州市） |
| 19 | 桐乡市副食品批发市场（嘉兴市） |
| 20 | 天台县副食品综合批零市场（台州市） |

## 3-27 前20家布料及纺织品市场

| 序号 | 市场名称 |
|---|---|
| 1 | 中国东方丝绸市场（苏州市） |
| 2 | 中国轻纺城（绍兴市） |
| 3 | 叠石桥国际家纺城（南通市） |
| 4 | 钱清中国轻纺原料城（绍兴市） |
| 5 | 广州市海珠区中大布匹市场 |
| 6 | 南通市通州区志浩综合市场 |
| 7 | 绍兴越州轻纺工贸园区市场 |
| 8 | 张家港保税区纺织原料市场（苏州市） |
| 9 | 广东西樵轻纺城（佛山市） |
| 10 | 浙江纺织采购博览城（杭州市） |
| 11 | 浙江大唐轻纺袜业城（绍兴市） |
| 12 | 嘉兴毛衫城 |
| 13 | 嘉兴市南方丝绸市场 |
| 14 | 海宁中国家纺装饰城（嘉兴市） |
| 15 | 潍坊星河国际轻纺城 |
| 16 | 河北省邯郸市冀南针纺城 |
| 17 | 温州商贸城 |
| 18 | 杭州汽车东站小商品市场 |
| 19 | 晋州市新世纪商城（石家庄市） |
| 20 | 慈溪市胜山服装布料市场（宁波市） |

## 3-28 前20家服装市场

| 序号 | 市场名称 |
| --- | --- |
| 1 | 中国常熟服装城（苏州市） |
| 2 | 石家庄市新华集贸市场 |
| 3 | 桐乡市濮院羊毛衫市场（嘉兴市） |
| 4 | 即墨市服装批发市场（青岛市） |
| 5 | 海宁中国皮革城（嘉兴市） |
| 6 | 昆明螺蛳湾国际商贸城一期市场 |
| 7 | 石狮市服装城（泉州市） |
| 8 | 灯塔佟二堡海宁皮革城（辽阳市） |
| 9 | 昆明螺蛳湾国际商贸城二期市场（昆明市） |
| 10 | 四季青服装集团有限公司（杭州市） |
| 11 | 路桥中国日用品商城（台州市） |
| 12 | 成都荷花池大成市场 |
| 13 | 杭州意法服饰城 |
| 14 | 广州白马服装市场 |
| 15 | 临沂华丰服装城 |
| 16 | 灯塔市香港时代广场（辽阳市） |
| 17 | 安徽白马服装城（合肥市） |
| 18 | 遵义市红花岗区苟家井综合批发市场 |
| 19 | 台农服装城（福州市） |
| 20 | 无锡东方国际轻纺城 |

## 3-29 前20家鞋帽市场

| 序号 | 市场名称 |
| --- | --- |
| 1 | 中国西南鞋材交易中心（重庆市） |
| 2 | 荔湾站西鞋城（广州市） |
| 3 | 鸦鸿桥河西村鞋市（唐山市） |
| 4 | 桐乡市洲泉足佳鞋材市场（嘉兴市） |
| 5 | 锦绣国际商贸城（西安市） |
| 6 | 商丘市梁园区梁园市场 |
| 7 | 扬州市江都区苏中皮革商贸有限公司 |
| 8 | 临沂市鞋帽批发市场（临沂市） |
| 9 | 东方皮革商城（镇江市） |
| 10 | 广州市华南鞋业百货城 |
| 11 | 菏泽市牡丹区牡丹商贸城 |
| 12 | 山东齐鲁鞋城（济南市） |
| 13 | 济南众鑫鞋城 |
| 14 | 即墨市蓝村皮鞋专业市场（青岛市） |
| 15 | 台州横峰鞋业市场 |
| 16 | 哈尔滨鞋类批发市场 |
| 17 | 沈阳南塔鞋城 |
| 18 | 中国鞋都（泉州市） |
| 19 | 天津市瑞景国际鞋城 |
| 20 | 株洲金三角大市场 |

## 3-30 前20家其他纺织服装鞋帽市场

| 序号 | 市场名称 |
| --- | --- |
| 1 | 海城市西柳服装市场（鞍山市） |
| 2 | 沈阳五爱小商品批发市场 |
| 3 | 江苏宣武集团市场（徐州市） |
| 4 | 中国织里童装市场（湖州市） |
| 5 | 瑞安商城（温州市） |
| 6 | 重庆市万州商贸城 |
| 7 | 庆云县宝艺服装城（德州市） |
| 8 | 赣州市龙都商城 |
| 9 | 淮安市汇通市场 |
| 10 | 南阳市光彩大世界 |
| 11 | 南京玉桥商业广场 |
| 12 | 常德市鼎城桥南市场 |
| 13 | 玛克威商厦服装鞋帽批发大市场（哈尔滨市） |
| 14 | 武城县老城华兴服装市场（德州市） |
| 15 | 鸦鸿桥镇小商品城（唐山市） |
| 16 | 常州市路桥日用品商城 |
| 17 | 株洲南大门市场 |
| 18 | 新昌县羊毛衫兔毛市场（绍兴市） |
| 19 | 江苏九洲投资集团有限公司常州服装城分公司 |
| 20 | 银川盛广汇商城 |

## 3-31 前20家小商品市场

| 序号 | 市场名称 |
| --- | --- |
| 1 | 中国庆云小商品城现代批发市场（德州市） |
| 2 | 苏州市钱万里桥小商品市场 |
| 3 | 临沂小商品城 |
| 4 | 临沂教育用品采购基地 |
| 5 | 中国自行车零件城（邢台市） |
| 6 | 临沂劳保市场 |
| 7 | 常州市金三角小商品批发市场 |
| 8 | 永嘉县桥头钮扣市场（温州市） |
| 9 | 北京天意新商城市场 |
| 10 | 常州市九龙小商品批发市场 |
| 11 | 北京世纪天鼎商品交易市场 |
| 12 | 临沂沂隆市场 |
| 13 | 广州市万菱广场 |
| 14 | 兴发广场（广州市） |
| 15 | 菏泽市牡丹区小商品城 |
| 16 | 广州市白云南方钟表城 |
| 17 | 福州市台江区小商品批发商场 |
| 18 | 广州眼镜城 |
| 19 | 日照太阳城市场 |
| 20 | 滕州市金道批发交易市场（枣庄市） |

## 3-32　前20家其他日用品及文化用品市场

| 序号 | 市场名称 |
|---|---|
| 1 | 上海外高桥钟表交易中心 |
| 2 | 临沂华东橡胶塑料市场分公司 |
| 3 | 武汉莱特纸张油墨市场 |
| 4 | 武汉市科振经贸有限公司纸张油墨市场 |
| 5 | 温州礼品城 |
| 6 | 重庆中兴塑料市场 |
| 7 | 浙江缝配城（金华市） |
| 8 | 莆田妈祖工艺城 |
| 9 | 广州沙溪国际酒店用品城 |
| 10 | 白云世界皮具贸易中心（广州市） |
| 11 | 博山陶琉大观园国际商贸城（淄博市） |
| 12 | 浙江眼镜城（台州市） |
| 13 | 临沂市大陆商业村 |
| 14 | 重庆公路运输（集团）有限公司休闲娱乐品市场 |
| 15 | 温州文化用品市场 |
| 16 | 杭州凯巨电脑市场 |
| 17 | 武汉天翔灯饰城 |
| 18 | 台州国际塑料城 |
| 19 | 重庆泰兴E世界电子市场 |
| 20 | 淮安康业商务管理服务有限公司 |

## 3-33　前20家黄金、珠宝、玉器首饰市场

| 序号 | 市场名称 |
|---|---|
| 1 | 杭州国际珠宝城 |
| 2 | 诸暨华东国际珠宝城（绍兴市） |
| 3 | 江苏东海县水晶市场（连云港市） |
| 4 | 福州特艺城 |
| 5 | 上塘珠宝交易市场（莆田市） |
| 6 | 湖南黄金之城珠宝有限公司（长沙市） |
| 7 | 青岛市中韩小商品城 |
| 8 | 中国宝石城（潍坊市） |
| 9 | 苏州渭塘珍珠市场 |
| 10 | 北京世纪万特国际珠宝市场 |
| 11 | 青岛国际工艺品城 |
| 12 | 通辽市露天市场 |
| 13 | 阿拉善大漠奇石文化产业园 |
| 14 | 中国玉都玉器展销市场（揭阳市） |
| 15 | 广州市荔湾广场 |
| 16 | 北京红桥市场 |
| 17 | 福州光明桥珠宝玉石城 |
| 18 | 四会市玉器市场（肇庆市） |
| 19 | 岫岩满族自治县荷花玉器交易市场（鞍山市） |
| 20 | 喀什市艾提尕物业股份有限公司 |

## 3-34　前20家家电市场

| 序号 | 市场名称 |
|---|---|
| 1 | 安徽信地大市场（合肥市） |
| 2 | 临沂家电厨卫城 |
| 3 | 睢阳区港澳大世界（商丘市） |
| 4 | 怀化市河西家电城 |
| 5 | 洛阳聚客隆实业有限公司家电市场 |
| 6 | 武汉多福家电专业市场 |
| 7 | 邵阳市日恒电器城 |
| 8 | 南阳家电大世界 |
| 9 | 浙江省家电市场（杭州市） |
| 10 | 泰州市嘉城经济发展有限公司 |
| 11 | 金华家电市场 |
| 12 | 温州家电市场 |
| 13 | 中南灯具市场（德州市） |
| 14 | 广州市越秀区海印电器总汇 |
| 15 | 永川区家电批发市场（重庆市） |
| 16 | 南昌长运商贸城 |
| 17 | 邵东县家电市场（邵阳市） |
| 18 | 菏泽市牡丹区中原商城 |
| 19 | 贵州黔广汇贸易有限责任公司（贵阳市） |
| 20 | 上海商务中心家电市场 |

## 3-35　前20家通讯器材市场

| 序号 | 市场名称 |
|---|---|
| 1 | 重庆大坪百货有限责任公司新浪通通讯器材交易市场 |
| 2 | 华中通信广场（武汉市） |
| 3 | 新疆中山国际手机交易市场（乌鲁木齐市） |
| 4 | 重庆赛博迈特数码广场有限公司 |
| 5 | 苏州赛格电子市场 |
| 6 | 延吉市中关村电子科技大厦（延边朝鲜族自治州） |
| 7 | 广州市天河电脑城数码科技有限公司 |
| 8 | 海龙电子城（石家庄市） |
| 9 | 茅箭区邮电街手机市场（十堰市） |
| 10 | 上海智力电子商务创新服务园区 |
| 11 | 义乌通信市场（金华市） |
| 12 | 深圳市唐诚龙胜手机市场 |
| 13 | 西安海荣赛格电子市场 |
| 14 | 长沙市宝新通信器材批发市场 |
| 15 | 杭州通信器材市场 |
| 16 | e时代电讯市场（长沙市） |
| 17 | 深圳市远望数码商城 |
| 18 | 武陵3C批发市场（重庆市） |
| 19 | 振华手机市场（深圳市） |
| 20 | 黄石港区大学生创业园 |

## 3-36 前20家计算机及辅助设备市场

| 序号 | 市场名称 |
|---|---|
| 1 | 西安赛格电脑城 |
| 2 | 河南科技园区管理委员会（郑州市） |
| 3 | 哈尔滨工程大学科技园发展有限公司船舶电子大世界 |
| 4 | 北京海龙电子城市场中心 |
| 5 | 长沙国储电脑城 |
| 6 | 北京中关村科贸电子城 |
| 7 | 深圳赛格电子市场 |
| 8 | 太平洋电脑市场（A）（广州市） |
| 9 | 青岛兴旺电子信息城 |
| 10 | 新疆百花村电脑城（乌鲁木齐市） |
| 11 | 宁波市江东区颐高市 |
| 12 | 福州大利嘉城电子市场 |
| 13 | 扬州银河电子城 |
| 14 | 长春科技城 |
| 15 | 长沙鼎星投资咨询有限公司合峰电脑城 |
| 16 | 广西南宁电子科技广场有限公司 |
| 17 | 温州电脑市场 |
| 18 | 百脑汇数码科技广场（临沂市） |
| 19 | 温岭国际数码城（台州市） |
| 20 | 临沂桃源科技广场 |

## 3-37 前20家中药材市场

| 序号 | 市场名称 |
|---|---|
| 1 | 亳州市（中国）中药材交易中心 |
| 2 | 安国市东方药城交易大厅（保定市） |
| 3 | 东北土特产品交易中心（铁岭市） |
| 4 | 玉林中药材专业市场 |
| 5 | 邵东县廉桥药都市场（邵阳市） |
| 6 | 长白山人参市场（白山市） |
| 7 | 禹州中药材市场（许昌市） |
| 8 | 樟树中药材专业市场（宜春市） |
| 9 | 集安市清河人参交易市场（通化市） |
| 10 | 文山三七国际交易中心 |
| 11 | 康美（普宁）中药材专业市场（揭阳市） |
| 12 | 太和县李兴镇中药材交易市场（阜阳市） |
| 13 | 磐安县浙八味特产市场（金华市） |
| 14 | 华东农贸综合市场（温州市） |
| 15 | 上海维韩保健品市场 |
| 16 | 牛营子药材交易中心（赤峰市） |
| 17 | 靖州苗族侗族自治县茯苓大市场（怀化市） |
| 18 | 山东省鄄城县舜王城中药材市场（菏泽市） |
| 19 | 青海新千商务管理有限公司（西宁市） |
| 20 | 柘荣县太子参市场开发中心（宁德市） |

## 3-38 前20家家具市场

| 序号 | 市场名称 |
|---|---|
| 1 | 河北省香河家具城（廊坊市） |
| 2 | 重庆铠恩国际家居名都 |
| 3 | 中国古典工艺博览城（莆田市） |
| 4 | 江苏蠡口国际家具城（苏州市） |
| 5 | 浙江东阳中国木雕城（金华市） |
| 6 | 庆云县装饰材料城（德州市） |
| 7 | 河南中博股份有限公司（郑州市） |
| 8 | 临沂汇海隆家居Mall |
| 9 | 成都八益家具城 |
| 10 | 盘锦市金地物业管理有限公司(汇美家饰) |
| 11 | 常州市红星装饰城 |
| 12 | 赣州市家具大市场 |
| 13 | 义乌家具市场（金华市） |
| 14 | 凭祥市浦寨边民互市点（崇左市） |
| 15 | 正定三才家具市场（石家庄市） |
| 16 | 淄博市周村区沙发城市场 |
| 17 | 南京家乐家商业广场有限公司 |
| 18 | 重庆红星美凯龙世博家居生活广场 |
| 19 | 霸州宾鹏钢木家具城（廊坊市） |
| 20 | 金华市锦绣国际家居市场 |

## 3-39 前20家装饰材料市场

| 序号 | 市场名称 |
|---|---|
| 1 | 淄川建材城（淄博市） |
| 2 | 仙桃市恒迪建材市场 |
| 3 | 芜湖市长江市场园 |
| 4 | 嘉兴市建材陶瓷市场 |
| 5 | 上饶市信州区江南商贸城 |
| 6 | 上海恒大建材市场 |
| 7 | 扬州商城集团公司 |
| 8 | 北京居然之家家居建材市场 |
| 9 | 重庆马家岩大川建材市场 |
| 10 | 新凤朝装饰材料市场（衢州市） |
| 11 | 无锡家居建材市场 |
| 12 | 湖南万家丽家居建材市场（长沙市） |
| 13 | 长沙市马王堆陶瓷建材城恒广区 |
| 14 | 江苏省宜兴建材装璜市场（无锡市） |
| 15 | 佛山市石湾置业陶瓷批发市场（佛山市） |
| 16 | 华源大市场（衡阳市） |
| 17 | 沭阳浙江商城（宿迁市） |
| 18 | 荣昌县汇宇建材家私市场（重庆市） |
| 19 | 临沂百易家装饰城 |
| 20 | 凤凰城名优建材城（郑州市） |

## 3-40 17家灯具市场

| 序号 | 市场名称 |
|---|---|
| 1 | 常州市武进邹区灯具城 |
| 2 | 临沂灯具城 |
| 3 | 菜园坝城外城灯饰市场（重庆市） |
| 4 | 温州东方灯具市场（温州市） |
| 5 | 潼南县时代灯具市场（重庆市） |
| 6 | 成都金府灯具城 |
| 7 | 南岸区南坪灯饰广场（重庆市） |
| 8 | 沈阳张士灯具市场 |
| 9 | 青岛灯具市场 |
| 10 | 重庆建川实业（集团）有限公司 |
| 11 | 杭州灯具市场 |
| 12 | 阜城县古城灯具批发市场（衡水市） |
| 13 | 北京十里城灯饰批发市场 |
| 14 | 同泰灯具城（西安市） |
| 15 | 湖州市灯具大市场 |
| 16 | 大连友谊灯饰批发市场 |
| 17 | 山东灯具批发市场（济南市） |

## 3-41 前20家五金材料市场

| 序号 | 市场名称 |
|---|---|
| 1 | 浙江建华五金机电市场（杭州市） |
| 2 | 潍坊豪德贸易广场 |
| 3 | 中国轴承大世界（邢台市） |
| 4 | 东莞市迎海商贸城 |
| 5 | 喀什远方实业发展有限公司 |
| 6 | 成都市金府五金机电交易市场 |
| 7 | 天津市珠江达润五金城 |
| 8 | 常熟国际汽配城（苏州市） |
| 9 | 浙江南方五金城（绍兴市） |
| 10 | 临沂市五金市场 |
| 11 | 滨州市新兴市场 |
| 12 | 江苏省扬州汽车运输集团公司福运门五金交电批发市场 |
| 13 | 无锡金桥商贸城市场 |
| 14 | 浙江温西工量刃具交易中心（台州市） |
| 15 | 长沙市五金机电大市场 |
| 16 | 浙江时代电子市场（杭州市） |
| 17 | 怀化市河西建材市场 |
| 18 | 台州市机电五金城 |
| 19 | 常州市江南五金机电城市场 |
| 20 | 常州德嘉美吉特科技五金城 |

## 3-42 前20家其他装修市场

| 序号 | 市场名称 |
|---|---|
| 1 | 泰安市光彩大市场 |
| 2 | 常熟建筑装饰材料市场（苏州市） |
| 3 | 浙江石狮商贸城（绍兴市） |
| 4 | 南京红太阳商业大世界 |
| 5 | 益阳市银城大市场 |
| 6 | 胶东家具装饰材料批发市场（烟台市） |
| 7 | 魏县天龙建筑建材批发市场（邯郸市） |
| 8 | 青海省北山市场装饰材料有限责任公司（西宁市） |
| 9 | 杭州陶瓷品市场 |
| 10 | 滁州国际商城 |
| 11 | 中国家具城（沈阳市） |
| 12 | 德清莫干山卢球商贸中心（湖州市） |
| 13 | 盐城高力国际家居港有限公司 |
| 14 | 富安居（国际）家具建材广场（南宁市） |
| 15 | 湖州亿丰建材城发展有限公司 |
| 16 | 张家港九洲家居装饰城市场（苏州市） |
| 17 | 哈尔滨红旗家装饰城 |
| 18 | 温州国际商城（石河子市） |
| 19 | 兰州雁滩家具市场 |
| 20 | 平湖市华都九龙广场（嘉兴市） |

## 3-43 前20家汽车市场

| 序号 | 市场名称 |
|---|---|
| 1 | 北京市旧机动车交易市场 |
| 2 | 北京北辰亚运村汽车交易市场中心 |
| 3 | 中南汽车世界大中南汽车贸易公司（长沙市） |
| 4 | 常州市武进汽车城 |
| 5 | 天津空港北方汽车交易市场 |
| 6 | 长春北方汽贸城市场 |
| 7 | 杭州机动车交易市场 |
| 8 | 长春汽车批发中心市场 |
| 9 | 杭州汽车城 |
| 10 | 惠州市江南汽车交易市场（惠州市） |
| 11 | 浙江方林二手车市场（台州市） |
| 12 | 广物汽贸股份有限公司（广州市） |
| 13 | 江苏无锡汽车交易市场（无锡市） |
| 14 | 华南汽车城（佛山市） |
| 15 | 大连汽车国际博览中心 |
| 16 | 嘉兴市汽车商贸园 |
| 17 | 浙江世纪汽车市场（杭州市） |
| 18 | 浙江方林汽车城（台州市） |
| 19 | 竹叶山汽车市场（武汉市） |
| 20 | 上海市旧机动车交易市场 |

## 3-44 10家摩托车市场

| 序号 | 市场名称 |
|---|---|
| 1 | 重庆外滩摩托车配件交易市场 |
| 2 | 驻马店豪德贸易广场 |
| 3 | 安徽迅捷物流摩托车仓储批发市场（合肥市） |
| 4 | 大城县东阜市场（廊坊市） |
| 5 | 摩托车城（商丘市） |
| 6 | 浙江路桥摩托车交易中心（台州市） |
| 7 | 兰州东部机动车配件中心 |
| 8 | 宁乡县摩托汽配大市场（长沙市） |
| 9 | 株洲锦云摩配市场 |
| 10 | 柳州市锦环服务有限责任公司摩托车商城 |

## 3-45 前20家机动车零配件市场

| 序号 | 市场名称 |
|---|---|
| 1 | 中国（十堰）汽配城 |
| 2 | 江西省洪城汽配城（南昌市） |
| 3 | 杭州浙江汽配城 |
| 4 | 江津区和润汽摩市场（重庆市） |
| 5 | 临沂汽摩配城 |
| 6 | 汽配城中国有限公司（徐州市） |
| 7 | 北京城环城国际汽车配件城 |
| 8 | 金华汽配城 |
| 9 | 东联汽车配件市场（石家庄市） |
| 10 | 山东济南重汽配件城 |
| 11 | 河间市米各庄汽配城（沧州市） |
| 12 | 上海东方汽配城 |
| 13 | 沈阳东北机动车配件市场 |
| 14 | 新疆恒汇机电城（乌鲁木齐市） |
| 15 | 上海百联联合汽车交易市场 |
| 16 | 上海吴淞国际汽配市场 |
| 17 | 无锡市广益汽配城 |
| 18 | 北京五方天雅汽配城市场 |
| 19 | 安徽国际汽车城大地汽摩配市场（合肥市） |
| 20 | 青岛汽车配件城 |

## 3-46 前20家花卉市场

| 序号 | 市场名称 |
|---|---|
| 1 | 常州市武进夏溪花木市场 |
| 2 | 昆明斗南国际花卉产业园区开发有限公司 |
| 3 | 如皋市花木大世界有限公司（南通市） |
| 4 | 青州市黄楼镇万红花卉交易大厅（潍坊市） |
| 5 | 浙江花木城（杭州市） |
| 6 | 广州花卉博览园 |
| 7 | 郑州陈砦花卉市场 |
| 8 | 江苏阿波罗花木市场（扬州市） |
| 9 | 肥西花木城花卉交易市场（合肥市） |
| 10 | 广州市岭南花卉市场 |
| 11 | 长沙红星花卉大市场 |
| 12 | 鄢陵县花木交易市场（许昌市） |
| 13 | 承德万泉花卉市场 |
| 14 | 临沂鲁南花卉城 |
| 15 | 凌源市花卉市场（朝阳市） |
| 16 | 合肥裕丰花鸟虫鱼市场 |
| 17 | 北京九州卉通花卉市场 |
| 18 | 哈尔滨花卉市场 |
| 19 | 新疆明珠花业有限责任公司（乌鲁木齐市） |
| 20 | 天津市北方花卉市场 |

## 3-47 13家旧货市场

| 序号 | 市场名称 |
|---|---|
| 1 | 北京潘家园旧货市场 |
| 2 | 绍兴旧货市场 |
| 3 | 宁波市北仑区甬港废旧物资交易市场 |
| 4 | 嘉兴物资调剂市场 |
| 5 | 温岭市泽国第二旧机床交易中心（台州市） |
| 6 | 庆云县旧货市场（德州市） |
| 7 | 慈溪市旧货交易市场（宁波市） |
| 8 | 江苏省物联苏北废旧金属调剂有限公司(扬州市) |
| 9 | 江西省旧货大市场（南昌市） |
| 10 | 台州市雄鹰旧货交易中心 |
| 11 | 昆明供销再生物资开发有限公司小板桥废旧物资交易市场 |
| 12 | 郑州古玩城 |
| 13 | 漳州收藏文化城 |

## 3-48 前20家其他专业市场

| 序号 | 市场名称 |
|---|---|
| 1 | 肃宁县皮毛交易市场（沧州市） |
| 2 | 郑州信基调味品城 |
| 3 | 通辽市成峰牲畜交易市场 |
| 4 | 中国大营国际皮草交易中心（衡水市） |
| 5 | 丹阳国际眼镜城（镇江市） |
| 6 | 科左后旗科尔沁黄牛市场（通辽市） |
| 7 | 张北县张库牲畜交易有限公司（张家口市） |
| 8 | 绍兴市永宁废旧金属交易市场 |
| 9 | 兰山区华东酒店用品市场（临沂市） |
| 10 | 扬州工艺美术集团有限公司 |
| 11 | 从化市太平兴富农副产品综合批发市场（广州市） |
| 12 | 扎赉特旗石头城子牲畜交易（市场）有限公司（兴安盟） |
| 13 | 巴林右旗石头城（赤峰市） |
| 14 | 沈阳张士农副产品股份有限公司 |
| 15 | 丰县环宇电动车城（徐州市） |
| 16 | 金华澧浦苗木城 |
| 17 | 阿鲁科尔沁旗牲畜交易市场（赤峰市） |
| 18 | 郑州桑园兽药饲料批发市场 |
| 19 | 上海美罗文化娱乐有限公司 |
| 20 | 绍兴市废旧金属交易市场 |

# 3-49 东部地区前100家商品交易市场

| 序号 | 市场名称 | 序号 | 市场名称 |
|---|---|---|---|
| 1 | 上海物贸有色金属交易市场 | 51 | 北京北辰亚运村汽车交易市场中心 |
| 2 | 中国常熟服装城(苏州市) | 52 | 聊城大东钢管市场 |
| 3 | 中国东方丝绸市场(苏州市) | 53 | 天津市王顶堤批发市场 |
| 4 | 白沟新城市场(保定市) | 54 | 江苏宣武集团市场(徐州市) |
| 5 | 浙江省义乌市中国小商品城(金华市) | 55 | 上海外高桥钟表交易中心 |
| 6 | 中国轻纺城(绍兴市) | 56 | 中国织里童装市场(湖州市) |
| 7 | 张家港玖隆物流园企业管理有限公司(苏州市) | 57 | 北京锦绣大地农副产品批发市场 |
| 8 | 张家港保税区化工品交易中心(苏州市) | 58 | 浙江纺织采购博览城(杭州市) |
| 9 | 上海石协石化市场 | 59 | 东莞市大京九塑胶原料市场 |
| 10 | 齐鲁国际塑化城(淄博市) | 60 | 江苏八里钢铁市场(徐州市) |
| 11 | 叠石桥国际家纺城(南通市) | 61 | 海吉星农产品批发市场(深圳市) |
| 12 | 北京市丰台新发地农副产品批发市场中心 | 62 | 常州淮都金属城 |
| 13 | 宁波镇海大宗生产资料交易中心 | 63 | 张家港保税区进口消费品市场(苏州市) |
| 14 | 博兴县兴福镇黑白铁市场(滨州市) | 64 | 常州市武进汽车城 |
| 15 | 山东泰山钢材大市场(泰安市) | 65 | 惠龙港国际钢铁物流股份有限公司(镇江市) |
| 16 | 余姚市中国塑料城(宁波市) | 66 | 常州市武进夏溪花木市场 |
| 17 | 上海石化物资交易中心 | 67 | 安国市东方药城交易大厅(保定市) |
| 18 | 钱清中国轻纺原料城(绍兴市) | 68 | 东莞市华南塑胶城 |
| 19 | 石家庄市新华集贸市场 | 69 | 无锡南方不锈钢市场 |
| 20 | 广州市海珠区中大布匹市场 | 70 | 北京盛华宏林粮油批发市场 |
| 21 | 北京市旧机动车交易市场 | 71 | 宁波镇海液体化工产品交易市场 |
| 22 | 南通市通州区志浩综合市场 | 72 | 萧山(浙江)新农都物流中心(杭州市) |
| 23 | 浙江中国科技五金城(金华市) | 73 | 永年县标准件市场(邯郸市) |
| 24 | 江苏华东石化物资交易市场(无锡市) | 74 | 上海江杨农产品批发市场 |
| 25 | 南三条市场(石家庄市) | 75 | 淄川建材城(淄博市) |
| 26 | 江阴长江港口物流园区交易中心(无锡市) | 76 | 天津空港北方汽车交易市场 |
| 27 | 南京众彩农副产品批发市场 | 77 | 碑廓木材市场(日照市) |
| 28 | 绍兴越州轻纺工贸园区市场 | 78 | 烟台市三站市场 |
| 29 | 张家港保税区纺织原料市场(苏州市) | 79 | 徐州区域生产资料市场 |
| 30 | 桐乡市濮院羊毛衫市场(嘉兴市) | 80 | 宁波华东物资城 |
| 31 | 无锡招商城市场 | 81 | 无锡市国联金属材料市场 |
| 32 | 江苏凌家塘市场(常州市) | 82 | 杭州机动车交易市场 |
| 33 | 河北省香河家具城(廊坊市) | 83 | 肃宁县皮毛交易市场(沧州市) |
| 34 | 江苏东方钢材城(无锡市) | 84 | 聊城香江光彩大市场 |
| 35 | 北京大洋路农副产品市场 | 85 | 北京农产品中央批发市场 |
| 36 | 杭州萧山商业城 | 86 | 滕州市杏花村干杂货市场(枣庄市) |
| 37 | 江阴市金属材料市场(无锡市) | 87 | 宿迁经济开发区宿迁义乌商贸城 |
| 38 | 广州江南果菜批发市场 | 88 | 天津港散货交易市场 |
| 39 | 江苏湖塘纺织城(常州市) | 89 | 海宁中国皮革城(嘉兴市) |
| 40 | 浙江新世纪金属材料现货市场(杭州市) | 90 | 江苏长江塑料化工交易市场(常州市) |
| 41 | 沧州崔尔庄红枣批发市场 | 91 | 嘉兴水果市场 |
| 42 | 广州钢铁交易中心 | 92 | 浙江大唐轻纺袜业城(绍兴市) |
| 43 | 苏州南环桥市场 | 93 | 华南国际工业原料城(深圳市) |
| 44 | 中储发展股份有限公司天津储宝分公司 | 94 | 临沂鲁南国际粮油市场 |
| 45 | 临沂市万宝市场开发服务有限公司钢材市场分公司 | 95 | 江苏联谊农副产品批发市场(扬州市) |
| 46 | 福州海峡水产品交易市场 | 96 | 杭州城北金属材料市场 |
| 47 | 浙江长三角石油化工发展有限公司(宁波市) | 97 | 武城县老城棉花交易市场(德州市) |
| 48 | 东莞市信立农副产品批发中心 | 98 | 中国北方五金城(天津市) |
| 49 | 即墨市服装批发市场(青岛市) | 99 | 上海九星综合市场 |
| 50 | 广东西樵轻纺城(佛山市) | 100 | 江苏南华物流有限公司(南京市) |

# 3-50　东北地区前100家商品交易市场

| 序号 | 市场名称 | 序号 | 市场名称 |
|---|---|---|---|
| 1 | 海城市西柳服装市场(鞍山市) | 51 | 大商集团有限公司昌临休闲购物广场(大连市) |
| 2 | 大连石油交易所 | 52 | 沈阳东北机动车配件市场 |
| 3 | 沈阳五爱小商品批发市场 | 53 | 哈尔滨二三五处钢材市场 |
| 4 | 大连双兴商品城 | 54 | 沈阳盛发菜果批发有限公司 |
| 5 | 松北区润恒农副产品大市场(哈尔滨市) | 55 | 绥芬河市青云经贸有限公司青云市场(牡丹江市) |
| 6 | 长春北方汽贸城 | 56 | 长春中东大市场 |
| 7 | 长春汽车批发中心市场 | 57 | 辽宁旺鼎皮革城(辽阳市) |
| 8 | 哈尔滨哈达农副产品股份有限公司 | 58 | 长春顺风大市场 |
| 9 | 哈尔滨南极批发市场 | 59 | 辽中县茨榆坨镇轻工市场(沈阳市) |
| 10 | 沈阳沈都钢材市场 | 60 | 沈阳浩松陶瓷市场 |
| 11 | 东北土特产品交易中心(铁岭市) | 61 | 沈阳张士农副产品股份有限公司 |
| 12 | 灯塔佟二堡海宁皮革城(辽阳市) | 62 | 大连东方投资置业有限公司 |
| 13 | 东宁县雨润绥阳木耳大市场(牡丹江市) | 63 | 双城市黑龙江省新胜蛋禽批发市场(哈尔滨市) |
| 14 | 中国铁路物资哈尔滨钢材大市场 | 64 | 中国家具城(沈阳市) |
| 15 | 大连汽车国际博览中心 | 65 | 牡丹江牡达农副产品有限公司 |
| 16 | 海城市南台箱包市场(鞍山市) | 66 | 玉皇商城装饰城(葫芦岛市) |
| 17 | 长春东北亚物流农贸水产市场 | 67 | 吉林远东实业集团有限公司(长春市) |
| 18 | 大连旧机动车交易市场 | 68 | 红博商贸城(哈尔滨市) |
| 19 | 沈阳果品批发市场 | 69 | 凌源市八里堡蔬菜果品批发市场(朝阳市) |
| 20 | 沈阳塔湾物流有限公司 | 70 | 沈阳红旗台石材超市 |
| 21 | 灯塔市香港时代广场(辽阳市) | 71 | 长春市长运集团有限责任公司 |
| 22 | 长白山人参市场(白山市) | 72 | 哈尔滨呼兰双来中心市场 |
| 23 | 大连辽渔国际水产品市场 | 73 | 沈阳东北装饰城 |
| 24 | 沈阳水产批发市场 | 74 | 鞍山市新兴商贸集团有限责任公司 |
| 25 | 塔湾北行农贸市场(沈阳市) | 75 | 齐齐哈尔市百花园市场 |
| 26 | 齐齐哈尔市哈达农果品副产品综合市场 | 76 | 长春科技城 |
| 27 | 沈阳二手车交易市场 | 77 | 普兰店市锦龙商贸有限公司(大连市) |
| 28 | 大庆市粮食综合批发市场 | 78 | 黑龙江先锋农业生产资料交易市场(哈尔滨市) |
| 29 | 大连长兴购物中心 | 79 | 大连棉麻有限公司果菜批发市场 |
| 30 | 沈阳钢材中心批发市场 | 80 | 盘锦市兴隆台区环球电子商贸中心 |
| 31 | 大连开发区农副产品批发市场 | 81 | 哈尔滨古铁市场 |
| 32 | 亿丰(大连)汽车城 | 82 | 鞍山宝润二手机动车交易市场 |
| 33 | 禧龙建筑装饰材料大市场(哈尔滨市) | 83 | 大庆市农副产品综合批发大市场 |
| 34 | 大商集团股份有限公司贸易大世界(大连市) | 84 | 西窑建材交易中心(沈阳市) |
| 35 | 沈阳新塔湾旧机动车交易中心 | 85 | 哈尔滨透笼轻工批发市场 |
| 36 | 沈阳粮食批发市场 | 86 | 灯塔市皇都皮草城(辽阳市) |
| 37 | 玛克威商厦服装鞋帽批发大市场(哈尔滨市) | 87 | 白山市兴泰批发市场 |
| 38 | 沈阳温州城商品交易市场 | 88 | 哈尔滨红旗家装饰城 |
| 39 | 锦州市辽西小商品批发市场 | 89 | 盘锦市兴隆台区钻井批发市场 |
| 40 | 阜新市瑞轩蔬菜农副产品综合批发市场 | 90 | 东昌区综合大市场(通化市) |
| 41 | 盘锦市金地物业管理有限公司 | 91 | 黑山县消费品综合市场(锦州市) |
| 42 | 长春蔬菜中心批发市场 | 92 | 吉林市果品批发市场 |
| 43 | 哈尔滨工程大学科技园发展有限公司船舶电子大世界 | 93 | 齐齐哈尔市新开路工业品综合市场 |
| 44 | 大连金玛商城 | 94 | 哈尔滨永兴买卖农副产品有限公司 |
| 45 | 集贤县商贸城综合市场(双鸭山市) | 95 | 本溪市大河批发市场 |
| 46 | 沈阳西湖市场 | 96 | 延吉市新兴分局西市场(延边朝鲜族自治州) |
| 47 | 集安市清河人参交易市场(通化市) | 97 | 沈阳北大营海鲜市场 |
| 48 | 鞍山市钢材现货市场 | 98 | 本溪市一洞桥农贸市场 |
| 49 | 大连熟食品交易中心 | 99 | 哈尔滨友谊海鲜批发市场 |
| 50 | 哈尔滨香坊粮食物流中心 | 100 | 凌海市白台子镇工业园区(锦州市) |

# 3-51 中部地区前100家商品交易市场

| 序号 | 市场名称 | 序号 | 市场名称 |
| --- | --- | --- | --- |
| 1 | 河南万邦国际农产品物流股份有限公司(郑州市) | 51 | 吉安农产品批发市场 |
| 2 | 盐湖区禹都市场(运城市) | 52 | 江西省装潢建材大市场(南昌市) |
| 3 | 湖南高桥大市场(长沙市) | 53 | 武汉竹叶山钢材市场 |
| 4 | 长葛市新区钢材市场(许昌市) | 54 | 上饶市信州区江南商贸城 |
| 5 | 南昌市洪城大市场 | 55 | 皖西北商贸城(阜阳市) |
| 6 | 长沙市红星实业集团有限公司农副产品大市场 | 56 | 九江市京九农副产品中心批发市场 |
| 7 | 亳州市(中国)中药材交易中心 | 57 | 邵东县工业品市场(邵阳市) |
| 8 | 商丘农产品中心批发市场 | 58 | 安徽白马服装城(合肥市) |
| 9 | 湖南省三湘南湖大市场(长沙市) | 59 | 株洲市中南金属物流大市场 |
| 10 | 洛阳市洛龙区关林市场 | 60 | 马王堆海鲜水产批发市场(长沙市) |
| 11 | 武汉白沙洲农副产品大市场 | 61 | 中国矿业设备博览城(淮北市) |
| 12 | 安庆市光彩大市场 | 62 | 南昌县小蓝禽蛋批发市场(南昌市) |
| 13 | 合肥周谷堆农产品批发市场 | 63 | 安徽阜阳汽贸物流园 |
| 14 | 安徽省徽商钢材市场(合肥市) | 64 | 芜湖大地农副产品批发市场 |
| 15 | 中南汽车世界大中南汽车贸易公司(长沙市) | 65 | 陈砦蔬菜批发市场(郑州市) |
| 16 | 南昌深圳农产品中心批发市场 | 66 | 宜昌金东山市场 |
| 17 | 中国(十堰)汽配城 | 67 | 众信农副产品批发交易市场(驻马店市) |
| 18 | 江西省洪城汽配城(南昌市) | 68 | 禹州中药材市场(许昌市) |
| 19 | 湖南钢材大市场(长沙市) | 69 | 南阳市兴达钢铁市场 |
| 20 | 四季水产物流港(郑州市) | 70 | 汉正街名牌服饰(武汉市) |
| 21 | 周口市黄淮物流港农产品批发市场 | 71 | 孝感市南大批发市场 |
| 22 | 长葛市九鼎美达建材市场(许昌市) | 72 | 益阳市团洲蔬菜批发市场 |
| 23 | 蓝特商业城(荆州市) | 73 | 银基商贸城(郑州市) |
| 24 | 蚌埠市光彩市场 | 74 | 南昌水产品综合交易批发市场 |
| 25 | 监利县天府庙大市场(荆州市) | 75 | 肥东县裕隆市场(合肥市) |
| 26 | 赣南贸易广场(赣州市) | 76 | 樟树中药材专业市场(宜春市) |
| 27 | 郑州信基调味品城 | 77 | 湖北天润投资集团有限公司(襄阳市) |
| 28 | 南阳龙升物流枢纽中心银海钢材市场 | 78 | 合肥国强钢材交易中心 |
| 29 | 安徽信地大市场(合肥市) | 79 | 南方粮食交易市场(九江市) |
| 30 | 湖北北盟投资集团有限公司(襄阳市) | 80 | 濉溪县中瑞农副产品有限责任公司(淮北市) |
| 31 | 河南万邦庆丰粮油市场(郑州市) | 81 | 马鞍山三和仓储配送有限公司钢材市场 |
| 32 | 赣州市南北大市场 | 82 | 湖南洞庭渔都水产批发市场(岳阳市) |
| 33 | 武汉市琴台钢材市场 | 83 | 马鞍山市安民农副产品批发交易中心 |
| 34 | 竹叶山汽车市场(武汉市) | 84 | 新乡市宇鑫农贸有限公司 |
| 35 | 安徽省广德县农贸市场(宣城市) | 85 | 益阳市银城大市场 |
| 36 | 商丘创世钢材市场 | 86 | 赣州市龙都商城 |
| 37 | 邵东县廉桥药都市场(邵阳市) | 87 | 商丘市光彩大市场 |
| 38 | 河南汽车贸易中心(郑州市) | 88 | 澧县八百里洞庭水产市场(常德市) |
| 39 | 马王堆蔬菜批发市场(长沙市) | 89 | 临汾市尧都区奶牛场尧丰农产品批发市场 |
| 40 | 河南葛天金属材料交易市场(许昌市) | 90 | 阜阳市瑶海农产品市场 |
| 41 | 仙桃市恒迪建材市场 | 91 | 南昌肉类联合加工厂肉食品批发市场 |
| 42 | 安徽省广德县太极商城(宣城市) | 92 | 南阳市光彩大世界 |
| 43 | 宜春市赣西农副新产品批发市场 | 93 | 安徽金太阳装饰城(滁州市) |
| 44 | 中国芜湖商品交易博览城 | 94 | 武汉市舵落口大市场 |
| 45 | 阜阳临沂商城 | 95 | 常德市鼎城桥南市场 |
| 46 | 湖北汉口四季美农贸市场 | 96 | 鹰潭市杏园市场 |
| 47 | 蚌埠海吉星农产品物流有限公司 | 97 | 江西联信大市场(南昌市) |
| 48 | 芜湖市长江市场园 | 98 | 河南中博股份有限公司(郑州市) |
| 49 | 中储801仓库钢材市场(洛阳市) | 99 | 安庆市钢材大市场 |
| 50 | 武汉长空机械总厂旧车交易市场 | 100 | 九江果品批发交易大市场 |

# 3-52 西部地区前100家商品交易市场

| 序号 | 市场名称 |
|---|---|
| 1 | 成都国际商贸城 |
| 2 | 新疆宝新恒源钢材物流园(乌鲁木齐市) |
| 3 | 朝天门市场(重庆市) |
| 4 | 成都濛阳农副产品综合批发交易市场 |
| 5 | 重庆市观音桥农贸市场 |
| 6 | 江津区双福国际农贸城(重庆市) |
| 7 | 重庆万吨冷储物流交易中心(重庆市) |
| 8 | 新疆九鼎盛和果品批发市场(乌鲁木齐市) |
| 9 | 重庆铠恩国际家居名都 |
| 10 | 成都农产品中心批发市场 |
| 11 | 新疆华凌工贸集团有限公司华凌综合市场(乌鲁木齐市) |
| 12 | 三联家禽市场(成都市) |
| 13 | 重庆市永川区商贸城 |
| 14 | 昆明螺蛳湾国际商贸城一期市场 |
| 15 | 西安雨润农产品全球采购有限公司 |
| 16 | 成都市量力钢材物流有限公司 |
| 17 | 绿云石都建材交易城(重庆市) |
| 18 | 龙文钢材市场(重庆市) |
| 19 | 贵阳市谷丰粮油食品批发市场 |
| 20 | 中国西南鞋材交易中心(重庆市) |
| 21 | 新疆九鼎恒兴蔬菜批发市场(乌鲁木齐市) |
| 22 | 重庆金属材料现货交易市场 |
| 23 | 南宁市虎邱城北钢材市场 |
| 24 | 昆明螺蛳湾国际商贸城二期市场 |
| 25 | 中亚国际钢材交易中心(乌鲁木齐市) |
| 26 | 昆明金马正昌第二果品市场 |
| 27 | 玉林中药材专业市场 |
| 28 | 贵阳地利农产品物流园有限公司 |
| 29 | 恒胜钢材市场(重庆市) |
| 30 | 大足区龙水五金市场(重庆市) |
| 31 | 江津区攀宝钢材市场(重庆市) |
| 32 | 成都荷花池大成市场 |
| 33 | 新疆赛博特国际汽车城(乌鲁木齐市) |
| 34 | 玉林宏进农副产品批发市场 |
| 35 | 成都市海霸王冷藏物流交易市场 |
| 36 | 西北物资市场(兰州市) |
| 37 | 新疆华凌建材出口基地(乌鲁木齐市) |
| 38 | 四川好一新商贸城(达州市) |
| 39 | 宝鸡市恒丰园农产品发展有限公司 |
| 40 | 重庆马家岩板材批发市场 |
| 41 | 中国龙水五金旅游城(重庆市) |
| 42 | 南宁市荣宝龙钢材市场 |
| 43 | 通辽市成峰牲畜交易市场 |
| 44 | 成都市农副产品批发中心 |
| 45 | 甘肃省食品股份有限公司肉食水产批发市场(兰州市) |
| 46 | 西三街农副水产品市场(重庆市) |
| 47 | 南充川北农产品交易有限公司 |
| 48 | 中国西部金属交易城(重庆市) |
| 49 | 咸阳新阳光西北农副产品交易中心 |
| 50 | 重庆驰盛汽车城 |
| 51 | 遵义兴邦粮油物流有限责任公司 |
| 52 | 江津区和润汽摩市场(重庆市) |
| 53 | 南宁市桂果香果品有限公司五里亭蔬菜批发市场 |
| 54 | 贵阳海恒农副产品批发市场 |
| 55 | 成都富森美家居置业有限公司 |
| 56 | 乌兰浩特市融佳建材市场(兴安盟) |
| 57 | 重庆市万州商贸城 |
| 58 | 西安海纳汽车服务有限公司西安汽配市场 |
| 59 | 广西海吉星市场(南宁市) |
| 60 | 中宁县国际枸杞交易中心(中卫市) |
| 61 | 兰州瑞德摩尔城市购物广场 |
| 62 | 重庆市万州区小天鹅批发市场 |
| 63 | 石河子农产品交易中心 |
| 64 | 遵义市红花岗区苟家井综合批发市场 |
| 65 | 成都万贯五金机电市场 |
| 66 | 贵州合朋二手车市场交易有限公司(贵阳市) |
| 67 | 宝鸡市冠森大世界现代家居建材城 |
| 68 | 重庆渝州交易城 |
| 69 | 昆明斗南国际花卉产业园区开发有限公司 |
| 70 | 新世界建材市场(重庆市) |
| 71 | 宁夏四季鲜果品蔬菜批发市场(银川市) |
| 72 | 北三环大明宫建材家居市场(西安市) |
| 73 | 成都市沙西农产品交易市场 |
| 74 | 大足区龙水花市街市场(重庆市) |
| 75 | 达州市复兴市场 |
| 76 | 通辽市团结路贸易区 |
| 77 | 陕西省生产资料第一交易市场(西安市) |
| 78 | 喀什远方实业发展有限公司 |
| 79 | 通辽经济技术开发区煤炭市场 |
| 80 | 西安赛格电脑城 |
| 81 | 桂林五里店果蔬批发市场 |
| 82 | 云南龙城农产品经营股份有限公司(昆明市) |
| 83 | 成都市金府五金机电交易市场 |
| 84 | 宜宾市翠屏区江北农产品批发市场 |
| 85 | 陕西银邦经营管理有限公司(西安市) |
| 86 | 绵阳毅德商贸城 |
| 87 | 广西淡村商贸城(南宁市) |
| 88 | 重庆外滩摩托车配件交易市场 |
| 89 | 乌鲁木齐北园春(集团)有限责任公司北园春市场 |
| 90 | 涪陵区新大兴农副产品交易中心(重庆市) |
| 91 | 文山三鑫建材城 |
| 92 | 重庆马家岩大川建材市场 |
| 93 | 遵义绿色产品交易中心 |
| 94 | 奎屯中兴商贸城(伊犁哈萨克自治州) |
| 95 | 恒鑫老顶坡汽摩综合市场(重庆市) |
| 96 | 重庆西部汽车城 |
| 97 | 昆明骏骐干菜副食粮油批发市场 |
| 98 | 万州区宏远批发市场(重庆市) |
| 99 | 新疆亚中机电销售租赁股份有限公司(乌鲁木齐市) |
| 100 | 重庆巨龙钢材市场 |

# 附录　主要统计指标解释

# 附录：主要统计指标解释

## 一、主要统计指标及市场分类

**亿元以上商品交易市场**：指年成交额在亿元及以上的商品交易市场。商品交易市场是指经有关部门和组织批准设立，有固定场所、设施，有经营管理部门和监管人员，若干市场经营者入内，常年或实际开业三个月以上，集中、公开、独立地进行生活消费品、生产资料等现货商品交易以及提供相关服务的交易场所，包括各类消费品市场、生产资料市场等。

**营业状态**：按照市场营业时间的连续性分为常年营业、季节性营业和其它等三种状态。常年营业指不受季节、时间等因素的影响，全年均营业的市场；季节性营业市场指受季节因素影响，全年间断营业的市场，如旅游旺季营业的交易市场等；其它市场指上述以外的其它营业状态的交易市场。

**经营方式**：指市场直接从事商品流通的买卖形式，包括批发和零售两种方式。批发市场指专门从事批发业务活动或以批发业务为主的交易市场。零售市场指专门从事零售业务的活动，并直接向城乡居民销售日用消费品、农产品的市场，或以零售业务为主，同时兼批发业务的交易市场。

**经营环境**：指各市场经营场所具备的基本条件，分露天式、封闭式和其它。露天式市场指市场摊位完全在室外，或70%以上的摊位在室外，包括柜台式市场及无设施市场；封闭式市场指市场摊位完全在室内（包括平房和楼房）；其它市场指上述以外的其它经营环境的交易市场。

**年末出租摊位数**：指该市场年末实际出租的摊位数。

**成交额**：指该市场所有摊位的全年商品交易额之合计。

**市场类别**：指根据商品交易市场经营商品类别进行分类，包括综合市场和专业市场两大类。

**综合市场**：指经营生产资料、工业消费品、农产品等多种商品的综合性现货商品交易市场。

**综合贸易市场**：分为生产资料综合市场、工业消费品综合市场、农产品综合市场及其它综合市场。

—生产资料综合市场：指经营两类或两类以上生产资料的交易市场，包括工业生产资料交易市场、农业生产资料交易市场，交易对象主要是生产经营者，市场内摊位成交额主要集中在生产资料商品。

—**工业消费品综合市场**：指经营两类及两类以上工业消费品的交易市场，交易对象主要是商品使用者和消费者，市场内摊位主要经营食品、服装、日用品等商品。

—**农产品综合市场**：指经营两类及两类以上农产品的交易市场，交易对象主要是商品使用者和消费者。

—**其它综合市场**：以上未列明综合性现货商品交易市场。如果市场中农产品和工业品混杂经营，成交额难以分清主次的，市场类别应为其它综合市场。

**专业市场**：指主要进行某一领域商品的交易活动的现货市场。根据所经营的商品类别，分为12类专业市场。专业市场类别应根据摊位交易情况确定，即经营某类商品的摊位成交额超过总成交额的60%，市场则确定为相应的专业市场。

（1）生产资料市场：主要经营某类生产资料的交易市场。

—**农业生产用具市场**：经营半机械化农机具及其配件、中小农具、园艺工具等为主。

—**农用生产资料市场**：经营农用生产资料为主，如农药、化肥、农膜、农用温室玻璃、园艺工具等。

—**煤炭市场**：经营煤炭及制品为主。

—**木材市场**：经营木、竹采伐产品和木材、竹非生活制品为主。

—**建材市场**：经营建筑材料、保温材料、玻璃制品等建筑施工用材为主，主要面向建筑设施的施工企业。

—**化工材料及制品市场**：经营生产经营用化工材料及制品为主。

—**金属材料市场**：经营各种黑色金属材料和有色金属材料为主。

—**机械电子设备市场**：经营机械设备、电子产品和仪器为主，面向生产经营单位。

—**其它生产资料市场**：以上未列明的生产资料专业市场。

（2）**农产品市场**：指主要经营某一类农产品的交易市场。

—**粮油市场**：经营谷物、大豆、玉米、食用油为主。

—**肉禽蛋市场**：经营肉禽蛋为主。

—**水产品市场**：经营水产品为主。

—**蔬菜市场**：经营蔬菜为主。

—**干鲜果品市场**：经营干鲜果品为主。

—**棉麻土畜、烟叶市场**：经营棉麻、土特产品、种畜、种禽、耕畜、烟叶为主。

—**其它农产品市场**：　以上未提及的或经营两种以上农产品的农产品专业市场。

（3）**食品、饮料及烟酒市场**：指主要经营食品、饮料及烟酒等商品的交易市场。

—**食品饮料市场**：经营食品、饮料为主。

—**茶叶市场**：经营茶叶为主。

—**烟酒市场**：经营烟酒为主。

—**其它食品饮料及烟酒市场**：以上未提及的或主要经营两类以上食品、饮料及烟酒商品的专业市场。

（4）**纺织、服装、鞋帽市场**：指主要经营布料及纺织品、服装、鞋帽等商品的交易市场。

—布料及纺织品市场：经营布料及纺织品为主。

—**服装市场**：经营服装为主。

—**鞋帽市场**：经营鞋帽为主。

—**其它纺织服装鞋帽市场**：以上未提及的或主要经营两类以上纺织、服装、鞋帽商品的专业市场。

（5）**日用品及文化用品市场**：指主要经营各类日用品及文化用品等商品的交易市场。

—**小商品市场**：经营日用小百货为主。

—**箱包市场**：经营箱包为主。

—**玩具市场**：经营玩具为主。

—**文具市场**：经营文具为主。

—**图书、报刊杂志市场**：经营图书、报刊杂志为主。

—**音像制品及电子出版物市场**：经营音像制品及电子出版物为主。

—**体育用品市场**：经营体育用品为主。

—**其它日用品及文化用品市场**：以上未提及的或经营两类以上日用品及文化用品的专业市场。

（6）**黄金、珠宝、玉器等首饰市场**：指主要经营黄金、珠宝、玉器等首饰的交易市场。

（7）**电器、通讯器材、电子设备市场**：指主要经营电器、通讯器材、电子设备等商品的交易市场。

—**家电市场**：经营家电为主。

—**通讯器材市场**：经营通讯器材为主。

—**照相、摄像器材市场**：经营照相、摄像器材为主。

—**计算机及辅助设备市场**：以经营计算机及其配件、计算机辅助设备为主。

—**其它电器、通讯器材、电子设备市场**：以上未提及的或主要经营两类以上电器、通讯器材、电子设备商品的专业市场。

（8）**医药、医疗用品及器材市场**：指主要经营药材、中西药品、医疗器械等商品的交易市场。

—**中药材市场**：经营中药材为主。

—**其它医药、医疗用品及器材市场**：中药材专业市场以外的医药、医疗用品及器材专业市场。

（9）**家具、五金及装饰材料市场**：指主要经营家具、五金电料、各种家居装修装饰材料等商品的交易市场。

—**家具市场**：经营家具为主。

—**装饰材料市场**：经营装饰材料为主。

—**灯具市场**：经营灯具为主。

—**厨具、盥洗设备市场**：经营厨具、盥洗设备为主。

—**五金材料市场**：经营五金材料为主。

—**其它家具、五金及装饰材料市场**：以上未提及的或主要经营两类以上家具、五金或装饰材料商品的专业市场。

（10）**汽车、摩托车及零配件市场**：指专门从事新、旧机动车辆及其零配件交易的市场。

—**汽车市场**：经营汽车为主，包括新车市场和旧车市场。

—**摩托车市场**：经营摩托车为主。

—**机动车零配件市场**：经营机动车零配件为主。

（11）花、鸟、鱼、虫市场：指主要经营花、鸟、鱼、虫等商品的交易市场。

—**花卉市场**：经营鲜花、苗木及其制品为主。

—**鸟市场**：经营鸟类商品为主。

—**观赏鱼市场**：经营观赏鱼类商品为主。

—**其它花鸟鱼虫市场**：以上未提及的或主要经营两类以上花鸟鱼虫商品的专业市场。

（12）**旧货市场**：指经营各类旧货商品的交易市场。

—**古玩、古董、字画市场**：经营古玩、古董、字画商品为主。

—**邮票、硬币市场**：经营邮票、硬币商品为主。

—**其它旧货市场**：以上未提及的或主要经营两类以上旧货商品的专业市场。

（13）**其它专业市场**：以上未提及商品的专业市场。

## 二、商品分类及解释

1. **粮油、食品类**：指供人们食用的各种食品，如粮油、肉禽蛋、水产品、干鲜蔬果、食糖、糖果糕点、豆制品、滋补食品、食盐、调味品、罐头食品、奶及奶制品及其他食品加工制品等。

—**粮油类**：指供人们食用的粮食和食用油。

其中，粮食，包括小麦、稻谷、玉米、豆类、杂粮及其成品粮、磨粉、淀粉及其制品等；

淀粉及其制品，包括粉皮、粉丝、粉条、淀粉等；

食用油，包括食用植物和动物油等。

—**肉禽蛋类**：指供人们食用的肉类、禽类、蛋类商品。

其中，肉类，指供食用的活猪、活牛、活羊、家兔及其鲜（冻）肉和肉制品（不含各种肉罐头，统计在“其他食品类”）；

禽类，指供人们食用的活鸡、活鸭、活鹅和其他人工饲养的活禽类及其鲜（冻）、腌制和卤熟制品；

蛋类，指鸡、鸭、鹅和其他禽类的鲜蛋、再制蛋。

—**水产品类**：指各种海水、淡水产的鲜的或干的鱼、虾、蟹、藻类、贝类、软体类、腔肠类等水产品。

—**蔬菜类**：指各种新鲜的蔬菜，包括各种叶菜、茎菜、根菜、花菜、果菜以及各种食用菌等。

—**干鲜果品类**：包括新鲜瓜果、干果及蜜饯果脯等干鲜果。

2. **饮料类**：指供人们食用的各种饮料，包括液体型饮料，如汽水、果菜汁、矿泉水等；冷冻饮品；固体饮料；茶叶、咖啡、可可和其他饮料。

3.**烟酒类**：包括酒和烟草加工品。酒，包括白酒、啤酒、黄酒、果露酒等。烟草加工品，包括卷烟、雪茄烟、烟丝、莫合烟、鼻烟等烟草加工品，不包括烤烟、晒烟等烟草加工原料（统计在“其他类”）。

4.**服装、鞋帽、针纺织品类**：指服装、鞋帽、针织品和纺织品的集合。

（1）**服装类**：指以棉布、棉化纤混纺布、化纤布、麻布、呢绒、绸缎、裘皮、化纤针织面料等为原料缝制的各种男、女、成人、儿童的单、夹、棉、皮等各种服装（包括内衣裤、外衣裤、衬衣、衬裤、胸罩、裙子等），包括以毛线、丝线、麻线和各种混纺线编织的各种服装，如毛衣、毛衫、毛裤。

（2）**鞋帽类**：鞋，指皮鞋、胶鞋、布鞋和全塑料鞋等，包括各种材料制作的靴子、凉鞋、便鞋、拖鞋、运动鞋、旅游鞋、春秋鞋等；帽，指各种面料、各种款式的男、女、童、婴儿帽子。

（3）**针、纺织品类**：针织品，指纯棉、纯化纤、化纤与棉（包括短涤纶）混纺的针棉织品、毛毯、线毯、地毯、毛巾、毛线、毛织物等纯纺、纯化纤、混纺针织品及化纤针织面料；纺织品，指布（包括棉布、棉花化纤混纺布、化纤布等外棉棉布、玻璃纤维布、再生纤维布、野杂纤维布、土纺布、无纺布、漆布等），呢绒（包括涤纶混纺物），绸缎，麻布，纱类（包括棉纱、等外棉棉纱、玻璃纤维纱、再生纤维纱、野条纤维纱、废纱、土纱、麻绒等纺织品）。针、纺织品包括除服装外的制成品，如床上用品、袜子、针纺织手套、窗帘等。

5. **化妆品类**：指洁肤护肤美容用品、洁发护发美发用品、药物美容美体用品等。

洁肤护肤美容用品，包括洁面乳、霜、油等洁肤用品，霜、香脂、乳液、润肤油、爽身粉等护肤品，香粉（粉饼）、胭脂、唇膏、眼影、眉笔、指甲油、各种化妆盒、假发等美容品；

洁发护发美发用品，包括洗发香波、洗发膏、洗发精、浴液、剃须膏、发油、发露、发腊、发宝、营养发水、护发素、发胶、摩丝、各种染发剂等；

药物美容美体用品，包括花露水、腋下香、香水、防秃生发水、浓眉露、止痒水（粉）、祛斑霜、粉刺露、防晒剂、痒子粉（水）、减肥霜等；其他化妆用品。

**6. 金银珠宝类**：指以金、银、铂等金属及钻石、宝（玉）石、翡翠、珍珠、水晶、象牙、骨角等为原料，经加工和连接组合、镶嵌等方法，制成各种图案造型的装饰品、饰品、工艺品等。包括首饰，如项链、戒指、耳环、手镯、脚链、挂件、别针、发卡等，珠宝饰品，如宝（玉）石、宝（玉）石饰品、钻石镶嵌、珍珠镶嵌以及其他金银珠宝饰品等。

**7. 日用品类**：指日用金属制品、日用搪瓷制品、日用塑料制品、天然皮革和人造皮革制品、玻璃器皿、日用百货、燃气灶具、儿童玩具、日用化工产品、照明器具、日用杂品、钟表眼镜及配件、各种工艺品、烟花炮竹、人力或助动车类及配件等。

其中，日用金属制品，包括精铝、铸铝、铝合金家用器皿，不锈钢制餐具，家用厨房用具及其他不锈钢制器皿等，不包括工业建筑的通用金属器皿（统计在“金属材料类”）；

日用搪瓷制品，包括单瓷、双瓷的面盆、口杯及其他搪瓷制品等，不包括工业建筑的通用搪瓷制品（统计在“建筑及装潢材料类”）；

日用百货，包括如缝纫机、保温瓶、雨衣、理发用具、剃须刀具、火柴、打火机、电池、腰带、刀、剪、锁、钳、卫生纸、卫生巾等；

日用化工产品，包括洗涤用品、杀虫剂、花肥等；

燃气灶具，包括燃气热水器、各种灶具等；

照明器具，包括各种灯具、灯泡、灯管、手电筒等；

日用杂品，包括铁锅、笼屉、瓷碗、碟等餐具和炊事用具，竹、木、藤、柳编制品，炉子、烟筒和取暖设备等；

钟包括各种机械、石英电子的闹钟、挂钟、座钟等，表包括各种机械、石英电子手表、怀表、秒表、其他表、钟表零配件等，眼镜包括成品眼镜、眼镜架、眼镜片、眼镜毛坯、眼镜零配件等；

各种工艺品，包括雕塑工艺品、人造花卉工艺品、天然植物工艺品、纤维编织工艺品、刺绣工艺品、抽纱工艺品等。其中，雕塑工艺品包括玉雕、牙雕、金属工艺品、漆器工艺品、画类工艺品等，天然植物工艺品、纤维编织工艺品包括竹编工艺品、藤编工艺品、草编工艺品等；

人力或助动车类及配件，包括自行车、助动自行车、三轮车、残疾人座车（无论是否装有发动机）、婴儿推车和手推车等及配件。

儿童玩具类：包括各种材质制作的玩具。

**8. 五金、电料类**：指五金工具、电工工具、工具配件、水暖器材、各种专用工具、五金杂品等，以及木瓦工具、电工电讯器材及配件等各类商品，如各种榔头、钳子、扳手、锉刀、泥刀、自来水管、各种水龙头、暖气片、阀门、螺丝、螺母、水表、电表、插座、插头、开关、电线、铁丝、镇流器、灯架、灯罩等。

**9. 体育、娱乐用品类**：指体育用品、健身器材、游艺器材、棋牌、戏装道具、乐器、照相器材及用品等。

其中，体育用品，包括球类、球类器材、体操运动器材、举重运动器材、田径运动器材、水上运动器材、冰雪运动器材、射击、射箭、击剑器材、场地器材、航空、航海模型材料、运动保护用具、钓鱼用具等；

健身器材，指各种用于达到锻炼身体、提高身体素质目的的器材，包括侧重于肌肉训练的，如扩胸机、举重床、自重式健力器、哑铃组合架、坐式后拉器、卧式后屈腿训练器等；包括侧重于身体素质训练的，如跑步机、健步器、骑马机、滑雪器、健骑机等以及集消除疲劳、减肥健身为一体的各种按摩机（非电动）、健腹器等；

游艺器材，包括游戏机、插卡式电脑学习机、儿童运动游艺器材等；

棋牌，包括象棋、国际象棋、围棋、克郎棋、军棋、跳棋、扑克牌、麻将牌等；

乐器，包括中西乐器、电子乐器、乐器辅助用品及配件，如钢琴、提琴、手风琴、吉他等；

**—照相器材类**：包括摄影用品、暗房用品、修相用品和其他照相器材，如摄影用品，包括照相机、座机、外拍机、胶卷胶片、相纸、放大机、照相镜头、摄像灯具照相零配件及其他摄影用品，上光机、反拍机、翻版机、冲片机等，修相油、上光用品、修底版用具等，洗相药品，如显影液、定影液等，不包括X光胶片和工业胶片（统计在“化工材料及制品类”）。

**10. 书报杂志类**：指各种以纸介质形态出版发行的中外文的书籍、工具书、课本、教材、图片、报纸和杂志等。

**11. 电子出版物及音像制品类**：指电子出版物和音像制品。

其中，电子出版物，指以数字方式将图文音像等信息编辑加工后存储在磁、光、电介质上，通过计算机或者具有类似功能的设备读取使用，用以表达思想、普及知识和积累文化，并可复制发行的大众传播媒介，其媒体形态包括软磁盘（FD）、只读光盘（CD-ROM）、交互式光盘（CD-Ⅰ）、照片光盘（PHOTO-ROM）、高密度只读光盘（DVD-ROM）、集成电路卡（IC CARD）等，及其他媒体形态；

音像制品，指各种磁、光、电介质的录音、录像的磁带、光盘（CD、LD、VCD、DVD）等，包括各种空白的录音带、录像带、光盘。

**12. 家用电器和音像器材类**：指洗涤电器、制冷电器、清洁电器、小家电、家用厨房电器具、家用保健电器和各类音像器材等。

其中，洗涤电器，包括洗衣机、甩干机等；

制冷电器，包括电冰箱、电冰柜、房间空调器等；

清洁电器，包括吸尘器、加湿器、空气净化器等；

小家电，包括电熨斗、电风扇、电淋浴器（包括浴霸）、节能热水器等；

家用厨房电器具，包括食品加工机、抽排油烟机、微波炉、电饭煲、电烤箱、洗碗机、消毒柜等；

家用保健电器，包括电取暖器、电动按摩器等；

音像器材，包括电视机、录音机、录像机、摄像机、收音机、幻灯机、组合音响、影碟机（LD、CD、VCD、DVD等）、专业音响器材、专业声像器材以及配件等，不包括照相器材及用具（统计在“体育、娱乐用品类”）。

**13. 中西药品类**：指人用各种中西药品、中药材以及各种小型医疗用品、敷料，不包括医疗用的各种大型设备，如CT机，核磁共振器等和兽用的各种药品、医疗器材（统计在“其他类”）。

**—西药类**：指以化学物质为原料根据药典或处方生产的用于预防、治疗、诊断人体的疾病，有目的地调节人体的生理机能并规定有适应症、用法和用量的物质，包括化学药品制剂、放射性药品、血清疫苗、血液制品和诊断药品等，但不包括化学试剂（统计在“化工材料及制品类”）。

**—中草药及中成药类**：指以天然的活性物质群为原料，根据中医药典或处方生产或配置，用于预防、治疗人体的疾病，有目的地调节人体的生理机能并规定有适应症、用法和用量的物质。包括中药材、中药饮片、中成药。

其中，中药材，指在自然界中天然生长或人工种植、养殖、采掘的可用于加工中药饮片和中成药的物质，包括各种植物、动物、矿物等；

中药饮片，指以中药材（包括各种药用植物、动物、矿物）为原料用于预防、治疗人体的疾病，有目的地调节人体的生理机能并规定有适应症、用法和用量的物质；

中成药，指以中药材（包括各种药用植物、动物、矿物）为原料根据药典或处方生产的用于预防、治疗人体的疾病，有目的地调节人体的生理机能并规定有适应症、用法和用量的制剂，包括各种剂型（丸、散、膏、丹、胶、药酒、露、冲剂及改良剂型）的中成药。

**14. 文化办公用品类**：指学习用品、办公用品和计算机及其配套产品。

其中，学习和办公用品，包括学习和办公用的纸张、本册、打字机、油印机、速印机、复印机、计算器、快译通、电子笔记本、算盘、文具、普通测绘仪器、印刷材料以及教学用的设备、器材、标本、模型等；

计算机及其配套产品，包括CPU在80186以上的大、中、小、微型、便携式电子计算机（包括多媒体计算机）和计算机的辅助设备，如服务器、打印机、扫描仪、不间断电源、多媒体配件、专用设备和零配件，计算机用键盘、鼠标、网卡、U盘、内存条、软盘、磁带、打印机用纸、色带、墨盒、硒鼓等，不包括单板机、插卡式电脑学习机（统计在“体育、娱乐用品类”），也不包括各种电子计算机软件（统计在“电子出版物及音像制品类”，随机附赠品除外）。

**15. 家具类：** 指用木材、金属、塑料、藤、竹等为主要原料制成的供人们生活、学习、工作、休息用的各种普通家具和具有特定用途的专用家具，包括家用就寝、就餐、起居、书房使用的床、柜、箱、架、沙发、桌、椅、凳、茶几、屏风，以及成套或组合家具，也包括医院、学校、图书馆、旅游、办公等专用的办公桌椅、文件柜、书柜等家具。

**16. 通讯器材类：** 指有线、无线通讯使用的各种器材和设备，包括电话机（普通电话机、无绳电话机、移动电话、小灵通等）、对讲机、寻呼机、传真机等以及配套产品。

**17. 煤炭及制品类：** 包括原煤、煤炭和煤制品，如洗煤、筛选块煤、筛选混煤及混末煤、焦炭、石油焦、半焦、煤饼（块）、煤球等。

**18. 木材及制品类：** 指木、竹采伐产品和木材、竹非生活制品等。此类商品销售一律按批发计算。

其中，木、竹采伐产品，包括原木、小规模木材、薪炭木材、毛竹、篙竹等；

木材、竹非生活制品，包括锯材、板材、人造板、木材防腐制品，木、竹工业、建筑业用品，藤、棕、柳条工业制品等。

**19. 石油及制品类：** 包括原油、炼厂气体、汽油、煤油、柴油、燃料油、工业燃料、溶剂油、润滑油、石蜡、地腊、专用腊、凡士林、洗涤剂原料、石油腊类、石油沥青、标准油、白色油、软麻油、原料油、润滑脂、石油酸、石油皂、液化石油气等。

**20. 化工材料及制品类：** 指化学矿采选品、化工产品、橡胶制品、塑料制品等。此类商品销售一律按批发计算。

其中，化学矿采选品，包括硫铁矿、磷矿、硼矿、钾矿、天然硫磺、钙芒硝矿、芒硝矿、蛇纹矿、天然矿、重晶石、督重石、天青石、雄黄石、明矾石等；

化工产品，不包括日用化工产品（统计在“日用品类”或“化妆品类”），包括无机化学品、化学肥料、化学农药、有机化学品、颜料、染料、催化剂、助剂、添加剂、粘合剂、高分子聚合物、信息用化学品、化学试剂、X 光胶片、工业用胶片等；

橡胶制品，不包括日用橡胶制品（统计在“日用品类”），包括如橡胶运输带、橡胶类传输带、橡胶三角带、橡胶风扇带、橡胶胶管、再生胶、橡胶导风管、橡胶浮筒、橡胶杂品、乳胶制品、橡胶密封制品、特种橡胶制品、软胶壳、微孔橡胶隔板、胶绳、胶筋、胶液、密封腻子等；

塑料制品，不包括日用塑料制品（统计在“日用品类”），包括塑料薄膜、塑料板材、塑料管、塑料棒、塑料异型材、塑料丝、塑料人造革、塑料合成革、泡沫塑料、塑料工业配件、塑料包装箱及容器等塑料原料。

**—化肥类：** 指氮肥、磷肥、钾肥、复合肥，不包括家庭使用的花肥（统计在“日用品类”）。此类商品销售一律按批发计算。

其中，氮肥，包括液氮、尿素、硝酸铵、氯化铵、硫酸铵、氨水等；

磷肥，包括重过磷酸钙、普通过磷酸钙等；

钾肥，包括氯化钾、硫酸钾、窑灰钾、钾镁肥等；

复合肥，包括氮磷肥、氮钾肥、磷钾肥、氮磷钾肥、硝酸磷、氮钾混合肥、铵磷钾、磷酸铵等。不包括磷矿粉肥和“土法”生产的各种化学肥料，如硫磺脚渣提炼的硫磺铵、硝酸钾、土制过磷酸钙和磷酸钾，也不包括微量元素的化学肥料（如钾酸铵）。

**21. 金属材料类：** 指黑色金属矿采选品和黑色金属冶炼及其压延产品、有色金属矿采选产品和有色金属冶炼及其压延产品。此类商品销售一律按批发计算。

其中，黑色金属矿采选品，包括铁矿石原矿、铁矿石成品矿、人造富铁矿、锰矿石原矿、锰矿石成品矿、人造富锰矿、铬矿石原矿、铬矿石成品矿等；

黑色金属冶炼及其压延产品，包括钢、生铁、铁合金、钢材、钢坯、钎子钢、轧制钢球、重熔钢、炼铁副产品、球墨铸铁、金属化球团、海棉铁、钒渣和粗末冶金原料、钢板网等；

有色金属矿采选产品，包括重有色金属矿采选产品、轻有色金属矿采选产品、贵金属矿采选产品、稀有金属矿采选产品等；

有色金属矿冶炼及其压延产品，包括有色金属矿冶炼产品、轻有色金属矿冶炼产品、稀土金属冶炼产品。稀散金属及半金属冶炼产品、高纯及超纯有色金属、重有色金属合金、硬质合金、稀有稀土金属合金、稀有放射性金属冶炼产品、重有色金属加工材、双金属材、轻有色金属加工材、贵金属加工材、稀有金属加工材、有色金属加工材、半导体材料等。

**22. 建筑及装潢材料类：**指非金属矿采选成品、建筑材料及其他非金属矿物制品和各种办公或家庭用的室内装饰材料等。

其中，非金属矿采选成品，包括土砂石矿品、耐火土石开采及其初加工品、工艺美术品用非金属矿、石棉、工业原料用云母、石墨、石膏、工业原料滑石、滑石粉、金刚石、水晶、冰洲石、次土、膨润土及其初加工品、长石、叶腊石、蛭石、硅线石、凹凸奉石、海泡石、浮石、沸石、珍珠岩、霞石正方岩、刚玉、硅藻石、硅石灰石等；

建筑材料及其他非金属矿物制品，包括水泥、无熟料水泥、水泥熟料、水泥混凝土制品、水泥预制构件、纤维增强水泥制品、砖、瓦、建筑砌砖、石灰、轻质建筑材料、建筑用石材加工品、建筑防水材料、建筑保温材料、建筑用玻璃制品、平板玻璃、压延玻璃、磨砂玻璃、喷花玻璃、中空玻璃、热反射玻璃、吸热玻璃、玻璃砖、泡沫玻璃、工业技术玻璃、特种玻璃、玻璃纤维及其制品，石英玻璃及其制品、光学玻璃、玻璃仪器、绝缘玻璃、玻璃保温容器（不包括日用玻璃保温容器，统计在“日用百货类”）、普通陶瓷制品（不包括陶瓷餐具，统计在“日用品类”）、工业陶瓷、高压绝缘子、低压绝缘子耐火材料制品、玻璃窑专用耐火材料、石墨及碳素制品、碳化纤维、石墨热交换器。石棉制品、云母制品、磨料和磨具、铸石、化学石膏、人造水晶、合成云母、人造金刚石、晶体材料、晶体镀膜材料等；

办公和家庭用的室内装饰材料，包括地板、地板革、墙纸、墙布、涂料、乳胶漆及各种装饰用具等，但不包括家具（统计在“家具类”）、清洁电器和家用厨房电器具（统计在“家用电器和音响器材类”）。

**23. 机电产品及设备类：**指普通机械、交通运输机械、电器机械及器材、电子产品及通讯设备、各种农林牧渔业机械等。

其中，普通机械，包括锅炉及原动机、金属加工机械、通用机械、铸锻件及通用零部件、工业专用设备、建筑工程机械、钻探机械等；

交通运输机械，包括铁路运输设备、飞行器、工矿设备、船舶及其辅机、摩托车，不包括汽车、汽车底盘及汽车配件（统计在“汽车类”）；

电器机械及器材，包括电机、输变电设备、电工器材等；

电子产品及通讯设备，包括雷达和无线电导航设备、通讯设备、广播电视设备、电子原件、电子器件、仪器仪表、计量标准仪具及量具、衡器，不包括家用电脑机及其各种配套产品（统计在“文化办公用品类”）、电话机、移动电话、BP机等（统计在“通讯器材类”），也不包括家用电视机、录音机、录像机、摄像机等（统计在“家用电器和音像器材类”）。

**—农机类：**指各种农林牧渔业机械。包括农机具、农药具、农用车、农用动力机械等，如拖拉机、收割机、机引犁、机引耙、机引播种机、机动三轮车、拖车、机动植保机械、机动畜牧机械、机动脱粒机、内燃发动机组、水泵、喷灌机；以及各种零配件，如电动机、柴油机、手推车车轮等。此类商品销售一律按批发计算。

**24. 汽车类：**指由动力装置驱动，具有四个或以上车轮的非轨道无架线的车辆及其零配件，包括汽车、汽车底盘和汽车配件等。

其中，汽车包括载货汽车、越野汽车、自卸汽车、牵引汽车、专用汽车、客车、轿车等。

**25. 种子饲料类：**指各种农业或公共园艺使用的种子、种苗和饲养牲畜的草料、杂粮、杂豆等，不包括家庭使用的花种、种苗等，以及人们以娱乐、休闲为目的而饲养各种动物的从专门商店购买的宠物食品（统计在“其他类”）。此类商品销售一律按批发计算。

**26. 棉麻类：**指棉麻产品、蚕茧等。

其中，棉，包括籽棉、细绒棉、长绒棉、絮棉、棉短绒；

麻，包括黄麻、红麻、芒麻、大麻、亚麻、剑麻；

蚕茧，包括桑蚕茧、柞蚕茧、蓖蚕茧和其他蚕茧等。

**27. 其他类：**指以上未包括的商品类别，如大型医疗器材，文物、古董、邮票、硬币、现代绘画作品，土特产品和畜产品、禽畜或宠物用的药品、宠物食品、花鸟鱼虫，消防器材及设施，废旧物资等。

其中，畜产品包括各种牛皮、羊皮、猪皮及其他动物皮革，以及种畜、幼畜、幼禽绒毛、羽毛、鬃毛、肠衣等。